中央编译局文库编辑委员会

主　任：衣俊卿

委　员：衣俊卿　俞可平　张卫峰　魏海生　王学东　杨金海
　　　　柴方国　尹汾海　何增科　季正聚　郗卫东　张文成
　　　　李惠斌　杨雪冬　李京洲　和　龑　薛晓源　陈家刚

中央编译出版社文库编辑中心编辑小组

和　龑　韩继海　薛晓源　邢艳琦　谭　洁　尹承东　贾宇琰　叶　芳
冯　章董　巍　苗永姝　郑　锦　杜永明　李小燕　侯天保　李媛媛

国家"十二五"重点图书

国际共产主义运动历史文献

第3卷

主　编　王学东
副主编　戴隆斌（常务）　童建挺

共产主义者同盟文献（3）

本卷主编　王学东　张文红　童建挺

全国百佳出版社
中央编译出版社
Central Compilation & Translation Press

《国际共产主义运动历史文献》顾问委员会

衣俊卿 俞可平 顾锦屏 高　放 张中云 殷叙彝 胡文建
宋洪训 顾家庆 洪肇龙 杨光远 林勋建 和　龑

《国际共产主义运动历史文献》编辑委员会

主　　编：王学东
副 主 编：戴隆斌（常务）童建挺
编　　委：（以姓氏笔画为序）
　　　　　王　瑾 邢艳琦 许宝友 张文成 张文红
　　　　　陈新明 林德山 胡振良 彭萍萍 薛晓源

参加本卷译校工作的有
孙　魁 韦建桦 藉维立 王宏道 朱　霞

参加本卷编辑出版工作的有
董　巍 王乃庄 尹承东 苗永姝

丛书编务统筹
苗永姝 郑　锦 李媛媛

总　序

国际共产主义运动，是由以马克思主义为指导的无产阶级政党领导的国际性的无产阶级革命运动，其宗旨是推翻资产阶级统治和一切剥削制度，建立和发展社会主义制度，进而最终实现人的彻底解放，建立共产主义社会。

国际共产主义运动迄今已有一百六十多年的历史。19世纪40年代，马克思、恩格斯在创立科学社会主义理论的同时，努力把它与当时西欧无产阶级的革命实践相结合，于1847年6月创建了第一个国际性的无产阶级政党——共产主义者同盟，亲自拟定并于1848年2月公开发表了同盟纲领《共产党宣言》。这标志着国际共产主义运动的兴起。

自从共产主义者同盟建立以来，历经第一国际（国际工人协会）、第二国际、第三国际（共产国际），国际共产主义运动由小到大、由弱到强，从西方推进到东方、从欧洲扩展到全球，终于突破资本主义链条上一个又一个薄弱环节，取得了社会主义由一国到多国的胜利。二战后社会主义阵营的建立、民族解放运动的胜利进军、社会主义国家革命与建设的重大成就，为国际共产主义运动史书写了辉煌的篇章。20世纪末，由于东欧剧变、苏联解体，国际共产主义运动遭遇了严重挫折。但是，历史并没有因此而终结。由《共产党宣言》奠基的国际共产主义运动仍在曲折中前进。各资本主义国家中的共产党、工人党仍在不断探索无产阶级取得解放的道路；中国等社会主义国家仍继续高举社会主义伟大旗帜，为完善社会主义、最终实现共产主义而不懈奋斗。

国际共产主义运动一百六十多年跌宕起伏的发展历程，积累了卷帙浩繁的文献档案，留下了丰富的历史遗产。深入发掘和充分利用这些文献档案，对于我们准确地了解和把握国际共产主义运动的发展进程及各个时期的特点，科学地研究和总结国际共产主义运动丰富且宝贵的经验教训，具有极其重要的意义。特别是无产阶级国际组织，作为国际共产主义运动的重要载体，其文献档案对于国际共产主义运动史研究更是具有特殊的重要意义。

早在1984年春，中国国际共产主义运动史学会就发起编辑出版《国际共产主义运动史文献》。当时由中共中央编译局、中国社会科学院马列主义毛泽东思想研究所和近代史研究所、中共中央党校和中国人民大学等单位共同组建了编辑委员会。编委会商定：这套文献主要收编共产主义者同盟、第一国际、第二国际、第三国际、共产党和工人党情报局这五个国际组织已发表的全部文献档案，包括历次代表大会、代表会议和其他重要会议的记录、决议和有关文件；收编材料力求齐全；凡外国有选编完整的版本者，根据外国版本翻译；凡文件散见于外国不同出版物者，尽力搜集完整，组织力量统一编译；文件完全按照原件翻译，译文力求准确，不作修改删节，以便读者根据完整、准确的第一手材料了解这些国际组织的历史。在当时代管全国哲学社会科学基金的中国社会科学院科研局的资助下，经过编辑委员会、编译工作者和中国人民大学出版社的共同努力，这套文献于1986年开始陆续出版，截至1997年共出版了21卷。

到上世纪末，文献的编辑出版工作遇到了巨大困难。首先是编委会发生了重大变故，主编林基洲、副主编王颖和校纪英相继谢世；其次是出版经费难以为继。为继续出版这套文集，中国国际共产主义运动史学会多方努力，组成以会长顾锦屏为主编的新编委会，从全国哲学社会科学规划办公室争取到一笔资助，于1999—2001年又出版了两卷。此后，因缺乏经费，编辑出版工作完全陷于停顿。

2010年，在中共中央编译局和中国国际共产主义运动史学会的鼎力支持下，中央编译出版社以这套文献申报国家出版基金项目，获得立项资助。中共中央编译局对此项目高度重视，在国家出版基金资助的基础上，给予了相应的资金支持，组建了新编委会，成立了专门机构负责文献整理和编辑工作，并将这套文献纳入"中央编译局文库"出版规划。

经新编委会研究决定，这套文献定名为《国际共产主义运动历史文献》，在其前身《国际共产主义运动史文献》的基础上重新编辑出版。通过进一步广泛搜集资料和适当改变编辑方式，新《文献》的资料更详尽、收文更齐全。例如，在原《文献》的某些卷次中，对已出版的马克思主义经典著作中译本只列目录，不收正文，而新《文献》则全部依据最新的中译本收录，以方便读者查阅。此外，《国际共产主义运动历史文献》扩大了文献资料的搜集和选材范围，采用开放式结构，规模暂定60卷，约2500万字。

中共中央编译局和中国国际共产主义运动史学会对这套文献的编辑出版工作给予了强有力的支持，中央编译出版社为这套文献的立项和出版做了大量艰苦细致的工作，文献的前两任编委会和编译工作者在十分困难的条件下为这套文献奠定了良好的基础，中国人民大学出版社为这套文献的重新编辑出版提供了帮助，在此一并表示衷心感谢。

《国际共产主义运动历史文献》
编辑委员会
2011年12月20日

编辑说明

共产主义者同盟是马克思、恩格斯亲自创立的第一个国际性的无产阶级政党。它的建立及其纲领《共产党宣言》的发表,标志着国际共产主义运动的兴起。共产主义者同盟对推动国际共产主义运动的发展发挥了重要的历史作用。它是"一个极好的革命活动学校",培养了第一批无产阶级革命家;它所从事的革命活动,为后人提供了宝贵的经验教训;《共产党宣言》提出的理论原则,一直是国际无产阶级解放运动的指南。

《共产主义者同盟文献》,是根据德国统一社会党中央马列主义研究院和苏共中央马列主义研究院集体编辑(编者:黑尔维希·弗德、马丁·洪特、叶菲姆·康捷尔、索菲亚·列维奥娃)、柏林狄茨出版社出版的德文本(Der Bund der Kommunisten, Dokumente und Materialien, Redaktion: Herwig Förder, Martin Hundt, Jefim Kandel, Sofia Lewiowa, Dietz Verlag Berlin)编译的。德文本分3卷出版,第1卷1970年出版,1983年再版;第2卷1982年出版;第3卷1984年出版。

本书力求全面、完整地反映共产主义者同盟的历史面貌,即反映马克思和恩格斯作为同盟的组织者和领导者的卓越活动,反映同盟从中央委员会到各支部的活动,尤其是反映同盟本身的内部发展、同盟的公开活动及其盟员在日益广泛的工人运动和民主运动中的活动情况。因此,本书的选材范围很广,力求做到最大限度的完备性;同时也注意了选材的精练,在不损害有关材料原有资料价值的情况下,删除了其中意义不大、重复、离题太远的段落。书中收入了1836—1852年间共产主义者同盟全部历史的有关文件和资料,主要是:(1)同盟的纲领、章程和通告信;(2)同盟各级组织的会议记录和决议;(3)包括马克思、恩格斯在内的同盟领导人和重要活动家的有关书信、著作和回忆录;(4)一些有同盟盟员在其中活动并产生重要影响的工人组织和民主团体(如伦敦工人共产主义教育协会、科隆工人联合会、民主派兄弟协会等)的相关文件,这些文件是同盟活动的佐证;(5)当时的报刊对上述组织和同盟盟员活动的相关报道;(6)当时一些国家的政府镇压、迫害同盟和同盟盟员的官方资料,如审讯记录和被捕者的供词等。

在本书收录的文件中,各种手稿占有重要位置。这些手稿,首先是书信,包括马克思、恩格斯本人的书信和其他人写给马克思、恩格斯的书信,大都来自苏共中央马列主义研究院提供的拷贝。其他记述同盟活动的书信和文件,是在德国、瑞士和其他一些国家的档案馆里发现的,其中有一些是第一次发表。除手稿外,还有大量印刷品(小册子、传单,以及今天已经难得见到的报刊杂志中所发表的呼吁书、声明、报道和文章等)也多半是第一次重新发表。

本书收录的文件均按时间顺序编排,加上序码,并根据同盟历史的各个重要发展阶段分成8章。每个文件的篇末都注明原件的出处。原件是手稿的,注明"手稿"字样;第一次发表的手稿,还注明"第一次发表"字样。德文本编者对原件所作的删节,均用删节号加方括号"[……]"表示,并在篇末注明"节录"字样;从较长的文件中摘出较短的段落,则注明"摘要"字样。凡是今天还常用的缩略语均予以保留,凡是明显可以补齐的缩写文字或遗漏文字均予以补齐(补齐的内容加方括号)。

德文本编者用脚注对文件正文作简短的说明和补充;卷末注则用来说明资料情况和解释有关内容,或补充一些从其他资料中摘取的材料。

本书中文本最初收入《国际共产主义运动史文献》，并按照德文本的结构编为3卷，由中国人民大学出版社于1989—1990年出版。中文本略去了德文本导言和各章说明，正文未作删节和改动。马克思和恩格斯的著作和书信，凡《马克思恩格斯全集》、《马克思恩格斯选集》中文版中已发表者，一律只列目录，不收正文。

在重新编辑出版的《国际共产主义运动历史文献》中，《共产主义者同盟文献》中文本根据同盟历史发展的重要时期编成4卷，内容分别是：第1卷——正义者同盟和共产主义通讯委员会（1836—1847年初）；第2卷——共产主义者同盟的创建及其在1848—1849年革命中的活动（1847年1月—1849年7月）；第3卷——总结革命经验及共产主义者同盟的改组和分裂（1849年8月—1851年5月）；第4卷——科隆共产党人案件及1852年以后盟员的活动和同盟的影响（1851年5月以后）。

新《文献》编者对照原文对原中译本中的明显错误作了修订，参照中共中央编译局编译马克思主义经典著作的标准重新统一了人名、地名、组织机构名、报刊名等专用名，并将原《文献》中省略的马克思和恩格斯的著作和书信及各卷的插图全部编入新《文献》。马克思、恩格斯的著作和书信均采用中共中央编译局编译的最新版本，选录的顺序是：《马克思恩格斯文集》、《马克思恩格斯全集》中文第2版、《马克思恩格斯全集》中文第1版。为防止中文版卷末注与德文版卷末注混淆，马克思、恩格斯著作和书信的卷末注均改为脚注，并注明"——原卷末注"；对改为脚注后篇幅过大或频繁出现的原卷末注，适当作了删节或归并。其他文件的脚注，未加说明的是德文本编者注；中文本译者或编者所加的注，均注明"——译者注"或"——编者注"。

目 录

第五章　改组共产主义者同盟并总结革命经验

　　（1849年8月至1850年9月中旬） ········· 1

385　卡尔·马克思谈1848—1849年革命后共产主义者
　　同盟的历史 ························· 3

386　卡尔·马克思（巴黎）给弗里德里希·恩格斯
　　（沃韦）的信（1849年8月1日前后） ········· 8

387　卡尔·马克思（巴黎）给弗里德里希·恩格斯
　　（洛桑）的信（1849年8月23日） ············ 10

388　弗里德里希·恩格斯（洛桑）给雅科布·沙贝利茨
　　（巴塞尔）的信（1849年8月24日） ··········· 13

389　约瑟夫·魏德迈（美因河畔法兰克福）给卡尔·马克思
　　（伦敦）的信（1849年8月28日） ············ 15

390　斐迪南·弗莱里格拉特（科隆）给雅科布·沙贝利茨
　　（巴塞尔）的信（1849年9月2日） ············ 18

391　关于塞巴斯蒂安·载勒尔在伦敦共产主义工人教育协会
　　的一次演讲的报道（1849年9月9日） ········· 19

392	斐迪南·弗莱里格拉特（科隆）给威廉·沃尔弗（苏黎世）的信（大约1849年9月中旬） ……………	21
393	关于成立伦敦德国政治流亡者救济委员会的报道（1849年9月18日） ……………	23
394	伦敦德国政治流亡者救济委员会的呼吁书（1849年9月20日） ……………	24
395	克里斯蒂安·约瑟夫·埃塞尔（科隆）给卡尔·马克思（伦敦）的信（1849年9月28日） ……………	27
396	弗里德里希·许纳拜恩（埃尔伯费尔德）给卡尔·马克思（伦敦）的信（1849年10月3日） ……………	29
397	弗里德里希·恩格斯（热那亚）给乔治·朱利安·哈尼（伦敦）的信（1849年10月5日） ……………	31
398	关于在科隆成立工人教育协会的通告（1849年10月14日） ……………	32
399	斯图加特工人教育协会的声明（1849年10月中旬） ……………	33
400	伦敦德国政治流亡者救济委员会的收据（1849年10月16日） ……………	35
401	布鲁塞尔德意志工人协会给伦敦共产主义工人教育协会的信（1849年10月24日） ……………	36
402	卡尔·沙佩尔（威斯巴登）给斐迪南·弗莱里格拉特（科隆）的信（1849年10月24日前后） ……………	37
403	卡尔·布林德（布鲁塞尔）给卡尔·马克思（伦敦）的信（1849年11月1—4日） ……………	38
404	共产主义者同盟科隆支部给亨利希·鲍威尔（伦敦）的信（1849年11月5日） ……………	40

405	伦敦德国政治流亡者救济委员会的收据（1849年11月13日）	43
406	关于左翼宪章派和共产主义者同盟盟员在伦敦活动的报道（1849年11月14日）	44
407	关于伦敦共产主义工人教育协会全体大会和社会民主主义流亡者委员会成立的报告。伦敦德国政治流亡者救济委员会财务报告（1849年11月18日—12月3日）	47
408	泰奥多尔·哈根（汉堡）给卡尔·马克思（伦敦）的信（1849年11月20日）	51
409	弗兰茨·施彭格勒（慕尼黑）给理查·冈洛夫（莱比锡）的信（1849年11月21日）	52
410	弗里德里希·恩格斯给《北极星报》的信（1849年11月28日）	53
411	《新莱茵报。政治经济评论》出版启事（1849年12月15日）	55
412	卡尔·马克思（伦敦）给约瑟夫·魏德迈（美因河畔法兰克福）的信（1849年12月19日）	57
413	威廉·沃尔弗（苏黎世）给弗里德里希·恩格斯（伦敦）的信（1849年12月25日）	61
414	卡尔·布林德（布鲁塞尔）给卡尔·马克思（伦敦）的信（1849年12月27日前后至29日）	63
415	关于民主派兄弟协会在伦敦举行的一次宴会的报道（1849年12月31日）	66
416	卡尔·马克思（伦敦）给爱德华·弥勒-泰勒林（伦敦）的信（1850年1月1日）	68

| 417 | 斐迪南·弗莱里格拉特（科隆）给卡尔·马克思（伦敦）的信（1850年1月1日） | 69 |

418 约瑟夫·魏德迈（美因河畔法兰克福）给卡尔·马克思
　　　（伦敦）的信（1850年1月2日） ………………………… 71

419 康拉德·施拉姆（伦敦）给约瑟夫·魏德迈（美因河畔
　　　法兰克福）的信（1850年1月8日） …………………… 73

420 卡尔·马克思（伦敦）给斐迪南·弗莱里格拉特
　　　（科隆）的信（1850年1月11日） ……………………… 75

421 约瑟夫·魏德迈（美因河畔法兰克福）给卡尔·马克思
　　　（伦敦）的信（1850年1月16日） ……………………… 77

422 共产主义者同盟日内瓦支部给拉绍德封支部的信
　　　（1850年1月19日） ……………………………………… 79

423 海尔曼·艾韦贝克（巴黎）给卡尔·马克思
　　　（伦敦）的信（1850年1月25日） ……………………… 81

424 斐迪南·弗莱里格拉特（科隆）给卡尔·马克思、
　　　弗里德里希·恩格斯和康拉德·施拉姆（伦敦）
　　　的信（1850年1月26日） ………………………………… 84

425 伦敦共产主义者同盟中央委员会给拉绍德封支部
　　　的信（1850年1月28日） ………………………………… 87

426 奥古斯特·维利希（伦敦）给共产主义者同盟
　　　拉绍德封支部的信（1850年2月1日） ………………… 93

427 奥古斯特·维利希（伦敦）给同盟盟员E（瑞士）
　　　的信（1850年2月1日前后） …………………………… 98

428 鲁道夫·雷姆佩尔（比勒费尔德）给康拉德·施拉姆
　　　（伦敦）的信（1850年2月3日） ……………………… 100

429	美因河畔法兰克福地区工人兄弟会在奥芬巴赫召开的第一次代表大会记录（1850年2月10日） ………	101
430	卡尔·沙佩尔在威斯巴登法庭上的辩护词（1850年2月13日） ………………………………………	103
431	纽伦堡工人协会发给奥古斯特·舒尔采出席工人兄弟会莱比锡大会的委托书（1850年2月15日） ………	110
432	什未林工人教育协会发给亨利希·迈尔出席工人兄弟会莱比锡大会的委托书（1850年2月15日） ………	113
433	汉堡工人兄弟会地区委员会发给约翰·卡尔·哈克参加工人兄弟会莱比锡大会的委托书（1850年2月17日） ………………………………………………	115
434	拉绍德封德国工人协会给它的出席穆尔滕代表大会的代表的指示（1850年2月17日） ………………	117
435	科隆共产主义者关于传播革命书刊的文章（1850年2月19日） ………………………………………	118
436	格奥尔格·埃卡留斯（伦敦）给卡尔·马克思（伦敦）的信（1850年2月20日） …………………	119
437	关于卡尔·沙佩尔在科隆逗留和被驱逐出境的通讯（1850年2月21日） ………………………………	120
438	安东·门克尔在工人兄弟会莱比锡大会上的报告（1850年2月21日） ………………………………	121
439	恩斯特·德朗克（巴黎）给弗里德里希·恩格斯（伦敦）的信（1850年2月21日） ………………	123
440	拉绍德封工人协会反对穆尔滕逮捕事件的声明（1850年2月24日） ………………………………	127

| 441 | 关于伦敦纪念法国二月革命两周年宴会的报道
（1850年2月25日） ·· 128
| 442 | 阿尔诺德·赖纳赫和斯蒂凡·波尔恩（伯尔尼）
给安东·门克尔（奥芬巴赫）的信
（1850年2月25日至3月16日） ···························· 129
| 443 | 亨利希·毕尔格尔斯（杜塞尔多夫）给斐迪南·拉萨尔
（杜塞尔多夫）的信（1850年3月2日） ·················· 133
| 444 | 伦敦社会民主主义流亡者委员会的财务报告
（1850年3月初） ··· 135
| 445 | 刊载维克多·特德斯科《无产者问答》德译文的一份
共产主义者同盟的传单（1850年初前后） ·············· 139
| 446 | 塞巴斯蒂安·载勒尔关于同盟盟员参加法国
革命事件的论述（1850年3月初前后） ················· 153
| 447 | 卡尔·马克思《1848年至1850年的法兰西阶级斗争》
摘要（1850年3月） ·· 158
| 448 | 共产主义者同盟中央委员会1850年《三月告同盟书》
（1850年3月20日前后） ···································· 171
| 449 | 美因河畔法兰克福工人兄弟会第二次代表大会记录
（1850年3月24日） ·· 185
| 450 | 亨利希·毕尔格尔斯（杜塞尔多夫）给卡尔·马克思
（伦敦）的信（1850年3月27日） ······················· 187
| 451 | 阿道夫·克路斯（华盛顿）给斐迪南·沃尔弗（伦敦）
的信（1850年3月31日） ···································· 191
| 452 | 卡尔·马克思和弗里德里希·恩格斯谈职业密谋家
（1850年3月中和大约4月18日之间） ·················· 194

453	卡尔·布伦（阿尔托纳）给康拉德·施拉姆（伦敦）的信（1850年4月2日）	196
454	塞巴斯蒂安·载勒尔（伦敦）给卡尔·马克思（伦敦）的信（1850年4月4日）	200
455	关于民主派兄弟协会在伦敦举行的纪念马克西米利安·罗伯斯比尔诞辰92周年宴会的报道（1850年4月5日）	202
456	卡尔·马克思（伦敦）给约瑟夫·魏德迈（美因河畔法兰克福）的信（1850年4月9日）	203
457	世界革命共产主义者协会章程（1850年4月中旬前后）	204
458	伦敦社会民主主义流亡者委员会的声明（1850年4月20日）	208
459	伦敦社会民主主义流亡者委员会的财务报告（1850年4月23日）	211
460	美因河畔法兰克福工人兄弟会区委员会会议记录（1850年4月24日）	214
461	弗里德里希·恩格斯（伦敦）给约瑟夫·魏德迈（美因河畔法兰克福）的信（1850年4月25日）	216
462	奥古斯特·格贝尔特（伦敦）给约翰·格奥尔格·莱宁格尔等人（巴黎）的信（1850年4月28日）	219
463	奥古斯特·维利希（伦敦）给卡尔·马克思（伦敦）的信（1850年4月29日前后）	221
464	卡尔·沙佩尔（威斯巴登）给恩斯特·德朗克（美因河畔法兰克福）的信（1850年5月1日）	222
465	卡尔·布伦（阿尔托纳）给康拉德·施拉姆（伦敦）的信（1850年5月2—8日）	224

466 亨利希·毕尔格尔斯（科隆）给卡尔·马克思
（伦敦）的信（1850年5月5日）……………………… 230

467 弗里德里希·恩格斯和卡尔·马克思（伦敦）给
弗朗索瓦·帕迪贡（伦敦）的信
（1850年5月6日）………………………………………… 235

468 恩斯特·德朗克（美因河畔法兰克福）给
弗里德里希·恩格斯（伦敦）的信
（1850年5月7日前后）…………………………………… 237

469 威廉·沃尔弗（苏黎世）给弗里德里希·恩格斯
（伦敦）的信（1850年5月9日）……………………… 241

470 亨利希·毕尔格尔斯关于镇压科隆工人教育协会
的措施的文章（1850年5月10日）…………………… 245

471 威廉·沃尔弗（苏黎世）给弗里德里希·恩格斯
（伦敦）的信（1850年5月14日）…………………… 248

472 威廉·沃尔弗（苏黎世）给弗里德里希·恩格斯
（伦敦）的信（1850年5月28日）…………………… 251

473 共产主义者同盟中央委员会1850年《六月告同盟书》
（1850年6月初）………………………………………… 255

474 卡尔·沙佩尔（威斯巴登）给约瑟夫·魏德迈（美因河畔
法兰克福）的信（1850年6月3日）………………… 266

475 卡尔·马克思（伦敦）给约瑟夫·魏德迈（美因河畔
法兰克福）的信（1850年6月8日）………………… 268

476 斐迪南·拉萨尔（杜塞尔多夫）给卡尔·马克思
（伦敦）的信（1850年6月8日）…………………… 270

477 卡尔·雷泽（斯图加特）给卡尔·格林茨等人
（维也纳）的信（1850年6月9日）………………… 271

478 巴黎流亡者救济委员会给伦敦社会民主主义
　　流亡者委员会的信（1850年6月13日） ……………… 272
479 卡尔·马克思、弗里德里希·恩格斯和奥古斯特·维利希
　　（伦敦）给《太阳报》编辑的信
　　（1850年6月14日） ………………………………………… 274
480 伦敦社会民主主义流亡者委员会声明
　　（1850年6月14日） ………………………………………… 277
481 共产主义者同盟科隆支部给卡尔·马克思（伦敦）的信
　　（1850年6月15日） ………………………………………… 278
482 约瑟夫·魏德迈（美因河畔法兰克福）给卡尔·马克思
　　（伦敦）的信（1850年6月15日） ……………………… 279
483 彼得·勒泽尔（科隆）给卡尔·马克思（伦敦）的信
　　（1850年6月18日） ………………………………………… 282
484 卡尔·马克思和弗里德里希·恩格斯（伦敦）对奥托·吕宁
　　（美因河畔法兰克福）的声明（1850年6月25日） …… 283
485 罗兰特·丹尼尔斯（科隆）给卡尔·马克思（伦敦）的信
　　（1850年6月28日） ………………………………………… 285
486 《西德意志报》关于卡尔·沙佩尔在科隆的一次逗留的报道
　　（1850年6月28日） ………………………………………… 286
487 卡尔·马克思（伦敦）给伦敦一次流亡者会议主席的信
　　（1850年6月30日） ………………………………………… 288
488 一名共产主义者同盟盟员给约瑟夫·魏德迈（美因河畔
　　法兰克福）的信（大约1850年6月底至7月初） ……… 289
489 约翰奈斯·米凯尔（汉诺威）给卡尔·马克思（伦敦）
　　的信（1850年夏） ………………………………………… 291

490	恩斯特·德朗克（苏黎世）给共产主义者同盟中央委员会（伦敦）的信（1850年7月3日） ……… 294
491	恩斯特·德朗克（苏黎世）给弗里德里希·恩格斯（伦敦）的信（1850年7月3日） ……… 302
492	约瑟夫·魏德迈（美因河畔法兰克福）给卡尔·马克思（伦敦）的信（1850年7月3日） ……… 304
493	科隆总区部给伦敦共产主义者同盟中央委员会的信（1850年7月10日前后） ……… 306
494	卡尔·马克思：共产主义者同盟中央委员会委员名单（大约1850年7月初至9月中旬） ……… 310
495	卡尔·马克思（伦敦）给卡尔·布林德（布鲁塞尔）的信（1850年7月17日） ……… 312
496	恩斯特·德朗克（日内瓦）给弗里德里希·恩格斯（伦敦）的信（1850年7月18日） ……… 314
497	罗兰特·丹尼尔斯（科隆）给卡尔·马克思（伦敦）的信（1850年7月19日） ……… 318
498	卡尔·普芬德（伦敦）给《自由射手》（汉堡）编辑部的信（1850年7月19日） ……… 322
499	莫泽斯·赫斯（日内瓦）给约瑟夫·魏德迈（美因河畔法兰克福）的信（1850年7月21日） ……… 323
500	伦敦社会民主主义流亡者委员会财务报告（1850年5、6、7月的财务报告） ……… 325
501	威廉·罗特哈克尔（伦敦）给卡尔·马克思（伦敦）的信（1850年7月至8月上半月） ……… 329

502 康拉德·施拉姆（阿尔托纳）给共产主义者同盟
    中央委员会（伦敦）的信
        （1850年7月底至8月初） ……………………………… 331
503 恩斯特·德朗克（日内瓦）给弗里德里希·恩格斯
    （伦敦）的信（1850年7月底或8月初） ……………… 334
504 关于汉堡成立一个流亡者救济委员会的报道
        （1850年8月13日） ……………………………………… 337
505 弗里德里希·列斯纳（科隆）给莱昂哈特·博尔茨
    （美因茨）的信（1850年8月14日） …………………… 338
506 关于奥古斯特·黑策尔在同盟柏林组织审判案中出庭
    的报道（1850年8月14日） ……………………………… 339
507 德国烟草工人汉堡全体大会会议记录
        （1850年8月19—25日） ……………………………… 342
508 关于卡尔·马克思、弗里德里希·恩格斯和康拉德·施拉姆
    同古斯塔夫·阿道夫·泰霍夫在伦敦谈判的报告
        （1850年8月21日） …………………………………… 344
509 弗里德里希·恩格斯谈共产主义者同盟中央委员会
    的一次会议（1850年8月底） …………………………… 348
510 卡尔·沙佩尔谈共产主义者同盟中央委员会
    的一次会议（1850年8月底） …………………………… 350
511 伦敦社会民主主义流亡者委员会救济款单据
        （1850年9月1—26日） ………………………………… 351
512 奥古斯特·维利希（伦敦）给卡尔·马克思（伦敦）
    的信（1850年8月27日） ………………………………… 356
513 奥古斯特·维利希（伦敦）给卡尔·马克思（伦敦）
    的信（1850年9月1日） ………………………………… 357

514 奥古斯特·维利希（伦敦）给卡尔·马克思（伦敦）
的信（1850年9月2日） ·················· 358

515 奥古斯特·维利希（伦敦）给卡尔·马克思（伦敦）
的信（1850年9月5日） ·················· 359

516 奥古斯特·维利希（伦敦）给卡尔·马克思（伦敦）
的信（1850年9月7日） ·················· 360

517 哥特弗里德·克洛泽（伦敦）给卡尔·马克思（伦敦）
的信（1850年9月11日） ················· 361

518 布莱曼（伦敦）给卡尔·马克思（伦敦）的信
（1850年9月12日） ····················· 362

519 彼得·勒泽尔（科隆）给卡尔·马克思（伦敦）的信
（1850年9月14日） ····················· 363

520 奥古斯特·维利希（伦敦）给卡尔·马克思（伦敦）
的信（1850年9月14日） ················· 364

521 卡尔·普芬德（伦敦）给卡尔·马克思（伦敦）的信
（1850年9月14日） ····················· 365

522 伦敦共产主义者同盟中央委员会会议记录
（1850年9月15日） ····················· 367

523 退出伦敦德意志工人教育协会的声明
（1850年9月17日） ····················· 375

524 伦敦社会民主主义流亡者委员会的财务报告
（1850年9月18日） ····················· 376

第六章 共产主义者同盟从分裂至科隆中央委员会活动结束（1850年9月底至1851年5月）······ 379

- 525 彼得·勒泽尔（科隆）给卡尔·马克思（伦敦）的信（1850年9月25日）··················· 381
- 526 恩斯特·德朗克（日内瓦）给弗里德里希·恩格斯（伦敦）的信（1850年9月29日） ················ 382
- 527 弗里德里希·列斯纳回忆共产主义者同盟美因茨支部的活动（1850年10月至1851年6月）·········· 385
- 528 威廉·豪普特（汉堡）给卡尔·马克思（伦敦）的信（1850年10月1日）········· 386
- 529 共产主义者同盟科隆中央委员会给前共产主义者同盟伦敦中央委员会多数派的信（1850年10月5日）········ 390
- 530 艾曼纽埃尔·巴泰勒米、亚当、茹尔·维迪尔（伦敦）给卡尔·马克思和弗里德里希·恩格斯（伦敦）的信（1850年10月7日）················· 396
- 531 弗里德里希·恩格斯、卡尔·马克思和朱利安·哈尼（伦敦）给亚当、艾曼纽埃尔·巴泰勒米和茹尔·维迪尔（伦敦）的信（1850年10月9日）········· 397
- 532 弗里德里希·列斯纳回忆共产主义者同盟美因河畔法兰克福区部的一次会议以及他作为特使出使纽伦堡的情况（1850年10月11日至20日）············ 398
- 533 约瑟夫·魏德迈（美因河畔法兰克福）给卡尔·马克思（伦敦）的信（1850年10月13日）········ 399
- 534 威廉·沃尔弗（苏黎世）给弗里德里希·恩格斯（伦敦）的信（1850年10月23日）················ 405

535 弗里德里希·马尔滕斯（汉堡）给路德维希·施泰翰
（汉诺威）的信（1850年10月26日）·················· 409

536 阿伯拉罕·雅科比（波恩）给芬妮·迈耶尔（明登）的信
（1850年10月27日）······························ 411

537 威廉·豪普特（汉堡）给卡尔·马克思（伦敦）的信
（1850年10月31日）······························ 413

538 彼得·勒泽尔（科隆）给卡尔·马克思（伦敦）的信
（1850年11月2日）······························· 417

539 共产主义者同盟科隆中央委员会给彼得·诺特荣克颁发
的全权委托书（1850年11月4日）··················· 420

540 彼得·诺特荣克保存的联络地址一览表
（1850年11月4日至1851年5月）···················· 421

541 朱利安·哈尼在首次发表《共产党宣言》英译本
时所加的按语（1850年11月9日）··················· 427

542 约瑟夫·魏德迈（美因河畔法兰克福）给卡尔·马克思
（伦敦）的信（1850年11月10日）·················· 429

543 共产主义者同盟伦敦区部就开除宗德崩得成员问题致科隆
同盟中央委员会建议书（1850年11月11日）·········· 431

544 威廉·豪普特（汉堡）给卡尔·马克思（伦敦）的信
（1850年11月30日）····························· 432

545 传单《德国男子汉和普鲁士臣民！》
（1850年11月15日前后）·························· 434

546 卡尔·奥托（柏林）给亚历山大·沃勒（鲁道尔施塔特）
的信（1850年11月17日）·························· 439

547 卡尔·冈洛夫（莱比锡）给亚历山大·沃勒
（鲁道尔施塔特）的信（1850年11月24日）·········· 440

548 卡尔·冈洛夫（莱比锡）给弗里德里希·科尔贝克
（德累斯顿）的信（1850年11月25日） ……………… 441

549 卡尔·马克思和弗里德里希·恩格斯谈经济和政治形势
和一次新的革命高潮的条件（1850年11月底） ……… 443

550 弗里德里希·恩格斯谈一次过早的无产阶级
革命的问题（1850年11月底） ……………………… 444

551 卡尔·马克思和弗里德里希·恩格斯为格奥尔格·埃卡留斯
的一篇文章写的编者按语（1850年11月底） ………… 446

552 格奥尔格·埃卡留斯《伦敦的缝纫业，或大小资本的斗争》
（1850年11月底） …………………………………… 447

553 共产主义者同盟中央委员会告同盟书
（1850年12月1日） ………………………………… 451

554 共产主义者同盟章程（1850年12月1日） …………… 462

555 恩斯特·德朗克（日内瓦）给卡尔·马克思（伦敦）的信
（1850年12月1日） ………………………………… 466

556 卡尔·马克思（伦敦）给弗里德里希·恩格斯（曼彻斯特）
的信（1850年12月2日） …………………………… 469

557 卡尔·马克思（伦敦）给海尔曼·贝克尔（科隆）的信
（1850年12月2日） ………………………………… 472

558 威廉·豪普特（汉堡）给卡尔·马克思（伦敦）的信
（1850年12月3日） ………………………………… 474

559 约瑟夫·魏德迈（美因河畔法兰克福）给卡尔·马克思
（伦敦）的信（1850年12月3日） ………………… 481

560 罗兰特·丹尼尔斯（科隆）给卡尔·马克思（伦敦）的信
（1850年12月7日） ………………………………… 482

561 科隆共产主义者同盟中央委员会给伦敦区部的信
（1850年12月10日） ………………………………… 483

562 威廉·皮佩尔（米德尔塞克斯的阿克顿）给
弗里德里希·恩格斯（曼彻斯特）的信
（1850年12月16日） ………………………………… 486

563 海尔曼·贝克尔（科隆）给彼得·诺特荣克
（柏林）的信（1850年12月23日） ………………… 487

564 威廉·豪普特（汉堡）给卡尔·马克思（伦敦）的信
（1850年12月23日前后） …………………………… 489

565 彼得·勒泽尔和亨利希·毕尔格尔斯（科隆）给
彼得·诺特荣克（柏林）的信
（1850年12月27日） ………………………………… 490

566 康拉德·施拉姆、斐迪南·沃尔弗和威廉·李卜克内西
退出伦敦区部的声明（1850年12月28日） ………… 493

567 泰奥多尔·格茨（美因茨）给卡尔·马克思（伦敦）的信
（1850年12月28日） ………………………………… 493

568 约瑟夫·魏德迈（美因河畔法兰克福）给卡尔·马克思
（伦敦）的信（1850年12月28日） ………………… 499

569 康拉德·施拉姆（伦敦）给卡尔·马克思（伦敦）的信
（1850年12月31日） ………………………………… 501

570 海尔曼·贝克尔（科隆）给卡尔·马克思（伦敦）的信
（1850年12月底） …………………………………… 502

571 阿尔伯特·埃尔哈德（科隆）给彼得·诺特荣克（柏林）
的信（1850年12月底） ……………………………… 503

572 朱利安·哈尼（伦敦）给弗里德里希·恩格斯
（曼彻斯特）的信（1851年1月4日） ……………… 504

573 卡尔·马克思（伦敦）给弗里德里希·恩格斯
（曼彻斯特）的信（1851年1月6日）·················· 506

574 阿伯拉罕·雅科比（波恩）给芬妮·迈耶尔
（明登）的信（1851年1月10—11日）·················· 507

575 卡尔·马克思（伦敦）给弗里德里希·恩格斯
（曼彻斯特）的信（1851年1月22日）·················· 511

576 朱利安·哈尼（伦敦）给弗里德里希·恩格斯
（曼彻斯特）的信（1851年1月25日）·················· 513

577 威廉·沃尔弗（苏黎世）给卡尔·马克思（伦敦）的信
（1851年1月26日）·················· 514

578 卡尔·马克思和弗里德里希·恩格斯在伦敦为驳斥
阿尔诺德·卢格而发表的声明（1851年1月27日）······ 516

579 海尔曼·贝克尔（科隆）给卡尔·马克思（伦敦）的信
（1851年1月27日）·················· 518

580 卡尔·马克思（伦敦）给海尔曼·贝克尔（科隆）的信
（1851年2月1日前后）·················· 520

581 威廉·豪普特（汉堡）给卡尔·马克思（伦敦）的信
（1851年2月3日）·················· 521

582 阿伯拉罕·雅科比（波恩）给芬妮·迈耶尔（明登）的信
（1851年2月3日）·················· 524

583 恩斯特·德朗克（日内瓦）给卡尔·马克思（伦敦）的信
（1851年2月7日）·················· 525

584 卡尔·马克思（伦敦）给海尔曼·贝克尔（科隆）的信
（1851年2月8日）·················· 527

585 卡尔·马克思（伦敦）给弗里德里希·恩格斯
（曼彻斯特）的信（1851年2月10日）·················· 529

编号	内容	页码
586	约翰奈斯·米凯尔（格丁根）给卡尔·马克思（伦敦）的信（1851年2月10日）	532
587	约翰奈斯·米凯尔（格丁根）给威廉·皮佩尔（伦敦）的信（1851年2月12日）	535
588	在美因茨、威斯巴登和比布里希工人联合会纪念法国二月革命大会上的演说（1851年2月24日）	537
589	威廉·皮佩尔（伦敦）给弗里德里希·恩格斯（曼彻斯特）的信（1851年2月26日）	543
590	康拉德·施拉姆（伦敦）给弗里德里希·恩格斯（曼彻斯特）的信（1851年2月26日）	547
591	卡尔·马克思（伦敦）给弗里德里希·恩格斯（曼彻斯特）的信（1851年2月26日）	549
592	卡尔·马克思（伦敦）给海尔曼·贝克尔（科隆）的信（1851年2月28日）	553
593	阿伯拉罕·雅科比（科隆）给芬妮·迈耶尔（明登）的信（1851年3月2日）	558
594	路易-奥古斯特·布朗基的祝酒词和卡尔·马克思和弗里德里希·恩格斯的德译文按语（1851年3月3日和6日之间）	559
595	威廉·沃尔弗（苏黎世）给约瑟夫·魏德迈（美因河畔法兰克福）的信（1851年3月13日）	564
596	海尔曼·贝克尔（科隆）给卡尔·马克思（伦敦）的信（1851年3月16日）	565
597	《新杂志》出版启事（1851年3月19日）	570
598	彼得·勒泽尔（科隆）给斐迪南·拉萨尔（杜塞尔多夫）的信（1851年3月31日）	574

599	关于《布朗基祝酒词》的通讯报道（1851年4月初）	575
600	亨利希·毕尔格尔斯（科隆）给威廉·豪普特（汉堡）的信（大约1851年4月）	577
601	海尔曼·贝克尔（科隆）给卡尔·马克思（伦敦）的信（1851年4月5日）	577
602	阿尔伯特·埃尔哈德（科隆）给彼得·诺特荣克（柏林）的信（1851年4月5日前后）	579
603	卡尔·马克思（伦敦）给海尔曼·贝克尔（科隆）的信（1851年4月9日）	580
604	宪章派左翼的宣传纲领（1851年4月10日）	581
605	罗兰特·丹尼尔斯（科隆）给卡尔·马克思（伦敦）的信（1851年4月12日）	590
606	《德意志工人俱乐部》（汉诺威）发表的论述工人教育协会任务的文章（1851年4月12日）	592
607	卡尔·马克思（伦敦）给弗里德里希·恩格斯（曼彻斯特）的信（1851年4月15日）	594
608	罗兰特·丹尼尔斯（科隆）给卡尔·马克思（伦敦）的信（1851年4月24日）	596
609	《德意志工人俱乐部》（汉诺威）的社论（1851年4月26日）	597
610	罗兰特·丹尼尔斯（科隆）给卡尔·马克思（伦敦）的信（1851年4月26日）	601
611	海尔曼·贝克尔（科隆）给卡尔·马克思（伦敦）的信（1851年4月29日）	602
612	共产党在德国的要求（1851年）（大约1851年4月底）	603

613 卡尔·马克思（伦敦）给弗里德里希·恩格斯
（曼彻斯特）的信（1851年5月3日） …………… 606

614 威廉·皮佩尔（伦敦）给弗里德里希·恩格斯
（曼彻斯特）的信（1851年5月4日） …………… 608

615 卡尔·马克思（伦敦）给弗里德里希·恩格斯
（曼彻斯特）的信（1851年5月5日） …………… 609

616 海尔曼·贝克尔（科隆）给卡尔·马克思（伦敦）
的信（1851年5月6日或7日） ………………… 611

617 弗里德里希·恩格斯（曼彻斯特）给卡尔·马克思
（伦敦）的信（1851年5月9日） ………………… 613

618 一篇论述阶级和阶级斗争的文章（1851年5月10日） …… 614

619 卡尔·冈洛夫（莱比锡）给弗兰茨·施韦宁格
（埃森）的信（1851年5月11日） ………………… 618

620 共产主义者同盟科隆中央委员会
给拉绍德封总区部的信（1851年5月13日） …… 621

621 海尔曼·贝克尔（科隆）给亨利希·毕尔格尔斯
（柏林）的信（1851年5月14日） ………………… 622

622 阿伯拉罕·雅科比（柏林）给亨利希·毕尔格尔斯
（科隆）的信（1851年5月14日） ………………… 623

623 亨利希·毕尔格尔斯（柏林）给威廉·豪普特
（汉堡）的信（1851年5月15日前后） …………… 624

624 阿伯拉罕·雅科比（柏林）给
约翰·克里斯蒂安·吕霍夫（柏林）的信
（1851年5月20日） …………………………… 625

625 卡尔·马克思（伦敦）给弗里德里希·恩格斯
（曼彻斯特）的信（1851年5月21日） …………… 626

附　录 ·· 629

6　彼得·勒泽尔1853—1854年期间关于1848—1849年革命后
　　共产主义者同盟的供词（1850年1月至1851年5月）········ 631

7　亨利希·毕尔格尔斯1851年6月关于共产主义者同盟科隆
　　中央委员会活动情况的供词
　　（1850年9月至1851年5月）·· 683

8　威廉·豪普特1851年6月6日关于他在共产主义者同盟中
　　的活动情况的供词（1850年4月至1851年5月）················ 698

注　释 ·· 717

插　图

共产主义者同盟科隆支部1849年11月5日给亨利希·鲍威尔
（伦敦）的信 ··· 41
伦敦共产主义者同盟中央委员会成员 ································· 88、89
英国的共产主义者同盟活跃盟员及伦敦中央委员会特使 ······· 90
纽伦堡工人协会发给奥古斯特·舒尔采的委托书 ················· 112
什未林工人教育协会给亨利希·迈尔的委托书 ··················· 114
汉堡工人兄弟会地区委员会发给约翰·卡尔·哈克的委托书 ····· 116
刊载维克多·特德斯科《无产者问答》的传单首页 ·············· 145
塞巴斯蒂安·载勒尔《1849年6月13日阴谋……》封面 ······· 155
塞巴斯蒂安·载勒尔《1849年6月13日阴谋……》一书给马克思的献词 ··· 156

卡尔·雷泽抄写的共产主义者同盟中央委员会《三月告同盟书》
　　副本片断 ……………………………………………………… 179
卡尔·海尔曼·彼得逊抄写的共产主义者同盟中央委员会《三月告同盟书》
　　副本片断 ……………………………………………………… 180
世界革命共产主义者协会章程 …………………………………… 206
卡尔·沙佩尔 1850 年 5 月 1 日给恩斯特·德朗克的信 ………… 223
《新莱茵报。政治经济评论》第三期封面 ……………………… 249
莱比锡警方抄录的共产主义者同盟中央委员会《六月告同盟书》
　　副本首页 ……………………………………………………… 262
恩斯特·德朗克 1850 年 7 月 3 日给伦敦共产主义者同盟中央委员会的信 …… 298
卡尔·马克思：共产主义者同盟中央委员会委员名单 ………… 311
罗兰特·丹尼尔斯 1850 年 7 月 19 日给卡尔·马克思的信 …… 320
康拉德·施拉姆 1850 年 7 月底至 8 月初给伦敦共产主义者同盟
　　中央委员会的信 ……………………………………………… 332
社会民主主义流亡者委员会救济款单据 ………………………… 353
卡尔·普芬德 1850 年 9 月 14 日给卡尔·马克思的信 ………… 366
伦敦共产主义者同盟中央委员会 1850 年 9 月 15 日会议记录 … 371
科隆共产主义者同盟中央委员会成员 …………………………… 392
科隆共产主义者同盟中央委员会活跃工作人员和特使 ………… 393
共产主义者同盟科隆中央委员会 1850 年 10 月 5 日给前共产主义者同盟
　　伦敦中央委员会多数派的信 ………………………………… 394
约瑟夫·魏德迈 1850 年 10 月 13 日给卡尔·马克思的信 …… 403
威廉·沃尔弗 1850 年 10 月 23 日给弗里德里希·恩格斯的信 … 407
彼得·勒泽尔 1850 年 11 月 2 日给卡尔·马克思的信 ………… 419
警方抄录的彼得·诺特荣克联络地址一览表副本 ……… 424、425
载于《红色共和党人》的《共产党宣言》英译本 ……………… 428

传单《德国男子汉和普鲁士臣民!》 ……………………………… 437
卡尔·马克思加着重点的共产主义者同盟1850年12月1日章程 …… 464
传单《路易-奥古斯特·布朗基的祝酒词》封面 ………………… 561
传单《路易-奥古斯特·布朗基的祝酒词》按语 ………………… 562
海尔曼·贝克尔1851年3月16日给卡尔·马克思的信 …………… 567
《卡尔·马克思文集》出版启事 …………………………………… 568
《新杂志》出版启事 ………………………………………………… 572
厄内斯特·琼斯出版的《寄语人民》周刊封面 …………………… 610
载于《德意志工人俱乐部》的论阶级和阶级斗争的文章 ………… 616
卡尔·马克思1851年5月21日给弗里德里希·恩格斯的信 ……… 627

第五章

改组共产主义者同盟并总结革命经验

(1849 年 8 月至 1850 年 9 月中旬)

385
卡尔·马克思谈1848—1849年革命后共产主义者同盟的历史

（摘自：1853年《揭露科隆共产党人案件》和1860年《福格特先生》）

[……]从1849—1849年革命失败以来，无产阶级政党在大陆上失去了在这个短短时期中例外地享有的东西：报刊、言论自由和结社权，即政党组织的合法手段。尽管反动派猖獗，资产阶级自由党和小资产阶级民主党还是在它们所代表的阶级的社会地位中找到了通过某种形式联合起来并在某种程度上捍卫自己的共同利益所必需的条件。1849年以后，对无产阶级政党来说，如同1848年以前一样，只有**一条路**可走，那就是**秘密联合**的道路。因此，从1849年以来，大陆上出现了一系列秘密的无产阶级联合会；警察当局破获它们，法庭诅咒它们，监狱冲散它们；而形势又总是使它们重新恢复起来。

这些秘密团体中有一部分把推翻现存国家政权作为自己的直接目的，这在法国是正当的，因为在那里，无产阶级已被资产阶级打败，在那里，攻击现存政府是同攻击资产阶级完全一致的。另一部分秘密团体则把组织无产阶级政党作为自己的目的，而不考虑现存政府的命运。这在像德国这样一些国家里是必要的，因为在那里，资产阶级和无产阶级都处于它们的半封建政府的压迫之下，因而在那里，对现存政府的胜利攻击并不是要破坏资产阶级或所谓中间等级的政权，而是首先要协助它建立统治权。不容置疑，在这里无产阶级政党的成员也会重新参加反对现状的革命，但是，为这一革命做准备工作，为它进行宣传鼓动、为它进行秘密活动和组织密谋，都不是他们的任务。他们可以把这种准备工作交给总的形势和直接有关的各个阶级去进行。如果他们不打算放弃自己的党的立场和由无产阶级总的生存条件所直接产生的历史任务,那么他们就必须把这种准备工作交给它们去进行。对他们来说,目前的政府只不过是暂时的现象,而现状只不过是一个短暂的停留点,而跟它斗得筋疲力尽,那只应当是目光短浅和心胸狭窄的民主派干的事情。

因此,"共产主义者同盟"并不是一个密谋团体,而是一个秘密组成无产阶级政党的团体,因为德国无产阶级被公开地剥夺了新闻出版、言论和结社等基本生存条件。如果说这样的团体在进行密谋活动,那就等于说蒸汽和电也在进行反对现状的密谋活动。

不言而喻,这种不是把组织未来的执政党,而是把组织未来的反对党作为目的的秘密团体,对于某些人来说,吸引力是不大的。这些人一方面用密谋活动的那种戏剧外衣掩盖自身的渺小,另一方面打算在最近革命到来时满足自己的一点微不足道的功名心,而首先是打算在目前就成为显要人物,在蛊惑宣传上捞到一份战利品,博得民主主义叫卖者的拥戴。

因此,从共产主义者同盟中已分离出了一个集团,或者也可以说,被分离出一个集团,这个集团即使不是要求真正的密谋,至少要求密谋的外表,因而要求同当代的民主主义英雄结成直接的联盟,——这个集团就是维利希—沙佩尔集团。这一集团的特征就是:维利希跟金克尔一道,在德美革命公债①的活动中是以承揽人的身份出现的。

---

① 德美革命公债是金克尔和小资产阶级流亡者的其他领导人于1851—1852年企图在德国流亡者和旅美德国人中间举借的公债,其目的是为了再次在德国唤起革命。这个活动的领导人是哥·金克尔、爱·梅因、奥·赖辛巴赫、卡·叔尔茨和奥·维利希。1851年9月—1852年3月,金克尔一直在美国动员那里的德国流亡者认购。这个活动遭到各方的非议,金克尔等人受到亨·伯恩施太因、威·魏特林、约·菲克勒尔和阿·戈克的攻击。金克尔回国后,1852年4月16日在伦敦召开了德美革命公债组织委员会的会议,决定恢复地方支部的活动。为此分别发出了由金克尔和维利希起草的通告式命令。1852年9月,赖辛巴赫提出了第一个财务报告,它宣告了德美革命公债运动的失败。马克思和恩格斯嘲笑金克尔这一企图的冒险性,认为这是在革命运动处于低潮时人为地唤起革命的有害而无成果的一种尝试。——原卷末注

关于这一派对科隆人所属的共产主义者同盟多数派的态度,刚才已经说过了。毕尔格尔斯和勒泽尔在科隆陪审法庭审讯时已对这个问题作了明白而详尽的阐述。[……]

卡尔·马克思《揭露科隆共产党人案件》,1853年巴塞尔版第77—79页,波士顿版第62—64页(《马克思恩格斯全集》德文版第8卷第458—461页,参看《马克思恩格斯全集》中文第2版第11卷第532—536页)

摘要

[……]1849年夏末,当我再次被赶出法国来到伦敦的时候,我发现那里残缺不全的中央委员会已经重整旗鼓,并且同恢复起来的德国各区部重新建立了联系。过了几个月,**维利希**来到了伦敦,根据我的建议,他被吸收参加中央委员会。他是由**恩格斯**介绍给我的,恩格斯曾担任他的副官参加了维护帝国宪法的运动。为了对同盟的历史作出全面介绍,我还要指出:1850年9月15日,中央委员会内部发生了分裂。中央委员会的多数派,在恩格斯和我领导下,把中央委员会的会址迁往科隆,该地早就是德国中部和南部的"总区部"所在地;除了伦敦以外,科隆也是同盟的知识分子的最重要集中地。

我们同时退出了伦敦工人**教育协会**。中央委员会的少数派,在维利希和沙佩尔领导下，成立了宗得崩德①，它不仅同工人教育协会保持联系，而且还同瑞士和法国恢复了从1848年起就已中断的关系。1852年11月12日，科隆案件的被告们被判罪。过了几天，根据我的提议，同盟宣告解散。一份关于同盟解散的文件（注明日期是1852年11月），我已经附在我对《国民报》的诉讼案的文件里。这份文件指出，同盟之所以解散，是因为从德国展开逮捕以来，即从1851年春天以来，同大陆上的**一切**联系实际上都已经中断，加之这类宣传协会已不再合时宜。过了几个月，即1853年初，**维利希**—沙佩尔的宗得崩德也寿终正寝。

引起上述分裂的根本原因，我在《揭露科隆共产党人案件》一书中已经叙述过了，该书转载了1850年9月15日举行的中央委员会会议记录的摘要。而最直接的实际原因，则是维利希想把"同盟"卷入德国民主主义流亡者的革命儿戏中去。对于政治形势的估计截然相反使分歧更加尖锐。我只举一个例子。比如，维利希妄想，普鲁士和奥地利在

---

① 宗得崩德（特别联盟）原是瑞士七个经济落后的天主教州为对抗进步的资产阶级改革和维护教会的特权而于19世纪40年代建立的单独联盟，其首领是天主教僧侣和城市的上层贵族。宗得崩德的反动企图遭到了40年代中在大部分的州和瑞士代表会议里取得优势的资产阶级激进派和自由派的反对。1847年7月，瑞士代表会议决定解散宗得崩德，于是宗得崩德在11月初向其他各州采取军事行动。1847年11月23日，宗得崩德的军队被联邦政府的军队击溃。天主教僧侣和城市上层贵族后来不止一次地利用一部分落后保守的农民，企图抗拒自由主义的改革和夺取各州的政权。联邦政府的胜利和1848年宪法的通过，使瑞士由国家的联盟变成联邦国家。

马克思和恩格斯后来用这个名称来讽刺1850年9月15日共产主义者同盟分裂后另立自己的中央委员会的维利希—沙佩尔宗派集团。——原卷末注

黑森选帝侯国和德意志联邦①问题上的争执②会引起严重冲突，从而给革命派提供实际干预的机会。1850年11月10日，即"同盟"分裂以后不久，他发表了一个用这种精神拟就的宣言：《告各国民主主义者书》，由宗得崩德中央委员会以及法国、匈牙利和波兰的流亡者签署。相反，恩格斯和我则主张——这一点可以在《新莱茵报评论》（1850年5—10月合刊，汉堡版第174、175页）上看到——，"**所有这一切喧嚷是不会有任何结果的**……斗争的双方——奥地利和普鲁士可以不流一滴

---

① 德意志联邦于1815年6月18日在维也纳会议上由德意志各邦联合组成，最初包括34个邦和4个自由市，其中还有藩属丹麦王国的荷尔斯泰因公国和尼德兰国王的领地卢森堡。丹麦国王以荷尔斯泰因公爵的身份，尼德兰国王以卢森堡大公的身份参加了德意志联邦的联邦议会。联邦既没有统一的军队，也没有财政经费，保存了封建割据的一切基本特点，这就加深了德意志政治上和经济上的分散状态。德意志联邦唯一的中央机关是以奥地利代表为会议主席的联邦议会，联邦议会拥有有限的权力，是反动势力镇压革命运动的工具。德意志联邦在1848—1849年革命时期瓦解，于1850年恢复。联邦的两个最大的邦奥地利和普鲁士不断地进行争夺霸权的斗争。联邦在1866年普奥战争期间彻底解体，后来由北德意志联邦代替。——原卷末注

② 1848—1849年革命失败以后，在普鲁士和奥地利之间爆发了一场争夺德意志霸权的斗争。奥地利企图恢复在革命时期实际上已经瓦解的德意志联邦。普鲁士希望通过建立一个在它保护下的德意志各邦的联盟，来巩固自己的霸权。1850年秋，奥普两国的斗争因黑森选帝侯国在它们之间引起的冲突而尖锐化了。黑森选帝侯国的革命事件使奥普两国找到了干涉其内政的借口。为了回敬奥地利军队进驻黑森选帝侯国，普鲁士政府也向那里进军。可是在沙皇尼古拉一世的压力下，普鲁士未经反抗就向奥地利让步了。——原卷末注

血,和平地坐在法兰克福联邦议会①里,但是,它们互相之间的忌妒,它们与自己臣民之间的不和以及它们对俄国最高统治权的不满,都不会因此就有任何减少。"②[……]

卡尔·马克思《福格特先生》,1860年伦敦版第35—36页(《马克思恩格斯全集》德文版第14卷第439—441页,参看《马克思恩格斯全集》中文第2版第19卷137—139页)

摘要

386
卡尔·马克思(巴黎)给弗里德里希·恩格斯(沃韦)的信

1849年8月1日前后

1849年7月底于巴黎

亲爱的恩格斯:

---

① 德意志联邦议会即以前的法兰克福联邦议会,于1815年6月8日在维也纳会议上由德意志各邦联合组成。联邦议会是德意志联邦惟一的中央机关,由德意志各邦的全权代表组成,会址设在美因河畔法兰克福,由奥地利代表担任主席。这一机关并不履行中央政府的职能,事实上成了各邦政府推行反动政策的工具。它干预德意志各邦内部事务的目的是为了镇压各邦的革命运动。1848年三月革命以后,反动势力企图加紧联邦议会的活动,以达到反对人民主权的原则和反对德意志民主联合的目的。1848—1849年革命失败以后,联邦议会从1850年9月2日开始仍由奥地利代表担任主席。从1851年起普鲁士驻联邦议会的全权代表是俾斯麦,最初他力求和奥地利结盟,后来采取了坚决反奥的立场。1859年初卡·乌泽多姆被任命为普鲁士的全权代表以代替俾斯麦。——原卷末注

② 引自马克思和恩格斯《时评。1850年5—10月》,参看《马克思恩格斯全集》中文第2版第10卷第616页。——编者注

我一直非常为你担心,昨天接到你的亲笔信①真高兴。我曾委托德朗克(他在这里)写信给你的妹夫②,希望能得到关于你的消息③。当然,此人什么也不知道。

我全家都在这里。政府曾经要把我驱逐到莫尔比昂,这个布列塔尼的蓬蒂诺沼泽去。直到现在我还没有执行。④ 但如果你想要我把我在这里的情况和总的形势较详细地写信告诉你,你就必须告诉我一个更可靠的通讯处,因为这里很紧张。

你现在有极好的机会就巴登—普法尔茨革命写一部历史或一篇抨击性文章⑤。如果你没有参加这次战争,我们是不能就这种滑稽戏提出我们的看法的。你在这样做的时候可以很好地表达《新莱茵报》对整个民主派的态度。我确信这种著作会受到欢迎,并且会给你带来一些钱。

我已经开始商谈在柏林出版一种定期的政治经济杂志(月刊)⑥,

---

① 见《马克思恩格斯全集》中文第2版第48卷第80—82页。——编者注
② 大概是指阿·冯·格里斯海姆。——编者注
③ 在巴登—普法尔茨起义失败以后,恩格斯所在的维利希军团于1849年7月12日作为革命军的最后一支部队在洛特施泰滕越过了瑞士边界。7月24日到达沃韦,在那里住了一个月。——原卷末注
④ 在巴黎六月十三日事件后,政府加紧了对民主主义者和社会主义者的镇压。1849年7月19日,马克思接到巴黎警方将把他驱逐到布列塔尼的莫尔比昂去的命令。他向内政部提出了抗议,于是驱逐令暂时停止执行。但8月23日,警方又一次命令他在24小时之内离开巴黎。

马克思把沼泽丛生、不利于健康的莫尔比昂比做意大利的蓬蒂诺沼泽——那是一个滋生疟疾和其他疾病的地方。斯特拉本等作家都曾在自己的书中提到过它。——原卷末注
⑤ 应马克思在信中的要求,恩格斯于1849年8月20日到达洛桑后就开始撰写《德国维护帝国宪法的运动》。这项工作于1849年10月到11月间曾一度中断。1849年11月底,恩格斯从瑞士刚一到达伦敦又开始继续写这部著作。整部著作于1850年2月全部完成,后来被发表在《新莱茵报。政治经济评论》第1、2、3期上(见《马克思恩格斯全集》中文第2版第10卷第3—109页)。——原卷末注
⑥ 《新莱茵报。政治经济评论》。——编者注

主要应该由我们两个人写稿。

鲁普斯①也在瑞士,我想是在伯尔尼。维尔特昨天来过这里,他正在利物浦建立一个经理处。红色沃尔弗②现在住在我这里。财务情况自然是十分混乱。

弗莱里格拉特一直留在科隆。如果不是我妻子怀孕的话,我在经济上一有可能就会欣然离开巴黎。

祝你健康。请代我向维利希衷心问候,立即回信,地址是:百合花路45号腊姆博先生收。

你的　卡·马·

手稿

莫斯科苏共中央马列主义研究院中央党务档案馆,f. 1, op. 1. d. 308(《马克思恩格斯全集》历史考证版第3部分第3卷第36页,参看《马克思恩格斯全集》中文第2版第48卷第85—86页)

387
卡尔·马克思(巴黎)给弗里德里希·恩格斯(洛桑)的信

1849年8月23日

1849年8月23日于巴黎

亲爱的恩格斯:

---

①　威·沃尔弗。——编者注
②　斐·沃尔弗。——编者注

我要被驱逐到莫尔比昂省，这个布列塔尼的蓬蒂诺沼泽去。① 你知道，我不会同意这个变相的谋杀。所以我要离开法国。

去瑞士不给我通行证，所以我必须去伦敦，而且就在明天动身。瑞士本来会很快被严密地关闭起来，老鼠会一下子全被捉住。

此外，我在伦敦创办德文杂志②肯定有希望。一部分钱已落实。

所以，你必须立即前往伦敦。而且为了你的安全也需要这样做。普鲁士人会枪毙你两次：（1）由于巴登③；（2）由于埃尔伯费尔德。④ 你

---

① 在巴黎六月十三日事件后，政府加紧了对民主主义者和社会主义者的镇压。1849年7月19日，马克思接到巴黎警方将把他驱逐到布列塔尼的莫尔比昂去的命令。他向内政部提出了抗议，于是驱逐令暂时停止执行。但8月23日，警方又一次命令他在24小时之内离开巴黎。

马克思把沼泽丛生、不利于健康的莫尔比昂比做意大利的蓬蒂诺沼泽——那是一个滋生疟疾和其他疾病的地方。斯特拉本等作家都曾在自己的书中提到过它。——原卷末注

② 《新莱茵报。政治经济评论》。——编者注

③ 指恩格斯参加1849年巴登—普法尔茨起义，即维护帝国宪法的运动。——原卷末注

④ 指1849年5月8日在埃尔伯费尔德爆发的主要由工人和手工业者参加的起义，它是莱茵省许多城市举行武装起义的信号。埃尔伯费尔德起义的领导权掌握在受小资产阶级和资产阶级民主派影响的安全委员会手中。

恩格斯于1849年5月11日到达埃尔伯费尔德并直接参加了战斗。他受该城安全委员会的委派领导修筑防御工事和街垒的全部工作，并指挥炮兵。恩格斯坚决的革命态度和措施使当地资产阶级深感恐慌。在市政府的压力下，安全委员会建议恩格斯离开埃尔伯费尔德；而工人们则坚决要恩格斯留下并发誓保护他。恩格斯不愿使起义者阵营发生分裂，于5月15日离开了埃尔伯费尔德。

由于安全委员会的投降立场，大部分工人纵队继恩格斯之后于5月17日夜离开了埃尔伯费尔德。埃尔伯费尔德起义的失败导致了反动派在整个莱茵普鲁士的胜利。有关详情参看恩格斯1849年5月写的文章《埃尔伯费尔德》。——原卷末注

在瑞士什么也不能干，何必待在那里呢？

没有什么妨碍你去伦敦，不管是用恩格斯这个名字或者用迈尔这个名字。只要你一声明愿意去英国，你就能在法国大使馆得到去伦敦的一次性通行证。

我对此事的估计是**肯定的**。你**不能**留在瑞士。在伦敦我们将有事情干。

我的妻子暂时留在这里。你给她写信可仍用这个地址：百合花路45号腊姆博先生收。

再说一遍：我估计你一定不会置我于不顾的。

你的

卡·马·

鲁普斯①在苏黎世吕宁医生那里。请你把我的计划也写信告诉他。

手稿
莫斯科苏共中央马列主义研究院
中央党务档案馆，f. 1, op. 1. d. 311
(《马克思恩格斯全集》历史考证版
第3部分第3卷第44页，参看《马克思恩格斯全集》中文第2版第48卷第92—93页)

---

① 威·沃尔弗。——编者注

388
弗里德里希·恩格斯（洛桑）
给雅科布·沙贝利茨（巴塞尔）的信

1849 年 8 月 24 日

1849 年 8 月 24 日于洛桑市
拉帕吕德广场 8 号

亲爱的沙贝利茨：

我非常感谢你及时把信转寄给我。因为我不能让人把信直接寄给我，而我又不知道别的地址，所以我不得不麻烦你转寄。也许你还会收到一两封给我的信，仍望费神给我转来。

我现在住在洛桑，写关于普法尔茨—巴登革命滑稽剧①的回忆录②。你很了解我，不会以为我在政治上参与了这个一开始就注定要失败的事件。我在卡尔斯鲁厄和凯撒斯劳滕十分痛快地取笑了那些临时政府的错误和犹豫不决，拒绝了一切职位，而且普鲁士人一来，我就到奥芬巴赫的维利希那里去，作为他的副官参加了整个战役。我时而在司令部，时

---

① 指发生在 1849 年 5 月初的巴登—普法尔茨起义，这次起义在德国维护帝国宪法的运动中具有极其重要的意义。——原卷末注
② 恩格斯《德国维护帝国宪法的运动》（《马克思恩格斯全集》中文第 2 版第 10 卷第 3—109 页）。——编者注

而在前线，但始终同总司令部保持通讯联系，同德斯特尔（他作为"红色奸党"① 推动了政府前进）保持经常联系，在各次战斗中，最后在拉施塔特会战②中，我有机会看到了许多事情，经历了许多事情。你知道，我有足够的批判能力，不会赞成平庸的极端共和主义者的幻想，能够看透领袖们用大话掩盖起来的怯懦。

这篇东西将按照《新莱茵报》的精神，对这一段历史提出与其他预计会出现的论述不同的观点。它将更多地揭露某些肮脏勾当，特别是将包含许多关于迄今几乎完全不为人所知的普法尔茨事件的新材料。[……]

手稿 节录

莫斯科苏共中央马列主义研究院
中央党务档案馆，f. 1, op. 1. d. 311
（《马克思恩格斯全集》历史考证版
第3部分第3卷第46页，参看《马
克思恩格斯全集》中文第2版第48
卷第95—97页）

---

① 恩格斯《德国维护帝国宪法的运动》（《马克思恩格斯全集》中文版第2版第10卷第51页）。——编者注
② 拉施塔特会战发生在1849年6月29—30日，巴登革命军和普鲁士军队在拉施塔特城下展开了最后一次激战，被包围在拉施塔特要塞的巴登革命军坚持到7月23日才无条件投降，德国1848—1849年革命就此结束。见恩格斯《德国维护帝国宪法的运动》第4章《为共和国捐躯！》（见《马克思恩格斯全集》中文第2版第10卷第66—109页）。——原卷末注

389

约瑟夫·魏德迈[197]（美因河畔法兰克福） 给卡尔·马克思（伦敦）的信①

1849年8月28日

1849年8月28日于法兰克福

亲爱的马克思：

我相信可以找到一个印书商，[198]他同时可以提出广告方面的必要建议。他在看到稿件②并知道自己要冒多大的危险之前，不会贸然从事。这是完全可以肯定的。在这方面，一篇政治性导言尤其具有重要意义。因此，您最好无论如何下决心冒点风险，把第1期的稿件完成并事先寄给我。如果您能够设法编好的话，那么一期不要超过2—3印张，这样价格可以尽量订得低一些。

吕尔和列斯凯的组合可惜没有什么结果，因此吕尔必须到别的地方看一看，他没有留在此地。可见他不能够承担此事。但是他无论如何会为西里西亚干些必要的事情；他自己也许又回到那里去了。这位印书商

---

① 魏德迈不知道马克思8月24日已经动身去伦敦，所以这封寄到了巴黎。暂时还留在巴黎的燕妮·马克思将信转寄给马克思。
② 指马克思计划出版的杂志的第1期（指1850年1月开始出版的《新莱茵报。政治经济评论》。——译者注）。

可是个非常规矩的人；这件事同平版印刷有联系，因此这事本身有相当好的门路。这样，小册子可以存放在这里，从这里向附近地区推销，再远的地方我就无法直接料理了。瑙特[199]可以出色地完成向莱茵省推销；在威斯特伐利亚也不乏推销者，至于通过书店来发售，格吕韦尔是个很理想的人，他也很乐于干。在其他地区还必须物色适当的人。——如果您基本上同意，那就请您在我也许能够从这里推销之前尽早把稿件寄给我。

我们的报纸[200]的命运可能在本周末就会决定——吕宁[201]和列斯凯将于本周末在斯特拉斯堡会晤。匈牙利戈尔盖的叛卖①和巴登根据紧急状态法实施的禁令使我们的处境非常艰难。在匈牙利发生的这一突如其来的打击造成了普遍的灰心丧气，因此我不敢说我们报纸的最近几号能对消除这种情绪有所帮助。吕宁本人对发展估计得非常不足，以致他认为反动派的胜利随时都有可能。我现在非常盼望您不久能够把您关于英国的文章[202]寄来。我希望局势现在能够很快出现根本性危机；在匈牙利，阶级斗争也非常尖锐，这对最后的无产阶级革命只能起促进作用。吕宁始终非常忽视经济关系，可惜，我由于对个别关系缺乏了解而在这方面常常受感情支配，未能把一切都建筑在统计的基础之上。到目前为止，我的感情在这方面还仍然相当幸运地支配着我。

如果您向我介绍一些有关俄国工商业的情况，那我将非常欢迎。人们现在必须了解这个国家的一些情况，尤其是为了能够判断它对英国的立场。

瑙特给我来信，谈到红色报纸[203]的问题。我本想把卖报纸的钱连同

---

① 阿尔图尔·戈尔盖是匈牙利革命军队的最高司令官，从1848年秋天起就对革命战斗实行消极怠工，同沙皇军队的司令官进行秘密谈判，结果导致1849年8月13日匈牙利军队在维拉哥斯投降。

我在这里还没有脱手的一些报纸寄给他。寄还报纸是应该的；我正在忙于往回收钱——可惜，这笔钱少得可怜。我不如把钱寄给您并给瑙特写封信，告诉他我手头已经没有报纸了，我已经把200份报纸捎给在威斯特伐利亚的格吕韦尔。[204]

如果我们的报纸真的一定要停刊，那么我就要设法把威斯特伐利亚的一家小报的编辑部抓到手里，以便使我能够用这种方式勉强混到最近的一次革命——或者混到在某个得天独厚的监牢里找到免费的住处。

恩格斯从洛桑给我来过信。[①] 他打算写普法尔茨—巴登战役的幽默历史，只是还缺少出版者。我想试一试看，是否能有幸办妥这件事。

您的家人情况如何？驱逐您的事怎么样了？

我妻子和我衷心问候您和您的妻子。

您的
约·魏德迈

注意。我认为，您在这里典当银器的当票该重新办理了。如果让我来办，请把当票寄来。

这里还收到关于威尼斯陷落的[②]电报。

手稿

阿姆斯特丹国际社会史研究所马克
思恩格斯遗著 DVIII 91/D 4526
(《马克思恩格斯全集》历史考证版
第3部分第3卷第384—385页)

[①] 1849年8月25日恩格斯给魏德迈的信，载于《马克思恩格斯全集》中文第1版第27卷第534—535页。

[②] 威尼斯共和国从1849年3月底被奥地利军队包围，于1849年8月24日投降。

390
斐迪南·弗莱里格拉特[205]（科隆）给
雅科布·沙贝利茨（巴塞尔）的信

1849年9月2日

亲爱的沙贝利茨：

随信附上的报纸会告诉您一件最令人痛心的事情[206]，我还一直为此而难过。这件事情会使您非常伤感，您是沙佩尔的朋友，而且还认识死者①，我可以根据自己的心情来判断您的心情。

我们作了我们力所能及的事情。在沙佩尔本人能够重新照看自己的孩子之前，这些孩子暂时由朋友们照料：图斯涅尔达由我照料。最小的孩子自然要由一位养母来照料。这种情况和其他情况也使得国外朋友的热心帮助备受欢迎。如果您——为了照顾沙佩尔，自然不要声张——能在当地的同志当中干点什么，那就请您向我们承担义务。如果收到捐款，您可以寄给我，我马上把一切都记上账。

我的妻子在沙佩尔夫人故去前8天生下一个健康的女孩，到现在他们母子都平安。我的其他几个孩子，您在伦敦见过，也都健康。我也很好，只是总怨恨革命的可鄙的终结。革命之初，当时我在白鹿酒馆多么兴高采烈。② 但愿到目前为止的清水汤只是一种**前奏**，真正的舞蹈在我们从这所毕竟有用的学校毕业之后才开始。

---

① 弗莱里格拉特和沙贝利茨早在革命前都是在伦敦的卡尔·沙佩尔及其家属的亲密的朋友。
② 在弗莱里格拉特的发动下，1848年初在伦敦成立了一个小俱乐部。它经常在利物浦大街的白鹿酒馆开会。

巴贝特①来信说,她当时遇见过您。几天前,朋友**特吕布纳**②曾路过这里。

请您原谅我的匆忙。我今天利用这个机会还要干许多事情和写东西。盼您尽快回信!

您的 永不变心的朋友和兄弟
斐·弗莱里格拉特
1849年9月2日于科隆约翰大街26号

手稿　　　　　　　　　　　　　　　　　　　　　　　　第一次发表
莫斯科苏共中央马列主义研究院
中央党务档案馆,f. 180, d. 1/8

391

关于塞巴斯蒂安·载勒尔[207]在伦敦共产主义工人教育协会的一次演讲的报道

1849年9月9日

****伦敦**9月9日。1840年③以来在伦敦存在的德意志教育协会自从宪章派受迫害和二月革命后发生的事件一度在德国人数大减,而今又兴

---

① 找不到有关此人的详细的资料。
② 尼古劳斯·特吕布纳是伦敦的书商,白鹿酒馆俱乐部的成员。弗莱里格拉特后来在伦敦还同他有来往。
③ 原稿上误写为:1841年。

旺起来了。[208]在它最近一次的会议上,从巴黎来到我们这里的塞巴斯蒂安·载勒尔公民作了开幕演说。我们在这里按照出席这个会议的一家美国报纸的通讯员的报道把这个演说的基本内容转述如下:

"朋友们和兄弟们!你们从报刊上已经知道了,法国资产阶级不仅对巴黎本地的爱国者,而且对在巴黎的德国爱国者采取了多么残酷的手段。**卡·马克思**、艾韦贝克、塞巴·载勒尔、卡·布林德[209]、陶森瑙和其他一些人被指控为所谓6月13日密谋的参加者,被剥夺了社会地位并被投入监狱。他们在监狱里度过了两个多月之后,未经任何审判,只是根据毫无事实根据的特务报告,就被赶出保皇主义共和国。他们现在已经来到伦敦[210],我十分荣幸地以他们的名义向你们转达兄弟般的问候。人们或许会以为,他们的出席同从法国传来的最新凶讯有联系,证明现在要搞社会民主主义共和国。决不可能!反动派的嚣张在很大程度上会引起一场反击。对这个反击来说,以往的一切革命只不过是儿戏而已。无产阶级在二月革命之后尽管多次被打倒在地,但是它越来越强大。1848年3月17日、四月运动、5月15日、六月打击和最后5月13日的辉煌的选举结果使211名红色共和党人进入议会,都说明了这个问题。由此可见,当代一切政治斗争的实质似乎在于,它们在失败中经受锻炼,直到学会进行真正的阶级斗争。这个阶级斗争来得比庸人们在他们的哲学中能够想象的要快。仅巴黎一地就有11000个食品杂货商及其家属和其他亲属已经濒于深渊:他们所有的人都被抛到无产阶级方面,他们再也不会像打疯狗那样开枪打工人。[……]① 法国的情况就是这样,饥饿恶魔的幸灾乐祸一天比一天令人憎恶,施舍的招牌失去了吸引力,而以往用合法手段能够争取到的东西现在却要经过一场空前的浴血厮杀才能得到。人民不再忍耐,许多人被抄家,被枪杀和被流放,任何

---

① 这里删去一大段关于法国情况的叙述。

友爱的话都再也没有人听了,就像在2月一样。意大利和匈牙利不久将从沉睡中站立起来,同德国的兄弟联盟将变为现实。为此我们勇敢地前进,教育人民准备进行大规模的斗争,我们要实实在在地向人民说明他们的真正利益。我们必须学会真本领,不再让别人夺走他们的胜利果实。——我很高兴能够站在这块土地上并站在你们中间,以便今后为这一宣传工作作出最积极的贡献。普遍的共和制万岁!"

这个演说博得了热烈掌声;许多会员同这个实干的人握手。

1849年9月13日《西德意志报》(科隆)第96号

节录

392
斐迪南·弗莱里格拉特(科隆)给威廉·沃尔弗(苏黎世)的信

大约1849年9月中旬①

亲爱的鲁普斯:

如果不是家务琐事缠身,我早就回复您上月22日寄来的非常受欢迎的信。因为小沙佩尔②刚刚到我家就患了猩红热,虽然没有什么危

---

① 这封信没有写明日期。信封上写的是:"科隆的威廉·沃尔弗先生收,现住苏黎世。内有15元黑白币。"这封信不是通过邮局寄的。
② 图斯涅尔·沙佩尔。

险，但遗憾的是不会没有其他后果。[……]①

我和朋友们对您的整个报告非常感兴趣。我把关于约瑟夫·莫尔的报告通过恩格斯告诉了莫尔的（始终不知其详情的）家属。人们还不愿相信这个（总是不确定的）消息；莫尔的姐妹希望听到她的兄弟用假名安然住在琉森，并催促我请求您尽力收集关于这种传闻是否真实的消息。**我**不相信这一点，我宁可认为莫尔肯定是牺牲了。如果他还活着（尤其是作为流亡者跑到什么地方），那么他就会给他的家属或本地和伦敦的党报个信。② 他参加战斗，为什么就不该碰上子弹呢？"枪弹的饲料"——如果[……]③ 冲锋陷阵而又认为自己不会当枪弹的饲料，他就是一个傻瓜。[……]

所有的朋友——丹尼尔斯、哈根[211]、克莱因等等——衷心地问候您。祝您尽可能一切如意，请您不久再来信告知您的情况！——永远祝愿您诸事如意！

您的 弗莱里格拉特

沙佩尔本月29日将在威斯巴登刑事陪审法庭受审④，他希望相当明确地宣布无罪。——莱希乌斯⑤和德朗克从巴黎写来告急信，马克思偕家眷住在伦敦（切尔西）。维尔特混得最好。这个家伙在作澳大利亚羊毛和兔皮生意，会赚大钱。他也心满意足了。

"摩西"⑥ 现在在你们那里了！——我希望，你们会有"摩西和先知"。⑦

---

① 删去的这一部分是讲述弗莱里格拉特的所有家庭成员都染上各种疾病的情况。
② 关于最初对莫尔牺牲的猜测，另见文件404和425。
③ 此处纸张破损。
④ 审判一再推迟，见文件430。
⑤ 可能是理查·莱茵哈特。
⑥ 莫泽斯·赫斯。
⑦ "摩西和先知"在德国是金钱的俗称。

手稿①　　　　　　　　　　　　　　　　　　　　　　　　　　摘要

莫斯科苏共中央马列主义研究院

中央党务档案馆馆,f.180, d.3/1

393
关于成立伦敦德国政治流亡者救济委员会[212]的报道

1849年9月18日

****伦敦**，9月18日。在伦敦成立多年的德意志工人教育协会②和德国流亡者今天在这里举行了一次全体会议。会议决定，成立一个委员会，它的任务是：同英国自由派、居住在英国的富有的同胞以及仍在德国进行活动的爱国者取得联系，为穷困的德国流亡者募集捐款。**委员会的任何成员均不得从出纳处领取任何救济**。以大多数票选出下列委员会委员：《新莱茵报》前主编卡尔·马克思；普法尔茨—巴登政府前驻巴黎公使卡尔·**布林德**；维也纳奥地利国会前议员神甫**菲斯特尔**[213]；伦敦鞋匠师傅亨利希·**鲍威尔**[214]；伦敦的画家卡尔·**普芬德**。[215]

据悉，这个5人委员会将同其他国家的协会建立友好关系，以便在可能的情况下成立"总救济委员会"。它将代表各个民族并一视同仁地救济一切民族的民主主义流亡者。

---

① 全文载于《弗莱里格拉特与马克思和恩格斯通信集》（曼弗雷德·海克尔编辑和作序）第2卷1968年柏林版第13—14页。
② 指共产主义工人教育协会，见注释208。

1849年9月22日《西德意志报》
（科隆）第104号①

394
伦敦德国政治流亡者救济委员会的呼吁书②

1849年9月20日

呼吁支持德国流亡者

德国在疯狂的战争喧嚣中又建立了"秩序和安宁"；在硝烟弥漫的城市废墟上在杀气腾腾的隆隆炮声中又恢复了"财产和人身的安全"；军事法庭简直来不及把一个又一个被打碎了脑袋的"叛逆者"送进坟墓；监狱已经容纳不下所有的"谋反者"；而唯一还存在的法就是军事

---

① 1849年9月26日《北德意志自由报》（汉堡）第158号和1849年9月30日《伯尔尼报》第273号也刊载了关于这次会议的报道。

② 1849年9月18日，伦敦德意志工人教育协会与来到伦敦的德国流亡者在公开集会上成立了一个德国政治流亡者救济委员会。委员会中占优势的是共产主义者同盟盟员，马克思被选进委员会。这份呼吁书及该委员会的收据和财务报告等文件，反映了马克思在1848—1849年革命失败后聚集分散的革命力量方面所作的努力。

《呼吁书》写于9月20日，当时在很多报纸上发表。1849年9月25日《西德意志报》第106号上注明的日期为9月20日。《德累斯顿报》上发表时注明的日期为"9月19日"。《呼吁书》发表后，很快就得到了响应。在科隆成立了一个救济我们的政治流亡者的工人委员会，出版了《西德意志报和西卡耳梅克人》的小册子。9月28日，约·魏德迈领导的法兰克福工人协会作出定期为流亡者筹集"星期税"的决定等等。——原卷末注管制法，——从那时起，成千上万的德国人便无家可归，流落国外。

他们一天比一天多，这些失去祖国的人们灾难也日益深重；他们从一个地方被驱逐到另一个地方，早上不知道晚上在何处过夜，而晚上又不知道明天早晨能在何处觅食。

无数的流亡者遍布瑞士、法国和英国。这些不幸的人来自德国各地。凡是在维也纳街垒中同①联盟进行过战斗以及同耶拉契奇的骑兵队厮杀过的人，凡是在普鲁士从弗兰格尔和勃兰登堡的兵痞手中逃跑的人，凡是在德累斯顿用枪炮捍卫过帝国宪法的人，凡是在巴登以共和国军人身份同诸侯的联合十字军作过战的人，——不论是自由主义者还是民主主义者，是共和主义者还是社会主义者，这些形形色色的政治学说和利益的拥护者，现在则由于同样遭到驱逐和同样遭受苦难而团结起来了。

半数国民身穿破衣烂衫在他人门前乞讨。

我们的流亡同胞也流落在这世界繁华都市伦敦的寒冷街头。每一艘横渡海峡的轮船都从大海彼岸运来一批失去祖国的人；在这个城市的各条街道上都可以听到被流放者用我们的母语发出的怨声。

这种困苦的境况深深地触动了居住在伦敦的许多热爱自由的德国人。因此，今年9月18日召开了德意志工人教育协会②和来到伦敦的德

---

① 黑黄黑和黄曾是代表奥地利帝国的颜色。——编者注
② 德意志工人教育协会是1840年2月7日正义者同盟的卡·沙佩尔、约·莫尔和其他活动家在伦敦建立的。有时用会址名称大磨坊街协会。共产主义者同盟成立后，在协会中起领导作用的是同盟的地方组织。1847和1849—1850年，马克思和恩格斯积极参加了协会的活动。在马克思和恩格斯领导下的共产主义者同盟中央委员会多数派同宗派主义冒险主义少数派（维利希—沙佩尔集团）之间的斗争中，协会中大部分会员站在少数派一边，因此马克思、恩格斯和他们的许多拥护者在1850年9月17日退出了协会。从50年代末起，马克思和恩格斯重新参加了该协会的活动。国际工人协会成立之后，协会（弗·列斯纳是协会的领导人之一）就加入了国际工人协会。伦敦教育协会一直存在到1918年为英国政府所封闭。——原卷末注

国流亡者的大会,建立了救济贫困的民主主义者委员会。被选进委员会的有下列人员:

卡尔·马克思,原《新莱茵报》编辑;

卡尔·布林德,前巴登—普法尔茨政府驻巴黎特使;

安东·菲斯特尔,前维也纳奥地利国会议员;

亨利希·鲍威尔,伦敦鞋匠;以及

卡尔·普芬德(本市画家)。

委员会将每月向全体大会提出公开财务报告,同时把报告摘要刊登在德国报纸上。为了避免一切误解,特作下列规定:今后委员会的任何委员都不得从委员会的出纳处领取任何救济金。如果委员会的某个委员需要救济,那就不得再担任委员会委员。

朋友们和兄弟们,我们请求你们尽力而为。如果你们希望那受压制的和被束缚的自由重新得到恢复,如果你们同情你们的优秀的先进战士所受的苦难,那我们是不必特别提醒你们的。

所有捐款请寄:伦敦索霍广场第恩街64号鞋匠亨利希·鲍威尔。信封上请注明:"流亡者委员会收"。

德国政治流亡者救济委员会①

---

① 指社会民主主义流亡者委员会,这个属于伦敦德意志工人共产主义教育协会的委员会成立于1849年9月18日,最初名为伦敦德国流亡者救济委员会,马克思也被选入该委员会。为了划清伦敦流亡者中无产阶级分子和小资产阶级分子的界限,该委员会根据马克思和共产主义者同盟其他领导人的提议,于1849年12月3日被改组为社会民主主义流亡者委员会,马克思和恩格斯都参加了它的领导。这个委员会在恢复共产主义者同盟盟员之间的联系方面,在团结在伦敦的马克思和恩格斯的拥护者方面,以及在1849—1850年改组共产主义者同盟方面都起了重要的作用。在共产主义者同盟分裂以后,流亡者委员会大多数成员都受到了维利希—沙佩尔集团的影响,1850年9月18日,马克思和恩格斯及其拥护者宣布退出这个组织,委员会被维利希—沙佩尔集团所控制(见《马克思恩格斯全集》中文第2版第48卷第739页)。——原卷末注

(签名)安东·菲斯特尔 卡尔·马克思
卡尔·布林德 亨利希·鲍威尔
卡尔·普芬德

1849年9月20日于伦敦

1849 年 9 月 25 日《西德意志报》(科隆)106 号(《马克思恩格斯全集》历史考证版第 1 部分第 10 卷第 553—554 页,参看《马克思恩格斯全集》中文第 2 版第 10 卷第 699—701 页)

395
克里斯蒂安·约瑟夫·埃塞尔[216](科隆) 给卡尔·马克思(伦敦)的信

1849 年 9 月 28 日

1849 年 9 月 28 日于科隆

亲爱的马克思:

我没有收到过比您康复更可喜的消息。① 我们大家感到非常高兴的

---

① 关于1849年9月初马克思患病一事,见1849年9月5日马克思给弗莱里格拉特的信,载于《马克思恩格斯全集》中文第1版第27卷第535页。——1849年9月9日《西德意志报》(科隆)第93号;另见文件396。

是,您担任了救济委员会的领导,为这些穷鬼奔波。这里的情况如旧,新近有人被捕。总之,司法当局现在比过去更加肆无忌惮;我不相信情况会长此下去。沙佩尔于10月8日接受威斯巴登刑事陪审法庭审理,诺特荣克[217]于9日因为乌滕霍芬事件在科隆被传讯,我在12日由于冒犯国王的尊严被传讯,贝克尔在13日由于亵渎君王再次被刑事陪审法庭传讯①。天晓得,他们打算怎样发落我们,反正耐心等待吧,清算的日子反正已经不远了!弗莱里格拉特患重病,但已经有了好转,他得的是咽喉炎。您的号召书已经刊登在科隆报纸②上。我们的朋友几乎都还健康,我非常希望我们大家能够再次相会。在我看来,这种政治上的平静比去年的汹涌波涛危险得多。

祝您诸事如意并愿您不忘您的忠实的朋友

克里斯蒂安·约瑟夫·埃塞尔

问候您亲爱的夫人和您可爱的孩子

再见

如果您打算回信,那么我的地址是:科隆参德考尔街34号。

《西德意志报》出版者克·约·安塞尔。

手稿
阿姆斯特丹国际社会史研究所马克思恩格斯遗著DIV85/D 1885 (《马克思恩格斯全集》历史考证版第3部分第3卷第396页)

---

① 在威斯巴登对卡尔·沙佩尔等人的审判——见文件430——一再推迟,最后在1850年2月举行。埃塞尔和海尔曼·贝克尔在科隆受审时被宣告无罪。
② 《科隆日报》;号召书发表在该报1849年9月30日。

396
弗里德里希·许纳拜恩[218]（埃尔伯费尔德）给卡尔·马克思（伦敦）的信

1849年10月3日

亲爱的马克思：

有您参加署名的《救济伦敦德国流亡者呼吁书》使我确信，您的霍乱病已经痊愈，我感到十分高兴。我们事业的失败，我自己坐牢，甚至由此给我的至为珍贵的家庭所造成的不幸，都没有像《西德意志报》上关于您身染霍乱的报道①那样让我痛心。

您知道，我不会奉承人，我从来没有奉承过任何一个在智力上或物质条件上远远超出我的人。但是，我不得不向您承认，您教给我思考政治问题，您是我的北极星，它在当前的政治船只遇难中将会引导我找到码头。在这个码头，人们可以享受到天赋予的权利，而直到现在少数人还拒不承认这种权利并加以剥夺。因此，我现在又鼓足了勇气，并希望不久将看到人的权利受到充分的尊重、我们对我们的压迫者进行正当报复时刻的到来。

现在，我在这里已经坐了5个月的牢，而且还不知道，我们的案件在原定于10月或11月的刑事审判庭中是否会得到审理。[219]调查工作已告结束，您将会从报纸上看到，全体在押的五月案件被告人已经向科隆

---

① 见1849年9月9日《西德意志报》（科隆）第93号。

诉讼院提出不在埃尔伯费尔德这里，而在莱茵省的其他刑事审判庭接受审判。直到现在，我们还一直没有得到有关这个要求的最新消息，起诉书已经送交给我们。因此，我担心，有人故意把我们的案件拖下去，打算让我们在待审中度过三四个月。如果我们在埃尔伯费尔德受审，那么我们必定要吃亏。因为此地的资产者由于怯懦而在任何情况下都打算再次充当老粗①的忠顺臣民，向这个魔鬼请示，我们有罪还是无罪。为了表明埃尔伯费尔德城的忠顺，我们必定会被判刑。而如果我们到了科隆或杜塞尔多夫，那么我丝毫也不怀疑我们会被宣布无罪。

我被捕后一直同老米尔巴赫[220]一起被关在一个大约有50口②的小房间里！他们让我们两人供出检察官所需要的一切。我们可以喝酒、吸烟等等。相反，其他的穷鬼受到的待遇不如牛马，不区分他们是政治犯还是已经被判刑的强盗或杀人犯。

米尔巴赫和我感到快慰的是，我们在一起。即使我们不是在一切问题上都持有同样的见解，至少在重大问题上是一致的，所以我们在一起可以使我们不觉得时间是那么不堪忍受的漫长。如果我没有家室，那么我就可以更坦然地承受我的一切不幸的命运，但是，我明明知道我亲爱的妻子和3个孩子被抛弃在世上而又不能帮助他们，这使我感到内疚，现在我的生活一刻也不能平静。虽然我的家庭现在还没有到一贫如洗的地步，但是，如果我再继续坐牢的话，那么会有这么一天的，因为我的生意几乎完全被砸了。正像所预料的，罪该万死的巴门资产阶级已宣布不再当顾客，并且扬言，谁还敢出于对我的同情而继续在我妻子那里订购，就要受到追究并一律停止食物供应。这不是仅仅针对我自己，而且是针对一切有民主派名声的人。他们这样干，也不是坏事，尽管暂时要

---

① 弗里德里希-威廉四世。
② 50莱茵地区平方尺，相当于5平方米。

吃些苦头。人民当中的愤怒情绪显然在高涨。现在只是需要有一个新的冲击,就可以达到完全报复的目的。但是这个冲击还可能拖延很长一段时间,到那时我的家庭就会陷入贫困之中。[……]但愿我能活到再次参加街垒战的那一天,到那时我希望感到满足并有勇气在此以前承受一切不幸。[……]

手稿 节录

阿姆斯特丹国际社会史研究所马克思恩格斯遗著 DIV 268-1/D 2377
(《马克思恩格斯全集》历史考证版第 3 部分第 3 卷第 397—398 页)

397

弗里德里希·恩格斯(热那亚)给乔治·朱利安·哈尼(伦敦)的信

1849 年 10 月 5 日

1849 年 10 月 5 日于热那亚

亲爱的哈尼:

你想必已经收到我托维利希上校转给你的那封短信①。我现在告诉

---

① 恩格斯 1849 年 10 月 5 日前给乔·朱·哈尼的信没有保存下来。——编者注

你并请你转告马克思,今天早晨我到了热那亚,如果风向和天气好的话,我明天就乘**斯蒂文斯**船长的英国纵帆船**康沃尔钻石号**前往伦敦。我在途中大约要走四五个星期,因此将于11月中旬到达**伦敦**。

能够如此快地找到适当机会,摆脱这种该死的警察气氛,我感到非常庆幸。我确实从来没有

看到过像皮埃蒙特这里组织得这样好的警察。

永远忠实于你的 弗·恩格斯

伦敦布朗普顿区女王街9号乔治·朱利安·哈尼先生收。

手稿

阿姆斯特丹国际社会史研究所马克思恩格斯遗著K 222／K 566(《马克思恩格斯全集》历史考证版第3部分第3卷第49页,参看《马克思恩格斯全集》中文第2版第48卷第99页)

398
关于在科隆成立工人教育协会的通告[221]

1849年10月14日

§**科隆**。10月15日。工人读书会昨日改组为教育协会。该协会的

宗旨是:向工人们讲授真正科学以及一般教育学科。各界公民已经答应定期来协会讲学,以表示支持。下星期日①晚6时开始举行讲座。

1849年10月17日《西德意志报》
(科隆)第125号

399
斯图加特工人教育协会的声明[222]

1849年10月中旬

斯图加特。《人民防卫报》谴责9月23日在罗伊特林根举行的符腾堡工人协会的每年一次的全体大会决定避开政治问题。[223]作为本地工人协会的代表,我认为必须对此予以批驳。工人协会不仅必须关心政治领域,而且其主要任务是首先为会员举办科学和社会讲座以及针对工人主要感兴趣的职业问题进行评论,以教育工人。如果想一想,多数工人所受到的教育是多么可怜,如果想一想,多数工人只上过一般的小学,甚

---

① 1849年10月21日。

至常常连这种学校也上不起,那么,人们就会理解,对于工人来说,**教育**,只有教育才是头等大事。而同时如果考虑到,在《教育》这一章里政治教育居首位,那么人们就不会让我们承担宣布脱离政治的责任。我完全相信,人们不可能指责工人不问政治;究竟是谁从1848年3月以来在一切发生战斗的地方奋不顾身地投入了运动?多半是工人。是谁直到最近的巴登起义都一直忠实于德国事业?还是工人。遗憾的是,他们只是成了所谓"政治"头目的错误的牺牲品!虽然一个等级使他们的许多弟兄亡命他乡或眼看着他们慢慢地死在要塞①的高墙里,但我认为人们不能以此来指责这个等级没有政治同情心。当要登上街垒的时候,人们才似乎完全认识这个等级,那是很可悲的。而如果《人民防卫报》上的一篇文章的作者先生关心政治**鼓动**的话,那么他可以在目前死一般的寂静中**独自**进行这种鼓动而自得其乐。他可以把另外的乐趣同这种乐趣结合起来。这就是筹集必要的经费,以便将来符腾堡工人协会不再只派一名代表参加莱比锡德国工人协会的全体大会。他在其文章结尾对此表示不快。如果那篇文章的作者先生知道,工人协会会员必须从他们的微薄的收入中拿出钱作旅费并支付给疾病保险机关,那么他就不难理解没有经费派更多的代表到莱比锡去。——斯图加特工人教育协会主席**比尔克**。

1849年10月18日《观察家报》
(斯图加特)第258号

---

① 拉施塔特。

400
伦敦德国政治流亡者救济委员会的收据[224]

1849年10月16日

收条：

现收到伦敦威斯特敏斯特银行一张7英镑的汇票，由什切青的爱·蒂森先生转赠。我们以德国流亡者的名义向捐赠者们表示我们的谢忱。

1849年10月16日于伦敦

德国政治流亡者救济委员会
  卡尔·马克思 卡尔·布林德
  亨利·鲍威尔 卡·普芬德

1849年10月26日《自由射手》（汉堡）（《马克思恩格斯全集》历史考证版第1部分第10卷第555页）

401

布鲁塞尔德意志工人协会[225]给伦敦共产主义工人教育协会的信

1849年10月24日

1849年10月24日于布鲁塞尔

布鲁塞尔德意志工人协会给伦敦德意志工人协会的信

兄弟们:

劳动阶级日益变得令人窒息的处境使协会在许多城市纷纷成立起来。这些协会的目的是考察劳动阶级的处境,同时商讨能够解救劳动阶级的办法。而为了能够尽快达到这个目的并对广大群众施以强有力的影响,这样的协会彼此建立直接联系是必要的,同时也是有益的。

早在大约两年前,当时的布鲁塞尔德意志工人协会副主席马克思先生曾建议同你们——兄弟们每月取得联系。

在这之后不久爆发的二月革命使此地工人协会的活动中断了一段时间,所以也阻碍了着手采取这一措施。今年5月,莫尔从德国旅行回来之后参加了我们的一次周会①,他再次要求我们同你们建立上述的通信联系。此地协会的会员彼得逊[226]此后不久便前往伦敦,我们让他带去第一封信。可是,我们弄不清楚,你们为什么没有给予答复。因此,我们

---

① 见本书第2卷注释183。

再次要求你们尽快同我们建立联系并彼此交流观点。我们认为这样做是我们的义务,而从我们的共同利益来说,也是必要的。

祝好并握手

工人协会主席　施泰因根斯[227]

布鲁塞尔拉维奥莱特街28号

手稿

第一次用原文发表

莫斯科苏共中央马列主义研究院

中央党务档案馆,f.20, d.108

402
卡尔·沙佩尔（威斯巴登）[228]给斐迪南·弗莱里格拉特（科隆）的信[①]

1849年10月24日前后

亲爱的弗莱里格拉特:

我在昨天午后已收到您21日的来信——谢谢——谢谢你们的友情。路易·勃朗说,如果人们需要,那么无产者将一马当先尽力相助,此话

[①] 这封信的摘要是从弗里德里希·列斯纳1849年11月5日给亨利希·鲍威尔的信（文件404）中抄录的。

是当真的。

有关莫尔命运的消息对我来说是残酷的。① 他是我们的一位忠诚的朋友，一位真正的朋友。他的骨灰已经安葬。如果将来自由的一天到来，那么他的名字也会受到人们的尊敬。的确，1849年给我端来了一杯苦酒。然而，在伟大而高尚的各族人民处于极端贫困的情况下，谁能够诉说个人的贫困！[……]

手稿　　　　　　　　　　　　　　　　　　　　第一次用原文发表
莫斯科苏共中央马列主义研究院
中央党务档案馆，f. 20, d. 158

403
卡尔·布林德（布鲁塞尔）给卡尔·马克思（伦敦）的信

1849年11月1—4日

亲爱的马克思：

我离开伦敦已经有一个月了，我今天再次从我们的临时逗留地布鲁塞尔给您写信。自从我离开之后，曾给您写过另外3封信，想必您已经

---

① 见文件392。

收到了。把我拖在这里的种种事情非常麻烦，所以我不想在信中多谈这个问题。因此您暂时就满足于我呆在此地这一事实好啦，当我们再相会时，您再**批评**我。对于那些爱胡说八道的人，您要采取政治家的神秘做法；也就是，您说，我"陷入了一件不便详细谈的政治事件"。[……]

弗勒利希²²⁹同那个匈牙利人①一起来到这里，我们将设法把他送到德国，根据他的陈述，他在德国可以在亲戚那里落脚。弗勒利希大致对我讲了伦敦工人协会的纯洁组织的情况。② 正像弗勒利希告诉我的，路·鲍威尔和巴克豪斯共同领导一个新的协会。这样就证实了我的看法：这两位先生蓄意要解散我们的组织并为此目的要演出一出滑稽戏。

当我希望您现在如数地收到上面提到的那笔款子③的时候，我最衷心地问候您和您的夫人并希望你们和我们的共同朋友们在不久的将来再相会。

你的　"瓦尔特"
1849年11月1日于布鲁塞尔

[……]

我非常高兴，通过弗勒利希——他现在带着舒适的行装动身前往德国——还听说，您的夫人生下一个健康的婴儿。④ 在人们总是指责我们患了破坏狂并拒绝我们的一切积极的建设性看法的这个时候，民主派必须证明，他们通过一种彻底的挖掘也能产生积极的东西。治好这个新"同盟盟员"吧！

并转致许茨²³⁰的问候；"不论如何"同样转致迈因茨的问候。

---

① 爱德·埃勒特。
② 见注释233。
③ 8英镑，其中有2英镑属于马克思。他把这笔钱借给布林德作为去布鲁塞尔的路费。
④ 亨利希·圭多·马克思。

手稿　　　　　　　　　　　　　　　　　　　　　　　节录

阿姆斯特丹国际社会史研究所马克思恩格斯遗著 DVIII 47/D 340（《马克思恩格斯全集》历史考证版第3部分第3卷第409—410和411页）

404
共产主义者同盟科隆支部[231]给亨利希·鲍威尔（伦敦）的信

1849年11月5日

1849年11月5日于科隆

亲爱的鲍威尔：

　　我受此地区部的委托写信给您。我们问一问您，同盟是否还存在？是否重新改组了？劳驾，请您尽快写信告诉我们，使我们知道该怎么办，该做什么和不该做什么。我们还经常聚会，我们在进行眼下认为适当的活动。

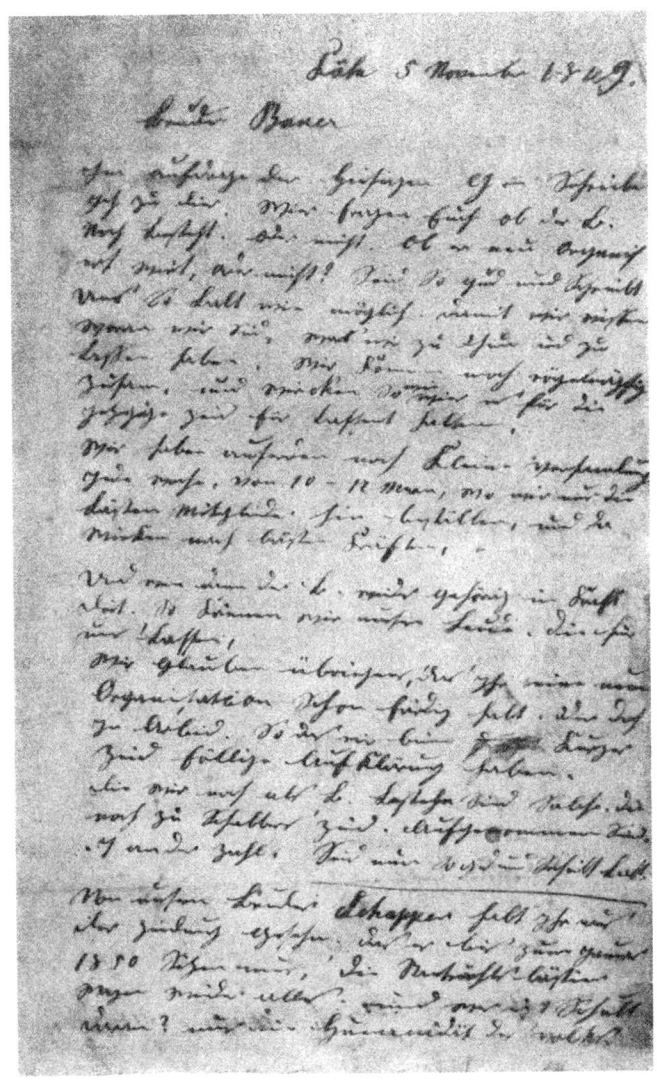

共产主义者同盟科隆支部 1849 年 11 月 5 日给
亨利希·鲍威尔（伦敦）的信

另外，我们每周还举行10—12人的小型会议。我们邀请最可靠的成员①参加会议，我们尽力进行工作。

当同盟真正恢复活动的时候，我们就可以物色到对我们合适的人。

总之，我们相信，您已经建成了一个新的组织或者正在做这方面的工作。这样，我们不久就可以把情况完全搞清楚。

我们还作为同盟存在，沙佩尔时期②吸收的那些人，共7个人。**劳驾，请您快点回信。**

关于我们的沙佩尔兄弟，您从报纸上已经看到，他必须蹲到1850年1月③，掌握司法大权的无赖们什么都敢干。这是谁的过错呢？只能是民众的仁慈。以眼还眼，以牙还牙，这才是唯一的手段。

沙佩尔兄弟希望，我们这里的一个人某个时候能够从科隆到他那里去一趟。如果有可能的话，我在两个星期之后到他那里去一趟。

他的情绪还是像过去那样饱满。他来信中下面的一段话就证明了他无限刚毅的性格。[……]④

沙佩尔过去是，现在和永远都将是人民的英雄。前几天，我从瑞士的报纸上得到一些消息，这些消息同我们上次得到的消息完全一致：莫尔兄弟已经故去。请告诉马克思，鞋匠**弥勒**给我来信告诉这个消息。弥勒现在流亡在瑞士。马克思认识他。⑤ 今天，弗勒利希也从伦敦到了这里。⑥ 他在我这里过夜。我们正在筹集到**不伦瑞克**去的旅费。他向你们大家问好。弗勒利希给我讲了许多有关伦敦的情况，也就是协会的情

---

① 指工人教育协会会员，见注释221。
② 指1848年底到1849年中。
③ 见文件430。
④ 这里省略的内容，见文件402。
⑤ 关于亨利希·弥勒，见注释257。
⑥ 见文件403。

况。这十分有趣。[232]据《西德意志报》报道,马克思在出版一份杂志。只要它一出版,就请寄给我们。

沙佩尔兄弟的孩子大大小小都还很健康。

劳驾,请来信告诉我,我上次的信您是否已经收到。

问候所有的熟人和朋友。

问候您的亲爱的夫人。

弗莱里格拉特问候您和他们所有的朋友,特别是马克思。

祝好并握手

您的 弗·列斯纳兄弟

手稿

第一次用原文发表

莫斯科苏共中央马列主义研究院

中央党务档案馆,f. 20, d. 158

405
伦敦德国政治流亡者救济委员会的收据[①]

1849年11月13日

现收到什切青的G.蒂森先生转寄来的11英镑14先令。为此,我

---

① 见注释224。

们以贫困的德国政治流亡者的名义表示我们的谢忱。

1849年11月13日于伦敦

德国政治流亡者救济委员会

签名　卡尔·马克思博士　亨利·鲍威尔

卡尔·普芬德

1849年11月23日《北德意志自由报》（汉堡）第208号（《马克思恩格斯全集》历史考证版第1部分第10卷556页）

406
关于左翼宪章派和共产主义者同盟盟员在伦敦活动的报道[233]

1849年11月14日

　　S伦敦，11月14日。若干时候以来，宪章派又开展了活动。最近在工厂区举行了几次很有声势的集会。在这些集会上，如同在此地同时举行的一些会议上一样，试图建立一个新的政党组织。[234]此地的民主派兄弟协会（association of fraternal democrats）已经扩充了它的章程并提出如下指导原则：(1)一切民族的亲密相处，特别是全世界无产者兄弟般的联合；(2)取消报纸上的芬尼印章和其他一切妨碍出版自由的法律机构；(3)通过普选权从政治上解放英国工人阶级；(4)通过廉价的小报、号召书，通过民众集会和讲座来传播对政治和社会问题的正常理解，人民通过这些手段来作好从资本和封建土地占有制压迫下解放出来的准备。为实现协会的宗旨，每个会员每年至少缴纳1先令的会费。其次，用自愿捐款建立救济贫困流亡者或被监禁兄弟（不论外国人或英国人）的基金。一个由9名任期一年的委员组成的委员会来领导这项工作。这个新组织的主要主持者是《北极星报》的出版者、不知疲倦的朱利安·哈尼。[235]大家知道，《北极星报》是此地宪章派的机关报，是英国唯一的一家不仅详细论述英国工人运动，而且还为向读者提供德国和法国的消息作出了特殊贡献的报纸。这些消息根本没有经历同任何一个臭虫编辑的愚笨头脑相协调的过程。除了哈尼之外，领导协会的还有宪章派中央委员会的亨利·罗斯、社会和自由歌曲的诗人约翰·阿诺特和3年前建立的宪章派国内移民区的书记詹姆斯·格拉斯比等人。任何一个了解本地工人状况的人都不相信这样的奇迹：协会已经拥有了大批会员，每次集会都增加几百人。

不久前，德国工人协会里有些受本生的某个代理人①挑唆的会员反对协会的原则并尽可能地加以破坏。不过，这种企图遭到惨败，结果有17名阴谋反对协会的工人被开除。昨天，协会的名誉法庭由于反动的阴谋活动而不得不把一名前柏林国民会议左翼成员②也开除了。[236]

---

① 威廉·巴克豪斯，另见文件403。
② 路易·鲍威尔。

德国流亡者的处境越来越不妙。除了从什切青两次寄来的大约19英镑①之外，流亡者委员会还没有从德国收到一文钱。我们的德国工人在尽其所能，但他们本身很穷，而且几乎所有的行业都没有工作可干。德国庸人不怕那些乘车和骑马旅行的匈牙利人来吃吃喝喝，但却漠不关心地让自己的同胞在伦敦街头挨饿。市中心的德国商人到现在为止还没有为流亡者掏出一文钱。

前几天，弗里德里希·恩格斯经过5周的海上旅行从热那亚来到这里，使他在德国工人和英国工人当中的许多朋友感到非常高兴。由于非常卑鄙无耻的法国政府不许他路过法国，恩格斯不得不取道皮蒙特到热那亚，再从热那亚走水路。卡尔·马克思和弗·恩格斯打算从1月1日起出版一种政治经济评论月刊，假如我的消息准确的话，它的名字叫**《新莱茵报》**。恩格斯参加了巴登战役，尤其是支持维利希的部署，所以希望恩格斯在他的评论中提供一些关于巴登革命和当时出头露面的许多德国白痴的有趣新闻。——从前些时候起，马克思给工人们举办关于政治经济学的免费讲座[237]，这一点你们也许已经知道了。

1849年11月20日《西德意志报》

（科隆）第154号

---

① 见文件400和405。

407

关于伦敦共产主义工人教育协会全体大会和社会民主主义流亡者委员会成立的报告。伦敦德国政治流亡者救济委员会财务报告①

1849年11月18日—12月3日

＊伦敦德国政治流亡者救济委员会的财务报告以及关于建立社会民主主义救济委员会的决议

今年11月18日，伦敦德意志工人协会和在伦敦的大部分政治流亡者召开了大会，听取了上次会议任命的救济委员会②的财务报告。9月

---

① 这个文件是1849年9月18日成立的伦敦德国政治流亡者救济委员会的唯一一份财务报告。该委员会在1849年11月18日工人教育协会的大会上改组为社会民主主义救济委员会。在新选出的委员会中，马克思担任书记，亨·鲍威尔担任出纳，恩格斯担任和伦敦的波兰及匈牙利流亡者委员会联系的秘书。

　　由于1849年11月18日伦敦工人教育协会的大会决定将这份财务报告在《德意志—伦敦报》等报纸上发表，所以这些报纸后来对社会民主主义委员会的财务报告的转载均可认为是经作者同意的。——原卷末注

② 指社会民主主义流亡者委员会，这个属于伦敦德意志工人共产主义教育协会的委员会成立于1849年9月18日，最初名为伦敦德国流亡者救济委员会，马克思也被选入该委员会。为了划清伦敦流亡者中无产阶级分子和小资产阶级分子的界限，该委员会根据马克思和共产主义者同盟其他领导人的提议，于1849年12月3日被改组为社会民主主义流亡者委员会，马克思和恩格斯都参加了它的领导。这个委员会在恢复共产主义者同盟盟员之间的联系方面，在团结在伦敦的马克思和恩格斯的拥护者方面，以及在1849—1850年改组共产主义者同盟方面都起了重要的作用。在共产主义者同盟分裂以后，流亡者委员会大多数成员都受到了维利希—沙佩尔集团的影响，1850年9月18日，马克思和恩格斯及其拥护者宣布退出这个组织，委员会被维利希—沙佩尔集团所控制（见《马克思恩格斯全集》中文第2版第10卷第739页）。——原卷末注

22日以来收入总计：

	镑	先令	便士
（1）伦敦工人协会捐款……………………	2	8	$7\frac{1}{2}$
（2）伦敦德国读者协会捐款…………………	2	15	—
（3）伦敦《北极星报》编辑部捐款…………	—	5	—
（4）伦敦埃代乌斯公民捐款…………………	—	1	—
（5）伦敦西弗特公民募集……………………	—	96	6
（6）伦敦哥林格尔公民捐款…………………	1	5	9
（7）伦敦J·鲍威尔公民募集………………	7	1	6
（8）经海德克公民转来巴黎德国工人的捐款………………………………	—	12	1
（9）经克雷普公民转来哈德斯菲尔德的捐款…………………………	3	—	—
（10）普鲁士斯德丁①的捐款…………………	8	14	—
总计………………………………………	36	12	$5\frac{1}{2}$

今年9月22日至11月18日发给流亡者：

	镑	先令	便士
（1）克莱纳……………………………………	3	17	2
（2）钦斯基……………………………………	3	17	4
（3）弗勒利希…………………………………	2	2	1
（4）亨泽………………………………………	3	7	6

---

① 见《马克思恩格斯全集》中文第2版第10卷第702、703页。——编者注

（5）埃格讷…………………………	1	19	—
（6）W·特普弗………………………	1	11	7
（7）J·特普弗………………………	1	4	4
（8）发给流亡者布莱、贝格曼、奥索巴、韦瑟利、布劳利许和克莱因共计………	2	8	10
（9）凭借据付给流亡者、商人绍普及其家属…………………………	4	—	—
（10）印刷费和捐款簿费……………	1	15	2
总计………………………	26	3	$\frac{1}{2}$
收入总数……………………	36	12	$5\frac{1}{2}$
支出总数……………………	26	3	$\frac{1}{2}$
库存现金……………………	10	9	5

其次，收到的衣服已分发给流亡者。

上述财务报告经大会一致通过。一切支出都有单据，哈德斯菲尔德和斯德丁两地的捐款人没有出席这次大会，请他们派代理人来伦敦查阅这些单据。

由于**安·菲斯特尔**和**卡·布林德**两位委员已经离去，委员会的人数不全，由于另一个同我们的委员会相对立的、不属于工人协会和社会民主主义倾向的流亡者的委员会正准备筹建，因此，本委员会已把委任状退还协会。协会为此通过了如下决议：

（1）德意志工人协会赞赏前委员会的活动，并从本协会内部选出五个会员，组成新的委员会，定名为"社会民主主义德国流亡者救济委员会"。把上届委员会的余款移交给该委员会。(2) 委员会以救济社会民主党党员为主。但在财力允许的情况下也并不排除救济其他倾向的流亡者。(3) 委员会每月向工人协会提出财务报告,然后进行改选。报告刊登在《德意志—伦敦报》、《北极星报》、法兰克福的《新德意志报》、科隆的《西德意志报》、汉堡的《北德意志自由报》、柏林的《民主报》、《瑞士国民报》、纽约的《快邮报》①和《州报》②上。(4) 捐款人有权亲自出席听取每月的财务报告,如他们不在伦敦可派代理人前往检查账目、单据和库存现金。(5) 工人协会任命下列人员为委员会委员:卡尔·马克思、奥古斯特·维利希、弗里德里希·恩格斯、亨利希·鲍威尔、卡尔·普芬德。

本委员会公布上述财务报告和工人协会决议,同时请把捐款送交伦敦索霍广场第恩街64号亨利希·鲍威尔。

委员会

卡尔·马克思　奥古斯特·维利希

弗里德里希·恩格斯　亨利希·鲍威尔

卡尔·普芬德

1849年12月3日于伦敦

1849年12月7日《德意志—伦敦报》第245号(《马克思恩格斯全集》历史考证版第1部分第10卷第557—559页,参看《马克思恩格斯全集》中文第2版第10卷第704—707页)

---

① 《德意志快邮报》。——编者注
② 《纽约州报》。——编者注

408
泰奥多尔·哈根[238]（汉堡）给卡尔·马克思（伦敦）的信

1849年11月20日

1849年11月20日于汉堡

我亲爱的马克思：

克勒先生通过我的中介收到您的信，我以他的名义通知您：他已经决定在所提的条件下承担印刷。**另外，他愿意为此牺牲自己的名声**，条件是杂志①不能太激烈。这样，只要能够把手稿送来，就没有您的事情了。至于销售问题，我已经同全德国最善于投机的公司舒贝特公司谈妥了。舒贝特打算包揽销售。这样，我们要做的只有校审一事了，如果您同意，我很愿意来干这件事。

如果杂志以印张的形式出版，而且每印张1β②的话，那么克勒认为，销路会很好。我不相信，这能销售出去，但有一点是肯定的：至多6β，再高杂志就不值了。尽管有种种杂费，但只要能销售1000册，总会有利可得。越是便宜，卖得越多。

请您给我来信谈一谈这个问题，尤其是谈一谈重要的问题，即刊登广告的问题。不持续登广告，杂志难以销售，即使是在各协会里推销。在这方面，甚至对这些协会也不能抱什么希望。如果您同意的话，我将同舒伯特谈一谈，看他是否愿意承担广告，如果他不愿承担，那么事情就不好办了，因为编辑部不"赊欠"。

---

① 《新莱茵报。政治经济评论》。
② 货币单位格罗申。

我相信事情是会办成的;有一个好办法:把它抓紧,它必定会带来成果。

请您代我问候施拉姆。

您的 泰奥多尔·哈根

手稿
莫斯科苏共中央马列主义研究院
中央党务档案馆,f.1,op.5,d.240
(《马克思恩格斯全集》历史考证版
第3部分第3卷第415页)

409
弗兰茨·施彭格勒(慕尼黑)[239]给理查·冈洛夫(莱比锡)的信

1849年11月21日

1849年11月21日于慕尼黑

亲爱的冈洛夫:

您个人给慕尼黑写的信中有几行字涉及到我。我相信,我是能够理解您的。我本来早就该给伦敦方面写信,因为我已经答应了。[①] 但是,我写信所需的地址偶然丢失了。我本来也可以给您写信,但我希望能找到这个地址。因为我现在已无法完成我向伦敦方面所作的承诺,我还曾

---

① 见本书第2卷注释183。

经向泰勒①做过这样的承诺,所以我恳求您寄来伦敦的两个私人地址。这些地址要能够保证我的信安全到达,以便向那里报告我的工作。② 我的工作比较顺利。问候您。

您的朋友　弗·施彭格勒

手稿
德累斯顿国家档案馆 MdI, Nr.11
026a, Lage57

410
弗里德里希·恩格斯给《北极星报》的信

1849年11月28日

编辑先生!

上星期五《泰晤士报》登了一封署名为"反社会主义者"的信,信中向英国公众和内务大臣揭露一位卡尔·海因岑先生在《德意志—伦敦报》上所陈述的某些"恶毒学说",把这位海因岑先生描绘为"德国社会民主党的光辉的火炬"。这些"恶毒学说"大体上被归结为一个慈善的建议:在下一次大陆的革命中,杀掉"几百万个反动分子"。

《泰晤士报》的编辑们把自己报纸的篇幅变成了登载赤裸裸的警察

---

① 约瑟夫·莫尔。
② 指共产主义者同盟慕尼黑支部工作。

情报及政治性告密的地方。对于这种行为，我们完全让贵报自己来评价。但是，我们非常吃惊的是，"欧洲居领导地位的报纸"竟把海因岑先生说成是"德国社会民主党的光辉的火炬"。"欧洲居领导地位的报纸"无论如何应该知道，海因岑先生不但不是这个党的光辉的火炬，而且正好相反，他从1842年以来一直殚精竭虑地——尽管是徒劳地——反对同社会主义和共产主义有关的一切。因此，"德国社会民主党"从来也没有，今后大概也不会对卡尔·海因岑先生所说的和所写的任何东西负责。

至于上述"恶毒学说"可能造成的危险，那么《泰晤士报》应该已经知道，海因岑先生在德国最近18个月的革命动荡时期不仅没有企图实现这些学说，而且在这一时期连脚也没有踏上过德国的土地，没有在任何一次革命中起过什么作用。

如果认为一个连最微不足道的德国君主也从来没有冒犯过的人，能给强大的不列颠帝国带来危害，那么，亲爱的先生，在我们看来，抱有这种想法是对英吉利民族的一种侮辱。因此，我们倒想建议《泰晤士报》感谢卡尔·海因岑那种反对社会主义和共产主义的无济于事的勇敢精神，以此对整个事件告个结束。

编辑先生，请接受最崇高的敬意！

一个德国社会民主党人
1849年11月28日于伦敦

1849年12月1日《北极星报》第632号（《马克思恩格斯全集》历史考证版第1部分第10卷第13—14页，参看《马克思恩格斯全集》中文第2版第10卷第110—111页）

411
《新莱茵报。政治经济评论》出版启事

1849年12月15日

《新莱茵报。政治经济评论》
出版启事①

《新莱茵报。政治经济评论》
将于1850年1月开始出版
主编
卡尔·马克思

本杂志以《新莱茵报》为名,应视为该报的延续。本杂志的任务之一,就是发表一些探讨过去事件的评论来阐述《新莱茵报》被迫停刊以来的一段时期。

报纸最大的好处,就是它每日都能干预运动,能够成为运动的喉

---

① 《新莱茵报。民主派机关报》停刊后,马克思一直积极筹措出版新的机关刊物。1849年8月1日,马克思把自己的意图写信告诉了恩格斯,邀他到伦敦来一同着手创刊工作。筹集资金、寻找出版商等问题获得解决后,1849年12月中旬,由康·施拉姆以出版者的身份同汉堡舒伯特出版社签订了出版《新莱茵报。政治经济评论》的合同。杂志的《出版启事》由马克思、恩格斯和康·施拉姆共同起草,并由施拉姆以出版负责人的身份签字。恩格斯和施拉姆寄出的《启事》上注明日期为"1849年12月",马克思寄出的《启事》上注明日期为"1849年12月15日"。

舌，能够反映丰富多彩的每日事件，能够使人民和人民的日刊发生不断的、生动活泼的联系。至于杂志，当然就没有这些长处。不过杂志也有杂志的优点，它能够更广泛地探讨各种事件，并且只谈最主要的问题。杂志可以详细地科学地研究作为整个政治运动的基础的经济关系。

目前这个表面上平静的时期，正应当用来剖析前一革命时期，说明正在进行斗争的各党派的性质，以及决定这些党派生存和斗争的社会关系。

《新莱茵报。政治经济评论》出版启事本杂志每月一期，每期至少5印张。每季订价25银格罗申，订费在收到第1期时付清。零售每期10银格罗申。本杂志由汉堡舒伯特公司负责发行。

希望《新莱茵报》的朋友们在当地索取订单，并尽快地将订单寄交

（续前注） 马克思在1849年12月19日把《启事》原文寄给美因河畔法兰克福的约·魏德迈，请他登在《新德意志报》上，于是《启事》登在该报1850年1月16、26日及2月5日的第14、23、31号上。恩格斯把《启事》寄给了巴塞尔的雅·沙贝利茨和古·厄博姆，他们将它刊登在《瑞士国民报》1850年1月10日第8号和《伯尔尼报》1849年12月27日第361号。《启事》还登在《西德意志报》1850年1月8日第6号和《杜塞尔多夫日报》1850年1月10日第9号。

《新莱茵报。政治经济评论》的任务是以历史唯物主义的观点分析总结1848—1849年的革命，说明新的历史形势的特点，进一步研究革命的无产阶级政党的策略。杂志的大部分材料（论文、短评、书评）都是马克思和恩格斯写的，同时他们也约请他们的拥护者如威·沃尔弗、约·魏德迈、格·埃卡留斯等为杂志写稿。此外，在第1期上刊载了卡·布林德的短评《在巴登的奥地利和普鲁士各党派》。在第4期上刊载了法国民主主义者路易·曼拿尔的诗。

杂志封面上注明的出版地点，除马克思和恩格斯所在地伦敦以及杂志印刷地汉堡以外，还有纽约，因为1848—1849年德国革命的参加者有许多人流亡在美国，马克思和恩格斯希望在那里找到发行杂志的基地。他们估计有可能出现新的革命高潮，所以打算在不久以后改为周刊，然后再改为日报。但是这一计划没有实现。杂志总共出了六期，最后一期合刊（五、六期合刊）出版于1850年11月底。——原卷末注

本人。寄给本杂志的稿件及待评的新书,请自付邮资。

《新莱茵报》出版负责人
康·施拉姆
1849年12月15日于伦敦切尔西金斯路安德森街4号

1850年1月16日《新德意志报》（法兰克福）第14号（《马克思恩格斯全集》历史考证版第1部分第10卷第17/18页,参看《马克思恩格斯全集》中文第2版第10卷第115—116页）

412
卡尔·马克思（伦敦）给约瑟夫·魏德迈（美因河畔法兰克福）的信

1849年12月19日

1849年12月19日于伦敦
切尔西国王路安德森街4号

亲爱的魏德迈：

　　……目前在英国这里，正在开展一个极其重要的运动。一方面是保护关税派的鼓动，这种鼓动受到狂热的农村居民的支持（谷物自由贸易①的后果开始像我几年前所预言的那样显现出来了②）。另一方面是自由贸易派③，他们对内作为财政改革和议会改革派④，对外作为和平

---

① 19世纪英国工业资产阶级开展了废除谷物法的斗争。谷物法是1815年以来英国历届托利党内阁为维护大土地占有者的利益而实施的对谷物征收高额进口关税的法令，旨在限制或禁止从国外输入谷物。谷物法规定，当英国本国的谷物价格低于每夸特80先令时，禁止输入谷物。1822年对这项法律作了某些修改，1828年实行了滑动比率制，即国内市场谷物价格下跌时提高谷物进口关税，反之，谷物价格上涨时降低谷物进口关税。谷物法的实施严重影响了贫民阶层的生活，同时也不利于工业资产阶级，因为它使劳动力涨价，妨碍国内贸易的发展。谷物法的实施引起了工业资产阶级和土地贵族之间的斗争，这场斗争是由曼彻斯特的两个纺织厂主理·科布顿和约·布莱特于1838年创立的反谷物法同盟领导，在自由贸易的口号下进行的。1846年6月26日英国议会通过了《关于修改进口谷物法的法案》和《关于调整某些关税的法案》，从而废除了谷物法。——原卷末注
② 马克思《关于自由贸易问题的演说》，见《马克思恩格斯文集》第1卷。——编者注
③ 自由贸易派也称曼彻斯特学派，是19世纪上半叶在英国出现的资产阶级政治经济学的一个派别，其主要代表人物是曼彻斯特的两个纺织厂主理·科布顿和约·布莱特。19世纪20—50年代，曼彻斯特是自由贸易派的宣传中心。该学派提倡自由贸易，要求国家不干涉经济生活，反对贸易保护主义原则，要求减免关税并奖励出口，废除有利于土地贵族的、规定高额谷物进口关税的谷物法。这种观点也被称做曼彻斯特主义。1838年，曼彻斯特的自由贸易派建立了反谷物法同盟，40—50年代，该派组成了一个单独的政治集团，后来成为英国自由党的左翼。——原卷末注
④ 财政改革和议会改革派是曼彻斯特学派的一个政治流派，是全国议会改革和财政改革协会的拥护者。这个协会是英国资产阶级激进派在1849年为了实行选举改革（所谓小宪章）和税收改革而建立的。资产阶级激进派以自己的纲领对抗宪章派的人民宪章，指望在宪章派1848年4月10日的示威游行失败后，尤其是在英国工人阶级的政治积极性低落的情况下分裂宪章运动，并使工人群众接受自己的影响。资产阶级激进派的鼓动受到理·科布顿、约·布莱特和以菲·奥康瑞尔为首的宪章派中改良派的支持，但是并没有获得成功。宪章派的大多数人在50年代仍然忠于人民宪章。全国议会改革和财政改革协会于1855年解体。——原卷末注

派①，从自己体系中作出进一步的政治和经济结论。最后是宪章派②，他们同资产阶级一起反对贵族，同时又更加起劲地开展了他们这一派反对资产者的运动。③ 如果像我所希望的那样（这种希望不是没有可靠根据的），托利党④代替辉格党⑤进入内阁，那么，这些党派之间就会发生

---

① 和平派指和平协会的成员，该协会是教友会（即贵格会）派于1816年在伦敦建立的资产阶级和平主义组织。协会得到自由贸易派的支持。自由贸易派认为，在和平条件下，英国通过自由贸易可以更充分地利用自己的工业优势，进而取得经济上和政治上的统治。自由贸易派的领导者（如理·科布顿）同时也是和平协会的领导者。——原卷末注
② 宪章派指宪章运动的参加者。宪章运动是19世纪30—50年代中期英国工人的政治运动，其口号是争取实施人民宪章。人民宪章要求实行普选权并为保障工人享有此项权利而创造种种条件。宪章派的领导机构是"宪章派全国协会"，机关报是《北极星报》，左翼代表人物是乔·哈尼、埃·琼斯等。恩格斯称宪章派是"近代第一个工人政党"（见《马克思恩格斯文集》第3卷第517页）。——原卷末注
③ 在宪章运动于1848年遭受挫折（1848年4月10日示威游行失败以及请愿书被拒绝等等）后，宪章派1849年秋在伦敦和其他大城市重新展开了宣传鼓动工作：他们在工业区举行群众集会以支持被逮捕的宪章派人士，要求赦免所有的政治犯，并在集会上商讨宪章派全国协会的进一步行动。
　　1849年12月初，宪章派为了重新组织宪章运动而筹备召开代表大会，在选举大会代表期间，首都和英国北部的其他城市再次出现了群众集会的浪潮。——原卷末注
④ 托利党是英国的政党，于17世纪70年代末80年代初形成。1679年，就詹姆斯公爵（后来的詹姆斯二世）是否有权继承王位的问题，议会展开了激烈的争论。拥护詹姆斯继承王位的议员，被敌对的辉格党人讥称为托利。托利（Tory）为爱尔兰语，原意为天主教歹徒。托利党一贯捍卫反动的对内政策，维护国家制度中保守和腐朽的体制，反对国内的民主改革，曾与辉格党轮流执政。随着英国资本主义的发展，托利党逐渐失去了先前的政治影响和在议会中的垄断权。1832年议会改革使资产阶级代表人物进入议会。1846年废除谷物法削弱了英国旧土地贵族的经济基础并造成了托利党的分裂。19世纪50年代末60年代初，在老托利党的基础上成立了英国保守党。——原卷末注
⑤ 辉格党是英国的政党，于17世纪70年代末80年代初形成。1679年，就詹姆斯公爵（后来的詹姆斯二世）是否有权继承王位的问题，议会展开了激烈的争论。反对詹姆斯拥有王位继承权的一批议员被敌对的托利党人讥称为辉格。

大规模的冲突，鼓动的表现形式就会更具革命性，更加激烈。另一个从大陆上看还不太明朗的事件，就是工业、农业和商业的大危机即将到来。如果大陆上的革命延迟到这个危机爆发以后，那么，英国也许一开始就不得不成为革命大陆的同盟者，即使是不受欢迎的同盟者。据我看，革命过早爆发（如果它不是直接由俄国的干涉所引起的），是一种不幸，因为现在正好是贸易日益扩大的时候，法国、德国等地的工人群众，以及整个小店主阶层等，也许在口头上是革命的，但是实际上肯定不是如此。

你知道，我的妻子给这个世界增添了一个公民①。她向你和你的夫人衷心问好。我也向你的夫人衷心问好。

请速回信。

你的 卡·马克思

又及：你能给我弄到公民亨策的地址吗？〔……〕

手稿 节录

阿姆斯特丹国际社会史研究所马克思恩格斯遗著 C 197/C 819（《马克思恩格斯全集》历史考证版第 3 部分第 3 卷第 51/52 页，参看《马克思恩格斯文集》第 10 卷第 61—62 页）

（续前注） 辉格（Whig）为苏格兰语，原意为盗马贼。辉格党代表工商业资产阶级以及新兴的资本主义农场主的利益，曾与托利党轮流执政。19 世纪中叶，辉格党内土地贵族的代表和保守党的皮尔派以及自由贸易派一起组成自由党，从此自由党在英国两党制中取代了辉格党的位置。——原卷末注

① 亨·吉·马克思。——编者注

413
威廉·沃尔弗(苏黎世)²⁴⁰给弗里德里希·恩格斯(伦敦)的信

1849年12月25日

1849年12月25日于苏黎世

亲爱的恩格斯:

您11月20日的来信,我已于本月1日收到。因为我好久没有得到任何消息,所以我以为并担心您在一次风暴中断送掉了您年轻的生命。这可是一段极其漫长的旅程——5个星期;通常到纽约也不需要这么久。

首先,我必须告诉您,我为什么现在才回信。本月初,我因严重受凉而生病,虽然不是卧床不起,但伤风很重,以致于根本不想动笔。现在我本打算光顾一下国民会议的"最后时刻"。① 就在这个时候,我被一封信召到苏黎世州边境通往圣加伦的一个小城镇埃尔格,去帮助照看一个突然生病的流亡者。这个流亡者不是别人,正是勒文贝格的施米特。²⁴¹〔……〕几天前,我回到这里,但还要再走一趟,但愿那时能够把施米特带回他这里的住处。结果是我到现在为止什么也没有干,我现在希望动手干,即使这样,对第1期月刊来说也太晚了。到现在为止,

---

① 指写一篇有关国民会议最后一天的文章;这篇文章发表在《新莱茵报。政治经济评论》,标题是《〈全国各地〉特写补充》。

我还没有给月刊物色到一位"可靠的"经销人；不可靠的人这里有的是。只要我在这里，我一定关心这项工作并设法找到一个在我离开时能够承担这一工作的人。最后，我要报告一下为数不多的订户。只要第1期运到这里，订户肯定不止这么多。若是我能够拿出一张印好的说明书，再提供出版地点，那么现在就可以找到更多的订户。［……］我建议：您把第1期寄给我一两册，使我能够在文学咖啡馆里以及在另外的大学生酒会上试销一下。我感到奇怪的是，我直到现在都没有在德国报纸上看到《新莱茵报。政治经济评论》的预告。［……］

订第一季度的《新莱茵报。政治经济评论》的人的名单如下：

1. 科隆商人沙德（月刊要在他在科隆的霍赫大街的店里出售，也在那里付款。）这位沙德现在同库普弗斯提申等人一起在瑞士旅行。

2. 特里尔的瓦尔特（在特里尔出售。他已经通过他在此地的一位朋友预订）。

3. 里德尔博士
4. 比恩包姆博士
5. 迈尔（裁缝）　　　在苏黎世
6. 罗克曼（著名的！）
7. 威·沃尔弗

正如我上面所说的，我希望有众多订户，同时希望第1期运到这里。法师莫泽斯①已经在这里住了好几个月。我有时在博物馆（读书社）碰见他，但没有搭话。我听别人说，他不久将有一本"政治社会"小册子②问世。总之，他看上去一半像是幸福的父亲，一半像是"失业的"裁缝帮工。

---

① 莫泽斯·赫斯。
② 《红色问答书》；见文件499。

《新莱茵报》的老编辑现在可能差不多都聚集在伦敦了，根据报纸报道，就连"红毛"① 也被法国政府送到您那里去进行冬季娱乐。热心给《新德意志报》写通讯的德朗克似乎顶住了警察的诱惑。

我每日都在惦念马克思和他的家庭，请代我向他们多多问候，另外问候普赖斯②。弗莱里格拉特来信说，他在哈森费林等地干得很出色；最后，请代为向所有其他朋友问候。恭贺新年。

您的 鲁普斯

我的通讯地址如旧。

手稿　　　　　　　　　　　　　　　　　　　　　　　　　　　节录
阿姆斯特丹国际社会史研究所马克思恩格斯遗著 LIX 367/L 6416（《马克思恩格斯全集》历史考证版第 3 部分第 3 卷第 425—426 页）

414
卡尔·布林德（布鲁塞尔）给卡尔·马克思（伦敦）的信

1849 年 12 月 27 日前后至 29 日

亲爱的马克思：

我已于 23 日收到您最近的来信（没有注明日期）。您寄给我寄往巴

---

① 斐迪南·沃尔弗。
② 格奥尔格·维尔特。

黎的信**没有**到我手上。实际上，我也不知道，这信是谁写的。[……]

您关于股票①所作的说明使我认识到，要让人家认购您所讲述的那种股票，是一件非常困难的事情。如果在这样的问题上不能作出对一切股东措词亲切和普遍有效的法律规定，那就只能在政治朋友这样一个极小的范围内筹集一点资金；这样一来，财路就完全断绝了。因此，您的全权实际上不起什么作用。

但是，我的眼睛自然不放过一切方面，以便抓到能够从其嘴里掏出贡钱来的合适的鱼。但是上钩者寥寥无几。[……]

由于《评论》逐渐发展，我认为这个计划制订得不错。正像古罗马人说的，但愿顺利和成功。而眼下我认为《评论》刊名的选择不太实用。如果人们在政治问题上，或让我根据评论的目的表达得更好一些——如果人们在政治经济学问题上只能请教他们自己的观点，那么我认为已选择的刊名是最好的——因为看到被人认为已经死去的《新莱茵报》再次生机勃勃地复活，那些民主派老爷会感到非常不舒服。不过，常言说得好，任何东西都有其两个方面。《新莱茵报》现在一旦名声大振，许多善良的人也会对此感到厌恶，而没有这些善良的人，这一措施在经济上也是行不通的。[……]

您在信中谈到"欧洲民主派"代表的最新的主要国务行动，我感到有些惊奇。人们"还在"那个范围内捍卫州和教会的共和制，您有什么可奇怪的呢？这本来就是那些道德政治家的共和主义的本质和实质嘛。

司徒卢威的内兄弟佩德罗·杜扎尔的职业是排字工人。他参加过巴登的3次革命，9月同我一起被捕，受到临时军事法庭的审判，后来同我一起被监禁了一个短时期。根据我对他的了解，他的确像人们所说的

---

① 《新莱茵报。政治经济评论》的股票。

那样，是个好小伙子。他在革命中表现相当勇敢，而且对所有的人都非常礼貌，以至于连检察官都承认这一点。他向来比司徒卢威的观点进步，他常常在我和其他人面前挖苦司徒卢威的宗教和空谈道德的毛病。——这绝不能说，他也许不会（完全没有恶意）① 把您的报告通知司徒卢威，或者不如说，他对他的内兄弟司徒卢威的询问作出天真的回答。另外还有一点，我不认为他是有本事的人。[……]

尽快派鲍威尔来。我在这封信里已附上一封给他的信。²⁴²

日果²⁴³现在同比利时国家档案馆联系在一起了，并在哈切特那里"工作"，我不知道他担任什么可悲的职务。从下月起，他甚至该领取"薪水"了。德国、法国和比利时的朋友将为此而欢呼。

12月29日

在拖延了几天之后，我终于写完了这封信。我在接到您17日的来信后本来应当马上在两三天之内给您寄去投给月刊的稿件，但这时我已患病，卧床不起。不过我还是可以抓紧时间按照您来信的要求如期地把我的稿件印出来。

您将随信收到一篇文章，标题是：《在巴登的奥地利和普鲁士政党》。②

根据您的意见，这篇文章不会太长，完全以事实为根据。[……]

附上给鲍威尔的信。问候所有的朋友；尤其是问候维利希。

您的
瓦尔特

---

① 见注释237。
② 这篇文章发表在《新莱茵报。政治经济评论》第1期上，1955年卡尔·比特尔出版的柏林新版第63—69页。

匆匆

如有新情况，下次再谈。

手稿　　　　　　　　　　　　　　　　　　　　　　　　　　　节录

莫斯科苏共中央马列主义研究院
中央党务档案馆，f, 1, op. 5, d. 246 和
阿姆斯特丹国际社会史研究所马克
思恩格斯遗著 DVIII 48／D341 （《马
克思恩格斯全集》历史考证版第 3
部分第 3 卷第 429—432 页）

415
关于民主派兄弟协会在伦敦举行的一次宴会的报道①

1849 年 12 月 31 日

S. 柏林。1 月 12 日 ［……］② 12 月 31 日，民主派兄弟协会在圣约翰大街文学与科学学院举行宴会。《北极星报》的朱利安·乔·哈尼担任主席。除了哈尼之外，在演讲者当中，我们特别举出社会主义报纸

---

① 关于这篇通讯的作者，见注释233。
② 通讯的前一部分反对分裂共产主义工人教育协会的活动，见注释236。

《每周评论报》的两位编辑罗伯特·布坎南先生和劳埃德·琼斯先生以及宪章派马西、斯托伍德和木匠詹姆斯·格拉斯比。多半来自欧文学派的社会主义演讲人可能是第一次在英国公开主张政治革命的必要性和运用物质的力量。受到普遍鼓掌欢迎的祝酒词的主题都支持笼罩这个庆典的那种精神。这些主题主要是谈一切民族的友好团结，红色共和国，大陆的革命者等等。哈尼的讲话暗示了英国社会主义者迄今为止所采取的某种程度的温和反对立场。他说："这里在座的各个派别的颜色也许包括了玫瑰色和鲜红色之间的一切不同色彩，我可以非常明确地说：我们大家都是**红色**。"这个庆典证明，一个新的民主社会革命政党在成长和壮大，它联合了从前彼此有隔阂的宪章主义者和社会主义者。

大陆的革命已经有了这一成果，英国工人已经从这些革命中吸取了教训：社会革命和政治革命必须携手并进，才能保证取得最后的胜利。在与会的客人当中，我发现了山岳党成员朗道夫、关于六月战役的著名著作①的作者梅纳尔以及六月起义者、坦普尔的福布尔街垒战指挥官巴泰勒米。

与会的德国流亡者有卡尔·马克思博士、弗里·恩格斯、奥古斯特·维利希和康·施拉姆。[……]②

1850年1月19日《西德意志报》　　　　　　　　　　　　　　　节录
（科隆）第16号

---

① 路易·梅纳尔《革命的序曲》1849年巴黎版。
② 通讯的最后部分谈英国工人运动问题。

416
卡尔·马克思（伦敦）给爱德华·弥勒-泰勒林①（伦敦）的信

1850年1月1日

[副本]

1850年1月1日于伦敦

亲爱的泰勒林：

恩格斯、载勒尔、维尔特、维利希和我将不出席预定1月3日举行的集会，其原因包括如下两点：

（1）被邀请的政治流亡者的名单是任意确定的。例如，其中就没有康·施拉姆和斐·沃尔弗。

（2）数年来一直领导伦敦德国民主派的工人一个也没有被邀请。

你的 卡·马克思

手稿

阿姆斯特丹国际社会史研究所马克思恩格斯遗著C 170－1/C 622（《马克思恩格斯全集》历史考证版第3部分第3卷第57页，参看《马克思恩格斯全集》中文第2版第48卷第107页）

---

① 马克思的这封信是为了答复路·班贝格尔、爱·冯·弥勒-泰勒林和鲁·施拉姆1849年12月30日写信邀请他参加德国流亡者的集会而写的。——原卷末注

417
斐迪南·弗莱里格拉特（科隆）给卡尔·马克思（伦敦）的信

1850年1月1日

亲爱的马克思，新年好！

您最近的来信已收到，非常感谢，这封信我等了很久，所以倍感高兴。今天我的回信由于有拖延的危险而只能谈一下最必要的事情，即《新莱茵报。政治经济评论》。

我们已经传阅名单。据反映，这份名单已有了好的开端，近期便可以给你们寄去。可是我们对此有两个问题：（1）此地的订户是由舒伯特公司负责，还是在这里指定一个经销人，从伦敦经过奥斯坦德直接把所需的一定册数寄给他？（2）评论是否全部在伦敦付印以及您是否已经同舒伯特签定了固定合同？

无论如何，看来必须在科隆这里物色一个专门的经销人来办理事务。[……]

我相信，只要**瑙特**参与这件事，就一定会愿意接受这样一个职位。如果您不受舒伯特的约束，还能够把向**德国西部**推销书籍和其他东西的业务委托给**此地**一家书店，那么我向您推荐艾森店铺。这家店铺自从由年轻人掌管以后生意兴隆。我和丹尼尔斯已经同现在的店主阿森海默交涉过，他把给您的信①交给了我，现附上，请您给予答复。如果《评论》真的在伦敦，而不在汉堡印刷，那么经过汉堡往莱茵地区运送无论如何是不方便的。尤其是舒伯特公司（这一点我不只是从阿森海默那里听说过）在书商界声誉最不佳。这个公司在**时间**上没有把握，因为《评论》的售书广告②总是不能在《科隆日报》上刊登，因此我也不能按照您个人的指示着手在《西德意志报》（一般说来，它由于这次掉队而感到伤了元气）上刊登寄给我的广告。[……]

对于第1期，我很难再给您寄什么东西，我希望能满足您对以后几期的要求。您是否还应当留心一下书刊并开辟一个评论家栏目？在这种情况下，我将写一篇东西狠狠批一下刚刚出售的哈克兰德尔的痰盂《战时士兵生活的缩影》③并建议您或恩格斯销毁道默的《新时代的宗教》④。后者特别重要。[……]

手稿　　　　　　　　　　　　　　　　　　　　　　　　　节录
阿姆斯特丹国际社会史研究所马克
思恩格斯遗著 DIV 39/D 1971（《马
克思恩格斯全集》历史考证版第3
部分第3卷第439—440页）

---

① 1849年12月31日威廉·阿森海默致马克思的信，载于《弗莱里格拉特与马克思和恩格斯通信集。由曼夫雷德·海克尔编辑和作序》1968年柏林版第2卷第17—81页。
② 文件411。
③ 弗里德里希·威廉·哈克兰德尔《战时士兵生活》1849年斯图加特版第1卷，1850年斯图加特版第2卷。《新莱茵报。政治经济评论》未发表对这本在普鲁士反革命军队中流行的书的评论。
④ 格奥尔格·弗里德里希·道默《新时代的宗教。创立综合格言的尝试》1850年汉堡第1、2卷。——马克思和恩格斯写的一篇评论发表在《新莱茵报。政治经济评论》第2期（《马克思恩格斯全集》中文第1版第7卷第236—242页）。

418
约瑟夫·魏德迈(美因河畔法兰克福)给卡尔·马克思(伦敦)的信①

1850年1月2日

1850年1月2日于法兰克福

亲爱的马克思:

我仔细查看了《科隆日报》上的形形色色的广告,以便从中发现正在复活的《新莱茵报》,但到目前为止是徒劳的。因此,我也只能通知一下订户的名单,而无法在我们的报纸②上刊登出版启事。③ 我希望在德国南部这里始终能够投放相当的份数。您来信中没有说明,这些杂志同样经过书商分发给已征求到的订户,或者也许直接寄给那些已经预订的人。后一种办法可能比较经济,因为用这种办法可以免去付给书商佣金,后一种方法无论如何比较可靠,因此在形势通常不稳定的情况下无论如何宁可采用后一种办法。以我之见,篇幅这么大,价格不算太高。如果您今后打算并能够增加篇幅,那是可以的;不过,我想价格已经定了,就不要再动了。

---

① 马克思让康拉德·施拉姆回复了这封信,见文件419。
② 《新德意志报》(美因河畔法兰克福)。
③ 文件411。

我已经把您的广告寄往威斯特伐利亚；如果那里的地方报纸也在《科隆日报》之前刊登这个广告，这没有什么关系。布伦[244]——他顺便让我问候您——从这里到梅克伦堡和石勒苏益格—荷尔斯泰因进行活动。——只要我一知道何时需要，我就将所期望的有关南部德国的文章①如期寄去；因为我总是必须拖到最后的期限才把文章寄出，以便能够把出版日期以前的事件尽量写进去。如果我不能从广告上看到这个期限，那么您还必须特别加以规定。假如施拉姆还不能把他给布伦的答复寄来，那就让他说明一下。

　　我希望您在《新莱茵报。政治经济评论》上多谈一谈英国运动及其同大陆革命运动的关系。② 也许最适当的做法是抵制或多或少折磨我们全体德国民主派，特别是我们南德民主派的小资产阶级观点。〔……〕

手稿　　　　　　　　　　　　　　　　　　　　　　　　　节录
阿姆斯特丹国际社会史研究所马克思恩格斯遗著 DVIII 92/D4527（《马克思恩格斯全集》历史考证版第 3 部分第 3 卷第 446 页）

---

① 魏德迈大约在1850年1月中写了一篇文章，曾预告作为《南德通讯》在第1期上发表，但没有见报。
② 见注释202。

419
康拉德·施拉姆（伦敦）致约瑟夫·魏德迈（美因河畔法兰克福）的信

1850年1月8日

1850年1月8日于伦敦

亲爱的魏德迈：

我受马克思委托给您写信，为了完成《评论》第一期的出版任务，他工作非常忙。《评论》将由书商销售，而在比较大的城市还另设经销人。印刷等工作在汉堡进行，从那里把杂志发送给各个经销人。第一期出得稍微晚些，随后各期很快就会出来，三月号大概月初就能出版。如果《评论》销路还可以，将每月出两期。请您把广告①马上登出来，即使《科隆日报》还没有得到它。至于您的关于南德的文章②，马克思希望能尽快地收到，以便登在二月号上；刊登报道最新事实的文章，并不那么重要，这反正是做不到的；我认为，最好通讯能在每月15日脱稿，稿子要及时寄出，使它能在每月19日或20日到达这里。还有一件事，

---

① 马克思和恩格斯《〈新莱茵报。政治经济评论〉出版启事》（见《马克思恩格斯全集》中文第2版第10卷第115—116页）。——编者注
② 约·魏德迈定期为《新莱茵报。政治经济评论》撰写关于南德意志局势的通讯的计划未能实现。他大约在1月中旬撰写了一篇文章，这篇文章本应以《来自南德意志的通讯》为标题刊登在《新莱茵报》第1期上（见《马克思恩格斯全集》中文第2版第48卷第110页），但由于篇幅所限，发表日期被推迟。后来因该文章已失去现实意义，恩格斯决定不再发表（见《马克思恩格斯全集》中文第2版第48卷第115页）。——原卷末注

请您在广告上把价格由24银格罗申改成25银格罗申或20银格罗申，后一个价格比较合适，所以书商①也建议定这个价格。在法兰克福，《评论》的销售工作希望由您来主持，然后由您向我们结算助理经销人、投递员等人的费用。我应该给您寄去多少份？

目前这里没有多少新鲜事。司徒卢威和海因岑在拼命做丑事，他们在尽其所能败坏他们自己和德国流亡者的名声。此外，这两个独裁者彼此也干起架来了，据说司徒卢威剽窃了海因岑的什么思想（？）！请代我向布伦问好，我最近将给他写信，那时再详细告诉他这里所发生的事情。

您是否需要在这里找个通讯员？我总会及时地把有关议会中最重要事情的报道寄给您，总之，议会是会令人感兴趣的。我一直在密切注视着英国的财政改革运动②，随时可以向您提供这方面的情况。过几天我将给您寄去一篇通讯稿作为试笔，这样您就可以在方便的时候告诉我，您是否愿意用我的通讯和您打算付多少稿酬。在英国这里要想吃牛排、喝啤酒，就得有点钱。[……]

---

① 尤·舒伯特。——编者注
② 财政改革和议会改革派是曼彻斯特学派的一个政治流派，是全国议会改革和财政改革协会的拥护者。这个协会是英国资产阶级激进派在1849年为了实行选举改革（所谓小宪章）和税收改革而建立的。资产阶级激进派以自己的纲领对抗宪章派的要求，指望在1848年4月10日宪章派的示威游行失败后，尤其是在英国工人阶级的政治积极性低落的情况下分裂宪章运动，并使工人群众接受自己的影响。资产阶级激进派的鼓动受到理·科布顿、约·布莱特和以菲·奥康瑙尔为首的宪章派中的改良派的支持，但是并没有获得成功。宪章派的大多数在50年代仍然忠于人民宪章。全国议会改革和财政改革协会于1855年解体。——原卷末注

手稿　　　　　　　　　　　　　　　　　　　　　　　节录

阿姆斯特丹国际社会史研究所马克思恩格斯遗著 C 198/C 820（《马克思恩格斯全集》历史考证版第 3 部分第 3 卷第 58 页，参看《马克思恩格斯全集》中文第 2 版第 48 卷第 475—476 页）

420
卡尔·马克思（伦敦）给斐迪南·弗莱里格拉特（科隆）的信

1850 年 1 月 11 日

1850 年 1 月 11 日于伦敦

亲爱的弗莱里格拉特：

我今天只就一件紧急的事情给你写几句。

为了我们的《评论》，为了把它逐渐改变为双周刊和周刊，并根据情况重新把它变为日报，马克思致斐迪南·弗莱里格拉特（1850 年 1 月 11 日）同样也为了我们其他的宣传需要，我们需要钱。钱只有在美国才能弄到，现在所有的半革命者（例如有个叫安内克的，他在普法尔茨可耻地逃跑了，还申明自己连士兵也不是），都在那里摘金苹果。

因此，我们决定，立即把**康·施拉姆**作为特使派往美国①。为了我们所计划的这样长时间的旅行，我们至少需要150塔勒。我们请你尽快地为此筹集款项，同时请你立即为《新莱茵报》②的发行负责人康·施拉姆（他勇敢地从韦瑟尔要塞逃了出来，回到我们党里③）寄来介绍信。

为钱的事，我也给格·荣克写了信。④

盼速回信。

你的　卡·马克思

这里的宪章派和法国流亡者同样也将把委托书交给我们的特使。

这是涉及整个同盟⑤的事情。

亲爱的弗莱里格拉特，有必要在你的介绍信中讲清楚《新莱茵报》在德国的地位以及它的革命作用。

---

① 指由马克思和恩格斯改组的共产主义者同盟中央委员会的决定，这个决定最迟于1850年1月11日通过。从信中可以看出，康·施拉姆出使美国是为《新莱茵报。政治经济评论》的出版以及为共产主义者同盟的其他形式的宣传活动筹措资金。

　　为了给康·施拉姆的美国之行筹集资金，马克思除了给在科隆的斐·弗莱里格拉特和格·荣克写信外，还给在杜塞尔多夫的斐·拉萨尔和在法兰克福的约·魏德迈写了信。由于没有筹集到所需资金，康·施拉姆未能成行。——原卷末注

② 《新莱茵报。政治经济评论》。——编者注

③ 1849年5月24日，康·施拉姆在汉诺威（他想从那里前往巴登，参加巴登—普法尔茨起义）被逮捕，并被送往科隆。他由于在1846年逃离普鲁士军队以及他在1848—1849年间在德国进行了革命活动（他大概自1849年初以来就是共产主义者同盟盟员），而于1849年6月15日被判处2年要塞监禁，并被送到于利希要塞。1849年9月8日，他逃出要塞，流亡伦敦，在那里他成为共产主义者同盟新中央委员会的委员。——原卷末注

④ 马克思给格·荣克的信没有保存下来。——编者注

⑤ 这里指共产主义者同盟。——原卷末注

经奥斯坦德寄莱茵河畔科隆约翰尼斯街斐·弗莱里格拉特先生收。

手稿

多特蒙德市立和州立图书馆《手迹汇编》，威斯特伐利亚手稿档案馆，Atg.941（《马克思恩格斯全集》历史考证版第 3 部分第 3 卷第 60 页，参看《马克思恩格斯全集》中文第 2 版第 48 卷第 108—109 页）

421
约瑟夫·魏德迈（美因河畔法兰克福）给卡尔·马克思（伦敦）的信

1850 年 1 月 16 日

1850 年 1 月 16 日于法兰克福

亲爱的马克思：

由于您最近的来信，我的文章又耽搁了几天才寄出①；我本想看一

---

① 见文件 418。

看，我也许能够直接弄到钱。① 但这是不可能的；不过我希望在 8 天之内能够弄到一些。您无论如何不要指望有许多钱，因为这里在这种事情上能够求助的人少得可怜，而且这些人在救济流亡者和过路人时总是要被人狠狠地榨取一下。工人组织处于糟糕状况；我认为，在这方面难以发现一块更为不毛之地。我创建的这个工人协会人数不多，只是由鞋匠和裁缝组成，其他的行业还深深陷于其行会屁事里。一个更加广泛的组织几乎不能再存在；另一方面，始终不罢休的政治迫害带来严重混乱，所以重新接上头是困难的。[245]我立刻给威斯特伐利亚方面写了信，看看那里能否弄到点钱。② 不过，始终有良好组织的宪章派或许总可以拿出一部分钱来。

替月刊所作的宣传工作正在顺利进行。眼下还不能确定我能够承担多少份，因为我不能估计出我在巴伐利亚等地能发展多少联系点。因此，我现在只能根据这里和附近的地区来决定我的预订数。所以请寄给我 100 份，我希望我还会补订，眼下就这么多吧。我无论如何一定要给你们多节约开支；我一开始就立刻把预订名单和作为信件寄出的广告印出来了。越是使人感到方便，它们就卖得越快。——要紧的是，第 1 期不久能够问世。

至于安内克，我认为，如果您没有什么确凿的证据，那您就是错怪了他。根据我所了解的情况，在普法尔茨没有任何地方可以坚持很久，在这种情况下德斯特尔掌握了最高指挥权。至于说安内克在一个特殊的场合干出丢人的事情，我从来没有听说过。您说是搞阴谋，没有最确凿的证据，我无法相信。维利希也同他认识多年，而且过从甚密。维利希

---

① 指为康拉德·施拉姆所计划中的美国之行筹集费用（1850 年 1 月共产主义者同盟中央委员会决定派康拉德·施拉姆到美国去，由于筹款困难——见文件 424 和 428 以及注释 266——这个使命未能实现。——译者注）。

② 魏德迈向鲁道夫·雷姆佩尔求援。

对他有什么看法？〔……〕

我的妻子和我衷心地问候你的妻子、维利希、恩格斯、施拉姆和红毛①等人。

你的

魏德迈〔……〕

手稿　　　　　　　　　　　　　　　　　　　　　　　　　　　节录

阿姆斯特丹国际社会史研究所马克思恩格斯遗著 DVIII 93/D4528（《马克思恩格斯全集》历史考证版第3部分第3卷第456—457页）

422
共产主义者同盟日内瓦支部给拉绍德封支部的信[246]

1850年1月19日

1850年②1月19日于日内瓦

兄弟们：

我今天收到了你们的来信，并从中看出你们还是对我们有误解。我

---

① 斐迪南·沃尔弗。
② 原稿上写的是：1849年。

们的目的根本不是要成立一个宗得崩德，我们也根本不曾急于搞这样的事情，而是认真思考你们也从克罗伊特勒那里得知的一切。我们的出发点是，当前的时期不允许无休止地唠叨体制问题，我们必须抛弃一切极端的东西，以便把一切革命力量联合起来，否则我们永远不会有什么作为。你们在信中还写道，我们是否也相信，所提到的三个人已与同盟的领导人取得谅解。你们不认识维利希和司徒卢威吗？我们相信，济格尔是一个合适的人，在我们的**时代**是用得着的人。我们已经给维利希和司徒卢威等人写了信，但没有得到回音，因此也就不可能针对这一方面的问题作出令人满意的答复。但是，只要我们一得到回信，我们就马上把信寄去。其次，你们需要军事书籍，用来作为群众的教科书。如果我们手头宽裕，那么这一切都不成问题。① 但是，会从中流出钱的泉源现在才将开通。克罗伊特勒现在才去德国，目前在家里小住。他一到达法兰克福，我们就可以从那里得到钱。那时，一切事情都会有进展，因为我们缺钱；而没有钱，我们什么也干不了，这一点你们是清楚的。如果你们现在不接受这一点，而是纠缠历史旧账，那么我们对此只能表示遗憾。我认为，最好你们自己写信给伦敦并相信整个事情。

格贝尔特[247]兄弟应当在你们给我们写的下一封信中告诉我们，他和其他人（如克利斯勒）以及其他熟人情况如何。

问好并握手

你们的兄弟　H. M.

注意。一个名叫赖曼的布雷斯劳人（木匠）这几天将到拉绍德封去，请你们予以热情接待并照顾安排他的工作。

---

① 原稿上这句话可能是土话，很难懂，猜想应该是这个意思。

第五章　改组共产主义者同盟并总结革命经验　　　　　　　　　　81

手稿　　　　　　　　　　　　　　　　　　　第一次发表①

伯尔尼瑞士联邦档案馆法律类，

1848—1895年流亡者 Bd. 68d.

423
海尔曼·艾韦贝克（巴黎）[248]给卡尔·马克思（伦敦）的信

1850年1月25日

1850年1月25日于巴黎

我亲爱的朋友和兄弟：

　　经过许多周折，我终于在昨天，即1月24日收到您本月7日写的信。前几天，我偶然听说您给我写过信，我费了不少工夫才拿到它；看来它在中途耽搁了很久。其实，我很早就想给您写信，而这一次您抢到我的前面，好几天前就写了信。亲爱的兄弟，事情是这样的：我好几个月以来日日夜夜忙于发表一本用**法文**写的有关最新德国哲学（费尔巴

---

① 部分援引于罗尔夫·德卢贝克《一份新发现的关于共产主义者同盟在1848—1849年革命后为建立无产阶级的独立的组织而斗争的文件》，载于《德国工人运动史论丛》1962年第1期第93页。

哈、道默等人）的书。① 这本书虽然不能给我带来一个芬尼的钱，但却可以使我不仅在法国，而且在全世界博得一个不坏的名声；因为用法文出版的东西实际上是为所有的语言出版的。您可能知道，我在5年以前就已经开始写这本书，后来把它搁下了；而现在我决定不再向任何东西屈服，在短期内把它发表出去。有人想用这种或那种关于无效劳动的理由来阻止我。只要我不死，就要出版这本书。

写这本著作和为一些杂志撰稿占用了我的大量时间，以至于我无法从事同盟的事情，目前有好几个月未能从事这一工作。这一点，我已经向斐迪南·沃尔弗和莫里逊[249]讲过上百次。其次，人们似乎发觉，正像莫里逊（我请代为向他致以衷心的问候）无疑老早就同您有了分歧一样，这里的一伙人已经分裂，而且实际上必定分裂。还在1849年6月以前，就已经开始发生分裂。您不必让我给您写信谈这件不愉快的事情，莫里逊会口头向您说明这件事。即使我有时间，我也不可能再进行这样的争论，我以前喜欢干这种事情，现在我不能、不会，也不愿意干。另外，当我加入进去的时候，我发觉，这里的同盟盟员人数非常少。我不相信，现在会增加很多。从6月13日起，伦敦反正已经成为欧洲民主派领导人的主要集聚地，每周都有一些民主派被警察赶出巴黎。现在，公开的德国协会在这里就像在彼得堡一样不可能存在。至于秘密的协会，坦率地说，我认为没有任何正当的理由这样搞。您和我以及其他一些人（还有我们尊敬的尤布②，他已经穿上殉道者的棕榈叶），我们大家都为向德国人民阶级灌输真正的思想而工作了多年。结果证

---

① 海尔曼·艾韦贝克《从最新的德国哲学看什么是宗教》1850年巴黎版。——海尔曼·艾韦贝克《从最新的德国哲学看什么是圣经》1850年巴黎版。

② 约瑟夫·莫尔。

明，我们的努力**没有**白费，但是我觉得，今天与其通过同盟的 B①，不如通过报刊来打开局面。您老老实实地说，7 年来我们满腔热情地经常讲的话由于有人诽谤和挖苦是否已经变得令人痛苦和扫兴呢？我认为，现在德国的工人像法国的工人一样，**没有**同盟也能够很好地应付局面并成长为未来的力量，因为不缺乏书籍、小册子和报纸。我深信，下一次革命之后的第二天早晨，无论有没有同盟存在，工人们都会以同样的人数、同样的方式并在同样的地点集合在一起；而我并不想用这种观点千方百计地来贬低充满我们的影响的过去年代。您知道，**我**的确不会有这个意思。

您要倾听一下我的劝告：如果这里的一伙人真的搞出了什么事情，那么我有言在先，在这种情况下**不能**指望我来协助，理由如上；其次，我觉得（莫里逊将会证实这一点）可能会发生什么事情，除非伦敦方面派人来。虽然在巴黎存在的分裂局面不可能因此而消失，但这也许会发生深刻的影响；最后，我请您注意莫里逊的一副极好的热心肠。他一定会同您进行长谈。

您说，我始终是站在最坚决的一派一边；是的，不错，我始终是这样。

最近，厄博姆[250]请我给《伯尔尼报》写一篇通讯。他参加该报编辑部，他说，波尔恩也在那里。厄博姆先生的地址是：《伯尔尼报》编辑部营业所。

沙贝利茨来信顺便提到，能干的同盟兄弟裁缝格布哈尔德②从巴登监狱逃出来路经他那里，现已在威尔士山区洛克尔 M. 乌尔利希那里工作，不能用格布哈尔德的名字与他通信。最好把信寄给在巴塞尔的雅科

---

① 这个缩写字母代表机构或决议。
② 指奥古斯特·格贝尔特，见注释247。

布·沙贝利茨这个后生,由他来转。

再见,亲爱的朋友。

艾韦贝克

手稿
莫斯科苏共中央马列主义研究院
中央党务档案馆,f. 20,op. 1,d. 23
(《马克思恩格斯全集》历史考证版
第3部分第3卷第459—460页)

424

斐迪南·弗莱里格拉特(科隆)给卡尔·马克思、弗里德里希·恩格斯和康拉德·施拉姆 (伦敦) 的信

1850年1月26日

1850年1月26日于科隆

亲爱的马克思:

我这里有大本营寄来的4封信需要回答:施拉姆的一封,您的一封和恩格斯的两封。为了简便和节省邮资起见,我写这一封信是一箭

三雕。

瑙特的答复已经解决了施拉姆的信。他很愿意当《新莱茵报。政治经济评论》的科隆经销人,但眼下有些恼火。因为,据他说,你们总是不完全明确地回答重要的询问。你们的确应当考虑一下,"经销人"必须消息灵通。艾森的竞争对事情只会有益处。他自荐承担征订《评论》,这是每个零售书商在每一本书出版时所能够作的。到目前为止,他已经征求到 80 个订户,为此在沙贝利茨那里长期订购 100 份。瑙特的名单上的总结果,我还不知道,不过我知道,例如丹尼尔斯的名单上大约有 50 人签名。《评论》将会办好,而且必定会办好。只是要想办法,至少让第 1 期(或者前两期更好)一炮打响——这会给读者很大的鼓舞。

亲爱的马克思,我已经尽力"为募款而募款"①。但是我公开承认,这是一件困难而又吃力不讨好的事情。**我们**、党、无产者**没有**钱(我最近穷得连一个硬币都没有,以至于连邮差都使我难堪)。因此就要靠资产阶级民主派发慈悲。但是,尤其是科隆这里的资产阶级民主派是些什么样的下流胚,从去年起您还会记忆犹新。我从他们的坚硬的乳房上**一滴一滴**挤出的全部奶汁到现在为止仅有 35 **塔勒** 16 **银格罗申**,其中的 35 塔勒已随信附上。余下的 16 银格罗申我用来作为这封信的挂号费。如果再挤出几滴,我马上就寄去。

您的美国计划可能是正确的,但在**资产阶级**听起来像女妖一样阴森可怕。您写信向荣克谈过这件事,而荣克说,他愿意尽力为您干一切事情,但对那个"女妖"他什么也不干。我不知道他私下是否寄给您一笔捐款,他没有给我任何东西。我无论如何必须坚持我的募捐的原来目的。——我只能完全普遍地要求"为《评论》的目的捐款"。希望拉萨

---

① 见文件 421。——译者注

尔能够多寄一些[251]，而可惜我不能多寄。

我今天还是不能给施拉姆写介绍信。因为自从纽约快邮车夫①冯·艾希塔尔死后，我在美国实际上没有一个能够在这类事情上助我**一臂之力**的人。[……]

尊敬的老乡们，我不可能把梅纳尔的诗[252]翻译出来。你们一下子寄来的"活计"太多了。找摇钱树、书商②，在"24小时内"译出26首4行诗——这是不可能的！另外，这诗是用非常美妙的法文写成的，相比之下，用德文翻译出来必定会显得贫乏无力。一旦我的募捐工作有了点眉目，一定把那些诗翻译出来。

我已通过施奈德第二催促**伦敦**关心流亡者救济委员会。这些家伙多半只想到瑞士，而在最近寄的800法郎中，**第八部分是专门给我们的鲁普斯**③**的**。[253][……]

感谢上帝！刚才又给我流出几滴！现在寄给我的共有40**普鲁士-库尔塔勒**银行汇票。别让我老是为了你们的正确地址伤脑筋。另附上我妻子写给你妻子的几行字。

沙佩尔有望在2月8日被宣判无罪。④ 哈根⑤到威斯巴登去监督案件的审理。

---

① 指从1843年到1851年出版的《关于欧洲形势、德国公众生活和社会生活的德意志快邮报》。
② 恩格斯在一封没有保存下来的信中请求弗莱里格拉特等人为他计划改写的《新莱茵报。政治经济评论》关于匈牙利人的文章找一位出版者。
③ 威廉·沃尔弗。
④ 见文件430。
⑤ 兰伯特·哈根；他可能没有离开科隆，而只有弗里德里希·列斯纳受审。

手稿　　　　　　　　　　　　　　　　　　　　　　　节录

阿姆斯特丹国际社会史研究所马克思恩格斯遗著 DIV 36/D 1967（《马克思恩格斯全集》历史考证版第 3 部分第 3 卷 462—463）

425

伦敦共产主义者同盟中央委员会给拉绍德封支部的信[254]

1850 年 1 月 28 日

1850 年 1 月 28 日于伦敦

亲爱的兄弟们：

我们的兄弟亨·鲍威尔已立即把你们 6 日写的信通告了中央委员会，我们接受委托向你们作如下的回答。

首先，同盟和济格尔及司徒卢威没有任何联系，也永远不可能同这样的无赖和蠢驴发生什么关系。维利希兄弟感到非常惊异，人们在日内瓦区部竟然会把他看成是同司徒卢威和济格尔一道进行宣传的人。维利希同这些人没有任何关系，他没有发表过章程，很可能是司徒卢威和济格尔为了利用同盟的力量来搞他们自己可怜的小动作和徒有虚名的计划而卑鄙地盗用了他的名字。他们还错误地以为，同盟应当充当可耻的政治无赖和工业骑士的工具。——你们要设法从日内瓦人那里得到有关他

卡尔·马克思

弗里德里希·恩格斯

伦敦共产主义者同盟中央委员会成员

第五章 改组共产主义者同盟并总结革命经验

约翰·格奥尔格·埃卡留斯

康拉德·施拉姆

卡尔·沙佩尔

奥古斯特·维利希

伦敦共产主义者同盟中央委员会成员

乔治·朱利安·哈尼

恩斯特·德朗克

厄内斯特·琼斯

威廉·李卜克内西

英国的共产主义者同盟活跃盟员及伦敦中央委员会特使

们同司徒卢威的关系的一切情况,然后你们必须以中央委员会的名义要求这些人马上同上述家伙断绝一切关系。如果日内瓦人不愿意提供这些情况,那就由最优秀和最可靠的盟员组成一个新的支部并把货真价实的司徒卢威分子开除出去。但愿日内瓦支部不至于走得那么远。在任何情况下,你们都要立即成立一个区部并把瑞士的领导工作暂时承担下来。在一个月之内,这里可能会有一名特使到你们那里访问并解决问题。为了特使,你们应当尽你们的一切力量多搞一些钱并做好接待他的准备。此地的区部为了这个目的向每个盟员征收了 $2/6^2$ 或 fl. 1.30Rh① 的税②。你们可以根据你们现有的可能性偶尔派出一些特使同瑞士尚存的支部和单个的盟员取得联系,尽可能重新接上线;这样,这位特使的工作就顺利多了。

波尔恩兄弟应当在伯尔尼,我们不知道他的确切地址,请你们设法通过《伯尔尼报》编辑部③打听到他的地址。施内贝格尔[255]还在那里吗?

可怜的莫尔必定是真的归天了。莫尔曾是金克尔的后台,他在金克尔受伤和被俘的同一天受了致命伤。当时在这里的恩格斯在同一天参加了战斗,他在这之后不久同一位医生谈过话,医生说,莫尔在取出子弹两小时之后死去。根据莫尔的兄弟④在科隆收到的信,莫尔受伤后落入普鲁士人的手里并被他们杀害了。

马克思和恩格斯等人不久将出版一份月刊,刊名为:《新莱茵报。政治经济评论》。我们请你们为这个《评论》作出你们的贡献。

---

① 当时德国巴伐利亚地区的货币名称。——编者注
② 在当时来说,这是一笔很高的盟费。
③ 同盟盟员奥古斯特·厄博姆当时在该报编辑部里工作过。
④ 安东·克里斯蒂安·莫尔。

布雷斯劳人沃尔弗①也在伯尔尼。他早先当过《新莱茵报》的编辑，后来参加过法兰克福议会。他是盟员。我们随信附上你们所要的章程。[256]

我们打算尽力在德国把由于最近的革命而分崩离析的部分联合起来。为此目的，只要筹集到足够的路费，特使②便前往。我们为将来的事件做好一切准备，以防资产阶级民主派和吹牛大王再毁坏一切。我们不期望革命会像弥勒[257]所认为的那么快爆发。在法国，虽然事情不能再长久地拖延下去，但是眼下在法国和德国商业和工业都很繁荣，许多工人至少在眼下收入还能维持的情况下是不愿意参加严肃的事业的。其实，这种繁荣的局面也会很快就过去。一次商业危机已经临近，这次危机将比以往的一切危机都要厉害，在我们这里也会把工人卷入革命。

致以衷心的兄弟的问候

康拉德·施拉姆

亲爱的兄弟们：

我们非常欢迎您的来信。您从以往的事件中可以看出，采取坚决的态度是多么必要。在下一次革命中必须决定，人民是否会让他们的胜利再一次被败类和叛徒所窃取，我们相信不会这样。过去的历史给了我们一个很好的教训。但是，我们必须当心，司徒卢威等人能否再一次在斗争中用他们不切实际的荒诞思想去驱使人民并完全以运动的领导者自居，这要取决于同盟。他们根本担当不了运动的领导者。我们的义务就是，只要有机会，就作为坚定的政党坚决反对这些人，同他们进行斗争。不久还会同你们详谈。

问好并握手

您的兄弟　亨利希·鲍威尔

---

① 威廉·沃尔弗。
② 亨利希·鲍威尔。

手稿

伯尔尼瑞士联邦档案馆，法律类，

1848—1895年流亡者，Bd. 68 d.

426

奥古斯特·维利希（伦敦）给共产主义者同盟拉绍德封支部的信[258]

1850年2月1日

1850年2月1日于伦敦

兄弟们：

　　谢谢你们的新年祝愿。你们的祝愿出自真挚的兄弟情谊，我衷心地接受。如果你们认为，保护我们反对趁火打劫者，即反对资产阶级（它占有住房、衣服和食品，它很乐于卡住这些东西使我们丧失斗志）的革命之可怜的残余成果是一种义务，那么我认为自我保存，而且是在这个离战场不远的地方进行自我保存，不仅是对我自己的义务，而且是对我们共同事业的义务。[259]你们通过你们的行动承认了这一点，使我感到情绪舒畅了一些。尽管有坚定的原则和对人类，即对无产阶级的胜利深信不疑，但是这种情绪还是由于一时的令人憎恶的事情而蒙上阴影。

　　我把无产阶级的胜利称之为人类的胜利。你们将会像我一样看到无产阶级在这场伟大斗争中代表着人类。无产阶级占人类的绝大多数，他们被剥夺了继承权，在这个世界上没有立足之地，他们是一切创造力的占有者，而他们所创造的一切东西却被人掠夺——他们被他们的压迫者所仇恨和鄙视。但是他们不可能剥夺我们无产者的遗产——这是我们的无产阶级先辈、为了人类的永恒权利而牺牲的所有伟大殉道者的遗产。我们的**这些**祖先通过动物人的血腥而昏暗的历史开辟了一条光明而温暖的道路。当有人打算用血海来淹没这条道路的时候，当有人打算把如此众多伟大的无产者钉死在十字架上或用火烧死的时候，他们的精神总是在其遗产中复活，这条光明的道路愈来愈宽广，遗产的数量愈来愈多。现在，我们，全世界的无产者站在这里，我们的遗产是真理和贫困，人权和压迫，仁爱和迫害，掌握着一切精神力量和物质力量，足以能够使我们的地球变成幸福和欢乐之所在，而我们还是地球上不受法律保护的人。但是，这个时代不久就将过去，曾在我们面前掩盖我们力量的面纱已经有了裂口，不久就会脱落。那时，我们要把动物人的地球打扫干净，动物人比老虎和鬣狗还坏，没有权利作为人存在。斗争将成为伟大的和决定性的斗争，为此，必须明确地理解它的本质。我们必须进行一场征服性的战争，我们必须再次赢得人类和世界，即整个社会。社会必须再次占有土地和一切生产资料。人不能再为其他个人效力，而只能为整个社会效力，从而为自己效力。人不能再为其他个人劳动，受别人的剥削，而只能为整个社会劳动，从而为自己劳动。个人不能再私人占有土地和生产资料，从而会危害总福利所必需的总生产或任意限制总生产。人不能再把个人幸福与总福利分开，而总福利必须是个人的幸福和福利。

  革命啊，革命，如果我们不在我们这面旗帜下战斗，我们就将会被打垮。只有当我们必须赢得一个世界的时候，我们才会有这样的勇气和力量。这是我们的先烈在前面为我们打出的旗帜。任何小小的左顾右盼对我们来说意味着什么？你们是不是认为，用这种办法能够把那些不完全是我们的人争取为朋友？我们不会欺骗自己，我们的兄弟在拉施塔特被杀害的并不少，因为我们曾经不得不在宪法的假仁假义的旗帜下战斗。无产者可能不大理解我们，也可能我们自己缺少乐观精神，而这种精神却是一种简单明了的原则的陪伴者。我们在巴登的胜利中赢得了什么呢？在**已经建立的**德意志帝国里，我们在三色旗下重返我们的只能越来越坏的无产者处境，为的是再度开始斗争。

我们希望红旗在空中飘扬，我们的第一个要求是：国家充分保障每个人的生存和工作，而且是从革命胜利那一时刻就开始。无产者，从你们既狭窄又不卫生的住房里出来，搬进那些完全空着或者只有一部分住人的像样的房子里去；把你们的破烂衣服丢掉，到仓库里去挑选；拆掉你们为你们的病人煮土豆的锅灶，把你们请到国家开设的筵席上。国家**必须**关心这一点，所以它**必须**提倡劳动，这样，它就必须掌握劳动资料、资本和土地等等，直到我们拥有一个人人平等并且人人皆兄弟的社会。我们希望从这个意义上来理解自由、平等和博爱并付诸实现。而且，那些对人类采取严肃态度的人也是这样理解的。虽然许多作为领袖的人物作了许多许诺，但却避而不谈人民的需要，他们想通过逐步采取的措施使人民的革命果实成熟。但是，这只能导致新的模棱两可。首先，生存得到保障；其次，人民把凭据拿在手，不再让别人夺走；再次，人们**必须**采取必要的措施，以保障生存。

你们将会同意我的看法。现在，你们在当前的革命中必须完成一项任务。为此，首要的条件是工人的团结一致并永远忠于自己，也就是说，你们不要像以往经常表现的那样被别人利用，而要为你们自己的目的手持武器。第一，你们不要被人分裂；第二，除了你们自己和我们的原则，不要信任任何人。谁相信这个原则，谁就可以为我们服务；谁怀疑这个原则，谁就不可能对我们的活动发生丝毫影响。

兄弟们，我现在要向你们告别了。我们不久又会见面；当年轻的小伙子在温暖的夜晚，在情人的房前歌唱他们爱情的时候；那时，时代精神也将唱出自己的歌曲，我们愿在这歌曲的旋律下联合起来并进行伟大的斗争。

握手并致以兄弟的问候

附上一封司徒卢威写的没有收信人姓名和地址的短信。请转交其他的附件。①

又及。巴黎和日内瓦方面通告我，说你们在瑞士活动很积极，特别是日内瓦已被选为中心点。我听说，活动是以我、司徒卢威和济格尔的名义进行的。我对所发生的全部事件一无所知。司徒卢威根本没有告诉我什么事情，原因我下面将要谈。不过，你们将会体会到我的经验：愈是搞表面形式的浪费精力，即计划和装门面的组织，愈是虎头蛇尾。现在唯一可以做的是在所有工人当中不声不响地进行团结工作，以便使工人们下一次不再被人分裂和不再做会使我们一无所获的政策的牺牲品。

我同司徒卢威有私交，但是他什么也没有告诉我，而且因为——据他说——我同共产主义者关系太密切。实际情况是：当我同司徒卢威到达这里时，我们发现海因岑在这里。海因岑先前曾经反对共和国；当他是共和主义者的时候，他反对社会主义；现在他自称是社会主义者，又反对共产主义。他的精神手段，他在上次革命中的行为，他的固执的念头：即想作为德国的独裁者独揽一切，这一切使他不适于加入任何同盟。司徒卢威不顾我的警告，还是加入了同盟。我加入了此地名叫共产主义的工人协会。该协会最坚决的和最有智谋的工人12年以来②取得了很大的成绩。马克思和恩格斯（北德意志的极端进步派的先驱）也是协会会员。这个工人协会由一个巩固的组织来控制，所以个别会员不能违反整体，因为只有原则本身是决定性的。司徒卢威没有加入这个协会。在这个协会里，任何个人的确都不能居于统治地位，因为协会是独立的，一切会员都不过是供它支配的力量和才智。在这个协会里，出现

---

① 文件427。
② 指1840年成立的伦敦共产主义工人教育协会。它当时已经成立了10年。

了一个由本生的代理人①成立的反动派,一个左翼代表②,一些野心家进行煽动,最终有13个成员退出,他们另行组织了一个新协会,确实有许多非常好的工人被拉进去了③,因此,整个组织才瓦解。这个协会只成立了一个反救济委员会,其领导人是那个左翼代表(名叫鲍威尔·冯·斯托尔佩,鲍威尔博士),它向我们协会委员会的许多成员要求举行政治会谈:马克思,恩格斯,我和载勒尔。没有工人被拉去,尽管如此,其中许多人还是比许多政治头目作出了更大的贡献。此外,还有更多人被邀请;鲍威尔,海因岑在我们看来是做不出成绩的,海因岑甚至是危险的。为此,我们的协会委员会作出决定:我们全体拒绝。④司徒卢威(只有他自己属于被邀请之列)把这一点看作是驳回他伸出的手。由于这个缘故,他不向我通报任何情况,尤其是因为正像他所说的那样,他认为我同这个协会关系甚密。我也是这样,我个人也不愿意同这些多年来作为工人为我们的共同事业而斗争的人,这些真正的无产者闹独立性,其实这是我的骄傲。在这些人那里,不讲个人而只讲原则和才智,我同这些人是志同道合的。我感到痛心的只是,工人们在各地

---

① 威廉·巴克豪斯。
② 路易·鲍威尔。
③ 见注释236。
④ 路易·班贝格尔和弥勒-泰勒林和鲁道夫·施拉姆于1849年12月30日发出致一批德国流亡者的通告信,建议"不分党派",把在伦敦的德国流亡者联合起来,于1850年1月3日召开第一次会议。为此,还邀请了试图分裂工人教育协会的路易·鲍威尔、卡尔·海因岑和古斯塔夫·司徒卢威等人。这次还试图借口必须成立一个新的德国流亡者的总组织而把经过考验的工人组织排挤到后面。共产主义者同盟中央委员会,至少工人教育协会的领导,研究过这个通告信,马克思给弥勒-泰勒林的信(文件416)是这次讨论的结果。弥勒-泰勒林在马克思的影响下反对这次会议有权成立德国流亡者的总组织。1月3日的会议没有取得重大成果。小资产阶级势力于1850年4月再次阴谋分裂工人教育协会和社会民主主义流亡者委员会。——译者注

并没有表现出足够的独立性,并在迄今为止的政治生活中把一切有影响的人物作为只服务于其原则的力量拉到自己那里,而不是给他们腾出位置来,让他们从这个位置几乎不受控制地领导工人,他们迄今为止总是领导人们走不是无产阶级应走的道路。

奥·维·

我还必须通知你们,我们已同其他民族**立场坚定的**人物建立了联系。杂志《新莱茵报》是我们的机关报。虽然我不了解它的详细的内容,但是它的编辑是前《新莱茵报》的编辑,这就保证了它的内容。

你们捎来钱(6英镑1先令)的信,我们在3天前已通过巴黎收到。

手稿

伯尔尼瑞士联邦档案馆,法律类,

1848—1895年流亡者,Bd. 68d.

第一次用原文发表

427

奥古斯特·维利希(伦敦)给同盟盟员E(瑞士)[①]的信

1850年2月1日前后

亲爱的E:

我不久将告诉您我从日内瓦知道的情况。一位工人,我的最积极的伙

[①] 这封信是文件426的附件。收信人无法鉴别,他必定是在拉绍德封和附近的地方(可能是洛克尔)。关于内容,另见文件425和426。

第五章　改组共产主义者同盟并总结革命经验

伴之一写信告诉我，我应当同司徒卢威和济格尔一起交出全权，他们打算同我们组成一个广泛的武装联盟并由他们来领导。这个计划是毛头小伙子司徒卢威制定的，他将把一切都告诉我。其实司徒卢威**根本**没有告诉我什么事情，因为我不可能同他保持单独联系，他激烈反对共产主义。我已经给日内瓦的我们的一个人写信，告诉他们不要参与任何这样的示威活动，这种活动会败坏名声，丝毫没有益处，却常常把力量用到儿戏上。他们只应在不声不响当中加强团结，以免在下次革命中再度被人分裂。据我所知，毛头小伙子不属于同盟。如果司徒卢威和济格尔得逞，把工人们拉到他们的名下，那么我们在下一次运动中将会遇到新的困难，因为这两个人中没有一个人适合于我们的原则。司徒卢威太一般，也就是说，他就是那么两下子；济格尔扮演士兵角色，虽然他大体可以说是一个好人。我想，这不是地道的演戏，因为毛头小伙子（我对他的印象很好，他在革命中表现很不错）背着我，特别是在工人当中打着我的旗号。你们把日内瓦变成协会的区分会是非常不明智的，因为这样你们就把同盟交到你们所不了解的人手里。我充分了解住在日内瓦的德国领导人（菲力浦·贝克尔），所以建议你们大家不要让这些人影响同盟。如果我们想要作出一些成就，那么首先就要把我们的组织掌握在自己手里。

格贝尔特被释放了。请转告他，我为此感到非常高兴。您是否还记得我们从前的通讯？我们党的坚定、巩固的团结现在是我们的生存条件——在新的运动中，我也许会在军事方面作出许多贡献，否则庸人们又该不听我们的话了。

握手并致以兄弟的问候

奥·维·

问候我的朋友 M. K. 等

手稿　　　　　　　　　　　　　　　　　第一次用原文发表
伯尔尼瑞士联邦档案馆，法律类，
1848—1895年流亡者，Bd. 68d.

428
鲁道夫·雷姆佩尔[260]（比勒费尔德）
给康拉德·施拉姆（伦敦）的信

1850年2月3日

伦敦切尔西国王路安德逊街4号康·施拉姆先生：

在美因河畔法兰克福的魏德迈先生的敦促下①，我们给你们随信附上银行汇票10塔勒作为对北美代理人路费的捐助！[261]我们经常为了党②而解囊。而且已经为瑞士的流亡者捐助了许多钱，以至我们的捐款不可能有可观数目；因此我们也希望笑纳这一点微薄的贡献！

我们在本地已经给马克思的月刊《评论》③物色到14个订户，但是我们忘了通知，因为此地的书商奥·赫尔米希已经在汉堡沙贝利茨那里预订了50份，他将用这些杂志供应城市和郊区。

致以兄弟般的问候

你们的　雷姆佩尔
1850年2月3日于比勒费尔德

---

① 见文件421。
② 这里所谓党一般是指有左翼民主派参加的革命政党运动。
③ 《新莱茵报。政治经济评论》。

我请你代我向马克思和维利希问候。雷·

手稿
莫斯科苏共中央马列主义研究院
中央党务档案馆，f. 1, op. 1, d. 332

429
美因河畔法兰克福地区工人兄弟会在奥芬巴赫召开的第一次代表大会记录[262]

1850年2月10日

记 录

美因河畔法兰克福地区加入兄弟会的工人协会的第一次代表大会。1850年2月10日于奥芬巴赫。

第一主席：来自美因河畔法兰克福的约·魏德迈。

第二主席：来自奥芬巴赫的阿尔诺德。

派代表出席大会的有达姆施塔特、法兰克福、奥芬巴赫和哈瑙等地的协会。美因茨没有接受邀请；因此大会决定设法打听该地协会不参加的原因。①

---

① 见文件449。

大会决定派集体代表参加莱比锡代表大会并赋予代表以兄弟会所要求的绝对全权,从而决定加入工人兄弟会总会。

规定代表前往莱比锡的路费为20弗罗林,伙食费为1弗罗林45格罗申并暂定行期为14天。但代表必须在莱比锡逗留到代表大会闭幕。

决定按人头分摊费用。按各协会的大致人数分配费用如下:

达姆施塔特协会	70名会员负担13弗罗林——
法兰克福协会	35名会员负担6弗罗林30格罗申
奥芬巴赫协会	70名会员负担13弗罗林——
哈瑙协会	70名会员负担13弗罗林——

45弗罗林30格罗申

第一主席约·魏德迈以12票中的6票当选为代表(其余票数分布:第二主席阿尔诺德得3票,哈瑙的乌纳得2票,达姆施塔特的科赫得1票),因为他本人声明不能接受这次选举,所以只好进行第二次投票。奥芬巴赫的门克尔[263]以6票当选为代表。阿尔诺德得4票,乌纳[264]得2票。

接着,开始选举地区协会,并规定法兰克福协会为地区协会,在那里出版的《新德意志报》为地区机关报。

最后,还规定各协会寄给地区委员会的一切信件和邮件免付邮资,相对等,委员会寄给各协会的信件和邮件也免付邮资。

威斯巴登国家档案总馆 Abt. 5, 第一次发表
Nr. 268, Bd. v11

430
卡尔·沙佩尔在威斯巴登法庭上的辩护词[265]

1850年2月13日

[……]对我的指控是我支持帝国宪法。是的,我曾经在这里、在我的故乡和在我所能够到达的地方通过报刊和演说捍卫帝国宪法,现在仍在捍卫它,将来还要为它进行长期斗争,直到合法选举的人民代表以合法的方式修改它为止。1849年6月13日,我已经被捕,否则我会响应国民议会的号召,会到巴登去,手持武器,不仅用言论,而且用行动,为实施它而战斗。我是一个有家庭的父亲,但对我来说,祖国高于家庭,人类高于祖国。我的陪审官先生们,我愿意在你们面前公开说明我的真实情况。我的确在1848年期待过比帝国宪法给我们所提供的更多的东西。我曾经期望德国人民的权利确立得更牢固一些,得到比帝国宪法所作的保证更多一些。但是,当美因河畔法兰克福国民议会说话的时候,当人民的合法选举的代表宣布了我们希望成为现实的东西的时候,在这种情况下,我作为民主主义者,作为共和主义者服从了德国的帝国宪法;我们愿意,我们必须承认它。我们眼下还处于少数地位,在我们面前只剩下一条路,这就是通过合法的道路并以合法的方式在民众中广泛宣传我们的观点、以便有朝一日获得多数。我的先生们,当我们的人民代表曾经号召人民帮助反对压迫时,这是一个重要的时刻。依照我的看法,立宪派、民主派、资产者和工人必须站在一

起来维护帝国宪法。［……］的确，我们同暴力毫不相干，我们太软弱了。① 他们已经听见我说过的话：保护你们，不要拿起武器；美因茨、埃伦布莱施坦和普鲁士军队在我们的近处，你们不要采取任何暴力行动。

我的先生们！我很清楚地知道，在某些地区这样一种暴乱是非常受欢迎的。尖顶头盔很快就袭来了，于是我们美丽的乡土变成了普鲁士的行省，因此我劝人们不要采取暴力，我对集合在那里的人们说：你们知道我们已经被反对宪法的军队包围了，你们在这里把你们的看法讲出来，拿骚的男人们，你们声称，你们想要坚持你们的誓言，坚持真善美的东西，你们不会去破坏你们的誓言。我的先生们！我感到骄傲的是，拿骚人民这样做了；大部分人在场，我们在德国面前，在欧洲面前挽回了我们的荣誉，我们庄严而公开地宣布坚持德国人民的代表机构托付给我们的东西。［……］现在，我来谈谈我本人的事情。虽然我不乐意在这里，在你们面前摆出我一生的经历，但是由于起诉书作了叙述，我不得不这样做。［……］我被迫远离故土，流亡他乡达14年以上。他们不认识我，或者对你们也不大了解。为了诽谤我过去的生活，政府的部在起诉书上说："沙佩尔，36岁，无业，此人从1833年起在法国和英国逗留。"人们可以把这些话说得很简单：他是一个流浪汉。接着，起诉书说："他撇下他的家庭来到科隆"，好像我抛弃了老婆孩子，可见是个懒汉或靠救济为生的人。这一点，没有确切的资料是不可能知道的。我不是这两种人。因此我认为有必要让你们——应当对我下断语的我的先生们——了解我这个人，向你们说明一下我生活中的一些往事。［……］1831年，我是个大学生。我入大学后，立即加入大学生社团。这些社团当时已经打出黑红黄三色旗。我当时满腔热情地争取德国的自

---

① 沙佩尔在这里考虑到黑森-拿骚公国的力量对比。

由、统一和伟大,我高兴地加入了这种社团,它把实现这些东西作为自己的目标。我作为大学生,作为这种社团的成员,当时(1831年)已经进行活动,以便实现这几点。我总是尽力工作。我们在1848年3月4日才达到这几点。1833年,大学生社团试图使祖国振奋起来(所谓法兰克福谋杀)的时候,我不久便被捕。3个月之后被释放——仍然继续对我进行侦察。我多次被审问。最后下令把我押到黑森大公国的弗里德贝格,作为证人同我的同案被告人对质。同时,我还得到消息:拿骚政府打算把我引渡给黑森政府。当时,我的先生们,在那里进行的侦讯通过魏迪希博士的死而获得了可悲的声誉。① 我总是向人民法官申诉,而不向秘密法庭申诉,因为它黑暗而昏庸;不向根据卡罗里纳刑法组成的法庭申诉,因为最后免不了要挨一顿棍棒。我离开德国到了瑞士。这是1834年的事情。那个时候在举行向萨瓦进军。② 我按照著名将军罗马里诺的命令加入了这一进军。这个将军于去年春天被枪杀。我们被这个将军出卖。我们又回到瑞士。我们的武器被缴,所以我作为战俘同波兰人在日内瓦湖畔的洛尔监狱蹲了6个月。我们声明,我们不打算从瑞士政府那里得到任何支持,然后我们到了伯尔尼。我在那里受到森林技术员格斯特霍费尔的赏识,因为我曾经学过森林学,而且全部学完了这门课程,但是拿骚政府不让我参加考试。我在伯尔尼,而且在布格多夫森林技术管理区图恩受到雇佣,搞林区的丈量和估价工作。此后不久,拿骚政府的公使开始嗅出我们。他总是尽力追踪我们。他们想用这种办法来预先把我们的同胞吓倒。

---

① 弗里德里希·路德维希·韦迪希是校长,后来当神甫,1834年同格奥尔格·毕希纳一起撰写传单《黑森村信使报》,在待审拘留中受虐待,1837年在狱中自杀。
② 见本书第1卷第215页,文件64。

当时，在伯尔尼也有一个德国工人协会，我参加过它的会议。①随后不久，我被森林技术员找去，他对我说，他从政府那里得到通知，说我参与了政治运动。"虽然我对您的工作没有什么意见，但是您不应当参与政治事件"。我回答他说："我尽力完成我的工作，但是，如果在这种情况下让我放弃我的政治信念，那我宁愿不再工作。"此后不久，我接到把我撤职的命令。第二天，我被捕并被押解出境。我前往利斯塔尔（巴塞尔郡）。那里刚刚开始按照巴塞尔市与郡分离的原则划分林区。[……]当时我已经得到许诺，最终给我安排森林技术员的职位。这时，又开始最残酷地迫害所有参加萨瓦进军的人。政府主席说："看来您必须离开瑞士。但就我们这方面来说，我们非常不愿意让您走，只是根据议会的明确决议，我们不得不决定服从议会。"

我考虑到可能发生的情况。我很快决定利用有限的时间学习了酿造啤酒。我把下决心这样做的力量归功于我能干的好父亲。他从年轻时起就叮嘱我，劳动不是耻辱。我放下上等人的架子，当了学徒工。我整整劳动了一年，掌握了酿造啤酒的必要的知识和技能。11个月后，议会又作出决议，要求政府把我们这些流亡者辞退。我们要被押送到法国边境。我收到我的徒工结业证书，上面写着："卡尔·沙佩尔，利斯塔尔的啤酒酿造工和桶匠，原籍威斯巴登"。

我来到法国边境，人家对我说："您不是瑞士人，如果您找到工作，您就可以留在这里。"我当了酿造啤酒工和桶匠。可是，我在这里也没有呆长。我拿到一张经过麦茨的护照。但我在斯特拉斯堡又在字号叫

---

① 1831年，伯尔尼成为德国手工业帮工最早的一个有组织的运动在瑞士的中心。青年德意志的秘密组织在手工业帮工中进行活动。沙佩尔是这个秘密组织的骨干。

"希望"的啤酒作坊找到工作。在这里我无法关心政治,因为我们从早上4点钟一直到夜晚都要工作。我忍受住了,我又鼓起了昔日大学生社团的那股劲头,给人家看一看,这个人也能干活。10个月后,来了一个宪兵。我被带到警官那里。这个警官说我是政治流亡者,应当避免同一切政治团体来往。8天后他又来找我,通知我必须离开法国。我的师傅替我说情,他说我是好样的、勤快的工人,不与任何团体来往,他愿意替我担保。可是,这个警官得到的是我必须离开法国的死命令。这是他唯一能够做的,他可以给我一张到比利时边境经过麦茨、隆日维尔前往比利时的护照。

1836年6月17日,我到达卡特勒布拉。我没有多少钱,挨饿的时刻就在眼前了。这里是我们勇敢的拿骚人战斗过的地方,是不伦瑞克公爵逗留过的地方①。这时,一种痛苦的感情向我袭来。

1836年6月18日,我来到一片庄稼地,这里是滑铁卢战役的战场。我想起我们的兄弟们曾经为之战斗的德国自由。我前往布鲁塞尔,但在那里找不到工作。我用了一个化名又回到法国,在巴黎工作了两个半月。这个时候,寒冬已经来临,我已没有工作可做了。我失业了。但是,在这种情况下我还是愿意留在巴黎,我按照一位朋友的建议学会了排字。虽然我有足够的体力来继续干酿造啤酒的工作,但是我感觉到,我干这种活根本不可能在学术上有任何发展前途。为此,我接受了朋友的建议。一个月之后,我来到所谓的箱子跟前,不久我就有了可观的收入,我每周可以赚15到16法郎,我用这些钱日子过得很宽裕,直到1839年春天。也就是在这个时候,当时的国王路易-菲力浦没有能够组

---

① 1815年6月16日,在离滑铁卢不远的卡特勒布拉附近发生了一次战斗,站在英国方面的弗里德里希·威廉·不伦瑞克公爵在这次战斗中阵亡。两天后发生滑铁卢战役。

成他所中意的内阁。后来势必要在任何借口下搞一次政变。一个团体、所谓的家庭团体在政治奸细的煽动下搞政变①。[……]我到了英国，起初当排字工人，后来还像在巴黎一样，当讲授语言的教师，一年后我作为语言教师已经做了许多工作，以至于得到了一个很有利的职位。我结了婚，日子过得很美满。1848年2月24日，巴黎爆发了革命，我欣喜若狂。路易-菲力浦逃亡英国，而我马上前往法国拜访我的朋友们。有许多朋友还参加了临时政府，他们说，我应当报到，因为我也为法国的自由受过苦，我一定可以得到法国公民权。我回答说，我是德国人，我作为德国人心里想的是能够为我的祖国工作。这时我得到消息，说我们的勇敢的拿骚人也争得了自由。我立即离开巴黎回到伦敦，随后从那里前往德国。不久，我在这里取得一张政府护照，以便我的公民权在我的祖国再一次得到承认。我想在威斯巴登这里落脚，我的朋友们恳求我在政府里申请一个职位。但是我不愿意，遗憾的是，我已经相信，新的掌权者不会维持很久。

这时，我的朋友卡尔·马克思要求我当《新莱茵报》的校对员，年薪500塔勒，并为每篇撰写的文章支付额外稿酬。我想到老婆和孩子，同意接受这个职务。我订立了一个季度的合同，因为我打算住在威斯巴登这里当语言教师。我到伦敦，带上老婆和孩子回到科隆。② 我在那里差不多呆了一个月，因为有人暗示我48小时之内必须离开科隆。这是我体验的德国统一的第一个证明。我声明，我是拿骚公民，我不会离开科隆。

这时科隆大教堂落成节到了，摄政王和普鲁士国王都庆祝德国的统

---

① 关于1839年5月12日暴乱的片面叙述，见注释13，下面被删节的地方作为文件10b刊出来。
② 见本书第2卷注释152。

一。在这种情况下，当局不想把我赶走，以免破坏了被说得如此天花乱坠的德国统一。随后不久，再一次要求我在24小时内离开。我声明，我不服从。我说我有已经被承认的公民基本权利，同时向普鲁士内阁申诉。科隆市民的一个代表团也到当局那里并表示这件事将会使民众极为愤慨。但是这一切都无济于事，普鲁士人并不害怕，我于9月25日被捕。我被关了大约7个多星期之后被释放。我被关进科隆的新的拘留所是一个误会。当我出狱时，正值普鲁士代表们号召开展抗税运动。我是莱茵普鲁士和威斯特伐利亚民主协会委员会委员。我签署了这份号召书。号召书要求采取一切可能的手段抗税。① 我出狱还不到4天，又被逮捕。在我的同事马克思的推动下，科隆市民的一个代表团去找政府当局，请求当局不要捕人，因为这只能更加激怒民众，但毫无结果。我的先生们，去年2月8日，我站在科隆的陪审法官面前；同一天，把我带到这里，站在你们面前，我的先生们。经过许多小时的辩论，我被宣布完全无罪。这时爆发了维护帝国宪法运动。我们的报纸被查封，我们大家被驱逐出境。我自然返回我的祖国。当我回到这里，我的义务自然是继续进行我在普鲁士所终止的活动。我当选为保卫人权协会的代表前往伊德施泰因，并作为代表竭尽我的所能，因为我相信，拿骚人民为了保卫它的荣誉必须表达自己的意愿，这乃是必要的。我一回来，马上遭到逮捕。我的兄弟请求把我保释出去，但白费口舌。我的先生们，在这种情况下我遭到严重的不幸。我的老婆死了，我的4个孩子成为孤儿。② 我的辩护人再次请求释放我。人性要求这样做，因为你们已经看到，我没有什么罪，但仍拒绝释放我。我的先生们，这样一来，我在刑事监狱里蹲了8个月，现在站在你们面前。我能否回到我的孤儿们的身边，或

---

① 文件317。
② 见文件390。

我这个18年来毫不动摇地忠实于我灵魂最深处认为是人民的不可转让的权利的东西的人是斗争下去还是耐心等待,我现在是否应当结束我在监狱里洗刷羊毛的生涯,都取决于你们的裁决。你们必须对此作出决定。不论你们的判决如何,有一点是肯定的,那就是为祖国受难和丧生只能是男子汉大丈夫的幸福。[……]

陪审法庭 摘要
《威斯巴登法庭就魏因巴赫指控校对员和语言教师卡尔·沙佩尔犯有叛国罪、侮辱国王陛下、侮辱普鲁士国王和亲王罪的辩论(1850年2月8—15日)》1850年威斯巴登版第308、309、312、313—318页

431
纽伦堡工人协会[266]发给奥古斯特·舒尔采出席工人兄弟会莱比锡大会的委托书

1850年2月15日

委托书

本协会委托本协会第一主席工人

奥古斯特·舒尔采

以本协会的名义参加将于 1850 年 2 月 20 日在莱比锡举行的德国工人大会并以本协会的名义发表声明和表决,而在任何情况下均有义务使大会的决议和决定对本协会具有法律约束力。我们根据协定承认这种义务长期有效。

1850 年 2 月 15 日于纽伦堡

工人教育和救济协会中法兰肯地区协会

第一出纳　约·席克　第二主席　约瑟夫·盖特

文　　书　C. 普赖斯

第二出纳　伯恩哈特　第三主席　G. 耶格尔

文　　书　H. C. 阿尔诺德

理事会成员

古斯塔夫·法森　Fr. 乌尔布里希　K. 扎青格

F. 施勒格尔　路易·赫尔佐克　约翰·施米特

约翰·施特罗伯尔　采尔特纳尔

手稿　　　　　　　　　　　　　　　　　　　　第一次发表

德累斯顿国家档案馆 MdI, Nr. 11 026a.

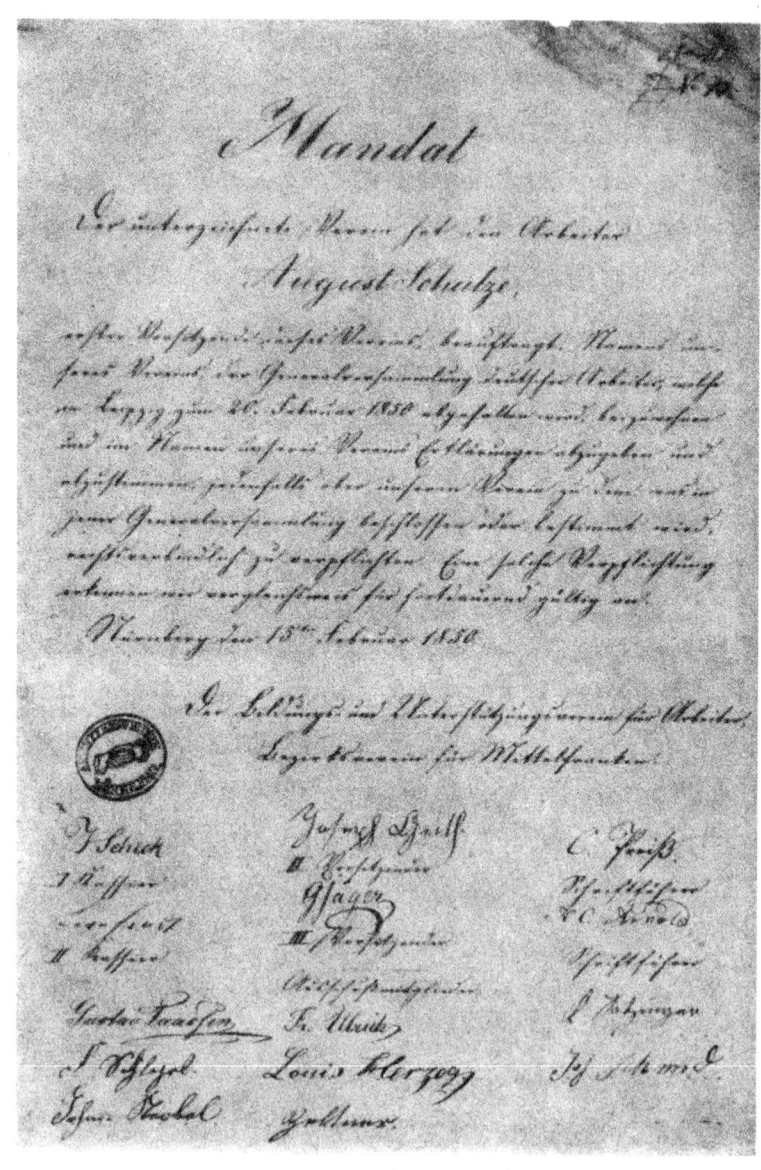

纽伦堡工人协会发给奥古斯特·舒尔采的委托书

432

什未林工人教育协会[267]发给亨利希·迈尔[268]出席工人兄弟会莱比锡大会的委托书

1850年2月15日

委托书

本协会委托它的主席、本地的**亨利希·迈尔**先生以本协会的名义参加将于1850年2月20日在莱比锡举行的德国工人大会并以本协会的名义发表声明和表决,而在任何情况下均有义务使大会的决议和决定对本协会具有法律约束力。我们根据协定承认这种义务长期有效。

1850年2月15日于什未林/梅克伦堡

副 主 席　M. 马尔库斯
第一文书　A. 博布钦
第二文书　J. 内夫
出　　纳　许贝尔斯

手稿　　　　　　　　　　　　　　　　　第一次发表

德累斯顿国家档案馆 MdI, Nr. 11 026a.

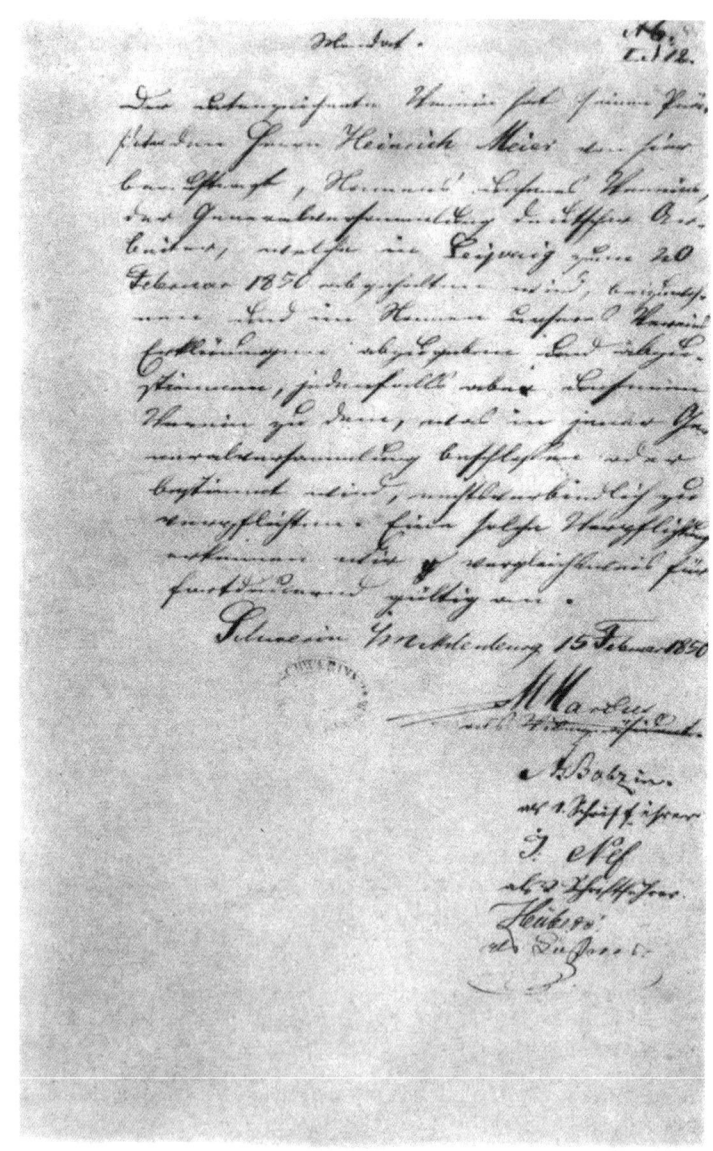

什未林工人教育协会发给亨利希·迈尔的委托书

433
汉堡工人兄弟会地区委员会发给约翰·卡尔·哈克[269]参加工人兄弟会莱比锡大会的委托书

1850年2月17日

委托书

本委员会委托

约·卡·哈克公民

以本委员会的名义参加将于1850年2月20日在莱比锡举行的德国工人大会并以本委员会的名义发表声明和表决,而在任何情况下均有义务使大会的决议和决定对本委员会具有法律约束力。我们根据协定承认这种义务长期有效。

约翰·施特罗伯尔　采尔特纳尔

1850年2月17日于汉堡

汉堡工人地区委员会

主　　　席　施特恩堡
当时的第一文书　卡尔·阿克曼
出　　　纳　F. 伯特尔

手稿　　　　　　　　　　　　　　　　第一次发表
德累斯顿国家档案馆 MdI, Nr. 11 026a.

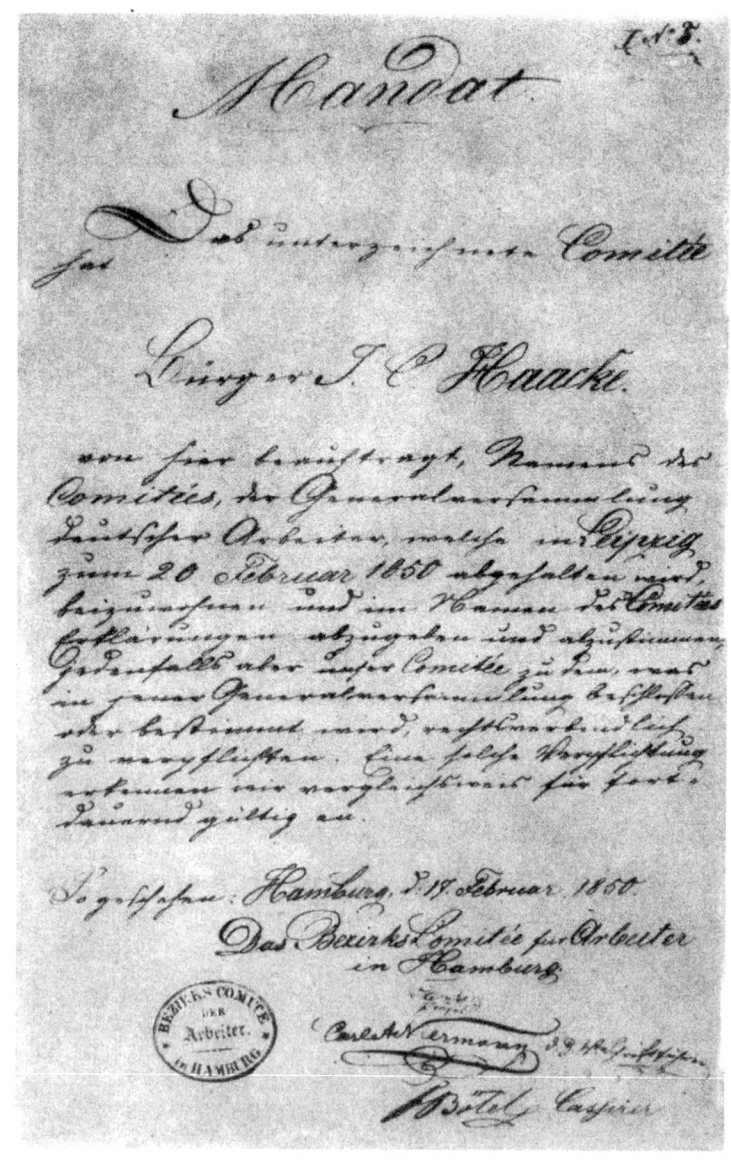

汉堡工人兄弟会地区委员会发给约翰·卡尔·哈克的委托书

434

拉绍德封德国工人协会给它的出席穆尔滕代表大会[270]的代表的指示

1850年2月17日

决 议

1. 决定成立拉绍德封中央协会。
2. 在所有协会里开展歌咏活动。
3. 创办工人报纸,如果所有协会都同意,费用自然不会太高。
4. 用中央出纳处的结余印传单。
5. 此外,派出一名驻德国的特使。
6. 此外,在伦敦设立一个中央委员会,负责瑞士、德国的工作。

执行委员会
1850年2月17日于拉绍德封

手稿　　　　　　　　　　　　　　　　　第一次发表

伯尔尼瑞士联邦档案馆,法律类,
1848—1895年流亡者 Bd. 68d.

435
科隆共产主义者关于传播革命书刊的文章[271]

1850年2月19日

通过书刊进行民主主义的宣传

§科隆，2月19日。民主派作家常常抱怨，他们的著作找不到书商。资产阶级、富有的出版者根本不理会民主主义著作，这是很自然的。另一方面，民主派作家不会去同另一派的出版者打任何交道，这也是很自然的。这种情况本身就造成了这种局面。这样一来，民主派的确几乎被剥夺了进行任何重大活动的可能性。他们开始采取1848年以前行之有效的办法去征集这一本或那一本著作的订户，但是这个办法很费时间。总的来说，这件事应当被看作是**党的事业**。民主派必须把自己的宣传工作组织得比现在更加出色、更加扎实。从前，民主派只是救济其囚禁者和殉难者；而它没有或很少把自己的力量联合起来支持出版工作。同法国人相比，它的宣传活动微乎其微。我们应当把法国人当作自己的榜样。必须在所有的城市里成立出版协会，募集经费来印刷民主主义传单和著作。在这种情况下，可以利用我们党刊的印刷所。出版协会必须设立在省的主要城市，首先从这里向全省推销，然后向全邦推销。这件事并不困难；只是必须筹集到经费。首要的是，富裕的民主派必须尽可能多地捐出这些钱用于宣传目的。我们迫切希望他们多多关照。

如果我们在农村广泛推销民主主义教科书，那么大多数农民早已不再处于愚昧状态，而是已经了解这个国家——他们在这个国家里的地位，他们的无权和受压迫，他们的当权的盗贼——并为自由而积极斗争。现在，还有成千上万的人不知道什么是普选权，什么是立宪君主制，什么是社会主义。这全怪我们的惰性以及我们的习惯做法。

我们也许可以利用给我们留下的不多的一点时间，否则革命会使无产阶级和农民感到意外，而这两个因素在革命中总是起决定作用。希望你们成立宣传民主主义著作经费筹集协会，现在还有平静的时间，要利用这个时间。我们的敌人就很善于利用它。

1850年2月20日《西德意志报》
（科隆）第43号

436
格奥尔格·埃卡留斯（伦敦）给卡尔·马克思（伦敦）的信

1850年2月20日

索霍区巴特曼大厦16号

亲爱的马克思：

我昨天同普芬德商定，明天即2月21日星期四晚7时半到您的寓所，洗耳恭听为我们准备的政治经济学课①并希望很快能够理解。特此

---

① 关于马克思的政治经济学报告，见注释237。

通知您。

希望您的健康状况是令人乐观的,我永远是最忠实于您的朋友

约·格·埃卡留斯

1850年2月20日于伦敦

手稿
莫斯科苏共中央马列主义研究院
中央党务档案馆,f.1,op.5,d.264
(《马克思恩格斯全集》历史考证版
第3部分第3卷第482页①)

437
关于卡尔·沙佩尔在科隆逗留和被驱逐出境的通讯[272]

1850年2月21日

*科隆,2月21日。我们的读者已经知道,卡尔·沙佩尔从前当《新莱茵报》撰稿人的时候就曾经使盖格尔先生②感到不愉快。盖格尔先生下令驱逐沙佩尔,而冯·维特根施坦③先生屈从社会舆论收回这项命令。④ 当沙佩尔在《新莱茵报》被禁后回到故乡拿骚时,他立即由于

---

① 附有真迹复制品。
② 科隆警察局长。
③ 1848年科隆政府主席。
④ 关于1848年8月把沙佩尔驱逐出科隆一事,见文件281。

第五章　改组共产主义者同盟并总结革命经验　　　　　　　　　　　　　　121

参加过伊德施泰因会议而被捕，几天后终于被释放。他急忙赶到科隆。在他的 9 个月的监禁期间，他的妻子和一个孩子死在科隆，其他的两个小孩由他人抚养。²⁷³沙佩尔并不打算居住在科隆，他只是想看一看他妻子的坟墓，料理一下破碎的家庭并接回自己的孩子。他避免任何的公开露面，如果人们不考虑沙佩尔回科隆时的情绪，那么几乎可以指责他这么快又回来了。他的痛苦，每个人都予以尊重，而盖格尔却仍然进行嘲弄。沙佩尔到科隆还不到 36 小时，盖格尔先生的一个走狗就来到他那里，不出示书面的命令，直截了当地通知说，沙佩尔同他的孩子必须在本月 21 日以前离开科隆。[……]我们听说，沙佩尔只向警察申请 10 天的逗留期限，现在事情要由冯·默勒斯先生①自己来决定，他愿意站在冯·维特根施坦之下，还是同盖格尔先生站在同等的地位上。²⁷⁴

1850 年 2 月 21 日《西德意志报》　　　　　　　　　　　　　　　　　　摘要
（科隆）第 44 号

438
安东·门克尔在工人兄弟会莱比锡大会²⁷⁵上的报告
1850 年 2 月 21 日

　　本协会②的创建、发展、在某种程度上的结束和重建在短短时间内

---

① 1850 年科隆政府主席。
② 指美因河畔法兰克福、哈瑙、达姆斯塔特和奥芬巴赫的协会。

经历了三个时代，这就是革命、反动和复辟。许多工人作为革命的孩子认为必须仍然忠实于他们的母亲，特别在当觉悟有了提高的时候。于是，我们看见他们从1848年生活的惊涛骇浪中跃起，我们看见他们在1849年的时间急流中一部分被卷走，我们还看见碎片又凑在一起。美因河畔法兰克福的1848年九月事件，那里的戒严状态使协会已无法存在。巴登起义对哈瑙和奥芬巴赫的协会起了瓦解或者瘫痪作用；达姆施塔特协会很幸运，没有因为大风暴而动摇。而他们确信，经过改选的协会发展将会很快，因为他们即使一时人数不多，但因经历了不久前的一个时期而变得富有经验了，可见我们一定能够发挥实际作用。例如，新的法兰克福协会只有40名会员，但在我动身前不久由于建立了一个学艺饭馆而又吸收了几百人，我们希望他们不久将被视为兄弟会成员。哈瑙和达姆施塔特的协会通常举办各种知识科目的讲座。最近重建的奥芬巴赫协会还只有全由旧协会的残存分子拼凑起来的家当，这就是歌咏协会。它因会长耶克公民和个别会员的努力而仍作为一个整体存在；可以预料，歌咏会员们会马上把手伸给自己年轻的工人协会的新老弟兄并同他们打成一片。最近要做的事情是使兄弟会的影响产生成果，而这些成果从许多人的良好愿望来说以及从个别人的热情来说都只会令人高兴。

1850年6月15日《博爱报》
（莱比锡）第37号

439
恩斯特·德朗克（巴黎）给弗里德里希·恩格斯（伦敦）的信

1850年2月21日

1850①年2月21日于巴黎

亲爱的恩格斯：

自从我们在凯撒斯劳滕最后一次见面②以来，您的来信给我带来了关于您行踪的确切消息。当我6月来到这里时，马克思托我向您妹夫③打听您的住址。当时，我看到报纸上荒诞无稽的消息，有点担心您同维利希一起在拉施塔特关进监狱。您的妹夫向我提供了令人放心的消息，他说您从瑞士写信向他讨过钱，但他不确切知道您的行踪。几天后，马克思告诉我，他收到您的一封信④；我自然要问您在何处及近况如何，马克思回答说，这是个"秘密"，这种回答自然使我不便再冒失地询问下去。我现在倍感高兴，因为从您的信中知道你躲在英国的酒坛里享福。

我在这里过的是真正牛马的日子，主要是对德国"民主派"报纸的胡扯感到恼火。它根本不允许取笑这里吉卜赛人的低能。我经常给法

---

① 年份是恩格斯添上去的。
② 1849年6月初。
③ 埃米尔·布兰克。
④ 文件383。

兰克福的《新德意志报》写东西，其实只是"为了糊口"，因为胖啤酒馆提琴师吕宁变成了最无耻的资产者，他自从把他的报纸交给勒文塔尔之流的犹太股东之后就干起了真正的威斯特伐利亚书报检查官的差事；正如您已经知道的，魏德迈在他内兄弟的小铺子里当一个完全丧失意志的雇佣工人。现在，我正在为里恰迪的意大利革命史①的修订译本找一个德国出版者，因为我根本不可能为一本巴黎六月战斗的历史找到出版商。如果找到了，那么我将从这里拿到一笔钱而使自己得到解救，前提条件是警察到那时还没有发现我的行踪并让我省下一笔路费。我还不知道我应该到哪里去；我想到都灵去，那时意大利可能会再次爆发革命——但我料想，那里也不是久留之地。也许我会到伦敦，虽然我公开承认，我丝毫不向往那里。很明显，不推翻英国资产阶级，欧洲革命仍然只是"杯水风浪"②；但是我也相信，推翻英国资产阶级只能靠欧洲战争，而决不能靠英国本地的革命主动性，而我对伦敦无产阶级没有太大的兴趣——4月10日，它在1100名士兵面前落荒而逃。不过，这里已经准备在春天做一件了不起的事情，如果对书面传达来说不算太长的话，我可以给您多少讲一讲。反正以往的"社会民主主义"吹牛大王或"纯粹的无政府主义者"蒲鲁东之类的制造体系的傻瓜都完全偃旗息鼓了，而工人当中的布朗基分子却已经数目可观。

您要求我给《新莱茵报。政治经济评论》寄点东西，我不久即可寄去。只是请来信告诉我，我必须何时把文章寄去，并请您托魏德迈给

---

① 约瑟夫-拿破仑·里恰迪《意大利1848年革命史。附1849年上半年历次运动概况》1849年巴黎版。
② 引自1849年1月1日在《新莱茵报》上发表的马克思的《革命运动》一文（《马克思恩格斯全集》中文第1版第6卷第175页）。

我弄到前两期,以便让我知道,关于法国该写点什么。我是否可以写一篇关于6月13日以来的革命宣传工作的文章,特别是写一写**酒税**和六月流放(也就是1848年的"强盗");如果您能够告诉我确切的日期,而我在此之前有空,那么我想给您再写一篇有关最新事态的通讯。(魏德迈订购了100册,可以免费奉送给我一些。在我的贷款已经耗尽的情况下,这是很重要的;泰勒林的小册子①作为来自伦敦的"作者的赠品"值4法郎80生丁!)

您询问艾韦贝克和其他德国人的情况,我无法予以确切的回答,因为我同这些下流痞根本没有接触。据我不久前通过偶然的机会得知,艾韦贝克在马克思离去之后散布关于马克思想留在这里的无耻故事,显然是为了感激马克思在6月和7月盛情地接待过他。他得到一笔遗产,自己拿出两法郎印刷费尔巴哈的一个译本,而且据莱茵哈特说,这个译本法文非常糟糕!至于其他的德国人,除了维也纳《宪法报》前编辑、驼背的海弗纳尔之外,我几乎一个也没有见到过,而且我对此也感到非常庆幸,因为我不想被人向警察告密,前几天警察又在巴黎盲人收养院路的一家饭店里打听我。²⁷⁶在整个一两个星期内,我只碰见过从美因茨来的保尔·施土姆普弗,他住在沙尔德老大爷那里。

鲁普斯②的情况使我感到遗憾,尤其是因为当最可怜的人诉苦时事情必定是很糟了。前些日子我听说,有人从西里西亚给他寄来一笔钱,他想用这笔钱到美国去——看来这情况并不真实。一个柏林傻瓜**候补法**

---

① 爱德华·冯·弥勒-泰勒林《西德意志报的悲伤》,1850年杜塞尔多夫版。
② 威廉·沃尔弗。

官腊施——他的案件不久将审理①——打算向他的有钱的朋友为流亡者募捐,并把捐款寄给马克思,由马克思分发。如果此事对你们伦敦人或鲁普斯有所帮助,请写信给这个家伙——他的确切地址是:"柏林新绿墙大街拐角莫利茨·拉伯先生收"。据我所知,他曾给在这里被驱逐的克吕格尔[277]寄去100法郎!我自己的情况大体说来不比鲁普斯强多少。在母亲的遗产上,我父亲欠我1150塔勒,我正在同我父亲打这笔官司,他却在12月故去。这笔遗产看来吹了,因为我的继母现在借口为死者预付了钱而占有了这笔钱。我现在又陷入宗族的争吵。

我希望不久能从您那里得到更进一步和更详细的消息!

永远忠实于您

您的　J. 巴尔温特②

教堂林荫路34号

泰勒林已经从伦敦来过两次信,但只字不提所有的丑事!③

手稿

阿姆斯特丹国际社会史研究所马克思恩格斯遗著 LIII 74/L 1170 (《马克思恩格斯全集》历史考证版第3部分第3卷第485—487页)

---

① 古斯塔夫·亨利希·腊施1848年11月10日以"骚乱"的罪名被判处15个月的徒刑。他逃到瑞士,后来同卡尔·布林德和古斯塔夫·司徒卢威结识。
② 德朗克1849年秋天在巴黎化名J. 巴尔温特,住在巴黎盲人收养院路吉伦特饭店里。
③ 见本卷第97页注④。——译者注

440
拉绍德封工人协会反对穆尔滕逮捕事件的声明[278]

1850年2月24日

  R. 拉绍德封，2月24日。我们必须及时对下述事件进行公开的评判。

  在瑞士已存在多年并得到瑞士当局批准的德国工人协会——其宗旨是在会员当中开展救济、教育和娱乐活动——打算2月20日在穆尔滕举行一次旨在讨论其状况的会议，并为此向会议派出带有委托书的代表。在这期间，穆尔滕的警察必定对此事早有所知。可是，全体代表还没有到达该地，在家里和在大街上就被拘捕并投入监狱。一位代表作为瑞士人抗议逮捕而立即被释放。他还想从一个囚禁者那里取回一笔供他使用的钱，但被顶回，说什么这笔钱正是可以用来作押送另一名代表到政府所在城市弗赖堡的路费。

  可见，当局打算进行一次认真的调查。十分明显，这种调查必定是针对协会本身的。这样，代表们就会成为多数人所信任的无罪牺牲品。他们不愿意用真名来集合和讨论。他们本来应当讨论**受委托**的事情，而**委托人**要求对**自己**进行调查并释放全权受托者。我们没有违反法律，我们泰然接受任何调查。——于是我们奇怪地发现，同一件事件在瑞士代表身上不是犯罪，而在德国人身上却成了犯罪。这也许是又要反对德国人以讨好气势汹汹的反动派的把戏？这是可悲的。这种警察措施既不能给专制制度的固定观念调出悦耳的音调，也不能阻止必然要发生的事件。

  既然旧制度的大厦已经倾斜得如此厉害，那么它总要倒塌，少数手工业工人对此无能为力,也绝对阻止不了;不论**联邦委员会**和反动派采取什么措施,它总是要倒塌的。如果人们还承认这些代表是民主主义者,而这一点在已安排的会议上恰恰没有考虑到,那么他们本身在一个自由的国家里就不会是罪人。他们不搞宣传,也不想搞宣传。因此,我们反对并以法律的尊严抗议这种勾当,要在读者面前公开而明确地谴责这种勾当。

拉绍德封**德意志工人协会**

1850年3月3日《西德意志报》
(科隆)第53号

441
关于伦敦纪念法国二月革命两周年宴会[279]的报道

1850年2月25日

  L. C. 伦敦,2月26日。〔……〕昨天晚上,由法国流亡者举办的纪念法兰西共和国周年日的宴会规模盛大,气氛热烈。

  各民族的流亡者济济一堂,这个节日实际上成为各民族流亡者的耶稣教徒聚餐会。宽敞的大厅装饰着意味深长的标志和彩带,大约400名具有民主社会主义观点的共和主义者正在这里举行宴会。进入大厅,首先映入眼帘的是带有摩尔人的三角①的红旗和"自由、平等、博爱"的标语,还有不少德国共产主义团体的红旗,上面写道:"社会民主主义

---

  ① 可能是共济会的标志。

共和国万岁！"这个团体为了赞颂这个盛会还送来一幅表现无产阶级街垒战的透明画。波兰人插上他们带有白鹏并写有波兰格言的红旗。在法国人的祝词当中，引人注目的是，一个人为作为自由的先驱战士的导师干杯，而另一个人为解散军队干杯。《新莱茵报》编辑恩格斯公民用法文发表演说，他最后提议为六月起义干杯，受到异常热烈的鼓掌欢迎。一位法国六月起义战士以他的战友的名义表示感谢并提议为德国人干杯，把德国人的革命称为"早熟的"革命。微不足道的冲突没有扰乱良好的秩序，年轻的未来的英雄们分手时心情振奋，大胆地希望实现他们更高的人类理想。

1850年3月1日《西德意志报》 节录
（科隆）第51号①

442

阿尔诺德·赖纳赫和斯蒂凡·波尔恩（伯尔尼）给安东·门克尔（奥芬巴赫）的信

（恩斯特·德朗克的抄件）[280]
1850年2月25日至3月16日

Ⅰ．信件（原件在我手里）赖纳赫致门克尔（奥芬巴赫）

亲爱的门：我没有早一些回复您的两封来信，只是因为我为了某些

---

① 原件上误写为：第50号。

通知一直拖下来了。附上的信①中写有您能够完成的最重要使命；这个使命如果完成得好是大有益处的，而且它是德斯特尔（d'Esther，原稿上在这里写的是"sth"）、波尔恩，我和**我们的**这一类许多其他最能干的人（原稿上"我们的"一语划了着重号）讨论的结果。我们眼下在这里焦急等待着这里可能发生的事情：是否会进攻瑞士？如果进攻，那么我们就有事可做了，在这种情况下；非常幸运！如果你们像你们现在已经设想的那样从内部接应一下，那么一切都会顺利的（？）。如果不触动瑞士，那么我们就到英国去，在那里成立中央委员会并痛痛快快地着手工作；这个计划同应当举行的会议密切相关。您可以向**完全可靠**的（着重号）人作这样的解释，但要**特别**（着重号）小心！你们周围**必定**（着重号）有的是奸细，让一个坏蛋知道此事所带来的危害比让三个好人知道所带来的好处要大。

——工人们，特别是在职业自由盛行的情况下，应当力争建立独立的职业俱乐部，也就是说，工人们应当联合起来制造独特的产品，在可靠的人的监督下在一个特殊的地方出售，分配所得的利润。这种组织作为一种倾向性事物是非常重要的，具有不可估量的道义影响。——

（署名：）阿尔诺德·赖纳赫

1850年2月25日于伯尔尼

Ⅱ. 波尔恩致门克尔（奥芬巴赫）（跟前一封信写于同一天）

亲爱的门：从赖纳赫那里知道，您要到莱比锡参加工人代表大会②

---

① 波尔恩的后面的信。
② 见文件429。

并请求关于您在那里如何发挥特殊作用的指示。我首先应当通知您,赖纳赫、德斯特尔和我一致认为,您首先要设法出钱支持流亡者中的革命派反对"议会集团"。这笔钱怎么花,要听从**我们的**指示。——

因此,我们**至少还**(着重号)必须有钱。您在代表大会上将会遇见一些能干的人,您要同他们交谈,您要设法取得尽可能大的成就。但最要紧的是,您在摸清情况之前要**十分小心谨慎**(着重号)。有一些很好的民主派,但不可向他们吐露任何**秘密**,向外掏钱也要采取**这样的谨慎态度**。

当必要时,但只有在他们对您的来历完全弄清楚的**特殊情况下**,您可以拿出这封信作为**委托书。我受托代表赖纳赫和德斯特尔把委托书交给您。**

(署名:)波尔恩

(下面:)

完全同意上面的信

阿尔诺德·赖纳赫

哈瑙省出席1848年

美因河畔法兰克福第一次

德国工人代表大会的代表

(缺德斯特尔的签名——当然?)①

---

① 德朗克猜测,这些信是背着德斯特尔写的。从文件496中可以看出,这种猜测是没有根据的。

Ⅲ. 赖纳赫致门克尔（奥芬巴赫）

1850年3月11日于伯尔尼

——（3）至于波尔恩，我们早已深信，亲王的诉讼是不能成立的；至于施纳克[281]，他是不配得到同情的人当中的一个。总之，我喜欢波尔恩，而不喜欢他。因为他不在这里，而在穆尔滕，他在那里靠亲属（？？？）的帮助占有了一家印刷所，所以我下一次才能同意您作详细的辩护。

（"亲王"的控告在于，波尔恩贪污了莱比锡工人兄弟会的钱以及没有交出为一个流亡者①而寄给他的一笔钱。）[282]

在这里，我给您一个新的通讯处：外信封上写保琳娜·帕布斯特太太，娘家姓名克莱芒·贝尔内；内信封写塞特尔德（德斯特尔、布赫海斯特、赖纳赫）；这封信**尽可能付邮资**。

——您现在还必须设法在您目前的环境下联合人们争取秘密的目标并按照背面写的地址把钱寄出去（用内信封寄给赖纳赫和**德斯特尔！！！**）。可以为此利用工人、体操协会会员和商店杂役，但始终要**小心，千万不可公开**。（着重号）——

从我开始写这封信的第15天，在瑞士被囚禁者等人的迁移越来越快，几天之后就只剩下一部分贵族流亡者了。我们在同《莱茵报》社进行谈判；这个报社不久将出版两期**《莱茵报》**：我们也把这个报纸当作机关报加以利用。——重要的是，私下让读者注意出版的报纸并要求人们参与或者支持。内信封由于改写了德斯特尔的名字是保险的。

---

① 弗里德里希·施纳克。

（在原稿上，塞特尔德的地址是用普通墨水写的，括弧里的德斯特尔、布赫海斯特、赖纳赫的名字是用化学墨水写的。）

（署名：）阿·赖纳赫

1850年3月16日于伯尔尼

可见，赖纳赫滥用了"莱茵报社"的名字，**为了乞讨钱**，似乎也滥用了德斯特尔的名字。波尔恩同上。——后来，原稿当我在瑞士时被人使用。

手稿　　　　　　　　　　　　　　　　　　　　　　　　第一次发表
莫斯科苏共中央马列主义研究院
中央党务档案馆，f. 20, d. 160

443

亨利希·毕尔格尔斯[283]（杜塞尔多夫）给斐迪南·拉萨尔（杜塞尔多夫）的信

1850年3月2日

1850年3月2日

尊敬的拉萨尔：

因为我打算清理几笔小的、但却紧迫的新年账目，还打算今天中

午动身去科隆，所以请您务必在3点之前把3月的酬金付给我。[……]

同时，我必须通知您，并请求您把这件事告诉伯爵夫人，从3月即本月底起，我将辞去我的保尔伯爵的教员职务。

除了所有其他原因之外，作出这一决定的动机是，一年的经验使我得出这样的看法：我每月拿20塔勒的薪水是不够用的，至少是从你去年8月起强行把薪水减少了四分之一之后。用我自己的钱，从而出于以往纯粹的忠顺，继续留在影响我为自己的党积极工作的岗位上，留在不可能达到我从一开始就向党提出的，但徒劳追求的更高目标的岗位上——向我提出这样的过分要求，不可能是一个——正像您的最新声明及时向我证实的——向我提出"现金支付的立场"是唯一具有决定意义的人。自从这篇我特此加以证实的珍贵的声明发表之后，我就下定了立即辞职的决心。您最近还打算在政治领域充当靠薪水过活的教师的家长和业主，这只能加强我的这种决心。

我选择本月底作为我辞职的日期。[……]

《斐迪南·拉萨尔遗著。书信和著作》古斯塔夫·迈尔编第2卷《拉萨尔书信（从革命到工人鼓动开始）》1923年斯图加特—柏林版第30—32页

节录

444
伦敦社会民主主义流亡者委员会的财务报告[①]

1850年3月初

1. 支 出

			镑	先令	便士
1849年11月	16次救济金每次	7先令	5	12	—
1849年12月	29次救济金每次	7先令	10	3	—
	3次救济金每次	4先令	—	12	—
	1次救济金每次	6先令	—	6	—
	1次救济金每次	3先令	—	3	—
	2次救济金每次	5先令	—	10	—
	1次救济金每次	5先令 6便士	—	5	6
	1次救济金每次	8先令	—	8	—
	1次救济金每次	12先令	—	12	—
	4次救济金每次	10先令	2	—	—

[①] 这个收支清单是伦敦社会民主主义流亡者委员会提交给1850年3月4日伦敦工人教育协会会议的。后面补充的第二部分可能是在清单得到会议确认后又过了几天才写的。

			镑	先令	便士
1850年1月	20次救济金每次	7先令	7	—	—
	1次救济金每次	2先令6便士	—	2	6
	3次救济金每次	4先令	—	12	—
2月1—23日	18次救济金每次	7先令	6	6	—
	2次救济金每次	5先令	—	10	—
	1次救济金每次	2先令	—	2	—
	5次救济金每次	10先令	2	10	—
	1次救济金每次	3先令	—	3	—
	1次救济金每次	13先令	—	13	—
	2次救济金每次	1先令3便士	—	2	6
	1次救济金每次	1先令	—	1	—
114次救济金合计………………………………			38	13	6
邮费、印花税、取款费和文具费………			1	5	1
总　计………………………………………			39	18	7

支出中包括给当时得到工作的各个流亡者购买手工工具、衣服等贷款26镑；借贷人答应以后归还。

2. 收　入

		镑	先令	便士
11月19日	出纳处积余………………	10	9	5

日期	项目			
12月1日	工人协会捐助…………………	—	3	6
12月10日	经科隆《西德意志报》转来30塔勒，扣除费用后余	4	1	—
12月15日	巴黎德国工人捐助……………	2	5	10
12月17日	经罗斯托克的蒂尔克教授先生转来	16	12	6
2月11日	辛辛那提救济委员会捐助……	20	18	—
2月20日	什未林工人捐助………………	3	—	—
	总计…………………………	57	10	3
	支出（如上所示）…………	39	18	7
	出纳处积余…………………	17	11	8

上列财务清单曾在这里的德意志工人协会3月4日会议上提出并被确认无误。捐款人及其代理人可到会计处查阅委员会的单据和账簿。

本报告写妥后，又从科隆和纽约收到两笔汇款，这项收入将列入下次的报告。同时，由于从瑞士和法国不断有人被驱逐出境，这里需要救济的流亡者人数剧增。几乎每天都有新的流亡者来到这里，他们大部分人不仅需要给予菲薄的普通救济金，而且迫切需要给予补助来购置衣服。在这样的情况下，由于其他方面募款援助这里的流亡者的努力大概收效甚微，结果所有来到这里的流亡者大都马上指派给我们，于是本委员会的负担就更重了。幸赖这里的德国工人和流亡者本身的努力，才为某些流亡者谋得了职业。但是，在其他地方流亡者容易找到的很多专门职业，由于种种原因，特别是由于伦敦人口过剩，竞争激烈，他们在这里却找不到。何况新来的流亡者非常之多，以致需要援助者的名单每周都在增加。

虽然交付给委员会的钱款在使用上极为节省，定期救济金已减到本地生活必需品的高昂价格所允许的最低限度，可是委员会的基金在这种情况下必然很快减少。我们甚至担心，不久就无力使这里的失业的流亡者摆脱流浪的生活和极端的贫困。

因此，我们再次请求在德国国内的党给予资助。我们提醒党注意一点，在瑞士和法国流亡者人数和所需援助在减少，那么在伦敦流亡者人数和所需援助就更为增加了。我们希望，手拿武器为德国人民的自由和荣誉而斗争过的人们，不致在伦敦街头向人乞讨。

所有捐款请寄：伦敦索霍广场第恩街64号亨利希·鲍威尔先生。

社会民主主义流亡者委员会
卡尔·马克思　弗·恩格斯
亨·鲍威尔　奥·维利希　卡尔·普芬德

1850年3月初于伦敦

1850年3月21日《西德意志报》（科隆）第68号（《马克思恩格斯全集》历史考证版第1部分第10卷第563—565页，参看《马克思恩格斯全集》中文第2版第10卷第711—714页）

445
刊载维克多·特德斯科[284]《无产者问答》[285]德译文的一份共产主义者同盟的传单

1850年初前后

《无产者问答》[286]

特德斯科　著

1. 你是谁？

答：我是无产者，或者说得好听些，是工人。

2. 什么是无产者？

答：无产者一天一天熬日子，他今天不得温饱，明天也难指望得到点什么。社会由于他的劳动而富足起来，他却被社会剥夺了继承权；如果找不到主人，他就没有面包吃。

3. 这么说来，你是奴隶，因为你有主人？

答：按这个字通常的含义来说，不是。无产者和黑人为了生活，都依附于主人。

无产者和黑人的区别是，他能够自由地离开雇用他的主人，但是，如果找不到能够或愿意给他工作的另外的主人，那他就只有去乞讨或偷窃。

无产者和黑人虽然能够改换自己的主人，但不能因此而改变自己的命运。无论他们为之效劳的人多么慈善和仁爱，一个永远是奴隶，另一个永远是无产者。

黑人是人的奴隶。

无产者是资本的奴隶。

4. 你如何解释无产者的这种奴隶地位？

答：对无产者来说，没有工作就没有面包，没有劳动工具就没有工作。而按照社会现在的组织情况，这种劳动工具本身就已经代表了一种价值，工人既负担不起这种价值，也负担不起为了有效地使用这种工具所需要的资本。

如果说今天还有工人买得起的工具，那么，工业的发展将使机器劳动代替人手的劳动，从而很快就会取消这种工具。

资本统治生产，并把权力交给拥有资本的人，即富人，少数人。

因此，多数人，无产者，不得不寻找工作。

富人购买劳动的条件，正是工人生存的条件。

因此，工人的生存取决于资本家，取决于主人。

在购买劳动的主人和出卖劳动的无产者之间有一个强迫性的协定。这就是工资，因而它包含着无产者的生存条件。

5. 为什么说这种协定是强迫性的协定？

答：因为工人如果拒绝接受主人向他提出的条件，也就失掉了面包，就要挨饿。

6. 决定工资条件的规律是什么？

答：竞争：

（1）国家之间的竞争；

（2）一国之中生产者之间的竞争；

（3）工人之间的竞争。

7. 这种竞争对工资有什么影响？

答：只要劳动可以被买卖，它就是商品，它的价格叫做工资。

每一个商品的价格都取决于生产这一商品所需要的费用。

工资，或者劳动商品的价格，取决于生产劳动所需要的费用，即维持工人家族生活所需要的费用。

生产商品的费用低，商品价格就低；同样，维持工人生活所需要的费用低，劳动商品的价格就低。

如果人们发现一种比面包和土豆还便宜的食品，那么工资将会立即相应地降低。

8. 工人的生存条件概述起来是怎样的？

答：如前所述，工人的生存条件归结为工资，而工资在任何时候都是低得不能再低。

生活条件是：穿，住、吃。

因此，最低工资意味着：

在穿的方面，不多不少刚好使工人不致赤身露体；

在住的方面，不多不少刚好使工人不致露宿；

在吃的方面，不多不少刚好使工人不致饿死。

9. 至少你的工作可以有保证？

答：不。竞争不会中途停止。竞争引起的无休止的或者周期性重复的混乱甚至常常剥夺我们可怜的生活来源。

我们的生存取决于一种可以停止的需求，取决于一个可以关闭的工场。它取决于遥远未来的一次破产，取决于一种新发明的机器，取决于一次工业灾难，取决于一次商业危机。

10. 这么说，你的命运是非常悲惨的？

答：我必须忍受的苦难摧残并缩短了我的生存。

当我还是一个不满 8 岁的孩子时就开始劳动了。为的是在我父亲为我挣的那点面包上增添一小块。唉，没有欢乐的白天是那样漫长；为了恢复过度的疲劳，夜晚是这样短暂。

作为一家之主，我看着妻子逐渐衰弱，孩子骨瘦如柴。

我的劳动无法消除这样大、这样多的苦难。

我让自己的孩子成为迫切糊口需要的牺牲品，我让他们成为机器的奴隶；他们的命运糟透了，我的命运也同样，我对他们的爱成了对我的折磨。

我未老先衰（像我父亲那样），最后没有别的办法，只有依靠国家的慈善机构或依靠施舍。前者把我关起来，后者贬低我的人格。

那些逃避劳动的人要进监狱和教养所。

饱受饥饿折磨的少女要去卖淫。

请到我们被财富所驱逐而居住的街区转一转吧，那是弯曲狭窄的小巷，没有新鲜空气，没有阳光。多么恶劣的环境！烟雾弥漫，臭气熏天，各种生物挤在一起，到处是垃圾和积水。那些没有遭受贫困的幸运者远远地避开这里。这样的住宅——野蛮人也不可能住得更坏，潮湿的、里里外外都在发霉的地下室，不能遮蔽风雨的仓库——就是我们的栖身之地。在这里，看不到一点被称为文明的人类力量和人类智慧的自豪感。光秃秃的、令人厌恶的墙壁，破烂不堪的炉灶，当床垫用的稻草，你们富人凭这些东西就可以认出那些替你们生产财富的人的住宅。我们的贫困证明了你们的伟大。

这是有道理的。因为我们辛勤劳动的奇迹不是还需要把我们的苦难特别加以神圣化吗？

的确，我们耗费了我们的力量，从而耗费了我们的未来。对未来日子的担心只能常常使我们的目光暗淡；而由于我们看不到远景，甚至连保存自己的念头都不再在我们头脑中出现了。

我们没有什么可失去的东西，没有什么可抱怨的。为什么我们不能把我们的生活置于社会的天秤上，以便恢复它失去的平衡呢？

11. 你们的教养和教育如何？

答：对我们来说，除了贫困没有别的课程。

饥饿迫使孩子为了几个格罗申而去工厂送死，孩子进不了学校的大门。

过度劳动和缺乏足够的营养使孩子精疲力竭，因而不能承受精神上的任何紧张。

夜校、星期日学校的情况怎样？这种错误的教育会有什么结果呢？它不考虑我们的智力，只能把我们变成读和写的机器，没有信念，没有能力，没有活跃的思想。

在这种学校里，谁会想到要唤起和发展我的孩子的智力呢？谁会向崇高的感情敞开他的心扉呢？谁会用平民的高尚自豪感来滋润他柔弱的幼小心灵呢？谁会保护他逃避社会的所谓基督徒之爱呢？

唉，教育也像工资一样。最穷困的人还多得很。

12. 你不信赖神甫吗？

答：是的。神甫是代表过去的人——我们属于未来。我和他能有什么交道好打呢？

过时制度的使徒，他穿着华丽而不值钱的服饰在一代不再盲目信仰的人当中走来走去。

早已被抛弃的偏见的继承人，他凭借特权使自己捞到好处。

国王、贵族、富人的同谋犯，他自己失去了权力之后，成了他们的谄媚者和舔食者。

风纪宪兵，他用他的宗教为我们制造了手铐。

再回过头来说神甫，你使痛苦神圣化，以便为穷困辩护。

你向我们讲什么美好世界呢？

我们的孩子嚷着要面包，你却用世界的末日来安慰我们。

13. 根据你前面对我所说的，你是否认为无产者在社会上已形成一个真正的阶级？

答：是的。两个阶级，富人和无产者相互对立。

一个阶级是另一个阶级的敌人，因为二者的利益、道德和思想是背道而驰的。

14. 谁是统治阶级？

答：富人阶级。

15. 产生这一权势的原因是什么？

答：工具和资本的占有。——统治阶级通过分配劳动已经独占一切财产，社会的一切力量。

16. 富人的这种统治仅仅限于压迫劳动吗？

答：不，这种统治涉及与人有关的一切方面，不管这个人被看作工人，还是被看作国家公民。

17. 为什么？

答：尽管我们受富人压迫，但是，如果我们有了一份政治权力，我们就会利用这种合法的影响来争取我们的共同解放。国家公民将解放工人。

为了避免这种危险，人们把我们排除在一切公共事务的参与之外。

18. 人们怎样实现这一点？

答：他们把管理社会的权力，把政权据为己有。

19. 你对政权是怎样理解的？

答：政权是给人民制定法律和保证法律得以执行的权力。

这种法律确定有关共同利益的一切，也确定有关私人利益的一切，只要这种私人利益同共同利益有关。这种法律的规定涉及一切：人、婚姻、家庭、财产、教育、国防、工业、商业、农业、公共工程、犯罪、惩罚等等。

20. 谁来执行这种可怕的权力？

答：立法议会和国王。

Katechismus
des
Proletariers.
Von Tedesco.
(Preis 1 Penny — 2 Cents — 1 Ngr.)

1. Was bist du?

A. Ich bin Proletarier oder, wenn du es so lieber hörst, Arbeiter.

2. Was ist ein Proletarier?

A. Von einem Tage zum andern lebend, ist der Proletarier derjenige, der heute nicht genug hat, und der nicht sicher ist, morgen etwas zu haben. Enterbt von der Gesellschaft, welche sich durch seine Arbeit bereichert, hat er kein Brod, wenn er keinen Herrn hat.

3. Du bist also Sklav, da du einen Herrn hast?

A. Nach der gewöhnlichen Bedeutung des Wortes, nein.

Der Proletarier und der Neger sind, um zu leben, beide von einem Herrn abhängig.

Der Proletarier unterscheidet sich dadurch vom Neger, daß er den Herrn, welcher ihn beschäftigt, aus freien Stücken verlassen kann, mit Vorbehalt des Bettelns oder Stehlens, wenn er keinen andern findet, der ihm Arbeit geben kann oder will.

Der Proletarier und der Neger können zwar ihren Herrn, damit aber nicht zugleich ihr Schicksal wechseln. Der eine bleibt immer Sklav, der andere immer Proletarier, wie groß auch das Wohlwollen und die Menschenliebe derjenigen sein mögen, welchen sie dienen.

刊载维克多·特德斯科《无产者问答》的传单首页

立法议会制定法律，国王批准法律并下令执行法律。

21. 立法议会怎样产生呢？

答：通过选举。

一切占有足够财产因而同富人具有共同利益的人都是选民，即有权选举那些联合起来可以组成立法会议的人。

22. 这个议会代表谁呢？

答：它代表那些选举它的享有特权的人。

组成的议会议员们自己享有特权，他们满脑子都是其选民的需要、利益和原则，他们以权威方式把其选民的利益看作国家利益，并在他们制定的法律中把两者混淆起来，使之达到动人的和谐。

总而言之，他们是我们的压迫者的代理人。

这丝毫也不妨碍他们厚颜无耻地宣称，他们是全民族的代表。好像那些和我们的需要、我们的利益格格不入或甚至背道而驰的人会是我们可以选出的——其实我们根本就不能参加选举。

23. 什么是王权？

答：在上一世纪，王权是任何权力的来源。一切主权都集中于一身，它主宰着国家。法律、捐税、共同利益——社会中的一切都取决于它。

它的权力是如此之大，除了唯一的上帝，它不承认任何人在它之上。它依靠贵族和僧侣，抗拒时代和革命。

但是，在这个临产的社会母腹里孕育着一种新的巨大力量：工业和商业的女儿——资产阶级——悄悄形成。资产阶级受到科学和哲学的启发，摆脱了任何偏见，摆脱了对王位和祭坛的一切敬畏。

由国王恩准的经济特权（如公会）是它长期以来不断壮大的保障。但是，在它通过经营而变得强大和勇敢之后，如果不把儿时的襁褓撕毁，就必然会被襁褓所窒息。限制交往的种种规定最终会导致农业和工业的破产。这些以王权的名义、为了王权的利益而制定或提出的规定——不破坏上帝恩赐的王权本身，怎能废除或者改革呢？资产阶级懂得这一点，它抨击滥用职权，并不断削弱王权的专制这种最大的、根深蒂固的滥用职权。它针对神权的主权提出了人民的主权。只有人民才应当享有制定法律的权力，只有人民才是其自身利益的最高裁判者。君主的原则在斗争中失败了，整个旧社会也随之崩溃。由于人民的牺牲精神、毅力和革命勇气，资产阶级进行和领导的革命战胜了特权的绝望反抗。

由于财富和见识而强大起来的资产阶级，在武力胜利之后夺取了政权。① 它不再承认其经常借助的、致使其刚刚取得胜利的人民主权，而坚持有产者的，即工业家、商人的主权，一句话，财产的主权。它争得了职业自由和贸易自由，它攫取了政权——它还想怎样呢？人民不了解还沉睡在未来的母腹中的自由竞争的结果，任凭资产阶级自由发展。

在这种社会革新中，王权的命运如何呢？人民把它推翻之后，资产阶级以君主立宪的名义把它重新扶植起来。部分立法权，全部行政权都交给它掌握；军队、行政和教育像过去一样直接由它来控制。作为对它完成应尽职责的报酬，人们使它得到巨额的收入，使它享有极大的荣誉、权力和财富。

24. 为什么王权得以重新建立？

答：资产阶级建立了自己的统治之后，必然设法保证这种统治能够长存。革命必须结束，已经争得的东西必须最终确立下来并且避免发生危险的变动。此外，资产阶级也像现在的情况一样，还没有组成一个统一的牢固整体。资产阶级当中的大量成员虽然也分享了革命的实惠，但是不愿意使占有资本的大资产阶级独家统治。他们会感到并且必然感到

---

① 主要指法国和英国。

有必要进行缓慢的、但却是不断前进的改革。到一定时候，受其影响的立法会议由于一项改革接着另一项改革而被带到非常危险的境地。任何事情都有一个终点，进步必须有一个框架。王权被看作这种框架，它有曾经为它担保的过去。人们想起了这一点，王权作为这种框架被重新建立起来。人们赋予国王一种权力，使他能够通过自己的否决权把立法会议通过的具有进步意义的决议化为乌有。

此外，还需要一个行政权力的首脑——他不受人民方面的任何影响，他的存在和行动不受任何竞选的制约。这个首脑又是王权。人们还必须再对它赞美几句，它出色地完成了自己的使命，资本家对此感到满意。同样也必须承认，它懂得对自己的作用加以完善，因为它同其重建者具有共同的爱好。它像他们一样懂得进行国家证券投机；它像他们一样获得了通过交易所投机和股票投机增加其现金的才能。这后一个特点使王权的形象趋于完美，但过去不曾有过。今天它不能再被抹去了。

犹太人是国王，国王是19世纪的犹太人。

25. 你明确了议会和王权的职能和性质，但请用事实向我证明两者都只是代表一种把无产者利益排除在外的利益而进行统治？

答：证据如下：

a. 他们通过磨坊税提高面包的价格，通过屠宰税提高肉类的价格，好像那些价格对我们来说还不够高，好像我们饭桌上的肉还不太少。

无产者就**不会**这样做。

b. 他们对殖民地商品，特别是咖啡征税，可惜我们常常不得不用它来代替营养好的饭菜。

无产者就**不会**这样做。

c. 他们对食盐征税，这是我们可怜的食物中唯一的调味品。

无产者就**不会**这样做。

d. 他们任意对穷人的饮料征税。

无产者就**不会**这样做。

e. 他们通过高额营业执照费来压迫贫困的小市民的劳动。

无产者就**不会**这样做。

f. 他们损害消费者的利益来保护一些大工业部门。

无产者就**不会**这样做。

g. 他们给富人可以世袭的所有官职以最优厚的薪俸。

无产者就**不会**这样做。

h. 他们以最卑鄙的方式降低那些富人不屑一顾而让小人物去担任的小官职的薪俸。

无产者就**不会**这样做。

i. 他们精心装饰保藏财富的住宅；谁来关心我们的陈旧、肮脏、有损健康的住宅呢？

无产者就**不会**这样做。

k. 他们让工人承担过重的劳动，致使工人的健康和生命受到损害。

无产者就**不会**允许这样做。

既没有祖国可保卫，也没有财产可保护的不幸的人，被残酷无情地弄去当兵，长年累月地忍受着可诅咒的武士的种种虐待。

与此相反，富人子弟有门路，可以缩短和减轻其服役期，在一定情况下甚至可以完全不服兵役。

无产者就**不会**允许这样做。

m. 他们把国家的全部救济金交给资本家去投机。

无产者就**不会**这样做。

n. 他们允许金融老板用小人物的储蓄进行投机。

无产者就**不会**允许这样做。

26. 你们想怎样医治这些——很遗憾，确确实实存在着的——弊端？

答：政治设施无非是保障和维护一个阶级在经济上统治另一个阶级的全部机构和保证的总体。

因此，如果我们想改变我们生存的社会条件，首先就要摧毁这些政治设施，这些压迫我们的工具。换句话说，我们必须掌握政权，使这些设施不再被用来压迫我们。

27. 你们想用什么来代替财产的主权？

答：用人民的主权。

28. 你们将怎样实现人民的主权？

答：通过普选权，就是说每个人都有权通过他的投票参与国家的政治组织和社会组织的活动。要真正参与这种活动，每个公民就必须理解政治对人的幸福所发生的深刻影响；他就必须既懂得当前社会的根本弊端，又懂得消灭这种弊端的最适当的手段。他在行使自己的权利时要时刻不忘无产阶级的利益；斗争失利时，不应垂头丧气。金融贵族十分强大，他们不会仅仅由于一次失败而被战胜。金融贵族正像其前辈世袭贵族一样，将长期进行反抗和绝望的挣扎。只有经过可怕的斗争，当无产阶级的坚定意志决定了他们的失败时，他们才会像其前辈一样被推翻在地。

29. 普选权将使立法会议服从于你们，可是你们将怎样对待王权这一所有滥用职权行为的活生生的代表呢？

答：我们将一劳永逸地把它推翻。

我们将代替王权建立一个负责的、可以由人民代表会议随时撤换的行政机构。

30. 你已经向我列举了这么多滥用职权行为，因此没有必要再问你们选出的代表的任务是什么。但是，除了普选权以外，你们要求得到的最重要的权利是什么？

答：劳动权。

我们应当知道，我们靠劳动才能生存。

31. 谁来保证你们的这种权利？

答：国家。我们将向它提出组织劳动的任务。

32. 为什么是国家？

答：我们没有劳动工具；我们也借不到钱去买劳动工具，因为人们只借钱给富人。

只有国家能够而且必须成为无产者的银行家。竞争把社会推入深渊，为了把社会从深渊中拯救出来，必须把国家的一切救济手段、一切力量统统利用起来。

33. 你们怎样称呼那个体现你们全部愿望的、总有一天会实现的社会组织？

答：民主社会共和国。

34. 你根据什么断定这样的时候到来了？

答：根据冲击着社会的剧烈震荡。

35. 民主共和国的选举口号是什么？

答：自由、平等、博爱。

自由：——就是保证每个人都能够充分发展他的肉体和精神的力量，并且根据发展的需要利用这种力量。

平等：——就是人们生活在一个实现了自由，摒弃了一切特权而不再有任何阶级差别的社会里。

博爱：——就是一种同情心（一种今后要一人为大家，大家为一人的感情）。当自由和平等完全实现的时候，这种同情心就会把所有的人像兄弟一样联合起来。

一天结束了，你的筋骨劳累了一天；你的孩子要面包，你的老婆在哭泣：——

噢，无产者，你在想什么？

竞争使你的主人破了产，他把工厂关闭，而国家又没有工作给你：——

噢，无产者，你在想什么？

你的兄弟在受苦，在叹息，就像你，为人做奴隶：——

噢，无产者，你在想什么？

我在想要面包的孩子，哭泣的老婆，受苦的兄弟。

我在想财富，在想有权势者的幸灾乐祸的自私。

我在想我们的弱点、我们的错误、我们的偏见。

国王、教士、富人使我失望，今天我要来同他们算账。

当我遭受的贫困诅咒他们时，我的心岂能容忍他们。

我们的不幸的制造者们，你们等着无产者的审判吧！

自由、平等、博爱！

我们父辈的旗帜，推翻封建社会时在他们前面飘扬的旗帜，听听无产者的誓言吧！在他们反对新贵族的火热斗争中保护他们的心永不疲倦！噢，未来的预言家，去照亮他们的心灵，让他们识破敌人的一切骗人鬼话吧！

而你无产者，我的兄弟，一切痛苦的产儿，愿你不倦地传播你的学说，这就是你们的工作，愿这一学说终于为你们的痛苦提出一个目标！愿你们在为主人效劳时所耗费的力量快快帮助无产者——你们的兄弟——的力量取得胜利！

从这个统一而不可分割的神圣同盟中将产生出：

民主共和国！

446

塞巴斯蒂安·载勒尔关于同盟盟员参加
法国革命事件的论述

（摘自《6月13日阴谋……》，1850年）[287]

1850年3月初前后

[……] 这时，山岳党在这方面表现得越温和①，德国民主派，特别是共产党人就越积极、越起劲地去甚至说服山岳党相信德国在罗马问题上的理论意义，并致力于使法国无产者同德国无产者结成兄弟。罗马问题必将在**莱茵河畔**得到解决。另外，《新莱茵报》（它的创办人没有得到弗洛孔的赔偿金）以及由赫斯、艾韦贝克、塞·载勒尔和其他许多人领导的巴黎德意志工人协会，也为此作了最主要的努力。《新莱茵报》对巴黎六月事件的富有见地的观点，从最初几号起就已经让它的读者感到惊奇，并很快就对巴黎的所有日报产生影响。工人协会方面组织了罗伯特·勃鲁姆逝世纪念会和宴会。在这些活动中，最著名的俱乐部演说家，无论是法国人还是德国人，都作了支持兄弟团结的发言，特别是为纪念阿尔萨斯的山岳党而于1848年12月24日在曼恩省的关卡举行的宴会和1849年6月12日的宴会，会上有一个名叫海德克的工人也作了精彩的发言。这些活动在巴黎的报刊上引起了相当大的轰动。[……]

---

① 载勒尔在前面说过，1848年春天临时政府没有驳斥来自右的方面的，说它支持德国革命运动的指责。

[……]根据臭名昭著的福适俱乐部法封闭了巴黎所有的俱乐部（其中包括德国工人俱乐部）之后，德国**流亡者委员会**悄悄地扎下根来，它的第一次宣传活动就是宣布1849年5月24日《巴黎的德国民主派对德国的民主派的声明》。[……]这类声明由德斯特尔领导的普法尔茨中央委员会散发到国外，法国农民如饥似渴地争相阅读。

流亡者委员会除了通过报刊影响公众，还为正在组建的普法尔茨—巴登革命军提供能干的将军和参谋，特别是提供一名最高统帅。[……]

当工人协会和流亡者委员会以这种方式在幕后为摧毁德意志诸侯准备工具的时候，德国人民利益的**合法**代表，特别是南德意志革命，没有松劲。这种利益由所谓的三个使团来代表。第一，巴登—普法尔茨使团，许多报纸在一段时间曾误认为阿尔诺德·卢格先生是使团代表，其实是许茨博士和卡尔·布林德。第二，《新莱茵报》主编和德国共产党人的领袖卡尔·马克思受普法尔茨民主派中央委员会的全权委托来到巴黎，同法国的革命共产党的最有影响的人物建立密切联系——这一使命由于其微妙性质是极其秘密的，并且幸运地避开了卡尔利埃匪徒们的监视。[……]

当这件事在埃利泽进行的时候①，山岳党在其午餐桌旁也没有闲着；它向所有革命政党的领袖、大部分市民自卫团的上校、高级学校委员会、印刷工人协会理事会以及其他一些把巴黎变成欧洲争取自由的斗争中心的可怕的民主派提出过建议。**卡尔·马克思**在他新近在伦敦继续编辑出版的《新莱茵报。政治经济评论》上关于这些建议作了一些有趣的说明。他说，工人建议在当天夜晚就出击，但是，赖德律-洛兰拒绝了他们的建议。这一披露是重要的。无论如何，在6月11—12日这个

---

① 载勒尔在前面报道了法国国民议会1849年6月11日的会议。

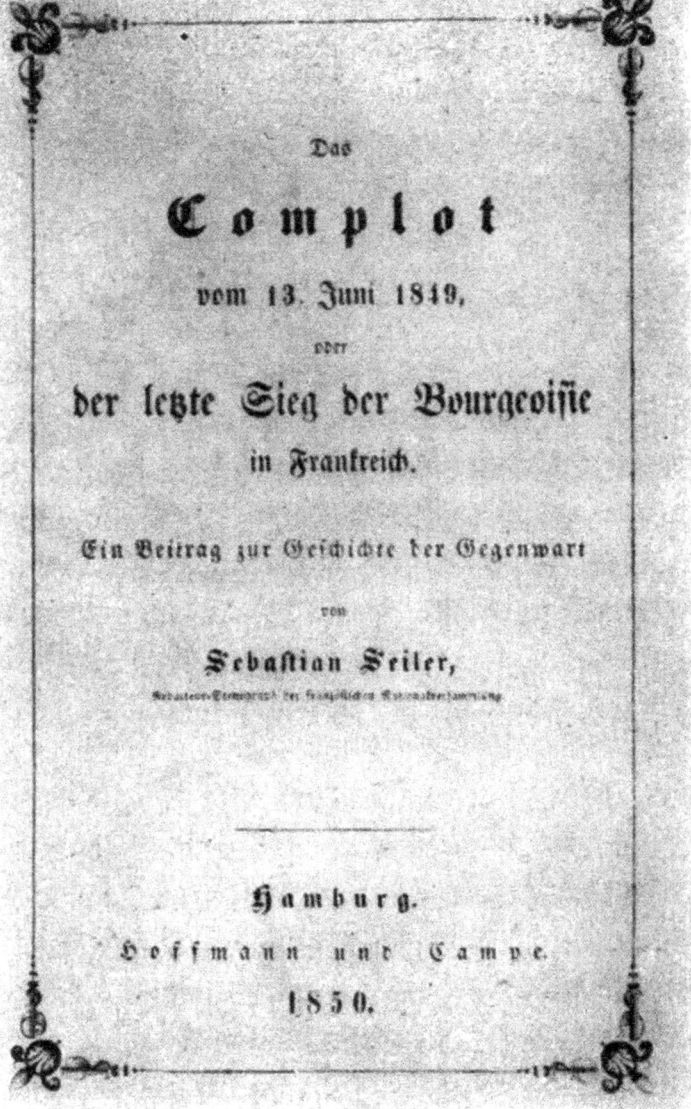

塞巴斯蒂安·载勒尔《1849年6月13日阴谋……》封面

Seinem Freunde

Karl Marx

Hauptredakteur der Neuen Rheinischen Zeitung

gewidmet von

Sebastian Seiler

im Exile zu London, Februar 1850.

塞巴斯蒂安·载勒尔《1849年6月13日阴谋……》
一书给马克思的献词

夜晚取胜的机会大于13日。[……]**288**

最后再说几句。如果人们不赋予1849年6月13日以**和平**的性质，它无论如何会取得胜利。要想取得成功，就必须事先在各个城区准备好武器和弹药。军队对人民并没有敌意，他们认为自己仅仅是受到纪律的约束。这种纪律从拿破仑远征以来就已经化为他们的血肉。我敢肯定，在第一次战斗之后，他们本来是会同人民建立友好关系的。6月13日使我们的党遭到很大破坏，而我也忍受了它的后果；不过，它也为我们带来一个好处，这一点具有无可估量的意义：它使我们红色战士摆脱了在内阁组成所谓第三党的老官方民主派。由于取得胜利而趾高气扬的反动派把奥迪隆·巴罗之流、杜弗尔之流、帕西之流、巴斯蒂德之流、马拉斯特之流、阿拉戈之流、卡芬雅克之流以及他们的追随者，总之，把所有作为其毫无意志的工具帮助其取得胜利的那些人一脚踢开，并简化了即将发生的穷富之间的阶级斗争。罗马、威尼斯、匈牙利和巴登的刽子手们、不幸的告密者们、仁慈的伪善者和空谈家们受到了应有的惩罚。对于他们来说，或者作为君主制度的踏脚凳，或者投奔红色反对派，别无其他选择。现在，无产阶级和资产阶级营垒分明；1849年6月13日是资产阶级的最后胜利，是走向下次欧洲工人革命的一个重要步骤。

塞巴斯蒂安·载勒尔《1849年6月13日阴谋或法国资产阶级的最后胜利。一篇关于当代历史的论文》1850年汉堡版第22—23、24—25、33—34、43—44、81—82页　　　　　　　　摘要

447

卡尔·马克思《1848年至1850年的法兰西阶级斗争》摘要

1850年3月

除了很少几章之外，1848—1849年的革命编年史中每一个较为重要的章节，都冠有一个标题：**革命的失败！**

在这些失败中灭亡的并不是革命，而是革命前的传统的残余，是那些尚未发展到尖锐阶级对立地步的社会关系的产物，即革命党在二月革命①以前没有摆脱的一些人物、幻想、观念和方案，这些都不是**二月胜利**所能使它摆脱的，只有一连串的**失败**才能使它摆脱。

总之，革命的进展不是在它获得的直接的悲喜剧式的胜利中，相反，是在产生一个联合起来的、强大的反革命势力的过程中，即在产生

---

① 二月革命是指1848年2月爆发的法国资产阶级民主革命。代表金融资产阶级利益的"七月王朝"推行极端反动的政策，反对任何政治改革和经济改革，阻碍资本主义发展，加剧对无产阶级和农民的剥削，引起全国人民的不满；农业歉收和经济危机进一步加深了国内矛盾。1848年2月22日至24日巴黎爆发了革命，推翻了"七月王朝"，建立了资产阶级共和派的临时政府，宣布成立法兰西第二共和国。二月革命为欧洲1848—1849年革命拉开了序幕。无产阶级和小资产阶级积极参加了这次革命，但革命果实却落到了资产阶级手里。——原卷末注

一个敌对势力的过程中为自己开拓道路的，只是通过和这个敌对势力的斗争，主张变革的党才走向成熟，成为一个真正革命的党。

一、1848 年的六月失败①

[……]

无产阶级既然把共和国强加给临时政府，并通过临时政府强加给全法国，它就立刻作为一个独立的党登上了前台，但是同时它招致了整个资产阶级的法国来和它作斗争。它所获得的只是为自身革命解放进行斗争的基地，而决不是这种解放本身。

其实，二月共和国首先应该完善资产阶级的统治，因为这个共和国使一切有产阶级同金融贵族一起进入了政权的圈子。[……]

工人与资产阶级共同进行了二月革命；现在工人企图在资产阶级**旁边**实现自己的利益，就像他们在临时政府本身安插了一位工人坐到资产阶级多数派旁边一样。**组织劳动！**但是雇佣劳动就是现存的资产阶级的组织劳动。没有雇佣劳动，就没有资本，就没有资产阶级，就没有资产阶级社会。**专门的劳动部！**但是，难道财政部、商业部和公共工程部不是资产阶级的劳动部吗？设在这些部**旁边的无产阶级的**劳动部，只能是

---

① 指 1848 年 6 月巴黎无产阶级的起义。二月革命后，无产阶级要求把革命推向前进，资产阶级共和派政府执行反对无产阶级的政策，6 月 22 日颁布了封闭"国家工场"的挑衅性法令，激起巴黎工人的强烈反抗。6 月 23—26 日，巴黎工人举行了大规模武装起义，6 月 25 日，镇压起义的让·巴·菲·布雷亚将军在枫丹白露哨兵站被起义者打死，两名起义者后来被处死刑。经过四天英勇斗争，起义被资产阶级共和派政府残酷镇压下去。马克思论述这次起义时指出："这是分裂现代社会的两个阶级之间的第一次大规模的战斗。这是保存还是消灭资产阶级制度的斗争。"（见《马克思恩格斯文集》第 2 卷第 101 页）——原卷末注

一个软弱无力的部,只能是一个徒有善良愿望的部,只能是一个卢森堡宫委员会。工人们相信能在资产阶级身旁谋求自身解放,同样,他们也认为能够与其他资产阶级国家并肩实现法国国内的无产阶级革命。但是,法国的生产关系是受法国的对外贸易制约的,是受法国在世界市场上的地位以及这个市场的规律制约的。如果没有一场击退英国这个世界市场暴君的欧洲革命战争,法国又怎么能打破这种生产关系呢?

一个一旦奋起反抗便集中体现社会的革命利益的阶级,会直接在自己的处境中找到自己革命活动的内容和材料:打倒敌人,采取适合斗争需要的办法,它自身行动的结果就推动它继续前进。它并不从理论上研究本身的任务。法国工人阶级不是站在这样的立足点上,它还没有能力实现自己的革命。

一般说来,工业无产阶级的发展是受工业资产阶级的发展制约的。在工业资产阶级统治下,它才能获得广大的全国规模的存在,从而能够把它的革命提高为全国规模的革命;在这种统治下,它才能创造出现代的生产资料,这种生产资料同时也正是它用以达到自身革命解放的手段。只有工业资产阶级的统治才能铲除封建社会的物质根底,并且铺平无产阶级革命唯一能借以实现的地基。法国的工业比大陆上其他地区的工业更发达,而法国的资产阶级比大陆上其他地区的资产阶级更革命。但是二月革命难道不是直接反对金融贵族的吗?这一事实证明,工业资产阶级并没有统治法国。工业资产阶级的统治只有在现代工业已按本身需要改造了一切所有制关系的地方才有可能实现;而工业又只有在它已夺得世界市场的时候才能达到这样强大的地步,因为在本国的疆界内是不能满足其发展需要的。但是,法国的工业,甚至对于国内市场,也大都是依靠变相的禁止性关税制度才掌握得住。所以当革命发生时,法国无产阶级在巴黎拥有实际的力量和影响,足以推动它超出自己所拥有的手段去行事,而在法国其他地方,无产阶级只是集聚在一个个零散的工业中心，几乎完全消失在占压倒多数的农民和小资产阶级中间。具有发展了的现代形式、处于关键地位的反资本斗争，即工业雇佣工人反对工业资产者的斗争，在法国只是局部现象。在二月事变之后，这种斗争更不能成为革命的全国性内容，因为在当时，反对次一等的资本剥削方式的斗争，即农民反对高利贷和反对抵押制的斗争，小资产者反对大商人、银行家和工厂主的斗争，也就是反对破产的斗争，还隐蔽在反对金融贵族的普遍起义之中。所以，无怪乎巴黎无产阶级力图在资产阶级利益**旁边**实现自己的利益，而不是把自己的利益提出来当作社会本身的革命利益；无怪乎它在**三色**旗面前降下了**红旗**。在革命进程把站在无产阶级与资产阶级之间的国民大众即农民和小资产者发动起来反对资产阶级制度，反对资本统治以前，在革命进程迫使他们承认无产阶级是自己的先锋队而靠拢它以前，法国的工人们是不能前进一步，不能丝毫触动资产阶级制度的。工人们只能用惨重的六月失败做代价来换得这个胜利。

[……]

我们已经看到：二月共和国事实上不过是，而且也只能是一个**资产阶级**共和国，但是临时政府在无产阶级的直接压力下，不得不宣布它是一个设有**社会机构的共和国**；巴黎无产阶级还只能在**观念**中、在**想象**中越出资产阶级共和国的范围，而当需要行动的时候，他们的活动却处处都为资产阶级共和国效劳；许给无产阶级的那些诺言已成了新共和国所不堪忍受的威胁，临时政府的整个存在过程可以归结为一场反对无产阶级要求的、持续不断的斗争。

[……]

巴黎无产阶级在资产阶级**逼迫**下发动了六月起义。单是这一点已注定无产阶级要失败。既不是直接的、公开承认的要求驱使无产阶级想用武力推翻资产阶级，也不是无产阶级已经到了有能力解决这个任务的地步。《通报》只得正式向无产阶级挑明，共和国认为对它的幻想表示尊重的时代已经过去了，并且只有它的失败才使它确信这样一条真理：它要在资产阶级共和国**范围内**稍微改善一下自己的处境只是一种**空想**，这种空想只要企图加以实现，就会成为罪行。于是，原先无产阶级想要强迫二月共和国予以满足的那些要求，那些形式上浮夸而实质上琐碎的、甚至还带有资产阶级性质的要求，就由一个大胆的革命战斗口号取而代之，这个口号就是：**推翻资产阶级！工人阶级专政！**

无产阶级既然将自己的葬身地变成了资产阶级共和国的诞生地，也就迫使资产阶级共和国现了原形：原来这个国家公开承认的目的就是使资本的统治和对劳动的奴役永世长存。已经摆脱了一切桎梏的资产阶级统治，由于眼前总是站立着一个遍体鳞伤、决不妥协与不可战胜的敌人——其所以不可战胜，是因为它的存在就是资产阶级自身生存的条件——就必定要立刻变成**资产阶级恐怖**。在无产阶级暂时被挤出舞台而资产阶级专政已被正式承认之后，资产阶级社会内的中等阶层，即小资产阶级和农民阶级，就必定要随着他们境况的恶化以及他们与资产阶级对抗的尖锐化而越来越紧密地靠拢无产阶级。正如他们从前曾认为他们的灾难是由于无产阶级的崛起一样，现在则认为是由于无产阶级的失败。

如果说六月起义在大陆各处都加强了资产阶级的自信心，并且促使它公开与封建王权结成联盟来反对人民，那么究竟谁是这个联盟的第一个牺牲品呢？是大陆的资产阶级自身。六月失败阻碍了它巩固自己的统治，阻碍了它使人民在半满意和半失望中停留于资产阶级革命的最低阶段上。

最后，六月失败使欧洲各个专制国家识破了一个秘密，即法国为了能在国内进行内战，无论如何都必须对外保持和平。这就把已经开始争取民族独立的各国人民置于俄国、奥地利和普鲁士的强权之下，但同时这些国家的民族革命的成败也就要依无产阶级革命的成败而定，它们那种表面上不依社会大变革为转移的独立自主性就消失了。只要工人还是奴隶，匈牙利人、波兰人或意大利人都不会获得自由！

最后，神圣同盟①的胜利使欧洲的局面发生了变化，只要法国发生任何一次新的无产阶级起义，都必然会引起**世界战争**。新的法国革命将被迫立刻越出本国范围去**夺取欧洲的地区**，因为只有在这里才能够实现19世纪的社会革命。

总之，只有六月失败才造成了所有那些使法国能够发挥欧洲革命**首倡作用**的条件。只有浸过了六月起义者的**鲜血**之后，三色旗才变成了欧洲革命的旗帜——**红旗**②！

因此我们高呼：**革命死了！——革命万岁！**

[……]

---

① 神圣同盟是欧洲各专制君主镇压欧洲各国进步运动和维护封建君主制度的反动联盟。该同盟是战胜拿破仑第一以后，由俄国沙皇亚历山大一世和奥地利首相梅特涅倡议，于1815年9月26日在巴黎建立的，同时还缔结了神圣同盟条约。几乎所有的欧洲君主国家都参加了同盟。这些国家的君主负有相互提供经济、军事和其他方面援助的义务，以维持维也纳会议上重新划定的边界和镇压各国革命。

　　神圣同盟为了镇压欧洲各国资产阶级革命和民族解放运动，先后召开过几次会议：1818年亚琛会议，1820—1821年特罗保会议，1821年5月莱巴赫会议以及1822年维罗纳会议。根据会议的决议，神圣同盟曾于1820—1821年间镇压意大利的革命运动，1823年武装干涉西班牙革命，并企图干涉拉丁美洲的独立运动。由于欧洲诸国间的矛盾以及民族革命运动的发展，1830年法国七月革命后神圣同盟实际上已经瓦解。——原卷末注

② 在临时政府成立的最初几天就存在选择法兰西共和国国旗的问题。巴黎的革命工人要求宣布1832年六月起义时在巴黎工人区高举的红旗为国旗，资产阶级的代表则坚持要采用18世纪末资产阶级革命时期和拿破仑第一帝国时期所用的蓝白红三色旗，这种旗帜直到1848年革命时仍然是聚集在《国民报》周围的资产阶级共和派的标志。工人代表最后被迫同意宣布三色旗为法兰西共和国的国旗，但是在旗杆上系上了红色的旗缨。——原卷末注

二、1849 年 6 月 13 日

[……]

在联合的反革命资产阶级面前，小资产阶级和农民阶级中一切已经革命化的成分，自然必定要与享有盛誉的革命利益代表者，即与革命无产阶级联合起来。我们看到，议会里的小资产阶级的民主主义代言人，即山岳党，如何由于议会中的失败而去与无产阶级的社会主义代言人接近，而议会外的真正的小资产阶级又如何由于友好协议被否决，由于资产阶级利益被蛮横坚持以及由于破产而去与真正的无产者接近。1 月 27 日，山岳党与社会主义者庆祝了他们的和解；而在 1849 年的二月大宴会上他们又再次采取了这种联合行动。社会党与民主党，工人的党与小资产者的党，就结合成**社会民主党**，即结合成**红党**。

[……]

毫无疑问，红党，即联合的民主派，即使得不到胜利，也一定会获得巨大的成就，因为巴黎、军队和大多数的外省都会投票拥护它。**赖德律-洛兰**这个山岳党的领袖在五个省当选了；秩序党的领袖没有一个得到这样的胜利，真正无产者的党中的候选人也没有谁得到这样的胜利。这次选举结果给我们揭示了民主社会主义党的秘密。如果说，一方面，山岳党这个民主派小资产阶级在议会中的先锋，不得不与无产阶级的社会主义空谈家联合——无产阶级在 6 月遭受了沉重的物质失败，不得不通过精神上的胜利重新振作起来，又由于其余各阶级的发展使它无力实行革命专政，它就势必投入幻想无产阶级解放的空谈家的怀抱，即投入那些社会主义流派的创始人的怀抱——那么，另一方面，革命的农民、军队和外省都站到了山岳党方面。于是，山岳党就成了革命营垒的指挥官，而它与社会主义者的谅解就消除了革命派内部的任何对立。

[……]

三、1849年六月十三日事件的后果

[……]

在6月11日国民议会投票之后,山岳党的若干成员和秘密工人团体的代表们举行了一次会谈。后者极力主张当天晚上就起事。山岳党坚决拒绝了这个计划。它无论如何不肯丢掉领导权;它对盟友也像对敌人一样疑虑重重,而这是有道理的。1848年6月的记忆,从未这样强烈地使巴黎无产阶级的队伍激动过。然而无产阶级还是被它自己同山岳党的联盟束缚住了。山岳党代表着大部分的省,它夸大了自己在军队中的影响,它掌握了国民自卫军内的民主主义部分,并得到小商店的道义上的支持。在这个时候,违反山岳党意志发动起义,对于无产阶级说来——况且无产阶级又因霍乱而人员锐减,因失业而不得不大批地离开巴黎——就是在没有1848年6月的那种逼迫无产阶级进行拚死斗争的情势下徒然重演1848年的六月事件。无产阶级的代表们采取了唯一合理的办法。他们迫使山岳党**丢丑**,即迫使它在它的控诉书被否决时越出议会斗争的范围。在6月13日这一整天内,无产阶级一直保持着这种怀疑、观望的态度,等待民主主义的国民自卫军与军队之间展开一场真刀真枪的、你死我活的搏斗,以便在那时投入斗争,推动革命超出强加于它的那些小资产阶级的目的。如果获得胜利,无产阶级的公社已经成立好了,要让它与正式的政府并行地活动。巴黎的工人已经接受了1848年6月的血的教训。

[……]

公开的俱乐部变得难以存在,**秘密团体**也就越来越多,越来越强了。被视为纯商业团体而容许存在并且在经济上无所作为的产业**工人协

会，在政治上对无产阶级起了纽带的作用。6月13日把各种半革命党派的正式首脑除掉了，而留下的群众却有了他们自己的头脑。那些维护秩序的骑士们以预言红色共和国的恐怖来吓唬人，但是获得胜利的反革命在匈牙利、巴登和罗马的卑鄙的兽行和无以复加的残暴手段，已经把"**红色共和国**"洗成了白色。法国社会的心怀不满的中间阶级，开始觉得与其接受实际上毫无指望的红色君主国的恐怖，还不如接受未必会带来恐怖的红色共和国的诺言。[……]

在法国，小资产者做着通常应该由工业资产者去做的事情；工人完成着通常应该是由小资产者完成的任务；那么工人的任务又由谁去解决呢？没有人。它在法国解决不了，它在法国只是被宣布出来。它在本国范围内的无论什么地方都不能解决；法国社会内部阶级间的战争将要变成各国间的世界战争。只有当世界战争把无产阶级推到支配世界市场的国家的领导地位上，即推到英国的领导地位上的时候，工人的任务才开始解决。革命在这里并没有终结，而是获得有组织的开端，它不是一个短暂的革命。现在这一代人，很像那些由摩西带领着通过沙漠的犹太人。他们不仅仅要夺取一个新世界，而且要退出舞台，以便让位给那些能适应新世界的人们。[……]

我们已经逐一考察过农民、小资产者、整个中间等级如何逐渐向无产阶级靠拢，如何迫于形势而同正式共和国公开敌对，从而被共和国当作敌人来对待。**反对资产阶级专政，要求改造社会，要把民主共和机构保存起来作为他们运动的工具，团结在作为决定性革命力量的无产阶级周围，**——这就是**所谓社会民主派即红色共和国派**的一般特征。这个**无政府派**——如它的敌人所称呼的——正和**秩序党**一样，是各种不同利益的联合。从对旧社会的无秩序加以稍微改良到把旧社会的秩序推翻，从资产阶级自由主义到革命恐怖主义——这就是构成无政府派的起点和终点的两个极端间的距离。

[……]

在革命进程中,形势成熟得这样快,连各种色彩的改良之友,要求极其温和的中等阶级,都被迫团结在最极端的主张变革的党的旗帜周围,团结在红旗周围。

可是,虽然无政府派的各个主要组成部分的**社会主义**,因本阶级或阶级集团的经济条件以及由此产生的整个革命要求不同而有所不同,但有一点是一致的,那就是宣布自己是**解放无产阶级的手段**,而无产阶级的解放就是自己的**目的**。某些人是在故意骗人,而另一些人则是在自我欺骗,因为这些人以为,按照他们的需要加以改造的世界对于一切人来说都是最好的世界,是一切革命要求的实现和一切革命冲突的扬弃。

在**无政府派**的声调大致相同的**一般**社会主义词句下面,隐藏着《国民报》、《新闻报》和《世纪报》的**社会主义**,这种社会主义大体上一贯要求推翻金融贵族的统治而使工业和交易摆脱历来的束缚。这是工业、商业和农业的社会主义,这三者的利益由于同秩序党中工业、商业和农业巨头的私人垄断不再相符而被这些巨头摒弃了。这种**资产阶级社会主义**,也和任何一种社会主义的变种一样,自然也吸引了一部分工人和小资产者。跟这种资产阶级社会主义不同的是本来意义的社会主义,即**小资产阶级社会主义**,地道的社会主义。资本主要以**债权人**的身份来迫害这个阶级,所以这个阶级要求设立**信贷机关**;资本以**竞争**来扼杀它,所以它要求设立由国家支持的**协作社**;资本以**积聚**来战胜它,所以它要求征收累进税、限制继承权并由国家承办大型工程以及采取其他各种**强力抑止资本增长**的措施。既然它梦想和平实现自己的社会主义——至多允许再来一次短促的二月革命,那么它自然就把未来的历史进程想象为正在或已经由社会思想家协力或单独设计的种种**体系的实现**。于是这些思想家就成为各种现有社会主义**体系**,即空论的社会主义的折中主义者或行家,这种社会主义只有在无产阶级尚未发展为自由的历史的自主运动的时候，才是无产阶级的理论表现。

这种**乌托邦**，这种**空论的社会主义**，想使全部运动都服从于运动的一个阶段，用个别学究的头脑活动来代替共同的社会生产，而主要是幻想借助小小的花招和巨大的感伤情怀来消除阶级的革命斗争及其必要性；这种空论的社会主义实质上只是把现代社会理想化，描绘出一幅没有阴暗面的现代社会的图画，并且不顾这个社会的现实而力求实现自己的理想。所以，当无产阶级把这种社会主义让给小资产阶级，而各种社会主义首领之间的斗争又表明每个所谓体系都是特意强调社会变革中的一个过渡阶段以与其他各个阶段相对抗时，**无产阶级就日益团结在革命的社会主义**周围，团结在被资产阶级用**布朗基**来命名的**共产主义**周围。这种社会主义就是**宣布不断革命**，就是无产阶级的**阶级专政**，这种专政是达到**消灭一切阶级差别**，达到消灭这些差别所由产生的一切生产关系，达到消灭和这些生产关系相适应的一切社会关系，达到改变由这些社会关系产生出来的一切观念的必然的过渡阶段。

［……］

无产阶级没有受人挑动去进行**暴动**，因为他们正准备**革命**。

政府的种种挑衅行为只是加强了对现状的普遍不满，并没有能阻止完全处于工人影响下的选举委员会为巴黎提出下列三位候选人：**德弗洛特、维达尔**和**卡诺**。**德弗洛特**是六月被放逐者，只因波拿巴有一次企图笼络人心才获得赦免；他是布朗基的朋友，曾经参加过5月15日的谋杀行动。**维达尔**是共产主义作家，以《论财富的分配》一书闻名；他曾在卢森堡宫委员会当过路易·勃朗的秘书。**卡诺**是一位从事过组织工作并赢得胜利的国民公会议员的儿子，《国民报》派中威信丧失得最少的成员，临时政府和执行委员会的教育部长，因为提出民主主义的人民教育法案而成了对抗耶稣会会士的教育法的活生生的象征。这三个候选人代表着三个互相结成同盟的阶级：为首的是一个六月起义者，革命无产阶级的代表；其次是一个空论社会主义者，社会主义小资产阶级的代表；最后，第三个候选人是资产阶级共和派的代表，这一派的民主主义公式在与秩序党冲突中获得了社会主义的意义而早已失去了它本来的意义。这就像在2月那样，是为反对资产阶级和政府而结成的普遍联合。**但这一次无产阶级是革命联盟的首脑。**

一切反对都是枉然，社会主义的候选人都取得了胜利。[……]

1850年3月10日的选举！这是1848年六月事件的翻案：那些屠杀和放逐过六月起义者的人回到了国民议会，但他们是低声下气地跟随着被放逐者并且嘴里喊着后者的原则回来的。**这是1849年六月十三日事件的翻案：**曾被国民议会赶走的山岳党回到了国民议会，但它回来时已不再是革命的指挥官，而是革命的先头司号兵了。**这是十二月十日事件的翻案：**拿破仑以他的部长拉伊特为代表落选了。[……]

3月10日是一次革命。隐藏在选票后面的是铺路石①

[……]

资产阶级既然将它一向用来掩饰自己并从中汲取无限权力的普选权抛弃，也就是公开承认："我们的专政以前是依靠人民意志而存在的，**现在它却必须违背人民意志而使自己巩固起来。**"照这个逻辑，资产阶级现今已不在法国境内寻求支持，而在法国境外，在外国，在外寇入侵中寻求支持。

资产阶级，这个法国本土上的第二个科布伦茨，既然求助于外敌入侵，它就会激起一切民族情感来反对自己。既然攻击普选权，它就为新的革命提供了**普遍的**口实，而革命正需要有这样一个口实。任何**特殊的**口实，都能使革命联盟的各个集团分离，使他们彼此间的差异显露出来。但是**普遍的**口实却把一些半革命的阶级弄得眼花缭乱，使它们对于

---

① 暗指武装起义，因当时巴黎起义者经常利用铺路石来构筑街垒。——编者注

即将来临的革命的**明确性质**，对于它们本身行动的后果怀有一种自欺的幻想。任何革命都需要有一个宴会问题。普选权就是新革命的宴会问题。

可是，联合的资产阶级的各个集团抛弃了它们**联合**权力的唯一可能形式，抛弃了它们**阶级统治**的最强大最完备的形式，即抛弃了**立宪共和国**，后退到低级的、不完备的、较软弱的形式即**君主国**去，这样它们就给自己作出了判决。它们正像是一个老人，为了要恢复自己的青春活力，居然拿出自己童年的盛装，硬要把他的干瘪的四肢塞进去。它们的共和国只有**一个**功绩，就是**充当了革命的温室**。

1850年三月十日事件带有这样一句题词：

我死后哪怕洪水滔天。①

《新莱茵报。政治经济评论》（汉堡）。 摘要
1850年第1期第5、12、13、15、16、28、32—34页，第2期第32—34页，第3期第4、5、12、20、29—35、37页（《马克思恩格斯全集》历史考证版第1部分第10卷第119、125—128、136、139—140、164—166、170—171、176、182、190—196页，参看《马克思恩格斯文集》第2卷第86、87—89、100、103—105、134、135、141、147—148、155、164、165—166、167—168、169页）

---

① 据说这是路易十五讲的话。——编者注

448
共产主义者同盟中央委员会1850年《三月告同盟书》

1850年3月20日前后

中央委员会告同盟书①

兄弟们!

---

① 《共产主义者同盟中央委员会告同盟书。1850年3月》是马克思和恩格斯总结德国1848—1849年革命经验的重要文献。他们在《告同盟书》中指出,《共产党宣言》中阐述的同盟关于无产阶级革命运动的观点,已被证明是唯一正确的观点,并说明了对同盟进行改组的必要性。他们从德国当时革命运动的实际情况出发,着重阐述了无产阶级政党对小资产阶级民主派的策略,强调必须建立和保持独立的工人政党并坚持无产阶级独立的革命策略,工人政党在某些场合可以同小资产阶级民主派结成联盟,但必须保持自己组织上和思想上的独立性。他们第一次比较完整地阐述了"不断革命"的理论,指出小资产阶级民主派掌握政权后只愿意实行资产阶级性质的有限改革,根本不愿意为无产阶级的利益变革整个社会,而"我们的利益和我们的任务却是要不断革命,直到把一切大大小小的有产阶级的统治全部消灭,直到无产阶级夺得国家政权,直到无产者的联合不仅在一个国家内,而且在世界一切举足轻重的国家内都发展到使这些国家的无产者之间的竞争停止,至少是发展到使那些有决定意义的生产力集中到了无产者手中。对我们说来,问题不在于改变私有制,而只在于消灭私有制,不在于掩盖阶级对立,而在于消灭阶级,不在于改良现存社会,而在于建立新社会"(见《马克思恩格斯文集》第2卷第192页)。他们还指出,工人阶

在1848年和1849年这两个革命的年头中，同盟①经受了双重的考验。第一重考验是，它的成员在各地积极参加了运动，不论在报刊上、街垒中还是在战场上，都站在唯一坚决革命的阶级即无产阶级的最前列。同盟经受的另一重考验是，1847年各次代表大会和中央委员会的通告以及《共产主义宣言》②中阐述的同盟关于运动的观点，都已被证明是唯一正确的观点，这些文件中的各种预见都已完全被证实，而以前同盟仅仅秘密宣传的关于当前社会状况的见解，现在人人都在谈论，甚至在大庭广众之中公开宣扬。可是在同一个时候，同盟以前的坚强的组织却大大地涣散了。大部分直接参加过革命运动的成员，都认为秘密结社的时代已经过去，现在单靠公开活动就够了。个别的区部和支部开始放松了，甚至渐渐地中止了自己同中央委员会的联系。结果，当德国民主派即小资产阶级的党派日益组织起来的时候，工人的政党却丧失了自己唯一巩固的支柱，至多也只是在某些地方为了当地的目的还保存着组织的形式，因此在一般的运动中就落到了完全受小资产阶级民主派控制和领导的地位。这种状况必须结束，工人的独立应该恢复。中央委员会认识到这种必要性，因此早在1848—1849年冬天就已委派特使约瑟夫·莫

（续前注）革命中必须始终保持独立的武装，对任何解除工人武装的企图都应予以回击；必须维护农村无产阶级的利益，在反对资产阶级的斗争中同农村无产阶级联合起来。

这份文件写于1850年3月24日以前，最初曾印成传单在同盟盟员中秘密散发。1851年这份文件被普鲁士警察查获，曾刊登在德国资产阶级报纸《科隆日报》、《德累斯顿新闻通报》上，后来又被警官卡·维尔穆特和威·施梯伯收入他们编写的《19世纪共产主义者的阴谋》一书。1885年，这份文件经恩格斯校订，作为附录收入马克思的《揭露科隆共产党人案件》(见《马克思恩格斯全集》中文第2版第11卷)。

这篇告同盟书的中译文曾发表在北京《政治生活》1924年第14期，译者署名葵；1939年延安解放社又发表了王石巍、柯柏年等翻译的中译文。——原卷末注

① 指共产主义者同盟。——编者注
② 即《共产党宣言》。——编者注

尔到德国去改组同盟。可是莫尔所负的使命没有产生持久的影响,这一方面是由于德国工人当时还没有足够的经验,另一方面是由于去年5月发生的起义使这次使命不能继续执行。莫尔本人拿起武器加入了巴登—普法尔茨军队,于6月29日在穆尔格河战斗中阵亡。他的牺牲使同盟失去了一位资历最深、最积极和最可靠的成员,他参加过历次代表大会和中央委员会,曾多次非常成功地完成使命。在1849年6月德法两国革命政党遭到失败之后,差不多全体中央委员会委员都重聚在伦敦,他们用新的革命力量补充了自己的队伍,再次精神焕发地进行改组同盟的工作。

同盟的改组只有通过一个特使才可能实现,因此中央委员会认为指派一个特使立即动身是十分重要的,因为新的革命即将爆发,工人政党必须尽量有组织地、尽量一致地和尽量独立地行动起来,才不会再像1848年那样被资产阶级利用和支配。

兄弟们,我们早在1848年就对你们说过,德国的自由资产者很快就会掌握统治权,并且立刻就会利用他们刚刚获得的权力转过来对付工人。你们已经看到,这个预言已成为事实。1848年三月运动之后,资产者果然立即就夺得了国家政权,并且随即利用这个权力迫使工人即自己在战斗中的同盟者回到从前那种受压迫的地位。资产阶级如果不同那个在3月间被打败了的封建党派结成联盟,最后甚至把统治权重又让给这个封建专制主义党派,是不可能做到这一点的。不过它终究为自己保住了一些条件,假如革命运动现在就有可能走上所谓和平发展的道路,那么,在政府陷入财政困难的情况下,这些条件就可能使统治权逐渐落到资产阶级的手中,使它的全部利益都得到保障。为了保障自己的统治权,资产阶级甚至不必采用惹人憎恨的反人民的暴力措施,因为所有这一切暴力手段封建反革命派都用过了。但是,发展不会采取这种和平进程。相反,革命已经迫近,而这次革命不管是由法国无产阶级的独立起义引起的,还是由神圣同盟对革命的巴比伦的侵犯引起的,都会加速这种发展。

德国自由资产者1848年在对人民的关系上扮演过的叛徒角色,在即将到来的革命中将由民主派小资产者来担任,而民主派小资产者现今在反对派中所持的态度,正和自由资产者在1848年以前所持的态度相同。这个党派,这个对工人来说比从前的自由派危险得多的民主派,是由下面三种人组成的:

一、大资产阶级中最进步的那部分人,他们所追求的目的是立即彻底推翻封建制度和专制制度。这一派的代表是从前的柏林的协商派①,即那些曾经主张拒绝纳税的人。

二、立宪民主派小资产者,他们在迄今为止的运动中所追求的主要目标是要建立一个多少有点民主的联邦国家,也就是要建立他们的代表即法兰克福议会左派以及后来的斯图加特议会和他们自己在维护帝国宪法运动②中所争取的那种国家。

---

① 马克思和恩格斯把1848年5月22日在柏林召开的普鲁士国民议会称为"协商议会"。召开这个议会的目的是"同国王协商"制定宪法。议会把"同国王协商"作为自己行动的基础,从而放弃了主权属于人民的原则。

马克思和恩格斯有时把协商议会中的自由派称为协商派、妥协派等。1848年11月,在反革命势力进攻下,该派曾作出拒绝纳税的决议,但由于他们仅限于消极抵抗,最终国民议会于1848年12月5日被解散。——原卷末注

② 指维护帝国宪法运动。这是1848—1849年德国资产阶级民主革命的最后阶段。以普鲁士为首的德意志各邦拒绝承认法兰克福国民议会于1849年3月28日通过的帝国宪法,但是人民群众认为帝国宪法是唯一还没有被取消的革命成果。1849年5月初在萨克森和莱茵省,5—7月在巴伐利亚的巴登和普法尔茨相继爆发了维护帝国宪法的武装起义。6月初,两个普鲁士军团约6万人与一个联邦军团开始对两地起义者实行武力镇压,而法兰克福国民议会却不给起义者任何援助。1849年7月,维护帝国宪法运动被镇压下去。——原卷末注

三、共和派小资产者，他们的理想是建立一个瑞士式的德意志联邦共和国，他们现在自称为**红色党**人和社会民主党人，因为他们幻想消除大资本对小资本的压迫、大资产者对小资产者的压迫。这一派的代表是历次民主大会和民主委员会的成员、民主协会的领导者和民主报纸的编辑。

所有这三派在遭到失败之后，现在都自称为共和党人或红色党人，正像法国的共和派小资产者现在自称为社会主义者一样。凡是在他们还能找到机会用立宪的办法追求自己目标的地方，如在符腾堡、巴伐利亚等地方，他们总是利用机会来坚持他们那套陈词滥调，用行动来证明他们丝毫没有改变。此外，很明显，改变这个党派的名称，丝毫也改变不了它对工人的态度；改变名称只不过是证明这个党派现在不得不反对同专制制度相勾结的资产阶级，而且不得不依靠无产阶级。

德国的这个小资产阶级民主派力量很大。它不但包括居住在城市里的绝大多数市民、小工业品商贩和手工业师傅；跟着它走的还有农民以及尚未得到独立的城市无产阶级支持的农村无产阶级。

革命的工人政党同小资产阶级民主派的关系是：同小资产阶级民主派一起去反对工人政党所要推翻的派别；而在小资产阶级民主派企图为自己而巩固本身地位的一切场合，工人政党都对他们采取反对的态度。

民主派小资产者根本不愿为革命无产者的利益而变革整个社会，他们要求改变社会状况，是想使现存社会尽可能让他们感到日子好过而舒服。因此，他们首先要求限制官僚制度以缩减国家开支，让大土地占有者和大资产者承担主要税负。其次，他们要求消除大资本对小资本的压迫，设立公共信用机构，颁布反高利贷的法令，这样他们和农民就可以不从资本家那里，而从国家那里以优惠条件得到贷款；然后，再彻底铲除封建制度，在农村中建立资产阶级的财产关系。为了实现这一切，他们需要一种能使他们及其同盟者农民占多数的民主的——不论是立宪的或共和的——政体，并且需要一种能把乡镇财产的直接监督权以及目前由官僚行使的许多职能转归他们掌握的民主的乡镇制度。

此外，他们还认为，必须一方面用限制继承权的办法，另一方面用尽量把各种事业转由国家经营的办法，阻挡资本的统治及其迅速的增长。至于工人，首先毫无疑问的是，他们还应当照旧做雇佣工人，不过这些民主派小资产者想让工人的工资多一点，生活有保障一点；他们希望通过国家部分地解决就业问题，并通过各种慈善救济的措施来达到这一点。总之，他们希望用或多或少经过掩饰的施舍来笼络工人，用暂时使工人生活大体过得去的方法来摧毁工人的革命力量。这里所概述的小资产阶级民主派的各种要求，并不是他们当中的一切派别都在坚持，而只有其中的极少数人才把所有这些要求当做既定的目标。小资产阶级民主派中的个别人物和派别走得越远，这些要求中被他们当做自身要求去争取的就越多，而那些把上述种种要求视为自己纲领的少数人，也许会以为这就是对革命所能寄予的最大希望。但是这些要求无论如何也不能使无产阶级的党感到满足。民主派小资产者只不过希望实现了上述要求便赶快结束革命，而我们的利益和我们的任务却是要不断革命，直到把一切大大小小的有产阶级的统治全都消灭，直到无产阶级夺得国家政权，直到无产者的联合不仅在一个国家内，而且在世界一切举足轻重的国家内都发展到使这些国家的无产者之间的竞争停止，至少是发展到使那些有决定意义的生产力集中到了无产者手中。对我们说来，问题不在于改变私有制，而只在于消灭私有制，不在于掩盖阶级对立，而在于消灭阶级，不在于改良现存社会，而在于建立新社会。德国小资产阶级民主派在革命进一步的发展过程中，将保持一段时期的优势，这是毫无疑义的。因此应当考虑，无产阶级特别是共产主义者同盟应对他们采取什么态度：

1. 当小资产阶级民主派也处于被压迫地位的现有关系还继续存在的时候对他们应取什么态度？

2. 在最近的将来会使他们获得优势的革命斗争中对他们应取什么态度？

3. 这场斗争结束后，在他们的势力超过被推翻各阶级和无产阶级的时候对他们应取什么态度？

第一，目前，在民主派小资产者到处都受压迫的时候，他们一般都向无产阶级宣传团结与和解，表示愿意与无产阶级携手合作，力求建立一个包括民主派内各种人物的大反对党，就是说，他们极力想把工人拉入这样一个党组织，在这里尽是一些掩盖他们特殊利益的笼统的社会民主主义空话，为了所向往的和平而不许提出无产阶级的明确要求。这种联合只会对小资产者有利，而对无产阶级则十分有害。无产阶级会完全丧失它辛辛苦苦争得的独立地位，而重新沦为正式的资产阶级民主派的附庸。因此，对于这种联合应该坚决拒绝。工人，首先是共产主义者同盟，不应再度降低自己的地位，去充当资产阶级民主派的随声附和的合唱队，而应该谋求在正式的民主派旁边建立一个秘密的和公开的独立工人政党组织，并且应该使自己的每一个支部都成为工人协会的中心和核心，在这种工人协会中，无产阶级的立场和利益问题应该能够进行独立讨论而不受资产阶级影响。资产阶级民主派对于他们同无产者缔结这种应该保证无产者与他们具有同等力量和同等权利的联盟，采取多么不严肃的态度，这可从布雷斯劳的民主派的例子上看出来：他们在自己的机关报《新奥得报》上，非常猖狂地攻击他们称为社会主义者的那些独立组织起来的工人。在反对共同的敌人时，不需要什么特别的联合。一旦必须进行反对共同敌人的直接斗争，两个党派的利益也就会暂时趋于一致，正如历来的情况一样，将来也自然会产生出这种只适合一时需要的联合。不言而喻，在即将发生的流血冲突中，也如在先前各次流血冲突中一样，主要是工人必须勇敢而坚定地以自我牺牲的精神来争取胜利。在这个斗争中，小资产者群众也必定会和从前一样，尽可能拖延行动，采取犹豫不决和消极的态度，而在将来取得胜利的时候，则把胜利果实据为己有，要求工人镇静下来，回去劳动，防止所谓过火行为，并且不让无产阶级享有胜利果实。工人没有能力阻止小资产阶级民主派这样做，可是工人有能力阻挠小资产阶级民主派凌驾于武装的无产阶级之上，并逼迫他们接受一些条件，使得资产阶级民主派的统治一开始就种下覆灭的根苗，使他们的统治在以后很容易就被无产阶级的统治排挤掉。工人在发生冲突期间和斗争刚结束时，首先必须尽一切可能反对资产阶级制造安静局面的企图，迫使民主派实现他们现在的恐怖言论。工人应该设法使直接革命的热潮不致在刚刚胜利后又被压制下去。相反，他们应该使这种热潮尽可能持久地存在下去。工人不应反对所谓过火行为，不应反对人民对与可恨的往事有关的可恨的人物或官方机构进行报复的举动，他们不仅应该容忍这种举动，而且应该负责加以引导。在斗争中和斗争后，工人一有机会就应当在资产阶级民主派的要求之外提出他们自己的要求。民主派资产者一准备夺取政权，工人就应当要求他们给工人以各种保证。在必要时，工人应当以强制性手段争得这些保证，并且应当设法使新执政者作出一切可能的让步和承诺——这是使他们丧失威信的最可靠的手段。总之，工人应该用一切方法，尽可能抑制那种随着每次巷战胜利而出现的新形势所引起的陶醉于胜利的情绪，应该镇定清醒地认清形势，对新政府公开表示不信任。同时，工人应该立刻在正式的新政府旁边成立自己的革命工人政府，可以采用市镇领导机关即市镇委员会的形式，也可以采用工人俱乐部或工人委员会的形式，使得资产阶级民主派的政府不仅立刻失去工人的支持，而且一开始就看到自己处于受全体工人群众拥护的行政机关的监督和威胁之下。总之，从胜利的最初一瞬间起，工人的不信任态度就不必再针对已被打倒的反动党派，而是必须针对自己从前的同盟者，即针对那个想要独吞共同胜利的果实的党。

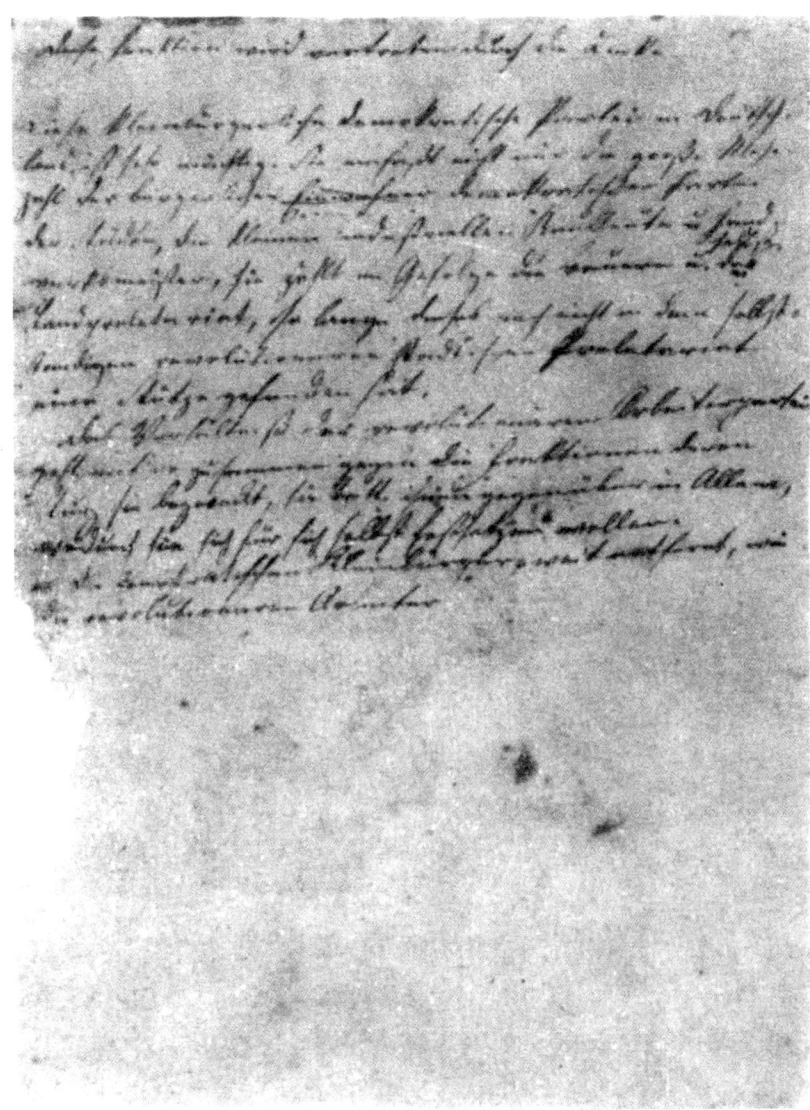

卡尔·雷泽抄写的共产主义者同盟中央委员会《三月告同盟书》副本片断

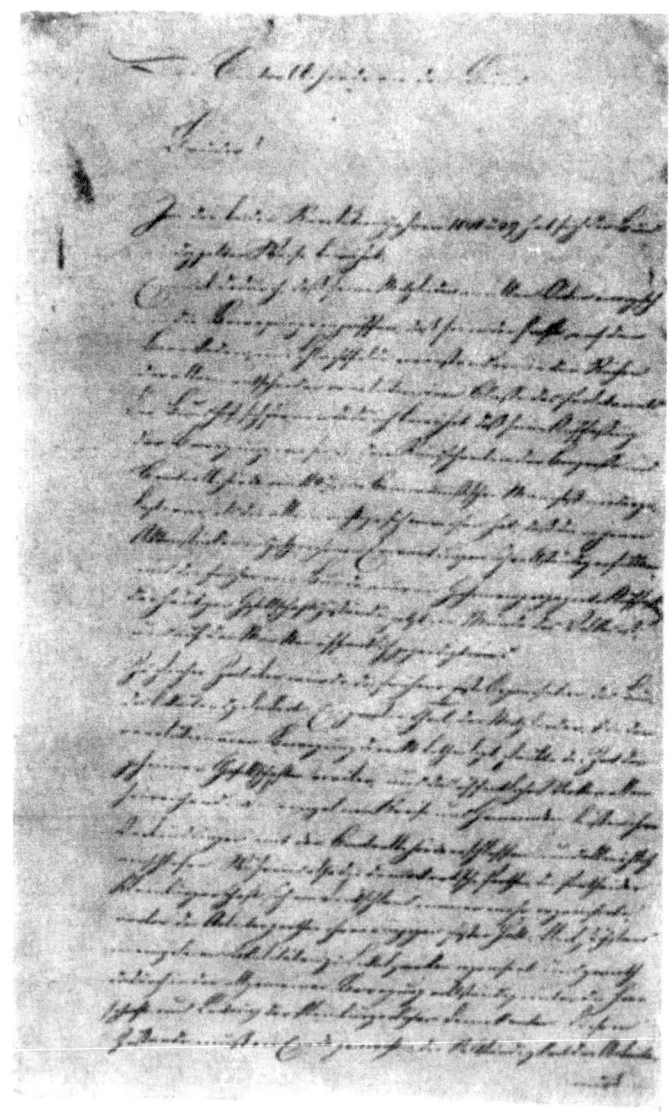

卡尔·海尔曼·彼得逊抄写的共产主义者同盟中央委员会
《三月告同盟书》副本片断

第二,为了坚决而严厉地反对这个从胜利的头一小时起就开始背叛工人的党,工人应该武装起来和组织起来。必须立刻把整个无产阶级用步枪、马枪、大炮和弹药武装起来;必须反对复活过去那种用来对付工人的市民自卫团。在无法做到这一点的地方,工人就应该设法组成由他们自己选出的指挥官和自己选出的总参谋部来指挥的独立的无产阶级近卫军,不听从国家权力机关的调遣,而听从由工人建立的革命的市镇委员会调动。凡是国家出钱雇用工人做工的地方,工人们都应该武装起来,组成由他们自己选出的指挥官指挥的独立军团,或者组成无产阶级近卫军的支队。武器和弹药不得以任何借口交出去;对任何解除工人武装的企图在必要时都应予以武装回击。消除资产阶级民主派对工人的影响,立刻建立起独立和武装的工人组织,造成各种条件,尽量使暂时不可避免的资产阶级民主派的统治感到困难和丧失威信。这就是无产阶级,因而也就是共产主义者同盟在即将爆发的起义中和起义后应当牢记不忘的主要问题。

第三,新政府只要巩固到一定程度,就会立刻开始反对工人的斗争。为了能够有力地反对民主派小资产者,首先必须使工人以俱乐部的形式独立地组织起来并集中起来。在推翻现存政府以后,中央委员会一有可能就迁往德国,立刻召开代表大会,并向大会提出旨在把各个工人俱乐部集中起来由一个设在运动中心的机关来领导的各种必要的提案。至少要在各省范围内迅速建立各个工人俱乐部之间的联系,这是加强和发展工人政党的最重要的措施之一。推翻现存政府以后,立刻就要选举国民代表会议。这里无产阶级必须注意以下几点:

一、无论如何都不要让地方当局或政府委员用某种诡谲借口把一部分工人摒除于选举之外。

二、各地都要尽可能从同盟盟员中提出工人候选人来与资产阶级民主派候选人相抗衡,并且要用一切可能的手段使工人候选人当选。甚至在工人毫无当选希望的地方，工人也一定要提出自己的候选人，以保持自己的独立性，计算自己的力量，并公开表明自己的革命立场和本党的观点。同时，工人不应听信民主派的空话，例如说这种做法将使民主派陷于分裂而使反动派有可能获得胜利。所有这些空话，归根到底是为了蒙骗无产阶级。无产阶级政党通过这种独立行动所必然取得的进展，同几个反动分子参加国民代表会议所能造成的害处相比，其重要性不知要大多少。如果民主派一开始就坚决用恐怖手段对付反动派，那么，反动派在选举中的影响预先就会被消除掉。

引起资产阶级民主派同工人发生冲突的第一个问题，将是废除封建制度的问题。正如在第一次法国革命中一样，小资产者将把封建地产交给农民作为他们自由支配的财产，也就是说，他们要继续保存农村无产阶级并造就一个农民小资产阶级，这个阶级会像法国农民现在的处境一样，经受日益贫困和债台高筑的痛苦。

工人为了农村无产阶级的利益和自身的利益，一定要反对这种意图。他们必须要求把没收过来的封建地产变为国有财产，变成工人移民区，由联合起来的农村无产阶级利用大规模农业的一切优点来进行耕种。这样一来，在资产阶级所有制关系发生动摇的情况下，公有制的原则立刻就会获得巩固的基础。正如民主派同农民联合起来那样，工人应当同农村无产阶级联合起来。其次，民主派或者将直接力争建立联邦共和国，或者，如果他们无法回避建立一个统一而不可分割的共和国，至少也将设法赋予各乡镇和各省区以尽量大的独立自主权，从而使中央政府陷于瘫痪状态。工人应该反对这种意图，不仅要力求建立统一而不可分割的德意志共和国，而且还要极其坚决地把这个共和国的权力集中在国家政权手中。他们不应当被民主派空谈乡镇自由、自治等等的花言巧语所迷惑。在任何一个像德国这样还需要铲除那么多中世纪残余，还必须打破那么多地方性和省区性痼习的国家里，无论如何也不能容许每个村庄、每个城市和每个省设置新的障碍去阻挠革命活动，因为革命活动只有在集中的条件下才能发挥全部力量。——决不能容许现今这种状况重现，因为在这种状况下，德国人在每个城市和每个省都不得不为同一个前进步骤而独自去搏斗。决不能容许利用所谓自由的乡镇制度来永远保存乡镇所有制，因为这种所有制形式比现代私有制还要落后，并且到处都必然陷于解体而转变为现代私有制；决不能容许利用所谓自由的乡镇制度来使各个贫穷乡镇与富裕乡镇在这种所有制基础上发生的争执，以及与国家民法并存的乡镇民法及其各种刁难工人的规定永远存在下去。正如1793年在法国那样，目前在德国实行最严格的中央集权制是真正革命党的任务①。

我们已经说过，在下次运动中，民主派将取得统治，他们将不得不提出一些多少带点社会主义性质的措施。试问：工人对此应该提出一些什么措施呢？当然，在运动初期，工人还不可能提出直接的共产主义的措施。但是他们可以采取如下两个措施：

1. 迫使民主派尽可能多方面地触动现存的社会制度，干扰现存社会制度的正常运行，使它自己丧失威信，并把尽可能多的生产力、运输工具、工厂、铁路等等集中在国家手里。

2. 工人应当极力将那些肯定不会采取革命手段而只会采取改良手段的民主派所提出的主张加以提升，把这些主张变成对私有制的直接攻击。例如，假若小资产者主张赎买铁路和工厂，工人就应该要求把这些铁路和工厂作为反动派财产干脆由国家没收，不给任何补偿；假若民主派主张施行比例税，工人就应该要求施行**累进税**；假若民主派自己提议施行适度的累进税，工人就应该坚持征收税率逐级大幅度提高的捐税，

---

① 恩格斯在1885年版上加了一个脚注：这个地方是出于"现在必须指出，这个地方是出于误会。当时因受到波拿巴派和自由派的历史伪造家的欺骗，

从而使大资本走向覆灭；假若民主派要求调整国债，工人就应该要求宣布国家破产。这就是说，工人的要求到处都必须针对民主派的让步和措施来决定。

如果说德国工人不经过较长时间的革命发展过程，就不能掌握统治权和实现自己的阶级利益，那么这一次他们至少可以确信，这一出即将开始的革命剧的第一幕，将与他们本阶级在法国取得直接胜利同步上演，因而第一幕的进展一定会大大加速。

但是，为了要达到自己的最终胜利，他们首先必须自己努力：他们应该认清自己的阶级利益，尽快采取自己独立政党的立场，一时一刻也不能因为听信民主派小资产者的花言巧语而动摇对无产阶级政党的独立组织的信念。他们的战斗口号应该是：不断革命。

1850 年 3 月于伦敦

(《马克思恩格斯全集》历史考证版
第 1 部分第 10 卷第 254—263 页，
参看《马克思恩格斯文集》第 2 卷
第 188—199 页)

（续前注） 大家都以为法国中央集权的管理机器是由大革命建立起来的，特别是以为国民公会曾利用这个机器作为战胜保皇主义反动派和联邦主义反动派以及外敌的必不可少的和决定性的武器。可是，现在大家都已经知道的事实是：在整个革命时期，直到雾月十八日为止，各省、各区和各乡镇的全部管理机构都是由被管理者自己选出的机关组成的，这些机关可以在共同的国家法律范围内完全自由行动；这种和美国类似的省区的和地方的自治，正是革命的最强有力的杠杆；拿破仑在雾月十八日政变刚刚结束以后，就急忙取消这种自治而代之以沿用至今的地方行政长官管理制，可见，地方行政长官管理制自始就纯粹是反动势力的工具。但是，正如地方的和省区的自治不同政治的和全国的中央集权相抵触一样，它也并不一定同自治州或乡镇的狭隘的利己主义联系在一起，这种利己主义现今在瑞士已经显得非常丑恶可憎，而南德意志的所有联邦共和主义者在 1849 年却企图在德国把它奉为准则。"——编者注

449
美因河畔法兰克福工人兄弟会第二次代表大会记录①

1850年3月24日

参加兄弟会的工人协会第二次区代表大会
1850年3月24日于法兰克福。

第一主席：约·魏德迈。第二主席：阿尔诺德。

派代表出席的有：美因河畔法兰克福协会、达姆施塔特协会、奥芬巴赫协会、哈瑙协会、赫希斯特协会、美因茨协会、威斯巴登协会。

魏德迈主席向代表大会报告区委员会选举结果，委员会的成员是：约·魏德迈任主席，费舍任出纳，施米特任秘书。

美因茨协会的代表报告说，该协会根本就没有收到出席第一次区代表大会的请柬。

新参加的三个协会②的代表在讨论过程中声明加入兄弟会和区联合会。

从莱比锡回来的代表门克尔作了关于工人全体代表大会的报告。③

---

① 另见文件429和460。
② 指美因茨协会、威斯巴登协会和赫希斯特协会。威斯巴登工人协会（见注释301）的加入具有特别的意义，因为当时领导这个协会的是卡尔·沙佩尔和弗里德里希·列斯纳。
③ 见文件438。

因为区委员会尚未得到印好的决议和修改过的章程,所以代表大会只能根据代表的口头报告通过暂时的决议。

讨论的第一项内容是关于流亡者救济基金问题。

流亡者救济金额规定为12克罗泽。

救济金由全区共同负担,并在每一次全区大会上根据会员人数来均摊。

救济金的分配方法是:威斯巴登和美因茨为一个区,赫希斯特、哈瑙、奥芬巴赫和法兰克福为两个区,达姆施塔特为一个区。

工人最先出现在哪个区的一个地方,就在哪个地方领取救济金,并在这个工人的会员卡背面(如果卡片上写不下,就在贴在卡片上加盖协会印章的附页上)注明支付情况,由出纳签名。(作为这一条的补充,区委员会指示参照总兄弟会章程的规定执行。)

救济金发放情况按月报告区委员会。当然,每次报告都要说明会员人数,否则无法在各协会之间进行分摊。

关于设立残废人基金问题,没有进行讨论。

大会决定,要尽可能建立消费协会,因为行会法使生产协会无法存在。

集体置办消费品所需的资金,由社员自愿缴纳。如果不是因为突然要离去而必须立即偿还,所付资金只有在14天之前预先声明才能索回。

手稿 第一次发表

威斯巴登国家档案总馆 Abt. 5,
Nr. 268, Bd. VII

450
亨利希·毕尔格尔斯（杜塞尔多夫）给卡尔·马克思（伦敦）的信

1850年3月27日

亲爱的马克思：

您一定很忙，而在这样的时刻我之所以还请求您听一下我的陈述并给我写几句回话，是因为我想：（1）我平常很少打扰你；（2）我所要讲的，大概不是无关紧要的。

关于后者，简述如下。我过去所干的那份私人差事已经完结了①，决定参加《西德意志报》[289]编辑部，或者接管这家报纸。

我不来向您赘述我从1849年到现在的个人经历。揭露是多余的，尤其是因为揭露者不得不承认，他似乎是在幻想中生活得最久长的。当有必要生产出新式产品的时刻到来时，我们就会看清楚。现在我只能说，我是在十分融洽的气氛中离开的，外表上避免了公开决裂的形式。

这样，我打算作为《西德意志报》的编辑成为有用的人。在这个问题上，我需要听取你的看法和意见。

谁都知道，《西德意志报》在德国是唯一力求代表社会民主党的报纸。无疑平庸已极，工作能力十分有限，它因里廷豪森的胡闹[290]、小学生式的文风、小资产阶级的流言飞语、泰勒林的漫骂、贝克尔的不讲礼

---

① 见文件443。

貌而大出其丑；特别是由于《新莱茵报》编辑部的禁令①，至今还背着包袱。是的，从形式上看，我没有因这项禁令而受到约束，因为我当时仅仅是一名领取稿费者，我的名字没有写在声明上。但是，不言而喻，我是按此行事的，因此，至今我一直拒绝直接参与该报的活动。

就订户来说，报纸总算达到了能够生存的地步。创办一家新的，没有任何物质可能性，我的确也不知道，该怎么组织一个编辑部。这里有关这方面的情况确实也很糟，但是我相信，依靠流亡者提供一些帮助，可以有一个新的开端，并且实现我最初预计的目标是有一定把握的。

就是说，我相信，最令人恼火的消沉时期已经过去，现在既有必要，也有可能把当前像德国本身一样零七八碎的德国民主党派**在全国范围内**组织起来。② 无产阶级、革命小资产阶级和农民的共同纲领——统一而不可分割的共和国，为此提供了基础。在这个基础上，展开反对日益扩展的地方民主派。这些人的目的是重新夺回三月的成果，他们把普选权局限在"小祖国"的周围地区，崇拜已被撤职的议会左派，他们接受（即使不是在原则上，也是在事实上）他们的钦定宪法的法律基础，以便从这里出发通过"合法"途径重新取得"失去的"自由。这一类人在普鲁士特别多，他们的机关报是柏林的一些民主报纸，他们的英雄是那些抗税者，特别是瓦尔德克和雅科比。必须掐住这些英雄的脖子，抹去他们由于反动派的过激行为而获得的光环。同时要开始反对法兰克福大人物、帝国摄政者等先生们的斗争。这些人不久前联合办了一家月刊③，一个叫科拉切克的先生任编辑，第1期刊登了福格特、西蒙、

---

① 见文件367。
② 指《共产党在德国的要求》17条中的第1条，见文件224。
③ 《德国政治、科学、艺术和生活月刊》第1年卷1850年在斯图加特出版，第2年卷1851年在不来梅出版。

拉沃等人的文章。他们的纲领中有如下的话:"它(《德国月刊》)要求不断进行改革,但是(但是!)它不拒绝革命的事实(多么宽宏大量!),**只要是真正的革命**,并且承认**这种**革命(它情愿去吃栗子),**只要这种革命对救国来说是必要的**。"还有:"采纳(?)社会主义和共产主义定理是**绝不可能的**,除非是为了批判,**社会问题的解决不能含糊**"!(这真叫人无法理解。)

这些先生们反对的主要是原则的革命方面,而原则的经济方面却给他们提供了反对同专制制度结盟的大资产阶级的主要武器。这些人到处表现出来的政治上的完全无能,使小资产阶级和农民完全离开他们。而对无产阶级来说,这些人的行为愈卑鄙,无产阶级从对这些人的立法文章的批判中就愈加明确地认识到无产阶级和整个资产阶级之间存在着敌对状态。

总而言之,这就是我想在《西德意志报》进行的工作。现在的问题是,我能否指望在这方面得到您的支持,至少是道义上的支持?或者说,您认为给予支持需要有哪些条件?当然,如果能给以实际的支持,那我当然非常高兴。比如说,非常希望威廉·沃尔弗能决定来这里一段时间,一起把编辑部接管过来。这样很容易把他保护起来,不被发现,比起他现在的处境来,他也一定更喜欢一种有事干的遁世生活。您不认为,由您直接提出要求,他会表示同意吗?

至于道义上的支持,首先需要直接承认这家报纸是党的机关报。间接承认大概已经做到了,但始终还存在一点问题。依我看,没有一篇声明是不能解决问题的。例如,连弗莱里格拉特也因此而不能毫无顾忌地关心这家报纸。有人向我建议改变这家报纸的名字,我不赞成,因为这不合手续,还因为我不愿意使贝克尔产生任何怨恨,我必须同他打交道,而且他也值得称赞,并表示愿意帮助我。我准备在我的第一篇文章中强调该报作为党的机关报的新立场，如果有必要①，还将对它的过去加以否定。

如果您问，整个编辑部是怎么组成的？那我必须回答说：人很少。除了贝克尔和我之外，只有布兰德霍斯特，负责法国的文章，是个稚嫩的小青年——如丹尼尔斯所说——很简朴，但也很需要帮助。我将不得不暂时大大限制他写的、只不过是冗长地叙述法国思想的作品，而把他的工作变成逐字逐句翻译报刊上勾画出来的地方。我希望通过这样做并通过石印通讯塑造出一个过得去的法国，同时我保留权利：若十分必要，我将亲自动手。如果沃尔弗在，那么我就可以把注意力主要放在法国方面。

从4月1日起，我就要开始工作；因此我最恳切地请求您尽快给以答复。我当然要把您的答复看成是代表伦敦党的答复，不用说您也知道，我是多么希望在我最终参加该报工作之前能知道您的意见。

向恩格斯和所有的朋友问好。请特别向您的夫人转达我的问候。祝全家安好。

你的
亨·毕尔格尔斯

1850年3月27日（星期三）于杜塞尔多夫

回信请寄科隆弗兰茨·约瑟夫·丹尼尔斯收。②

手稿
莫斯科苏共中央马列主义研究院
中央党务档案馆，f.1, op.5, d.269
(《马克思恩格斯全集》历史考证版
第3部分第3卷第502—504页)

---

① 原件纸张损坏。
② 此信不是邮寄的。信的封皮上写着："致卡尔·马克思先生。特急即送。"

451
阿道夫·克路斯[291]（华盛顿）给
斐迪南·沃尔弗（伦敦）的信

1850年3月31日

1850年3月31日于华盛顿

亲爱的沃尔弗：

我曾经答应在我逗留美国期间不时给您写信。现在，我作为一个非常忠实于您的人十分高兴地履行我的诺言。我于1848年夏末离开欧洲之后，有几个月主要是以各种方式在纽约闲住，1849年3月泰勒总统就职典礼时，我来到华盛顿。在这里，我立即在美国海岸测量部门得到了一份差事，直到今天我还在干这个工作，并且有机会把一些德国流亡者拉进去。［……］

现在谈谈**魏特林**。我顺便给你寄去迄今为止出版的他的3期杂志①，这样您可以亲自拜读关于唯一能够救世的交换银行的福音。我对魏特林的这种"兄弟情谊"[292]十分愤恨；他在我们面前变戏法，把革命分子变没了，他只知道宣扬等级、权威和训令，现在他建立了裁缝工人读书会、裁缝工人阅览室、印刷工人帮工协会，一切都按照重新文饰过的中世纪的工商条例安排得井井有条；我的看法也可能不对，因此，我很想听到您对这个问题的看法。对一种可以塑造出如此伟大形象的素材抱有

---

① 指《工人共和国报》。

这种迂腐浅薄的观点，是我不能理解的，而且我觉得这正是完全违背我们时代的趋向。我相信，如果魏特林的交换协作社建立起来，并且还团结一致、一时间亲密无间地驶过无情的世界，那么它作为"19世纪"的社会"团体"也会像中世纪的教派一样垮台，但不是像中世纪的教派那样被外部暴力搞垮，而是垮在自己内部。劳驾，无论如何请来信把您对这个问题的看法告诉我。[……]

我还要麻烦您一件事，请按印刷品邮件给我寄来一本你们在1848年春出版的《共产党宣言》，并且写信告诉我，是否还能搞到一份《新莱茵报》。在哪里？通过什么办法？一位久居美国的年轻人向我提出了这样的要求。如果您那里还有马克思的小册子的话，这也会令人非常感兴趣。我们这里有他的《哲学的贫困》。

此地的报纸已经多次报道，马克思、恩格斯、德朗克和威·沃尔弗想出版一份名为《政治经济评论》的月刊，还刊登汉堡书商的广告等等。这是真的吗？

不久以前，当利埃夫尔①为你们的救济基金会寄钱去的时候，他写信问我是否也能在这里筹集些钱。这根本不可能做到，因为这里的这些德国人像畜生一样，已经堕落到令人难以想象的程度。然而，为了向您表示我的好意，随信以我个人的名义为党的事业寄些钱去，除此之外，目前我干不了任何事情。我唯一的愿望是能够同你们一起在伦敦等待时机到来，那时你们又会回到更适当的工作范围，但愿不要等得太久；如果祖国发出召唤，我决不会让自己留在美国，而会立即放弃我舒适的职位。您对今后近期的发展有什么看法？孔西得朗在他的宣言中大吵大嚷。

---

① 大概指欧仁·利埃夫尔，1846年他曾是纽约《人民论坛报》的经理人之一。

沙佩尔获释之后到哪里去了？

请向恩格斯和德朗克问候。

您的忠实的朋友
阿道夫·克路斯

地址：

美国首都华盛顿1号街海岸测量局

阿道夫·克路斯

又及：您托我在美国沿海城市寻找细木工**云格**，可我哪里也打听不到。① 小个子**席克耳**[293]——据他的姐妹从纽约给我来信说——同议员韦森东克的兄弟在一起，住在弗吉尼亚的一家农场里。我给韦森东克的兄弟写信，可是没有收到他的回信，因此，有关他更详细的情况一无所知。**我**在华盛顿这里感到非常缺少适合于我的社交活动，因此，过着颇为孤单封闭的生活。我订了蒲鲁东的《人民呼声报》，以便能跟上形势的发展，因为在整个华盛顿，在任何一家旅馆也没有一份纯欧洲报纸。根据一切情况来看，不久将发生十分重大的事件，特别是为法兰西共和国的生存而进行的斗争。

我有些担心，鲍威尔的地址还是否适用，因为我记下的地址，时间已经很久了。

阿·克

手稿	节录
莫斯科苏共中央马列主义研究院	第一次发表
中央党务档案馆，f. 429, d. I/1	

---

① 关于阿道夫·云格去美国一事，见文件190。

452
卡尔·马克思和弗里德里希·恩格斯谈职业密谋家

1850年3月中和大约4月18日之间

评科西迪耶尔公民前警备队长阿·谢努《密谋家,秘密组织;科西迪耶尔主持下的警察局;义勇军》1850年巴黎版。评律西安·德拉奥德《1848年2月共和国的诞生》1850年巴黎版

[……]当然,这些密谋家并不满足于一般地组织革命的无产阶级。他们要做的事情恰恰是要超越革命发展的进程,人为地制造革命危机,使革命成为毫不具备革命条件的即兴之作。在他们看来,革命的唯一条件就是他们很好地组织密谋活动。他们是革命的炼金术士,完全继承了昔日炼金术士固定观念中那些混乱思想和偏见。他们醉心于发明能创造革命奇迹的东西:如燃烧弹,具有魔力的破坏性器械,以及越缺乏合理根据就越神奇惊人的骚乱等。他们搞这些阴谋计划,只有一个最近的目标,就是推翻现政府;他们极端轻视对工人进行更富理论性的关于阶级利益的教育。这说明他们对黑色燕尾服,即代表运动这一方面的多少有些教养的人的憎恶并不是无产阶级的,而是平民的;但是,因为后者是党的正式代表,所以密谋家们始终不能完全不依赖他们。黑色燕尾服有时也会成为他们获取金钱的来源。因此非常明显,密谋家们不管愿意与否都必须追随革命党派的发展。

密谋家生活的主要特点就是他们和警察进行斗争,而他们和警察的关系就像小偷、娼妓与警察的关系一样。警察当局容忍密谋家组织的存在,而且不仅仅把它们当作必然的祸害。它容忍它们是因为它们是容易监视的中心，这里聚集着社会中最好暴力的革命分子；是因为它们是骚乱的制造所，在法国，骚乱如同警察本身一样，已经成了必要的统治手段；最后是因为它们是警察局物色自己的政治密探的场所。下等政治警察是从职业密谋家当中招募来的，他们像最能干的刑事密探维多克之流那样，是从上等和下等流氓，如小偷、无赖和假破产者之类中搜罗来的，而且他们常常重新干起他们的老本行。密谋家经常要跟警察打交道，他们时时刻刻都会跟警察发生冲突；他们时常跟踪密探，就像密探跟踪他们一样。间谍是他们的主要工作之一。因此，职业密谋家常常摇身一变而成为警察局雇用的密探，这是不足为奇的，何况还有穷困、监禁、威胁利诱的推动。由于这种情况，密谋家组织内部充满无穷的怀疑，这种怀疑完全蒙蔽了它们的成员，使他们把好人看成是密探，而把真正的密探看成是最可靠的人。显然，这些从密谋家中招募去的密探在跟警察当局勾结时大都具有想欺骗他们的良好愿望，他们在还没有越来越成为自己第一步的牺牲品以前，有时玩得成两面手法，的确他们也常常欺骗了警察当局。［……］

1850年4月《新莱茵报。政治经济评论》第4期第30、39—40页（《马克思恩格斯全集》历史考证版第1部分第10卷第275、283—284页，参看《马克思恩格斯全集》中文第2版第10卷第333—335页）

摘要

453
卡尔·布伦（阿尔托纳）给康拉德·施拉姆（伦敦）的信

1850年4月2日

1850年4月2日于阿尔托纳

亲爱的兄弟，我早就应该给您写信，但至今还没有写成，现在我不想再拖延了。

我从美因河畔法兰克福给您写的信①中提到，我打算去伦敦看望你们；几个星期以前我生病了，经过3个星期在瑞士的旅行（几乎总是在夜间），我发了高烧。医生告诉我，如果我走5天的水路到伦敦，那么就有在路上病倒的危险；经过这番警告，我不得不同意改变计划，于是乘火车去威斯巴登。在那里，我同沙佩尔一起呆了一个晚上②，第二天乘轮船去科隆。到达那里时，我病得很厉害，尽管如此，我仍然处理了紧迫的事务，可惜我没有遇到弗莱里格拉特，于是在第二天晚上乘火车去汉堡。夜晚是很冷的，虽然在大衣外面束了两条带子，又穿上大皮靴，还是冻得够呛。在汉诺威停车15分钟，我没有下车，而在莱尔特，我却有时间再次仔细观看了我所熟悉的东西和地方③；我没有遇到一个老熟人，这倒也很好，因此我在下午顺利到达了阿尔托纳。在这里，我第二天就立即在奥滕森租了一间房子。我已经在此地住了两个星期，最

---

① 这封信没有保存下来。
② 1850年3月15日前后。
③ 暗指1849年5月20日的被捕。

初几天是在床上度过的；我只去过汉堡一次，我本来以为几天之内就会完全恢复。在科隆，有人告诉我说他们已往伦敦写信说明我不到那里了。因此，我心里很安然，昨天才从鲍威尔处知道，您一直还等着我，所以我立即匆匆给您写这封短信。我在这里还未能进行活动，只是作了一些必要的调查，了解到一些情况。这就是成果。军队中存在民主主义思想，对丹麦人和普鲁士人的仇恨是很深的，对几乎所有军官也是这样。例如，4周之前在阿尔托纳有一名军官在操练时被子弹射中脖子——9个士兵射击过，但没有查清谁是作案者。这个军官能否复元还不敢说；他是军事大臣克龙的儿子。人民已经奋起，特别是临时工和固定工，在他们中间建立了愈来愈多的协会组织。奥尔斯豪森、克劳森、恩格尔、奈尔加尔德和黑德强占协会理事的职位，企图把这些协会抓到手；但是，针对这一点已经进行了部分工作。在格吕克施塔特有拥有100多名会员的协会，在这个地区的5个不同地点已经建立了协会，我将努力使这些协会日益发展，并使它们不致受到上述先生们的控制，现存的这些协会对此也同样不感兴趣。最大的协会在伦茨堡的古特博韦瑙和塞厄施塔特，其次是在基尔的威廉堡。在短期之内将会表明，我们能做些什么。我认为重要的是政党间彼此持敌对态度，只有这样我们才能够消灭资产者民主派，特别是奥尔斯豪森集团。这些恶棍是如此之卑鄙，他们在《北德意志自由报》上**从来没有**抨击过地方长官和大臣。因为现在这些耸肩派在人民中得到一些支持，所以人民很容易相信，一切必定进行得很不错，否则所谓的反对派一定会表示反对。

哈·哈林到克里斯蒂安尼亚去了，他的《人民报》同鲍尔迈斯特和莱克索编辑的伦茨堡《民主周报》合并，并拥有许多读者；编辑部表现得很坚定，为此在几天前还遭到了关押。我未能了解真正的原因。

我将尽自己的一切可能支持这家报纸。麦斯特①也编辑了一份工人报②,我还没有见到这份报纸,但我要弄到它。

由于我不能亲自到各处去转一转,所以只能把我所得到的可靠情况告诉你:由此可以看出,这里的工作很有成绩。只要我能得到一些支持,我认为在短期内就能得到较大的进展。1849年5月我们所计划的事情③,我一直挂在心上,因此,我在瑞士还逗留了大约3个星期。在适当的时候,会争取到一些军官,可能还有一两个德国将军。如果法国爆发了革命,我认为在石勒苏益格—荷尔斯泰因是一个最好的、最适当的地方。在那里可以搞出点名堂,因为我们肯定能搞到大约34000人的军队,这样我们就有了一个很好的核心。我们可以以此作为开端,然后一切革命力量都可以加入进去。我深知我的处境和任务十分艰难,但我并不胆怯,至少要做我力所能及的工作。如果我被选入计划召开的邦议会,我的工作将会大大方便。现在正为这件事进行工作。那时我依靠这一地位,将比较容易地为人民,特别是为军队所熟悉,并在他们当中站稳脚跟。如果取得这种成果,那么我们手中就掌握了权力,并且在适当的时机可以从中得到利益。我将重新同梅克伦堡建立联系,因为我们要发动革命,那时我们必须立即进入那个地区,并为我们打开通往柏林的道路。这样我们将赢得地盘、人员和资金,从而能够很容易地同敌军对抗;汉堡或者更可能是什未林同柏林之间的战役,终究将会并且必然会发生,而我们必须取得这次战役的胜利,如果达到了这一目的,那我们就前进了一大步。据我对我们军队的了解,它是非常善战的,它将勇敢

---

① 原稿字迹不清。
② 可能是指《特别兼顾行会的工人和工人之友报》,这家报纸由教师科尔斯和木匠克劳斯·里彭在新明斯特出版。
③ 大概暗指布伦的关于军人联合会"自助者"的计划;参看本书第2卷注释168和169。

地、满怀胜利信心地去迎战一个对它来说并不具有很大优势的敌人。我们只需要几个营的人来对付丹麦人。第二线部队必须对这里进行支援，它将会心甘情愿地这样做。即使丹麦人在开始的时候还占据着石勒苏益格的一部分，但以后我们可以很容易地把他们重新赶走。汉堡、吕贝克和劳恩堡当然也必须立即占领，并并入德意志共和国——这里有人、有钱。通过在全德国广泛散发号召书的办法，吸收各地的战士来扩大我们的革命军队——所谓的志愿军我们当然不能接受，我们已经看到，这些人在正规战斗中是没有什么用处的。所有人都必须编入队列，从而使革命军同时始终保持革命性，同时还可以防止革命军和志愿军互相嫉妒，特别是，只有通过这一途径才能建立起**极为必要的**严格纪律，并防止个别人的各种越轨行动。委任的机关发布的命令以及征用，人们很愿意服从，好像这些命令和征用出自各个军团，尽管它们**看起来**是一种掠夺。迫切需要的是尽可能采取最强有力的措施，特别是要保证革命军能得到急需的良好给养。这一切最好是由革命政府或其代理人以它的名义来实施，这样做也最保险。问题根本就不在于号召志愿者参加战斗；**每个18岁至30岁的人都必须**编入正规军，然后由大约从30岁至40岁的人组成第二线部队等等。这样就得到一支庞大的、肯定也是我们所需要的军队。正像我们发动革命的情形一样，只要采取适当措施，就不会缺少经费，我们有了钱，就能够派特使带上所必需的经费到各个地区，特别是还要在柏林开展工作，以便当我们的军队接近时，在那里发动一次起义，从而一方面分散敌人的力量，一方面使我们更容易地占领这个重要地点。

这样，您，或者更正确些说你们，就大致了解了我的观点和意图；我想，你们是会表示同意的；而如果你们认为其中有什么不妥之处，请告诉我。

现在说一说别的：当我于12月在法兰克福被开除以后，有人邀请我参加一个组织,该组织由几个成员组成,听从济格尔的指令。这一组织的目的是为革命做准备,聚集现存的力量;我参加了这一组织,并积极进行工作,同周围的①

手稿
阿姆斯特丹国际社会史研究所
Sign. 018

454
塞巴斯蒂安·载勒尔(伦敦)给卡尔·马克思(伦敦)的信

1850年4月4日

1850年4月4日于伦敦

阁下:

我刚刚接到艾韦贝克的信,其中除了一些废话还说到:"……请您费心**立即**同马克思和红色沃尔弗②谈谈帕亚和我所翻译的法文本宣言③的问题……**沃尔弗**在巴黎**告诉**我,是泰西埃·迪·莫泰而不是帕亚翻译的。不言而喻,我马上把这种说法告诉了在杜朗城堡的我的合作者帕亚。现在帕亚在给我的信中说,他根本不明白泰西埃·迪·莫泰怎么能说出这种话。因此,我要求马克思和红色沃尔弗彻底清楚地说明,是谁

---

① 手稿到此中断。
② 斐迪南·沃尔弗。
③ 见文件346。

用所谓真正译者**不是**我和帕亚这种谎言蒙骗了他们？当然，我根本不会想到，把他们自己看作造谣者。上帝保佑！我的好朋友，请尽快使这件事得到澄清……我的论述德国最新哲学的法文著作①已印完三分之一，这本书的篇幅是很大的，将超过30个印刷精致的印张，等等。"

看来，这种有争议的父权确实使得小胖墩儿艾韦贝克睡不着觉。他大概没有料到，像我过去听说的那样，我们的莫雷尔曾进行过类似的翻译，不久前甚至在这里做过一次尝试，但没有成功。因此，请写一封私人短信去安慰一下这位失眠者，我也想给他写一封信。

我从施拉姆那里得知，您已经幸运地摆脱了家庭困境。这使我很高兴，但不幸是有传染性的，可能不久之后我也将被抛到街头［……］。如果您从德国得到一些钱，那么您若能拿出点钱来，或者至少用您借到的15先令堵住列曼的嘴的话，我将非常感谢。这位"老兄"在协会会址这样厚颜无耻地催逼我，以致我喊道：我将把您送上名誉法庭。他听后直截了当地回答说，如果我不把他送去，他将把我送去。这话非常动听。我们最终必须穿上工装，吃维利希式的洋葱，以免把我们看作剥削者。这一切使我感到非常厌恶。［……］

手稿 节录
阿姆斯特丹国际社会史研究所马克
思恩格斯遗著 DVII 58/D 4043
(《马克思恩格斯全集》历史考证版
第3部分第3卷第509—510页)

---

① 海尔曼·艾韦贝克《从最新的德国哲学看什么是圣经》1850年巴黎版。

455

关于民主派兄弟协会[294]在伦敦举行的纪念马克西米利安·罗伯斯比尔诞辰92周年宴会的报道[295]

1850年4月5日

[……]前几天，我有幸参加了大约有70个美国红色共和党人为庆祝罗伯斯比尔诞辰而举办的一次宴会。《北极星报》编辑哈尼首先祝酒，他作了关于全世界无产者联合起来的报告，接着，社会主义作家雷诺论述了恐怖统治并为罗伯斯比尔祝酒；奥勃莱恩具有历史意义地指出，多数历史学家对马拉的污蔑是不公正的，然后提议对马拉和圣茹斯特表示悼念。弗·恩格斯要大家公正地对待英国人的革命精神。他强调说，在英国革命时期就曾存在一个平均派（平等之友），最后，他高呼英国工人万岁。康·施拉姆谈到工人对其他一切社会阶级专政的必要性，直至全部消灭它们，并废除产生这些阶级的关系。他最后高呼法国无产阶级的最先进的代表奥·布朗基万岁。最后两个发言人讲的也是英语。与会来宾有《新莱茵报》编辑卡尔·马克思、前代表朗道夫（由于参加6月13日事件被驱逐出境）和其他一些法国流亡者。

1850年4月17日《大胡蜂》（卡塞尔）第89号第399页（《马克思恩格斯全集》历史考证版第1部分第10卷第566和1076页）

节录

456
卡尔·马克思(伦敦)给约瑟夫·魏德迈(美因河畔法兰克福)的信

1850年4月9日

1850年4月9日于伦敦
切尔西国王路安德森街4号

亲爱的魏德迈:

如果你立即写信告诉我,《新莱茵报》①的销路如何以及我们是否很快就能收到钱,我将不胜感激。你们在小德意志②,对这里的情形是根本想象不到的。

第三期将于本月10日出版。我们还不大了解,汉堡那个家伙③是出于什么动机,把事情拖得这么久。现在应当结束这种情况了。

流亡者委员会也委托我向你们的委员会④呼吁。现在我们要照管60名流亡者;预计还有几百个从瑞士被驱逐出境的人。因此,我们很快就要把流亡者基金用到最后一文钱了,那时这些人又将流落街头。

向你的夫人衷心问好。

你的 卡·马克思

---

① 《新莱茵报。政治经济评论》。——编者注
② 小德意志指19世纪弗里德里希-威廉四世企图实现的在普鲁士领导之下、把奥地利排斥在外的德意志君主联邦。——原卷末注
③ 尤·舒伯特。——编者注
④ 指法兰克福流亡者委员会。1849年9月28日,约·魏德迈领导的法兰克福工人协会决定,每周一次定期为流亡者筹集捐款。为此建立了法兰克福流亡者委员会。
   恩格斯1850年5月13日写给泰·舒斯特的信中谈到了为流亡者筹款的事。——原卷末注

经加来寄美因河畔法兰克福《新德意志报》编辑部约·魏德迈先生收。

手稿
阿姆斯特丹国际社会史研究所马克思恩格斯遗著 C 199/C 822（《马克思恩格斯全集》历史考证版第 3 部分第 3 卷第 72 页，参看《马克思恩格斯全集》中文第 2 版第 48 卷第 118 页）

457

世界革命共产主义者协会章程①

1850 年 4 月中旬前后

第一条

联合会的宗旨是推翻一切特权阶级，使这些阶级受无产阶级专政的统治，为此应采取保持不断革命的方法，直到人类社会制度的最后形式——共产主义得到实现为止。

---

① 1850 年 4 月中，马克思和恩格斯代表共产主义者同盟与旅居伦敦的法国布朗基派流亡者、宪章派的革命派代表达成了一项有关建立"世界革命共产主

第二条

为了促进这个宗旨的实现，联合会在共产主义革命党的一切派别之间建立团结合作的关系，按照共和主义的博爱的原则来消除民族分裂。

第三条

联合会的创立委员会即为中央委员会；它可以在工作需要的任何地方设立和中央委员会保持联系的委员会。

第四条

联合会的会员人数不限，但不经全体同意，不得接纳任何人入会。选举在任何情况下都不得采取无记名投票的方式。

（续前注）　义者协会"的协定。这就是当时达成的六项条款的协定。协定由奥·维利希起草，马克思、恩格斯、乔·哈尼、奥·维利希、茹·维迪尔和亚当签署。这份协定共抄写七份，每一份上都有7个人的亲笔签名，它们都保存在马克思和恩格斯那里。

世界革命共产主义者协会未曾有过实际活动。共产主义者同盟中央委员会分裂以后，布朗基派流亡者倒向维利希—沙佩尔宗派主义一边并企图接近伦敦小资产阶级民主协会（见恩格斯和马克思1850年5月6日写给帕迪贡的信）。在这种条件下，马克思、恩格斯和哈尼在1850年10月初认为应当取消同布朗基派的协定。于是，当1850年10月7日巴泰勒米、亚当和维迪尔邀请维利希、马克思和恩格斯参加"世界革命共产主义者协会"的讨论时，马克思、恩格斯和哈尼在1850年10月9日的回信中声明协定早已解除，并邀请他们于10月13日到恩格斯住处烧毁协定。事实上他们并未销毁这些文件。——原卷末注

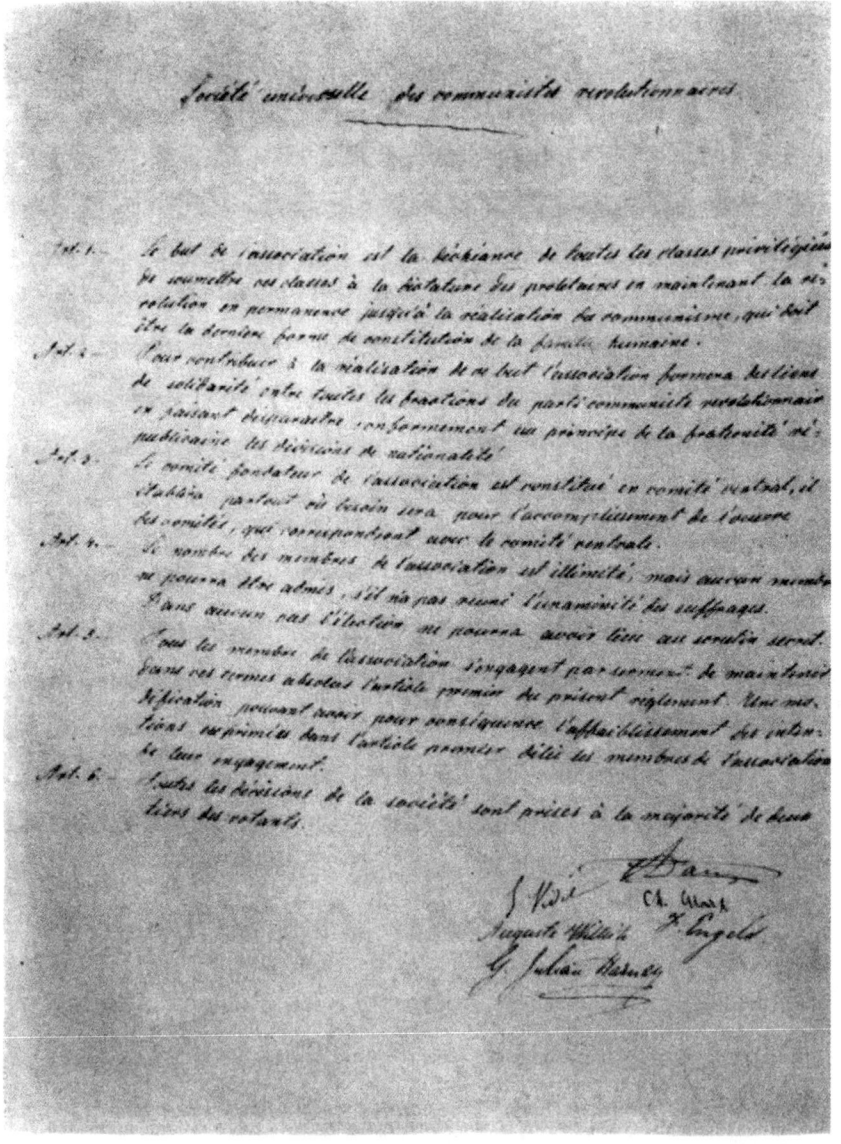

世界革命共产主义者协会章程

第五条

联合会的全体会员宣誓保证恪守本章程第一条的规定。任何修改,凡有可能削弱第一条所表述的主旨者,会员概不承担义务。

第六条

本团体的一切决定须经过三分之二的多数票通过。

亚当　茹·维迪尔　卡·马克思
奥古斯特·维利希　弗·恩格斯
乔·朱利安·哈尼

手稿

莫斯科苏共中央马列主义研究院中央党务档案馆,f. 1, op. 1. d. 349 阿姆斯特丹国际社会史研究所马克思恩格斯遗著 0 19 (《马克思恩格斯全集》德文版第 7 卷第 553—554 页,参看《马克思恩格斯全集》中文第 2 版第 10 卷第 718—719 页)

458
伦敦社会民主主义流亡者委员会的声明

1850年4月20日

4月14日柏林《晚邮报》刊登了以下报道（4月11日于什切青）：

"在救济伦敦流亡者的问题上作了如下规定：把款子寄给布赫尔，由他同（施特里高）施拉姆取得联系，因为其他两个委员会意见不一，分配款子不公。"

在伦敦这里实际上只有一个流亡者委员会，即下面署名的委员会。本委员会成立于去年9月流亡者开始移居伦敦时。以后，曾试图再建立其他流亡者委员会，可是没有成功。本委员会到目前为止对来到此地的需要帮助的所有流亡者，除了四五人没有申请以外，都已经给予救济。但是，由于最近从瑞士被驱逐的流亡者蜂拥而至，本委员会的款子最后也几乎已经告罄。这些款子发放给那些证明自己曾参加过德国革命运动并且需要帮助的人，不论他属于什么派别，完全一视同仁。本委员会取名"社会民主主义"，并不是因为它只救济这一派的流亡者，而是因为它主要靠的是这一派的资金，这一点在它去年11月的呼吁书①212中已经作了说明。

---

① 指1849年11月18日在伦敦德意志工人教育协会和伦敦的德国政治流亡者全体大会上共同通过的决议。1849年12月3日伦敦的德国流亡者救济委员会的报告中援引了这一决议（见《马克思恩格斯全集中文第2版第10卷第706—707页）。——原卷末注

谣传伦敦这里为流亡者存有大量的钱，这显然是由于建议在瑞士为帮助流亡者举办的抽彩而引起的一种谣言，因此就有人向我们委员会提出了无法满足的要求。另一方面，当时各家报纸也故意散布流言飞语，说什么在相互竞争的委员会之间存在分歧，致使一大笔款子未能寄到伦敦。本委员会为了弄清楚是否有救济流亡者的其他资金和其他委员会，曾经要求流亡者派代表团去公民司徒卢威、鲁道夫·施拉姆和施托尔珀的路德维希·鲍威尔那里。这件事已经照办了。流亡者带回的答复如下：

施特里高公民施拉姆声明，他不属于任何一个流亡者委员会，但是他从日内瓦的加莱尔那里得到一些彩票，并受托把款子寄往日内瓦。另外的委员会只不过是空架子。

公民司徒卢威声明，他没有钱，而只有尚未推销出去的一些彩票。

公民鲍威尔给了如下的书面声明：

"为了回答流亡者克莱纳的问题，本人作如下证明：这里的民主主义同盟流亡者委员会连一个政治流亡者都无力救济；这个团体的出纳处在支出2英镑15先令救济金以后，再也无力进行这类的援助了。

民主主义同盟救济委员会主席鲍威尔医生

1850年4月8日于伦敦"

司徒卢威先生和施拉姆先生曾经向流亡者建议，由自己的人或者由政治上中立的人组成流亡者委员会。本委员会让流亡者自己对该建议作出决定。流亡者发表如下声明作为答复：

"社会民主主义流亡者委员会：

经事先协商，下面签名的流亡者认为，似应将照管我们的工作交给由我们自己组成的委员会，并根据原来的流亡者和新近来到的流亡者的一致意见，认为应向现今的委员会委员们表示最深切的谢意，感谢他们在管理这一工作中所从事的活动和所付出的辛劳,因为他们始终把所掌管的款项分配得使我们感到满意。我们只有一个愿望:但愿这些委员们继续关怀我们,一直到我们大家所盼望的即将到来的革命使他们不必照管我们为止。

致以

兄弟的敬礼!

(签名)

1850年4月7日于伦敦"

流亡者自己所写的这个文件,是对上述文章以及报刊上其他类似怀疑的最好回答。顺便提一下,如果不是为了需要救济的流亡者本身而必须向公众澄清这类言论,那我们是不会予以理睬的。

社会民主主义流亡者委员会

弗·恩格斯 亨·鲍威尔

奥·维利希 卡·马克思

卡·普芬德

1850年4月20日于伦敦

手稿

莫斯科苏共中央马列主义研究院

中央党务档案馆,f. 1, op. 1. d. 345

(《马克思恩格斯全集》历史考证版

第1部分第10卷第322—324页,

参看《马克思恩格斯全集》中文第

2版第10卷第407—409页)

459

伦敦社会民主主义流亡者委员会的财务报告[①]

1850年4月23日

收 入

		镑	先令	便士
2月25日	出纳处结余……………………	17	11	8
2月25日	纽约社会改革同盟捐助………	30	18	5
3月13日	科隆流亡者委员会捐助………	36	—	—
3月23日	工人协会会员阿·弗·捐助…	—	5	—
3月18日	汉堡捐助……………………	6	—	—
4月16日	比勒费尔德捐助……………	13	—	—
4月16日	经恩格斯转来 E.B.[②] 的捐助…	1	—	—
4月20日	一批英国工人捐助…………	—	7	—
		95	2	1

---

① 伦敦社会民主主义流亡者委员会这份财务报告，除收支情况外，还谈到了古·司徒卢威等人企图通过成立另一个委员会来分裂政治流亡者的行径。与此有关的情况，见马克思和恩格斯1850年4月20日起草的流亡者委员会的《声明》和1850年6月14日《伦敦的德国流亡者［社会民主主义流亡者委员会声明］》以及恩格斯1850年4月22日和25日写给约·魏德迈的信。——原卷末注

② 可能指恩格斯的妹夫、当时正在伦敦经商的埃米尔·布兰克（Emil Blank）。——编者注

支 出

			镑	先令	便士
3 月	53 次救济金	每次 7 先令	18	11	—
3 月	7 次救济金	每次 10 先令	3	10	
3 月	1 次救济金	每次 9 先令 6 便士	—	9	6
3 月	1 次救济金	每次 2 先令 812 便士	—	28	12
3 月	6 次救济金	每次 5 先令	1	10	
3 月	2 次救济金	每次 1 先令	—	2	—
3 月	2 次救济金每次 4 先令 — 8 —				
3 月	1 次救济金每次 2 先令 — 2 —				
	贷款…………………………		2	3	—
	邮费和零星开支…………………………		—	8	8
4 月	56 次救济金	每次 6 先令	16	16	
4 月	18 次救济金	每次 5 先令 4	10	—	
4 月	2 次救济金	每次 2 先令 6 便士	—	5	—
4 月	14 次救济金	每次 1 先令 6 便士	11	—	
4 月	52 次救济金	每次 7 先令 18	4	—	
4 月	1 次救济金	每次 8 先令—	8	—	
4 月	54 次救济金	每次 3 先令	8	2	—
4 月	49 次救济金	每次 3 先令 6 便士	8	11	6
4 月	1 次救济金	每次 6 先令 4 便士	—	6	4
	零星开支…………………………		—	6	5
			85	17	$1\frac{1}{2}$
	结余…………………………		9	4	$11\frac{1}{2}$

1849年9月18日成立的委员会自建立以来大约救济了100个流亡者，救济时间或长或短，它经手的款项总计161镑7先令6便士。此外，这里的工人协会靠募款满足了个别流亡者的特殊需求。它还给其他一些流亡者找到了工作，并把自己的房屋以及报纸提供给所有的流亡者使用。

向德意志工人协会提出并经核准的上述财务报告的有关账簿和单据，存放在委员会的会计那里，供捐款人及其被委托人查阅。

最近，司徒卢威、博布钦、鲍威尔（施托尔珀的）等先生认为需要用自己的名义，从德国为流亡者募集大量款子。为此，他们在自己的周围集结了一批流亡者，并且在昨天的一次会上组织了他们自己的委员会。显然，组织这个平行的委员会的新计划比起过去失败了的计划，不会更多地妨碍我们的活动。

正如财务报告所显示的，委员会出纳处的余款已经寥寥无几，它的经费勉强只够用一星期。可是，每天仍有新的流亡者申请救济。因此我们再次请求德国社会民主派不要抛弃自己的流亡者，尽快把自己的捐款寄给伦敦索霍广场英王街21号卡·普芬德会计。

社会民主主义流亡者委员会

卡·马克思（主席）
奥古斯特·维利希
弗·恩格斯
卡·普芬德
亨·鲍威尔
1850年4月23日于伦敦

1850年5月2日《西德意志报》（科隆）第104号附刊（《马克思恩格斯全集》历史考证版第1部分第10卷第569/570页，参看《马克思恩格斯全集》中文第2版第10卷第720—722页）

460
美因河畔法兰克福工人兄弟会区委员会会议记录[296]

1850年4月24日

1850年4月24日

区委员会会议。

区委员会又增加了两名委员，一名是副主席席尔巴赫，另一名是第二书记克龙。委员会决定，邀请富尔达协会、吉森协会、卡塞尔协会、克罗伊茨纳赫协会、马尔堡协会加入兄弟会和区委员会，并请求莱比锡中央委员会把普鲁士的下莱茵省、威斯特伐利亚省（连同林堡和卢森堡）组成一个单独的区。因为根据莱比锡代表大会规定，这些地方加入本区后，本区过于庞大，不便于有秩序地协同动作；委员会建议把科隆定为这个新区的领导地区。

决定要求各有关协会①立刻寄来3月份的、按兄弟会章程规定每人1银格罗申（3克罗泽）的会费。购买章程（每份1银格罗申）所需的款项，将由区委员会从上述会费中开支，因此不必再单独寄钱。区委员会要求各有关协会在下次会议上把如下问题作为讨论的内容，并把讨论结果连同所作决议的主旨报告委员会，以便由委员会转发各协会互相交流观点。

问题：

（1）资本（资本集中在个别人手里）和生产工具（如机器、土地等）的集中在多大程度上符合工人的利益？

（2）工人应当要求对普通税收作哪些修改？

（3）工人应当怎样对待民主政党中②提出落后于工人要求的那些派别？如果通过新的革命实现了普选权，在选举一般的国民代表机构时，应如何对待这些派别？

威斯巴登国家档案总馆 Aqt. 5, Nr. 268, Bd. VII

第一次发表

---

① 指美因河畔法兰克福、达姆施塔特、奥芬巴赫、哈瑙、美因茨、威斯巴登等地的工人协会。

② 这个符号在这里大概应表示："例如"。

461
弗里德里希·恩格斯（伦敦）给约瑟夫·魏德迈（美因河畔法兰克福）的信

1850年4月25日

1850年4月25日于伦敦

亲爱的魏德迈：

你给马克思的信，以及流亡者基金五英镑和内附的给我的短信，今天都收到了。与此同时，你大概也收到了附有流亡者委员会的声明①、呼吁书②和财务报告③的两封信④。请你尽快地把它们刊登出来，并在自己周围尽可能为流亡者筹措款项。其他情况你可以从内附的给德朗克的信中了解到。在法兰克尼亚、纽伦堡、拜罗伊特等地也许能够筹集到一点。《新莱茵报》⑤在那里的销路很好。如果你在慕尼黑有什么人，你还可以写封信到那里去。你知道，现在，当司徒卢威及其同伙这帮蠢驴

---

① 马克思和恩格斯《流亡者委员会的声明》(《马克思恩格斯全集》中文第2版第10卷第407—409页)。——编者注
② 可能指1849年9月20日的《救济德国流亡者的呼吁书》(《马克思恩格斯全集》中文第2版第10卷第699—701页)。——编者注
③ 1850年4月23日的《伦敦社会民主主义流亡者委员会的财务报告》(《马克思恩格斯全集》中文第2版第10卷第720—722页)。——编者注
④ 这两封信中的一封见《马克思恩格斯全集》中文第2版第48卷第120页，另一封信没有保存下来。——编者注
⑤ 《新莱茵报。政治经济评论》。——编者注

企图在革命前夕利用流亡者使自己重新在报纸上露面的时候,① 至少要继续救济我们的流亡者,不让新来的优秀分子再落到这些蠢驴的手里,这对于我们来说是一件有关声誉的事情。

我们以为随后出版的两期《评论》已经到了你的手里:第二期到手该有五个星期了,第三期至少也有好几天了。结果发现瑙特这头蠢驴根本没有寄给你!今天我们给他发了一封措辞严厉的信,要他立即把它们寄给你。第三期到他那里想必已经有一个星期了。此外,第三期已全部登完第一组文章②,你在收到第三期以前,不要对它进行评论。

再见。

你的 弗·恩·

我们刚刚听说,卑鄙的司徒卢威、泰勒林、施拉姆③、鲍威尔④(施托尔珀的)等人在德国各家报纸上造谣,说我们的委员会⑤侵吞了流亡者基金。甚至在书信中也传播这种流言飞语。想必你在任何地方都没有看到过这种东西,否则你早就为我们辩护了。你知道,我们大家都

---

① 即**科隆九月事件**。1848年9月25日科隆当局慑于革命民主运动的高涨,在资产阶级的支持下,逮捕了科隆工人运动的许多活动家以及民主联合会和工人联合会的许多领导人,企图以此挑起当时已开始在市内构筑街垒的工人过早起事,然后再进行镇压。马克思、恩格斯及其拥护者尽了很大努力阻止科隆工人过早地孤立地行动。

1848年9月25日,科隆检察机关对《新莱茵报》编辑恩格斯、威·沃尔弗和亨·毕尔格尔斯进行起诉,罪名是阴谋反对现行制度和出席科隆的民众大会。9月26日,当局宣布在当地实行戒严。卫戍司令下令禁止一切带有"政治和社会目的"的社团活动,解散市民自卫团并令其交出武器,成立军事法庭,勒令《新莱茵报》和许多其他民主派报纸停刊。恩格斯等人被迫侨居国外。——原卷末注
② 恩格斯《德国维护帝国宪法的运动》(《马克思恩格斯全集》中文第2版第10卷第3—109页)。——编者注
③ 鲁·施拉姆。——编者注
④ 路·鲍威尔。——编者注
⑤ 社会民主主义流亡者委员会。——编者注

只是为革命出钱,从来没有得到过一分钱。甚至连《新普鲁士报》等也从来不敢在这样的事情上非难我们。只有卑鄙的民主派、小市民中无能的"大人物"才会极端无耻地干出这种卑鄙的事情。目前,我们的委员会已经三次提出财务报告①,每一次我们都要求捐款人委托代表来查阅账簿和单据。还有哪一个委员会是这样做的呢?每一分钱,我们都有单据。委员会中的任何委员从来都没有得到过基金中的一分钱,而且即使处境非常艰难,也从来没有这样要求过。在我们最好的朋友中从来没有一个人比任何一个流亡者得到的多些;凡是有经济来源的人,没有一人得到过一分钱。

如果德朗克已经不在法兰克福了,那你就把信拆开看看,再转寄给他。

经加来寄美因河畔法兰克福《新德意志报》编辑部约·魏德迈先生收。

手稿
阿姆斯特丹国际社会史研究所马克思恩格斯遗著 K 680/K 1714《马克思恩格斯全集》历史考证版第 3 部分第 3 卷第 77/78 页(参看《马克思恩格斯全集》中文第 2 版第 48 卷第 121—124 页)

---

① 指 1849 年 12 月 3 日的《伦敦德国政治流亡者救济委员会的财务报告以及关于建立社会民主主义救济委员会的决议》、1850 年 3 月初和 4 月 23 日的《伦敦社会民主主义流亡者委员会的财务报告》(《马克思恩格斯全集》中文第 2 版第 10 卷第 704—707、711—713、720—722 页)。——编者注

462

奥古斯特·格贝尔特（伦敦）给
约翰·格奥尔格·莱宁格尔[297]
等人（巴黎）[298]的信

1850年4月28日

1850年4月28日（星期三）于伦敦

亲爱的朋友们：

我来这里一路平安，包括我在内的所有人都晕船。在勒阿佛尔我还遇到了许多熟人，他们全都去美洲了。我在这里受到我的许多老朋友的友好接待，我和维利希住在一起，协会①的一个人还给我谋到一份差事，只要不停工，我就可以维持生活。但我认为，种种迹象表明情况不久将会有一些变化。坐板凳对我来说是很难受的，这是您不难想象的。然而，有志者可以干好一切事情。这里有一群流亡者，生活费用很高——特别是对于那些不懂得节俭、从前没有感受过各种生活困难的人来说更是这样。因此，对我来说，要适应这一切也不太困难。

这里的人们之间发生了一个政党遭遇失败之后通常都会发生的事情：党的内部发生了争吵。大家都在殷切期待着下一个时代的到来，到

---

① 指伦敦工人共产主义教育协会。

那时这种争吵就会消除。① 关于这件事我曾与**克吕格尔**和**维勒**谈过,所以这里的事情对我来说是意料之中的。我们谈到过一个名叫贝格曼的人,此人曾在您那里呆过,是一个职业扒手,他在这里行骗而不得不离开这个城市,否则会落在警察手里。如果他又回到您那里,您就照我信上说的办。下一次去信,我可以给您多写一些,因为我现在对我想谈的一切知道得还太少。

向克莱因、施勒德、维勒、克吕格尔、朗格及所有其他朋友多多问候。像人们一般所想的那样,形势可能变成另一个样子,我的情况可能会是这样:我将采纳施勒德在告别时向我提出的建议。在这种情况下,我将这样干,然而只是在万不得已的时候,这一点您可以相信。谢谢你们的关怀。

永远尊敬你们的朋友和兄弟
奥古斯特·格贝尔特

地址:
伦敦的列曼,索霍区贝里克街 25 号

奥·格贝尔特

回信请寄莱宁格尔。②

波茨坦国家档案馆 Rep. 30 Berlin C,   第一次公开发表
Tit. 94, Lit. R, Nr. 217, Ifd. Nr. 12 524
(副本)

---

① 格贝尔特在这里说的是希望爆发一次新的革命,这样流亡者之间的争吵很快就会消除。
② 这句话的意思不清楚,可能是巴黎的一个盟员在这封信的原件上记下的回信批语。

463
奥古斯特·维利希（伦敦）给卡尔·马克思（伦敦）的信

1850年4月29日前后

亲爱的马克思：

因为您不曾在这里，所以我刚刚才读到这封信。[299] 对它的奇特内容进行评论是多余的。是由于无耻，由于愚蠢，还是由于心胸狭窄才写了这样一封信，这很难判断。在我看来，我们唯一可以做的，就是把这些怪诞的幻想读一读，然后就忘掉。根本不值得答复。我听说，委员会的成员中有个别人受到称赞，他们被自命不凡的司徒卢威弄到这种说大话的地步。侠义竟然如此近似卑鄙。

您的 奥古斯特·维利希

手稿
阿姆斯特丹国际社会史研究所马克思恩格斯遗著 DVIII 160/D4579（《马克思恩格斯全集》历史考证版第3部分第3卷第524页）

464

卡尔·沙佩尔（威斯巴登）给恩斯特·德朗克（美因河畔法兰克福）的信

1850年5月1日[300]

小小的怪物：

可怜的鲁莽汉：

我不舒服，否则我会自己去。格雷费大夫受性欲支配，卡斯滕斯①受嫉妒支配，第三个人受他母亲支配，因此我也无法派去适当的代表。

伦敦要来的人②还没有到，天知道他呆在什么地方，他终于被抓住了。钱——钱——钱，喊得很厉害。只有一个盾可供使用。

大家都是穷光蛋，拿不出一点东西来。格雷费大夫为女色花钱太多了。到现在为止，我把这里的一切费用都垫上了，并且得到了一张向老天爷兑现的汇票。我希望魔鬼兑现这张汇票。我们的工人协会[301]大有进展，现在已经有110名会员；我也有了一个由10名能干的无产者组成的小组。[302]因此，我在这里的这次迄今为止极无把握的逗留至少还勉强可以过得去。民主派死死纠缠我，他们想通过高高挂起的面包篮使我变得服服帖帖，但他们是不会得逞的。希望法国无产者赶快使这场玩笑来个结束。

---

① 弗里德里希·列斯纳。
② 亨利希·鲍威尔。

第五章　改组共产主义者同盟并总结革命经验

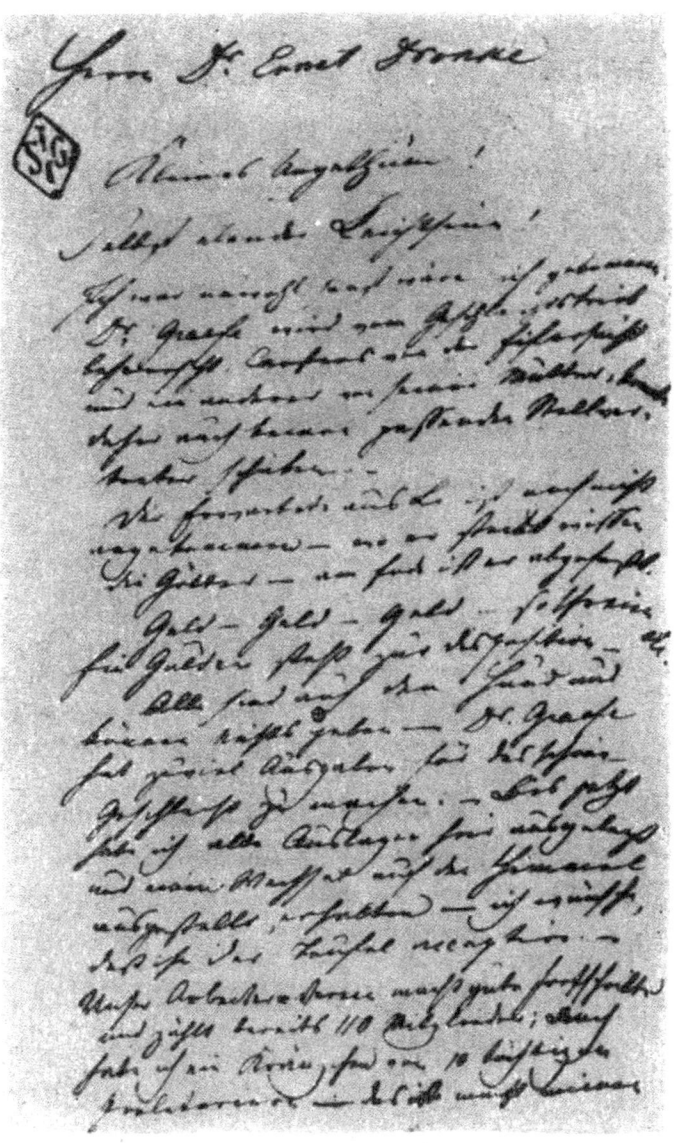

卡尔·沙佩尔1850年5月1日给恩斯特·德朗克的信

您想要宣言①，您就来取吧。

我一有空，就把《北极星报》上的文章寄去。

来人一到，我就同他一起到你们那里去，那时我们就能谈妥以后的事。

向大家问好。

您的　卡·沙佩尔
星期三中午

手稿
阿姆斯特丹国际社会史研究所小通讯

465
卡尔·布伦（阿尔托纳）给康拉德·施拉姆（伦敦）的信[303]

1850年5月2—8日

亲爱的施拉姆：

前几天我就已经收到您的信，之所以没有及时回信，是因为我想对工人协会的情况了解得更详细些。工人协会的代表将于本周六和周日在

---

① 见文件202。

新明斯特开会³⁰⁴;约有40人参加。像您知道的那样,为首的是奥尔斯豪森。靠他和他的追随者成不了什么大事,这是很明显的。我也要去新明斯特,但是,只能当听众。我希望能找到一些共同点,到那时再看下一步该怎么办。我必须十分小心,因为我会受到严密的监视。这一点我是不久前在格吕克施塔特得知的,我曾在那里过夜,遇见过当地高级法院的一名成员。此人喝得烂醉,泄露了一些事情。例如讲到:民主派周报《人民报》的两名编辑①被指控亵渎君主,即丹麦国王。② 他是合法大公,侮辱他是要受惩罚的。这些人以总督的身份替他治理国家,并对他负责。战争不是为反对国王大公而进行的,而是为了反对他的大臣。政府希望把《人民报》镇压下去,同样也想镇压工人协会,因为它们执行危害国家的方针。为了达到这个目的,人们试图使所有对协会有影响的人牵连进一个案件中,用这种办法把他们除掉。甚至那些在协会里宣读《人民报》的人也要受到迫害,因为这些人了解这家报纸的倾向性,因此,他们也必须对自己宣读的文章负责。国内还实行卡罗琳娜法典③等。④ 您从这里可以看出,政府非常惶恐,它会不惜采取一切手段来镇压报纸和协会。它能在多大程度上做到这一点,很快就会见分晓,奥尔斯豪森家族的勇气同样也是这样。对我来说,那次谈话是一个信号,告诉我必须小心谨慎。因此,我必须多在暗中活动,设法加强我们的同盟,特别要在军队中多做工作,以便能够站稳脚跟。要做到这一步,那么随之而来的法国革命之后这里的事情就比较好办了,无产阶级

---

① 指鲍尔迈斯特尔和莱克索。
② 指弗里德里希七世。
③ 即1532年的查理五世刑律。
④ 1850年5月8日《西德意志报》(科隆)第105号上发表的一篇石勒苏益格-荷尔斯泰因通讯(注明的日期是4月29日),也记载了格吕克施塔特的这位法官的谈话。这篇通讯很可能是布伦写的。

会被带动起来。也可能发生相反的情况：通过无产阶级把那些人带动起来。我将不放过任何有利于达到目的的事情。您的话无疑是正确的；比起奥尔斯豪森家族来，我们将能给农业无产阶级提供更多的东西，但是眼下还不行，只有在运动开始以后才能办到。

您关于同法国人达成协议①的消息使人很高兴。看来，你们把我的意思理解错了，我也是坚决认为：只有当专制制度的大军进攻法国，法军入侵德国并在一个德国军团的援助下多少站稳脚跟，而且在德国全国都奋起为建立社会民主共和国而斗争时，我们这里才能谈得上爆发一次革命。我们这里等待的时间越长，我们就越有把握，也就是说，如果我国的军队不作他用，或者俄军不开进国土的话。而反动派似乎有这样的计划，因为我们的军队在其看来是危险的，于是就必须被消灭，因而3万名俄军要在菲英岛登陆，以便同丹麦军队联合起来进攻我们。事成之后，俄军就充当进攻法国大军的后备队。与此同时，俄国舰队封锁波罗的海。问题仅在于：英国是否允许这样做。英国现在似乎已经为波罗的海装备了一支舰队。我们在这个问题上必须谨慎从事，以免我国的军队被消灭。防御是必要的，但是在汉堡和吕贝克被占领之后，我们必须占领维斯马—哈格瑙一线。这样，我们就可以取得极大的优势：利用铁路快速把军队从一个地方调到另一个地方。同时，梅克伦堡会发生暴乱，现在那里群情激昂。到现在为止，我同该省没有任何联系。我已提请鲍威尔注意这一点，并告诉他从那里②给我派来一个可靠的人。鲍威尔走后不久，从那里来过一个人，可是也只到了巴登。③ 他在那里打听过我

---

① 见文件457。
② 大概指同什未林的同盟支部的联系，因为亨利希·鲍威尔是从汉堡到那里去的。
③ 阿尔托纳的一位著作家，他是布伦的亲密朋友。

的住处，我没有见到他，因为他没有到我这里来，也没有在任何一个朋友那里露面。我要看看，下一步怎么办。如果我们能喘过气来，那么向柏林进军的计划是可以理解和实行的。这样，把汉堡的支援基地利用起来无论如何都是必要的。耶斯顿和齐伯尔将会付之一炬；易北河地区的几个村庄自然无足轻重。我要看看，在铁路方面可以做些什么，但是我根本无法允诺什么，而且我离那里也太远。可惜现在我和省议会都无能为力，省议会是新选举的。能否在那里做些什么，我们还要看看。已经同意政府发 400 万银行马克的强制公债和征收 400 万银行马克的财政税。然而这笔款子要到 7 日才发行。到那时必将产生新的议院。

我对维利森当然是不信任的，我也极力散布这种看法，而且取得了成效。他在对军队发表的第一篇讲话中说：丹麦国王是作为我们的大王而来的，我们对他以这种身份来访将表示热烈欢迎，并将隆重接待。我想把这种胡说八道抖搂出去，可是，《人民报》还没有把文章刊登出来；我希望星期日能见到新任编辑，到时候看看怎么办。4 月 25 日的《特里尔日报》登载了一篇柏林通讯。这篇通讯急切地提醒人们警惕维利森。说此人是拉德茨基营垒的人；因为卡尔·阿尔伯的阵地坚不可摧，在奥地利人已经绝望的时候，他转到了伦巴第人的营垒。此后不久，卡尔·阿尔伯放弃了坚固的阵地，被打败了，于是战争发生了转折。波兰人也咒骂他。关于维利森在波兹南的作为，你们在那里也可以向波兰人去了解一些，这一点非常重要。通讯还说："维利森在哪里插手，哪里的自由事业和民族事业就被阴险地出卖。"如果这种说法有一部分是真实的，那么维利森肯定是同普鲁士结成了紧密联盟，这一点我也深信不疑——可是党的指定的将军瓦尔德克呢？我觉得这极不可信。你们是从哪里知道这一点的？您知道这种联系吗？如果维利森和瓦尔德克真的结盟，那么在这位将军身上倒是可以做点什么，他只要走了第一步，就不得不这样走下去。

你们同海因岑和司徒卢威等人的争论，总体说来没有留下好印象，人们普遍要求革命力量联合起来；每个人都应当做点让步，要以革命为重，每个人都可以为革命作出贡献；原则问题应当加以解决，我们大家只有一个共同的敌人，等等。

我已经设法为《新莱茵报。政治经济评论》进行活动。马克思关于法国的文章①很受欢迎，而对恩格斯关于维护帝国宪法运动的文章②，人们评价不高。维利希和恩格斯被看作是唯一能干的人物，等等。如果我能早点到这里来就好了，因为您是知道哈根先生的。没有一家报纸提到《评论》。**对舒伯特可要小心，否则你们一分钱也拿不到。**

我不希望济格尔到这里来，但他在伦敦是重要人物。他在那里有不少拥护者。他的小兄弟③在那里同样是有用的人。匈牙利人，特别是克拉普卡先生，是不能用的。我去找过萨克森的海因策将军。④ 我通过奇尔讷同他建立了联系。以后我要做进一步的了解。

您向我了解维利希。在海克尔进军⑤中，我发现他没有能力承担独立的指挥任务。他行军总是不设前卫和侧翼掩护。可是，我相信他把自己看作一位统帅。他也不会组织。最好让他搞炮兵。他倒善于学习，从前他懂得很少。总之，他是一个恶棍。

我不能从这里来评论你们的行动，但是，我很希望你们同瑞士的那

---

① 见文件447。
② 见文件373。
③ 指阿尔伯特·济格尔。
④ 海因策不是现役军人，他作为希腊之友参加希腊的自由运动，1849年6月参加德累斯顿的起义。
⑤ 指弗里德里希·海克尔和古斯塔夫·司徒卢威领导的1848年4月在巴登举行的共和派起义。布伦、弗兰茨·济格尔和奥古斯特·维利希也参加了这次起义。

些人建立密切联系。这些人在德国有联系,并且掌握了一些能干的军官。我已**急切地**要求鲍威尔去见奇尔讷,并同奇尔讷取得谅解。人民的事业对我来说十分珍贵,我不愿看到这一事业由于无谓的争吵而受到损害。请想一想我们在汉诺威监狱的谈话!我很想和您谈谈。希望您赶快回信。信通过原来的途径寄发。对中央委员会的指责有一部分是正确的,耽误了不少事情,派遣特使①只是证明:已经认识到这一点,并且要加以补救。我在法兰克福呆了很久,可是未能联系上。如果特使早来一点就好了!也许我会通过豪普特得到您的消息。对此人要多加小心。

向大家致以亲切的问候。

您的忠实的
弥勒
1850年5月8日于阿尔托纳

亲爱的兄弟,我还想给您写几句,因为送信人在这里还要呆到明天。

昨天我听到我们这里来的维尔格尔说,格吕伯尔就服装问题提出的报告至少是夸大了。这更好。您的信请寄:汉堡海军部大街 F. C. 维尔格尔。以后我也将通过他把我的信寄给您。前天我在汪茨贝克同 E. 谈过话,他让我向您问好,巴登一家也向您问好。

怎么搞的,你们到现在还总是求助于马尔滕斯,此人已被作为无用之人而除名。不久前鲍威尔又去他那里。我们大家都知道,**此人什么也不干**,只会**小广播**。在汉堡全都乱了套,不久我将加以必要的整顿,到那时再向你们报告。

不久前,阴险的布拉克洛夫差一点被选入省议会!您看见了,这里的人干的工作太少了,连这样一个流氓都没有除掉。这里有许多工作要

---

① 指亨利希·鲍威尔。

做,可是给我的支持不多,不过我想还应付得过去。如有**必要**,请寄给我一个可靠的地址。

送信人给您带去一些雪茄烟,您可以过过烟瘾。

祝你健康,请快点来信。向你们大家问好。

您的忠实的

弥勒

手稿

阿姆斯特丹国际社会史研究所小通讯

466
亨利希·毕尔格尔斯(科隆)给卡尔·马克思(伦敦)的信

1850年5月5日[305]

亲爱的马克思:

正像您规定您上个月25日的信只给我一个人看[306],我的这封回信也是只寄给您个人看的。

我没有按照我最初的想法立即回复您的来信,是因为我在收到信的当天遇见了瑙特。他告诉我说,一旦阿森海默回来,他也想立即给您写一封附信,而我为了节省邮资,想把我的信附在他的信中。昨天,收到恩格斯给弗莱里格拉特的信。善良的恩格斯在信中自然不像您那样能等待我的答复，而是急不可待地以他惯常的粗暴态度把我骂了一通，并且用拳头威胁我。既然发生了这种事情，我当然就不得不撇开节约的一切考虑，赶快给您写信，向您作必要的说明。

您把我当做《西德意志报》的主编。但愿这**仅仅是**因为我在3月底曾给您写信①，说我决定把这家报纸接管过来！**这个决定没有实现，我不是《西德意志报》的编辑，我对这家报纸的领导没有任何直接影响。**如果有人**仅仅**根据《西德意志报》4月份的立场和文笔，就断定是我写的，或者（按照德文的含义）编辑的，那么我认为这是一种侮辱。但是，在您和伦敦人面前，我是咎由自取的：我是由于自己所造成的错误而被当成西德意志罪孽的同谋。现在没有人根据《西德意志报》的立场怀疑我自己宣布过的参加该报的工作一事，我不得不忍受这种屈辱。³⁰⁷

尽管一切都谈妥了，可是我并**没有接管《西德意志报》**。我本想在接到您第一封信后立即告诉您**这是怎么回事**，然而正是这封信促使我把这件您似乎很少感兴趣的事情放了下来。您借口"时间太晚了！"，拒绝对我的**编辑**工作施加任何影响，尔后又说："我们祝愿报纸在您的领导下繁荣兴旺"，老实说，这种话在我听来很有讽刺味道。

然而，我现在愿意相信：在既成事实的前提下，您当时考虑的只是您的时间，除了为《新莱茵报。政治经济评论》写作，除了为工人团体工作，您所提到的"商务信函"占用您的时间太多了。因此，我简略地向您讲一讲，我的编辑职务是怎么一回事。

---

① 见文件450。

关于我的职务，直至酬金问题，本来我同贝克尔都谈妥了。可是，由于编辑部的其他人员和发行部问题（由鲍特先生代表），突然提出了内阁信任案。人们对于我从前对待所谓**哈茨费尔特**党的态度提出怀疑，这种怀疑在某种程度上是由于我在此地的朋友（丹尼尔斯和弗莱里格拉特）自己引起的。人们似乎把我看成拉萨尔的一名特使[308]，这里的人以一种可笑的方式回避这种特使，我不知道为什么要派这种特使，也不知道这有什么好处。然而，主要还是由于**泰勒林**的小册子，人们根据所谓读者中所接受的观点，让我对这本小册子负责。因此，人们事后提出条件，而我不能接受这些条件，以免自己出丑，因为我根本不把《西德意志报》看作党的机关报；对于党的机关报，我必须发表关于私人关系的正式声明。但是，人们不愿接受我关于把问题提交党的荣誉委员会的建议。贝克尔在这件事上又表现得很软弱，但却十分诚实和正派。在我宣布一切谈判破裂之后，他给我写了信，让我利用该报发表个人著作。这是4月5日的事情。我犹豫不决，没有作出明确说明，让这件事情自己发展下去，我的工作全都用在这里的工人团体①上。弗莱里格拉特可以对此作出详细说明。我特别喜欢接受的工作，是作关于国民经济学的报告，从3月底起，我每周给一些优秀的工人作一次报告。不言而喻，在4月5日之后，尽管我同贝克尔有过私人接触，但我不再对该报发表任何意见。最后，到4月底，当发生了金克尔案件时，贝克尔就直接请求我写有关起诉书的文章。我在4月30日、5月1日、5月2日的报上发表了文章，我把文章交给您评论。我可以说——因为这里的人们普遍这样说——这些文章对案件的结果发生了重大的影响。正像基尔乐意承认的那样，我为辩护提供了材料。从那以后，我还提供了一些以∗为标志的文章，您从其中的一篇文章可以看出，我一般来说对金克尔案件是非

---

① 指科隆工人教育协会，见文件398。

常重视的。³⁰⁹至于金克尔为人如何，他最近的演说已经暴露得很充分，您将会看到这篇演说。我还要指出一点：他的妻子**完全**否认以金克尔名义发表的**拉施塔特**辩护词，说他**没有**发表辩护词，这是一名军士或者其他的国家法律官员伪造的；我已经批评了贝克尔，指出对施特罗特曼著作的神化①是一大失误，是干了一件大蠢事。

我也了解了北德意志的**一些**报纸对你们流亡者委员会和您本人（如您信中所说的）进行的无耻责难。②贝克尔未能向我提供任何有关情况，只是说，"波罗的海的报纸"反对资产者的指责，把您写成一个在钱财问题上完全可以信赖的人，而《晚邮报》指出"鲍威尔—施托尔佩"是一个也为流亡者接受捐款的人。弗莱里格拉特也不会告诉我更多的东西，我不必多说。在这里，像在整个莱茵地区一样，任何一个地方都没有提出一点点怀疑。因此，请您把您所想到的报纸名称告诉我，您也许不需要这样的保证——我"将应战并向可耻的阴谋家毫不客气地当面提出挑战"。

海因岑的文章③用10点活字排印，而你们的声明④用8点活字排印，并且插在广告中间——如果说恩格斯对此表示不满，那么他的心情同我是**完全一样**的。但是我未能加以阻止，因为当我发现的时候已经**付印**。如果你们当时直接找我，那么定会得到满意的解决。

关于您对**德国民主派**所讲的话，没有任何人比我更愿意承认您那些

---

① 阿道夫·施特罗特曼：《哥特弗利德·金克尔。毫无虚构的真实情况。传略》第1卷和第2卷1850—1851年汉堡版。1850年4月27日《西德意志报》（科隆）发表了一篇对第1卷的评论。
② 见文件458、459、461。
③ 指卡尔·海因岑的文章《瑞士的仇恨!》，载于1850年4月27日《西德意志报》（科隆）第100号增刊。
④ 见文件458、459。

话的真理性。可以相信，我给自己提出的主要任务，就是只要我能够做到，我就结束这个极大的不幸。我希望您给我一个机会，让我能够在下一封信中就这个问题详尽说明我的看法。

如果您现在能看看我的写字台，那么您会发现，柏林的《晚邮报》占去了它的一大部分。我正忙于对这个贸易自由和真正的社会主义的杂烩，对这个讨厌的日拉丹和蒲鲁东的混合物发动"连续的"攻击。[310]《西德意志报》迄今为止为对这些东西的批判，理所当然要受到《晚邮报》的讽刺。我听说，这篇文章的作者是艾·韦勒尔[311]先生，他秘密地在这里住了一些时候。我希望，您不要让我对这种论战负责。对于您关于"磨坊主"孚赫的通报，我十分感谢。

再见，请向恩格斯致以衷心问候。请告诉他，他最终会抛开反对我的"顽童"架式，至少在他得到充分根据之前忍耐一下，不要进行他那滑稽的威胁。其他方面，他批评得越尖锐，越无情，我越表示欢迎。

谨向您的夫人致以亲切的问候。

您的 亨·毕尔格尔斯

又及：弗莱里格拉特在写回信，承蒙他允许，这封信作为附信寄出。

手稿
莫斯科苏共中央马列主义研究院
中央党务档案馆，f.1, op.5, d 279
(《马克思恩格斯全集》历史考证版
第3部分第3卷第533—535页)

467

弗里德里希·恩格斯和卡尔·马克思（伦敦）
给弗朗索瓦·帕迪贡（伦敦）的信

1850年5月6日

[草稿]

1850年5月6日于伦敦

亲爱的帕迪贡：

我们刚刚知道，您的协会①打算向希腊街的德国协会②提出自己的纲领，并问他们赞成不赞成这个纲领。

---

① 指伦敦布朗基派的流亡者组织世界革命共产主义者协会。1850年4月中，马克思和恩格斯代表共产主义者同盟与旅居伦敦的法国布朗基派流亡者、宪章派的革命派代表达成了一项有关建立"世界革命共产主义者协会"的协定。这就是当时达成的六项条款的协定（见《马克思恩格斯全集》中文第2版第10卷第718—719页）。协定由奥·维利希起草，马克思、恩格斯、乔·哈尼、奥·维利希、茹·维迪尔和亚当签署。这份协定共抄写七份，每一份上都有七个人的亲笔签名，它们都保存在马克思和恩格斯那里。
　　世界革命共产主义者协会未曾有过实际活动。共产主义者同盟中央委员会分裂以后，布朗基派流亡者倒向维利希—沙佩尔宗派主义一边并企图接近伦敦小资产阶级民主协会，即民主联合会。在这种条件下，马克思、恩格斯和哈尼在1850年10月初认为应当取消同布朗基派的协定。于是，当1850年10月7日巴泰勒米、亚当和维迪尔邀请维利希、马克思和恩格斯参加"世界革命共产主义者协会"的讨论时，马克思、恩格斯和哈尼在1850年10月9日的回信中声明协定早已解除，并邀请他们于10月13日到恩格斯住处烧毁协定。事实上他们并未销毁这些文件。——原卷末注

② 指伦敦德意志工人教育协会和伦敦民主联合会。

从我们星期六①谈话以后，我们是不相信这件事的；因为如果您或者您的协会向我们指出，说某个人或者某些人是地道的坏蛋，那我们会干脆把他们赶出门外，而不去问他们是否赞成我们的纲领。

我们已经向您指出，这个协会的领导人是吹牛家或骗子手。骗子手和吹牛家在什么上面都能签字。如果我们接受了他们一再提出的联合和协调一致的建议，他们甚至会在我们的宣言上签字。

您可以想象，如果您的协会接受了这样的建议，那么为了我们的名誉，我们就必须立即和拉脱本广场协会的成员断绝一切联系。

敬礼和兄弟情谊。

弗·恩格斯
卡·马克思

（续前注） 伦敦德意志工人教育协会是1840年2月7日正义者同盟的卡·沙佩尔、约·莫尔和其他活动家在伦敦建立的，其宗旨是在工人中间宣传社会主义思想。后来改称伦敦德意志工人共产主义教育协会。有时用会址名称大磨坊街协会，因为19世纪50年代协会设在伦敦索霍区的大磨坊街。

共产主义者同盟成立后，在协会中起领导作用的是同盟的地方组织。1847年和1849—1850年，马克思和恩格斯积极参加了该协会的活动。马克思和恩格斯领导下的共产主义者同盟中央委员会中的多数派同宗派主义冒险主义少数派（维利希—沙佩尔集团）进行了斗争，但由于协会中大部分会员站在少数派一边，因此马克思、恩格斯和他们的许多拥护者在1850年9月17日退出了协会。而从50年代末起，马克思和恩格斯又重新参加了该协会的活动。国际工人协会成立之后，该协会就加入了国际工人协会，成为国际协会在伦敦的德国人支部。这个协会一直存在到1918年为英国政府所查封。

伦敦民主联合会大约是在1849年11月初由德国小资产阶级民主派在伦敦成立的，马克思和恩格斯曾称它为希腊街的协会。参加这个联合会的还有一些被工人教育协会开除出去的成员，其中有路·鲍威尔。他和弗·博布钦以及古·司徒卢威一起领导着该联合会的救济委员会。他们极力阻挠无产阶级的独立组织，阴谋反对伦敦德意志工人教育协会。——原卷末注

① 1850年5月1日。——编者注

手稿
阿姆斯特丹国际社会史研究所马克思恩格斯遗著 K 527/K1359（《马克思恩格斯全集》历史考证版第 3 部分第 3 卷第 79 页，参看《马克思恩格斯全集》中文第 2 版第 48 卷第 124—125 页）

468
恩斯特·德朗克[312]（美因河畔法兰克福）给弗里德里希·恩格斯（伦敦）的信

1850 年 5 月 7 日前后[313]

亲爱的恩格斯：

您的来信，我晚了几天才收到，因为我悄悄到富尔达去了 6 天，办理家庭的事情。我现在在最短的时间内——至多 8 天——就要到瑞士去，不久我将从那里给你们寄去详细的报告。至于说都灵，根据我在巴黎得到的完全可靠的报告，我认为您对警探之类的东西的担心是太过分了，相反，**我知道**，人还在那里，奥地利人和法国人专门在设法寻找他们。带着假护照也许还可以通过法国逃脱；但是，由于法国的革命，我到那里的去路可能被切断了。不过，当我差不多发现革命的苗头时，我就直接从瑞士去巴黎，人们可以在那里很安全地隐藏几天。不过，不论如何，考虑到意外的警察的旅行团，我将不会走海路从热那亚到伦敦。

在瑞士，我将首先向鲁普斯①打听德斯特尔勾当②的细节，因为在这里没有人关心此事，虽然他们在这里也有一个协会（正好是由非常有用的人组成）。一部分人说，鲁普斯和德斯特尔担任领导，另一部分人说，德斯特尔一个人担任领导，还有一部分人（在奥芬巴赫）收到**赖纳赫**的信，他以他自己和**德斯特尔**的名义（！！）要求"为革命的目的"捐款。我要设法弄到赖纳赫的这样一封信并在瑞士看一看，这个犹太人是否盗用德斯特尔的名义骗了钱，我对他是很怀疑的。我还知道，关于我同你们有联系的说法是**他本人**传出去的，很可能也是为了以此来骗钱。另外，我还有巴黎方面开具的关于他的书面证明，在我到达时，带有这份证明将使他不会立刻有危险；如果有可能，就让他溜掉。至于德斯特尔，我完全不会像您当初想的那样威胁他；我认为，不久就要整治他一下，我设法用他自己的武器砍掉他的社会民主主义尾巴。另外，在这里的人们还根本不了解他们的全部事情。魏德迈不关心这件事，而是继续领导他的小支部；只有在此地的瑞士人集团里才有一些真正能干的老同盟盟员、优秀的工人，通过瑞士方面对各个守备部队和要塞的实力的秘密询问，他们相信了一个"从来不曾存在过的组织"。在最近3天内，我**在这里**无论如何要设法进行合并。——其次，雅克佬③最好不久从伦敦来一趟，因为同盟的事情弄得死气沉沉、无精打采，很糟糕。

您关于"公开散布"对你们的救济委员会的攻击一事向魏德迈提出的问题，他同我一样都无法作另外的回答，只能说在寄到这里的报纸

---

① 威廉·沃尔弗。
② 指"革命集中"，见注释315。
③ 亨利希·鲍威尔，雅克佬是法国人对农民的称呼。

上关于这件事没有披露任何东西。我通过你们的答复（啤酒庸人吕宁对这个答复作了断章取义的转载）才知道孚赫的蹩脚小报①的磨房主梅因声明。与此相反，我现在得知，**巴黎**方面（至于是谁，我不必对您说明）给柏林来信说："马克思把大部分钱分给了私人朋友，即拥护者（这是确切的字眼），还用这笔钱供养红色沃尔弗②（他根本不是流亡者，而是回德国去了），而没有救济需要帮助的流亡者。"在柏林，《晚邮报》集团公开报道并散布这一点。——根据这一消息，我认为您关于你们不打算同游手好闲者**腊施**打交道及不理睬他的声明是恰当的。我已直接写信给他，让他为伦敦方面筹款，特别是要要点计谋不让把钱交到鲍威尔集团③手里。同时，我自然不以你们的委托人的身份给他写信，而是简单向他描述了一下迄今为止受到你们救济的流亡者的状况。腊施是吹牛大王和游手好闲者，这是实情，我在我的第一封信中已经告诉了您这些情况；但正因为使他感到光荣的是被视为"革命的"，所以他必定被利用来反对司徒卢威—鲍威尔集团，而我看不出，人们为什么不该为此利用他。再者，事情紧急，因为柏林正是在这个时候在为伦敦进行筹款。——你们将随信收到从这里寄出的一张10英镑的期票；**收到后必须及时通知托·舒斯特**。——我去往富尔达的途中在哈瑙停留了一天半，也是为了筹款；你们这几天将从那里收到200古尔登，或许你们已经收到了这笔钱。[314]

我在巴黎根本没有会见到德国人，在法国人当中，主要只会见了秘密团体的两个成员（目前在都灵的一个被大赦的六月革命运输工埃斯皮

---

① 《晚邮报》（柏林）。
② 斐迪南·沃尔弗。
③ 指小资产阶级流亡者委员会（见注释299），路易·鲍威尔博士在流亡者委员会里担任领导职务。

纳斯和因六月起义在德国住了两个月的勒孔特）和前上尉、《人民呼声报》编辑勒伯夫。勒伯夫在我离开前一天还协助我反对可耻的西蒙（德国人）。巴黎的情况表明，我似乎无论如何没有必要向您具体描述。人们运用一切力量来阻止一场暴乱，因为人们知道蠢人路易-拿破仑**不得不**最后动用普选权，然后国民自卫军像在二月里一样，直接掌握一支经过改编的精良军队——这是人所共知的事实。在对新选举法进行表决之后，在巴黎和外省将会出现这种局面。秘密团体的先锋派打算在革命中立即篡夺革命委员会的领导地位，宣布取消议会"代表资格"10年并在所有的省里指定其他的委员会。谁在这里当了领导，不是阿尔伯、路易·勃朗或"贝亚尔·巴尔贝斯"等临时受崇拜的人物中的任何一个，而是**布朗基**。在巴黎的领导人当中确实还有许多人不打算冒"一次斗争的风险"，而是打算组织抗税，但是您能数出这个集团的人数。这些人在选举社会主义候选人时最后一次投了日拉丹的票。

最后还谈一点私事。这里根本没有《新莱茵报。政治经济评论》销售，这是汉堡和科隆的发行部门不负责任造成的。当我10天前从这里前往富尔达时，这里既没有第2期，也没有第3期。我随身带了一捆第1期，但丝毫也不起不了什么作用，因为5月初实际上再也没有人买"第1期"了。

不久再从瑞士写信。再见

您的　恩·德朗·

保·施土姆普弗住在巴黎沙尔德那里，现在还可能住在那里，因为他想轻率地到美因茨自首，下周在美因茨开始审判。如果反革命向法国进军，反革命将可能要首先干掉它的俘虏。①

---

① 原稿此处有墨渍，看不清楚。

关于艾韦贝克，我毫无所知，因为我自然不能像红色沃尔弗①那样在通信中同他联系。——另外，魏德迈没有再委托别人拆开给我的信。这个原因，我想下次再告诉您。

手稿
阿姆斯特丹国际社会史研究所马克思恩格斯遗著 LⅢ 75/L 1171（《马克思恩格斯全集》历史考证版第 3 部分第 3 卷第 540—542 页）

469
威廉·沃尔弗（苏黎世）给弗里德里希·恩格斯（伦敦）的信[315]

1850 年 5 月 9 日②

5 月 9 日于苏黎世

致恩格斯

您的来信让我等了好久。本月 3 日收到您的来信，我随即把它寄给

---

① 斐迪南·沃尔弗。
② 这个报告于 5 月 14 日才同文件 471 一起寄出。

德斯特尔并请他立刻把此信连同答复一起寄回。直到现在还没有寄回。因此，我想不再拖延回信。

　　至于伦敦协会，它是否存在和以什么形式存在，我在得到您的最新消息之前一无所知。大约在2月初，我发现这里已经发生了什么事情或者正在酝酿什么事情。有人间接向我询问，我不可能理解这些询问。这样，人们越来越清楚，但又被迫吞吞吐吐。这件事只处于筹划状态。但是我发现，人们研究和处置这件事已经有相当长的时间了。我想，如果是伦敦人当中的渣滓，那时更好办；如果不是，那么我偷偷地以伦敦的股东身份出现，这也许会利多弊少。我从带来的章程看到，除了一些不重要的条款之外，它与伦敦的恰恰毫无共同之处。这个章程在某些程度上是由波兰集中[316]的一名成员贝格起草的，后来一些地方还作了修改。当时在此地的布伦也参加了。顺便说一下，他开始强调马克思的统治欲，这迫使我不得不堵住他的臭嘴。这个布伦作为第一代理人这样身居高职的人返回德国，他迄今为止的报告非常贫乏，现已中断。只要一动手干点什么，那么我的角色依然是被动的并起监督作用。当问题涉及到致您的"公开"信的时候，我必须是主动的。对我来说，在这里的作用确实是滑稽的。关于参加伦敦协会一事，我只字不提。第一批方案中的一个是：派两名特使到美国去筹款。委任书已经拟好，我必须签名。我一开始就清楚，这些方案即使能够搞出什么名堂，也不可能马上办得到，因为缺少最必需的东西——钱——来继续派遣特使。因此，他们的伦敦之行（我当时曾必须在此之后14天内通知您）不得不（非正式地）无限期地推迟下去。新的协会是由哪些力量组成的？这个答复对你们近期的代表大会是有用的。他们是：奇尔讷，迪策尔（从前是纽伦堡一家民主派报纸①的编辑），博伊斯特（知名人士！），埃默曼，霍夫施

---

　　① 《自由公民》。

泰特尔（从前在锡格马林根当过军官；去年在加里波第领导下参加罗马保卫战；我无法评价他的军事才能；他不是共产主义者），希尔盖特纳。前面提到的人——包括我在内——成立了工作机构。在这种情况下，出现了此地由8名流亡者组成的支部。在此地的所有人当中，共产主义者同盟可以使用的大概是耶克尔[317]和普福（《厄伦明镜报》的人）；他们两人都在支部里。

第二，伯尔尼支部：由8人组成：其中有赖纳赫（!!）、弗里斯、格赖纳、克尔纳（埃尔伯费尔德的"好人"）、布赫海斯特；其余人的名字我忘了。这是**过去的**支部；它**现在**还是由布赫海斯特组成；赖纳赫、弗里斯和格赖纳，我听说已经去了巴黎；克尔纳要到美国去（德斯特尔在沙泰勒圣但尼，泰霍夫在沃韦，他们经常互访）。

第三支部在日内瓦：济格尔（!）、席利、康姆、加莱尔，我认为还有两个人。菲·贝克尔也参加了。贝克尔和加莱尔自然同时代表海因岑和司徒卢威，虽然重复此地人的话，但明确声称，他们不打算同后面两个人发生任何关系。

这大体上就是在瑞士的力量。在德国，我看能逃脱的人更少。因为根据布伦自己在阿尔托纳等地的报告，他还使许多死者复活。后来，第二位特使的确也离去了——他是叔尔茨，波恩大学学生，曾于科隆民主派代表大会①上在金克尔的领导下充当反对派。我把这个人介绍给沙佩尔——因为我无法阻止这一点。他在其第一个报告中通知这里人说，他当时在莱茵所到过的地方发现了伦敦共产主义者手中几乎一切可用的力量。我本来应当像沙佩尔对他所说的那样，最好能够作出回答。这样，我在伦敦参加活动一事——已告一段落。我不再否认这一点，但拒绝作出任何详细的回答，因为我没有权利这样做。叔尔茨后来继续顺着莱茵

---

① 见文件285。

河走下去，打算发现、物色一些合适的代理人并收集了许多材料，但这些材料看不出任何问题。相反，大约12天前，叔尔茨突然从布鲁塞尔寄来一封信，通知说他由于危险临头必须离开德国到巴黎去。这使此地人大为恼火。叔尔茨虽然是一个积极努力而又机灵的人，但同时又过于爱虚荣。他现在已经被确定为伦敦共产主义者代表大会①的代表。无论他试图表现得多么了不起，你们现在可以了解到实际情况，因此你们可能将不会同意与这个协会搞同盟。这个协会内部成分复杂，而且经费极少。奇尔讷很有革命热情，但同时很希望别人把他看作是最高领导者和中心并保持这种地位。他认为伦敦人不可能同此地人为伍！！人们对这种幻想当然只会加以嘲笑！

德朗克始终在美因河畔法兰克福，而且看来近期不打算过来。因此，我期待着直接从你们那里得到关于实际情况的指示和通报。同时你们不要忽略，我需要有关共产主义者同盟现状的详细说明。

祝好！

您的　异教徒

手稿
莫斯科苏共中央马列主义研究院
中央党务档案馆，f. 20, op. 1, d. 26
(《马克思恩格斯全集》历史考证版
第3部分第3卷第543—545页)

---

① 即共产主义者同盟第三次代表大会。这次代表大会多次计划召开，但最终没有开成。沃尔弗在这封信中怎么会谈到即将召开代表大会，瑞士的"革命集中"这时怎么会公开指定叔尔茨作为它的出席代表大会的代表，是一个尚待弄清楚的问题。——译者注

470

亨利希·毕尔格尔斯①关于镇压科隆工人教育协会的措施的文章

1850年5月10日

科隆，5月10日。[……]显然，这里的工人教育协会引起盖格尔先生②的极大不安。他在那里总是看到伪装的1848年工人协会。监视这个危险的机关便自然而然地成为他活动中的重要任务之一。协会倾向本身就显得极为可疑！工人教育！好像官方国家设施对国民教育就毫不关心！我们除了"模范的"基础教育机构之外，不是还有星期日学校和教堂吗?！工人们居然还想另外接受教育，实在令人气愤，这只能是企图危害现存秩序。

按照这种方式进行思考，盖格尔先生便不能不认定工人教育协会是"政治协会"，根据众所周知的3月11日法律③必须予以取缔。因此，他出于工人教育协会致力于**研究政治问题**的考虑，在今年4月15日要求递交会员名单。协会理事会据理反驳说，讨论政治问题并不足以构成盖格尔先生提出这种要求的理由。它声称，讨论政治问题不是协会**的目**

---

① 根据通讯的标记判断，作者是毕尔格尔斯；见文件466。
② 科隆警察局长。
③ 1850年8月11日普鲁士颁布一项结社法。根据这项法律，可以镇压政治协会。

的，这不违背法律的要求，同样也不违反法律第 2 款的规定，并不抱有影响公共事务的目的。理事会认为，如果一个协会讨论时事政治并作出有关决定，从而试图直接插手公共事务，在法律上被看作是"政治协会"，是不必要的，那么所有有关古代学科的协会——它们研究的领域是印度和中国——也要被当作政治协会。这样的结论即使是按照普鲁士警察的逻辑也未免太过分了吧。此外，理事会声称：它正在受到暴力的胁迫，为了避免一种哪怕是暂时被取缔的危险，它正屈服于暴力。[318]

这些说明对于盖格尔先生来说自然不会有什么意义，他只是写下记录，代表协会利益的理事会已屈从于他的意志。因此，他无需加以反驳，而是满足于对到手的会员名单进行细致的审查，以便进一步采取措施，维持秩序。显然，这个只有人名的名单距离普鲁士的履历表还相差甚远；盖格尔先生的下一步努力就是要求提供此类的履历表，他因此无比天真地要求**理事会自己**来写这个履历表。

随后，他在本月 4 日让工人教育协会理事会向地区警察局提供书面材料说明：

"（1）必须提供名单中列出的协会会员的职业和居住情况；

（2）如您向我口头报告的那样，还必须写出新会员的姓名、职业和住址。

否则，到本月 6 号星期一，就要将这两项向王国最高检察长报告，以便进行法庭调查。"

从工人教育协会理事会方面来说，最紧迫的事情莫过于马上向盖格尔先生报告。

"王国地方警察局对工人教育协会理事会发出的要求：

（1）提供它已报告的会员的职业和居住情况；

（2）还要写出所谓新会员的姓名、职业和住址。

工人教育协会理事会说明:

(1) 不能把工人教育协会看作是以影响公共事务为目的的协会,因此,它认为把今年3月11日结社法施用于工人教育协会是没有法律效力的;

(2) 协会理事会一再对每个非法的无理要求提出抗议之后,表示它虽然准备屈服于压力,仍然认为自己实际上无法满足第1项关于提供协会会员的职业和居住情况的要求。如果地方警察局要引用法律的第2款作为其要求的根据的话,那么工人教育协会理事会就要指出,了解会员的职业和住址并不是协会的任务,章程上也没有规定要递交有关这些内容的名单。因此,要求协会理事会调查这些情况是毫无道理的。了解这些情况既不是协会的目的,也不属于理事会的职权范围,而它**仅仅与地方警察局的利益密切相关**,理事会**抗议**让其**作为警察机构**出现在协会会员面前的无理要求。因此,理事会只能把这个任务托付于地方警察局——它拥有众多警察,因此可以随意采取某种方式和手段得到要求从理事会这里得到的情况。

至于要求的第2项,根据前面所谈的,只要属于协会理事会职权范围,就可以以递交附加名单的形式予以满足。"

不久,法庭将审理这个案件,因为没有人会怀疑约翰先生①将十分乐意满足他那值得尊敬的同事的愿望。³¹⁹

1850年5月12日《西德意志报》（科隆）第113号　　　　　　　　　　　　　　　　节录

---

① 科隆检察官。

471
威廉·沃尔弗（苏黎世）给弗里德里希·恩格斯（伦敦）的信

1850年5月14日

5月14日于苏黎世

亲爱的恩格斯：

　　附上我作为一个合伙者的报告。① 这里再以私人关系写几句。我尚未得到德斯特尔的回音，因而也没有把信退回。[……]

　　几天前，我收到了《新莱茵报。政治经济评论》第3期。第二季度第1期就要出版了吧？我现在订一份就够了。本来有6个订户，其中一人走了，不知去向；第二个订户是勒文贝格的施米特先生，他明天就要经斯特拉斯堡、巴黎和利物浦去美洲了；第三个订户是梯图斯，他要到巴伐利亚去向预审法官自首；其余的人也都因故不订了。[……]直接或间接听到的对这份杂志的评价使我感到很有趣。尽管有些人——如柏林的书记员施泰因、布拉斯等——处处指责，但是人们仍自愿或被迫地承认马克思的文章是十分出色的。上帝似乎是在盛怒之下或者为了使人类欢娱而造就了这些批评家。然而，现在的维护帝国宪法运动！哼！何等的愤怒，多少发泄出来的仇恨，多少强忍下的仇恨！"科苏特一类"的主谋当中的一个人认为文章写得很糟糕，本来期望恩格斯写得更

---

① 文件469。

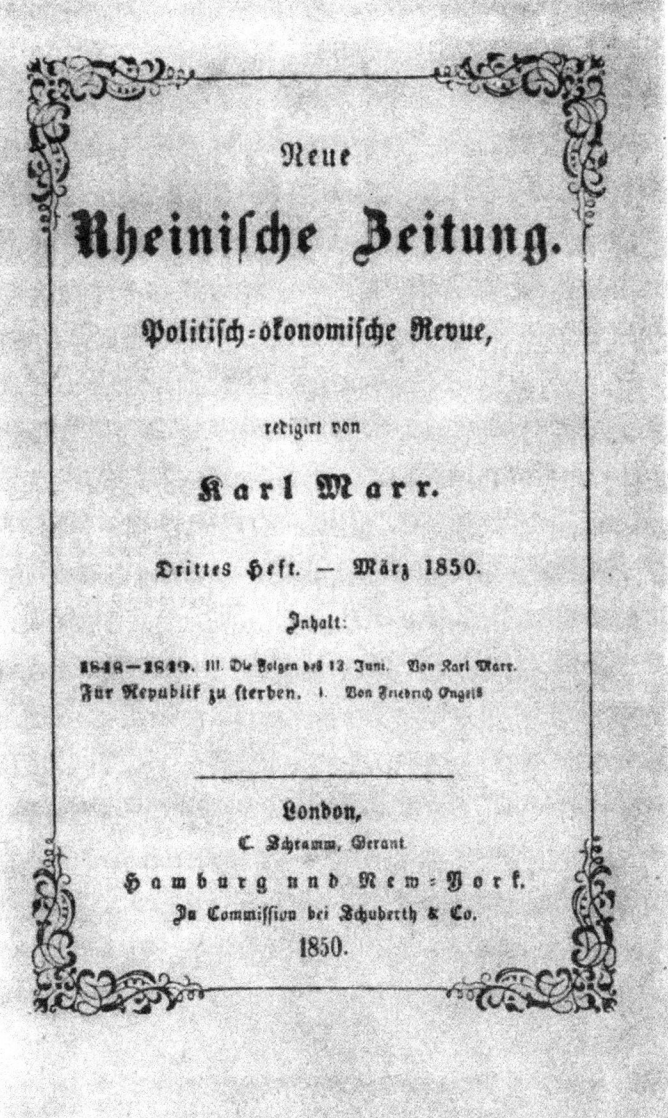

《新莱茵报。政治经济评论》第三期封面

好一些；另一个人据说对"可怕的轻佻"感到愤怒；第三个人认为整个文章都写得不恰当等等。[……]

您能否直接地——也许用十字信封——或者间接地通过在德国的什么人给我搞到三四本《共产党宣言》①？注明价钱，我将偿付。为了此事，我早就给魏德迈写过信，然而，我既未得到他的答复，也没有收到宣言。

您还记得那个年轻人吗？1846年，他比我晚一天到达布鲁塞尔，他到办事处来，想让马克思介绍他去巴黎。我们马上看出他是密探，我们没有弄错。这个家伙几个星期前又在这里露面了，他曾在伯尔尼呆了一段时间，在此之前，特别是1849年8月至12月他还在巴黎逗留过，在那里，他到各个使馆搬弄是非。我在这里的一家烟草店里偶然碰到了这个家伙，我觉得很面熟，但一时想不起来在哪里见过。他在瑞士旅行时考察了监狱状况。过了几个星期，伯尔尼方面让人们注意此人，并通报了他的相貌特征后，我才立即想起来了。我们于是跟踪了他，在一个公共旅店里，当着瑞士人和德国人的面揭露了他。起初，他否认到过布鲁塞尔，后来，这个可怜虫终于承认了一切，只是认为人们不应把他年轻时的幼稚看得这么严重。够了，这个家伙得到了这里的州警察局让他立即离开瑞士的命令。他护照上的名字是载勒尔，而他在这里一会儿叫这个名字，一会儿又叫施泰尼什。

你们从布雷斯劳流亡者委员会那里得到什么消息？我给它的一个成员，商人黑尔德写过两封信，建议他不要把所有人都送到伯尔尼去，至少要把一半的人送往伦敦。我在这里终于得到了一种担保，虽然它在"法律"上是无效的，但仍然得到了认可。这样，我现在便可以一直逗留到7月1日（!!）。我们从前的弗兰肯施泰因的合伙人沃伊德肖夫斯

---

① 文件202。

基现正在密尔窝基附近的威斯康星州。

我从西里西亚听说,赖辛巴赫打算今冬去美国。致以衷心的问候。

您的 鲁普斯

手稿 节录
莫斯科苏共中央马列主义研究院
中央党务档案馆,f.20,op.1,d.26
(《马克思恩格斯全集》历史考证版
第3部分第3卷第545—546页)

472
威廉·沃尔弗(苏黎世)给弗里德里希·恩格斯(伦敦)的信

1850年5月28日

5月28日

亲爱的朋友:

本月25日,我收到您的两封信。您经常提起德朗克要来,并说这是最近的事,我本想等他到达之后再回信,因他尚未到达①,我就不拖

---

① 德朗克6月底才到瑞士,见文件490和491。

延了。

给德的信尚未寄出,我不想将此信发出,因为随时可能亲自见到收信人。如果他本星期到不了,我就把信寄往法兰克福。德斯特尔来信了,他说,没有想过要同过去的事业①分手,他始终认为自己是这一事业的参与者。前不久,他跌了一跤,至今仍被困在屋里。一旦身体康复了,他就和泰霍夫谈一谈。尽管德从州当局那里获准逗留两年,但仍被命令离开瑞士,这样［……］② 他不能继续违背联邦委员会的决定。他大概数星期之后就得离开瑞士。

对奇尔讷毫无办法,我甚至不愿和他谈话,那是徒劳的。他总想指挥、领导和统治一切,这种欲望太强了。障碍并不在于见解上的大相径庭,而主要在于所谓的个性。

至于迪策尔,他的报纸受了《新莱茵报》很大的鼓舞;他也为《新莱茵报》月刊上的文章进行辩护,这是千真万确的。然而,另一方面,他又声称,共产主义在德国应服从于下一次革命,人们必须首先考虑到小资产阶级:共产主义适合于法国和英国情况,而不适合于德国情况;在德国,民族问题是首要问题,如此等等。

据我看来,他不接受共产主义还有一个主要原因,就是担心以后不得不服从伦敦的领导。而他感到最惬意的,就是能够独树一帜,自视为十分重要的人物。

最近,当法兰克福的一位代理人(克伦特勒——您是否认识他)的信引起了第一次带有一定原则性的讨论时,我了解了迪策尔和其他人的观点。信中询问:(1)是否不存在一份纲领还是最近将要公布?因为"社会民主主义"这个术语很不明确,含义太广或空洞无物,因此

---

① 指共产主义者同盟。
② 字迹辨认不清。

工人们会对此不满。（2）是否要与伦敦联合？是否要接受《宣言》①？"联合一切革命力量"这一备受喜爱的公理占了优势并支配了对问题的回答。通过奇尔讷的建议，这个回答至少要说明：虽然没有制定特殊纲领，但要赞成下次革命必须使无产阶级掌握政治统治权！别无选择，等等。小博伊斯特接受了伦敦的《宣言》，因此，此人一般来说是坚定不移的。

自从联邦委员会决定驱逐工人以来——这里约有50多人被驱逐，我几乎无所事事。虽然又成立了一个大约由30人组成的主要从事歌咏的新的工人协会，但我只与少数几个熟人有联系，尚不知能否在那里发现些可取的东西。种种情况——特别是警察对流亡者和德国工人的一举一动的刺探——都给联系造成困难。在契看来，耶克尔相当难以捉摸，普福满脑子普鲁东式的幻想，我与这两个人联系不多，但不久就会密切起来。然而，这不能很快实现，因为单独见面的机会很少——由于过着孤陋寡闻的生活，流亡者的情况更甚。

伯尔尼方面来信说，厄博姆已搬到伯尔尼。在那里参加的伊曼特帮已到日内瓦去了。格赖纳在巴黎，与萨瓦有来往，萨瓦和福格特一伙有联系，并为议会月刊②（第5期已经出版，因而继续现丑）撰稿。格赖纳经常写报道。这样的报道，人们利用这里的报刊都可以毫不逊色地搞出来。弗里斯可能去美国了，他在巴黎时没有拜访格赖纳，这个老实人似乎感到很吃惊。

关于叔尔茨：他从科隆来信了，咄咄怪事！莱茵省的气氛极好，而在科隆却无事可干；民主派的头头们什么都不干，却希望那里和科布伦茨一样在军事上打开局面，如此等等。他现在正沿下莱茵河去韦瑟尔，

---

① 文件202。
② 《德国政治、科学、艺术和生活月刊》1850年第1年卷斯图加特版，1861年第2年卷不来梅版。

准备从那里去威斯特伐利亚和拿骚，然后再返回科隆。从信中看出，他自视为下次运动的主要核心，正如他现在在德国是主要的或实际上唯一的代理人一样。

德也来信问能否通过我和您弄到几本《宣言》，我自己也需要几本。

弗兰茨·施米特25日由这里经斯特拉斯堡去英国了，我把您和马克思的地址给了他；如果你们愿意，可以把他当作自己人。他只需要更详细的情况介绍。如果你们在美国有什么事，我认为可以委托他办理，他肯定会尽力而为。他到那里和我们的一个人——沃伊德肖夫斯基（早先在弗兰肯施泰因）① 会面，对增加月刊②的订户，他也许还能帮上忙。如果他去拜访你们，请代我向他及其夫人致以衷心的问候。

为救济金的事，我已经至少向布雷斯劳写过3次信了。

这里的《新莱茵报。政治经济评论》只来了3期，出版和寄送的时间拖得这么久，真成问题。

我感到斗争在法国暂时推迟了，我不相信在辩论结束并通过选举法之后，人们还会拿起武器；也许我的看法不对。同时我想，戏无论如何不会长久地拖延下去。

上面我还忘了告诉您，我仍暂时和那些人③在一起；但我认为，不会长久如此。泰霍夫近日来信说，伦敦存在一个欧洲革命委员会，德国方面的代表竟是维利希！这个消息，我是跟其他消息一起听说的，并没有说，自从我第一次"正式"询问以来，尚未得到任何回答或给伦敦写过信。也许，我没有权利得到这样的报告。如果有人询问，我总是为

---

① 见文件113。
② 《新莱茵报。政治经济评论》。
③ 指"革命集中"。

没有收到信而感到奇怪。此事也许很快会全部被撇在一边。祝好！

您的 异教徒

手稿
阿姆斯特丹国际社会史研究所马克
思恩格斯遗著 L1X 378－1/L 6419
(《马克思恩格斯全集》历史考证版
第 3 部分第 3 卷第 551—553 页)

473
共产主义者同盟中央委员会 1850 年《六月告同盟书》

1850 年 6 月初

中央委员会告同盟书

兄弟们！

我们在经同盟特使①转发给你们的上一个通告②中，阐明了工人政

---

① 亨·鲍威尔。——编者注
② 见《马克思恩格斯全集》中文第 2 版第 10 卷第 385—396 页。——编者注

党,特别是同盟,无论在目前或者在革命时期所持的立场。

本通告的主要目的是报告一下同盟的情况。去年夏天革命政党遭到了失败,一时间同盟的组织几乎完全濒于瓦解。参加过各种运动的非常积极的同盟盟员都被迫各奔东西,联系中断了,通信地址已经不能再用,加上信件有被人偷拆的危险,曾经一度无法通信。因此,中央委员会的工作一直到将近去年年底时还完全陷于停顿。

随着遭受失败造成的最初影响逐渐消失,德国全国各地都需要建立强大的秘密的革命政党的组织。这种需要一方面促使中央委员会决定派遣一名特使到德国和瑞士去,另一方面促使在瑞士试图建立一个新的秘密联合会,并促使科隆支部试图用自己的力量在德国改组同盟。

今年年初,在瑞士,一些因为参加过各种运动而多少有点名气的流亡者组成了一个联合会①,其宗旨是在适当时机参与推翻各邦现政府,并且准备好能担负领导运动甚至接管政府的各种人员。联合会并不具有明确的政党性质,因为它的成员形形色色,不允许具有这种性质。他们来自参加过各种运动的各个派别,从坚定的共产主义者,甚至从以前的同盟盟员起,直到胆怯的小资产阶级民主派和前普法尔茨政府成员。对

---

① 指在瑞士的德国流亡者所组织的命名为"革命集中"的秘密组织。它的中央委员会设在苏黎世,其领导人是1849年5月德累斯顿起义的领导人之一赛·奇尔讷;在这个组织里起主要作用的是彼·弗里斯、泰·格赖纳、弗·济格尔、古·泰霍夫、卡·叔尔茨、约·菲·贝克尔,1849年巴登——普法尔茨起义的积极参加者。共产主义者同盟盟员中参加该组织的有卡·德斯特尔、卡·布伦等人,另外还有受共产主义者同盟委派进行活动的威·沃尔弗。1850年7、8月间,"革命集中"组织的领导人和共产主义者同盟中央委员会的代表就两个组织合并问题进行了谈判。马克思和恩格斯代表中央委员会拒绝了合并的建议,因为它违背了共产主义者同盟坚持成立无产阶级政党独立组织的原则。1850年年底,由于德国政治流亡者被大批驱逐出瑞士,"革命集中"组织便解散了。——原卷末注

于当时留居瑞士的那么多巴登-普法尔茨的谋求一官半职的人和其他次一等的不甘寂寞的人来说，联合会可以向他们提供所希望的升官的机会。

中央委员会所掌握的该联合会发给它的代表们的指示，很难令人信任。缺乏明确的政见，企图把现有一切反对派分子都弄到一个挂名的联合会中，这一切只不过是拙劣地用所提出的关于各地区的工业、农业、政治和军事情况的一大堆细节问题加以掩盖而已。这个联合会的力量也微不足道。根据我们所掌握的完整的会员名册，瑞士的整个联合会在其全盛时期，会员也不过30名。在他们当中几乎没有一个工人，这是很特殊的。它一直就是一支没有士兵、完全由军士和军官组成的队伍。他们中间有普法尔茨的彼·弗里斯和格赖纳、埃尔伯费尔德的克尔纳以及济格尔、约·菲·贝克尔等人。

他们派了两名代表到德国。第一个是同盟盟员荷尔斯泰因的布伦。他用欺骗手段使一些同盟盟员一度加入了新的联合会，使他们把联合会看作是重建的同盟。同时，他还把有关同盟的情况报告给设在苏黎世的瑞士中央委员会，而把有关瑞士联合会的情况报告给我们。他不仅玩弄这种两面手法，当他还同我们保持通信联系的时候，写信给在法兰克福的上面提到的那些被拉入瑞士联合会的人，直接诽谤同盟，并指令他们不要同伦敦建立任何联系。因此，他立即被开除出同盟。法兰克福的事情由同盟特使作了处理。在其他方面，布伦为瑞士中央委员会进行的活动也毫无成效。

第二个代表是波恩的大学生叔尔茨，他并没有取得任何成果，因为，正如他本人在给苏黎世的信中所写的，他发现所有可利用的力量已经掌握在同盟的手里。后来，他突然离开德国，现在他正在布鲁塞尔和巴黎游荡，在那里，他受到同盟的监视。中央委员会并不认为这个新的联合会对同盟有什么危险，特别是因为在该联合会中央委员会里有一位十分可靠的盟员①，他受托监视并报告这些人反对同盟的措施和计划。此外，中央委员会还派了一名特使到瑞士②，与上述那位同盟盟员一起把可利用的力量都吸收到同盟里来，并在瑞士改组同盟。此处提供的消息均根据十分可靠的文件。

司徒卢威、济格尔以及其他一些当时在日内瓦串通在一起的人，早就有过类似的企图。这帮人竟肆无忌惮地把他们企图组织的联合会冒充为同盟，并且为此目的滥用同盟盟员的名义。当然，他们的这种谎言是蒙骗不了任何人的。他们的企图到处都未能得逞，就连这个从未建立起来的联合会的几个留在瑞士的成员最后也不得不加入了上述的组织。但是，这个派别越是软弱无力，它就越是用像"欧洲民主派中央委员会"③之类的响亮称号来炫耀自己。在伦敦这里，司徒卢威还同其他一些失意的大人物一起继续贯彻这种企图。他们往德国各地寄发宣言以及

---

① 威·沃尔弗。——编者注
② 马克思和恩格斯从1850年5月9日威·沃尔弗的长信中获悉"革命集中"组织的活动情况和这个组织的代表卡·布伦在德国的阴谋以后，便委派恩·德朗克作为共产主义者同盟的特使前往瑞士。德朗克在1850年7月3日写给中央委员会的信中和1850年7月3日和18日写给恩格斯的两封信中，详尽地报告了他在德国和瑞士的活动。——原卷末注
③ 欧洲民主派中央委员会是根据朱·马志尼的倡议于1850年6月在伦敦成立的、欧洲各国资产阶级和小资产阶级的流亡者的国际性组织。马志尼的倡议曾得到古·司徒卢威和阿·卢格的全力支持。卢格经司徒卢威的推荐，作为德国民主派的代表加入了委员会。加入委员会的还有赖德律-洛兰、阿·达拉什和拉·科苏特。这个无论成分和思想都极其复杂的组织存在的时间不长。由于意大利和法国民主流亡者之间的关系恶化，欧洲民主派中央委员会于1852年3月实际上已经瓦解。马克思在《时评。1850年5—10月》（见《马克思恩格斯全集》中文第2版第10卷第575—621页）中批判了该委员会1850年7月3日的成立宣言。——原卷末注

敦促参加"全德流亡者中央局"① 和"欧洲民主派中央委员会"的通知,但是,这一次也毫无效果。这个派别同法国的革命者和其他非德国的革命者的所谓联系根本就不存在。它的全部活动不外是在本地的德国流亡者中间搞一些小动作,而这些人与同盟并没有直接的接触,不构成什么危险,又容易监视。

所有这类企图追求的目的要么与同盟追求的目的相同,即建立工人政党组织,在这种情况下,由于分散力量,使党失去了集中性,从而失去了力量,因此这种企图无疑是有害的分裂主义;要么就只能是为了再次利用工人政党以实现同该党不相干的或直接敌对的目的。工人政党在一定的条件下完全可以利用其他政党和派别来达到自己的目的,但是它不应当隶属于其他任何政党。而那些在上次运动②中参加了政府的人,利用自己的地位出卖运动并且压制想独立活动的工人政党,对这样一些人无论如何应当保持远距离。

关于同盟的情况报告如下:

---

① 全德流亡者事务中央局,又称德国流亡者中央局,它是古·司徒卢威1849年10月迁居英国后与卡·海因岑、鲁·施拉姆、阿·卢格、路·鲍威尔(来自施托尔佩)和一些其他的小资产阶级民主主义者一起成立的,其目的是竭力阻挠成立无产阶级独立组织的工作,与马克思和恩格斯所领导的社会民主主义流亡者委员会相抗衡。他们在1850年1—4月间,多次在伦敦召开德国流亡者会议,建立了单独的民主主义同盟。4月,他们在伦敦的德国流亡者中间散发《告全体德国流亡者兄弟书》,其中宣布了在全德流亡者中央局领导下的德国民主主义流亡者的统一组织的成立。从1850年夏起提出和欧洲民主派中央委员会联合。——原卷末注
② 维护帝国宪法的运动。——原卷末注

一、比利时

在比利时工人当中，像1846年和1847年存在过的那种同盟组织，自从1848年一些主要同盟盟员被捕，被判处死刑，后来又减判为无期徒刑以来，当然已经不复存在了。① 整个说来，从二月革命和大部分德意志工人协会②会员被驱逐出布鲁塞尔的时候起，比利时的同盟已经大大削弱。目前的警察制度不准许它重整旗鼓。虽然如此，在布鲁塞尔一

---

① 马克思和恩格斯在1846年初侨居布鲁塞尔的时候，在这里建立了共产主义通讯委员会。这个委员会团结了进步的德国和比利时的社会主义者。正义者同盟在马克思和恩格斯领导下改组为共产主义者同盟之后，1847年8月在共产主义通讯委员会的基础上建立了共产主义者同盟的布鲁塞尔支部。比利时社会主义者当中的最革命的分子、如像菲·日果和维·特德斯科，都积极参加了该支部的活动。1848年法国二月革命以后，比利时政府对革命的德国流亡者马克思、威·沃尔弗和其他共产主义者同盟盟员大肆进行迫害，并把他们驱逐出比利时。

　　1848年8月，比利时国王莱奥波特的政府为了迫害民主主义者制造了所谓里斯康土的诉讼案，借口是由法国返回的比利时共和军团在1848年3月29日同里斯康土村庄附近的比利时部队发生冲突。特德斯科和支部的其他比利时成员遭到法庭的审判。包括特德斯科在内的17名被告被判处死刑，1848年11月改判为30年徒刑。——原卷末注

② 德意志工人协会是马克思和恩格斯于1847年8月底在布鲁塞尔建立的德国工人团体，全称是布鲁塞尔德意志工人教育协会，目的是对侨居比利时的德国工人进行政治教育，向他们宣传科学共产主义思想。在马克思和恩格斯及其战友的领导下，协会成了侨居比利时的德国革命无产者的合法中心，并同佛兰德和瓦隆的工人俱乐部保持直接的联系。协会中的优秀分子加入了共产主义者同盟的布鲁塞尔支部。协会对于布鲁塞尔民主协会的建立起了重要的作用。1848年法国资产阶级二月革命之后不久，由于协会成员被比利时警察当局逮捕和驱逐出境，协会在布鲁塞尔的活动即告停止。——原卷末注

直保存着一个支部,它直到今天还存在,并且在尽力进行工作。

二、德国

中央委员会本打算在此通告中专门报告一下同盟在德国的情况。但是,目前还不能作这样的报告,因为普鲁士警方现在正好在侦查革命政党中间日益扩大的联系。本通告将采取可靠途径送往德国,但是,在德国国内传播过程中当然有时可能落入警方手里,因此,在起草本通告的时候,尽量不让它的内容被警方利用来作为反对同盟的工具。因此,中央委员会这一次只限于报告如下情况:

同盟在德国的主要活动地点是科隆、美因河畔法兰克福、哈瑙、美因茨、威斯巴登、汉堡、什未林、柏林、布雷斯劳、利格尼茨、格洛高、莱比锡、纽伦堡、慕尼黑、班贝格、维尔茨堡、斯图加特、巴登。

指定为各地区的总区部的是汉堡(石勒苏益格-荷尔斯泰因);什未林(梅克伦堡);布雷斯劳(西里西亚);莱比锡(萨克森和柏林);纽伦堡(巴伐利亚);科隆(莱茵省和威斯特伐利亚)。

格丁根、斯图加特和布鲁塞尔的支部在它们还没有能把自己的影响扩大到足以成立新的总区部以前,暂时仍同中央委员会保持直接联系。同盟在巴登的情况在收到派往那里和瑞士去的特使[1]的报告以后才能确定。

像在石勒苏益格-荷尔斯泰因和梅克伦堡有农民和雇农协会的地方,同盟盟员对这些协会能够施加直接的影响,并且完全掌握了部分协会。萨克森、法兰克尼亚、黑森和拿骚的工人和临时工协会大部分也在同盟

---

[1] 恩·德朗克。——编者注

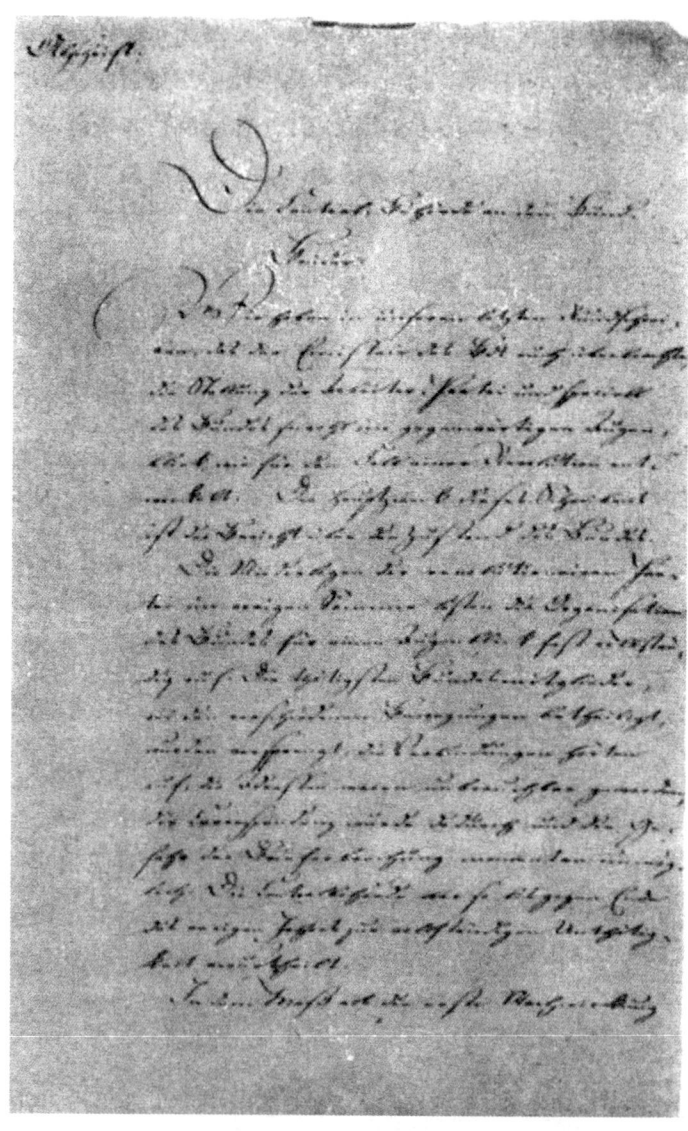

莱比锡警方抄录的共产主义者同盟中央委员会
《六月告同盟书》副本首页

的领导之下。工人兄弟会①的一些最有影响的会员也是同盟盟员。中央委员会要求所有支部和盟员都认识到，对工人协会、体操协会、临时工协会等组织施加的这种影响具有重大意义，因此，各地都应当做到这一点。中央委员会要求各总区部以及同它保持直接通信联系的各支部在其最近的来函中专门报告一下这方面的情况。

被派到德国并在活动中取得成绩而受到中央委员会表彰的特使②，在各地只吸收一些最可靠的人入盟，并且托付他们发展同盟，因为他们比较熟悉当地的情况。坚定的革命者能否被直接吸收入盟，这要看当地的情况而定。在不可能这样做的地方，应当把那些对革命有用又可靠的，但还不了解当前运动的共产主义结果的人组成盟员的第二部分。应当把这个第二部分盟员看成是纯地方性和区域性的组织，他们必须始终由真正的盟员和同盟领导机构领导。借助于这种比较广泛的联系，特别是对农民协会和体操协会的影响就很容易巩固起来。具体的组织工作由总区部负责，中央委员会期待总区部也尽快提供这方面的报告。

有个支部建议中央委员会立即召开同盟代表大会，而且在德国本土召开。各支部和各区部自己都会认识到，在当前的情况下，甚至总区部

---

① 工人兄弟会全名是全德工人兄弟会，1848年8月底至9月初在柏林建立的德国第一个全国性工人组织，是德国工人阶级发展独立的政治组织的一个重要开端。工人兄弟会的纲领带有改良主义色彩，其活动以经济斗争为主。1849年春马克思和恩格斯筹建独立的无产阶级政党时曾试图以它为基础，但未能成功。工人兄弟会的中央委员会设在莱比锡。其创建者和领导人，像斯·波尔恩、恩·施韦宁格、安·罗伊斯和卡·冈洛夫，都是共产主义者同盟盟员，或拥护同盟的人。工人兄弟会的许多成员于1849年参加了德国维护帝国宪法的起义。工人兄弟会1850年中在萨克森被禁止，在其他邦也遭到镇压，但在其后几年仍在个别地方活动，然而已经没有什么影响。——原卷末注
② 亨·鲍威尔。——编者注

的区域性代表大会也不是各地都宜于召开的,而召开一次全同盟的代表大会在目前则根本不可能。但是,只要条件许可,中央委员会就会在某个适当地点召开同盟代表大会。科隆总区部的一名特使①不久前到莱茵普鲁士和威斯特伐利亚了解情况。但是,伦敦还没有收到关于此行结果的报告。我们要求所有总区部尽快以同样方式派特使考察本地区并尽快报告考察结果。最后我们还要说明一点,同盟在石勒苏益格—荷尔斯泰因已经同军队取得联系。有关同盟在那里所能产生影响的较为详细的报告,不久可望收到。

三、瑞士

现在还没有收到特使的报告②。因此,在下次通告中才能作出较详细的通报。

四、法国

贝桑松和汝拉山区其他地方的德国工人将通过瑞士重新建立联系。在巴黎,一直担任当地支部领导工作的同盟盟员艾韦贝克已经声明退盟,因为他认为他的著作活动更为重要。同巴黎的联系也就暂时中断了,在重新建立联系时,必须更加谨慎,因为巴黎的同盟盟员已经把一些完全不合适的、甚至过去直接敌视同盟的人接收入盟了。

---

① 彼·诺特荣克。——编者注
② 恩·德朗克给中央委员会的第一份报告于1850年7月3日寄出。德朗克在1850年7月1日给恩格斯的信中谈及同盟的事件。——编者注

五、英国

伦敦区部是全盟最强大的区部。它特别突出的地方是，几年来，同盟的经费，特别是特使的差旅费几乎全部是由它筹措。近来，它由于吸收了新的成员而更加壮大了，它一直领导着本地的德意志工人协会①和侨居本地的德国流亡者中坚定的一派。

中央委员会通过专门派出的几个盟员同法国人、英国人和匈牙利人的坚决革命的政党建立了联系。

法国的革命者，特别是布朗基所领导的真正无产阶级政党，参加到我们的队伍里来了。布朗基主义的秘密协会的代表与同盟的代表保持经常的、正式的联系，他们还把迎接即将来临的法国革命的一些重要准备工作委托给同盟的代表去做。

革命的宪章派领袖们②也经常同中央委员会的代表保持密切联系。他们的报刊可以供我们使用。这个革命的独立的工人政党同比较倾向同资产阶级妥协的以奥康瑙尔为首的一派之间的分裂，由于同盟代表的影响而大大加速了。

---

① 德意志工人教育协会是1840年2月7日正义者同盟的卡·沙佩尔、约·莫尔和其他活动家在伦敦建立的。有时用会址名称大磨坊街协会。共产主义者同盟成立后，在协会中起领导作用的是同盟的地方组织。1847和1849—1850年，马克思和恩格斯积极参加了协会的活动。在马克思和恩格斯领导下的共产主义者同盟中央委员会多数派同宗派主义冒险主义少数派（维利希—沙佩尔集团）之间的斗争中，协会中大部分会员站在少数派一边，因此马克思、恩格斯和他们的许多拥护者在1850年9月17日退出了协会。从50年代末起，马克思和恩格斯重新参加了该协会的活动。国际工人协会成立之后，协会（弗·列斯纳是协会的领导人之一）就加入了国际工人协会。伦敦教育协会一直存在到1918年为英国政府所封闭。——原卷末注

② 主要是厄·琼斯和乔·朱·哈尼。——编者注

中央委员会同匈牙利最进步的流亡者党派也保持同样的联系。这个党派很重要，因为其中有许多在革命时期可为同盟效力的杰出军人。中央委员会要求各总区部尽快地在其盟员中散发本通告并立即报告情况。正当目前形势极为紧张，新的革命不久即将爆发的时候，应加紧活动。

德累斯顿国家档案馆 Lit. N, Nr. 72,（萨克森王国的）行政区长官，莱比锡第2398号（副本）（《马克思恩格斯全集》历史考证版第1部分第10卷第336—342页，参看《马克思恩格斯全集》中文第2版第10卷第423—430页）

474
卡尔·沙佩尔（威斯巴登）给约瑟夫·魏德迈（美因河畔法兰克福）的信

1850年6月3日

致《新德意志报》编辑、公民魏德迈①

亲爱的朋友：

您也许已经听说了，内阁纯粹以三月革命前的方式拒绝我授课；他

---

① 这行字不是沙佩尔自己写的。

们想方设法找我的麻烦。官僚主义者、民主主义者和牧师们统统迁怒于我,皆起因于工人协会。协会已有近200名成员,我是协会主席。① 工人协会在疗养区兼首府的城市是令人感到有些恐惧。这些人想到那些劳工就毛骨悚然,而现在,这些人就近在咫尺,这使那些想在此地挥霍其钱财的阔佬儿们感到这个美丽的疗养城的可怕——因此,我必须离开。这是此地攻击我的老调愈演愈烈的重弹。320

离开或进监狱,对我来说别无选择,我倾向于前者,您当然也会这样认为。因此,我想把家再搬回伦敦,等待时来运转。我动身之前,还想与你们会一面,因此,请您定一个日子。对我来说,最好在下星期六晚上②,那样,我将乘最后一班火车动身,在陶努斯和你们会面,如果这样对你们合适的话。

《新莱茵报。政治经济评论》第3期**还没有**给我们寄来,而第二季度第1期已在报上登出广告。人们对此都怒不可遏,在得到关照之前,他们不愿再付一文钱。

望速回信。问候所有的朋友并握手。

您的　卡·沙佩尔
1850年6月3日于威斯巴登

那个小怪物③还在你们那里吗?

在您给我的信中不要谈任何事,人们也许会从中把一个不相干的行动想象为所谓的叛国罪。

---

① 见注释301。
② 1850年6月8日。
③ 恩斯特·德朗克。

手稿
阿姆斯特丹国际社会史研究所约瑟夫·魏德迈遗著①

475
卡尔·马克思（伦敦）给约瑟夫·魏德迈（美因河畔法兰克福）的信

1850年6月8日

1850年6月8日于伦敦
索霍区第恩街64号

亲爱的魏德迈：

我们的《评论》② 情况怎样？特别是钱的问题怎样？这个问题变得更加迫切了，因为现在普鲁士方面正在这里采取一切措施，让英国政府

---

① 信的第一部分由弗兰茨·梅林第一次发表在《新时代》（斯图加特）1907年第25年卷第2卷第53页。
② 《新莱茵报。政治经济评论》。——编者注

把我也从英国驱逐出去。① 如果我在这里不是身无分文的话,那我早已迁居英国内地,政府也就找不到我了。

《红字报》②的情况怎样?这里有美国来的《红字报》的订购单。已经销出去多少份了?你那里还有多少份?

你们的报纸③好像在和其他报纸合谋对我们的《评论》采取沉默抵制的态度。当然我了解,《新德意志报》的读者对拉沃更感兴趣。

问候德朗克和你的夫人。

你的 卡·马·

手稿

阿姆斯特丹国际社会史研究所马克思恩格斯遗著,C 200/C 823(《马克思恩格斯全集》历史考证版第3部分第3卷第82页,参看《马克思恩格斯全集》中文第2版第48卷第127—128页)

---

① 普鲁士退伍军官、精神病患者泽费洛盖于1850年5月22日在柏林刺杀弗里德里希-威廉四世(国王只受轻伤)之后,普鲁士政府利用官方报纸——首先是《新普鲁士报》——大肆煽动说这是各地阴谋活动的结果,这种阴谋活动的真正领导正在伦敦;普鲁士政府甚至企图借此说服英国政府驱逐当地的政治流亡者。马克思和恩格斯与这种企图进行了坚决的斗争。除了本信件外,他们还写了几篇相关声明:《普鲁士流亡者》、《伦敦的普鲁士密探》、《给〈地球〉报编辑的信》(《马克思恩格斯全集》中文第2版第10卷第434—436、437—440、441—443页),把它们寄给伦敦的几家报纸,以便让英国公众了解普鲁士政府通过英国密探监视流亡者的行径。——原卷末注

② 红字报指用红色油墨刊印的1849年5月19日《新莱茵报》最后一号第301号。这一号后来被多次翻印,并被德国的共产主义者同盟盟员当做宣传材料使用。——原卷末注

③ 《新德意志报》。——编者注

476
斐迪南·拉萨尔（杜塞尔多夫）给卡尔·马克思（伦敦）的信

1850年6月8日

亲爱的马克思：

　　捎信的人是海恩，您也许从报纸上听说过他。[321]他奇迹般地逃跑之后，便去了伦敦。我从科隆得到报告说，他是一个坚定的共产主义者，从他的言谈中也可以看出这一点。尽管他在我这里只呆了两天，我和他认识的时间很短，但我相信，在这段时间里已经看出他具有非常刚毅的品格。其他方面，您也许很快会自己作出充分的判断。

　　他希望认识您，您一定会尽可能满足他的兴趣。我认为，他很适合作实际的组织工作。

　　我今天给您的夫人寄了一封信，从中您可以知道我的详细情况。

　　致以兄弟问候

斐·拉萨尔

1850年6月8日于杜塞尔多夫

手稿
莫斯科苏共中央马列主义研究院
中央党务档案馆，f.1, op.1, d.5430
(《马克思恩格斯全集》历史考证版
第3部分第3卷第561页)

477
卡尔·雷泽[322]（斯图加特）给卡尔·格林茨等人（维也纳）的信

1850年6月9日

1850年6月9日于斯图加特

亲爱的朋友们：

我没有来，你们当然会感到奇怪，但是这次不能怪我，警察和奥地利公使令我的打算落空了。

我从达姆施塔特到法兰克福，想得到这位公使的签证。在那里，他拒绝给我办理，说在斯图加特可以办理。我从法兰克福经美因茨到达姆施塔特、曼海姆、海得堡、卡尔斯鲁厄、普福尔茨海姆、斯图加特。我们去找公使，他拿着我们的旅行证件走开了，过了一会儿，他回来了，让我们下午3点半来。下午3点半时，他甚至连原因都没有说明就拒绝了我们的申请。

在警察那里，我们不仅窘迫不安，还被从上到下地打量着，问我们是不是从边境来。这样，我们的目的落空了，因此，我们没有别的办法，只好找事做，结果，在科塔印刷厂找到了工作。[……]

你们的朋友卡尔·雷泽向你们问候并握手

汉堡国家档案馆警察局刑事案
Seie VI, Lit. Z, Nr. 3304（副本）

节录
第一次发表

478

巴黎流亡者救济委员会[323]给伦敦社会民主主义流亡者委员会的信

1850年6月13日

1850年6月13日于巴黎

致德国流亡者救济委员会

公民们、兄弟们、民主主义者们：

这里的德国人在政治生活中备受压制，以至于根本不可能公开活动，我们需要帮助德国兄弟做点事情，但我们害怕被看作是由那些正想使德国兄弟的悲惨处境有所改善的人同伙。由于这个原因，我们也避免以委员会的名义在法国的报刊上刊登广告，因为人们用这种方式自己找到委员会是件难事，因为对卡尔利埃的警察及其卑鄙的暗探的恐惧甚至会阻止人们提供帮助。

于是，我们也只能限制在很熟悉的民主主义者的范围之内，因此，我们也不能以自己非常希望的那种方式发挥作用。我们特此寄给你们50法郎，你们可以把这笔钱送给需要帮助的人。至于我们，我们将尽全力继续向那些为人类的神圣事业、为反对压迫者和暴君而把一切、甚至生命都置之度外的人提供帮助。

最后，我们想请你们在收到这笔钱之后马上把收据寄来，因为我们必须在每月一次的全体大会上对钱的使用情况作出交代。首先，恳请你们就流亡者的悲惨处境向我们作简短描述，这样，我们或许可以在这里纠正一些人的看法，因为他们还以为流亡者的处境似乎远不像报纸上说的那么危险！！？

我们决不同意这种荒谬的看法，但这些人尽管如此还阻止某些人参与救济，他们借口说自己了解情况，甚至在瑞士这种情况是已司空见惯的。我们至今尚未提这位民主主义者和巴登一支军队的领导人的名字，如果此事像以往多次发生的那样再次发生，那么我们将向伦敦的兄弟们点他的名。因为这种人就应该给他宣扬出去。

  致以兄弟般的问候并握手

委员会签名

彼·勒德尔[324]

约·吉佩里希

弗格特利

我们的地址是：封丹·莫利埃路圣奥诺雷2号彼·勒德尔鞋匠。

注意：从波茨坦来的流亡者巴德已幸运地到达这里，但还找不到事做，尽管他有在伦敦的朋友的地址。施土姆普弗在美因茨听候法庭的审讯，并希望被释放。他衷心问候所有的朋友。

手稿   第一次发表

阿姆斯特丹国际社会史研究所

马克思恩格斯遗著 NII. 7

479

卡尔·马克思、弗里德里希·恩格斯和奥古斯特·维利希（伦敦）给《太阳报》编辑的信

1850年6月14日

1850年6月14日于伦敦

编辑先生！

一些时候以来，我们这些在信后署名的侨居伦敦的德国政治流亡者有理由赞扬的是，不仅普鲁士使馆而且连不列颠政府也对我们颇加关注。对此我们本来不必特别重视，因为我们很难设想会在哪些方面破坏外侨管理法①中所谓"维护本王国的和平和安宁"的规定；可是，近来我们经常在报上看到关于普鲁士公使②奉命坚决要求把最危险的流亡者驱逐出英国的消息，而且大约一周以来我们一直受到英国警探的严密监视，因此经过郑重考虑，我们认为必须把这件事情公之于众。

---

① 外侨管理法（Alien Bill）是英国议会1793年通过的一项法令。根据这项法令，政府随时可以下令把外国人驱逐出英国。该法令有效期为一年。1802、1803、1816和1818年议会都曾通过恢复实行外侨管理法的决定。1848年，由于大陆上的革命事件和宪章派4月10日游行示威，议会恢复实行外侨管理法。1850年外侨管理法不再有效。1853年，当内阁提出恢复外侨管理法的提案时，英国公众对此普遍持反对态度。——原卷末注

② 本生。——编者注

毫无疑问，普鲁士政府在尽力争取使用外侨管理法来对付我们。但是，原因是什么呢？是因为我们干涉英国政治吗？要证明我们这样做过是不可能的。那么，究竟原因是什么呢？是因为普鲁士政府需要造成一种假象，好像柏林发生枪击国王①的事件，是各地广泛开展阴谋活动的结果，而其中心则似乎必须在伦敦寻找。

让我们来看看事实真相。行刺事件的魁首泽费洛盖除了是一个大家都知道的疯子之外，是极端保皇主义团体"忠实者同盟"②的成员，普鲁士政府能否认吗？他已经以柏林第2分部133号在这个团体登记，普鲁士政府能否认吗？不久前他还受到这个团体的资助，普鲁士政府能否认吗？泽费洛盖的证件保存在供职于皇家陆军部的一个极端保皇主义者库诺夫斯基少校的家里，普鲁士政府能否认吗？

面对此类事实，硬说革命党同行刺事件有什么瓜葛，真是令人可笑。普鲁士亲王迅速登上宝座对于革命党毫无好处，而对极端保皇主义者却有。虽然如此，普鲁士政府却正在让激进的反对派为行刺事件付出代价，反对新闻出版自由的新法令③和伦敦普鲁士使馆的活动就是证明。

同时，我们要声明一点，大约在行刺事件前两周，有些人来找我们，想要引我们卷入杀害国王的阴谋活动，我们认定这些人都是普鲁士的暗探。当然，我们没有上当。

---

① 弗里德里希-威廉四世。——编者注
② 忠实者同盟是1848年成立的极端保皇主义的团体，曾试图影响社会舆论，以利于君主制度。——原卷末注
③ 1850年6月8日。——编者注

如果不列颠政府想得到有关我们情况的任何材料,我们准备随时提供。但是我们不理解,政府通过密探来监视我们,是想了解些什么。

在俄国庇护下正处于恢复中的神圣同盟,如果能够迫使英国——它道路上的唯一绊脚石——在内部实行反动政策,是会非常高兴的。如果完全由于神圣同盟(普鲁士是其不可分割的一个组成部分)要进行复仇而采用外侨管理法,那么对于加了这种注释的英国的反俄情绪、政府的外交照会和议会声明,人们又将作何设想呢?

我们相信,神圣同盟的各国政府不可能使不列颠政府受骗到让内务部采取措施的程度,否则作为各党和各国流亡者最可靠的避难所的英国长期以来所赢得的声誉将大受损害。

顺致敬意。

卡·马克思

弗·恩格斯 科隆《新莱茵报》**编辑**

奥·维利希 巴登起义军上校

1850年6月14日于索霍广场第恩街64号

1850年6月15日《太阳报》(伦敦)第18011期(《马克思恩格斯全集》历史考证版第1部分第10卷第343—344页,参看《马克思恩格斯全集》中文第2版第10卷第434—436页)

480
伦敦社会民主主义流亡者委员会声明[①]

1850年6月14日

近来，救济这里德国流亡者的捐款只收到很少，使这些流亡者遭受极大的贫困。他们某些人至今都没有找到自己专长的工作，**几乎已经有一个星期露宿街头和公园，忍饥挨饿**。各个方面都以各委员会之间有分歧和所谓捐款分配不公为借口，不给流亡者寄钱来。这种情况是司徒卢威、博布钦等先生造成的，他们宣扬说，本委员会只援助"共产主义者"。

这里我们再一次声明，对**每一个**能够证明自己是需要救济的德国流亡者，我们都一视同仁地给予了救济。我们的账簿和单据可以证明这一点，捐款人及其被委托人可以随时查阅。下面署名人之一的维利希在司徒卢威、博布钦等先生所领导的委员会全体会议上向领取过委员会救济金的流亡者问道，有谁问过他们是不是"共产主义者"？**没有一个人声称曾被这样询问过！**

---

① 这份声明是社会民主主义流亡者委员会在1850年4月23日的报告（见《马克思恩格斯全集》中文第2版第10卷第720—722页）以后又过了两个月，为帮助伦敦的德国政治流亡者不得不再次发出的呼吁。因为古·司徒卢威和弗·博布钦等小资产阶级流亡者关于社会民主主义救济委员会只援助共产主义流亡者的谎言和诬蔑，使来自德国的捐助暂时中止、而伦敦的德国流亡者的人数仍在不断增加。——原卷末注

我们声明，司徒卢威、博布钦等先生们的上述断言是**谎话和诬蔑**。因此，各个方面用来拒绝支援伦敦流亡者的借口也就不复存在了。

社会民主主义流亡者委员会

卡·马克思　弗·恩格斯　卡·普芬德

奥·维利希　亨·鲍威尔

1850年6月14日于伦敦

信件和捐款请寄伦敦索霍广场英王街21号卡·普芬德。

1850年6月25日《西德意志报》第149号（《马克思恩格斯全集》历史考证版第1部分第10卷第571页，参看《马克思恩格斯全集》中文第2版第10卷第723—724页）

481
共产主义者同盟科隆支部给卡尔·马克思（伦敦）的信[325]

1850年6月15日

在伦敦的公民马克思：

今晨，《西德意志报》的发行人克里斯蒂安·约瑟夫·埃塞尔由这里去伦敦。

此人由于拖沓、无所事事和力不胜任而离职。我们借此机会通知您，以便作相应的安排。

关于此信的捎信人，我们要告诉您，萨尔布吕肯的莱维和菲利皮两人本身都有家产，因此日后不需要帮助。

1850年6月15日于科隆

您若能够把那里也许不用的护照给我们弄几张，那真是太好了，因为这里总是缺少护照。

科隆支部

莫斯科苏共中央马列主义研究院
中央党务档案馆，f. 20, op. 1, d. 27
(《马克思恩格斯全集》历史考证版
第3部分第3卷第562页)

482
约瑟夫·魏德迈（美因河畔法兰克福）给卡尔·马克思（伦敦）的信

1850年6月15日

1850年6月15日于法兰克福

亲爱的马克思：

在您夫人的来信之后不久及收到您的信①之前，我收到了瑙特的

---

① 文件475。

信。他在信中说，您有一张 15 英镑的期票向他兑现，因此，他让我马上把《新莱茵报。政治经济评论》所收入的钱寄给他，以便兑现这张期票。[……]为了使您对我这里的销售情况有个大致的了解，我在此列出清单。前两期我收到 100 册，但后来又寄回 15 册。25 册给了沙佩尔①，但这里只销售了很小一部分，因此，收入的钱和剩余杂志由瑙特来负责。25 册送到哈瑙，但也没能全部售出，不过我对卖掉剩余的杂志抱有希望。售出的杂志共收入 24 古尔登。此外，送到格林贝格 1 册，塞利根施塔特 2 册（此收入很可能必须照章纳税，因为收到后再付钱的票据不予承兑，在此之前我还得另想办法），赫希斯特 3 册，新伊森堡 1 册，达姆施塔特 1 册，奥芬巴赫 1 册，海德堡 1 册，法兰克福 2 册。我总想把零散的杂志卖掉。第 3 期我只让人寄给我 75 册，其中 15 册由沙佩尔推销。[……]

关于"红字报"②的钱，我以前把一张完整的结账单寄给了瑙特。剩余的钱，除了几塔勒寄往科隆和 4½ 古尔登用于在《法兰克福通讯》发表你们针对《西德意志报》③的广告之外，都按照您的指示寄给了巴黎的德朗克；如果我没有记错的话，总共约 20 古尔登。我把 200 册又寄回给瑙特，并委托他代收我利用机会寄往帕德博恩的另外 200 册和寄往宾根的 50 册的钱。我这里仅仅剩下不多几册。这是我当时为了自己算账留下的，以便结账，因为瑙特一再催促结账，然而后来这几册就放在我这里了，总共 22 册。如果您需要的话，我就让沙佩尔把这些杂志带给您。他每天都有被驱逐出威斯巴登的可能。④

---

① 见文件 488。
② 见注释 203。
③ 文件 374。
④ 见文件 474。

您想象的沉默抵制阴谋情况如下：吕宁想亲自写一篇关于《新莱茵报。政治经济评论》的文章；本来最好由我自己来承担这项工作，但他已经动手写了。第3期到得太晚了，此事也就拖延下来。他想等第4期来了再说。为什么第4期到了以后仍迟迟未见评论，这我不知道；我们现在互相之间关系不佳，因此，我也不想过问此事。但第5期上也许会有一篇文章，我可以以此为开端，而不必去插手那个中断了的工作。

此外，设法在小资产阶级读者中推销《评论》并不是一件值得干的工作，遗憾的是，人们也还不得不把这里的大部分工人算在这部分读者之内。甚至在本来就很少的订户当中，还有一部分几乎是不情愿订阅的。在越来越多的组织起来的工人协会中，我们虽然逐渐赢得了略微大一点的地盘，但这也是十分缓慢的。清楚地明白究竟怎样开展革命的人比布伦一类的革命工厂主还要少。[……]

德朗克衷心地问候您。[……]

你的　约·魏德迈

提醒贝寄来已经应允的布伦信的抄件。

手稿　　　　　　　　　　　　　　　　　　　　　　　　　节录
阿姆斯特丹国际社会史研究所马克思恩格斯遗著DVIII 95/D4530（《马克思恩格斯全集》历史考证版第3部分第3卷第563—564页）

483

彼得·勒泽尔（科隆）给卡尔·马克思（伦敦）的信[①]

1850年6月18日

1850年6月18日于科隆

公民马克思：

　　通过公民克莱因，那些东西[②]已收到。

　　克莱因口头向我们传达，让我们接纳[③]来自杜塞尔多夫的公民拉萨尔。我们不能从命，因为我们在这里对此人进行了更仔细的观察，发现他还一直坚守贵族的原则，对工人的普遍利益缺乏他应该有的热情。

　　下几周我们将作出报告。

　　衷心地问候您和所有的朋友

彼·格·勒泽尔

手稿
莫斯科苏共中央马列主义研究院
中央党务档案馆，f. 20, op. 1, d. 28
（《马克思恩格斯全集》历史考证版
第3部分第3卷第565页）

[①] 此信不是邮寄的，信封上写着："伦敦公民马克思亲启"。
[②] 指中央委员会《六月告同盟书》（文件473），也许还有其他的同盟文件。
[③] 指接纳他参加共产主义者同盟，另见注释308。

484

卡尔·马克思和弗里德里希·恩格斯（伦敦）对奥托·吕宁（美因河畔法兰克福）的声明

1850年6月25日

致《新德意志报》① 编辑

在今年6月22日贵报的一篇杂文里，您责备我说，我维护了**工人阶级的统治和专政**，而您和我相反，提出要**根本消灭阶级差别**。这个修正，使我莫名其妙。

您非常清楚，在《共产党宣言》第16页上（1848年二月革命之前发表的）写道："如果说无产阶级在反对资产阶级的斗争中一定要联合为阶级，如果说它通过革命使自己成为统治阶级，并以统治阶级的资格用暴力消灭旧的生产关系，那么它在消灭这种生产关系的同时，也就消灭了阶级对立存在的条件，消灭了阶级本身的存在条件，从而消灭了它

---

① 《新德意志报》（《Neu Deutsche Zeitung》）是1848—1850年在美因河畔法兰克福出版的民主派报纸。该报 的编辑是奥·吕宁，他在40年代中期是"真正的社会主义"的代表之一，在1848—1849年革命时期是小资产阶级民主主义者。吕宁对卡·马克思著的"1848年至1850年的法兰西阶级斗争"和弗·恩格斯著的《德国维护帝国宪法的运动》予以特别的注意，在自己的报纸上对已出版的4期《新莱茵报。政治经济评论》都作了评论。——原卷末注

自己这个阶级的统治。"

您知道，还在1848年2月之前，我在《哲学的贫困》这本批驳蒲鲁东的书里就曾主张这样的观点。

最后，在您批评的那篇文章（《新莱茵报。政治经济评论》第3期第32页）①里我写道："这种社会主义（即共产主义）就是宣布不断革命，就是无产阶级的阶级专政，把这种专政是达到消灭一切阶级差别，达到消灭这些差别所由产生的一切生产关系，达到消灭和这些生产关系相适应的一切社会关系，达到改变由这些社会关系产生出来的一切观点的必然的过渡阶段。"

卡·马克思

在6月22日贵报的一篇杂文里，承蒙您承认由于《新莱茵报》的被迫停刊在德国的日报中出现了"明显的空白点"，但是您反对"恩格斯先生的论断"，即《新莱茵报》是唯一不仅在言论上和善良的愿望上代表无产阶级的机关报。

在我那篇载于《新莱茵报》杂志第1期上的关于德国维护帝国宪法的运动的文章里，我的确说过，《新莱茵报》是唯一不仅在善良的愿望上和言论上代表德国无产阶级的报纸②。如果您认为这种论断给《新德意志报》，即前法兰克福极左派的正式报纸造成了损害，那么，您就指出，《新德意志报》在什么地方、什么时候和什么方式代表了德国的无产阶级或它的阶级利益，这样，您无疑会使工人非常感激。

弗·恩格斯
1850年6月25日于伦敦

---

① 见《马克思恩格斯全集》中文第2版第10卷第220页。——编者注
② 见《马克思恩格斯全集》中文第2版第10卷第137页。——编者注

1850年7月4日《新德意志报》第158号《马克思恩格斯全集》历史考证版第1部分第10卷第354—355页（参看《马克思恩格斯全集》中文第2版第10卷第449—450页）

485
罗兰特·丹尼尔斯（科隆）给卡尔·马克思（伦敦）的信

1850年6月28日

1850年6月28日于科隆

亲爱的马克思：

我刚刚看到您6月25日给毕尔格尔斯的信。信中说：科隆人（包括丹尼尔斯）像过去一样，净干事后聪明的事，等等。[326]

我认为，您在无法直接考验我的勇气的远方对我进行这种伤害，至少是不够审慎的。我相信您是正直的，今后能够对我的行动方式不再作任何评论。

罗·丹尼尔斯

手稿
莫斯科苏共中央马列主义研究院中央党务档案馆，f.1, op.5, d.289
(《马克思恩格斯全集》历史考证版第3部分第3卷第571页）

486
《西德意志报》关于卡尔·沙佩尔在科隆的一次逗留的报道

1850年6月28日

科隆6月28日。在早些时候我们已经向读者报道了我们的前市民卡尔·沙佩尔**在其故乡拿骚的遭遇。① 他在那里经过8个月的监禁被陪审法官宣布释放之后,作为私人教师在威斯巴登定居下来,不久他自己和他的家庭就过上了体面的生活。但是,他对自己的拿骚人应当是熟悉的,就像其他人熟悉他们的普鲁士人一样。自从这个"可怕的"民主派受到威斯巴登警察厅为他站岗放哨的关照之后,这个警察厅就再没有一个夜晚得到安宁。特别是当沙佩尔重新开展过去多年来在工人阶级中进行的启发教育活动时,它的恐惧进一步加剧了。威斯巴登的一个工人教育协会(毫无疑问,它也研究社会问题)由社会民主党的一位坚定的久经考验的领袖来领导——这对于一个小小的德意志疗养城来说是多么可怕![……]沙佩尔在威斯巴登没有市镇公民权;因此,警察局有权拒绝他的逗留。沙佩尔因长期旅居国外而失去了祖籍,迁往拿骚的

---

① 见注释320。

其他地方是不行的。他作为拿骚出生的人,作为拿骚公民(!)在自己的故乡却找不到立足之地,因为警察局当然要设法阻止任何地方接纳他为市镇公民!因此,他决定带着孩子返回伦敦。当他在远离妻子①的地方坐牢时,她就成了祖国灾难的牺牲品。② 他路过科隆时,希望在老朋友们那里停留几天,以便最后处理一下他的事务。③ 但是,盖格尔先生不是那种愿意替"危害国家的分子"(不管情况如何)考虑的人。他不允许沙佩尔享有一般持正常护照的旅行者的逗留权;沙佩尔因生病不能启程,但刚刚过去24小时之后,他就以拘留相威胁。沙佩尔经过交涉,在郑重表示自愿被**软禁**的情况下,才得到延期一天的许可。这样,他在星期四④晚上离开了我们(其中有许多工人和把他伴送到下一个轮船码头的另外一些朋友),他要求好客的英国人为他这个在祖国没有容身之地的人提供一个避难所。⑤ 这位被人用如此卑鄙的手段逐驱的离境者的心情是怎样的,我们不需要来说明。他辞行时高呼:"社会民主主义共和国万岁!"

1850年6月30日《西德意志报》(科隆)第154号第2版

节录

① 苏桑娜·沙佩尔。
② 见注释206。
③ 见注释326。
④ 6月27日。
⑤ 沙佩尔于1850年7月1日到达伦敦。

487
卡尔·马克思（伦敦）给伦敦一次流亡者会议主席的信

1850年6月30日

1850年6月30日于伦敦

主席公民：

当资产阶级的所有走狗攻击六月革命①时，我公开地捍卫了这些恐怖的日子，我认为，这些日子是工人阶级反对资本家阶级的斗争的最伟大的表现。

我今天没有出席流亡者的这个庆祝集会，是因为我身体不适，不能到你们那里去；但是我的心是和你们在一起的。

敬礼和兄弟情谊。

卡尔·马克思

手稿
莫斯科苏共中央马列主义研究院
中央党务档案馆，f.1, op.1, d.5554
（《马克思恩格斯全集》历史考证版

---

① 指巴黎工人于1848年6月23—26日的英勇起义，即巴黎六月起义。——编者注

第 3 部分第 3 卷第 86 页，参看《马克思恩格斯全集》中文第 2 版第 48 卷第 131 页）

488
一名共产主义者同盟盟员①给约瑟夫·魏德迈（美因河畔法兰克福）的信

大约 1850 年 6 月底至 7 月初

亲爱的魏德迈先生：

　　沙佩尔把他的全部《共产党宣言》存书都带到了伦敦。为什么？对此，我尤其不能理解，因为在那儿也是放在仓库里。我仅有一册，这可能也是威斯巴登唯一的一册，因此，它是不可缺少的。

　　我希望，不久就能把我们出售《问答》②所得的几个盾给您寄去。《问答》是不是同盟的财产？我可以把所得钱款也寄给您吗？我根本不知道它们本来属于谁。

　　至于寄给您的几期《新莱茵报。政治经济评论》，计有：

---

① 可能是亨利希·法伊贝耳。
② 很可能是指特德斯科的《无产者问答》；文件 445。

第 1 期	14 册
第 2 期	14 册
第 3 期	6 册
第 4 期	2 册

卡斯滕斯①是新近②同沙佩尔一起被驱逐出境的工人,我曾对您谈到过他,他已在美因茨找到了工作,并在那里建立了一个"社会工人协会",这个组织肯定将会使许茨之流的协会垮台。

还有一件事我要向您讲一讲,这件事虽然令人非常痛心,但确实能使人多懂一点人情世故。我请求您,对**任何人**都要保密。

我不知道您同沙佩尔的交情有多深——事情是关于他的——,但是我认为,正因为他是党员,所以不应该对您隐瞒。沙佩尔简直是在干一件丑事。他被释放以后,带着孩子们从科隆迁居这里时,同他一起来的还有一个相当漂亮的年轻姑娘③,她是孩子的嬷姆,并为他料理家务。她是曾多次提到的卡斯滕斯的未婚妻。卡斯滕斯是沙佩尔的亲密朋友,是他的无条件的、几乎是盲目的追随者。他同沙佩尔一起从伦敦到了科隆,又从科隆迁居这里。而卡斯滕斯最近发现沙佩尔对他极为冷淡,对他的态度很不自然,对他敬而远之,他不能解释这是为什么。〔……〕而那位姑娘也以勇敢的行动为造谣中伤推波助澜。因此,卡斯滕斯后来当然发觉了,但他宁愿屈从于沙佩尔,而不愿采取坚决行动。据说,沙佩尔使这个姑娘怀了孕;他把她带到了伦敦,人们相信,他将同她结婚。〔……〕我不想下断语,但是我对他非常气愤。他给我们的敌人提供了什么样的武器!难道他们不可以冠冕堂皇地说:"如果取消婚约在

---

① 弗里德里希·列斯纳。
② 1850年6月17日。
③ 克拉拉·霍珀。

你们党的权威人士中间导致这样的结果,那么在人民群众中由此又会产生什么结果呢?党的领袖比任何人都更需要避免不检点的行为。"
[……]

手稿 节录
莫斯科苏共中央马列主义研究院 第一次发表
中央党务档案馆,f. 20, d. 164

489
约翰奈斯·米凯尔[327](汉诺威)
给卡尔·马克思(伦敦)的信

1850年夏[328]

先生:

我读过您的《哲学的贫困》之后,对您佩服得五体投地,我高兴地抓住我的朋友威·皮佩尔[329]为我提供的机会,来同您建立更为密切的联系。

如果我要求您对我也同样给以充分信任,那自然是愚蠢的。但为了让您对我的过去有所了解,我要说明,我同布林德一起在海德堡学习过,革命前在那里参加了"激进党",在革命中作为该党成员像其他人一样,为捍卫"观点"而斗争,并曾被派往汉诺威组织农民起义。从那时起，最初在格丁根以小资产阶级方式帮助击败了有学问的、官僚主义的庸人党，最终试图建立一个有组织的工人党。皮佩尔去英国时，我正好忙于这件事。我让他给布林德带去一封信，以便通过布林德征求您的意见。我当时的情况就是这样；我虽然来晚了，但毕竟来了。您看，我的过去提供不了多少保证。这是真的！从我这方面说，能做到的只能是使您相信，您的目的就是我的目的。作为共产主义者和无神论者，我像您一样要求工人阶级专政。我选择手段是仅仅并完全根据**实用性**。而我确信：**下次**革命将使小资产阶级掌握政权，在这一点上我们的看法是不同的。工人阶级将会取得对大资产阶级和封建残余的胜利，但随后就会被"民主主义者"推到一边。我们或许能够在一段时间内把革命引到反对资产阶级的方向，我们或许还能把资产阶级生产的基本条件摧毁，而想把小资产阶级镇压下去是不可能的。**尽量**取得更大的成绩，这就是我的座右铭，因此，我永远是属于您的。在取得初步胜利之后，我们必须尽力阻止小资产阶级建立组织，特别是以严密的阵线反对任何"立宪议会"。必须采取局部恐怖行动和地方无政府状态，以便弥补我们总的说来欠缺的方面。大多数德国工人完全缺少阶级觉悟，我们必须利用个人仇恨，利用农民对高利贷者的报复欲望，临时工对"主人"的怒火，我们必须在所有个别据点（因为我们没有中心）尽快地、积极地采取暴力行动，这样我们才能作为完全取得胜利的力量**对付**正在进行组织的民主主义剥削者，必须尽量阻止他们组织起来，以便能够**在革命中**首先培养起阶级觉悟。我们不要让小资产阶级喘息，我们必须通过适合于小资产阶级的手段把革命怒火推向高潮——然后我们或许暂时可能实现我们党的专政。

但是，没有共同的计划、没有最高领导、没有领导者的共同意志，这一切怎样实现呢——在一年以前我就是这样认为的。我徒劳地去敲所有的门，就像提着一盏遮光灯那样徒劳地去寻找，我在十分偏僻的格丁根（我没有能够到别的地方去）什么也没有找到。当我从伦敦（您会把我的表达方式放到当前情况下来理解）找到第一批同志时，我就发现只能依靠自己，我同几个最亲密的朋友一起着手建立一个联盟①，它的最终目的是共产主义，它的首要原则是"为了目的不惜采取任何手段"，它的第一条法规是"绝对服从"。现在，我请求您让皮佩尔把章程和法规或者命令给我寄来，他知道确切的地址。（警察局目前正对我进行严密监视。）但是，如果我能够重返格丁根，我将担任理事会主席。如果我做不到这一点（这是很可能的），那就我个人来说当然还将是老样子，并向您报告关于委托另一个人的情况。您或许不相信我能够比较深入地了解实际情况，那么您就是把我看成在您的领导下同整体没有联系的孤立的人。在我从伦敦得到较为详细的命令和委托之后，我再向您汇报我拟定的关于我在格丁根的活动计划。

最后，关于皮佩尔再说几句。我认为我有义务对您这样做。他是一个勇敢的、极为忠实的革命者，但又是一个过分乐观的人，缺少当今革命家应有的那种坚韧不拔的、狂暴的活力。可惜他太爱凭一时印象办事，因此常常处在不利的地位。**在革命中**他会比以前更有用。除非需要，不要让他知道更多的机密，他有可能陷入被引诱（例如，通过女人）而失去理智和意志的境地。他完全不应当受到猜疑，而过分信任可能会更有害。

问好并握手

您的 米凯尔

---

① 关于共产主义者同盟格丁根支部的发展，见注释402。

手稿

阿姆斯特丹国际社会史研究所马克思恩格斯遗著 DVI 111/D 3436
(《马克思恩格斯全集》历史考证版
第 3 部分第 3 卷第 592—593 页)

490

恩斯特·德朗克(苏黎世)给共产主义者同盟中央委员会(伦敦)的信[330]

1850 年 7 月 3 日

致中央委员会:

如果我已经得到去瑞士所必需的旅费,那么,在收到委托书之后,我可能就立即动身了。因此,在家庭纠纷排除之前,我不得不仍然留在法兰克福。何况在此地,同盟的关系已经完全失散,并且情况依然如故的话,同盟已无法维持下去。

伦敦特使[①]在此地期间,曾试图把瑞士组织[②]的法兰克福代理人争取到同盟中来。这些成员一部分是老同盟盟员,他们由于失掉了中央委

---

① 亨利希·鲍威尔。
② "革命集中",见注释315。

员会的音讯才投靠这个组织,其他人也大多是可用的无产阶级革命力量。在我来之前,他们(通过布伦)都已经知道同盟依然存在,而且魏德迈还曾设法同他们所有人谈话。魏德迈的同盟支部完全垮掉了,甚至时时被瑞士组织的个别人所利用,拥有一些**假冒**前同盟盟员身份混进来的人或者露骨地宣扬小资产阶级利益的人,例如吕宁就是这样干的,他因为他那份资产阶级报纸①而恰恰受到**瑞士**支部最坚决的公开抨击。在上述情况下,就越发有必要给我们以掌握**整个**支部的全权。特使在此地时,这些人也声明准备退出瑞士支部,在他们因其代理人事务而同意"忠实"遵守的期限结束之后加入同盟。然而,过了一些时候我获悉,他们的书记——前同盟盟员,一个诡计多端的人——往瑞士写信,说什么"如果瑞士组织**不**提出一个共产主义的纲领作为指导的话",法兰克福人就要归附伦敦方面,——他们企图使苏黎世临时政府的那些人陷入惊慌失措和难堪的境地。现在,他们所说的期限已到,加上种种新的阴谋诡计,促使我要解散法兰克福的同盟支部。一则它的存在尽人皆知;再者多数派实际上等于零;最后就是我认为同瑞士人决裂,粉碎一切阴谋诡计,是再好不过的办法。我让魏德迈同最多不超过 3 个可靠而有用的旧支部成员改组支部,其他一些可用的人,如瑞士支部的几个人,则作为外围接受进来。这样,他们虽然自认为是同盟盟员,但是只知道一些最必要让他们知道的事。吕宁这个人早在 1848 年时就已经退出同盟,只是通过威斯巴登的沙佩尔才被重新吸收进来,现在让他靠边站了。法兰克福周围地区也建立了支部,最出色的支部在勒德尔海姆,一个达姆施塔特式的小工厂村。那里的工人协会也挺好,和小资产阶级民主派斗争很坚决,比魏德迈在法兰克福的那个疲疲沓沓的工人协会要强。在法兰克福,我同魏德迈以及同盟支部的几个工人在工人协会内就第一个告

---

① 美因河畔法兰克福的《新德意志报》。

同盟书①的个别几个问题进行了讨论②；我到此地以来最近一个月内，每星期两次讨论的问题是："无产阶级对待资本集中到少数人手里的态度"，小资产阶级的"人民协会"也参加了这些讨论。通过讨论，温克尔布莱希分子终于被工人们，甚至被人民协会的大多数会员所抛弃。目前，那里的事情重又蓬勃开展起来。无论如何他们一旦有了点钱，就必定要派一名特使去卡塞尔，那里有许多事要做。我本人未能下决心前往，为此今天我就写信给魏德迈。

瑞士。在**卡塞尔**我看望过沙贝利茨。他认为，现在那里什么事都做不成，由于工人屡遭驱逐，他谨小慎微起来。一个偶然的机会，我遇到一个工人，老同盟盟员，家住圣路易（法国边境），他打算本月去卡塞尔；我已委托他建立支部，并介绍他找苏黎世总区部（鲁普斯③）。

在**苏黎世**我发现一封信，此信到这里已经一个半月，这并非我之过。这里的人（奇尔讷一伙）已被告知，我"被伦敦授予了全权"。谁通知他们的，我不得而知，但我猜是他们那位法兰克福的阴谋家。此外，来信直截了当地指示我去找个别人如奇尔讷谈话，否则一开始我通过鲁普斯和根据自己的观察来了解这个可怜的"组织"时，就不会去理睬这帮人了。但是，同他们进行的所谓谈判的唯一有益的结果是，同他们彻底决裂。不过，同时也获得了一些十分有用的情况。（鲁普斯当然早已被他们踢了出去）

1. 首先谈谈这个正统协会里的那帮人。（1）主席奇尔讷，一个自命不凡的人，临时政府的候补委员，他担心归附伦敦后会丧失自己的"独立"；（2）古·迪策尔，巴伐利亚的一个蹩脚作家，"纯政治家"，

---

① 文件448。
② 见注释296。
③ 威廉·沃尔弗。

同时像所有的庸人一样现在自称是"社会民主主义者",认为革命的基础是"民族的"事物并且仅仅适合于法国;(3)埃默曼,特里尔地区的林务官,一个诚实憨直的革命者,是唯一没有个人野心的人,在任何情况下都会跟我们走,在摩泽尔河地区有许多关系;(4)博伊斯特,大家都知道,是普鲁士的一个少尉军官;(5)希尔盖特纳,或者叫类似的名字,可能有用,是伯尔尼的布赫海斯特的好友;(6)霍夫施泰特尔——我马上要特别谈谈此人。

2. 关于这些人的宗旨,鲁普斯写信也谈到过,这就是:"促进(!)革命,以建立社会民主主义共和国。"对于该口号的后半部分,他们谁也说不清应该怎样去实现,正如他们对待司徒卢威的口号"人人都享有幸福、自由、教育"一样。因此,在他们的法兰克福集团要求提出一个共产主义的纲领来作为指导时,也就出现了难堪的局面。

3. 关于我同这些人的谈判。因为他们(通过布伦和科隆的叔尔茨??!!)对同盟组织了如指掌,所以我向他们声明,他们所有的"支部"顶多成为"社会民主主义的尾巴"——这个说法看来使他们大为不悦。我要求他们完全放弃在德国的一切联系,在瑞士的联系要置于同盟的监督之下,而他们的支部仍然只负责瑞士。如果他们同意最后一点,我和鲁普斯商定,瞒着他们在这里建立一个**领导**他们的总区部,这样他们就真的是一个尾巴支部,有关同盟的事情只能略知一二了。他们回答说,他们"其实完全同意我们的那些无产阶级革命的原则",也愿意"为我们工作(!)",说他们在德国有一些人愿意为革命目的提供大笔钱款,但是对共产主义等等心存畏惧云云。我回答说,如果他们"愿意为我们的目的工作",也就能够把他们的钱款提供给我们参加德国的社会民主主义团体的人,因为这些人肯定只能本着"我们的目的"去使用这些钱款。随后他们要求先自己内部商量商量。

第二次会谈(昨晚)一开始,奇尔讷用一种诉苦的腔调说,他们

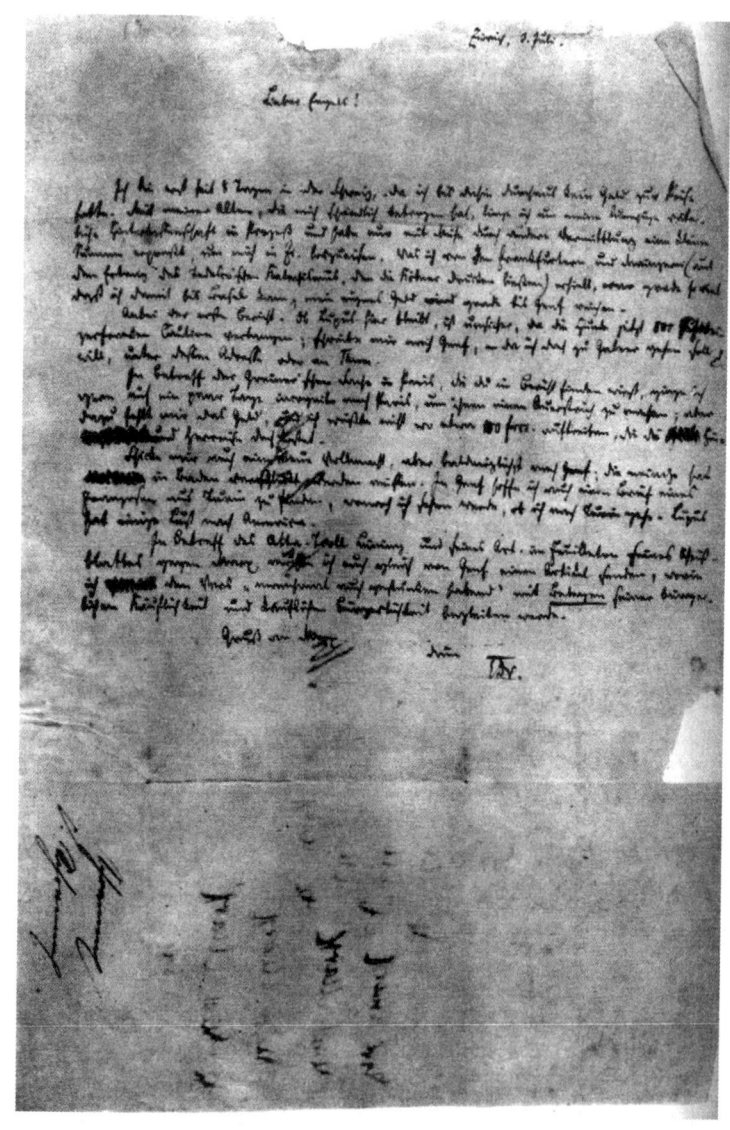

恩斯特·德朗克1850年7月3日给伦敦
共产主义者同盟中央委员会的信

已经为"组织和集结革命力量"做了许多事,他们也愿意追随我们,不过,放弃他们在德国的联系就无异于彻底的自行解散和"从属"(奇尔讷的"独立性"!),并且必然造成他们那些瑞士支部的解体,因为他们是"负责"这些组织的对外联络的。随即他们把一份有公证证明的正式的协议交给我,这份东西显然是律师奇尔讷为维护他的"独立性"而制造的,其中写道:

"考虑到联合一切真正的革命分子的必要性,'革命集中'中央委员会的全体成员虽然并非都(迪策尔和奇尔讷!)能够无条件拥护由伦敦提出的纲领(即1848年《宣言》),但已经承认了即将到来的革命具有无产阶级的性质,因此,共产主义者同盟和'革命集中'之间就以下几点达成协议:

(1)双方同意,继续同时工作——'革命集中'通过联合一切革命分子来设法为即将到来的革命作准备,伦敦的协会通过组织主要是无产阶级分子来设法为无产阶级的统治作准备。

(2)'革命集中'指示其代理人和特使,当他们在德国建立支部时,应提请似乎有意(!!)加入共产主义者同盟的成员注意到那些主要是本着无产阶级的利益而建立的组织的存在。"

(第3和第4点是,就瑞士来说领导只移交给当地协会中伦敦《宣言》的真正拥护者和双方互通情况。)

第一次会谈我就向他们解释了他们这种"**促进**"革命是谬论,并且告诉他们,尤其是他们的特使叔尔茨各处搜罗来并打算就地用于"革命"的小资产阶级分子会**投机**革命,而他们瑞士人自己恐怕要被人利用;相反,未来革命的真正主力——工人们却到处疏远他们。总之,他们是一支有官无兵的军队。

几经询问,他们才明确承认,原则上他们那些支部充其量等同于我们的外围,他们将遵照要求,按我们的外围组织去改进他们那些支部组织。于是我向他们声明：（1）在我们的似乎与他们那些支部"等同"的外围组织存在的地方，他们那些支部的组织再也不是什么"集中"，而是纯粹由于他们方面的个人野心所造成的组织涣散；（2）我们将永远不会把某些同盟支部委托给他们的特使如叔尔茨和布伦以及他们在德国的小资产阶级"代理人"管理，因为他们总是把这些支部的存在透露给那些"好像合适的"家伙们，而我们的联系则是太重要了并且还要继续扩大，不能让他们瑞士人的这些游民们把这些联系泄露到社会上去。

随即我宣布谈判中断，然而他们非得要先得到你们明确的答复不可。所以，请你们给我以指示（大体的指示即可），拒绝他们。

现在我已同鲁普斯商量好，组成瑞士这里的总区部。韦瑟尔目前不在此地，但是鲁普斯认为他是最有用的人，我们准备接纳，还有我们在这里结识的两名工人也同样。瑞士人集团的希尔盖特纳是否可用，我不得而知；鲁普斯打算再看一看。但是这个宗德崩得的拥护者之中另有一人，他们在同我几次会谈时有意不把他吸收来并且通常也很少让他出席他们的集会，我们无论如何将要把这个人争取过来。这就是霍夫施泰特尔，他以前是符腾堡的一名军官，在罗马时是加里波第的总参谋长，同加里波第一直进军到威尼斯。所有认识他的人都认为，巴登—普法尔茨那些初出茅庐的统帅全部加起来，只抵得上此人的十分之一。

万一（现在看来很可能）鲁普斯不得不到另一个州去的话，总区部就需从这里转移。

后天我将离开此地前往伯尔尼，然后去圣伊米耶、拉绍德封、洛克勒、沃韦（泰霍夫在那里）、沙泰勒圣但尼（德斯特尔在那里）、日内瓦。我希望这里到处都能建立起支部，并将在两星期以后向你们报告成果。①

关于此地的集团，再补充几个情况。我获得这些情况的方法还不能

---

① 见文件496。

在这里讲，其可靠性是毫无疑问的。

1. 他们的全部"活动"是，给各个支部委派**工作**，让它们组织部队，搞所谓革命的措施、法律、革命法庭等等，这样他们在利用这些"支部工作"以后，仿佛就能够以法令、设施等一整套蠢事立即开进临时政府里去了。他们欺骗德国的支部，问哪些可用的人有可能被安置在那里做地方运动的领导。他们催促鲁普斯制订"经济措施"，这些人对此一窍不通，这自然要招来鲁普斯的一通嘲笑。几天前，这里收到**济格尔上将**的一份**德意志革命军组织计划**。总的来看，该计划据说都是些众所周知或者是从书本上抄下来的东西，我通过极为奇妙的方式得知下述一章。

按照济格尔的计划，一个革命军军官"照章"应配备有（逐字逐句抄录于后）：

"除军帽之外，一个包头，一柄军刀及皮带，一条**黑红黄三色**驼毛肩带（确实如此！！）；两副黑皮手套；两身军服，一件大衣；一条布长裤；一条领带；两双皮靴或鞋子；一个黑色皮旅行袋，宽12寸，高10寸，厚4寸；6件衬衣；**3条内裤**（就一般情况来说毫无疑问）；8双长统袜；**6块手帕**；两条毛巾，**一套洗漱和剃须用具**；一套书写用具，一块写字报附**委任状**，一个衣刷；一本作战条例"！！可见，济格尔将军起码不打算统率一支长裤汉军队！——你们如果想公开利用这一计划，那么，我要求你们把情况来源署上**日内瓦**（济格尔在那里），或者最好署上巴黎；否则我会陷于不妙的境地，因为那些家伙可能会察觉到，我用什么方式搞到了这一计划。

2. 那个游民叔尔茨在莱茵河与摩泽尔河一带只是任命了一些所谓"代理人"，一个支部也没有建立。此地的一位"首长"给其他某个人写信说："叔尔茨很可能要被抛弃；他很少活动，他那些来信谎话连篇，很少有什么实际的东西，即便有一点儿，**那也还是编造出来的**。"

3. 犹太人赖纳赫现在巴黎，想在那里建立一个"支部"。他找了萨瓦,此举就连这里的人们都觉得太过分了。前面提到的此地"支部"的写信人就此事写信(给巴黎方面)说:"在巴黎,我们必须同那些进行秘密工作的真正的革命力量会晤;但是我们尚缺少联系,而赖纳赫肯定**无法**建立这种联系。"他们现在打算给在巴黎的格赖纳寄去一份用法文写的全权委托书,为的是一俟他找到秘密协会的人,就可以同这些组织取得联系。席梅尔普芬尼希也在巴黎。

7月3日于苏黎世

手稿
莫斯科苏共中央马列主义研究院
中央党务档案馆,f.1,op.1,d.391
(《马克思恩格斯全集》历史考证版
第3部分第3卷第574—578页)

491

恩斯特·德朗克(苏黎世)给弗里德里希·恩格斯(伦敦)的信①

1850年7月3日

7月3日于苏黎世

亲爱的恩格斯:

8天前我才来到瑞士,因为在此之前我根本没有旅费。

---

① 这封信不是邮寄的。信皮上仅仅写着"弗·恩格斯先生收"。此外,封面一页上有几处马克思和康拉德·施拉姆签字的字样。因此,这两个人同样也知道德朗克的这封信和他的报告。

[……]我从法兰克福人和美因茨人那里得到的钱（让科隆人印刷的特德斯科的《问答》①的收入），刚够我到达巴塞尔；我自己的钱仅仅够我到达日内瓦。

随信附上第一份报告。②鲁普斯③是否在这里，不敢肯定，因为畜生们现在要800瑞士法郎的保证金。给我写信请寄到日内瓦，因为我应当，而且也想到加莱尔那里去，信可以寄到他的地址或者寄给图姆。[……]

请再寄给我一份新的委托书，要尽快寄到日内瓦；我的委托书必定是在巴登丢失了。在日内瓦，我还希望能看到一个法国人从都灵写的一封信，以便决定是否去都灵。鲁普斯有意去美国。

我还想针对阿塔—特罗尔、吕宁和他在蹩脚报纸④文艺专栏里发表的反对马克思的文章，立即从日内瓦寄一篇文章。我将在这篇文章中引用"时时亦曾发放恶臭"⑤这句诗，并论证他的资产阶级的叛卖性和叛卖的资产阶级性。

问候马克思

您的　恩·德朗克

---

① 文件445。
② 文件490。
③ 威廉·沃尔弗。
④ 《新德意志报》（美因河畔法兰克福）；关于这里提到的奥托·吕宁的文章，见文件484。
⑤ 亨利希·海涅《阿塔·特罗尔》第24章（见北京人民出版社1979年版第144页）。

手稿 节录

阿姆斯特丹国际社会史研究所马克思恩格斯遗著 LIII 76/L 1172（《马克思恩格斯全集》历史考证版第 3 部分第 3 卷第 573 页）

492

约瑟夫·魏德迈（美因河畔法兰克福）给卡尔·马克思（伦敦）的信

1850 年 7 月 3 日①

1850 年 7 月 3 日于法兰克福

亲爱的马克思：

我们从柏林得到消息说，大名鼎鼎、臭名昭著的许特作为普鲁士的密探被派往伦敦。当然，没有多大必要提醒人们对此人加以防范。但你们最好不要让他觉察出别人已经知道他是密探，否则肯定将会立即另派

---

① 这封信中提到的马克思和恩格斯的声明（文件484）发表在1850年7月4日的《〈新德意志报〉》（美因河畔法兰克福）上；魏德迈在前一天参加了这一号的出版工作。

一个人代替他。

根据您的指示,今天我把手头现有的钱(8塔勒)寄给了瑙特,并将在接到另外的指示之前继续这样做。谈不上见怪,这是不言自明的;我非常清楚,在你们的处境之下,心情不可能总是舒畅的。

您肯定已直接收到德朗克的信。从他最近的一封书信看来,他估计在当天晚上就会实现联合(这会使他很不愉快)。

现在想必您已经读了全部文艺专栏及其富有教益的结束语。今天的报纸上发表了你们的声明连同吕宁的附言,但这次是他亲自签名。我曾请求,从7月1日起把我的名字从编辑部名单中删掉,并允许我以后仅仅作为撰稿人,现在我事实上也只是采取了这一立场。吕宁不愿接受这一点;完全退出,这在目前情况下完全是一种破釜沉舟的做法,要三思而后行。此外,我还不想放弃在这里的其他活动。——毫无疑问,签名是我请求的结果。

希望议会表决能够暂时再次为你们在英国的逗留提供保证。如果不是出现了这种令人不愉快的问题①,我是非常欢迎托利党内阁上台。——但希望即使这个微弱的多数也能迫使帕麦斯顿解散议会,从而给运动以新的推动,特别是如果出现商业危机的话。

我的妻子和我衷心问候您和您全家。

您的 约·魏德迈

缺少《共产党宣言》使我们极不方便。如你们能尽快帮助解决,那就太好了。

---

① 见文件479。

手稿
阿姆斯特丹国际社会史研究所马克
思恩格斯遗著 DVIII 97/D 4532
(《马克思恩格斯全集》历史考证版
第 3 部分第 3 卷第 582—583 页)

493
科隆总区部给伦敦共产主义者同盟中央委员会的信

1850 年 7 月 10 日前后

科隆总区部致同盟中央委员会

兄弟们：

在公民沙佩尔向你们作了关于我们区部情况的口头报告之后，我们利用这一机会①再向你们作如下的补充报告。

科隆总区部现在包括 7 个支部，即科隆支部、法兰克福支部、美因茨支部、威斯巴登支部、科布伦茨支部、阿尔韦勒支部和亚琛支部。后

---

① 指约瑟夫·丹尼尔斯的伦敦之行；见文件 480。丹尼尔斯推迟了一个星期，在 7 月 19 日才成行，所以这份报告应当是在 7 月 12 日以前写成的。

两个支部是最近由特使建立的,成员超不过3人。至今我们还没有得到在特里尔有支部存在的消息,因此,我们不得不设想,在特里尔只有一个盟员代表同盟。此外,在波恩、杜塞尔多夫、索林根、安德纳赫和奥伊彭还有个别的同盟盟员;除了奥伊彭(它划归亚琛),他们所有的人都同我们有直接联系。

据6月23日的报告,为了断绝同瑞士支部的一切联系①,法兰克福支部进行了改组;这个有40名成员的工人协会完全掌握在同盟手中;对小资产阶级组成的人民同盟的影响增加了;同体操协会会员还没有建立任何联系。哈瑙还没有支部,这块土地被描绘成不毛之地。根据7月1日的报告,美因茨的同盟盟员建立了一个新的社会主义工人协会,旧的工人协会以及民主工人协会已经不起作用。支部已改组,共有6名盟员。据我们的特使②的报告,科布伦茨有一个由7名③盟员组成的支部,该支部在某些方面对当地的民主派小资产阶级和天主教小资产阶级有很大影响。将试图由另外一些盟员组成第二种组织。——摩泽尔河地区的居民绝大多数具有坚定的革命思想,但对共产党还不大了解。对宣传组织,一些地方采取了防范措施。在阿尔韦勒建立支部是很重要的,因为这样就可以开始对在阿尔河地区举足轻重的农民无产者进行工作。

我们要特别高兴地指出,在亚琛建立了一个支部,但迄今为止在人数众多的无产阶级中间还只取得极其微小的工作成果。在德国所有城市中,亚琛可能是大工业最发达的。工厂规模很大;而工人却因此受到最深重的经济奴役,宗教愚昧占据统治地位,这种愚昧维护了一种几乎万能的宗教,很难在他们中间站稳脚跟。因此,只要危机没有到来,宣传

---

① 见文件490。
② 彼得·勒泽尔。
③ 原稿字迹不清,原来似乎写的是"6",然后又在上面写了"7"。

工作就只能慢慢开展。亚琛的工人协会里完全不允许进行政治讨论，只能从事医疗补助和必需品救济。在小资产阶级中间几乎没有革命者存在。

科隆支部现在有 12 名盟员。[331]它领导工人教育协会，该协会每周定期举行会议，在会上作关于政治和社会问题的报告。这个协会的成员成立了一个大约有 40 人的委员会，由 1 名同盟盟员①在专门的集会上向它作关于经济问题的专题报告。如果群众集会被禁止的话，我们计划把这个委员会最优秀的成员组成较严密的宣传性质的协会。——直接由同盟领导的还有民主读书会，它被认为是坚决革命的小资产阶级的第二种组织；大部分成员属于当地的两个射击协会中最好的一个，这个协会的绝大多数会员是民主派小资产阶级。同盟盟员常常参加一些市民俱乐部的小型活动。一个盟员②参加了这里的体操协会理事会，这个协会把自己的场地提供给工人教育协会，供他们进行训练之用。

如果据此就把同盟事务在科隆的进展情况说成至少不是令人不满意的，那么最近中央委员会的一名成员对科隆区部的活动进行的严厉指责就更加触动总区部的痛处。这种指责是在给这里的一位盟员的私人信件中做出的。③ 这封信批评了总区部缺少行动和毅力；接着又补充说："科隆像其他任何地方一样，可以声明自己是什么中心。这种声明甚至比其他任何一个地方更符合斯宾诺沙式的声明，在这里圆周和圆心是重叠的。"

我们随时准备就所谓不积极进行活动的指责向主管机关进行申辩。或许，有人把科隆支部——在同盟完全陷于瓦解和伦敦方面已失去主动

---

① 亨利希·毕尔格尔斯。
② 阿尔伯特·埃尔哈德。
③ 指的是马克思于 1850 年 6 月 25 日给毕尔格尔斯的信。

性的情况下——尽力在德国重建同盟的努力看作是企图闹分裂，对抗公认的中央委员会——这种毫无根据的、同时是恶意的怀疑必然会引起我们的极大反感。因此，我们在此最坚决地驳回这种怀疑，并根据同盟章程第1章第1条："所有盟员都一律平等，他们都是兄弟"①，希望将来极力避免对我们，以及对同盟的任何组成部分采取这种非兄弟式的态度，至少中央委员会的成员不应采取这样的态度。

我们认为我们有责任正式敦促中央委员会处理这一问题；我们期望，同盟的执行机关同意我们的看法，任何时候都不应当采用挑衅的办法去贬低一个业已组建的同盟委员会，不要阻止向我们进行适当的赔礼道歉。

致以兄弟般的问候

科隆总区部
主席 勒泽尔（签字）

我还亲自请求公民恩格斯一定写信给哈夫（他曾在哈夫那里住过），要他给我们寄《共产党宣言》②，他那里还保存着一包。外地很多地方需要这本书，而我们一本也没有了。

手稿
阿姆斯特丹国际社会史研究所马克思恩格斯遗著 NI 2/0 21 （《马克思恩格斯全集》历史考证版第3部分第3卷第585—587页）

---

① 1847年12月8目的章程（文件183）和1848年11—12月的章程（文件321）在这里是一致的。

② 见文件538。

494
卡尔·马克思：共产主义者同盟中央委员会委员名单

大约1850年7月初至9月中旬[332]

弗伦克尔：克拉肯韦尔路米德尔顿街35号。

列曼[333]：牛津街伯里克街25号。

沙佩尔：黄金广场大普尔特尼街30号。

施拉姆、恩格斯、普芬德、鲍威尔、维利希、马克思、埃卡留斯。

手稿
莫斯科苏共中央马列主义研究院
中央党务档案馆，f.1，op.1，d.359
(《马克思恩格斯全集》历史考证版
第1部分第10卷第358页①，参看
《马克思恩格斯全集》中文第2版
第10卷第455页)

---

① 影印件在该卷第359页。

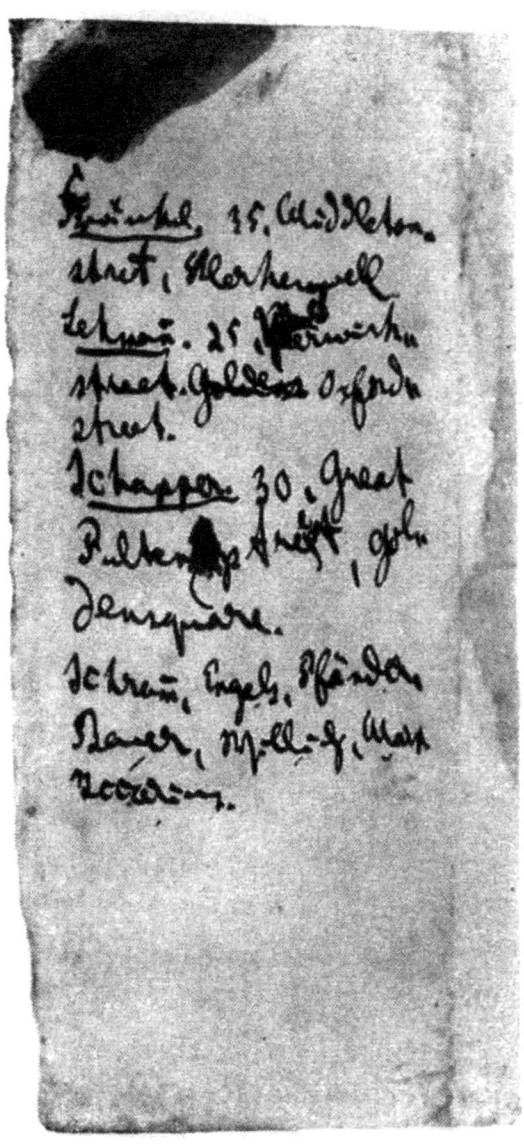

卡尔·马克思：共产主义者同盟中央委员会委员名单

495
卡尔·马克思（伦敦）给卡尔·布林德（布鲁塞尔）的信

1850年7月17日

1850年7月17日于伦敦
索霍区第恩街64号

亲爱的布林德：

我们长时间没有写信是由于误会。因为我们以为，中央委员会的第二个通告信①，在一个半月或两个月以前［已由］② 我们的特使克莱因转给你了，我们在等着你的答复。［现在］发现，克莱因根本没有把这样的东西［送］回布鲁塞尔。

请你尽快给我写信，并在信中单独附一封给［中央委员会］的信。我们打算过几个（8）星期在这里召开代表大会③。你对荷尔斯泰因的事有什么［看法］？首先我们要派一个特［使］④ 去，［他］在那里工作过两年，对所有的人和事都了解得［很清楚］。

关于我个人的命运以及我……各种各样的意外遭遇，下次再谈。

---

① 马克思和恩格斯《共产主义者同盟中央委员会告同盟书。1850年6月》（见《马克思恩格斯全集》中文第2版第10卷第423—430页）。——编者注
② 手稿在此处及以下多处缺损。——编者注
③ 指预定要召开的共产主义者同盟代表大会（见《马克思恩格斯全集》中文第2版第10卷第428页）。由于共产主义者同盟于1850年9月发生了分裂，后来又由于维利希—沙佩尔宗派集团的破坏活动，代表大会未能召开。——原卷末注
④ 康·施拉姆。——编者注

这一次我向你谈一件私事［……］如果可能的话，请你不要拒绝帮助我。我曾和我的家人商量好，［……］星期在荷兰同我的姨父菲力浦斯一起处理我的钱的事情。［为此］我要亲自到荷兰去。我妻子的［……］病一直［妨碍］我动身。而现在只有过几个星期我才可以去，因为我姨父的两个女儿要接连在［……］他那里举行婚礼，所以商务问题只有过几个星期才能［了结］。

在这期间，鉴于有这笔交易，我就拿它作担保，在伦敦这里的一家［……］商号①开了一张20英镑（500法郎）的期票。期票将于星期一或星期三到期。如果我不能兑现，我可能会遭到公开的……②，而鉴于这里的党派状况以及［我］同普鲁士使馆和英国内阁的关系，［可能会产生］非常不愉快的后果。

现在我听说，**戈克**目前在巴黎有一笔可观的资本。请你立即写信给他，向他说明情况，问他能否凭债券或期票借钱给我。拖延就有危险。

在我未去荷兰把事情办妥以前，我可是真正意义上的身无分文了。

我相信你会尽一切可能去做的。

你的　卡·马克思

手稿
英国国家图书馆（伦敦），手稿部，
Ms. 40124（《马克思恩格斯全集》
历史考证版第3部分第3卷第87
页，参看《马克思恩格斯全集》中
文第2版第48卷第132—133页）

---

① 可能是指在班贝格尔那里。——编者注
② 这句话出自罗马史学家梯·李维的著作《罗马建城以来的历史》第38卷第25章。——编者注

496
恩斯特·德朗克（日内瓦）给弗里德里希·恩格斯（伦敦）的信

1850年7月18日

1850年7月18日于日内瓦

亲爱的恩格斯：

我于昨晚到达此地，尽管12天的徒步旅行使我精疲力竭并由于缺钱而陷于窘境，我仍然就我所取得的成果向您作一汇报。我第一封寄自苏黎世的信①（包括有关那里状况的一些通报），但愿您已经收到，我在这里尚未得到任何音讯。

在伯尔尼，我去过厄博姆处。他参加了瑞士的协会，大体说来，他对该协会的"**会商方式**"也颇有好感。说实在的，一开始我就觉得他似乎不像我根据您的来信所认为的那样，虽然他立即陪我去酒馆喝酒并逐渐同意我的种种批评。（顺便说一句，他对魏特林，特别是对波尔恩颇为仰慕！）到最后他才表示准备重新加入同盟并改组支部（在最后一天，又发现一名十分有用的工人可以参与此事）；我不得不明确禁止他同波尔恩联系，但是我暂时允许他继续留在瑞士人那里，以便监督这些人并逐渐把有才干的人拉出来。我有意不同布赫海斯特进行任何接触。有关他的那些消息都是绝对不利的，他企图千方百计把瑞士人独立地团

---

① 文件491。

结起来并同苏黎世的希尔盖特纳有着极亲密的关系。此外，据我所知，苏黎世人立即到处写信，说我正在瑞士四处走访，——因此我就更没有兴趣去向这位"伯尔尼的代理人"倾吐真言了。我给鲁普斯①也写了回信，请他暂时**不要**吸收可敬的"集中"派资产者当中的人，而只限于吸收工人。

虽然事前我给人写信要过钱，但是在伯尔尼时却没有找到所急需的钱款，因此，尽管我十分不情愿，然而也**无法前往纳沙泰尔州**，只能经沃韦直接赶来此地。

在沙泰勒圣但尼，我遇见了德斯特尔，他收留了一名游民伊曼特②，开始时他极其难为情地设法避免任何商谈。我把他带到沃韦那里，即使在那里，伊曼特和他也是形影不离；有泰霍夫（他也是从苏黎世方面得知我到来的）在场时，我才得以同他谈话。关于我们的目的和组织进行了大约一个小时的讨论之后，泰霍夫才完全**赞同我们**；他承认，他们在德国毫无影响，并补充说，他们一面尽力开导所有卑鄙的反对派，一面不得不与议会派为伍，但是，采取介乎议会派和无产阶级革命派之间的立场是荒谬绝伦的。他愿意发挥他的影响，使苏黎世人放弃他们在**德国**的事务并在瑞士接受鲁普斯的领导。昨天，他已前往伯尔尼，就其被驱逐一事再找德律埃谈一谈，如果解决不顺利，几天后就返回此地，然后再去伦敦。——德斯特尔终于单独向我做了解释，他对伦敦方面重又开展工作一事毫无所知，他打算帮助切断同德国的各种联系并同鲁普斯一道建立领导苏黎世人的总区部。我问他，如果你们准备同苏黎世人断然决裂并听任他们那些荒唐之举自行塌台，在这种情况下是否愿意直接退出苏黎世的协会，他的回答是肯定的。

---

① 威廉·沃尔弗。
② 彼得·伊曼特。

截获的那几封信①，波尔恩和赖纳赫在写的时候是知道情况的！

在沃韦时，我在轮船旁还遇到两个工人（是维利希军团的），他们就住在沃韦。他们人不错。假如我还有机会再去那里的话，我将找他们谈谈。

在日内瓦这里，有一个苏黎世人的小小的分支机构——席利、济格尔先生等等——，同加莱尔有联系。我今天在加莱尔那里呆了一个上午，我不愿同他搞什么事，因为他喜欢同所有的人都打得火热，既同海因岑和司徒卢威，也同济格尔和奇尔讷保持联系，看来事实上他根本不是什么真正可用的人。与此相反，这里已经有了一个工人协会，是由莫泽斯②领导的。这个星期我才有可能去看看，那里是否有什么可取之处。我还未能找图姆谈，不过据说他是个小资产者。

您可以看到，我在所去过的不多的几个地方——巴塞尔、苏黎世、伯尔尼、沃韦等——都是马到成功；在这里我也一定如此。剩下来的是要到洛桑、纳沙泰尔，还要去拉绍德封、洛克尔、弗勒里耶、圣伊米耶等地，从我收到的所有报告来看，这些地方也颇为重要，为此我需要钱。为了钱的事，今天我已往德国写信，然而尚不知成功与否。如果您能从伦敦给我寄大约1.5镑，那么我就可以立即启程前往。**不过，请立即给我回信**，因为我不知道是否还需要继续留在此地，这要看我所盼望的来信才能决定。

我还获悉，在我离开苏黎世之后，那些革命的半拉神仙中间发生了激烈的争吵。他们一筹莫展；博伊斯特写信给泰霍夫，说他退出委员会并准备"参加"我们这边。不过，我要嘱咐鲁普斯小心谨慎。

---

① 文件442。
② 莫泽斯·赫斯。

第五章　改组共产主义者同盟并总结革命经验

　　苏黎世人从法兰克福获得有关我们的情况（而且可能还有告同盟书）的报告，是因为魏德迈不慎寄给了"法兰克福支部"，又从那里通过那些诡计多端的"代理人"而到达苏黎世的。魏德迈办事太不灵活，对此我过去一直都没想向你们汇报。布伦要求他参加，他请求给他8天时间考虑；那个游民布伦直言不讳地向他自我介绍是苏黎世的代理人，可他却还让流亡者舒斯特给布伦旅费！！我现在向您汇报此事，但如果要批评他，希望不要说是**我告诉的**。

　　好吧，请立即回信告知，您是否已收到我的第一份报告①（落款写的是苏黎世，用您妹妹的地址），我可否前往纳沙泰尔。我仍期望获得的我自己的钱看来还没有眉目；我在法兰克福从家里挤出的钱，在法兰克福的奔波和迄今的旅行中已经用光了，这里边还有魏德迈给我作为特使的钱款18古尔登（用于去巴塞尔的路费），和他后来通过鲁普斯补寄给我的10古尔登。因此，请立即给我来信，我还要不要去洛桑和纳沙泰尔，因为在我收到所盼望的从家里寄来的其他信件之后，我或许会很快离开此地——前去都灵或者是警察较少的法国南方。

您的　恩·德朗克
（来信寄阿·加莱尔处）

手稿
莫斯科苏共中央马列主义研究院
中央党务档案馆，f.20，op.1，d.30
（《马克思恩格斯全集》历史考证版
第3部分第3卷第594—596页）

---

①　文件470。

497
罗兰特·丹尼尔斯（科隆）给卡尔·马克思（伦敦）的信

1850年7月19日

亲爱的马克思：

您终于收到由我兄弟①转交的您所盼望的报告②，他的旅行延误了8天。从法兰克福寄给我们的一些详细记录遗失了，这正是我们不敢把信件交给邮局的原因，而报告迟误这么久也就是可以谅解的了。

我曾盼望您对我最近一封信③的答复。在那封信中，我单方面向您叙述了您同此地和您观点不同的那些人的分歧。假如您是因为我在信中使用的个别词语大概有所冒犯而对这种愿望不予理睬的话，那么您应当想到，我明确向您解释了，那一观点纯属个人之见，据此我认为你们应负大部分责任；您应当相信，关于此事我对谁都没有像对您这样言词激烈，我认为，从您最近的一封信来看，我有权利这样做。请不要因此而让党受到什么损失。

---

① 约瑟夫·丹尼尔斯。
② 文件493。
③ 丹尼尔斯1850年6月28日的信（文件485）之后的一封信。

我们的小党通过报界的压迫和各种协会的有害影响而看到，只有越来越多地采取秘密宣传的办法才行。现在或许已经到时候了，应由一个唯一的中心来组织宣传。按我的意见有两条途径可循。一个是去影响比较广大的人民群众，即那些就其社会立场来看可能是革命的人，但是为此目的，传单之类就是必不可少的了。您还记得，我们在这方面做过什么。我曾请您给我们搞一些，或者您亲自写一些诸如此类的读物。如果我们应该把宣传扩展到农村去的话，一本类似特德斯科为工业无产者所写的问答①的书，对农业无产者也是必要的。然后还要一本**手工业者**问答，我姑且这么表达吧。我还要不厌其烦地再重复一遍，现在手工业者同业公会这件事在小手工业者当中所引起的愤慨恰恰提供了一个最好时机。

或者（2），我们仅仅满足于在较为重要的一些地方，只把那些同时在人民当中也有点影响的知识分子吸收进来。为此，《宣言》②一直有用，而且这也就完全够了。它是我们的圣经，我们让人们对之笃信不渝。

谁知道我们在这种苦闷状态中还得熬多久？何况下次起义时，革命未必就是天经地义的胜利者。因此，最稳妥的做法是，两种办法都采取。另外，你们自己也承认，把圈子组织得再广一些是有益的。但是，我们只能指望为数不多的小资产阶级分子，即所谓的民主派。我们必须通过合适的读物来把他们改造成为社会民主派，为此还需要向人们的心灵发出呼吁。我们应使他们对社会改良的一些后果有思想准备。为此目

---

① 文件445。
② 文件202。

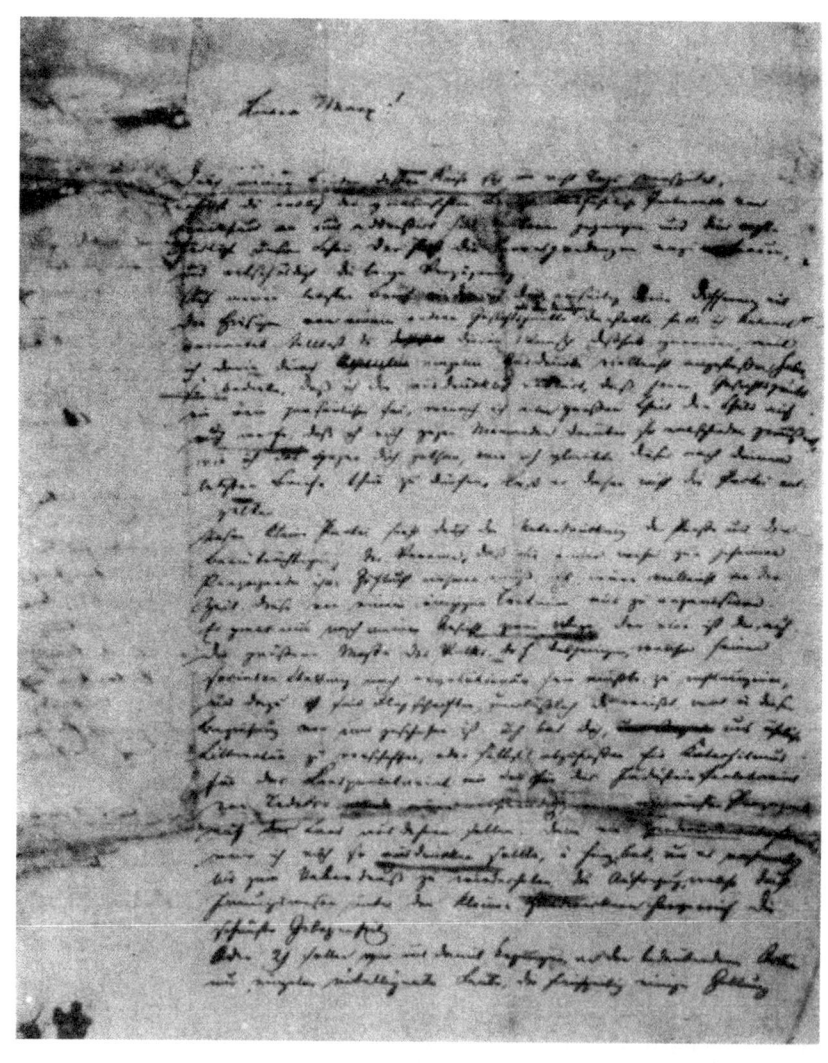

罗兰特·丹尼尔斯1850年7月19日给卡尔·马克思的信

的,我已译出了维尔加尔德尔的小册子《联合体中各种利益的协调》[334],该书是我从您的藏书中找出来的。小册子目前暂时同贝克尔的印刷所一起被警察查封了。这派人中只有知识分子和少数出身于大资产阶级的受过历史教育的人,通过阅读你们的刊物[①]而对革命发生了兴趣。我真没想到,这些人直接读懂您对法国革命和整个现代革命的叙述竟如此之难。但是我已经有了体会;您不必为发行量少而大惊小怪,无论如何不应从外部情况去寻找原因。舒贝特或者你们的发行人[②]当然应当受到惩罚。我们现在等着出版下一期,可是白等了一个半月。

我们非常愿意接纳那位红毛[③],而且我相信,这样一来,我们就可以获得一批地址和联系点,不过,悬而未决的分歧却妨碍我们去这样做。

向您、您的夫人和朋友们致最美好的问候。

您的 丹尼尔斯
1850年7月19日于科隆

手稿
莫斯科苏共中央马列主义研究院
中央党务档案馆,f.20,op.1,d.32
(《马克思恩格斯全集》历史考证版
第3部分第3卷第599—600页)

---

① 《新莱茵报。政治经济评论》。
② 康拉德·施拉姆。
③ 海尔曼·贝克尔。

498

卡尔·普芬德(伦敦)给《自由射手》(汉堡)编辑部的信[335]

1850年7月19日

下面的信连同信中通知的20英镑10先令10便士,我们已于7月19日收到无误。

我们谨以德国流亡者的名义,向你们致以诚挚的谢意。

德国流亡者处境十分困难,我们感到有必要尽可能加以分担。为此目的,我们租了一幢房子,采取集体开伙、集体住宿等等做法。这样安置流亡者比过去单纯发放救济金所能做到的要好,而且也便宜得多。

虽然我们百般努力设法给这些人找工作、予以安置,他们的人数仍然是有增无减。

因此,任何时候都是欢迎汇款的,而且你们完全可以放心,这些款项均有得当的使用。

致以崇高的敬意

最忠实于你们的社会民主主义
流亡者委员会的代表
卡尔·普芬德

收据

今收到《自由射手》报发行科经由 H. H. 勒尔斯寄来 20 英镑 10 先令 10 便士，谨致谢意。

　　　　　　　　　　　社会民主主义流亡者委员会
　　　　　　　　　　　经手人　卡·普芬德
　　　　　　　　　　　　　　　1850 年 7 月 19 日于伦敦

1850 年 7 月 30 日《自由射手》
（汉堡）第 91 号

499
莫泽斯·赫斯（日内瓦）给约瑟夫·魏德迈（美因河畔法兰克福）的信

1850 年 7 月 21 日

　　　　　　　　　　　　　　　1850 年 7 月 21 日于日内瓦

亲爱的魏德迈：

根据德朗克（他到此地已有数日）的建议，随信寄上《问答》[336]，这是我好几个月之前写成的，但是尚未付印，因为……

德朗克的意见是，请您将此书交给拜斯特，由克纳茨公司印刷并由他们发售（他们发售过《一个普鲁士士兵的悔恨》①），仍然是类似的条件。每千册（每册1印张），拜斯特拿20古尔登，千册以上自然要少些，他提供的贷款应以秘密销售传单的人事先和事后付款交到时为限。出现最糟糕的情况时，由我为可能的亏损作担保。如果小册子销路不错，有机会时就请您把书款收入的余额给我转来，我会感到十分高兴。确定出版数量一事，我交由您来处理，因为您必须一方面根据第二个一千册的售价，另一方面根据将来可能的销路行事。这东西将会有销路，对此，您在当地会比我在此地更容易作出恰当的判断。您可以通过安贝格尔（巴塞尔沙贝利茨书店的店员）给我这里寄大约50册，我可以通过瑞士工人协会推销。在科隆，您恐怕得同工人协会主席勒泽尔取得联系，以确保这本红书有较大的销路。勒泽尔也推销过特德斯科的《问答》。② 德朗克暂时让我代为问好，他过几天将给您写信详谈。

您的　莫·赫斯
绍德龙尼尔路288号

《莫泽斯·赫斯通信集》（E.济尔伯纳编）》1959年海牙版第267—268页

---

① 《一个普鲁士士兵对于"英勇军队"在巴登的暴行的悔恨。他在绝望中对战友的警告》1849年黑里绍版。

② 文件445。

500
伦敦社会民主主义流亡者委员会财务报告

(1850年5、6、7月的财务报告)

伦敦社会民主主义流亡者委员会1850年5、6、7月的报告

收 入

		镑	先令	便士
4月24日	原财务账目结余…………	9	4	$11\frac{1}{2}$
5月	经公民谢特奈尔转来哈瑙的捐款13镑,扣除所得税7先令9便士…………	12	12	3
	一个英国人捐款…………	—	2	—
	从美因河畔法兰克福寄来5镑和20镑…………	25	—	—
		46	19	$2\frac{1}{2}$
6月	从特里尔寄来…………	2	2	6
	从巴黎(德国工人)寄来……	1	18	6
	经公民佩茨勒转来…………	—	5	—

		4	6	—
7月	从美因河畔法兰克福寄来……	30	—	—
	从科隆寄来…………………	—	11	4
	从威斯巴登（工人协会）寄来………………………	4	10	—
	从汉堡（《北德意志自由报》）寄来…………	11	11	10
	从伦敦工人协会寄来………	7	9	6
	从美因河畔法兰克福寄来………………………	20	—	—
	从哈尔特山麓诺伊施塔特寄来………………	4	—	—
	从汉堡（《自由射手》报发行部）寄来…………	20	10	10
	从拉绍德封寄来……………	5	—	—
	从汉堡（圣格奥尔格工人协会）寄来…………	—	17	6
		104	11	—

支　出

			镑	先令	便士
从4月24日	128次救济金　每次3先令				
5月30日	6便士………………………		22	8	—
	27次救济金　每次3先令…		4	1	—

	26 次救济金　每次 2 先令…	2	12	—
	31 次救济金　每次 1 先令…	1	11	—
	25 次救济金　每次 5 先令…	6	5	—
	临时救济金…………………	1	5	—
	为流亡者制鞋的工钱………	—	14	—
	零星开支……………………	—	6	11
		39	2	11
6 月	58 次救济金　每次 2 先令…	5	16	—
	59 次救济金　每次 1 先令…	2	19	—
	25 次救济金　每次 1 先令 6 便士…………………	1	17	6
	临时救济金…………………	—	10	—
	零星开支……………………	—	11	6
		11	14	—
7 月	28 次救济金　每次 2 先令…	2	16	—
	24 次救济金　每次 1 先令…	1	4	—
	93 次救济金　每次 6 便士…	2	6	6
	临时救济金…………………	1	6	—
	流亡者膳宿费 　7 镑 9 先令 6 便士 　5 镑　—　— 　5 镑 10 先令　— 　5 镑 10 先令　— 　6 镑　—　— 　6 镑　—　—	35	9	6

购置劳动用品……………	6	—	—
给流亡者的预支款…………	7	12	6
给一个有家眷的流亡者的预支款……………	1	—	—
零星开支………………	—	19	$3\frac{1}{2}$
	58	13	$9\frac{1}{2}$
总计…………………	109	10	$8\frac{1}{2}$
收入总额………………	155	16	$2\frac{1}{2}$
支出总额………………	109	10	$8\frac{1}{2}$
结余…………………	46	5	6

上述财务报告是在今年7月30日的工人协会会议上提出和批准的。捐款人及其被委托人可以查阅账簿和单据。

因为6月份收到的捐款很少，流亡者常常处于困窘的境地，所以决定为流亡者设置集体宿舍和公共食堂。这里的工人协会，以及已找到工作的部分流亡者，靠捐款就可能开始实施这个计划。以后收到的款子，可以用来购置一些室内所必需的家具什物。目前宿舍有18位流亡者住宿，食堂约有40位流亡者用餐。首先利用流亡者中没有事做的鞋匠给他们的同志提供必需的鞋子。其次，委员会出资并采取必要措施，在上述场所为流亡者设立一个联合工场，使他们能够挣得自己的部分生活费用。

如果初次尝试获得成功，那就将更大规模地施行这项工作，并及时继续把这一工作的情况通知大家，委员会希望，当流亡者还不能维持自已生活的时候,救济流亡者和给他们设立工场这两项措施用德国来的大量捐款能够维持下来。

社会民主主义流亡者委员会

卡尔·马克思　弗·恩格斯　奥·维利希

卡尔·普芬德　亨·鲍威尔

1850年7月30日于伦敦

1850年8月8日《北德意志自由报》第425号(《马克思恩格斯全集》历史考证版第1部分第10卷第572—574页,参看《马克思恩格斯全集》中文第2版第10卷第725—728页)

501

威廉·罗特哈克尔[337](伦敦)给卡尔·马克思(伦敦)的信

1850年7月至8月上半月

马克思公民:

维利希公民今天告诉我,我已被区部分到他的支部。虽然我仅有一次以客人的身份参加过该支部,但是我就已经被接纳入盟了。

关于普鲁士引人注目的军备问题展开了一场政治性争论,这个问题和同盟的所有狭隘利益毫不相干,各家报纸都在讨论,有的赞同,有的反对。一派为赤裸裸的、坦率的战争意图进行辩护,而豪德和我则认为,还应该认识到对已不复存在的要塞进行辩护也是一种**财政方面的诡**

计。辩论愈演愈烈。尤其是支部主席维利希无疑非常热情地参加了。一位发言人认为,最好让我们经巴黎、纽伦堡和罗马去匈牙利进行一次无聊的旅行以清醒一下头脑。我打断他说,他讲的问题部分是不属于讨论范围,部分是彻底错误的。主席喊我遵守秩序,我未予理睬。这似乎受到了欢迎。我误认为我插话是履行了主席由于过分卷入争论而未履行的责任,这可能是我的错误,不过,维利希肯定也有错误。当一个人说我的发言有一个地方**不明确**时,他就认为必须**由他**来对**我的**话进行**解释**和**补充**,并且说了一些恰恰只有**他**而不是我说过的事。当我要求发言时,最后就根本不让我发言,因此,我也完全放弃了。为了稍加说明对我的激昂的愤恨和天晓得哪里来的敌视情绪,我提一点,有位盟员甚至要求立即把我开除出盟,又有一位盟员则主张成立一个委员会来审查**这个罗特哈克尔究竟是怎样入盟的**,说这事**很可疑**。可惜,这两个提案最后都收回了,也许是出于宽容吧?对此,我丝毫不领情。他们觉得,他们做得太过分,是没有道理的。**豪德**公民有力地保护了我,并且**格纳姆**公民可以作证,他会向您讲述事实。

我愿意属于其他任何支部,但是我**决**不愿意属于**这个支部**。我感到幸福和高兴的是,我属于把崇高思想作为格言写在盾牌上的**同盟**的一员;但如果我希望作另外一个**支部**的成员的话,那么人们根据前述情况想必会同意我提出的这个请求。

威·罗特哈克尔

手稿
莫斯科苏共中央马列主义研究院
中央党务档案馆,f. 20, op. 1, d. 40
(《马克思恩格斯全集》历史考证版
第 3 部分第 3 卷第 608 页)

502

康拉德·施拉姆（阿尔托纳）给共产主义者同盟中央委员会（伦敦）的信[338]

1850年7月底至8月初

朋友们：

我于星期二[①]早晨抵达这里。我先去过汉堡的马尔滕斯那里。马尔滕斯认为，反对布伦的做法至少是不明智的，因为他说布伦有很大影响，并且其地位之稳固正与日俱增。我到达阿尔托纳之后才相信了这一点，同时认为有必要立即和布伦重新建立联系。结果是双方皆大欢喜，详情日后面谈。

给W先生的信已经转交，今晚我将和他再次见面。很难说此人会有多大用处，待党采取第一个步骤以后，他才肯表态。今晚或许可以听到更多的情况，从而改变我由最初印象所得出的看法。

我明天才同奥尔斯豪森会晤。他本来定的是今天，但我不愿去他的编辑办公室[②]找他，而是给了他一个约会。从他那里不会得到很多情况，这一点我事先就知道，这里的事情糟而又糟。普遍的看法是，再也不能搞武的了，只能靠文的来决定成败。组建自由军团已属不可能，做

---

① 7月23日或30日。
② 指的是汉堡《北德意志自由报》编辑部。

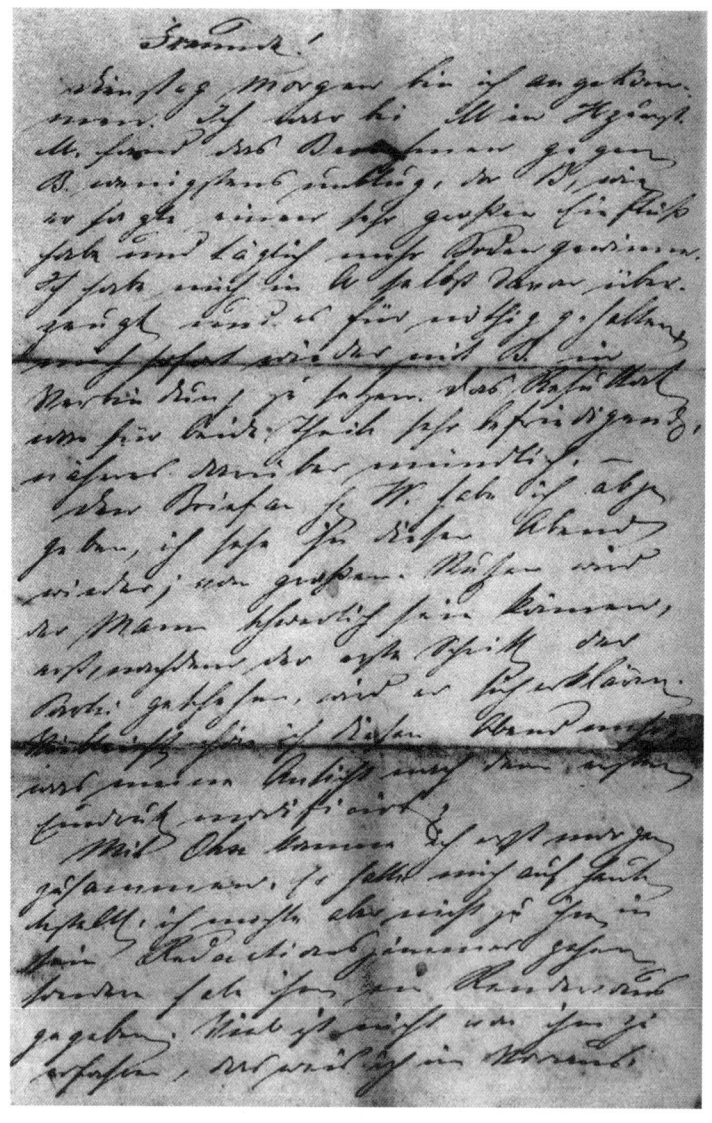

康拉德·施拉姆1850年7月底至8月初给伦敦共产主义者同盟中央委员会的信

过尝试，但未成功。布拉克洛夫为此目的曾打算举行人民会议，但遭到禁止。由于人员的缘故，整个市自卫军，全部小市民都反对此事。如果布拉克洛克不搞这个安排得很糟又根本没有实施的计划，促使这些小市民宣布拥护志愿军，并为此组成一个委员会，这件事恐怕就好办了。现在唯一可能的事就是再搞一次军事革命，这绝不是办不到的——被招收是毫无困难的。没有任何证件的人都收了。把尽可能多的可靠的人招到军队里去，当然是再好不过的了。我的意见是，只要能够，就通过康普顿大街把所有流亡者全部派来，好坏都无所谓，用一个护照，对于那些没有什么需要加以提示的人，只要有普拉特博士的一封介绍信交给奥尔斯豪森就够了。当然，这样的介绍信必须立即搞到。非常干练的人自然应该介绍到布伦那里去，他会给他们以必要的训练。有关情况容以后面谈。这些天，布伦已经把许多人偷偷送进军队，有的当士兵，有的当下级军官。

政府现在一味进行疯狂追捕来对付所有民主派。近日来，这里至少有6人以莫须有的罪名被捕，拉福里被关在基尔，原因是他对总督发表了一些看法。约翰奈斯·隆格遭到通缉，原因是他于1894年在此地印行过的一篇论文。为对付所有陌生人而颁布了强化的警察指令，但无法贯彻实施。如果再次失败或者屈服于所谓伦敦议定书，那么总督和维利森就完了。

无论如何，现在唯一可行的做法就是通过革命分子来加强军队。但愿你们同意我的看法并采取我所建议的步骤。我可能后天返回，此地有许多事需要我亲自操心，我停留时间的长短，取决于同所有人都谈过话并完全理出头绪所需的时间。如果时间长，下次邮班我会写信。

再见

忠实于你们的

亨利希·施土姆普弗

在莱比锡，有一位名叫马尔齐乌斯的先生被捕，邮局拆开了一封给他的信，内中有一份伦敦的告同盟书①，信的全部内容和里边出现的人名已为所有报纸刊载。

手稿
莫斯科苏共中央马列主义研究院
中央党务档案馆，f. 20, op. 1, d. 131
(《马克思恩格斯全集》历史考证版
第3部分第3卷第612—613页)

503
恩斯特·德朗克（日内瓦）给弗里德里希·恩格斯（伦敦）的信

1850年7月底或8月初[339]

亲爱的恩格斯：

泰霍夫昨天抵达此地，今天已赴巴黎，在那里停留几天，尔后即前往伦敦。他向我讲了，《卡尔斯鲁厄日报》刊载了一份《伦敦中央委员会致全体德国支部的通告信》②，这封信是**莱比锡**警察局（可能是波尔

---

① 文件473。
② 文件473。

恩说出去的?)**截获**的。① 这正是我今天写信的主要目的。他对这份文件关于济格尔和贝克尔的说法大为恼火,他宁肯认为这只不过是(维利希)拨弄是非,并且他声称"在瑞士的中央委员会里有一位可靠的盟员报告了一切情况"这句话确实极不高明,整个这件事是卑鄙无耻的。我无法去否认这份刊载出来的文件的真实性,因为有关布伦和大学生叔尔茨的通报已不容许断言警方在吹牛。但我今天使他的态度稍有改变,尽管其间我同他和席利进行过一番激烈争论,泰霍夫一再声称对济格尔的攻击是维利希个人的嘲讽,他还否认维利希有**任何**军事才能。我把马克思的地址(莱斯特旅馆)给了他,我相信,尽管有这些情况,但你们**谨慎**一些,便能轻而易举地做好他的工作。

  第二封通告信情况非常糟糕,因为不论如何这都会招致逮捕并且要被瑞士那班蠢驴所利用。泰霍夫对我说,波尔恩在伯尔尼告诉他(当时,泰霍夫因护照一事正在那里),在德国**还有**另外一条联系渠道;波尔恩似乎想不惜一切代价通过谎言、阴谋、秘密勾当来坚持扮演某种角色,而且(如果通告信不是以不慎重的方式从科隆送到莱比锡的话)我认为此人完全可能是通过他那伙莱比锡的施特劳宾格人中的一个故意把这件事透露给反动报纸的。无论如何你们要尽快设法了解,**有谁**在莱比锡遭到过搜查,或者该文件是从**谁**那里被查获的。针对波尔恩的谎

---

① 中央委员会《六月告同盟书》是由卡尔·威廉·克莱因从伦敦带到大陆的,他把一份抄件交给科隆共产主义者同盟总区部(见文件483)。他还"抄写了几份要散发的告同盟书"(文件765),其中一份于6月10日寄给莱比锡同盟支部领导人裁缝帮工亨利希·马尔齐乌斯,信封外面写了假地址和收信人:莱比锡商人卡尔·亨利希·黑尔弗尔。这封信6月13日寄到莱比锡,19日被黑尔弗尔交给警察。7月24日《卡尔斯鲁厄日报》第172号在《乱党的计划》的标题下全文报道了告同盟书,其他报纸也相继转载。——译者注

言，我不得不告知泰霍夫，波尔恩早已被开除。

奇怪的是，德斯特尔对于我提出的坦率要求毫无回音；我愈来愈相信，而且我给你们写信也谈过，他对自己在瑞士集团中的"第一小提琴"地位感到心满意足，似乎再不想靠耍弄脚踏两只船的诡计来捞取什么东西，现在他完全会利用文件的公布作为回避任何公开声明的借口。

现在，我无论如何要在几周之内去一趟都灵。因为我的律师把我彻底抛弃了，所以我现在正处厄运，即使我的钱现在到了，我也无法离开此地前往拉绍德封等地，何况我从其他方面还不一定能搞到所需的10至15塔勒。法兰克福的魏德迈几乎没有帮上什么忙；因此我给**科隆**方面写信要求寄来10塔勒左右，因为我从你们那里一无所获。在近来发生的种种情况和波尔恩玩弄的诡计之后，我认为事情紧迫，如果得到回音，我还到那些地方去。这样，拿到新通行证和所需的钱之后，我便**直接**前往都灵。

我在此地组建了一个支部，力量比别的支部**要强些**。莫里逊①、一个丹麦女人彼得逊（不要同布鲁塞尔的一个同名的人混淆）、若干十分有用的工人参加了这个支部；莫泽斯②是不能绕开的，但是他无足轻重。

里昂（无产阶级）派在法国人中有联系，同巴黎的社团没有来往；他们彼此以好友相称，像加里波第那样。尚斯尔（1848年5月15日流亡的布朗基主义者，后来去罗马投奔加里波第，作过奥地利的战俘）和罗兰（流亡的山岳党人）也在这里。托雷在洛桑等地。意大利人当中有：瓜尔迪亚，流亡组织的创始人和会计，马志尼分子；德尔·韦基奥，小猴子；里恰迪，自认是马志尼的缩影。萨宗诺夫日日夜夜都同**济格尔**混在一起；戈洛文，无聊的"学者"。赫尔岑在尼斯，仍不停地指

---

① 见注释249。
② 莫泽斯·赫斯。

使几个寄生虫四处兜售他那些令人厌恶的对马克思的诬陷。意大利人真正的**革命**党在此地并**没有**自己的委员会。

务必给我来信！我在苏黎世写的信已在此地从加莱尔那里得到了您的复信；我从这里给鲍尔写信①，要求到纳沙泰尔去的旅费1.5镑至2镑，尚未得到回音。

你的　恩·德·

手稿
阿姆斯特丹国际社会史研究所马克思恩格斯遗著 LIII 146/L 1173（《马克思恩格斯全集》历史考证版第3部分第3卷第609—610页）

504
关于汉堡成立一个流亡者救济委员会的报道

1850年8月13日

——为帮助在伦敦的那些需要救济的流亡者（绝大部分是工人），成立了一个**工人委员会**。在大约4个星期的时间内，通过每周捐款和一次性捐款，现已收到4.17镑（83马克经手费）。希望众多工厂的工人

---

① 文件496。

能把这件事做起来,并且主要通过每周捐款——每人约1先令(多多益善)的办法来救济流亡者。该委员会出纳**莱梅**[340](住址圣格奥尔格大街兰格莱厄18号)愿为希望参加此项事业者提供一切所要求的详情。

1850年8月13日《自由射手》(汉堡)第97号(《马克思恩格斯全集》历史考证版第1部分第10卷第1100—1101页)

505
弗里德里希·列斯纳(科隆) 给莱昂哈特·博尔茨(美因茨)[341]的信

1850年8月14日

[……]我来到科隆,好处很多。他们盼望我已经很久了,原因各种各样。我在此地深受同情,但我不能各处都走到,都看一看。在这里,我再次感觉到,谁笑在最后,谁笑得最好,这是千真万确的!而我现在正在笑。我还不会很快来;因为我要跑许多地方,我期待有点眉目。您无需对B生气。因为我将带去一些重大的消息。已经从这里给法兰克福那边写了信。为什么,您是知道的。您将从我这里知道许多有关

我在伦敦的朋友①的新闻。迄今为止,警察尚未打扰我。虽然他们瞪着眼盯着我,因为共产党人的气味太浓了,他们不会嗅不到。现在我尚未去过弗莱里格拉特那里,不过我很快要去的。请弄些钱来,因为我把活动开展起来还要有不少开销。[……]

杜塞尔多夫国家档案总馆科隆高等法庭藏件 Nr. 9/21 Vol. XIII, Bl. 155/156

节录

506
关于奥古斯特·黑策尔在同盟柏林组织审判案中出庭的报道[342]

1850 年 8 月 14 日

[……] 黑策尔首先发表了关于起诉书的长篇声明。他说,从青年时代起,他便热情关注工人等级的权利和福利。1848 年 12 月间,有一位特使②从伦敦到此地找他,并交给他一份同盟章程③(文件案卷 9),还要求在柏林发展同盟。他接受了这一要求,成为一个支部的负责

---

① 可能指卡尔·沙佩尔。
② 约瑟夫·莫尔。
③ 文件 321。

人，并经常举行支部会议，还同在柏林建立的其他支部的负责人召开区部会议。他曾用化学墨水把同盟章程抄写了多份，以便印出来。不过他没有印成，而是最终让另一个盟员①进行平版印刷。他本人在举行一定仪式的情况下被接纳入盟，此地其他盟员也都经过庄严宣誓。黑策尔不愿承认同盟有任何叛国倾向，而硬说同盟的宗旨仅仅在于使文明世界的所有工人和手工业者建立起兄弟般的情谊，以维护手工业者的权利，同盟只不过是手工业者的汉撒同盟，而共和则仅仅是形象化的名称而已。同盟不曾打算制造革命，而只是在再度爆发革命时候设法不要再像1848年革命时那样对工人的权利不闻不问。工人由于其人多势众可能在每一次革命中都易于取得胜利，但难以保持这个胜利，因为遗憾的是他们缺少必要的知识，因为知识阶级总是随后便攫取了统治。例如，三月革命后工人也曾有过巨大的荣誉，许多枢密顾问在自己的演说中曾认为他们是枢密顾问而不是劳动者是一个不幸，但是后来人们就不再重视工人了。[……]

1850年8月16日《柏林政治和学术问题王国特权报》第189号第1附刊

摘要

[……]**黑策尔**今天在主要几点上收回了他早先承认的东西。他承认，他于1848年12月中旬被从伦敦来的特使接纳加入起诉书中所说的同盟。这位特使将一份同盟章程交给他，起初他试图自己翻印，但是后来让一位盟员进行平版印刷。他今天说同盟的宗旨没有危险性，它不是政治性的，而仅仅是社会性的。它的宗旨主要在于启迪手工业者和工人。它根本没有想到过要挑起一场暴力革命。那位特使也只是告诉他，

---

① 卡尔·韦格纳。

为实现自由贸易在手工业者中间建立一个联合会，并且为了教育手工业者等级具备这样的思想，首先需要扩大该等级中知识分子的数量。因此，他为同盟的发展进行了工作，并把同盟章程交给那些先后组建起来的支部的负责人。他决不会说出那些人的名字，因为起诉的是叛国罪，而且他不愿使任何人遭到不幸——如果他说出来，那么大家肯定要唾弃他。他理解的"革命"只是观念的改变，决不是拿起武器进行斗争。他认为，"共和"一词就是指建立自由的手工业者联合会的国家。他认为，实现这一思想在立宪国体中也是可能的。即便同盟的倾向因此仍然是革命的，那也不能由此得出它具有暴力性质的结论。革命一旦爆发，同盟成员的意图是为劳动者阶级的利益拿起武器，甚而也许会去反对革命者。须知，1848年三月革命后，我们都体验过，工人本来有希望获得的权利如何被人给损害了。枢密顾问们表面上曾装出一副似乎以当枢密顾问为耻的样子；他们曾向工人等级卖弄风骚，但是，曾几何时，又恢复到专制统治时代的老样子。因此，革命如果再度爆发，人们可要十分谨慎行事，到那时被发现的属于他自己和他的朋友们的武器，都应当用于这个目的。手榴弹箱是他从一个陌生人那里得到的。他是手工业者，对制造这种手榴弹感兴趣，从他那里找到的样品和原材料是他搞来的，只不过当作一个无谓的玩意儿而已。同盟章程里的"对于叛徒须处以极刑"这句话，仅仅是虚张声势，只是暗示事情的严重性。因为，把这种恫吓付诸实施，无论如何需要一种同盟所不曾有过的权力。在他那里找到的有关当地军队驻扎情况的文件是莫明其妙的东西。

被告人供认1848年春在本地认识了裁缝魏特林。他不想同魏特林保持特殊友谊关系，并且认为他的那些共产主义见解极其可笑。被告人说，他是经过一位来自巴黎的熟人介绍认识德斯特尔博士的，还为他修过鞋。第二议院解散以后，此人被驱逐出柏林，那个现已被没收的箱子就是他交给被告人保存的，里面装的是文件。……

1850年8月17日《法院总汇报》（柏林）第66号第526页　　　　　　　　摘要

507
德国烟草工人汉堡全体大会会议记录[343]

1850年8月19—25日

［……］为解决会前提出的各种问题，全体会议现在分为若干委员会。

被选入第一委员会（涉及联合会将来的组织问题）的有：**勒泽尔、迈耶尔**①、**赫尔佐克**②、**阿森多尔夫**③**和特劳贝尔特**。④［……］会员在讨论它的提案时分裂成多数派和少数派，多数派有**迈耶尔、特劳贝尔特和阿森多尔夫**，少数派有**勒泽尔和赫尔佐克**。［……］

因为**赫尔佐克**从实际立场出发阐明问题，**勒泽尔**打算从原则立场出发阐明问题。他认为，协会工厂或者诸如此类的机构并不是帮助工人的正确手段。在他看来，这些东西已经过时。他发表了长篇讲话，试图对

---

① 不伦瑞克和沃尔芬比特尔的代表。
② 比勒费尔德及其附近地区的代表。
③ 汉诺威、策勒和艾姆贝克的代表。
④ 哈瑙、奥芬巴赫、美因河畔法兰克福、比布里希和新维德的代表。

此加以证明。他请求不要为一种理论去牺牲社会财富,指出成本高昂的管理并建议接受少数派的意见。[……]

进行表决;在此之前,**迈耶尔**和**特劳贝尔特**还声明,他们原则上同意少数派的建议。

少数派的建议获得通过。[……]

现在选举主席。

勒泽尔提议自己作候选人,他在长篇讲话中宣布了自己的信条。他特别强调说,同重要人物的交往使他有了一些经验,如果当选,他愿把这些经验和他的美好意愿奉献给事业。

被提名为候选人的有:**赫尔佐克、阿龙格**①和**迈耶尔**。[……]

阿龙格得 9 票,**勒泽尔** 4 票,**迈耶尔** 1 票。

阿龙格显然十分激动,他感谢对他的信任,他不打算再作任何允诺,但是愿意严格认真地信守诺言。

选举副主席时,同样发出 14 张选票并如数收回。**勒泽尔** 6 票,**席尔霍尔德**② 3 票,**迈耶尔** 2 票,**巴塞**③ 1 票,**科尔韦克** 1 票,**赫尔佐克** 1 票。

勒泽尔当选,他当即发表讲话表示感谢,同时保证,如果力所胜任,他非常愿意尽力而为。作为主席,他感谢会议当中存在的宽容气氛,同时请求全体与会者应以良好的榜样和教导去影响委托人并告诫他们为了我们美好的目的而齐心协力。

根据**阿龙格**的动议,大会全体起立向主席④表示感谢,感谢他的公

---

① 杜伊斯堡、杜塞尔多夫、贝恩卡斯特尔、米尔海姆(莱茵河)和什未林的代表。
② 不来梅代表。
③ 阿尔托纳代表。
④ 彼得·勒泽尔。

正的领导。[……]

《在汉堡召开的德国烟草工人全体大会会议讨论简况》杜伊斯堡版（无出版年份）第2、3和8页（梅泽堡德国中央档案馆 Rep. 77, Tit. 662, Nr. 8, Bd. 3）

摘要

508

关于卡尔·马克思、弗里德里希·恩格斯和康拉德·施拉姆同古斯塔夫·阿道夫·泰霍夫在伦敦谈判的报告[344]

1850年8月21日

[……]期三晚上，我同马克思、恩格斯和施拉姆会晤。他们竭力想争取我，现在我还一直不明白这是为什么。因为我看不出，我们这些行伍出身的人有什么东西会受到他们的重视。至少眼下他们不需要我们。马克思告诉我，除维利希之外，他们还急需一位军事家，以防止片面性，并立即建议我参加他们的中央委员会。恩格斯则干脆大加恭维。[……]

第五章　改组共产主义者同盟并总结革命经验

首先谈到他们和我们、伦敦和瑞士之间的竞争。双方都明确表示，过去根本谈不上、现在也谈不上什么竞争，更不用说个人性质的竞争了。事情也就是这样，无论对于他们还是我们来说都是如此。**他们说他们应当维护老同盟的权利，它为了自己的某种党派地位，不能容许在同一领域（无产阶级）里还另有一个同盟与它友好并存。**对此，我阐述说，当我们开始干的时候，老同盟事实上已经不存在，因此，在我们方面肯定无竞争可言。证明之一是，德斯特尔、沃尔弗等人是同我们一起行动的，无论如何也不可能设想他们愿意并应该作我们的密探。证据之二是，我们**暂时**解散，当然还保留重新组织的权利，因为我们认为，同盟现在采取的是一种不利于事业而是有利于个人的方针。（这个事实我必须承认，因为德斯特尔、J.……等人总归要向他们全面报告这个事实）接着，我谈到在莱比锡被查获的他们的通告①。我说，我们大家都疑心**是他们让发表的，我们大家感到愤慨的是，他们在通告中点了个别人的名而使这些人狼狈不堪、声名扫地；**我继续说，从对济格尔、贝克尔等人的系统的攻击中，我们似乎明显看出，纯粹为了维利希的缘故而针对上述那些人采取一种完全是个人的政策。他们强烈反对我说的这一切。他们说，他们绝对没有让通告被查获的意图；因为事情已经发生，那就随他们便吧。因为这起了良好的作用。自从公众都知道同盟仍然存在以来，同盟大为加强了。他们很想再公开发表一些东西，可能是第一个通告的全文。② 至于那些人，他们倒是一些真正有理智的人，他们不会多愁善感。**他们关心的是事业和组织一个层次严密的强大的无产阶级政党。为达到此目的，不仅要排除一切异己，而且还要无情地追究所有持任何反对意见的人。**至于对济格尔的攻击，那是必要的，因为他的声

---

① 文件 473。
② 文件 448。

望已经完全超过他的功劳并且太过分了。例如，在哈瑙流传着他的肖像，下面附有说明：德国未来的军事独裁者。恩格斯十分风趣地补充说，**他作为一个南德人必然受到攻击**，这全是一些不切实际的家伙和诸如此类的家伙。总之，如果关于他在事实上有讲得不对之处，那么他们的报纸①对他来说同任何其他人一样是大门敞开的。我想明天立即写信告诉他，他们任何时候都不顾虑同他会晤。至于维利希，我对他们同他的关系的判断是完全错误的。他的确是肯定会为他们的党提供保障的唯一一位军官，此外，他在军事方面并没有像其他许多人那样搞得名声不佳；至于他的大将之才，他们对此似乎深表怀疑，更确切地说，他们认为他只不过是个游击领袖；他的那些共产主义的梦想，他幻想革命结束时娶妻生子等等，在他们看来同任何别的人一样非常可笑。（在所有有关他的谈论中，有一种明确无误的辛辣味）现在该轮到金克尔了。我告诉他们，我承认他们关于党的组成的看法是正确的，不过，他们的攻击的方式（且不谈其他的）无论如何都是失策的。他们的话语中夹杂着对人的恶语中伤，他们总是设想卑鄙无耻的行径（这里通常只会有错误和缺欠）——这一切都必然使他们无益地树起愈来愈多的死敌，使他们的党在公众看来无非是尽搞一些个人之间的争斗，并且在党内也削弱了人们对党的领袖的大公无私品德的信任，从而扼杀了党的团结。我举**金克尔**为例。对此他们回答说：他们的策略方式，他们的写作方式，是他们自《新莱茵报》以来就已经确定了的。他们正是摆脱了**德国人**那种无聊的、愚蠢的、善良的吹牛皮说大话的习气，选择了**法国人**那种尖锐和明确作为他们的表达方式。而他们这样做也取得了极其辉煌的成就，因而不能放弃。他们从不追求廉价的荣誉，恰恰相反！［……］而他们的斗争对于党的影响是，**他们永远放弃争取德国的小市民**。他们越是疾

---

① 《新莱茵报。政治经济评论》。

恶如仇地坚决反对一切动摇分子，**他们对英国和法国相应政党的影响就越完全彻底。**这些党口头上已经接受了他们的纲领并以他们为榜样，同样坚决地开展了反对一切动摇分子即政治革命家或资产阶级革命家的斗争。路易·勃朗还在摇摆，不过，最晚10天之后他必定要来，云云。现在终于来谈主要问题：我对他们的纲领是怎样的看法，我是否愿意依据该纲领参加到他们中间去，然后应立即进入他们的中央委员会。这时我以感动的声调表示感激，不过我向他们解释说，我必须先详细了解情况和人员，然后晚些时候再做决定。接着，他们七嘴八舌地说了起来：情况是要了解的，而人员的了解倒并非关键，因为人员经常有变动，我在前边关于党的领袖所说的话，对于他们的党完全用不上；它恰恰不承认权威，它依靠自己的力量，事物的威力，在它内部没有人想到过搞临时政府，搞专政，想要去扮演这样或那样的角色，想要获得这种或那种头衔。就他们个人来说，他们唯一希望的就是，永远作反对派。没有反对派，革命就要睡大觉，整个旧的"阶级废物"——这是马克思娓娓动听的说法——就仍然存在。他们之中无论谁过早地担任职务和角色，谁就必然要因此沦为反动派并从而背叛他们的原则。［……］我心平气和地倾听了这一切，最后声明说，我要过一些时间再作明确答复；我赞同他们的纲领；虽然我总是把他们想象得比卡贝那种共产主义的幸福畜厩还要荒唐，但是通过那个纲领我却得到了第一个证据，证明他们对问题的理解是很实际的。因此，从这一观点出发，我可以毫无顾虑地同他们联合。［……］

关于德斯特尔。我说过，此人终日躲在自己的药箱里，再不去想德国革命，他打算在瑞士飞黄腾达。咳！可以说您对此人了解得太差了。这是或许在我们党内存在的最坚定，最顽强的功名心，他越企图躲起来，就越是这样。但是，这并没什么害处。我们总是要推动他前进的。他是我们同资产阶级之间的一个中间环节，云云。

关于波尔恩。他把自己获得的整个政治教育归功于他们,不过,他是个有虚荣心的傻瓜,他曾经想独自干一番,起先在同盟内表示不服从并因此不得不被开除出去。但这不是他们独自所为,而是根据许多支部的要求。[……]

卡尔·福格特《我对〈总汇报〉的 摘要
诉讼》1859年日内瓦版第142—159
页和第154页

509
弗里德里希·恩格斯谈共产主义者同盟中央委员会的一次会议

(摘自恩格斯1853年11月23日写给马克思的信)
1850年8月底

[……]在施拉姆和维利希之间闹到要决斗的一次中央委员会会议①上,我似乎犯了罪,因为在这件事发生之前不久,我和施拉姆一起"离开房间",因而是事先策划了这件事。

---

① 指共产主义者同盟中央委员会在1850年8月底(至迟9月1日)举行的会议。——编者注

以前，似乎是马克思'唆使'施拉姆，现在轮换了，我充当了这个角色。一个老练的擅长使用手枪的普鲁士尉官同一个可能从来没有摸过手枪的商人之间的决斗，确实把这个尉官"除掉"的绝妙办法。朋友维利希不顾这一点，还到处诉说——口头上和书面上——，我们想枪杀他。

我和施拉姆同时离开房间，这是有可能的（某种需要使我离开房间，对这样的事情我不作记录）；但是也未必如此，因为我从我所保存的当时中央委员会会议记录中看到，那天晚上施拉姆和我是轮流做记录的。施拉姆仅仅是被维利希的无耻行为所激怒。他提出同维利希决斗，使我们都大吃一惊。在几分钟之前，大概施拉姆本人也不会料到事情有如此的变化。这个行动是十分突然的。维利希在这里还说，他曾经声称：'施拉姆，给我出去！'事实上是维利希要求中央委员会赶走施拉姆。中央委员会则认为没有必要满足他的要求。施拉姆只是应马克思的个人请求才离开的，因为马克思希望不要再继续胡闹。在我这一边有记录，在维利希先生一边则是他的个人人品。

弗里德里希·恩格斯①

马克思《高尚意识的骑士》1854年纽约版第7页（参看《马克思恩格斯全集》中文第2版第12卷第572—573页）

---

① 这封信是恩格斯应马克思的请求而写的，信的原件至今未能找到。——编者注

510
卡尔·沙佩尔谈共产主义者同盟中央委员会的一次会议

（摘自沙佩尔1860年8月27日写给马克思的信）

1850年8月底

1860年8月27日
于培德福德广场彼尔西街5号

亲爱的马克思：

关于施拉姆和维利希之间的丑事，奉告如下：

这件丑事是在中央委员会的一次会议上闹出来的，这是他们俩在讨论时**偶然**发生的一场激烈争论引起的。我记得很清楚，你本人曾**竭力**使他们平静下来，要他们言归于好；而且，你就像我本人以及其他在场的中央委员一样，看来对这一突然爆发的冲突感到震惊。

祝好

你的
卡尔·沙佩尔

第一次全文发表

手稿
莫斯科苏共中央马列主义研究院中央党务档案馆，f.1, op.5, d.1158
（《马克思恩格斯全集》德文版第14卷第444页，参看《马克思恩格斯全集》中文第1版第14卷第471页）

511
伦敦社会民主主义流亡者委员会救济款单据[345]

1850年9月1—26日

现从社会民主主义流亡者委员会收到12先令。此据

威·李卜克内西
1850年9月1日于伦敦

手稿①莫斯科苏共中央马列主义研究院中央党务档案馆，f.1, op.1, d.361

第一次发表

代载勒尔收社会民主主义委员会3.5先令。

贝尔托尔德代　载勒尔
1850年9月9日于伦敦

手稿②
莫斯科苏共中央马列主义研究院
中央党务档案馆，f.1, op.1, d.362
(《马克思恩格斯全集》历史考证版
第1部分第10卷第575页)

---

① 威廉·李卜克内西的手迹。
② 马克思的手迹，代载勒尔签字的是贝尔托尔德。

收到社会民主主义流亡者委员会救济款 3 先令。£ —. 3. —.

斐迪南·沃尔弗
1850 年 9 月 9 日于伦敦

手稿①
莫斯科苏共中央马列主义研究院
中央党务档案馆，f.1, op.1, d.363
(《马克思恩格斯全集》历史考证版
第 1 部分第 10 卷第 575 页)

10sh

即 10 先令现金是社会民主主义流亡者委员会每周付给流亡者救济委员会的救济款。此据

西里西亚弗赖堡的克洛泽
1850 年 9 月 9 日于伦敦

按照副本
莫斯科苏共中央马列主义研究院
中央党务档案馆，f.20, d.144/4

第一次发表

10sh

即 10 先令是今天马克思公民转交给我的流亡者救济款。此据

西里西亚弗赖堡的克洛泽
1850 年 9 月 16 日于伦敦

---

① 恩格斯的手迹，签字人是斐迪南·沃尔弗。

按照副本   第一次发表

莫斯科苏共中央马列主义研究院

中央党务档案馆,f. 20, d. 144/5.

从马克思博士处各收到 10 先令。此据

斐迪南·沃尔弗

威·李卜克内西

1850 年 9 月 20 日

手稿①

莫斯科苏共中央马列主义研究院

中央党务档案馆, f. 1, op. 1, d. 364

(《马克思恩格斯全集》历史考证版

第 1 部分第 10 卷第 583 页②)

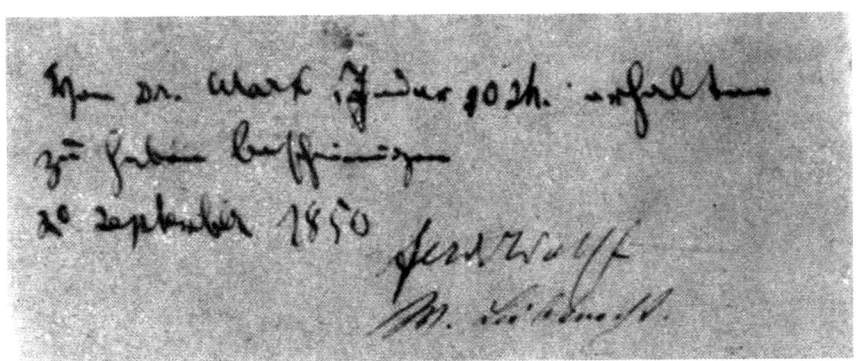

社会民主主义流亡者委员会救济款单据

---

① 除了签字,全是马克思的手迹。
② 印件见该卷第 585 页。

从卡尔·马克思博士处收到 1 英镑。

C. 施拉姆

1850 年 9 月 20 日于伦敦

第一次发表

按照副本
莫斯科苏共中央马列主义研究院
中央党务档案馆，f. 20, d. 144

从马克思博士处收到 10 先令救济款。此据

克洛泽

1850 年 9 月 20 日于伦敦

手稿①
莫斯科苏共中央马列主义研究院
中央党务档案馆，f. 1, op. 1, d. 365
(《马克思恩格斯全集》历史考证版
第 1 部分第 10 卷第 583 页②)

收据

从卡尔·马克思先生处收到赴汉堡的旅费共 2 英镑 10 先令。此据 £ 2.10. —

豪普特

1850 年 9 月 24 日于伦敦

---

① 除了签字，全是马克思的手迹。
② 影印件见该卷第 585 页。

收据

从卡尔·马克思先生处收到救济款2英镑10先令。此据£ 2.10.—

豪普特

1850年9月24日于伦敦

手稿①莫斯科苏共中央马列主义研　　　　　　　　　　　第一次发表
究院中央党务档案馆,f. 20, d. 132

从卡·马克思公民处收到10先令。

C. 施拉姆

1850年9月24日于伦敦

按照抄件　　　　　　　　　　　　　　　　　　　　　　第一次发表
莫斯科苏共中央马列主义研究院
中央党务档案馆,f. 20, d. 144/9

10 sh

即10先令是马克思公民今天付给本人的救济款.此据

克洛泽

1850年9月25日于伦敦

按照副本　　　　　　　　　　　　　　　　　　　　　　第一次发表
莫斯科苏共中央马列主义研究院
中央党务档案馆,f. 20. d. 144/11

---

① 威廉·豪普特的手迹。

从卡尔·马克思博士处收到10先令救济款。此据

约·贝尔
1850年9月26日于伦敦

手稿　　　　　　　　　　　　　　　　　　　　　第一次发表
莫斯科苏共中央马列主义研究院
中央党务档案馆,f.20,d.144/13

512
奥古斯特·维利希（伦敦）给卡尔·马克思（伦敦）的信

1850年8月27日

1850年8月27日于伦敦

昨夜，流亡者们彼此进行了极为详细的调查——什么都没有发现。今晨我问过施托瓦瑟，此人说，阿普雷德里斯不仅分毫未付，而且说，他最多能交出他通过马克思得到的10先令。① 对此，我们无法再向他提出什么指责。若是昨晚不进行调查，那么今天事情就很可能会被揭发出来。

奥·维·

---

① 另见1850年5月31日阿洛伊斯·阿普雷德里斯给马克思的信（《马克思恩格斯全集》历史考证版第3部分第3卷第554页）。

致马克思公民。

手稿

阿姆斯特丹国际社会史研究所马克思恩格斯遗著 DVIII 159/D 4582（《马克思恩格斯全集》历史考证版第3部分第3卷第620页）

513
奥古斯特·维利希（伦敦）给卡尔·马克思（伦敦）的信[346]

1850年9月1日

1850年8月①1日于伦敦

致社会民主主义流亡者救济委员会主席：

谨告知马克思公民，拨给寄宿处②的钱款连同其他基金为数约10先令的结余，除所欠2镑，现已全部开销。我建议，由委员会采取必要措施以解决今明两天的开支，连同房租共计1英镑15先令2便士。

我同时建议，在明天的委员会会议上报告上个月的账目。

奥古斯特·维利希

---

① 为"9月"之误。
② 指的是委员会所设置的提供膳食、住处和洗涤设施的流亡者之家。

手稿
阿姆斯特丹国际社会史研究所马克思恩格斯遗著 DVIII 156/D4580
(《马克思恩格斯全集》历史考证版第3部分第3卷624页)

514

奥古斯特·维利希(伦敦)给卡尔·马克思(伦敦)的信

1850年9月2日

1850年9月2日于伦敦

致马克思公民:

您曾对哥林格尔说,我的旅费已准备好①,所以我想,您可以把预

---

① 指奥古斯特·维利希去比利时安特卫普与康拉德·施拉姆决斗。此事马克思和恩格斯尽了很大努力未能制止。决斗最后于9月11日上午举行。施拉姆的证人是波兰革命者亨利克·路德维克·米斯科夫斯基,维利希的证人是古斯塔夫·阿道夫·泰霍夫。施拉姆头部受了轻伤。泰霍夫在他致瑞士"革命集中"的信(见注释344)中的附言中谈了决斗的详细过程;"当我打算第二次给手枪装子弹的时候,施拉姆伸手去握维利希的手,向他保证说,他没有任何个人的怨仇,他为了党不能退缩,然后他开始挑衅,如此等等。总之,他公开地和诚心诚意地向对方提出和解,对方接受了。"(载于卡尔·福格特《我对〈总汇报〉的控诉》1859年日内瓦版第160—161页)。施拉姆在安特卫普平民医院治伤,不久就返回伦敦;他还再次参加了中央委员会9月1日的会议(文件522)。

关于这次决斗,另见卡尔·马克思的《高尚意识的骑士》,《马克思恩格斯全集》中文第1版第9卷第553—558页。

支给您的钱款留下一部分。因此我请您从中拿出4至5英镑给我。我将于星期六①启程。

奥古斯特·维利希

手稿
阿姆斯特丹国际社会史研究所马克思恩格斯遗著 DVIII 158/D4583
(《马克思恩格斯全集》历史考证版第3部分第3卷第625页)

515

奥古斯特·维利希（伦敦）给卡尔·马克思（伦敦）的信

1850年9月5日

8月②5日于伦敦

致公民马克思：

我并未宣布说我要启程，因此我启程与否不能构成全体会议③推迟

---

① 9月7日。
② 为"9月"之误。
③ 指的是共产主义者同盟伦敦盟员的全体会议。这个会议没有举行；见文件522。

举行的理由。星期五①我将出席。**会议已经预告了**。我要求会议按照中央委员会的决议举行，或者是今晚召开中央委员会另行作出决议。

奥古斯特·维利希

手稿
莫斯科苏共中央马列主义研究院
中央党务档案馆，f. 20，op. 1，d. 33
(《马克思恩格斯全集》历史考证版
第 3 部分第 3 卷第 627 页)

516
奥古斯特·维利希（伦敦）给卡尔·马克思（伦敦）的信

1850 年 9 月 7 日

致马克思公民：

寄宿处钱款我已交林格斯转给委员会。此人可以一天或两天取一次寄宿处钱款用于开支。格贝尔特将接管制刷工人的账。

奥古斯特·维利希
1850 年 9 月 7 日于伦敦

---

① 9月6日。

手稿
阿姆斯特丹国际社会史研究所马克思恩格斯遗著 DVIII 157/D4584（《马克思恩格斯全集》历史考证版第 3 部分第 3 卷第 631 页）

517
哥特弗里德·克洛泽[347]（伦敦）给卡尔·马克思（伦敦）的信

1850 年 9 月 11 日

马克思先生台鉴：

今晨有事缠身，不能亲自前往问安。因此，谨写上寥寥几句。

可以肯定地预料，会有一些羡慕我坐的这把椅子的游手好闲的人向新委员会抗议我的救济款的数额。为了明确地答复这些人，我需要委员会的统计材料：

营房①**在建立过程中和建立以来花了多少钱**；另外，营房存在期间为救济流亡者、资助成立制刷作坊等等花费多少；供给膳食和给予救济的人数有多少；还有平均每人每星期花多少钱。

为了现在就能着手这项统计工作，我请求您在其他委员同意的情况下允许我在给我指定的时间内以最快的速度在普芬德先生处仔细看一下

---

① 指社会民主主义流亡者委员会建立的流亡者之家。

迄今为止的账目,并允许我作必要的摘录。

晨安!

忠实于您的　克洛泽

1850年9月11日于伦敦

又及:请您最好让我弟媳告知我,饭后几时可以同您面谈。

克·

手稿

阿姆斯特丹国际社会史研究所马克思恩格斯遗著 DV 77/D 2670(《马克思恩格斯全集》历史考证版第3部分第3卷第634页)

518
布莱曼(伦敦)给卡尔·马克思(伦敦)的信

1850年9月12日

致马克思公民

1850年9月12日于伦敦

马克思公民:

十分抱歉,我不得不提醒您一笔我经手的债款。我在一个星期一把给您的2先令交给公民施拉姆,当时他答应至迟星期六归还,从那以后已经过了三个多月了。他向我描述了您的境况,而我作为一个同盟盟员

认为有义务想点办法。[……]

　　敬礼并握手。

布莱曼

手稿　　　　　　　　　　　　　　　　　　　　　　　　　　节录

阿姆斯特丹国际社会史研究所马克思恩格斯遗稿 DI 49/D 337（《马克思恩格斯全集》历史考证版第 3 部分第 3 卷第 635 页）

519
彼得·勒泽尔（科隆）给卡尔·马克思（伦敦）的信

1850 年 9 月 14 日

1850 年 9 月 14 日于科隆

亲爱的马克思：

　　我们许久都没有听到你们的任何消息了，因此我只好代表科隆的朋友们向**你们**提出几个问题。近处和远处都有人来问我们，还有没有《共产党宣言》。我们现在连一本也没有了，因此我们想，最好出第 2 版[348]。但是我们认为，《宣言》事前应该根据现时的情况加以修订。此事将由你们决定，不过，要尽快把结果告知我们。

　　第二个问题是，我们早就殷切盼望出版您的国民经济学。我现在冒昧地问您一句,您是否有意把稿子连同您的条件寄给我们,我们将立即交贝克尔付印,并负责发行。这对于宣传工作有很大意义。

盼尽快回音。

衷心问好。

您的 彼·格·勒泽尔

手稿　　　　　　　　　　　　　　　　　　　　　　　　　　节录

莫斯科苏共中央马列主义研究院
中央党务档案馆,f.1,op.5,d.305
(《马克思恩格斯全集》历史考证版
第3部分第3卷第639页)

520
奥古斯特·维利希(伦敦)给卡尔·马克思(伦敦)的信

1850年9月14日

9月14日于伦敦

致公民马克思:

区部多数派决定于下星期一①举行伦敦区部全体会议。鉴于这个会不能一拖再拖,所以,中央委员会如有必要在此之前召开的话,须在下

---

① 9月16日。

星期一**前**召开。

奥古斯特·维利希

手稿
莫斯科苏共中央马列主义研究院
中央党务档案馆，f.20，op.1，d.38
(《马克思恩格斯全集》历史考证版
第3部分第3卷第640页)

521
卡尔·普芬德（伦敦）给卡尔·马克思（伦敦）的信

1850年9月14日

1850年9月14日

亲爱的朋友马克思：

如果您尚未通知中央委员会委员们的话，那么劳驾通知他们去"白厅"。

因为，我们如果仍在往常的酒店聚会的话，那么别人一找就很容易找到我们。

反动派很可能要召开全体会议。这样一来，我们可就骑虎难下或者

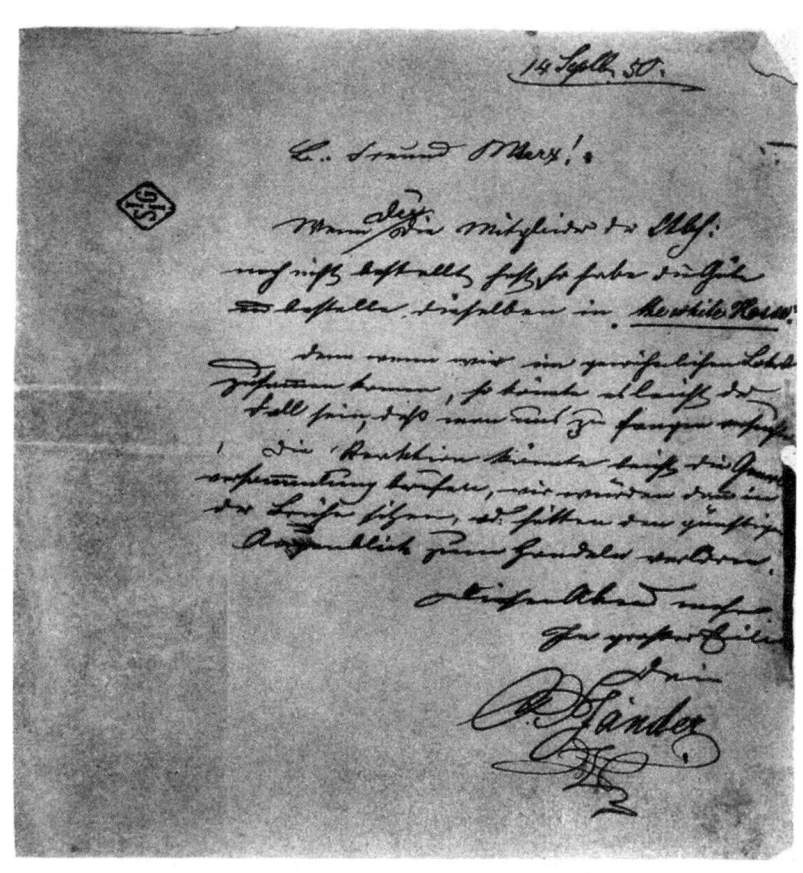

卡尔·普芬德1850年9月14日给卡尔·马克思的信

说丧失了采取行动的最有利的时机。

今晚再谈。匆此。

您的　卡·普芬德

手稿

阿姆斯特丹国际社会史研究所马克思恩格斯遗著 DVI 225/D 3643（《马克思恩格斯全集》历史考证版第3部分第3卷第636页）①

522
伦敦共产主义者同盟中央委员会会议记录

1850年9月15日

1850年9月15日中央委员会会议。

出席会议的有马克思、恩格斯、施拉姆、普芬德、鲍威尔、埃卡留斯、沙佩尔、维利希、列曼。

弗伦克尔请假。

由于本次会议是非常会议，上次会议的记录不在手头，因此无法

---

① 附有影印件。

宣读。

马克思：这次会议星期五未能召开，因为跟协会①委员会会议时间有冲突。既然维利希②召集了区部会议，——我不想探讨这个会议是否合法——这次会议今天必须举行。

我提出下列3点建议：

1. 在今天的中央委员会会议结束之后，中央委员会从伦敦迁到科隆，它的职权移交给该地的区部委员会。这项决议应通知在巴黎、比利时和瑞士的盟员。在德国，由新的中央委员会自己通知。

理由：我曾经反对沙佩尔提出的关于在科隆建立全德区部委员会的建议，以免破坏中央权力的统一。这一点在我们的建议中已经去掉了。而且现在又出现了一系列新的情况。无论在上次会议进行谴责投票的时候，或者在现在区部召开的全会上，或者在协会，或者在流亡者中，中央委员会的少数派都公开反对多数派。因此，中央委员会在这里无法继续存在下去。如果中央委员会的统一不能继续保持，那么，它必然会陷于分裂并形成两个同盟。但是，因为党的利益高于一切，我才提出这个出路。

2. 沿用至今的同盟章程应当废除，责成新的中央委员会草拟新章程。

理由：1847年代表大会通过的盟章，在1848年由伦敦中央委员会作了修改。现在情况又有了变化。在最后的伦敦盟章中，削弱了原盟章中的原则性的条款。在一些地方两个盟章都有效，在另一些地方则哪个盟章也不起作用，或者采用完全是擅自③制定的盟章。可见，在盟内是

---

① 指德意志工人教育协会。——编者注
② 第二个副本中有"星期一"。——编者注
③ 第二个副本中有："独立"。——编者注

一片无政府状态。况且，最后的盟章已经公开，因而不能再继续使用。所以，我的建议实际上就是要以真正的盟章来改变没有盟章的局面。

3. 在伦敦组建两个区部，这两个区部彼此不发生任何关系，其唯一的联系就是双方都属于同盟，都与同一个中央委员会通信。

理由：正是为了同盟的统一，才需要在这里建立两个区部。除了私人的矛盾之外，甚至在协会里也出现了原则性的矛盾。恰恰在最近一次关于"德国无产阶级在未来革命中的立场"问题的辩论当中，中央委员会的少数派成员发表了一些跟上次的①告同盟书，甚至跟宣言②直接抵触的观点。他们用德意志民族观点代替宣言的全面的观点，逢迎德国手工业者的民族情感。他们提出唯心主义观点代替宣言的唯物主义观点。他们不是把现实关系，而是把意志强调成革命中的主要东西。我们对工人们说：为了改变现存条件和使自己有进行统治的能力，你们或许不得不再经历 15 年、20 年、50 年的内战，而他们却相反地对工人们说：我们必须马上夺取政权，要不然我们就躺下睡大觉。正像民主党人把"人民"这个词只当一句空话使用一样，他们现在使用"无产阶级"这个词也只当一句空话。为了实现这句话③，他们不得不把一切小资产者说成是无产者，这就是说，他们实际上是代表小资产者，而不是无产者。他们不得不用革命的词句代替实际的革命发展。这次辩论最后④表明，私人争吵的背后是一些什么样的原则性分歧，而现在已经到了采取措施的时候了。正是这些对立的见解成了两派各自的战斗口号；而某些盟员把宣言的维护者称为反动分子，企图以这种办法使他们威信扫地，

---

① 第二个副本中有："中央委员会的"。——编者注
② 指 1850 年 3 月的《共产主义者同盟中央委员会告同盟书》和《共产党宣言》。——编者注
③ 第二个副本中是："这种观点"。——编者注
④ 第二个副本中是："最后明显地"。——编者注

但是，这对他们来说是完全无所谓的，因为他们并不追求威信。由于这一切，多数派本来有权解散伦敦区部并把少数派①成员作为不同意同盟原则的人开除出去。我不想提这样的建议，因为这样可能引起无益的争吵，因为这些人就其信仰来说还是共产主义者，虽然他们目前所发表的观点是反共产主义的，至多只能说是社会民主主义的。但是不言而喻，留在一起则纯粹是白白浪费时间。沙佩尔常常说要分裂——那就分裂吧，我对待分裂是严肃的。我以为，我找到了我们既可以分道扬镳而又不致引起党的分裂的途径。

我声明，就我而言，我希望加入我们区部的人最多12个，尽可能少一些，我情愿把众多的人交给少数派。如果这个建议被通过，我们当然也就不能留在②协会里了；我和多数派将退出大磨坊街协会。归根结蒂，问题不在于两派之间存在敌对关系，相反而是在于要停止纷争，为此要中断一切关系。我们一起留在同盟和党内，但是我们要停止有百害而无一利的关系。

沙佩尔：正像在法国无产阶级跟山岳党③和《新闻报》决裂一样，在这里一些代表党的原则的人跟组织无产阶级的人正在决裂。我赞成迁移中央委员会④和修改盟章。科隆人了解德国的情况。我还认为，新的

---

① 第二个副本中是："中央委员会少数派"。——编者注
② 第二个副本中有："同一个"。——编者注
③ 山岳党指18世纪法国资产阶级革命时期代表中小资产阶级利益的革命民主派，因在国民议会开会时坐在大厅左侧的最高处而得名。代表人物有罗伯斯庇尔、马拉、丹东等。1848—1851年，山岳党指法国制宪议会和立法议会中集合在《改革报》周围的小资产阶级民主主义者和社会主义者。其领袖人物为赖德律-洛兰、皮阿等人。以路·勃朗为首的小资产阶级社会主义者也属于山岳党。他们自称是1793—1795年法国国民公会中的山岳党思想的继承人。1849年2月后又称新山岳党。——原卷末注
④ 第二个副本中有："到科隆"。——编者注

第五章　改组共产主义者同盟并总结革命经验

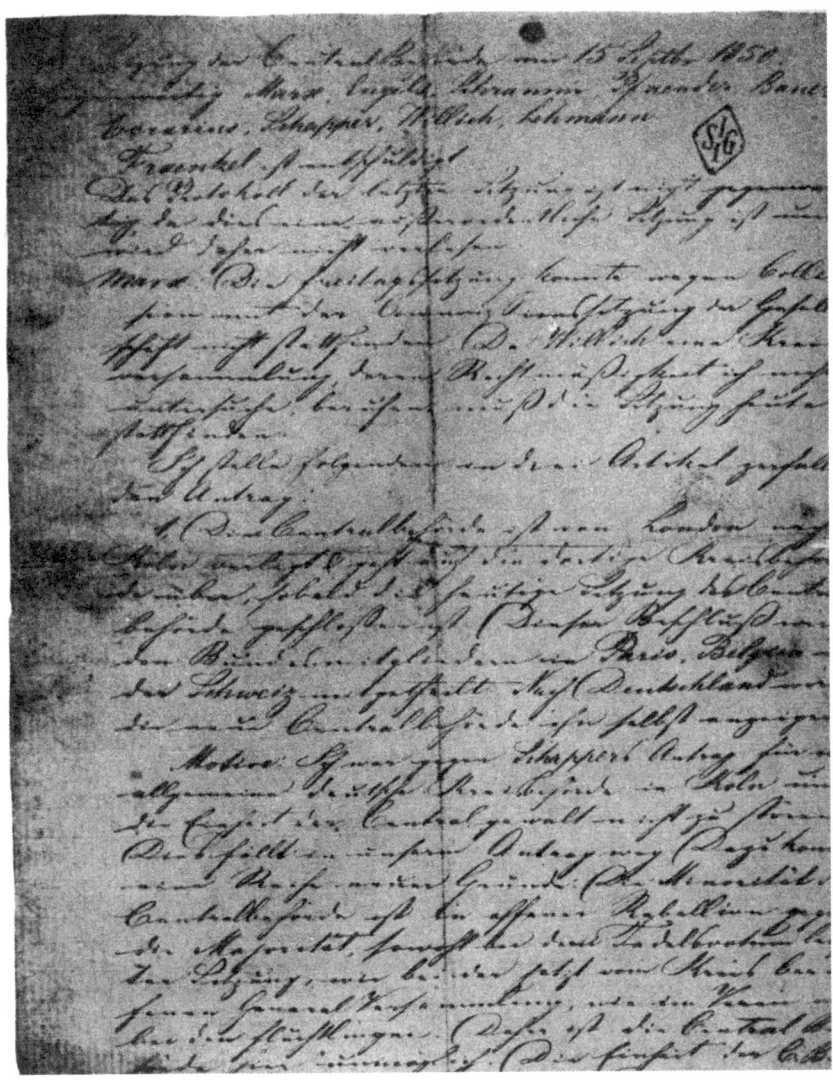

伦敦共产主义者同盟中央委员会1850年9月15日会议记录

革命将会造就出一批人来领导自己，而且比所有在1848年享有声誉的人领导得①更好。至于原则性的分歧，是埃卡留斯提出的问题成为这场辩论的起因。我说出了在这里遭到抨击的见解，因为我很热衷于这件事。问题在于，是我们自己一开始就动手砍掉别人脑袋，还是让人家来砍掉我们的脑袋。在法国快要轮到工人了，从而在德国也快要轮到我们了。如果不是这样，我当然就会躺下睡大觉了，那样我的物质状况就会不同了。如果轮到我们，我们就会采取一些保证无产阶级获得统治的措施。我是这种见解的狂热的拥护者。而中央委员会却喜欢相反的东西。但是，如果你们不想再跟我们打交道，好吧，那么我们现在就分道扬镳。在下一次革命中我一定会被送上断头台，但是我要回德国。如果你们想要组织两个区部——那就组织好了，但是这样一来同盟就会垮台，以后我们再在德国相逢，也许那时我们又走一条道路。我是马克思的个人朋友，但是如果你们想要分裂，好吧——那么我们走我们的路，你们走你们的路②。在这种情况下必然得组织两个同盟。一个是为那些靠笔杆活动的人而组织的，另一个则是为了那些用其他方式活动的人而组织的。我不赞成那种认为资产阶级将会在德国掌握政权的观点，在这一方面，我是个狂热分子，如若不然，我就会对整个事件采取无所谓的态度。但是，在伦敦这里有两个区部、两个协会，两个流亡者委员会，那还不如组织两个同盟，完全决裂。

马克思：沙佩尔误解了我的建议。只要我的建议被通过，我们就各走各的路，两个区部彼此互不相干，同时双方的人也停止相互之间的一切关系。但是，它们是在同一个同盟之内，受同一个委员会③的领导。

---

① 第二个副本中是："领导"。——编者注
② 第二个副本中是："你们走你们的"。——编者注
③ 第二个副本中是："中央委员会"。——编者注

甚至你们可以给自己留下绝大多数的盟员。至于说个人的牺牲，我作出的牺牲不比任何人少，但是，这是为阶级而不是为个人作出的牺牲。说到热情，为了加入你认为眼看就会取得政权的党，并不需要多少热情。我一向反对无产阶级的着眼于一时一刻的意见。我们献身的党，幸运的恰恰是还不能取得政权。无产阶级即使取得政权，它推行的不会是直接无产阶级的措施，而是小资产阶级的措施。我们的党只有在条件允许实现它的观点的时候，才能取得政权。路易·勃朗便是一个很好例证，说明过早取得政权会得到什么结果。况且，在法国无产者将不是单独地，而是跟农民和小资产者一起取得政权，因此必须推行的不是自己的，而是它们的措施。巴黎公社证明，为了做出一些事情，并不需要参加政府。此外，当时一致同意告同盟书的少数派其他成员，尤其是公民维利希，为什么不发言呢？我们不能也不想拆散同盟，我们只是想把伦敦区部分为两个区部。

埃卡留斯：我提出这个问题，当然是想对这个问题展开讨论。至于沙佩尔的意见，我在协会里已经解释过，为什么我认为是一种幻想，为什么我不相信我们的党在下一次革命中能立即取得政权。那时，我们的党在俱乐部里比在政府里更重要。

公民列曼一言不发地退出会场。公民维利希亦然。

第一点全体通过。沙佩尔弃权。

第二点全体通过。沙佩尔又弃权。

第三点也全体通过。沙佩尔又弃权。

沙佩尔声明对我们大家提出抗议。现在我们完全分开了。在科隆我有熟人和朋友，他们宁肯跟着我走，而不会跟你们走。

马克思：我们是按照盟章办事的，中央委员会的决议是有效的。在宣读记录之后，马克思和沙佩尔声明，他们在科隆没有就这件事写过文章①。

有人问沙佩尔，他对记录是否有反对意见。他说没有什么反对意见，因为他认为任何反对意见都是多余的。

埃卡留斯提议大家在记录上签名。这个意见被通过。沙佩尔声明他不签名。

1850年9月15日写于伦敦。

宣读、通过和签名②。

签名的有：中央委员会主席　卡·马克思

书　　　　记　弗·恩格斯　亨利希·鲍威尔

康·施拉姆　约·格·埃卡留斯

卡·普芬德

手稿

阿姆斯特丹国际社会史研究所马克思恩格斯遗著，NI3/4（《马克思恩格斯全集》历史考证版第1部分第10卷第577—580页，参看《马克思恩格斯全集》中文第2版第10卷第731—737页）

---

① 在第二个副本中没有这句话。——编者注
② 在第二个副本中没有这几个字。——编者注

523
退出伦敦德意志工人教育协会的声明①

1850年9月17日

大磨坊街协会②星期二例会主席：

我等决定退出协会，特此声明。

亨·鲍威尔　卡·普芬德

---

① 1850年9月共产主义者同盟发生分裂时马克思和恩格斯等人的这份声明反映了他们与共产主义者同盟中的宗派主义分子的激烈斗争。1850年8月，马克思主义的奠基人得出结论：1847年的经济危机已经过去，因而在经济开始普遍繁荣的情况下，在最近一个时期不可能发生新的革命。他们认为在新的条件下，首先要注意宣传科学共产主义思想，在思想上和组织上巩固摆脱小资产阶级民主主义的无产阶级政党。共产主义者同盟中央委员会委员奥·维利希和卡·沙佩尔反对这种分析和据此制定的策略。维利希、沙佩尔和他们的拥护者们用"革命的"词句代替了对客观现实的唯物主义的分析，企图采用冒险主义的策略和联合小资产阶级民主派，在德国举行新的起义。同盟中央委员会内部在这个基础上所发生的分歧，早在8月和9月上半月召开的会议上就明显地暴露出来，而在1850年9月15日的会议上达到了最尖锐的程度，在这次会议上决定同盟中央委员会迁到科隆，委托科隆区域委员会组织同盟的新的中央委员会。投票赞成这项提案的有马克思，恩格斯，康·施拉姆，亨·鲍威尔，约·埃卡留斯和卡·普芬德等6名中央委员；其余4名中央委员——维利希，沙佩尔，阿·列曼和弗伦克尔表示反对。处于少数地位的4名委员退出了会场，并诉诸伦敦区部的盟员，得到了他们的支持。伦敦德意志工人教育协会的多数会员也站在维利希和沙佩尔分裂派的一边，这就促使马克思，恩格斯和他们的拥护者退出这个协会。——原卷末注

这一声明曾收入1852年科隆印发的《科隆共产党人案件的起诉书》和施梯伯的《十九世纪共产主义者的阴谋》1853年柏林版第1部分。

② 德意志工人教育协会。——原卷末注

约·格·埃卡留斯　塞·载勒尔　卡·马克思
康·施拉姆　弗·恩格斯　斐·沃尔弗
威·李卜克内西　海恩·豪普特
格·克洛泽

1850年9月17日于伦敦

手稿

莫斯科苏共中央马列主义研究院中央党务档案馆,f. 1 , op. 1. d. 370
（《马克思恩格斯全集》历史考证版第 1 部分第 10 卷第 444 页，参看《马克思恩格斯全集》中文第 2 版第 10 卷第 568 页）

524
伦敦社会民主主义流亡者委员会的财务报告[①]

1850年9月18日

收　入

		镑	先令	便士
8月	出纳处积余…………………………	46	5	6

---

① 这个文件是马克思在 1850 年 8 月 1 日的信中要求奥·维利希提交社会民主主义流亡者委员会 9 月 2 日会议的；它是该委员会的最后一份财务报告，委员会由于共产主义者同盟分裂和马克思、恩格斯以及他们的支持者退出伦敦德意志工人教育协会而停止了它的活动。——原卷末注

	贝格小姐募集……………………	12	—	—
	汉堡圣格奥尔格工人协会捐助……	2	10	—
	同上……………………………………	1	10	—
	哈尔特山麓诺伊施塔特捐助………	8	—	—
	经《德意志—伦敦报》编辑部转来			
	卡·弗洛里先生捐助……………	—	8	—
9月	巴黎德意志工人协会捐助…………	2	—	—
	约翰·伯格先生募集………………	17	10	—
	总计…………………………………	90	3	6

支　出

8月	流亡者食宿支出……………………	28	9	3
	制刷作坊修建费……………………	7	10	—
	购皮革等……………………………	—	13	6
	56次救济金　每次6便士…………	1	8	—
	23次救济金　每次1先令…………	1	3	—
	6次救济金　每次2先令6便士…	—	15	—
	各种救济金…………………………	—	5	6
	4次救济金　每次10先令…………	2	—	—
	流亡者贷款…………………………	8	4	—
	给4个流亡者迁居美国的路费……	5	—	—
	迁居石勒苏益格-			
	荷尔斯泰因的路费…………………	7	3	—
	零星开支、邮费、取款费等………	—	11	3
9月	食宿支出……………………………	14	4	8
	39次救济金　每次6便士…………	—	19	6

2次救济金	每次1先令………	—	2	—
1次救济金	每次10先令 } ……	—	15	—
1次救济金	每次5先令			
按捐款人伯格先生的指示分配……		8	15	—
流亡者贷款………………		1	18	—
零星开支………………		—	6	10
总计………………………		90	3	6

原社会民主主义委员会下面署名的四个委员，在提出本清单的时候声明退出这个委员会，大磨坊街协会已指定一个委员会来检查账簿和单据；委员会于本月15日提出报告，认为一切账目完全无误。

下面署名的人认为，有必要把所有与他们管理工作有关的账簿和单据保留在一直担任委员会会计的卡·普芬德（索霍广场英王街21号）那里，因为他们不仅退出了委员会，而且也退出了协会，一旦公众有所怀疑，这些文件是必不可缺的。

因此，请捐款人指定在伦敦的被委托人来检查存放在上述会计那里的账簿和单据。

卡尔·马克思　亨·鲍威尔
卡·普芬德　弗·恩格斯
1850年9月18日于伦敦

1850年9月27日《德意志—伦敦报》第287号《马克思恩格斯全集》历史考证版第1部分第10卷第581/582页（参看《马克思恩格斯全集》中文第2版第10卷第738—740页）

第六章

共产主义者同盟从分裂至科隆中央委员会活动结束

(1850年9月底至1851年5月)

525
彼得·勒泽尔(科隆)给卡尔·马克思
(伦敦)的信

1850年9月25日

1850年9月25日于科隆

亲爱的马克思:

您最近寄来的几封书信和记录①都已经收到了,遗憾的是,我们不得不谨慎小心;我们只要等埃卡留斯的报告一到,就可以作出一个明确的决定[349];因此请抓紧时间,尽快把埃卡留斯的报告寄来。此外,为了对同盟的情况有一个概括的了解,我们还得请你们提供全部的地址和通信,我们将尽自己的力量,使同盟不致因为这次不幸的争端而蒙受损失。

不过,我们感到,如果您当初也留在领导岗位上,情况就会好得多;我们那时就认为你是党内最出类拔萃的人物,并为此而感到自豪。可惜事情并不尽如人意,现在任务只得由我们来担当。

关于出版您的《国民经济学》一书的问题,您误解了我的意思;我们本来只打算承担这本著作的印刷事宜,至于出版的条件,应当由您本人提出。毫无疑问,这本著作对于宣传工作将产生极其巨大的影响。

如果您为了这个目的,愿意把《宣言》连同注释一起交给我们,我们也愿意接受印刷的任务,只是必须考虑使您在纯收入方面得到最好的报酬②,如前所述,您应当自己提出出版的条件。

---

① 文件522及其他有关文件。
② 见注释348。

您的著作至今未能找到一个承印的厂家,现在,您提议把它交给我们,我们表示欣然同意,并将为该书的印刷而尽心。不过,请来信说明:这部著作的对象是同盟盟员,还是更广大的读者?

最后,我再次请求尽快将我们急需的材料寄来。

您的　彼·格·勒泽尔

又及:请转告恩格斯,我今天已经搞到了我们所需要的材料。

彼·格·勒泽尔

手稿
莫斯科苏共中央马列主义研究院
中央党务档案馆,f.1, op.1, d 5555
(《马克思恩格斯全集》历史考证版
第3部分第3卷第646页)

526

恩斯特·德朗克(日内瓦)给弗里德里希·恩格斯(伦敦)的信

1850年9月29日

9月29日于日内瓦

亲爱的恩格斯:

三天前我才从拉绍德封和洛克勒返回,因为收到您的信时我未能及时前往。那里的情况很好；在拉绍德封，我同一位来自科隆和布鲁塞尔的做鞋楦的老相识①碰了头，让他汇报了当地的一些必要情况；那里前段时间所取得的成绩比以往还要好。② 详细的报告以及写给伦敦一位钟表匠的信，我将在最近托人给您捎到伦敦。有了最近的经验，我现在已经不愿把过多的东西交付邮寄，就连这封信我也准备托人代转。[……]

昨天晚上我到过里昂协会的一位特使那里，他是前几天从马赛等地回来的。这帮蠢驴郑重其事地制定了下列计划：革命后立即解散军队，并把士兵召回县；把整个法国划分为若干县，设立一个管理委员会（没有动议权），管理委员会把一个县提出的若干单项法律提案立即提交其他县审议，并交付各社团投票表决，如此等等，总而言之：搞分散主义。他们以为，如果解散了军队，他们就不会受外界的干扰，从而得到安宁，这样，他们这帮小资产者和无知的笨蛋就可以通过分散主义占地为王。他们的仇恨主要是针对巴黎，而他们之所以要利用蒲鲁东的无政府主义空谈，无非是为了抵御巴黎的革命"政府"（政府"本身"！）。他们宣称，法国南部的农民已经具备共产主义思想，这些农民站在他们一边，并将以不可阻挡之势，提前发动一场运动。法庭最近在奥兰审理的案件[350]，有一部分就是涉及上述情况。如果您想了解更详细的情节，我以后还可以向您报告；您暂时可以把上述情况告诉在伦敦的巴黎人。

在归途中，贝克尔集团的一个笨蛋对我说，他从伦敦的**施瑙费**的来信中获悉，维利希要同马克思决斗，还说他已经同全党决裂。今天莫泽

---

① 亨利希·弥勒。
② 关于德朗克特使出使瑞士的情况，见注释325。

斯①又告诉我说,艾韦贝克给他来了信,提到维利希曾向主持人施拉姆举枪射击,造成擦伤。② 到底是怎么回事?望来信告知,这样我就可以回击这帮狗东西散布的无休无止的流言飞语。愚蠢的伙计布赫海斯特最近来过此地,接着,那位明明只有半瓶醋、却偏要痴心妄想、争强好胜的可怜的约·菲·贝克尔[351]也来过这里。关于那份被没收的文件③,这两个人散布了一项绝顶聪明的声明,说什么文件是马克思本人公布的!正是由于这个原因,我在咖啡馆打了贝克尔的一名走卒几记耳光,这帮人在我眼中统统都是一些下流无耻之辈。[……]

您的

恩·德·

如果你们那里还存有《宣言》(1848年),请给我寄几份(不要贴邮票),可寄法兰克福的舒斯特处,他将设法给我转到这里。这里**迫切需要《宣言》**。

手稿 节录

阿姆斯特丹国际社会史研究所马克思恩格斯遗著 L Ⅲ 77/L. 1174(《马克思恩格斯全集》历史考证版第3部分第3卷第648—649页)

---

① 莫泽斯·赫斯。
② 见本卷第358页注①。——译者注
③ 文件473。

527
弗里德里希·列斯纳回忆共产主义者同盟美因茨支部的活动

1850年10月至1851年6月

［……］由于在伦敦已有形形色色暧昧不明的分子混进同盟，所以在马克思的倡议下，同盟中央委员会所在地迁到了科隆。我在美因茨的任务是：使同盟在当地的组织重新活跃起来，并把工人争取过来，为我们的目标而奋斗。从表面来看，我们的宣传工作仅仅是散发传单。[①]我们组织得十分周密完善，以致在一个小时之内就可以使美因茨全城淹没在潮水般的传单之中。警方一次也没有能抓获传单的散发者。［……］

弗里德里希·列斯纳《1848年前后。一个老共产主义者的回忆》，《德意志言论》（维也纳）1898年第4期第149页。

摘要

---

① 有关情况还可参见文件545、594，612和本书第4卷文件634。

528
威廉·豪普特[352]（汉堡）给卡尔·马克思（伦敦）的信

1850年10月1日

亲爱的马克思：

随信附上《自由射手》的编辑①写的一封信；您从他的信中可以看出，我已经圆满地获得预期的结果：这位编辑答应把那笔钱②交给您，由您分发给您认为**合适的人**。不用说，这个和蔼的资产者颇有些受宠若惊，并为自己能够发号施令而感到高兴。在我作了几点说明之后，他当即对各项建议都表示赞同；毫无疑问，下一步筹集的款项将全部寄往您那里；目前，这里的筹款工作还在继续进行。直到今天，我才能抽身前往圣格奥尔格区，到那里的工人中去；我希望在那里也能为你们募集一些资金。汉堡还是一个相当有潜力的地方，我希望能说服那些正直的伙计们慷慨解囊。

在科隆，我同丹尼尔斯、毕尔格尔斯和勒泽尔谈了话，向他们说明了伦敦发生的事件的前后经过③；听了他们发表的意见之后，我坚定不移地确信，沙佩尔之流绝不可能找到任何追随者；对于维利希和沙佩尔

---

① 路德维希·伦茨。
② 见注释335。
③ 见注释349。

的行径，丹尼尔斯等人异口同声地表示愤慨。我参加过区部举行的一次会议；在那次会上，他们决定接受交给他们的任务，并决定写一封信寄往伦敦，要求组建两个区部，他们将同你们紧紧地携起手来一道前进；同时，他们还明确地向我表示：在伦敦那边，只有你们才是他们所信赖的人；他们绝不会信赖沙佩尔先生，更不会信赖维利希先生。紧接着，他们又给魏德迈写了信；魏德迈从法兰克福来信说，沙佩尔和维利希在那里也不可能找到任何追随者。在威斯巴登，沙佩尔已经威信扫地，这是因为，第一，所有的人都确信，沙佩尔当初遭到驱逐，完全是他自己故意造成的结果；第二，沙佩尔夺走了他的朋友卡斯滕斯①的未婚妻②（她现在成了沙佩尔的妻子），第三，沙佩尔竟私自把人们为他和卡斯滕斯共同筹集的40Pr. rh据为己有，而仅仅拿出1rh Pr交给卡斯滕斯。总之，这帮蠢驴如果还指望从德国方面得到什么支援，如果他们还相信自己能够找到"宁可跟着他们走，也不愿跟你们走"③的人，那么，他们一定是听信了那些凭空杜撰的虚假消息。星期五④那天，我曾在科隆逗留，听说区部将于星期六举行会议，但有三名成员（即所有的反对派分子）不准出席，因为大家觉得他们不太可靠。这个事实说明，同盟的盟员们是全心全意地站在我们这一边的；至少在目前，他们同维利希、沙佩尔先生是势不两立的。起初，毕尔格尔斯曾担心，在中央委员会的迁移问题以及章程⑤的起草问题上，其他区部会坚持反对的立场；我对他说，对于那种蛮横的要挟行为决不能畏惧；在涉及到改组问题的时候，我们对某些盟员决不应当迁就；如果有人处处都要求我们予以照

---

① 即弗里德里希·列斯纳。
② 克拉拉·霍珀。
③ 这句话引自文件522，但文字上有所变动。
④ 9月27日。
⑤ 文件554。

顾，而又不在各种问题上坚定地站在我们一边，那么，这样的人就决不能留在同盟里。最后，毕尔格尔斯也表示，他赞成采取一切坚决的措施。我认为，科隆人目前是可以信赖的；沙佩尔和维利希必将身败名裂，对此我深信不疑。——您可能已经收到了科隆方面寄去的那封表示赞同的书信，因为早在星期日①那天，他们就打算起草那封信了。本来，我很想劝说他们彻底解散原伦敦区部；可是，我又觉得，对这件事不宜操之过急。不过总的说来，目前一切都进行得非常顺利；能出现这样的局面，已经十分理想了。

有关在此地建立支部的工作，我准备在近日内着手进行；不过，我想先听听您的详细意见，然后再同科隆人磋商。直到现在，我还没有能够同埃卡留斯的兄弟②晤面。

随信附上泰勒林撰写的一本小册子③，此书会使您忍俊不禁；确实，这是一篇令人惊讶的奇文。像这样拙劣的作品，我有生以来还从未见过。《西德意志通报》对此发表了下列评论："题为《马克思和恩格斯的未来德国的专政的浅析》的小册子（弥勒-泰勒林著）已经出版。这本书共有29页，作者在结尾时这样写道：'难道这种出乖露丑的表演还不够淋漓尽致吗？'"这篇评论大概使泰勒林感到十分尴尬，他后来又为此而写了一篇补充说明的文字。

请您转告沃尔弗④，我已经尽了最大的努力；我曾要求诺特荣克助一臂之力，他大概能搞到几个金路易，并将给沃尔弗寄去。法伊特博士也打算采取一些措施，以便提供援助。至于那些亲戚，根本就不能对他

---

① 9月29日。
② 约翰·弗里德里希·埃卡留斯。
③ 爱德华·弥勒-泰勒林《马克思和恩格斯的未来德国的专政的浅析》1850年科隆版。
④ 斐迪南·沃尔弗。

第六章 共产主义者同盟从分裂至科隆中央委员会活动结束

们寄予什么希望；正是他们到处散布极其荒唐的谣言。例如，他们声称沃尔弗已经有了工作，说他在一家肥皂工厂（！！！！）上班，并已挣到了工钱。

汉诺威出版了一份工人报纸（一份专为烟草工人编印的报纸！！），报名叫《协和报》；该报将于明年初改名为《德意志工人俱乐部》①，每周出版一次。编辑路·施泰翰[353]是一名细木工师傅，已参加同盟。他对我说，该报将坚持共产主义立场；可是，此人看上去却是一个彻头彻尾的、沽名钓誉的市侩，绝不可能为同盟发挥多大的作用。可是，勒泽尔竟吸收他加入了组织！目前，这个施泰翰正在为报纸物色一名驻伦敦的通讯员；虽然我们不可能同这个家伙共事，但倒有可能在他那里挣到一些钱。如果您知道某人愿意承担这种通讯工作，那就请您把下列通信地址告诉他：新大街，请鞣革匠图滕贝尔格转交。

今天就写到这里吧；倘若时间充裕，我真想把这封信写得更详细一些；可是，那些家庭亲友占去了我大量的时间。下次写信再详细叙谈吧！

请接受我的问候。

豪普特

10月1日于汉堡

附言：

那封提议召开代表大会的信②，已经由一位乘务员捎到科隆。沙佩尔在信的背面写道："此间形势恶劣；详情以后再告诉你们！"这就很清楚地说明，这帮正人君子早就已经包藏祸心了。当然，他们也向豪

---

① 参看注释405。
② 这是伦敦的中央委员会大约于1850年7月写给科隆区部的一封信。这封信没有保存下来。关于召开代表大会的问题，可参看本卷第244页注①。

德、格贝尔特①以及施米特通报了情况,但愿这些人一路顺风!——据说,维利希曾同已故的哥特沙克的支持者们长期保持联系;但这些人都没有加入同盟,因此不会构成什么威胁。

豪普特

布伦已经获得自由;我今天同他谈过话,但直到此刻为止,尚未进一步深谈。他的通讯地址是:巴伦菲尔德街3号。

豪普特

手稿 摘要
莫斯科苏共中央马列主义研究院
中央党务档案馆,f. 20, op. 1, d. 41
(《马克思恩格斯全集》历史考证版
第3部分第3卷第650—652页)

529

共产主义者同盟科隆中央委员会给前共产主义者同盟伦敦中央委员会多数派的信

1850年10月5日

科隆中央委员会致前伦敦中央委员会多数派。埃卡留斯公民亲收。

---

① 有关豪德和奥古斯特·格贝尔特受宗德崩得的委托,以特使身份出使各地的情况,参看本书第4卷文件718和本卷注释247。

兄弟们：

科隆区部收到了前中央委员会9月15日会议的记录。① 在收到公民埃卡留斯的报告之前，本区部不打算作出任何决定。9月27日科隆区部收到此报告，差不多与此同时，来自伦敦的特使②也抵达这里。他转交了伦敦区部③和前中央委员会少数派的信件。科隆区部于9月27日就此召开会议，根据这三个文件，会议决定：

1. 接受伦敦中央委员会9月15日会议记录中记载的决定。

2. 科隆区部委员会受委托，立即组成中央委员会④和采取一切必要措施，捍卫同盟的利益。

结果，在9月30日区部会议上，下列署名者被选为新的中央委员会委员。

兄弟们：我们特此通知你们我们组成中央委员会的情况，同时通知你们我们在第一次会议上所通过的下列决定：

1. 宣布伦敦区部下述决定无效。这些决定是：

a. 剥夺前中央委员会委员的职权；

b. 开除公民马克思、恩格斯、施拉姆、沃尔弗⑤、载勒尔、李卜克内西、皮佩尔、普芬德、埃卡留斯等人的盟籍，

c. 今年10月20日将召开代表大会，会上要对同盟进行整顿。在此

---

① 文件522。
② 豪德。
③ 指奥古斯特·维利希和卡尔·沙佩尔领导的区部。
④ 见注释349。
⑤ 斐迪南·沃尔弗。

斐迪南·弗莱里格拉特

罗兰特·丹尼尔斯

亨利希·毕尔格尔斯

科隆共产主义者同盟中央委员会成员

约瑟夫·魏德迈

海尔曼·贝克尔

阿伯拉罕·雅科比

弗里德里希·列斯纳

约翰奈斯·米凯尔

彼得·诺特荣克

科隆共产主义者同盟中央委员会活跃工作人员和特使

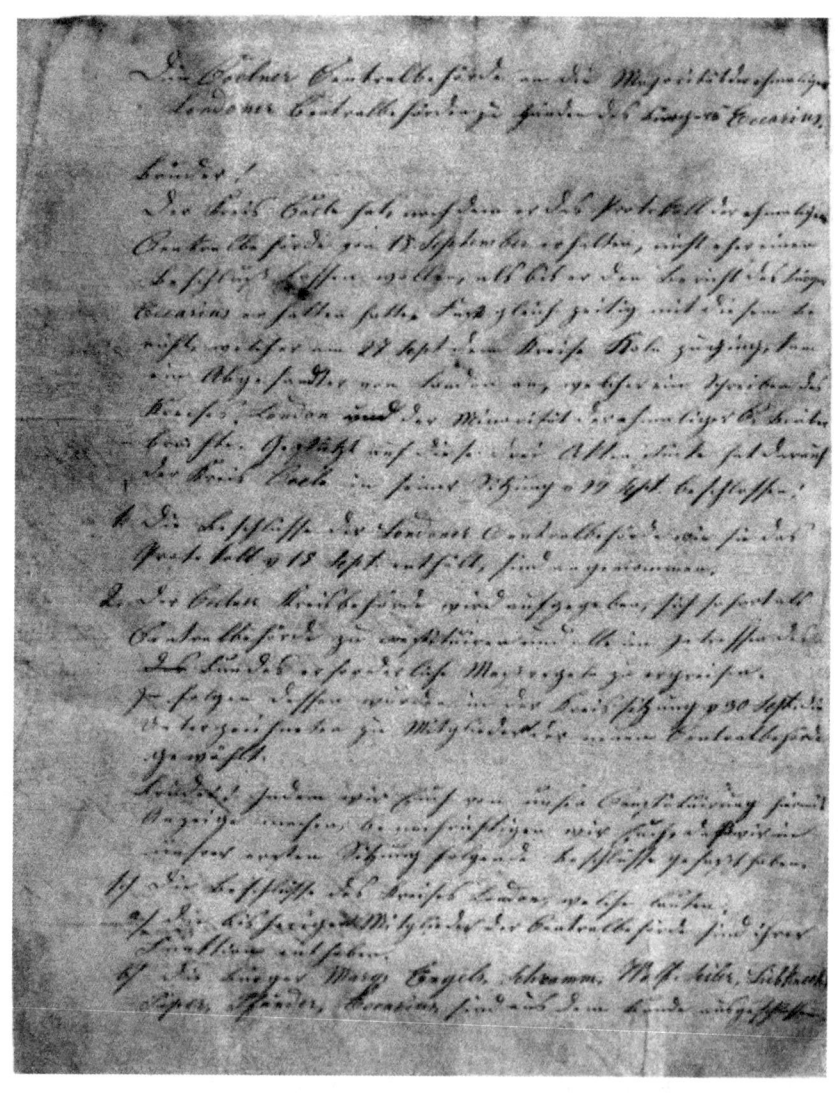

共产主义者同盟科隆中央委员会 1850 年 10 月 5 日给
前共产主义者同盟伦敦中央委员会多数派的信

之前，同盟的领导权委托给哈瑙的谢特奈尔，威斯巴登的狄茨，还有格贝尔特、维利希、沙佩尔、弗伦克尔和列曼。

2. 解散伦敦区部。①

3. 委托公民埃卡留斯在伦敦组织第二区部，该区部不应与第一区部有任何联系。第一区部由公民沙佩尔组织。这两个区部只能与科隆中央委员会通讯联系。

4. 撤销前伦敦中央委员会关于今年10月20日在伦敦召开代表大会的决定。代表大会将不定期地推迟。

5. 至今在伦敦区部仍有效力的章程②，对新成立的区部亦暂时有效。我们即将起草新的章程草案③，并将发给同盟各区部供预先讨论。

6. 委托公民埃卡留斯尽速报告组织新区部的情况。

1850年10月5日于科隆

中央委员会主席　彼·格·勒泽尔

书　　　　记　亨·毕尔格尔斯

出　　　　纳　卡·乌·奥托[354]

手稿　　　　　　　　　　　　　　　　第一次用原文发表
莫斯科苏共中央马列主义研究院
中央党务档案馆, f. 20, d. 133

---

① 指9月15日以前存在的统一的伦敦区部。
② 本书第2卷文件321。
③ 文件554。

530

艾曼纽埃尔·巴泰勒米、亚当、茹尔·维迪尔（伦敦）给卡尔·马克思和弗里德里希·恩格斯（伦敦）的信

1850年10月7日

1850年10月7日

致公民马克思和恩格斯

公民们：

  我们荣幸地通知你们，我们必须在本星期内召开一次会议，处理我们所创立的团体的若干事宜。① 我们已经通知维利希公民。会议的地址和日期由你们选定，并希望告知我们；因为对我们来说，会议在何时何地举行，这是无关宏旨的事情。

  我们荣幸地向你们致以敬礼。

巴泰勒米
亚当
茹·维迪尔

---

① 关于世界革命共产主义者协会，见文件457。

第六章　共产主义者同盟从分裂至科隆中央委员会活动结束　　397

手稿
阿姆斯特丹国际社会史研究所马克思恩格斯遗著 D I 27/D 193（《马克思恩格斯全集》历史考证版第 3 部分第 3 卷第 654 页）

531
弗里德里希·恩格斯、卡尔·马克思和朱利安·哈尼（伦敦）给亚当、艾曼纽埃尔·巴泰勒米和茹尔·维迪尔（伦敦）的信

1850 年 10 月 9 日

1850 年 10 月 9 日于伦敦

致亚当、巴泰勒米和维迪尔先生

先生们：

　　我们荣幸地通知各位，我们早已认为各位所说的协会实际上已经瓦解。现在要做的只剩下一件事，就是销毁原则协定①。亚当先生或者维迪尔先生最好在这个星期日 10 月 13 日中午劳驾到索霍区麦克尔斯菲尔

---

① 这里的原则协定指马克思和恩格斯代表共产主义者同盟与旅居伦敦的法国布朗基派、宪章派的代表为建立"世界革命共产主义者协会"达成的六项条款的协定。——原卷末注

德街6号恩格斯先生这里来一趟,当面烧毁上述文件。

顺致敬意。

恩格斯　马克思　哈尼

手稿
莫斯科苏共中央马列主义研究院中央党务档案馆,f.1,op.1,d.370(《马克思恩格斯全集》历史考证版第3部分第3卷第89页,参看《马克思恩格斯全集》中文第2版第48卷第134页)

532

弗里德里希·列斯纳回忆共产主义者同盟美因河畔法兰克福区部的一次会议以及他作为特使出使纽伦堡的情况[355]

1850年10月11日至20日

　　1850年10月,我以同盟代表身份从美因茨到法兰克福去出席法兰克福区部召开的同盟代表大会。会议的议题是派遣一名代表前往纽伦堡*,以便在那里重新组织共产主义者同盟。经过对这个问题的充分讨论,我被选为特使,到纽伦堡去把那里的盟员重新组织起来。我立即从法兰克福启程,去执行自己的使命。可是,到纽伦堡以后,我发现只有为数甚少的人符合共产主义者同盟盟员的条件。当时的红衣反动派①把大多数人吓得胆战心惊，使他们变成了小资产阶级民主派。我只好带着一点微不足道的成果踏上归途，在法兰克福当然也就没有什么辉煌成绩可以汇报了。

*格·罗赫纳当时是同盟盟员，他参加了那次讨论，而且一直在座。为了不致因为共产主义者的身份而遭受迫害，他在那次会议以后不久就离开法兰克福，前往伦敦；从那时起直到现在，他一直寓居伦敦，是一位优秀的党员，也是马克思和恩格斯的好友。

手稿 第一次发表
莫斯科苏共中央马列主义研究院
中央党务档案馆，f. 178, d. 8, 第3页

533
约瑟夫·魏德迈（美因河畔法兰克福）给卡尔·马克思（伦敦）的信

1850年10月13日

1850年10月13日于法兰克福

亲爱的马克思：

接到恩格斯那封重要来信②之后，我拖延了一段时间才给予回复；

---

① 这里是指法庭采取了反革命措施；当时法官穿的是红色法衣。列斯纳在这里暗示在他担任特使进行这次旅行之前不久，巴伐利亚地区取缔了一切工人组织。
② 恩格斯在信中通报了中央委员会9月15日会议的情况。这封信没有保存下来。

近来我的工作比较繁忙，而偏偏赶在这个时候，协会的事务又给我增加了一些负担——因为那个愚蠢的家伙最近采取了一些措施，致使我们这个地区的绝大部分工人协会陷入了瓦解的境地。不过，这一情况的发生，对于今后的鼓动工作倒是利大于弊。

在这段时间，我在沙佩尔—维利希集团派出的特使①那里，还收到过维利希的一封来信。在这封信中，维利希也同样标榜自己的品德，同时，他还谈到有人"企图杀害"他②；最后，他试图动摇我经过多年的观察而确立的信念，让我不要在你们的巧妙手段的迷惑下作出错误的判断。我们可以看到，当某些人需要利用一个人来达到某种目的时，他们就会对这个人摆出十分尊重的姿态。虽然同盟的分裂是非常不幸的事件，但这一事件绝不会造成像恩格斯所担心的那种后果；迁移中央委员会，这是你们所作的极其正确的决定；在我们这里，这项决定到处都受到人们的一致拥护。毫无疑问，在沙佩尔企图使出全部力量来制造分裂的时候，他确实是过高地估计了自己的影响；其实，在南部地区，包括他的故乡③在内，沙佩尔根本就没有任何影响；在这些地区尚且如此，何况在其他地区？他只要了解到自己的使者所受的待遇，就会立即明白这一点；这位使者在任何地方都得不到人们的承认，他已经山穷水尽，无法继续在各地周游了。维利希的影响当然就更加微乎其微、不值一提了。

过去，我在这里偶尔也听到沙佩尔谈论建立临时政府的问题；可是那时候，我以为他仅仅是发发议论而已，并没有予以注意；我没有想到一个人竟会荒唐到如此地步，居然郑重其事地决定实施这种设想。本

---

① 指豪德。
② 指他同康拉德·施拉姆决斗一事；参看本卷第358页注①。
③ 黑森-拿骚。

来，沙佩尔应当比大家更了解德国工人的发展水平，更了解德国无产阶级是否具备了掌握政权的条件。在德国南部的工人中，除了极少数的人以外，广大群众仍然完全站在小资产阶级一边；在德国北部，如果考察一下那里的正式工人组织——"兄弟会"——的建立和活动，并据此作出判断，那么我可以说，那里的情况也并不比德国南部好多少；一些规模较大的城市也许属于例外。诚然，人们可以通过宣传工作来改变某些现状，也可以通过宣传工作来建立一支由具有无产阶级觉悟的工人组成的核心队伍；可是，只要小资产阶级还没有成为统治阶级并同广大群众发生对抗，群众就不会放弃自己的小资产阶级立场；这是因为，在我们这里还没有出现一个资产阶级，能迫使广大群众去认清本阶级的真正利益。现在，我们无法动员工人群众去参加各个协会，甚至连动员他们去参加那些以严肃态度讨论问题的协会也做不到；工人群众根本就不愿参加；在这种情况下，怎么谈得上去影响他们的思想呢？在我们这个规模虽小、但立场十分坚定的协会里，每举行一次讨论，都要求我付出大量的精力。如果我们就某个方面的问题向他们进行宣讲，而并不需要他们自己在这方面采取任何实际行动，他们就会感到称心如意；当某个问题使他们感到费解的时候，他们很善于进行自我安慰，却不愿意为了弄清问题而发言提问。

维利希不会越出兵营共产主义的藩篱；对于这一点，我丝毫都不感到惊讶，因为他早就主张通过建立自由公社，并采用他自己的手工业方式来解放整个世界！① 按照维利希当时的观点，不管是什么人，只要当上了手工业者，就算是最完满地实现了他的目标；如今，他的这些观点大概并没有发生多大的变化。当我获悉维利希成为中央委员会委员的时

---

① 革命爆发前不久，维利希曾打算在科隆当木工。

候，我曾希望他通过同你们的交往，纠正自己那种耽于幻想的毛病；而现在，我认为这是根本不可能的事情。维利希已经成了一个"大人物"；众所周知，凡是这样的人物，都是无可救药之徒，因为他们妄自尊大，已经失去了思考的能力。以前，维利希还曾死死地抱着黑格尔学说不放，但他对这种学说只是生吞活剥，并未消化。魏特林当然不会去研究黑格尔学说；不过，尽管维利希和魏特林之间存在着种种差异，我还是日益明显地感到，他们两人在许多方面都有惊人的相似之处。

好吧，那就让这两位"大人物"按照自己的意愿为所欲为吧！至少在目前，他们不会造成太大的危害；他们已经打错了算盘。

有关流亡者救济金的问题，看来十分棘手；我们只能把这笔钱从这里寄给正式任命的委员会，这是因为，我们必须向捐款者公布账目，而有关这次分裂的全部情况，当然不能让这些捐款者知道。诚然，在个别情况下也可以采取特殊的措施，但这只能解决少数可以列入特殊救济金账目的款项的问题。

《新莱茵报。政治经济评论》的情况到底怎样？难道就想不出任何办法使这本杂志继续出版吗？[……]

几天来，我一直在考虑为工人撰写一部尽可能明白易懂的国民经济学读本。当然，要想立即着手进行这项工作，那是不可能的；可是，生活中的那些无法摆脱的事务使我只能获得那么一点时间，我不知道究竟要到什么时候才能比较自由地支配自己的时间。如果我的设想能够付诸实施，我将在写作过程中首先以您的《哲学的贫困》作为基本指导思想；[……]

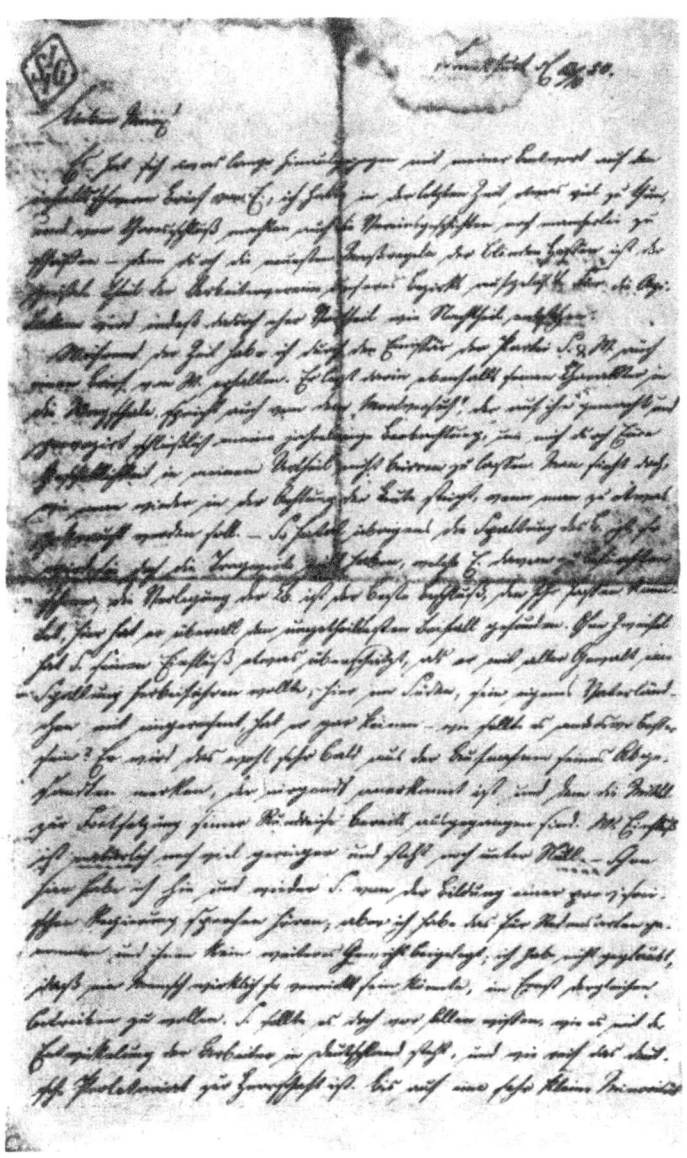

约瑟夫·魏德迈1850年10月13日给卡尔·马克思的信

在我们德国南部地区，形势正朝着十分有利的方向发展。各地议会纷纷出乖露丑，例如，在拿骚和士瓦本地区就出现了这种情况；这些议会使自己在人民面前威信扫地，因而也就使整个立宪制度声名狼藉；或者，议会被迫同政府实行决裂，这样就引起了冲突；而只有消灭那些小邦，这种冲突才能最终消除。总之，不管在哪一种情况下，各地群众的情绪都异常激愤；人民受到各种各样的敲诈盘剥，因此，他们准备去参加各种运动。为了使法国革命军队在四面八方都受到热烈的欢迎，确实有必要进行这样的准备；如果没有亲身的体验，谁都无法相信，在目光短浅的小资产阶级中，各种偏见是那样根深蒂固。只要政府还没有用皮鞭强行驱散各个小邦的议会，小市民就总是对议会的作用深信不疑；他们目前对普鲁士寄予希望，因为普鲁士在遭到奥地利的打击以后，总是发表一通模棱两可的空论；如果小市民离开了自己那片狭小的故土而远走他乡，他们就会希望爆发一场德意志的民族革命，并希望法国人仍像1848年那样充当和蔼可亲的旁观者。这种信念虽不能使人产生移山填海的力量，但确实能使人执迷不悟，一意孤行；为了动摇这种信念，就必须采用目前正在施行的那种剧烈而又痛苦的治疗方式。

我和我的妻子向你、并向你的夫人和恩格斯致以最诚挚的问候。

你的　约·魏德迈

手稿　　　　　　　　　　　　　　　　　　　　节录

阿姆斯特丹国际社会史研究所马克思恩格斯遗著 D VIII 98/D 4533
(《马克思恩格斯全集》历史考证版第 3 部分第 3 卷第 655—659 页)

534

威廉·沃尔弗(苏黎世)给弗里德里希·恩格斯(伦敦)的信

1850年10月23日

1850年10月23日于苏黎世

亲爱的恩格斯:

我本以为自己在这段时间能前往伦敦,可是时至今日也未能成行,只好写这封信给您。我一直渴望离开瑞士;但直到现在,我还没有凑足迁居伦敦所需要的费用。退一步说,即使我或迟或早凑齐了这笔款项,我在抵达英国以后也会成为你们的负担;至少在我初来乍到而尚未找到工作的时候,这种情况是难以避免的。考虑到你们的经济状况,我对此事颇为踌躇;不过,如果您坚持当初的建议,仍然主张我迁居英国,我也完全可以打消自己的顾虑。您在上一封信①中提到的那些丑闻,并没有使我感到十分震惊。您在伯尔尼就曾简单地同我谈到过维利希的品质②;至于此人在其他方面表现出来的品格,我也通过自己的观察早有

---

① 恩格斯在这封信中叙述了中央委员会9月15日会议的情况。这封信未能保存下来。
② 1849年9月15日,恩格斯和沃尔弗曾在伯尔尼会晤。

所知。可惜的是，这次分裂将给德国境内的事业带来不良后果。

大约在十天前，奥·吕宁抵达此地，来看望他的兄弟们。①

我同他在文学咖啡馆见过几次面，并从他那里获悉，那位在布雷斯劳遭到驱逐、从而被迫离开故土的海尔贝格356，最近几个星期一直寓居在法兰克福。

我今天看了报纸，有消息说，弗莱里格拉特现在也离开了普鲁士，他可以算是《新莱茵报》遭到摧残以后留在那里的废墟上生活的最后一个人了！9月份，拉萨尔同他的伯爵夫人②来过这里（我上次给您写信时可能提到过此事），他准备在阿尔卑斯山进行一次旅行，以便增强体质，度过冬季的囚禁生活。我从他那里了解了一些有关泰勒林的品质、有关此人在科隆、特别是在伦敦的表现的细节。我真没有想到这个人是这样一个卑鄙无耻的败类。

我已经很久没有直接从德朗克那里得到什么音讯了。埃默曼告诉我说，德朗克目前仍在日内瓦，同莫泽斯③形影不离。不久前，他参加了当地流亡者举行的一次宴会。我在夏天曾两次写信给德斯特尔，但至今没有得到任何回音。〔……〕谈到月刊的问题，我想附带告诉您，人们常常向我打听《新莱茵报。政治经济评论》是不是还要继续出版。

〔……〕现在，任何人都不准离开给他指定的居留地点，哪怕是离开一夜也不行，除非是事先请假并获得批准；有关假期的问题，由当局

---

① 奥古斯特·吕宁和海尔曼·吕宁。
② 索菲娅·冯·哈茨费尔特。
③ 莫泽斯·赫斯。

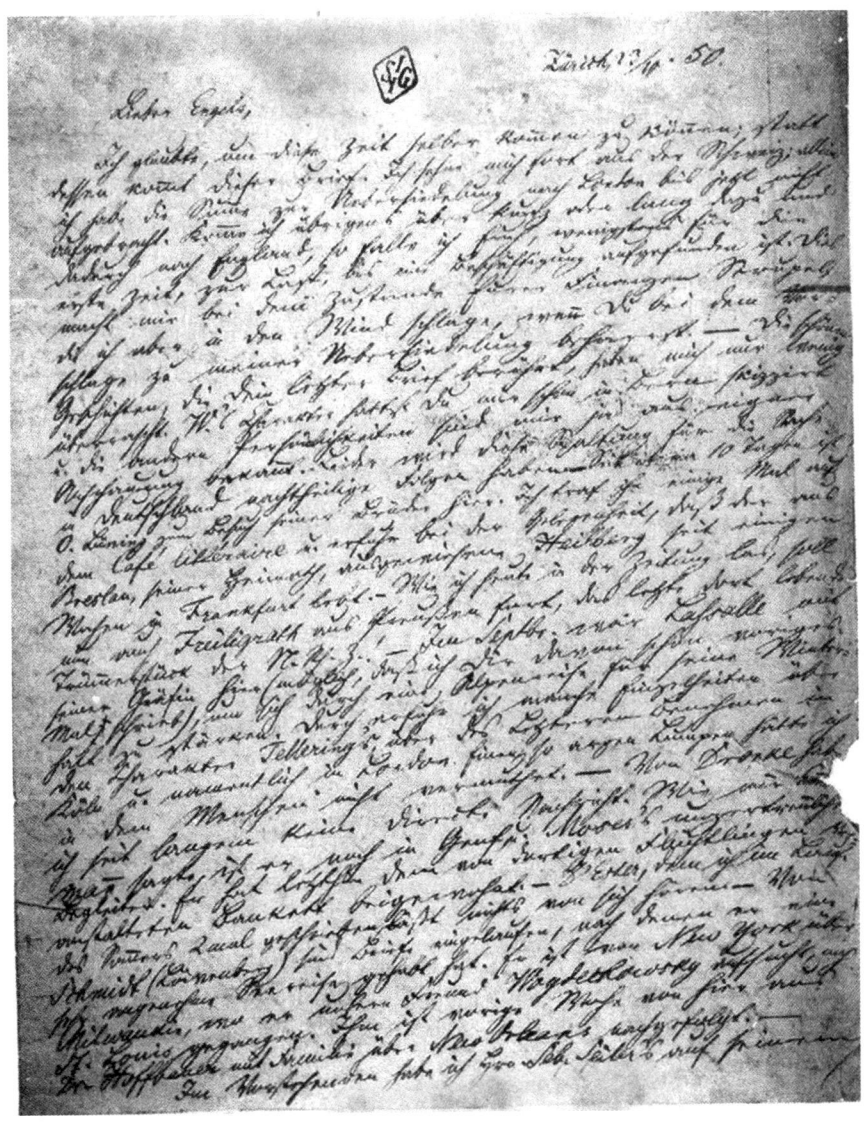

威廉·沃尔弗1850年10月23日给
弗里德里希·恩格斯的信

在联邦议会印制的一份表格上给予批复,而这种表格的具体项目比普鲁士的护照还要琐细。最近,我们可能会像中世纪的犹太人那样,被强行规定居住在一定的范围之内;凡有流亡者的地方,都将照此办理——这一切,都属于自由的瑞士和享有更多自由权利的反革命势力所施行的德政。面对这种境遇,我只要想到还会同你们重逢,还可以同您一起畅饮对半掺成的啤酒①,同时,还能在马克思家中同大家欢聚一堂,我就会顿时产生一种快慰的心情。您在来信中说,马克思正在潜心研究经济学。他应当出版一本论述经济学问题的小册子,如能出版几本,那就更好了;我深信,目前的时机非常有利,这种小册子一定能够畅销。——"红毛"②目前情况如何?他还在痛饮黑啤酒、烧酒和水以及其他饮料吗?如果破费一点邮资不使你感到为难,那就请您及早复信,谈谈您的情况。

您的　鲁普斯

手稿
阿姆斯特丹国际社会史研究所马克
思恩格斯遗著 L IX 370/L 6421
(《马克思恩格斯全集》历史考证版
第3部分第3卷第662—665页)

---

① 这是用英国的淡色啤酒和黑啤酒对半掺成的饮料。
② 指斐迪南·沃尔弗。

535

弗里德里希·马尔滕斯（汉堡）给路德维希·施泰翰（汉诺威）的信[357]

1850年10月26日

1850年10月26日于汉堡

最尊敬的朋友：

您的两封信和一些报纸，以及由一位所谓流亡者捎来的书信，我已经收到无误；我从这些来信中看到，您还是那样精神抖擞地努力工作，这使我感到十分高兴。尤其是现在，我们看到，那些所谓的政治友人正在日甚一日地萎靡消沉下去，他们即便还没有直接投入敌人的营垒，至少也已经崇奉冷淡主义，像一群货真价实的市侩，卷缩到自己的安乐窝里去了。在这种情况下，你的精神就使我感到格外高兴。朋友，你无法想象，现在有那么多的可怜虫，当初他们以虚假的姿态追求自由，不过是赶赶时髦而已；而现在呢，他们对于那些忠于自己的原则的人，即使没有直接参与迫害，也确实是避之唯恐不远，因为他们一接触这些人，就会激怒自己的某一个主顾，或者激怒某一个卑劣的商贩，而这样一来，不是就很容易给他们的生存带来危险吗？他们的确是很需要那些有钱人。好吧，不说这些了，还是言归正传。我已经同我们党内的许多人谈过：您从什么地方给我来了信，您的报纸情况如何；大多数人都希望,我们必须把自己的全部力量拧成一股绳,以便齐心协力地发挥作用,使我们的力量壮大起来;为此,大家希望为《博爱报》贡献自己的全部力量,因为只有这样,我们才能够彻底扭转报纸的立场。所以,许多朋友委托我把上述情况告诉您,以便您就此发表意见;如果您已经迈开步伐,取得了很大的进展,那么,您可以放心,您一定会从我们这里获得稿件,我们将全力以赴,而且也将会有许多人订阅这份报纸。对于霍夫曼,您大概不能有多少指望,大约两个星期以前,我给他捎去了一份试刊号,同时也捎去了您给我的那些信件,可是他根本没有给我任何回音;此人过多地忙于私事,当然也就无暇顾及人类的事业了。

至于那位流亡者,那是一个游手好闲之徒,这种人我们已经见识得不少了;当我严厉地向他提出责问时,他便支吾搪塞,语无伦次;而在需要他工作的时候,他就根本不再照面了。

再见,盼望及早回信。

您的　忠实的朋友
约·弗·马尔滕斯

手稿①　　　　　　　　　　　　　　　　　　　　　　　第一次发表

汉堡国家档案馆警察局侦察案卷
Serie VlLit. X, Nr. 1365, Bd. 1, Teil. II, Bl. 309—310

---

① 汉诺威警察局所存的副本,经警察局长维尔穆特核准。

536
阿伯拉罕·雅科比[358]（波恩）给芬妮·迈耶尔（明登）的信

1850年10月27日

[……] 在这次旅行中，我感到最有兴味的是在杜塞尔多夫停留了24小时。[359] 库格曼的朋友盖森海默受到各方面的赞赏，的确是当之无愧的，根据我所能作出的粗略的判断，他完全有资格被称之为能够独立工作、善于独立思考的人。不过，在我所结识的人中，最使我感到喜悦的无疑是一位工人，这位工人的名字您大概已经从库格曼那里听说过，他叫魏登米勒，是一个机械工人，在那个人的唇舌和政论家的笔头还能达到他们的目的的时期，他在杜塞尔多夫的民主事业中成了举足轻重的人物。如果每一万个人当中有这样一位工人——那么，我们的事业就稳操胜券了。这是一个有觉悟、有学识的工人！作为一个工人，他在研究费尔巴哈，并曾试图对法国社会主义者进行分析，只要是他认为正确的前提，一经提出来以后，他便在各方面始终不渝地恪守由此引出的结论；他通过自己的聪明才智、通过学习研究而认识了当今的社会状况，看到这种状况非变不可，认为这是十分清楚而又不可避免的趋势；而且，对于实现这种变化的**必要**手段，他没有任何畏惧之心，这一点，正是问题的关键。我同他谈到，法国社会主义者，尤其是圣西门、傅立叶、

路易·勃朗，从某个方面来说也包括蒲鲁东，这些人尽管清楚地看到了当代社会的弊端，尽管在要求彻底改变现状时也表现出激进主义的倾向（注意！），但在宗教方面，他们却受到极大的束缚；在这一方面，他们几乎谈不上有什么自由思想，更不用说什么激进主义倾向了。我谈到这里，他几乎是带着悲哀的神情摇了摇头。我们接着又谈到，所有那些法国的社会主义者，固然也深刻地认识到了当前的状况违背道德的性质，他们固然也要求实行深刻的变革，但是，对于变革的途径，他们却十分茫然、一无所知，以致常常按照惯例去乞求某些阶级的怜悯和同情，而这些阶级正是斗争的对象。说到这里，他激昂慷慨地发表了自己的意见，反对这种荒唐的思想，他认为，这种思想的荒唐无异于要求某人自己搧自己的耳光；这种思想的荒唐之处就在于要求某个阶级给予同情，而正是这个阶级，为了中饱私囊，必须不惜摒弃一切同情之心；而且也正是这个阶级，只有对其他各阶级实行压迫，才能为自己创造和保持生存的条件。［……］

我马上就要启程到科隆去；因为库格曼打算今天给您写信，而且今天就要把信寄走，所以我也就提笔写了上述情况。［……］

下一步，我也许会从杜塞尔多夫前往波恩。附带告诉您一个消息：几天来，体操协会又振兴起来了。［……］

波茨坦国家档案馆，Rep. 30 Berlin
C, Tit. 94, Lit. J, Nr. 78

节录
第一次发表

537
威廉·豪普特（汉堡）给卡尔·马克思（伦敦）的信

1850年10月31日

1850年10月31日于汉堡

亲爱的马克思：

我高兴地看到，那些大人物组成的"临时政府"已经陷入极其可悲的境地；自从他们作出那些"果断的"决定①，他们就将自己的无耻嘴脸暴露在光天化日之下了，而我在当初确实没有想到他们竟会无耻到这种程度。可是不管怎么说，事情既然发展到了这步田地，使我们毅然同这帮民主派一刀两断，这毕竟是一件好事。"出乖露丑的表演确实已经淋漓尽致"；在德国执政的将是狄茨（！）、格贝尔特（！）、弗伦克尔（！）、沙佩尔（！）、列曼（！！！）、谢特奈尔（！）以及维利希先生（！）。这实在是一种超群绝伦的设想。

在这段时间里，我在这里并没有无所事事；但目前我遇到了一些困难：我过去认识的熟人绝大多数都起不了什么作用；有不少人先前是小资产者，现在依然如故；还有一部分人头脑过于简单，因而根本派不了什么用场，意志消沉、畏葸不前的现象几乎随处可见。在工人中，只有

---

① 指奥古斯特·维利希和卡尔·沙佩尔领导的伦敦区部作出的决定；文件529列举了这些决定的内容。

少数人能够发挥一点作用;除此之外,绝大多数人都要求给他们讲一些美妙动听的空话,要求按照魏特林和维利希等人的方式,向他们传播典型的手工业者思想。

我所交往的人,都是经过我细致深入地了解而认定是稳妥可靠的人。到目前为止,我罗致了三个干练的人才,其中有一个是埃卡留斯的兄弟①;他虽然在许多方面都不及那位伦敦人②,但却是一个可以信赖的人。另外两个人③也很可靠,完全站在我们一边。现在,我正同他们三人一起认真地学习《宣言》④,我希望他们能成为党的坚强柱石。昨天,我给丹尼尔斯写了信,向他介绍了我们这里组建新支部的情况,并要求他同我建立联系。在这里,我想问您一下:如果建立新支部的事宜由你们审批,并由您执笔给丹尼尔斯写信,您看是否更妥当一些?格吕伯尔已经不再参加任何活动;他还劝我也放弃所有的工作,说什么一切努力在目前都徒劳无功;我觉得他现在已经变成了一个十足的游手好闲之徒,因此暂时不可能指望他发挥什么作用。我还没有去找过木工马尔滕斯;据我看来,各方面反映的情况都足以证明,这个人已经变成了一个循规蹈矩的小资产者;不过,我还是准备拜访他一次,以便从他那里了解更多的情况。

正如我以前在信中告诉您的那样,布伦在很长一段时间以来已经重新获得自由;看来他还没有同贝克尔⑤、司徒卢威以及其他一些大人物⑥断绝联系。据说,科恩海姆等人在归途中曾在他那里借宿;而且直

---

① 弗里德里希·埃卡留斯。
② 指格奥尔格·埃卡留斯。
③ 约翰·马尔沙夫斯基和卡尔·海尔曼·彼得逊。
④ 本书第2卷文件202。
⑤ 约翰·菲力浦·贝克尔。
⑥ 见文件473。

到现在，他仍然同这些人保持联系。根据已经掌握的信息，我在前段时间认为不宜同他来往。前天我收到了他写的一张便条，便条上开列了贝克尔的一张汇票的内容，其中注明他（贝克尔）为收款人。（这是我在日内瓦欠下的债款。）在便条的结尾处，布伦这样写道："倘若您不来，我就只好找上门去，我们可以当面交涉。"我去同他见了面，并质问他凭什么对我进行这种威胁；他躲躲闪闪，声称那些话并不含有威胁的意思。由于我在前段时间一直没有理睬他，他似乎觉得自己的感情受了伤害，可能很快就给日内瓦方面写了信，把这些情况告诉了贝克尔，并向他提供了我在这里居住的消息。此外，他还十分卑鄙地辱骂了您和施拉姆。"他再也不想同这帮家伙打什么交道了。""**用大学生的语言来说**，他们是一些**不体面**的人"，"这是因为，他们既然要反对别人（也就是反对他），并且是利用捏造的谎言来进行反对（见《卡尔斯鲁厄日报》）①，他们至少应当对此承担责任，这是做一个**体面**的人的最起码的要求。""他无意于同你和施拉姆算账，可是如果有必要，他也可以让别人来算这笔账。"这个无赖！！"施拉姆上次在这里逗留的时候，② 没有给他留下任何好的印象，施拉姆**趾高气扬地**责骂一切人，可是**在他面前，毕竟还受到一些约束**。"他本想劝我改弦易辙，但很快就放弃了这个念头，因为我说了一番斩钉截铁的话，"使他立刻看清了我的立场"。您看，布伦已经成了一只**迷途的羔羊**，这个家伙也陷入了小资产阶级的泥潭！关于他同司徒卢威之间的关系，我很希望能了解到一些详细的情况。

---

① 见文件503。
② 见注释338。

我很乐意校阅清样①；迄今为止，这项工作一直是由富克斯博士承担的。我将在近日内去找舒伯特；不过，我希望你们授予我全权代表的资格！这项工作不会给我个人的生活状况造成什么影响；虽然我目前正受到各方面的监视，我的母亲还在暗中反对我，对我进行百般诅咒，但我对这一切都泰然处之。明年初，我将单独搬迁到另一个地方，使我的家庭走上正常生活的轨道。

至于借款的问题，我在这方面一点也没有松懈。可是，我筹集的钱并不太多。据说，埃尔伯费尔德的古斯塔夫·阿道夫·克特根是您的朋友，我已经同他谈了话；可是，我不清楚您同他的关系究竟怎样，也不知道您是否想要进一步了解他的意图。他曾经打算给您写信，并愿意为您提供资助。他相信在几个星期之内就能**为您**筹集到大约100rh，并准备把这笔钱陆续给您寄去。他同一些富翁保持着相当密切的联系！望您**立即**就此事给我写一封回信；因为我不了解您是否愿意用这种方式给您汇款，所以，很自然，我就无法采取任何措施。亟盼回音！

今天就写到这里。请代我向恩格斯和施拉姆等人问好。

请接受我的问候。

豪普特
于老交易所街1号

由于缺少资金，我至今都无法派人到柏林去，更不可能亲自前往。

最近，我也许会顺路去一趟基尔。

您能否替我把一封短信转寄给拉福里[360]？我觉得，这是同他联系的最妥帖的办法。

望及早回信！！

---

① 即《新莱茵报。政治经济评论》第5、6两期合刊的校样。

手稿
莫斯科苏共中央马列主义研究院
中央党务档案馆，f.20，op.1，d.44
(《马克思恩格斯全集》历史考证版
第3部分第3卷第667—668页)

538
彼得·勒泽尔（科隆）给卡尔·马克思（伦敦）的信

1850年11月2日

1850年11月2日于科隆

亲爱的马克思：

我到哈夫那里不知去了多少次，结果只得到三本《宣言》①，看来，我简直可以说是白跑了一阵。而现在，四面八方的人，尤其是那些刚刚成立的支部每天都在渴望得到这部著作。我再次请求您从同盟的利益出发，准许我们翻印②；或者，还可以采取另一种更好的办法，那就是请您把《宣言》连同注释一起交给我们，并给我们讲明出版的条件。您

---

① 本书第2卷文件202。
② 见注释348。

原先曾打算把手稿交给我们，可是我们一直等到现在，也没有如愿以偿。

沙佩尔派出的特使豪德已经第二次来到这里；他以强硬的语气质问我们是否准备承认新成立的伦敦中央委员会。我们也以强硬的语气作了回答；他已经回到美因茨，在那里无所事事，至今还在等着他的旅行身份证；也许过不了多久，他就要一无所获地返回伦敦了。

沙佩尔和维利希一直喋喋不休地对您和恩格斯进行诽谤，鉴于这种情况，我想给您提供一些能反映沙佩尔品质的事实，以便您在适当的时候引用。

今年春季，沙佩尔被宣告无罪释放①；此后，卡斯滕斯②和他的未婚妻③便同沙佩尔一起从这里迁往威斯巴登。在这段时间，沙佩尔干了些什么呢？他一直在玩弄阴谋诡计，最后终于夺走了卡斯滕斯的未婚妻；事后，他还对卡斯滕斯进行诋毁，并屡次在公开场合以令人发指的手段对他进行污辱。被沙佩尔带到伦敦去的那个年轻女子，就是卡斯滕斯原先的未婚妻。

汉森[361]对沙佩尔本来比亲兄弟还亲；他为沙佩尔尽了一切努力，牺牲自己整天的工作时间；可是后来，仅仅为了一件微不足道的小事，沙佩尔就两次在公开的场合对他进行污辱，其手段卑鄙已极，使大家义愤填膺。

望您立即回信。

致以衷心的问候。

彼·格·勒泽尔

---

① 见注释265。
② 即弗里德里希·列斯纳。
③ 克拉拉·霍珀。

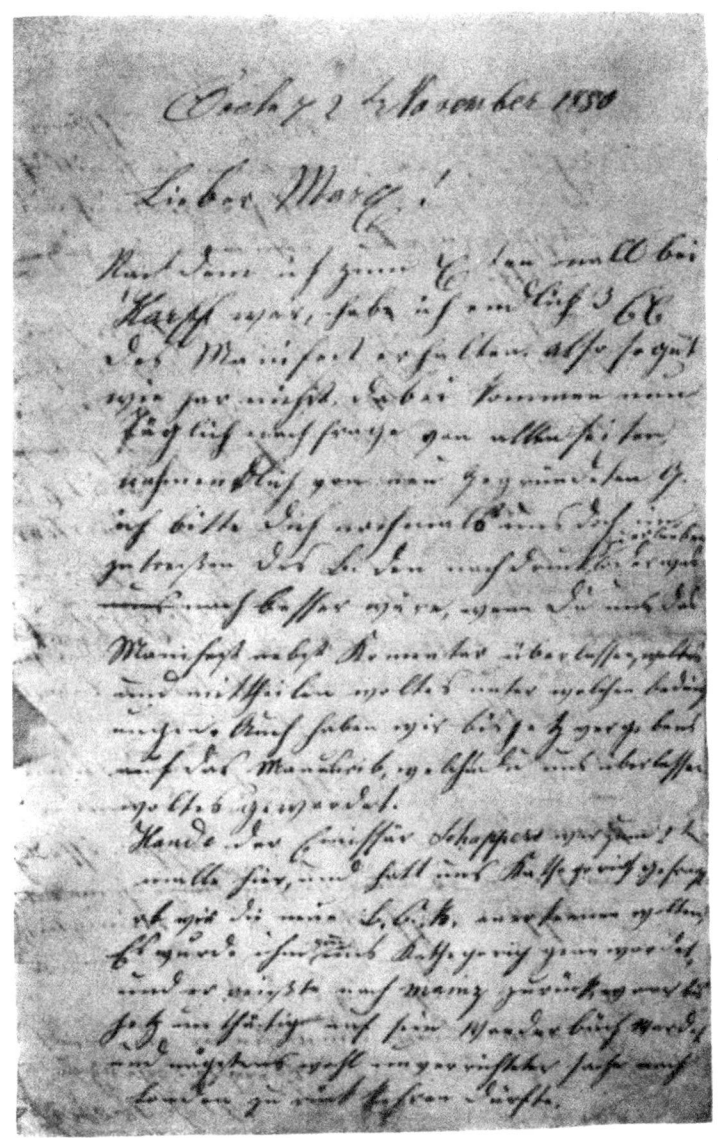

彼得·勒泽尔1850年11月2日给卡尔·马克思的信

手稿

莫斯科苏共中央马列主义研究院

中央党务档案馆，f. 20，op. 1，d. 45

(《马克思恩格斯全集》历史考证版

第3部分第3卷第672页)

539

共产主义者同盟科隆中央委员会给彼得·诺特荣克颁发的全权委托书

1850年11月4日

全权委托书

公民诺特荣克受中央委员会委托，前往北德意志各地[362]了解同盟情况，凡所到之处，均可按他本人意见发布适当的指示，所作的各项指示，由他迅即上报中央委员会。

彼·格·勒泽尔

亨·毕尔格尔斯

1850年11月4日于科隆

波茨坦国家档案馆 Rep. 30 Berlin C,
Tit. 94, Lit. N67（副本）①

---

① 在德累斯顿国家档案馆存有另一份副本，编号：MdI, Nr, 10963, Bl, 288。

540
彼得·诺特荣克保存的联络地址一览表[363]

1850年11月4日至1851年5月

[第一张便条]

布雷斯劳——H. 温克勒——容克大街2号

纽伦堡——奥古·舒尔采——哈雷门

奥格斯堡——奥尔登堡博士——郊区

　　——弗·克萨夫·泰尔（儿子）裁缝师傅——紫丁香巷317号

亚琛——E. D. 海尔梅斯

布鲁塞尔——施泰因根斯——紫罗兰大街28号

德累斯顿——弗·威·科尔贝克[364]裁缝师傅——威尔斯德鲁弗尔巷

埃施韦格——C. D. 济博耳德

富尔达——S. 莱伊——专画历史题材的画师

菲尔特——J. 迈耶尔——工人联合会

哈瑙——F. 罗斯巴赫——大学生

希尔德斯海姆——A. 加德斯莱本

希尔德堡豪森——F. 凯瑟林

霍夫——弗里·洪特[365]——画家

利格尼茨——H. 登赫——印刷厂主，信件托库内尔特代转

慕尼黑——约瑟夫·雅各——裁缝师傅，十字巷5号

雷根斯堡——J. 赖特迈耶尔——书籍装订工
斯图加特——弗里·科赫——书籍装订工，住莱昂哈特教堂附近
维尔茨堡——卡尔·哈德曼——泰茵印刷所
韦尔特海姆——圣特里尔——教员

[第二张便条]

比勒费尔德：商人鲁道夫·雷姆佩尔①

汉诺威：细木工师傅施泰翰②

汉堡：弗·马尔滕斯[366]，Abc大街40号

小亨·威·豪普特，老交易所街1号

阿尔托纳：希尔施霍夫[367]

格吕克施塔特：约翰·亨利希·居姆佩尔[368]

基尔：克利斯蒂安·宾索，人民俱乐部房东[369]

罗斯托克：蒂尔克教授③

什未林：水疗医师亨·迈尔④，魏森大街106号

---

① 见注释260。
② 见注释353。
③ 卡尔·蒂尔克于1824年作为罗斯托克大学法律系的编外讲师开始他的学术生涯，并于1836年成为正式的历史学教授。1847年他主编《梅克伦堡报》并积极参加1848—1849年革命。他是罗斯托克改革协会的领导人和梅克伦堡改革协会中央委员会委员；当过梅克伦堡制宪议会议员和宪法委员会委员。共产主义者同盟伦敦中央委员会把他的地址转寄给科隆区部（据彼得·勒泽尔供认，上面划了一个问号），因此，他1850年底出现在特使彼得·诺特荣克的名单里。诺特荣克来到罗斯托克，蒂尔克拒绝同他谈判。1853年，蒂尔克被牵连到所谓罗斯托克判国案里，被监禁到1856年。——译者注
④ 关于亨利希·迈尔，见注释268。

柏林：恩斯特·提罗住在斐迪·提罗寓所，德拉门堡大街5号；进
    庭院后上楼，在4层右边
布雷斯劳：H. 温克勒，容克大街2号
利格尼茨：H. 登赫，印刷厂主

［第三张便条］
哈根：克奈普大夫
索斯特：奥特·考姆斯·基希尔
    冯·齐特维茨，哈姆
汉诺威：门兴博士
策勒：盖尔丁博士
不伦瑞克：鲁齐乌斯博士

［第四张便条］
帕伦贝格，住施特莱岑巷，建筑师

［第五张便条］
寄给亨·威·豪普特的信件，写下列地址：
    汉堡，赫伦格拉本街95号，3楼，
    裁缝师傅老C. 彼得逊先生收

［第六张便条］
万哈根，特级教师
普雷森尼乌斯，工程师

警方抄录的彼得·诺特荣克联络地址一览表副本

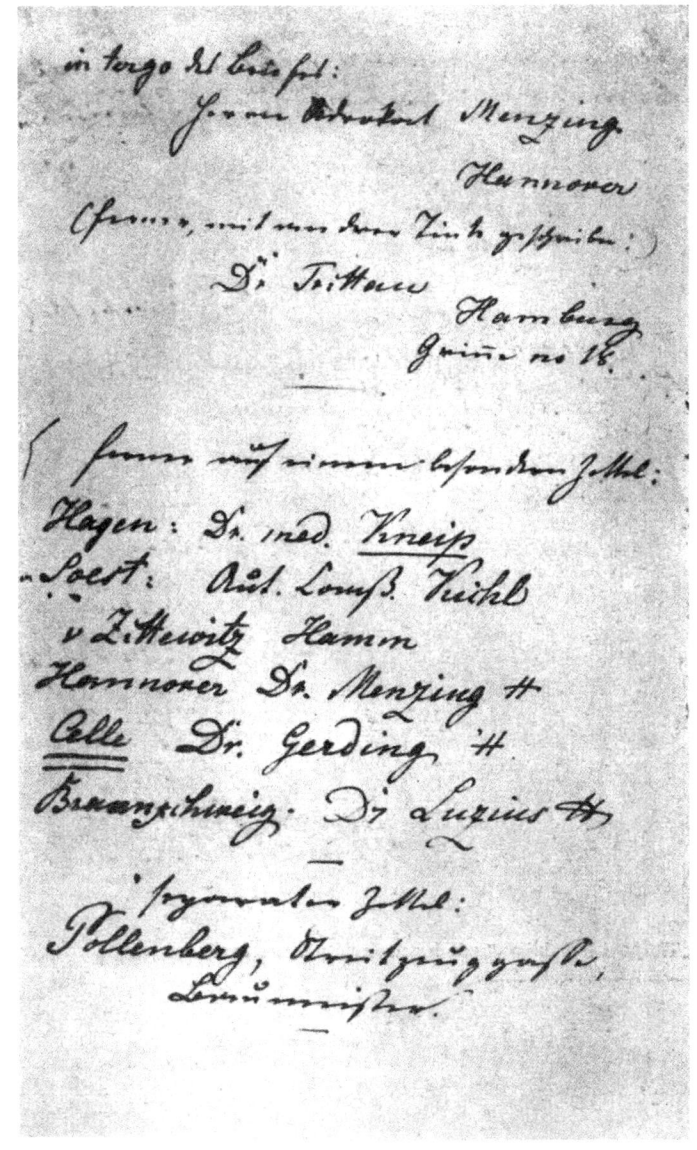

警方抄录的彼得·诺特荣克联络地址一览表副本

［第七张便条］
寄给亨利希·舒尔采的信件，写下列地址：
　　什未林，
　　教堂街
　　制鞋师傅舒尔采先生收

［第八张便条］
制帆匠格尔德斯，住罗斯托克

［第一张名片］
阿尔伯特·埃尔哈德[370]
　　［背面：］
尤利乌斯·埃尔哈德博士，开业医生
盖尔特劳顿大街14号

［第二张名片］
阿尔伯特·埃尔哈德
　　［背面：］
弗里德里希·弗尔斯特
信件请尤利乌斯·格罗斯转交
克赖-杜斯特曼公司
比勒费尔德
　　［内面：］
R. R.

〔第三张名片〕

亨利希·维南茨

〔背面:〕

费伦大街7号

〔第四张名片〕

C. 谢弗,裁缝

旧雅各大街,门牌号码:92H,第一个门

敬请光临。

波茨坦国家档案馆 Rep. 30 Berlin C, Tit. 94, Lit. N 67（副本）

第一次发表

541
朱利安·哈尼在首次发表《共产党宣言》英译本时所加的按语[371]

1850年11月9日

德国共产党宣言

（1848年2月发表）

下面发表的这个《宣言》，是由公民**卡尔·马克思**和**弗里德里希·恩格斯**

载于《红色共和党人》的《共产党宣言》英译本

在1848年2月用德文写成的；从那时以来，它得到了德国所有共产主义团体的承认。《宣言》拟定后，立即在伦敦用德文付印，并在二月革命爆发前几天公布于世。紧接着这一重大事件之后出现的动乱局面，使原定将《宣言》译成文明欧洲的各种文字的计划在当时未能实现。《宣言》目前已有两种不同版本的法文译稿，但在法国当前实行的高压政策下，连发表其中的一种译稿也不可能。下面刊登的这个重要文件的优秀英文译本，将使英语读者有可能对最进步的德国革命政党的意图和原则作出判断。

应当提请注意的是，整篇《宣言》都是在二月革命前写成和付印的。

1850年11月9日《红色共和党人》（伦敦）第21期（《马克思恩格斯全集》历史考证版第1部分第10卷第605页）

542
约瑟夫·魏德迈（美因河畔法兰克福）给卡尔·马克思（伦敦）的信

1850年11月10日

[……]恩格斯最近打听的那个人名叫豪德，顺便说一句，此人

是个颇为能干的家伙。他已经返回伦敦。①

恩格斯最近写信告诉我，施拉姆头部负伤，倒在决斗场上；但少数派却宣称，施拉姆和维利希在决斗后已经握手言欢。②

此事与少数派指责鲍威尔和普芬德"侵吞钱财"的事到底有什么关系？**372**

请您把此事的来龙去脉告诉我；我们已读到有关此事的报道，却一点也不知道如何应对，这实在太令人气恼了。另外，豪德在这里说，鲍威尔已在出使的途中被召回，因为人们对他不信任；上述那件事与豪德提供的这个情况有什么关系？③

随信附上一张钱数不多的期票，作为对你们那里的流亡者的资助。得便请将以前汇款的收据寄来。难道就不能建立一个中立的流亡者委员会吗？如果此事无法办成，那就只有把主要的款项寄给正式的委员会了，除此之外，别无它途；而且，钱数也不会太多。

请问候恩格斯和您的夫人；我的妻子也向你们大家问好。

忠实于您的人

不太安全的书信，最好请寄给泰奥多尔·舒斯特，由他转交给我。

我也希望得到你们的几个安全的通信地址。必须十分谨慎；德国报纸目前已披露了许多事情。

关于继续出版《新莱茵报。政治经济评论》的事，我至今还没有得到答复。德朗克写信告诉我说，已拟定将这个杂志办成季刊；即便如此，我也得结清以前的账目。

---

① 见文件538。
② 见本卷第358页注①。——译者注
③ 豪德所说的情况纯属捏造。

手稿　　　　　　　　　　　　　　　　　　　　　节录

阿姆斯特丹国际社会史研究所马克思恩格斯遗著 D Ⅷ 99/D 4534
(《马克思恩格斯全集》历史考证版第3部分第3卷第673—674页)

543

共产主义者同盟伦敦区部就开除宗德崩得成员问题致科隆同盟中央委员会建议书[373]

1850年11月11日

在通过这个决议之后,我们又收到了埃卡留斯组织的伦敦区部提出的正式建议书:

"从共产主义者同盟中开除一切宗德崩得的盟员,特别是开除下面七个人——沙佩尔、维利希、谢特奈尔、列曼、狄茨、格贝尔特和弗伦克尔尔,并且把这项决议通报同盟的所有的区部和支部,同时也通知伦敦的宗德崩得和它的领导人。

这份建议书提出了下列极其充分的理由;为了更好地对这些人物作出评价,现在我们也将这些理由一并告知同盟全体成员:

1. 宗德崩得的成员向同盟之外的秘密协会的领导人、各民族的流亡者报道了,而且是歪曲地报道了伦敦共产主义者同盟的分裂情况。

2. 他们公然违抗合法的科隆中央委员会,违反它的决议;他们派出特使①到德国各地建立宗德崩得。

3. 他们过去和现在一直在破坏同盟伦敦区部机关给秘密协会成员规定的一切义务。

4. 他们从同盟分裂时起就在破坏秘密协会的一切规章,所以他们继续留在同盟的队伍里,只会助长他们瓦解同盟的活动。"

手稿②
阿姆斯特丹国际社会史研究所马克思恩格斯遗著 N 15.(《马克思恩格斯全集》历史考证版第 1 部分第 10 卷第 584 页)

544

威廉·豪普特(汉堡)给卡尔·马克思(伦敦)的信

1850 年 11 月 30 日

亲爱的马克思!

我等待着您的来信,以便了解有关同盟的一些事宜,以及有关你们

---

① 豪德。
② 亨利希·毕尔格尔斯的手稿。在中央委员会《十二月告同盟书》(文件553)中这份手稿引自格奥尔格·埃卡留斯的信件。

同舒伯特的关系的详细情况。关于钱的问题，我只能告诉您一些令人懊丧的消息。古·阿·克特根突然发了疯，因此从他那里已搞不到一文钱；在其他人那里我也碰了壁。因为我不愿向别人乞哀告怜，而只想借贷一点资金，这事情就加倍困难了。随信寄给您约2.5英镑，这已经是我的全部财产了；要想筹集更多的钱，我是无能为力了，因为在这里一点钱都借不到。布伦昨天还给我寄来一封催款信，语气极为凶狠粗暴，他还用各种方式对我进行威逼。这家伙实在是一个卑劣的恶棍。我在这段时间支出的款项很多，我的老父亲甚至为此感到恼火，并多次对我进行**责备**。尽管如此，我仍将继续努力，也许还能找人弄到一些钱。今天就写到这里；这次寄出的钱虽然很少，但我仍希望它对您有所帮助。

此致问候。

豪普特

1850年11月13日

请代我问候所有的朋友们。

李卜克内西还欠我11先令。

如果盼望已久的他那笔钱已经寄到，请您向他讨回这些钱，并暂时存放在您那里。

随信附寄汇票一张，面值为2.10先令；如将现金随信寄往伦敦，就要付76生丁的邮资。

但愿这点钱对您有所帮助；我是很想多寄一些的，可是……

豪普特

我等待着您的回信。贝尔托尔德[374]也终于上门逼债来了！

手稿
莫斯科苏共中央马列主义研究院
中央党务档案馆，f.1, op.5, d.318
(《马克思恩格斯全集》历史考证版
第1部分第3卷第675页)

545

传单

《德国男子汉和普鲁士臣民！》[375]

1850年11月15日前后

德国男子汉和普鲁士的臣民们！

有人号召你们投入战争——请你们睁开眼睛环顾一下四周，想一下眼前发生的事变吧！国家的精英——青年被迫离乡背井，丢下了和平的工作；成千上万辛勤的劳动者被迫离开了土地，离开了自己从事的行业；交通陷入混乱，商业陷于停顿；人民中有半数人的鲜血和生命被投入这场冒险事业。而这一切，到底为了什么？请你们看一看自己的处境，想一想自己的经历，回顾一下近年来的历史，再抚膺自问：这场突如其来的扩军备战究竟意欲何为？

难道你们相信，他们会支持**黑森人**对那位轻诺寡信的君主①进行消极的抵抗吗？难道你们相信，素来以残酷镇压德国各邦的一切自由运动为己任的普鲁士，如今会心血来潮，准备保护那些反抗"神封"的当权者的桀骜不驯的臣民吗？

难道你们相信，他们会扶持"联盟"那样一个统一德国的私生子，而与复辟的联邦议会分庭抗礼吗？普鲁士对联盟已经弃置不顾，自从联盟未能实现扩张领土的原定目标以后，恣意妄为的普鲁士国王②已经没有兴趣在胜负难卜的情况下，为联盟这个无足轻重的东西而大动干戈了。

或者，难道你们竟相信，因为黑黄两色的旗帜代表着**专制主义**，普鲁士就决心遏止专制主义潮流，准备挺身而出，充当德国自由与统一的堡垒，来抗击东方的野蛮势力吗？这一点你们自己也不会相信。普鲁士和奥地利的政治家们沆瀣一气，三番五次地赶往华沙，去接受俄国沙皇③的指示；这两个政府具有同样的历史，怀有同样的仇视革命的心理，它们用宣布戒严、在紧急状态下大开杀戒以及其他形形色色的迫害手段镇压过革命；它们负有同样的血债，遭到同样的诅咒。这一切都告诉你们，专制主义可以有不同的色彩，但绝无不同的目标。

这一次的扩军备战到底居心何在？他们对你们说：普鲁士的荣誉不允许继续容忍奥地利的辱骂！普鲁士有一位坚强有力的君主，有一支威武雄壮的军队，它不能容许奥地利在德国各邦独揽大权；因此，必须让奥地利见识一下，普鲁士能调动何等巨大的力量；必须迫使奥地利在"自由的会议"上（！）承认，通过什么途径才能最好地在德国共同恢

---

① 黑森-卡塞尔选帝侯弗里德里希-威廉一世。
② 弗里德里希-威廉四世。
③ 尼古拉一世。

复安宁、重建秩序。什么安宁和秩序！这是羊群的"安宁"，是剪除羊毛所需要的"秩序"！是的，这就是这出丑剧的意义和最终目的，正是为了这个目的，他们企图在"爱国主义"的名义下煽动盲目的种族嫉恨。正是为了这个目的，他们正在召集议院开会，以便在这种荒诞不经的爱国主义的高压下，强迫议院重新拨款，如果议院加以拒绝，那就要它遭殃！那样一来，议院就会在国家荣誉受到损害的借口下横遭解散，而立宪的闹剧也就至此彻底收场。

但是请问，如果**联邦议会**的主席宝座在普鲁士和奥地利之间发生更替，你们能从中得到什么好处？如果从埃森海姆巷的那座阴森的宫殿颁布的可耻决议不是按照这种程序，而是按照那种程序炮制出笼，这又能给你们带来什么益处？如果你们不是沿着这条道路，而是沿着那条道路被引向绞架，这中间究竟有何区别？请不要怀疑，这绞架要由你们亲手为自己树立，它要绞杀的是你们的自由和民族精神！

公民们！本世纪初，人民曾被号召起来同法兰西作战，那时候，存在着一股强大的动力，那就是争取从异族的桎梏下解放出来，这口号唤起了群情激昂的局面！但是，对于一个深受压迫的民族来说，这根杠杆还显得不够有力，于是人们发出种种许诺，答应彻里彻外地给予自由。而今天，他们号召全民族投入战争，竟以为可以不费吹灰之力，对于这样一个使全国承受极大牺牲的决定，竟不作半点交代说明。成千上万人的幸福根本不在考虑之列，对于受到伤害的虚荣心理和蒙受屈辱的吹牛习性来说，唯一要紧的是为那班出乖露丑的闹剧角色遮掩羞耻。他们再也不用新的诺言为钓饵，诱使人民上钩，这一点至少证明，他们再也没有勇气把君主的言论当作有价值的商品拿出来兜售了。

普鲁士和奥地利在进行**扩军备战**，因为这是沙皇的旨意；因为扩军备战是为空空如也的金库招财进宝，而使遭受欺骗、忍受敲诈的人民彻底破产的唯一途径。你们具有爱国精神吗？那么，你们就得为这种精神

传单《德国男子汉和普鲁士臣民！》

偿付金钱！你们要求在兄弟之间进行一场战争，以满足王公大人们的奢欲吗？那么，你们就得为这场战争付出昂贵的代价，弄到后来，你们的荣誉之心将因为受骗上当而丧失殆尽！一旦所需的款项得到批准，部队就将调回；接着，他们会对你们说，为了给德国带来安宁，并不需要流血，不需要进行兄弟之间残杀的战争！奥地利和普鲁士将亲如手足，和睦相处，共同为德国的安宁尽心尽力。

这就是这场军备竞赛的目的所在。至于那些金钱，你们会问：那些钱用来干什么呢？请听我们说说这场骗人的把戏如何了结。政府内阁已经感到，目前的平静是靠不住的。他们深知自己立足于火山之上，这火山一旦爆发，就将把他们一口吞噬，其势迅猛，猝不及防。因此，他们逼迫人们当兵入伍，以便把国内的这股力量钳制起来，这样，他们就可以借口整顿军纪，用严刑拷打来摧残这股力量；就可以迫使这股力量脱离革命信念所产生的日益巨大的影响；就可以使这股力量重新回到愚昧无知或麻木不仁的状态，然后，也许要经过短暂的间歇，待到时机成熟之后，他们就要在俄国暴君的统领之下，用这股力量进攻欧洲自由的最后堡垒——法兰西。

后备军的男子汉们！你们被迫离开了自己的家庭，离开了自己的妻子儿女——但是作为慰藉，你们将领取皇家发给的军服，同时也领教他们发出的斥骂。

你们离开了自己从事的日常工作——但是作为补偿，你们可以摆弄枪支和军刀。

你们的营业只好搁下不管了，你们的妻子儿女将啼饥号寒——但是，你们自己将获得军用干粮，获得一枚纪念像章。

你们暂时将得一切酬劳，日后你们将尽其所有，来偿付这笔开销。

你们为了荣誉、为了祖国而被引向战场，日后将要毫不光彩地被打发回来，等到下一次，你们将被拖入一场真枪实弹的战斗——进攻法兰西。

因此，请你们审慎三思：你们是否应以自己的双手，去促成自己家庭的破败，促成自己同胞的饥寒，促成自身负担的加重，促成一切自由的毁灭——我们希望，你们不会甘愿这样的事情发生。如果是这样，那么请你们仔细思量：他们既然已经把武器硬塞在你们手里，你们就拥有了一种手段，用以消灭一切卑鄙恶劣的丑行、一切悲凉凄惨的现象。

建立一个团结统一、不可分割的共和国！

（请翻印）

传单

梅泽堡德国中央档案馆 MdI，
Rep. 77, Tit. 381, Nr. 7

546
卡尔·奥托[376]（柏林）给亚历山大·沃勒[377]（鲁道尔施塔特）的信

1850年11月17日

同乡！

随信寄上一批告人民书①，请您尽力广为散发。

---

① 文件545。

在这些告人民书中,有一部分印成了海报形式,目的是为了便于张贴。请您务必多加注意,使这些传单也能传送到邻近地区。

致兄弟的敬礼!

朋友们

1850年11月17日于柏林

维尔穆特和施梯伯《19世纪共产主义者的阴谋》第1部分1853年柏林版第133页

547
卡尔·冈洛夫[378](莱比锡) 给亚历山大·沃勒（鲁道尔施塔特）的信

1850年11月24日

11月24日于莱比锡

亲爱的朋友：

随信寄上一批印刷品①；这批印刷品必须在邻近地区广为散发，可以向当地的协会领取邮资。您可将包裹寄给克拉克吕格[379]，并从中取出

---

① 文件545。

一部分留给自己。我不知道克拉克吕格的准确地址。你们那里离爱尔福特较近。

看来,目前一切都在顺利进行。不过,请您务必小心谨慎,不要让人知道您收到的这批东西是从哪里寄来的。

您已经看到,我们正在行动;请您注意为全局的事业募集一些资金,并请尽力在你们那里建立一个出纳处。

此致敬礼,并紧握您的手!

卡·冈·

莱比锡市档案馆联合刑事处 Rep. I,
Nr. 13843, BL. 79

548
卡尔·冈洛夫(莱比锡)给
弗里德里希·科尔贝克(德累斯顿)的信
1850 年 11 月 25 日

11 月 25 日于莱比锡

尊敬的朋友!

我一直等待着您的消息;可是竟白等了一场!您现在忙些什么?随

信寄给您一些东西,以便在人民中广为散发①;您不要让任何人知道这些东西来自何处,这一点就无须我多说了。此间会谈的情况越来越好,前景十分令人满意,因为政府发挥了良好的作用。

但是,形势要求我们集中全部的注意力,以免坐失良机。

我已去过纽伦堡,可以告诉您:巴伐利亚的情况目前已经同图林根和安哈尔特邦的情况一样好了。仅从这一点您就可以充分认识到当前的形势。

有一个名叫奥托的科隆人②曾经去过您那里,您对他怀有疑虑;其实,他的身份是完全可信的,他携带的信件就足以消除一切疑虑。据我从这里获悉的可靠消息,还有一个科隆人目前也在萨克森到处活动,而且也随身携带着各种证件,但那些证件都是伪造的;此人是个奸细,他同莱比锡刑事侦查机关来往甚密。

此致敬礼,并紧握您的手!

卡·冈洛夫

谨致科尔贝克

波茨坦国家档案馆,Rep. 30 Berlin C, Tit. 94, Lit. G. 186(Nr. 10081) (副本)³⁸⁰

第一次发表

---

① 文件545。
② 关于卡尔·奥托特使出使,见注释354。

549
卡尔·马克思和弗里德里希·恩格斯谈经济和政治形势和一次新的革命高潮的条件

(摘自:《时评。1850年5—10月》)

1850年11月底

近六个月的政治运动同紧接六个月前的政治运动有本质的不同。革命政党到处被挤出政治舞台,胜利者们互相争夺胜利果实。在法国,是各派资产阶级在争夺,在德国,是各邦君主在争夺。争吵非常激烈,公开的决裂和以武力解决争端看来是不可避免的了。但是,不动干戈,并且为了以后重新开始准备虚张声势的战争而一再用和平协议来掩饰无法作出决断的状况,这也是不可避免的。

我们首先来考查一下这种表面风波借以造成的**实际**基础。[……]

在这种普遍繁荣的情况下,即在资产阶级社会的生产力正以在整个资产阶级关系范围内所能达到的速度蓬勃发展的时候,也就谈不到什么真正的革命。只有在**现代生产力**和**资产阶级生产方式**这两个要素互相矛**盾**的时候,这种革命才有可能。大陆秩序党内各个集团的代表目前争吵不休,并使对方丢丑,这决不能导致新的革命;相反,这种争吵之所以可能,只是因为社会关系的基础目前是那么巩固,并且——这一点反动派并不清楚——是那么明显地**具有资产阶级的特征**。一切想阻止资产阶级发展的反动企图都会像民主派的一切道义上的愤懑和热情的宣言一

样，必然会被这个基础碰得粉碎。**新的革命，只有在新的危机之后才可能发生。但它正如新的危机一样肯定会来临。**[……]

卡尔·马克思和弗里德里希·恩格斯：《时评。1850年5—10月》载《新莱茵报。政治经济评论》（汉堡版），1850年第5、6期合刊号（《马克思恩格斯全集》历史考证版第1部分第10卷第448、466—467页，参看《马克思恩格斯全集》中文第2版第10卷第575、596页）

摘要

550
弗里德里希·恩格斯谈一次过早的无产阶级革命的问题

（摘自：《德国农民战争》）

1850年11月底

[……]对于激进派的领袖来说，最糟糕的事情莫过于在运动还没有达到成熟的地步，还没有使他所代表的阶级具备进行统治的条件，而且也不可能去实行为维持这个阶级的统治所必须贯彻的各项措施的时候，就被迫出来掌握政权。他**所能做的事**，并不取决于他的意志，而取

决于不同阶级之间对立的发展程度，取决于历来决定阶级对立发展程度的物质生活条件、生产关系和交换关系的发展程度。他**所应**做的事，他那一派要求他做的事，也并不取决于他，而且也不取决于阶级斗争及其条件的发展程度；他不得不恪守自己一向鼓吹的理论和要求，而这些理论和要求又并不是产生于当时社会各阶级相互对立的态势以及当时生产关系和交换关系的或多或少是偶然的状况，而是产生于他对于社会运动和政治运动的一般结果所持的或深或浅的认识。于是他就不可避免地陷入一种无法摆脱的进退维谷的境地：他**所能**做的事，同他迄今为止的全部行动，同他的原则以及他那一派的直接利益是互相矛盾的；而他**所应**做的事，则是无法办到的。总而言之，他被迫不代表自己那一派，不代表自己的阶级，而去代表在当时运动中已经具备成熟的统治条件的那个阶级。他不得不为运动本身的利益而维护一个异己阶级的利益，不得不以空话和诺言来对自己的阶级进行搪塞，声称那个异己阶级的利益就是本阶级的利益。谁要是陷入这种窘境，那就无可挽回地要遭到失败。我们在最近还看到过这样的事例；只要回顾一下无产阶级的代表们①在最近法国临时政府中的处境就足以证明这一点，虽然他们本身代表的只是无产阶级发展的最低阶段。在有了二月政府——姑且不谈我们的高贵的德国临时政府和帝国摄政政府②——的经验以后，谁还指望获得官方地

---

① 指小资产阶级社会主义者路易·勃朗和工人阿尔伯（亚历山大·马丁），他们作为无产阶级的代表进入了1848年二月革命后成立的法兰西共和国的资产阶级临时政府。——原卷末注
② 帝国摄政政府是由法兰克福全德国民议会中的自由民主派"残阙议会"于1849年6月在斯图加特成立的，由选出的弗·拉沃、卡·福格特、亨·西蒙、弗·许勒尔和奥·贝谢尔五人组成，以代替1848年6月以来在德国存在的、以帝国摄政约翰大公为首并公开奉行反革命方针的所谓中央政权。帝国摄政政府力图借助议会手段来保证实施法兰克福议会制定的、而被德意志各邦君主所拒绝的帝国宪法，但是没有成功。1849年6月18日，"残阙议会"被符腾堡的军队驱散，帝国摄政政府随之解散。——原卷末注

位，那他必定是目光短浅到了极点，再不然就至多是口头上的激进革命派罢了。[……]

《新莱茵报。政治经济评论》（汉堡版），1850年第5、6期合刊号，第84—85页（《马克思恩格斯全集》历史考证版第1部分第10卷第431—432页，参看《马克思恩格斯文集》第2卷第303—304页）

摘要

551
卡尔·马克思和弗里德里希·恩格斯为格奥尔格·埃卡留斯的一篇文章写的编者按语

1850年11月底

编者按：

本文的作者是伦敦一家缝纫店的工人。请问德国资产者，他们有多少能够如此抓住现实运动的著作家呢？

无产阶级在街垒里和战场上赢得胜利之前，就以一系列智力上的胜利宣告自己统治的来临。

读者可以看到，在这里用来反对资产阶级社会及其运动的，已经不是魏特林和其他从事写作的工人用来反对现状的那种温情道德的和心理上的批判，而是纯唯物主义的、更加自由的、不受任何情感波动影响的见解。主要是在德国,很大程度上也在法国,手工业者总是力图使自己的半中世纪的处境不致衰败下去,渴望作为**手工业**者联合起来,而在英国,手工业屈从于大工业被看成是一种进步而受到欢迎,同时在大工业的成果和产物中,人们开始意识到并且发现了历史本身所产生的、每天新创造的无产阶级革命的现实条件。

编者按

《新莱茵报。政治经济评论》(汉堡版),1850年第5、6期合刊号(《马克思恩格斯全集》历史考证版第1部分第10卷第446页,参看《马克思恩格斯全集》中文第2版第10卷第572—573页)

552

格奥尔格·埃卡留斯《伦敦的缝纫业,或大小资本的斗争》

1850年11月底①

蒸汽和机器这两个无坚不摧的死神以及尾随在它们后面的大资本,

---

① 埃卡留斯大约在1849年底就开始研究这篇文章的有关资料;见《马克思恩格斯全集》历史考证版第1部分第10卷第1115页。文章于1850年11月底发表。

目前已开始对那些迄今为止尚未成功地采用机器的行业施加毁灭性的影响。但是，大工业并不是对所有这些行业都产生毁灭性的影响；它的摧毁目标，仅限于那些被大工业所强占、而又保持着中世纪小市民式的宗法性的行业。[……]①

小资产阶级的工业为了把同类产品提供给消费者，不得不把两倍以上的资本投入流通。

司徒卢威之流所提出的民主共和国不是可以**发展任何生产率**嘛！

我们已经看到，**现代大工业**在各个地方都对**小资产阶级**产生毁灭性的影响。事实上，小资产阶级不过是**封建社会的残余**，就其社会地位来说，它是**完全反动的**。它为自身的利益所驱使，必然要反抗一切工业的进步，如果说，它也为政治上的进步而欢欣鼓舞，那只不过是一种盲目的行为罢了。

现在让我们再来看看工人的状况。自从在1834年遭到失败以后②，他们就不敢再举行全面罢工了。工场主们已经不用担心再受什么打击，因而也就无须进行联合。这样一来，工资就步步下降，工人在某个工场罢工的事情也时有发生。可是，工人举行罢工的目的，仅仅是为了在同一个工场主那里维持原有的劳动条件，使这种条件不至于变得更加恶劣。工人的名义工资在负有声望的工场主那里至多只下降10—15%；但实际工资至少下降了45—50%。那些成年累月干活的工人，或者确切地说，那些依附于某个工场主的工人，平均每星期至多只能指望有三

---

① 埃卡留斯接着描述了18世纪以来资本侵入伦敦缝纫业的过程。他以精确的数据证明，停留在小资产阶级水平的缝纫行业在经济上是无法同现代工厂化的缝纫业相抗衡的。

② 1834年，两万名伦敦缝纫工人举行了为期三个月的大罢工，最终未取得任何成果。埃卡留斯在这篇文章中对这次罢工作了详尽的记述，并进行了历史的评价。

天半至四天的工作。如果把临时雇佣的工人计算在内，那么现在的产值还不到原先的50%。因此，工人的数量被裁减到了最低限度。工人在这种情况下得到的唯一好处，就是在工场里有了充足的余暇时间，可以用来读书看报，认清自己的阶级利益，为将来有可能达到的目标作好准备。这个机会他们是不会白白放过的。

那些为工厂主做工的工人的状况，就与上述工人的状况迥然不同。服装工厂的工人是真正的现代雇佣劳动者。他们一无所有，只能从事艰苦的劳动，忍受贫穷困苦；他们一天也得不到休息；在这个资产阶级的社会里，他们看不到任何获得解放或减轻负担的希望。同其他所有的工厂工人一样，他们被束缚在劳动岗位上；他们的工资不允许他们享受片刻的闲暇，而这份工资只能满足最平常的生活需要，永远也不会超出这个水平。工厂主为最熟练的劳动支付的报酬，同有声望的工场主为同类劳动支付的报酬相比，两者比例为2∶3。这就是说，技术最熟练的工厂工人要想挣得工场工人在四天内得到的工资，就必须干整整六天的活。尽管如此，他的状况也仍然比那些干粗活的工人好得多。粗重劳动的报酬极低，几乎无法用来维持劳动者的生存。于是，这些工人从一开始就被迫去剥削其他工人，他们不得不承揽大量的活计，以便能同一些妇女一起干活；这些妇女同男工一样，也是不顾条件如何被迫承揽活计。他们是这样分工的：男工大约完成一件衣服的四分之一或五分之一的工作量，而只付给帮助他工作的女工一半工资，至多也只有三分之二的工资。男工和女工的这种状况，实际上表明人们正在从丰衣足食的生活走向饥饿死亡的境地，贫困现象正在从无产阶级蔓延到广大的社会阶层。工人的收入始终处于最低的水平线之下，只要企业稍有停滞，他们就只能面临一种抉择：要么就去干活，要么就坐以待毙。我们的资产阶级经济学家断言，工人的工资不可能长期处于最低的水平线之下，其理由是，如果劳动不能维持劳动者的生活，那么，一方面，劳动者就会另谋生计；另一方面，企业就会失去劳动力的来源。他们还断言，在最恶劣的条件下，这种状况也只能维持到那些受过专门训练的工人全部死亡为止。这种理论也许符合得克萨斯和加利福尼亚的情况。而在英国，在这个各行各业的劳动力都供大于求的国度，这种理论却只能被证明是骗人的谎言，因为尽管有成千上万的缝纫工人被伤寒和痨病夺去了生命，尽管其他一些工人离开了企业，增补的劳动力仍然日益增多，工资也仍然不断下降。我在上文已经叙述过缝纫工人的队伍得到扩充的一般情况。在这里，我还要补充说明一下伦敦人，特别是那些忍饥挨饿的伦敦人的队伍如何得到扩充的情形。外国人和外省的青年来到伦敦，一方面是为了见识一下这座宏伟的世界都市，一方面也是为了比在其他地方挣得更多的钱。他们来到这里，都怀着一个心愿，希望在享有声誉的工场主那里找到一份工作。等到两三个月的好光景过去以后，这些初来乍到的人们就有90%完全失业。他们无路可寻，只有流落街头，四处行乞，或者在极其低劣的条件下为工厂主干活。他们勉强选择了后一条路，希望下一步能遇上好光景，使自己的境况有所改善；但这种希望终成泡影。这下一步的好光景也同先前一样转瞬即逝；在两年的时间里，他们变得十分潦倒颓唐，根本不可能再去寻找较好的工作。他们也许还干了蠢事，竟然结婚成家，希求升迁发迹。素负声誉的行业的衰老机体，长年累月地处在风雨飘摇之中，生产经营每况愈下，这也同样使大批的人一蹶不振，这些人使工人中的竞争状况日益加剧。

从本文的全部论述可以看出，一方面，**小资产阶级的生产方式耗费了过多的劳动力、过多的资本，阻碍着流通和消费的进程，日益丧失了存在的基础**；另一方面，代表着**工业进步的现代生产方式**正在冲决一切障碍，**随着这种生产方式的发展，它本身的生产者的劳动负担日渐加重，贫困程度也愈益加深**。因此，现代工业势必会发展到这样一种地步，即消费者无力购买它的产品，在现存财产关系内生产根本无法继续进行；只有彻底消灭资产阶级社会，消灭这个社会的财产关系，这种危机才能最后结束。

约·格·埃卡留斯

《新莱茵报。政治经济评论》（汉堡版）1850年第5、6期合刊号第125—128页（《马克思恩格斯全集》历史考证版第1部分第10卷第593、602—604页）

摘要

553
共产主义者同盟中央委员会告同盟书[381]

1850年12月1日

中央委员会告同盟书

兄弟们！

有关同盟内部最近数月形势的变化，虽然已经通告了各区部和大部分支部，但我们还是有必要在这封通告信中回过头来重新阐述一下。一方面，是为了对这些单独的报告作补充说明，另一方面，是为了说明为此所必须采取的措施。

关于在伦敦发生的，导致那里的同盟成员中间的分裂的事件，科隆

区部当初是从前中央委员会的关于它9月15日会议的记录①中获悉的。这次会议以六票对四票的多数,通过了以下决议:

1. 中央委员会由伦敦迁往科隆、委托科隆区部组织新的中央委员会。

2. 宣布共产主义者同盟章程②无效,委托新的中央委员会起草新章程。

3. 建立两个区部代替原伦敦区部。这两个区部相互独立,只与共同的中央委员会保持联系。

从这些决议所说的理由和附有会议记录的多数派的报告里,我们看到,在伦敦同盟成员之间已产生了无法弥补的裂痕,只有建议一分为二,才能消除同盟彻底瓦解的危险。但在这之后不久收到的中央委员会少数派的报告[382],才使我们了解到这种危险的严重程度。按报告所说,这个少数派由于伦敦区部的一些成员(区部的大部分成员已归并于他们)的支持而得到加强并组成新的中央委员会,它开除前中央委员会的多数派及其部分朋友的盟籍,并且发出出席早些时候已宣布的10月20日在伦敦召开的代表大会的邀请。③ 代表大会将要批准这些作为"应急

---

① 文件522。
② 本书第2卷文件183或321。
③ 共产主义者同盟第三次代表大会多次计划召开,始终没有开成。代表大会的准备过程大体上可以分为四个阶段:最初,伦敦中央委员会大约直到1850年6月一直反对立即召开代表大会,因为还不具备再次召开代表大会的前提条件。在这之后,它组织了计划在1850年8月底前后,后来在10月中旬召开代表大会的筹备工作。科隆中央委员会最后直到1851年春天反对立即召开代表大会,因为不具备前提条件。但是,从1850年3月前后到5月,它为计划在1851年7月召开代表大会作了准备工作。第一阶段大体上也就是改组同盟的时期。在这个阶段里,刚刚改组的中央委员会不得不考虑到,根据1847年章程(本书第2卷文件183)第33条规定每年8月召开的代表大会在1849年是无法召开的。彼得·勒泽尔硬说(见附录,文件六),马克思确实在1850年1月初给科隆写信说,只要同盟重建起来,便可

第六章　共产主义者同盟从分裂至科隆中央委员会活动结束

措施"的决议，而这些决议明显的非法性就连少数派自己也不敢否认。但是，这份报告的内容不仅使我们确信，那些决议不只是非法的，而且

（续前注）　以召开代表大会，它首先应当通过一个新的章程。这个说法是可疑的。在不期望革命不久就会有新的发展的1850年3月中央委员会告同盟书（文件448）中，召开第三次代表大会的想法是与中央委员会迁回德国相联系的，并且规定这次代表大会的主要任务是把工人俱乐部集中起来，也就是说，筹建一个工人阶级的全国性群众组织。一个支部（显然是德国的）不同意这个方针，建议立即在德国举行代表大会。中央委员会在它的1850年6月的《告同盟书》中反对这个建议，可是它声称，它将尽快在一个适当的地方"召开一次同盟代表大会"。

第二阶段从1850年6月底左右或7月初中央委员会关于1850年8月底前召开第三次代表大会的决议开始。这个决议没有保存下来。有关这方面的一些资料是1850年7月17日马克思给卡尔·布林德的信（文件496）和1850年10月1日威廉·豪普特给马克思的信（文件528）。1850年10月1日宗德崩得领导的告同盟书（注释382）强调，1850年8月或9月初举行的中央委员会会议规定召开代表大会的日期是1850年10月20日。可能有些困难使原订的日期不得不推迟。从10月1日豪普特的信中可以看出，中央委员会寄到科隆的那封没有保存下来的关于召开代表大会的信已经谈到卡尔·沙佩尔的派别活动。因为沙佩尔1850年7月才返回伦敦，所以上述的那封信按理说最早是7月中旬寄到科隆的。导致中央委员会内部于9月15日解散的那些分歧（见文件522），使得代表大会不可能在1850年秋季举行。组成宗得崩德的维利希和沙佩尔集团立即决定1850年10月20日在伦敦召开代表大会（见维尔穆特和施梯伯《19世纪共产主义者的阴谋》第1部分1853年柏林版第293—298页），但是这个决定没有能够实现；宗德崩得的代表大会在1851年7月才举行。另外，科隆中央委员会1850年9月29日或30日撤销了关于10月20日召开代表大会的决定并无限期地推迟同盟代表大会（见文件529）。

现有的资料使人难以明确地判断，科隆中央委员会何时开始筹备根据1850年12月章程（文件554）第13条和第14条规定应当在1851年7月底召开的代表大会，这次代表大会应当在何处召开。最初的准备工作最迟是1851年4月开始的。斐迪南·弗莱里格拉特5月到达伦敦，向马克思报告了代表大会准备工作（见文件625）。威廉·豪普特和阿伯拉罕·雅科比在他们向警察作的供词中稍微谈到一点代表大会的准备工作（见附录，文件7）；警察在审问雅科比和亨利希·毕尔格尔斯时拿出1851年5月14日雅科比致毕尔格尔斯的信（文件622），这封信扼要地谈到计划7月召开的代表大会（见附录，文件8）。1851年5月和6月的迫害浪潮使得共产主义者同盟在德国的工作实际上已经停顿，从此代表大会终于无法召开。——译者注

它们所依据的原则与同盟原则和同盟迄今为止根据同盟原则所奉行的政策截然对立。这样，除了对个别人提出的指控之外，他们便在一般原则上寻找开除中央委员会多数派的理由。他们说什么同盟开除了所有的有文化的人，同盟只是手工业者和工厂工人的联合组织，这些手工业者和工厂工人只要有正确的愿望，就可以在近期的革命中夺取政权并对社会进行共产主义改造。这就等于宣布，无产阶级的党又回到普遍的禁欲主义和粗陋的平均主义那种旧观点上去了（见《宣言》第3章第3节）。① 这种旧观点在无产阶级运动的最初阶段曾被论证是正确的，因为当时的问题还在于用无产阶级阶级斗争的一般原则与资产阶级社会的各种政治和经济理论相对抗。当前，这种不合时宜的做法已不再是反对资产阶级社会主义的任何派别，而是谴责1848年党的宣言和今年的中央委员会的第一号告同盟书②的作者。这两个文件详细论述了党的政策。这样，也就是**谴责了《宣言》和党的政策本身**。要知道，《宣言》和告同盟书把这种做法作为无产阶级运动的发展过程指出，即无产阶级在认识了自己的阶级地位之后，就会把旧社会的一切有教养的人吸收到自己队伍中来；这样，无产阶级就可以在理论上认识共产主义革命的条件，而且在实践上遵循这些条件的发展并在本国各种政党的斗争中夺取自己的政治上和经济上的统治权。这种重新出现的旧观点宣布全部理论工作已经完成，仇视一切创作活动，并表示相信，在运动发展的现有水平基础上，特别是，经过一次新的德国革命，运动的最终目标就可以达到。因此，那些显然认为只有自己才算是"纯粹无产阶级"利益的代表的人不久前在他们和一些法国人、波兰人、匈牙利人一起用"民主社会主义委员会"的名义广泛散发的宣言中只是空谈"革命"，并自诩是为**小资产阶**

---

① 见《马克思恩格斯文集》第2卷第62页。——编者注
② 文件448。

级社会民主共和国而奋斗的先进战士[383]，就是十分自然的事情了。这样一来，无产阶级在运动中就会退回到自己原先的非政治的立场上去；无产阶级就会重新被人们召唤去为另一个阶级的利益进行斗争，最后，自己的胜利果实被人窃取。

鉴于新的少数派中央委员会的通告信所反映的这种令人忧虑的现象，科隆区部必须放弃反对中央委员会多数派决议的一切顾虑。要评判个人之间的争论和敌对情绪的是非是不可能，也是不允许的，何况在少数派的信中这种争论和敌对情绪带有很深的敌意。至于说形式上的合法性，那么，双方都越出了章程的范畴，因为，按照章程，他们都应该向代表大会提出申诉。但我们很快就确信，双方的做法都有道理，因为，如果当时在伦敦召开代表大会，那么，即使会议不完全因为外部的困难而流产，也会导致同盟的完全瓦解。对我们来说，首先必须拯救同盟的原则、政策和存在。这样一来，除了承认中央委员会多数派的决议是唯一明智的、符合形势的决议以外，别无其他选择。因此，科隆区部任命三名委员，组成新的中央委员会。今天给你们发这个文告的就是他们。①

为了贯彻我们通过的第三项决议，我们委托公民沙佩尔和埃卡留斯在伦敦分别组织一个独立的区部。② 对少数派的主要代表沙佩尔的委托，我们在给旧伦敦区部的一封信中③已经提出。我们在信中对我们的决议的动机作了详尽的说明，并宣布伦敦区部通过的具有对立性质的一切决议无效。作为对这封信的回答，伦敦给我们派来了一名特使。④ 他

---

① 亨利希·毕尔格尔斯、彼得·勒泽尔和卡尔·奥托；关于科隆中央委员会的组成，见注释349。
② 见文件529。
③ 这封信没有保存下来。
④ 豪德。

以该地的中央委员会名义要求同科隆区部举行会谈。当他的要求遭到拒绝时，他宣读了他的授权者写的一封长信。在这封信里，这些授权者一方面采取不仅是十分恶毒的，而且是毫无意义的新的个人攻击，另一方面为他们以前提出的原则辩解，最后则相当无耻地硬说他们的行为完全符合章程精神，以此来竭力为他们以前通过的决议辩护。我们这一方面作了最后的努力，来说明这些人已经步入可悲的歧途。这自然是徒劳的。而当特使打算向我们宣布解散和开除时，我们反驳说，开除是相互的，所不同的只是，这样旧伦敦区部和它的中央委员会是自己把自己开除出同盟，而我们可以马上毫不迟疑地用自己的决议批准这种开除。

关于开除的事，没有立即通告全盟。因为有关此事的通告应该是这个通告信的内容。我们希望能比情况所允许的时间更早一些发出这个通告信。在通过了这个决议之后，我们又收到了埃卡留斯组织的伦敦区部提出的正式建议书①：

"从共产主义者同盟中开除一切宗德崩得的成员，特别是开除下面七个人——沙佩尔、维利希、谢特奈尔、列曼、狄茨、格贝尔特和弗伦克尔，并且把这项决议通报同盟的所有的区部和支部，同时也通知伦敦的宗德崩得和它的领导人"。这份建议书提出了下列极其充分的理由；为了更好地对这些人物作出评价，现在我们也将这些理由一并告知同盟全体成员：

"1. 宗德崩得的成员向同盟之外的秘密协会的领导人，各民族的流亡者报道了，而且是歪曲地报道了伦敦共产主义者同盟的分裂情况。

2. 他们公然违抗合法的科隆中央委员会，违反它的决议；他们派出特使到德国各地建立宗德崩得。

3. 他们过去和现在一直在破坏同盟伦敦区部机关给秘密协会成员

---

① 文件543。

规定的一切义务。

4. 他们从同盟分裂时起就在破坏秘密协会的一切规章，所以他们继续留在同盟的队伍里，只会助长他们瓦解同盟的活动。"

兄弟们！特别是通过来到莱茵地区的特使豪德（不过，他已经返回伦敦，因为他在德国到处碰壁）试图进行的那种活动，我们确信，这些带有一些新理由的论据是正确的。因此我们根据先前的决议和由我们的伦敦区部提出的建议向全体同盟成员庄严声明如下：

"开除在伦敦建立的宗德崩得的全体成员，特别是它的领导人和全权代表公民卡·沙佩尔、奥·维利希、奥·谢特奈尔、奥斯瓦尔德·狄茨、奥·格贝尔特、阿道夫·迈尔（上面提到的民主社会主义委员会的成员，显然，还是宗德崩得委员会的成员）、弗伦克尔和豪德的盟籍。我们号召全体成员与宗德崩得成员断绝一切友好关系。号召同盟全体委员会控制和密切监视宗德崩得在德国或者其他一些有同盟组织的国家——它至今在任何地方都没有站稳脚跟——的阴谋活动，并立即向我们，即向中央委员会报告。"

现在谈一谈本通告信的第二个主要内容。它是新的**同盟章程**。① 我们把这个章程作为附件寄给你们并在代表大会召开之前把它作为临时章程使用。至于代表大会，我们认为目前召开这样的会议时机尚未成熟，而且还有如下理由。为了代表大会能够顺利进行，我们应该有信心使大会成为**整个**同盟的代表机构。为此，必须按照伦敦方面通知的那些地址恢复一切联系。而这一工作我们尚未完成，我们还不完全掌握同盟的**真实情况**。特别是，就德国情况来说，我们对布雷斯劳、什未林、纽伦堡等地区部的同盟情况和一些单独的支部的情况简直是一无所知，并且根据特使以前给我们寄来的一切报告来进行类比，我们非常担心，那里的

---

① 文件554。

情况一团糟。到目前为止，我们共派出了四名特使。一个是派往纽伦堡的。① 他虽然在那里逗留的时间很短，但在给我们的报告中也提到，当地区部主席情愿参加"**自由支部**"的会议，而不愿参加同盟的会议。关于与隶属纽伦堡区部的各支部的联系，以及关于区部至今所进行的活动，则没有任何消息。因此，特使只是把原主席**舒尔采**开除并组建了一个由六名成员组成的新支部。我们尚未得到该支部的报告。总的来说，全部情况表明，同盟在南德意志尚未建立牢固的据点，因此，我们就把那里有名无实的支部暂时全部划归法兰克福区部，并委托该区部专门了解清楚南德意志的情况。

第二位特使②视察了莱比锡区部，在那里同样没有发现太多有关坚强的同盟组织存在的令人高兴的情况。尤其是在莱比锡市，一切都糟透了，关于与柏林及德累斯顿方面的联系情况，什么也打听不到。可见，在那里一切也要重新建立，为此，我们也已经着手采取必要的步骤。在柏林，我们的特使只能作暂时的停留，因为他甚至连落脚之地也没有找到。

第三位特使③被派去视察莱茵省（它包括美因河畔法兰克福区部）。在这里至今只有一个坚强的组织在进行积极的宣传活动。但这里的情况也表明，区部与它的支部之间保持经常联系**这一点**是多么必要。已经查明，我们的同盟区部里有的成员为了物质利益而抛弃原则，例如，有人竟堕落到了参加宗教活动的地步！尽管如此，科隆区部和从该区部划分出来的总共有11个支部的法兰克福区部，仍然是我们能向德国同盟成员推荐的楷模和典型。

---

① 弗里德里希·列斯纳；见文件532。
② 卡尔·奥托，见注释354。
③ 彼得·勒泽尔。

我们的第四位特使①被派去视察北德意志和东北德意志，直到西里西亚。他的出使之行还没有完成。为他的安全着想，关于他给我们寄来的报告的那些地方，我们不便作较详细的叙述。但总的来说，无论如何我们也不能认为这些报告是特别令人高兴的。如果我们可以用"恐惧和分裂"两句话来形容南德意志的话，那么北部地区的一些地方可以说是"恐惧和混乱"。

兄弟们！我们对德国国内同盟状况作这样肯定不中听的描述（关于国外情况，除伦敦外，我们还没有收到任何报告）是想证明，现在召开代表大会是不适宜的。这样的代表大会，除了国外，恐怕基本上只有科隆地区（按旧的区划）能派代表参加。汉堡地区（或许是汉堡市）不能派代表参加，因为那里没有支部；莱比锡地区（或许是莱比锡市），纽伦堡地区（或许是纽伦堡市）、什未林、布雷斯劳都不能派代表参加，因为尚未发现支部。伦敦方面（它的意见对国外是很有分量的）和科隆方面都反对现在召开代表大会。其理由很简单，因为在代表开会之前，首先应该存在可以代表的组织。因此，我们把由我们起草，经科隆地区支部一致通过的同盟章程转发给大家，作为临时采用的东西，同时我们要求所有的区部和支部把它作为讨论的对象，审查它的各个章节，并且在收到本通告信后两周内把你们的意见告诉我们。然后，我们立即按照多数人的切实可行的意见进行修改。不过要由代表大会来最终审定通过。一俟全德国牢固地建立起同盟组织，我们便召开代表大会。不言而喻，我们目前所发的这个章程从现在起就直接生效。

兄弟们！我们还必须从前面对同盟现状的描述中得出另一个非常重要的结论并对你们提出批评。如果同盟的某些成员把同盟的现状想象得非常好，那么我们的目的决不是说明真相而使大家丧失勇气；相反，他

---

① 彼得·诺特荣克。

们应从中得出教训；同盟的利益至今尚未得到努力的维护，不久前笼罩着德国的普遍的消沉气氛对壮大和巩固同盟来说还是具有极其有害的后果，尤其是宣传工作受到不能令人容忍的忽视。但是，我们毕竟已经有了一个巩固的组织和一个固定的党纲，把我们联系在一起。这些东西是小资产阶级民主派所缺乏的。而这些东西由于形势所迫还在一天天地发展和壮大。席卷德国各地的战争狂热引起了普遍的动乱。① 在这种情况下，难道我们应该把全部优势拱手让给资产阶级，而在革命时刻重又堕入流行的民主主义漩涡里吗[？]难道我们不该作为一支严密的部队参加迟早要爆发的运动吗？难道我们不懂得在我们最初同小资产阶级民主派一起发动的这场运动中首先必须夺取**我们**的政治阵地吗？难道我们应该反过来走法国的老路：我们虽然有一个固定的、严谨的党纲，但在行将到来的革命中把这个纲领作为运动党的旗帜公开打出去并在实际斗争中加以巩固的时候，我们却感到缺少人手？

兄弟们！请你们记住，我们的口号是："全世界无产者，联合起来！"既然如此，请你们问一问自己，自1848年2月我们的《宣言》第一次问世以来，**单是**为德国无产阶级的团结做了些什么呢？还请你们问一问自己，如果各地人们都有同样的信念和同样的热忱，那会出现什么样的情景呢？显然，同盟内部没有做到在现有条件下可能做到的一切。要想用普遍的意志消沉来辩解，那是不可能的，因为同盟的任务就是要用讲道理和模范行动来促使革命思想的新觉醒。我们再重复一次：我们应该遵循的政策早已制订，它就写在伦敦中央委员会今年的第一号告同盟书②里。因此，我们建议各区部、各支部对这个告同盟书进行讨论。我们在此逐字逐句地强调如下一段说明无产阶级政党在当前的条件

---

① 见注释375。
② 文件448。

下对资产阶级民主派采取什么态度的话：

"工和人，首先是共产主义者同盟，不应再度充当资产阶级民主派的随声附和的合唱队，而应该努力设法建立一个秘密的和公开的工人政党组织，以与那些正式的民主派相并立，并且应该使自己的每一个支部变成工人联合会的中心和核心，在这种工人联合会中，无产阶级的立场和利益问题应该能够进行独立讨论而不受资产阶级影响。"

同时，我们要求各地尚存的工人联合会讨论告同盟书中有关无产阶级立场的那三段句子的内容。

兄弟们！最后，我们向你们提出一个最后的要求，就是要求向同盟出纳处缴纳盟费。到现在为止，也就是说，从同盟改组以来，根本没有人缴纳盟费，或者至少没有向中央委员会上缴分文。而现在比以往任何时候都更需要钱，因为既要办宣传刊物，又要派遣特使。因此，我们必须非常严格地坚持按时收取盟费，并根据新章程中的某些规定责成全体支部委员会亲自按时收取和上缴盟费。我们规定每个成员每月至少缴纳盟费5普鲁士银格罗申或5新格罗申。各区部和各支部在最近两周内应该送来的报告中要说明，我们明年1月能得到多少今年第四季度收取的盟费。恰恰现在，我们还要派遣多名特使出使，所以我们非常需要钱。因此，我们在此同时要求各区部和各支部紧急自愿缴纳盟费。这些盟费应该与它们的下一次报告一起送交我们。这些款项的开支情况，我们将在明年1月的报告中公布。

1850年12月1日于科隆

阿姆斯特丹国际社会史研究所
马克思恩格斯遗著 N15/024

554
共产主义者同盟章程

1850年12月1日

共产主义者同盟章程

1. 共产主义者同盟的**目的**是：以一切宣传和政治斗争的手段破坏旧社会——**推翻资产阶级**，在精神上，政治上和经济上解放无产阶级和实现共产主义革命。在无产阶级的斗争必须经过的各个发展阶段上，同盟始终代表整个运动的利益，同样，它始终力求把无产阶级的一切革命力量完全联合起来、组织起来；它是一个秘密的组织，这个组织在无产阶级革命未达到最终目的前不得解散。

2. 具备下列条件的人方能成为同盟的**盟员**：

（1）不信仰一切宗教，不参加任何宗教团体和一切仪式（民法要求遵守的仪式除外）；

（2）了解无产阶级运动的条件、发展道路和最终目的；

（3）不参加任何敌视同盟宗旨或阻挠这一宗旨实现的组织和局部要求；

（4）具有宣传的能力和热情、坚定不移的信念、革命的活力；

（5）严格保守同盟一切活动的秘密。

3. **接收**盟员的决定必须支部一致通过。接收盟员的工作通常由支部会议的主席主持。被接收入盟的人必须宣誓无条件地服从同盟的决议。

4. 违反盟员条件的人应予开除。开除个别盟员的决定由支部多数通过。中央领导机关可以在区部总支部呈请之下开除整个支部。开除盟员必须通报全盟周知，同盟对被开除的盟员应像对待一切可疑分子那样进行监督。

5. 同盟分为支部、区部、中央委员会和代表大会。

6. 支部至少须由居住同一地区的三人组成。每个支部选举一名主席主持会议，一名副主席管理出纳。

7. 一国或一省的支部隶属于总支部，即中央委员会任命的区部。支部只跟区部直接联系，区部只跟中央委员会直接联系。

8. 支部应定期召开会议，至少每半个月一次；它至少每一个月向区部作一次书面报告，各区的总支部至少每两个月向中央委员会作一次书面报告；中央委员会每三个月作一次有关同盟情况的报告。

9. 支部和区部的主席和副主席每年改选一次，选举人可以随时罢免他们；中央委员会的委员只有代表大会才能罢免。

10. 每个盟员必须每月交纳盟费，盟费的最低额由代表大会规定。盟员所交的盟费，一半交区部，一半交中央委员会；盟费用来支付管理费用、散发宣传品和派遣特使。区部负担与支部通信的费用。盟费每三个月向区部上缴一次，区部把总额的一半上缴中央委员会，同时向自己的支部报告盟费的收支情况。中央委员会向代表大会报告盟费的收支情况。特别费用由特别收入开支。

11. **中央委员会**是全盟的执行机关。它的成员不少于三人。中央委员会由代表大会指定为中央委员会所在地的区部选举和补选；中央委员会只向代表大会报告工作。

12. **代表大会**是全盟的立法机关。代表大会由区部会议的代表组成。区部会议的每五个支部选一名代表参加代表大会。

卡尔·马克思加着重点的共产主义者同盟1850年12月1日章程

13. **区部会议**是区部的代表机关。它每三个月在区部所在地定期召开一次会议,在总支部委员会的领导下讨论区部事务。每个支部各派一名代表参加。区部会议必须在每年7月中旬召开一次会议,选举参加同盟代表大会的代表。

第五条　支部　　　　第九条　接收盟员
第六条　区部　　　　第十条　开除盟员
第七条　中央委员会　　（财务）①
第八条　代表大会

14. 区部选举会议结束两个星期以后,代表大会照例在中央委员会的所在地召开,除非中央委员会已另行指定地点。

15. 代表大会听取中央委员会关于它的全部活动和同盟状况的报告；中央委员会出席代表大会,但没有表决权。代表大会阐明同盟必须遵循的政策的原则,决定修改章程的问题并指定中央委员会下一年度的所在地。

16. 中央委员会在紧急情况下可以召开非常代表大会。届时非常代表大会由各区部选出的最近一次代表大会的代表组成。

17. 同一支部内的个别盟员之间的争执由支部最后解决；同一区部内的个别盟员之间的争执由区部总支部最后解决；不同区部的个别盟员之间的争执由中央委员会最后解决；对中央委员会成员的个人性质的控诉应转交代表大会。同一区部内的支部之间的争执由区部总支部解决；支部和它的区部之间的争执或区部之间的争执由中央委员会解决；不过,在第一种情况下,可以诉诸区部会议解决；在第二种情况下,可以诉诸代表大会解决。代表大会还解决中央委员会和同盟下级委员会之间的一切冲突。

---

① 第五至第十条是马克思写在手写稿第3页下边的。——编者注

手稿

莫斯科苏共中央马列主义研究院中央党务档案馆，f.1，op.1，d.384（《马克思恩格斯全集》历史考证版第 1 部分第 10 卷第 588—590 页，参看《马克思恩格斯全集》中文第 2 版第 10 卷第 744—747 页）

555

恩斯特·德朗克（日内瓦）给卡尔·马克思（伦敦）的信

1850 年 12 月 1 日[①]

12月1日于日内瓦

亲爱的马克思：

接到恩格斯的上一封来信以后，我本来早就要给您复信了，但萨宗诺夫给我许过诺言，说他在寄信时可以顺便把写给您的信一并附上，这样，就使我迟迟未能把回信寄出去。今天，他又答应给我附上一封信；

[①] 几天后，德朗克又在这封信后面补写了一些附言。由于这些附言没有涉及到同盟的事务，所以本书未收入。

如果这一次还是不能落实,我就把这封信经由法兰克福给您寄去。

我认为,维利希事件的发生对我们非常有利。这个家伙历来以救世主自居,因此,他在科隆也曾当过木匠。而在《新莱茵报。政治经济评论》上,恩格斯却把他放在显著位置;这种做法在德国境内也引起了强烈的不满(当然,我绝不是指济格尔那一帮蠢驴;我要指出的是,在我们党内,确实出现了上述情况),因为那位兵营武夫的名望远不像恩格斯估计的那样崇高。① 在最近的几次事件发生以后,他的代理人②在德国到处碰壁,这些情况您可能已经获悉③;我已经多次询问过拉绍德封地区的情况,但至今也没有得到那边的回音;我认为,拉绍德封是维利希唯一有可能得逞的地区,这是因为,他的一大批游手好闲的副官都聚集在那里。如果我得到消息,我将委托萨宗诺夫向您详细汇报。

萨宗诺夫大约将在两个星期以后启程前往伦敦。④ 有关法国方面的消息,将由他向您作口头汇报,这要比我在这里叙述更好一些。米迪的协会在这里的代理人是沙庞蒂埃;那些协会十分可笑醉心于联邦主义,对巴黎充满着仇恨;他们同意大利北部的烧炭党人保持着联系。当局逮捕了让特和"里昂密谋者"中的另一个十分积极的代理人,因而打乱了他们的计划,这倒是一件值得庆幸的事。几天前,法济地区的警察当局还在这里关押了法国政府的一名密探;此人通过别人的介绍,同时也倚仗他作为斯特拉斯堡地区著名的民主主义者所享有的声誉,因而在伯尔尼和洛桑设法搞到了一些有关流亡者的情报。在巴黎,尽管路

---

① 参看弗里德里希·恩格斯《德国维护帝国宪法的运动》,见《马克思恩格斯全集》德文版第7卷第146—195页(参看《马克思恩格斯全集》中文第2版第10卷第3—109页)。另见本书第2卷文件373。
② 指豪德。
③ 原信在此处和下面几处地方已经破损。
④ 萨宗诺夫至少在1851年初还居留在瑞士,见文件583。

易·勃朗和赖德律千方百计地进行了努力,布朗基派仍然是那里的独一无二的真正的**政党**。

目前,瑞士这边的事业显得萧条冷落。在流亡者中,庸人占了很大的比例;那些游手好闲之徒、那些在金融投机事业中沦为政治流亡者的破产的小市民——一句话,那些道地的德国庸人自从听说"无产阶级将要执政"以后,便自鸣得意、忘乎所以,他们认为自己那种下流无耻的习气就是无产阶级作风。在这些庸人中,有早先在科隆代表大会①期间充当过金克尔副官的波恩人康姆,还有一伙踌躇满志的施特劳宾人。鉴于这种情况,我们一般只在来自巴黎和布鲁塞尔的老盟员中开展活动;由于人数较少,同时也为了使事情更加稳妥,我们认为不需要经常同这些盟员举行讨论,但我们总是及时地把最新情况告诉他们;在适当的时候,他们也将在德国发挥自己的作用。在莫泽斯②的影响下,这里的工人协会正在蜕化变质,不过,这丝毫也不值得惋惜,因为在协会中,正是那一帮人占据着统治地位。莫泽斯在萨宗诺夫以及一些法国人那里竭力玩弄各种别出心裁的卑劣伎俩;他的妻子——那个在工人协会里当众喝得烂醉以至呕吐的女人,大概又在他面前絮絮叨叨地发表了议论,说他本来就是"共产主义者的首领"。我正在对莫泽斯进行监视,并掌握着他的全部情况。他现在的正式工作是炮制"问答"。他已经把来自哈姆的酒徒——埃塞伦写的一本思想比较开明的《问答》译成了法文;同时又委托别人在法兰克福印刷了一本《红色问答书》;他还通过萨宗诺夫把这本手册的译稿寄给了巴黎的《人民报》。③他患有肺结核,去

---

① 指1848年8月召开的莱茵地区民主主义者代表大会;见本书第2卷文件285。
② 莫泽斯·赫斯。
③ 见注释336。

世的日子可能为期不远了。

　　谨向您的夫人致以最良好的祝愿,再见!

　　　　　　　　　　　　　您的　恩·德朗·

[……]

手稿
莫斯科苏共中央马列主义研究院
中央党务档案馆,f.20,op.1,d.46
(《马克思恩格斯全集》历史考证版
第3部分第3卷第684—685页)

556
卡尔·马克思(伦敦)给弗里德里希·恩格斯(曼彻斯特)的信

1850年12月2日

　　[……]关于我们的《评论》,我还什么都没有看到,也没有听到。现在我正同科隆商谈关于出版季刊的事。[……]

经过法庭判决而损失16英镑的事①，在大磨坊②引起了强烈的愤

---

① 指1850年11月20日，伦敦德意志工人教育协会的多数派奥·维利希和卡·沙佩尔在共产主义者同盟分裂后，为反对马克思的拥护者亨·鲍威尔和卡·普芬德而策划的一场诉讼。他们指控自1848年8月起就被委任为协会钱款管理人的鲍威尔和普芬德（他们当时经管着协会的钱款16英镑）侵吞了协会的钱款。这一指控以鲍威尔和普芬德胜诉而告结束。

普芬德在发表于1852年1月21日《瑞士国民报》上的声明《致伦敦工人教育协会主席》中，陈述了这一事件的详情：

"伦敦工人教育协会主席：

9月17日，我们（亨·鲍威尔和我作为管理协会一部分钱款的两个受托人）把一封信，连同我们关于退出协会的声明，寄给了大磨坊街协会。我们在信中要求，次日派弗兰茨·鲍威尔——第三受托人，到我们这里来，解决财务事项。几天过去了，未见答复。后来亨·鲍威尔收到一封信，要我们到大磨坊街协会。当然，我们没有理睬这个无礼的要求。过了两周，协会又一次提出它的要求，同时威胁说，这可能引起不良后果。为了答复这个新的无礼要求，亨·鲍威尔和我决定，在这种情况下我们将分期付款。我们的政治朋友都赞成这个决定，何况大家已经知道，这些钱本来都是要用于派遣特使前去德国散布诋毁那些退出协会的人的流言飞语，也就是说破坏章程，而只有利于个别的阴谋家的。最后，那位曾为第三受托人的人，来到我们这里；同他一起，共同作出了决定：付款将分期进行，1850年12月1日将是第一个付款日期。但是，虽然这个日期是商议好的，我们却接到传票说，11月20日必须到法院出庭。我们出庭了，不用说，协会对汇款的要求被拒绝了。12月1日协会方面没有人来领取以私人方式约好的到期款子。反之，瑞士、德国、美国的报纸上都登出了协会的声明，妄图控告我们盗用款项。几个星期以前，协会的一个主席来到我这里说，他听到我同意付款。我回答说，我随时准备这样办，错误在他自己，因为他们不遵守领款的合法日期而是告到法庭，并在报刊上进行诽谤，但是这事我应该和亨·鲍威尔商量。后者向我声明，既然协会败诉了，他依照法律不应当再付款给这个组织了；同时，由于协会对我们进行挑衅性诽谤，他打算将行使自己的合法权利。至于我，那协会可以在任何时刻向我领取五英镑，同时交来由主席、财务员及出纳员签字的收据；至于十八先令四便士诉讼费用，以及我为协会所制的莫尔画像的稿费，这些我都放弃。

卡·普芬德

1852年1月21日于伦敦

次日上述磨坊街协会的三个代表来我这里，领了钱，交了收据，但是他们认为，一点不提我信中所指出的事实，特别是协会对不起我的地方，是有好处的。

卡·普芬德"——原卷末注

② 指伦敦德意志工人教育协会和伦敦民主联合会。——原卷末注

怒。特别恼火的是列曼。除非鲍威尔和普芬德在欧洲所有报纸上被公开斥之为窃贼和罪犯,他的愤怒是不会平息的。小鲍威尔现在当然义愤填膺地断言,不论是给大磨坊还是给社会福利事业,哪怕付一分钱,都是对英国法庭的一种不可饶恕的侮辱和"对资产阶级的承认"。[……]

顺便提一下,请你务必给可尊敬的德朗克写封信,让他回信答复同盟的事务,不要只是在催款时才写信。科隆的先生们①还没有一点消息。魏德迈认为"豪德总算是个勇敢的青年",后者在德国弄得体无完肤,又回到了这里。

你必须认真考虑一下你愿意写些什么。英国问题不合适,因为关于这个问题已经有两篇文章,也许连埃卡留斯的文章②在内已经有三篇

---

① 指共产主义者同盟分裂后于1850年10月成立的科隆共产主义者同盟中央委员会的委员们。马克思此时正期待着该委员会作出决议,把不服从1850年9月15日决议的维利希—沙佩尔宗得崩德的所有成员开除出同盟。12月18日马克思收到了他所期待的来自科隆的文件。

宗得崩德是瑞士七个经济落后的天主教州为对抗进步的资产阶级改革和维护教会的特权而于1843年缔结的单独联盟。其首领是天主教僧侣和城市的上层贵族。宗得崩德的反动企图遭到了40年代中在大部分的州和瑞士代表会议里取得优势的资产阶级激进派和自由派的反对。1847年7月,瑞士代表会议决定解散宗得崩德,于是宗得崩德在11月初向其他各州采取军事行动。1847年11月23日宗得崩德的军队被联邦政府的军队击溃。天主教僧侣和城市上层贵族后来不止一次地利用一部分落后保守的农民企图抗拒自由主义的改革和夺取各州的政权。联邦政府的胜利和1848年宪法的通过,使瑞士由国家的联盟变成联邦国家。

在宗得崩德进行战争期间,以前加入神圣同盟的西欧强国奥地利和普鲁士企图干涉瑞士内政,维护宗得崩德。基佐保护了宗得崩德,这实际上就是采取了支持这些强国的立场。

马克思和恩格斯后来用这个名称来讽刺1850年9月15日共产主义者同盟分裂后另立自己的中央委员会的维利希—沙佩尔宗派集团。——原卷末注

② 可能指约·格·埃卡留斯的《伦敦的缝纫业,或大小资本的斗争》。马克思、恩格斯为该文加过编者按语(见《马克思恩格斯全集》中文第2版第10卷第572—573页)。——原卷末注

了。关于法国也没有多少可说的。你是否可以联系马志尼的最近著作抓住可怜的意大利人及其革命写一下？（他的《共和国和君主国》等等，和他的宗教、教皇，等等。）

[……]

手稿　　　　　　　　　　　　　　　　　　　　　　　　　　　　　节录

阿姆斯特丹国际社会史研究所马克思恩格斯遗著 L Ⅵ 18/L 3805（《马克思恩格斯全集》历史考证版第3部分第3卷第95、96、99页，参看《马克思恩格斯全集》中文第2版第48卷第142、143、146页）

557
卡尔·马克思（伦敦）给海尔曼·贝克尔（科隆）的信

1850年12月2日

[1850年]12月2日于伦敦
索霍区第恩街64号

亲爱的贝克尔：

我知道，由于我给毕尔格尔斯写的一封信[①]，你感到备受伤害。然

---

① 可能是指1850年6月25日马克思给毕尔格尔斯的信，它只保存下来两个短小片断（见《马克思恩格斯全集》中文第2版第48卷第129页）。——编者注

而，这封信是在非常激动的情况下写的，在这封信里，我本想尽量不伤害我在科隆的其他朋友，同样也尽量不伤害你。我想，这样的解释会使你满意的，我可以不再提过去的事而直接转到我要向你提出的一些建议上。

（1）你知道，舒伯特先生把我们的《评论》①办得多么糟糕。我想，这几天他该出版最近两期了。我希望这个刊物（从2月份起）作为季刊继续办下去，每个季度20印张。更大的篇幅将有可能提供更加丰富多彩的资料。你能否承担出版任务？有哪些条件？

（2）我的一位朋友②把我的反对蒲鲁东的书③从法文译成了德文，并专为它写了一篇序言。为此我向你提出同上面一样的问题。

（3）我拟了一个计划，根据这个计划，可以向读者陆续提供一套由若干篇幅不大的小册子组成的社会主义文献。在3月份以前，还不能着手进行。如果你愿意承担这件事，那么就可以做些准备工作。我认为，德国的读者在最近从高级政治中获得了令人快慰的经验以后，将不得不逐渐地转而高度关注现代斗争的真正内容。

请及早答复。

你的 卡·马克思

手稿
莫斯科苏共中央马列主义研究院
中央党务档案馆，f.1, op.1, d.378
（《马克思恩格斯全集》历史考证版第3部分第3卷第94页，参看《马克思恩格斯全集》中文第1版第27卷第564—565页）

---

① 《新莱茵报。政治经济评论》。——编者注
② 可能是指威·皮佩尔。——编者注
③ 马克思《哲学的贫困》，该书的德译本在1885年才出版。——编者注

558
威廉·豪普特（汉堡）给卡尔·马克思（伦敦）的信

1850年12月3日

1850年12月3日于汉堡
老交易所街1号

亲爱的马克思：

最近两个星期，同盟的事务占去了我大量的时间，使我顾不上考虑我们之间的通信问题，直到今天，我才挤出一点空余时间。

我已经去找过舒伯特，并想尽一切办法，劝说他继续承担《新莱茵报。政治经济评论》的出版事宜；可是，这个市侩坚持要等一段时间，看最后两期杂志（也就是最后一本期刊）发行的结果如何，并考虑一下你们之间的账目怎样结算；他声称，在这之前，他绝不可能对出版季刊的计划发表任何意见。他还说，即使实施了上述改版计划，他也不相信继续印行这种杂志能获得什么盈利。而事实上，正是这班老爷把发行工作以及整个运送工作搞得十分糟糕；哈根先生也是他们当中的一个。各地都有一些读者在**预订**了第3、第4期以及第二批征订刊物以后，根本没有收到杂志；科隆的订户得到了爱森书店的答复，其中提到这些杂志将由汉堡方面寄给他们；而对这项协定，舒伯特竟置之不理。这种杂志几乎从来都没有运送到爱森以及其他许多地区；因此，滞销的情况如此严重，这是丝毫也不足为怪的事情；我深信，如果哈根在前段时间比较认真地照管这项工作，如果他在预告和发行的事务中把好关，做到有条不紊，秩序井然，那么，只要承办者稍微采取一点积极的行动，杂志就至少能够销出几千份，莱茵地区前段时间曾有许多读者提出预订的要求，就证明了这一点；可是后来，这种事只能不了了之。目前，我们只能等一等，看舒伯特这个市侩如何动作，看最后一批杂志能否使他赚取足够的利润，从而促使他下决心继续承担刊物的出版事宜。我将于明天或后天再去找他，继续同他进行磋商。新的一期杂志已于上星期五①出版，你们大概已经收到了 50 册；这次寄往科隆的杂志共 300 册。

布伦同瑞士方面并没有完全断绝联系；尽管那个所谓的瑞士同盟②已经分崩离析，变成了一盘散沙，他还是劲头十足地同贝克尔③保持通讯联系，把贝克尔称作"高尚的人"，说他虽然不是一个共产主义者，但确实是一个革命家。布伦在前段时间虽然被逐出了共产主义者同盟，但还是持续不断地同"公民马尔滕斯"领导的支部保持联系；他竭力把这个支部中素质**稍微**好一点的成员拉过去，煽动这些成员对你们采取坚决反对的立场；当时，瑞士的那出闹剧可能还没有收场，因此他认为自己可以为这出闹剧培训一批人才。现在，布伦又成了同盟的成员，并且操纵着一个支部；也就是说，他以不正当的手段操纵着马尔滕斯领导的那个支部。关于此事的来龙去脉，我将在下面叙述。

我同布伦谈过两次话，在两次交谈中，他都对你们进行了诽谤；他提到，施拉姆硬说他给盟员们写过一封信，要求盟员只同他保持联系④；施拉姆还硬说他早在那时就同瑞士人搭上了关系。布伦声称，施拉姆所说的这一切都是无稽之谈，他根本就没有写过那封信，也根本没

---

① 1850 年 11 月 29 日。
② 指"革命集中"。
③ 约翰·菲力浦·贝克尔。
④ 注释244摘引了卡尔·布伦写的这封信。

有在那段时间同瑞士人建立过联系。（两个星期以前，布伦从朗根萨尔察把一笔钱寄往瑞士，汇给施拉姆。）后来，我让布伦谈一谈他为什么要同贝克尔来往；他回答说，诚然，贝克尔并不是一个共产主义者，可是，"我自己也不知道**我本人**是不是共产主义者"。像这样的人居然也参加了我们的组织！

现在让我来谈谈本地支部的情况。这个支部人数不少，但很少举行集会，其中找不出一个共产主义者，自称为共产主义者的人很多，而名副其实的共产主义者却连一个也没有。那里纠合着一帮乌合之众。因此，布伦能够成功地把许多人拉过去，这是不足为怪的；况且，他在这些人面前，还把伦敦发生的分裂说成是纯粹的个人之间的纷争，否认那是一场原则性的论争，这就更有利于他进行拉帮结伙的勾当了。有关伦敦方面发生分裂的消息，他可能是从马尔滕斯那里获悉的。目前这个支部已经蜕化到十分严重的程度，他们竟对"工人兄弟会"寄予自己的全部希望，并声称自己不需要任何同盟，只要有"兄弟会"这样的团体就足够了；而且，当我不久前在那里逗留的时候，他们竟然把贝克尔尊奉为伟大人物，并以嘲讽的口吻问我"是不是共产主义者"。这就是我们的共产主义者同盟下属的汉堡支部，像这样的支部还能发挥什么作用，答案是十分清楚的。它不过是一只供人玩耍的皮球，今天落在这个人手中，明天又落到那个人手中；它永远也不会坚持什么原则。

我从一开始就确信，同这些人结合在一起是没有任何益处的；因此，我建立了自己的支部，打算通过它来努力扩大我们的影响。按照您在来信中提出的意见，我同科隆的中央委员会取得了联系，向他们说明了本地的形势，并等候他们的回音。中央委员会没有回信；最近，他们派遣特使诺特荣克前来处理这里的事务。① 我同诺特荣克谈了话，并陈述了自己的观点，我指出："我们的同盟是一个共产主义的同盟；除了恪守这种原则的人之外，同盟不应吸收其他任何人参加组织；同盟应当同其他一切分子划清界限，绝不能同他们进行磋商；不过，为了实现自己的目标，同盟也可以利用其他一切革命分子，不管他们是小市民，还是手工业者。可是，同盟没有必要把自己准备利用的那些人全都吸收进来。至于汉堡这个地方，我认为最好是彻底抛弃过去遗留的沉渣浮沫，摒弃那些从根本上反对共产主义的分子，断绝同他们的一切联系，并竭尽全力来扶持新的组织。我认为，在采取上述措施之后，我们在开始一段时间也许不可能产生巨大的影响，可是对于我们来说，压倒这帮家伙而在最后实现这一目标，那并不是十分困难的事情。我们与其去依靠一大群必须时刻加以提防的人，还不如依靠少数的坚定分子。我们即使打算利用这个支部，也必须看到它的作用是微乎其微的；而且过不了多久，它就会变成一块绊脚石。"鉴于上述原因，我希望建立一个崭新的组织。

可是，中央委员会并不这样想。他们担心这里会出现分裂的局面。（我认为，同这帮声名狼藉的无赖分道扬镳是一件大好事）他们担心那样一来，沙佩尔和维利希就会扩大自己的影响。（这一点根本用不着担心；再说，不管在什么情况下，布伦反正都会竭力扩大他们的影响。）中央委员会认为，必须把这些人留在同盟内部；后来，他们还在写给特使的信中提出补充意见，指出"豪普特绝不能另建其他任何支部"，"他只能以观察员的身份进行工作"。②

---

① 有关彼得·诺特荣克特使前往各地出使的情况，见注释362。
② 1850年11月的下半月，科隆中央委员会给诺特荣克写了这封信，但此信没有保存下来。

于是，诺特荣克便指定布伦为这里的代理人，责成他对原有的支部进行改组。① 布伦将怎样进行改组？这是不言而喻的事情！虽然诺特荣克仍然让我继续领导我的支部，可是您会看到，有**那样一个**支部同我们对峙，而且竭尽全力与我们抗衡，这将给我所负责的工作造成多大的困难。本来，按照我的想法，中央委员会即使不想彻底摒弃另一个支部，至少也应当解除它所担负的领导责任。我们的同盟应当是一个纯洁的共产主义组织；如果它企图依靠那些动摇不定的分子来壮大自己的队伍，如果它打算进行那种不痛不痒的改组，那么，它就只能削弱自己的力量。如果我们时刻都担心某些人会倒戈叛逃，那么，这样的人即便盈千累万，对我们又有什么用处？如果在同盟的内部最终不可避免地要冒出一个新的同盟，那么，这样的同盟又能发挥什么作用？当然，我在这里不可能按照我的意愿来实现自己的主张；而且，我也无法说服中央委员会的特使，使他确信：从根本上来说，只有去依靠那个人数虽少、但却坚强有力的组织，才是最好的选择。鉴于这种情况，我暂时就只好去充当一个"观察员"。我曾欠高尚的贝克尔一笔钱；不久前，我把这笔钱付给了革命家布伦，当时，我以十分友好的态度同他见了面；如果我继续同他保持联系，也就是说，如果不是立即以严峻的态度对他进行抨击，那么，我也许有可能了解到他下一步的意图。好！那就让我们等着瞧吧！

亲爱的马克思，我希望您就上述全部事实谈谈您的看法；我暂时还必须服从中央委员会，因此，在必要的情况下，我仍将同其他一些家伙来往。可是从长远来看，我认为建立一个**共产主义**的同盟是亟须完成的

---

① 在这段文字的上方，豪普特利用信稿边缘的空白处这样写道："当然，马尔滕斯仍然继续担任原支部的领导。"

任务！在完成这个任务之后，同盟可以尽量利用各种人来作为自己的辅助力量，但是，正如上述典型事例所证明的那样，同盟不应当把这些辅助力量吸收到自己的组织中来。

最后，我谈谈在我们祖国的整个范围内出现的情况，在这里，人们一方面充满兴兵动武的激情，一方面又流露出奴颜婢膝的心态；在反对奥地利时，他们表现出前一种激情，而在拥护普鲁士时，则表现出后一种心态。在我们这个"北部地区"，到处都有人如醉如痴地维护普鲁士的"荣誉"，尽管曼托伊费尔的妥协让步①已经使这种资产阶级的自尊心遭到了沉重的打击。几天前，我同《晚邮报》的编辑梅因博士交换了意见，这个家伙认为，在普鲁士式的自尊心驱使下，不久将会发生一场革命；他说："军队将无法忍受这种耻辱。"这就是资产者考虑问题的方式；温和驯顺的羊羔和地地道道的绵羊如今变成了勇猛的雄狮；我相信，如果我们最后看到奥地利人终于平定了石勒苏益格—荷尔斯泰因地区，那么，蠢驴们的嘴脸就会重现于光天化日之下。那些安分守己、循规蹈矩的德国人就是这样考虑问题的；尤其是在我的故乡汉堡，市民们都是伟大的普鲁士式的爱国主义者；由于这个原因，奥地利那边的行情就有可能跌落。

至于那些安分守己的手工业者（这里的产业工人实在少得可怜），他们的状况看来也并不比上述情况更好；这里缺少那种可以为我们造就产业工人的大工业。到处都有人在宣扬友情、博爱、平等之类的东西，而这一切纯粹是那帮民主派的陈词滥调。绝大多数工人所进行的各种革命的尝试，归根结底往往是为了解决行会关系的问题；一部分人希望革

---

① 1850年11月，奥托·泰奥多尔·冯·曼托伊费尔以普鲁士代理外交大臣的身份签署了奥尔米茨临时协定，见注释375。

除这种关系,另一部分人则无比急切地希望建立这种关系。这里的绝大多数工人都加入了各个协会,因为他们在那里可以参加歌咏、体操等活动;这些人不可能有什么作为。

说到我个人的事情,很遗憾,我感到很伤脑筋;在我向贝克尔清偿了一小笔债款之后,另一些无耻的债主便闻风而至,找上门来;只有以极其宽宏的度量才能把这些害人虫打发走。目前我同我的家庭已经休战,但双方仍然全副武装,严阵以待;一些亲戚十分卖力地策划各种阴谋诡计来反对我,为了免遭暗算,我将在明年初独自安家。到那时,我就可以无拘无束、自由自在地按自己的意愿行事了。

诺特荣克已在几天前启程前往柏林,途中要经过什未林等地;他向您致以亲切的问候。他觉得各地同盟组织的情况都不理想!而这一点根本不足为怪!请注意:连《西德意志报》的贝克尔[①]都被吸收到同盟中来了!

我看今天就写到这里吧,希望您及早回信。但愿你们的境况在目前已有所好转!

请代我向大家问好!

您的 豪普特

手稿
莫斯科苏共中央马列主义研究院
中央党务档案馆, f. 20, op. 1, d. 47
(《马克思恩格斯全集》历史考证版
第3部分第3卷第686—689页)

---

① 海尔曼·贝克尔。

559
约瑟夫·魏德迈（美因河畔法兰克福）给卡尔·马克思（伦敦）的信

1850年12月3日

［……］您谈到有人诬陷鲍威尔和普芬德侵吞钱财的事①，这并不使我感到意外，因为我看透了维利希—沙佩尔集团素来的所作所为。但是，这些情况现在对于我有特殊的价值，因为它们给我提供了武器，使我有可能去彻底摧毁维利希—沙佩尔集团在这里建立的信誉。这样的事我还没有做过，现在我可必须利用一下这些材料。

这里的事情虽然进展缓慢，但却在稳步前进；我们正在赢得越来越多的阵地，在这方面，重印的《共产党宣言》②将给我们提供巨大的支援。前段时间，我们一直痛感缺少这个文件。［……］

手稿　　　　　　　　　　　　　　　　　　　　　　　　　摘要
阿姆斯特丹国际社会史研究所马克思恩格斯遗著 D VIII 100/D 4535
(《马克思恩格斯全集》历史考证版第3部分第3卷第690—691页)

---

① 见注释372。
② 见注释348。

560
罗兰特·丹尼尔斯（科隆）给卡尔·马克思（伦敦）的信

1850年12月7日

［……］中央委员会文件①我们将随后寄上。文件已起草完毕，但尚需抄写若干副本。

我已很久没有听到您的音信。你们大家在做些什么工作？您对目前形势的发展前途作何估价？下一步是否以离开科隆为宜？您不认为奥地利和俄国将占领这块地方吗？

我的妻子和兄弟②向您问好。

您的　丹·
1850年12月7日于科隆

我没有得到特德斯科的任何消息。

巴枯宁在布拉格监狱遭到了拷打。将来，每一个被处以绞刑的人都必然在刑前遭到拷问。

---

① 指文件553，这个文件12月10日寄往伦敦（见文件561）。
② 约瑟夫·丹尼尔斯。

手稿　　　　　　　　　　　　　　　　　　　　　　　节录

莫斯科苏共中央马列主义研究院
中央党务档案馆，f，20，op.1，d.48
(《马克思恩格斯全集》历史考证版
第3部分第3卷693页)

561
科隆共产主义者同盟中央委员会给伦敦区部的信

1850年12月10日

同盟中央委员会致伦敦区部

兄弟们！

　　现给你们随信附上我们的第一号通告信①和新章程②的抄本。从第一号通告信里，你们将看到，我们完全接受了你们1月11日的建议③，已经把它作为我们自己的决议。即使你们得知这项决议的时间稍稍迟了一点，但你们期待建议带来的成就丝毫没有受到影响。在德国，凡是我们有联系的地方，我们的特使都传达了这项决议。至今尚无一处有人表示赞成宗德崩得，它还无从建立任何联系。因此，沙佩尔似乎决定亲自

---

① 文件553。
② 文件554。
③ 文件543。

出马到德国跑一趟，而且汉堡则应该是他的第一个目的地。他在那儿给自己搞了一张护照。① 在这里②，如果我们不能抢在沙佩尔的前头，那么他的确是可以建立联系的。现在那个从前因为搞宗德崩得活动被开除的布伦正在汉堡。他在汉堡工人中具有很大的影响，在整个北德意志有着许多的联系。因此，我们指示我们的特使③和他进行谈判，因为特使了解到有一个新的北德意志联盟，布伦可能是这个联盟的头目。原来，布伦手里有同盟的全部文件，而他对同盟也没有表现出任何敌对的意向。尤其是他表示愿意跟我们一起走，并准备把尚存的瑞士联合会中的优秀分子拉过来。同时，布伦已完全控制马尔滕斯，并且掌握了汉堡和阿尔托纳支部的领导权。④ 在这种情况下，尤其是为了阻碍沙佩尔计划的实现，我们暂时又与布伦建立了联系，自然是采取对他考察多于信任的方式。但为了完全摸清他的底细，我们请求你们详细报告你们知道和掌握的有关布伦的情况。

你们建议**由我们向宗德崩得传达**开除的决定。我们不能同意这个建议，因为我们不愿让我们的任何文件落入这些人的手中。况且，他们对待你们的那种行为已经表明和说明，我们有理由担心我们签署的文件哪一天就会落到了普鲁士稽查当局的手里。因为，哈巴谷⑤这个人似乎是什么都干得出来的。所以，我们采取一个变通的办法：我们委托你们区部的一名成员带上随信附上的全权委托书，按照文本向宗德崩得口头传达我们的决定。豪德的问题已经无法再进行专门的处理，因为他早已离开了德国。

---

① 卡尔·沙佩尔的汉堡之行没能实现。
② 即汉堡。
③ 彼得·诺特荣克。
④ 另见文件558。
⑤ 《旧约全书》中12个小先知之一，在这里是给奥古斯特·维利希起的绰号。

我们还没有得到巴黎和瑞士方面的任何消息。因此，我们请求你们告诉我们有关的地址，以便把我们的通告信特别是新章程给他们寄去。北美各支部按照你们的意愿仍归伦敦区部领导，你们自己应该保证把东西寄给它们。[384]

为了开心，我们可以告诉你们，这几天，维利希炮制了一项最新计划，要通过**科隆后备军**使德国革命化。他完全一本正经地给贝克尔写了一封信[385]，并发下三道命令。命令科隆后备兵在每个营都要组织一个临时政府，宣布这些政府是神圣不可侵犯的和全能的，撤销民事当局或者予以枪毙，并要以不可抗拒的铁腕在德国实施民主和社会主义。这个文件对德国"民主社会主义委员会"① ——即沙佩尔先生和他的一伙——在伦敦颁布的最新的公告，予以应有的支持。亚当和巴泰勒米先生究竟是些什么样的法国人？他们的法语如此蹩脚，以致于大丢其丑。

致以兄弟般的问候。

中央委员会代表
格·毕尔格尔斯
1850年12月10日于科隆

很难得知有关埃德加②的确切情况。我们以前听说，他以同盟成员的身份在特里尔建立了一个支部，但我们从来没有得到任何有关他本人或是他那个支部的消息。

手稿　　　　　　　　　　　　　　　　　　第一次用原文发表
莫斯科苏共中央马列主义研究院
中央党务档案馆，f. 20, d. 134

---

① 见注释383。
② 埃德加·冯·威斯特华伦。

562
威廉·皮佩尔（米德尔塞克斯的阿克顿）给弗里德里希·恩格斯（曼彻斯特）的信

1850年12月16日

［……］科隆人怀着崇高的敬意给马克思写了信①，答应很快就作出决定。为了在清除某些人的问题上统一思想、鼓足勇气，他们大概花了一点时间。亚当、沙佩尔、维利希这班先生发出了第二篇宣言；在这篇宣言中，他们采用了你们在去年4月同巴黎协会议定的各项内容②，可是文笔拙劣，模仿得不伦不类，因此，这篇东西不会造成什么危害。

第一篇"粉墨登场"的宣言③您大概已经看过了。如今这些家伙已山穷水尽，因为战争的喧嚣既然已经嘎然而止，粉墨登场的角色当然就闹不出什么新花样来。流亡者曾企图闹事，但我们采取了断然的措施；我们支持一部分人，并要求全权委托我们去对付那边的整班人马。《新莱茵报。政治经济评论》至今还没有收到。④

施拉姆有希望从他的兄弟那里得到一些钱。一段时间以来，他很不光彩地依附于"父亲"载勒尔；现在，我们终于使他彻底摆脱同载勒尔的关系。看来，他正在作认真的准备，以便打开局面，从事商业。

---

① 目前还不能断定是指文件560，561，还是指一封未能保存下来的信。
② 文件457。
③ 见注释383。
④ 指《新莱茵报。政治经济评论》第5、6期合刊。

红色沃尔弗①的低烧症看来已经治愈,这是值得庆幸的事情。他目前十分愉快;据他说,他正劲头十足地忙于修整自己的租赁房屋的套间。公民李卜克内西到底还是改变了主张,抛弃了自己的英雄主义;他给家里写了信,等着家里给他寄钱。因为他尽管"拼命地撰写通讯",生活仍然非常窘困。[……]

手稿 摘要

阿姆斯特丹国际社会史研究所马克思恩格斯遗著 L Ⅶ 272/L 5266
(《马克思恩格斯全集》历史考证版第 3 部分第 3 卷第 702 页)

563
海尔曼·贝克尔(科隆)给彼得·诺特荣克(柏林)的信[386]

1850 年 12 月 23 日

亲爱的诺特荣克!

随信寄上马志尼著作②一册。鲍特的那本小册子③尚未完稿,否则

---

① 指斐迪南·沃尔弗。
② 朱泽培·马志尼《意大利的共和国和王国》1851 年科隆版。
③ 《六月十三日》,赖德律-洛兰著,由克里斯蒂安·鲍特译成德文,1850 年或 1851 年在科隆出版。

我也会附上。我们的出版物由下列书商出售：

施普林格尔，布莱特大街20号

拉萨尔，兄弟街3号

尤伦堡，海德罗特巷8号

施塔尔加尔特，夏绿蒂大街，靠近施泰利，在剧院后面

韦希布洛特，威廉大街2号

最后，还有开设在菩提树街的施奈德公司。该公司通过科隆的爱森向我们订货，而前五家书店则直接从我们这里进货。马志尼的著作和我的演说①目前在这五家书店都有存货。因此，我建议您不妨同几个伙伴一起去拜访一下所有六位勇敢的书商，并且满怀兴致地向他们打听一下还有没有金克尔的那篇十分著名的演说（我这里还成捆地堆放着金克尔的演说），以及很值得一读的《罗马人民请愿书》②等书籍。施普林格尔和尤伦堡是最有胆识的两位书商，他们会设法给您搞到在别处弄不到的书刊。

您大概已经知道，欣克尔代把您当成政治不良分子列入了他的黑名单。您在第一次登记时居然未遭驱逐，这真是万分侥幸的事情。您一旦被人觉察到一点蛛丝马迹，就应当立即远走高飞。请千万小心谨慎，不要同那些所谓民主派的乌合之众接触，也完全没有必要同他们往来；您需要办的事可以委托别的中介人去办。决不要暴露自己，这是对党负责。

致以最亲切的问候。

贝克尔

1850年12月23日于科隆

---

① 《德国是君主制还是共和制。在1850年10月25日科隆陪审法庭的控诉书和辩护词》，1850和1851年在科隆多次重版。

② 《罗马人民致教皇庇护九世的请愿书》1851年科隆版；据传作者是马志尼。

德累斯顿国家档案馆内政部案卷
Nr. 10963, Bl. 289—290（副本）

564
威廉·豪普特（汉堡）给卡尔·马克思（伦敦）的信

1850年12月23日前后

［……］尽管让沙佩尔来吧①，他将在这里观光一番，但却很难赢得胜利。马尔滕斯虽然过去对他表示崇拜，现在却对他没有半点好感。对于这里的工人来说，最能使人了解沙佩尔其人的凭据莫过于他的婚姻情况；这些情况我将极力四处张扬。布伦当然不会对沙佩尔表示友好，因为维利希先生与沙佩尔同属一伙。

关于我们的情况，下次再详细叙述！在组织内部，我们正在逐步取得进展。［……］

手稿 摘要
阿姆斯特丹国际社会史研究所马克思
恩格斯遗著 D Ⅳ 211/D 2260（《马

---

① 见文件561。

克思恩格斯全集》历史考证版第3部分第3卷第708—709页)

565

彼得·勒泽尔和亨利希·毕尔格尔斯(科隆)给彼得·诺特荣克(柏林)的信[387]

1850年12月27日

1850年12月27日于科隆

亲爱的诺特舒斯!

请您原谅,我这次只能给您写一封简短的信;由于忙于抄写,我的手累得几乎拿不起笔来,因此只好少写几句。

随信寄上两份通告信,一份是今年3月伦敦方面发出的通告信①,另一份是我们发出的通告信②和章程③。详细情况您可以从我们的通告信中了解。

伦敦派来的鲍威尔3月份到过什未林,因此我估计迈尔已经得到伦敦方面的告同盟书。这里寄给他的那一份您可以拆开,并转寄给什未林

---

① 文件448。
② 文件553。
③ 文件554。

的迈尔。请给他写一封信,让他尽快把他的报告寄给我们。

从您寄给我们的报告中看不出您是否成功地找到了埃森的那位施韦宁格;请您在下次报告中谈谈这方面的情况。

您已成功地潜入柏林,这使我们感到十分高兴;您一定会在那里**努力地**开展工作,这一点,我们深信不疑,因为我们了解自己的战友。

贝克尔于26日①从这里给您寄去10塔勒,估计在这封信到达之前您已经收到了。**无论如何**,请您设法过几天就启程前往莱比锡,因为尽管我已两次给马尔齐乌斯去信,但我们至今仍未得到他的回音;不过,您也不必为这次莱比锡之行而放弃在柏林停留的机会。到莱比锡后,您可以寻访烟草工人联合会工厂的亨利希·赫尔佐克,并向他了解马尔齐乌斯的住址。

我和所有的朋友们向您致以亲切的问候。

勒·

附言

上面提到的10塔勒现在才寄出。我们非常希望您去一趟莱比锡,以便把我们的告同盟书和新章程给那里的人捎去。

在莱比锡,您要先去拜访一下**小马尔齐乌斯**②;伦敦方面把写给他的书信寄到了我们这里。随信附上马克思和鲍威尔给他写的一封信。③奥托在莱比锡同《普罗米修斯》的编辑卡尔·冈洛夫接了头,冈洛夫在奥托面前自称是同盟盟员。可是,有关这位冈洛夫加入同盟的事情毫无实据;因此,我们从未利用过他所提供的地址。此事真相如何,请您

---

① 在起诉书里写的是"20日"。
② 即亨利希·马尔齐乌斯。
③ 这封信未能保存下来。

来信告诉我们。同时，也请您设法了解一下瑞士人有没有通过布伦或其他人在莱比锡建立联系。使我们感到十分奇怪的是，马尔齐乌斯对勒泽尔寄出的两封信均未回复。

我们至今还没有得到汉堡方面的任何消息，豪普特、马尔滕斯和布伦都没有来信；因此，我们不知道应该同谁联系才能了解清楚那里的情况。

据我们了解，柏林那里已经展开一场**反对共产主义**的宣传活动，这种宣传主要是由原《晚邮报》那一帮人搞起来的。[388]他们企图在工人中散布这样的观点，什么共产党人要建立**专制国家**，要消灭一切个人自由；诸如此类的谬论，同《科隆报》兜售的货色相比有过之而无不及。他们在这种宣传中欺骗工人，说工人永远也不可能通过自己的努力取得统治地位；声称最重要的事情是增殖资本，即增殖资产者的资本。因此，目前亟须掌握这个集团的动向；据了解，他们已经很有影响，尤其是在小资产者当中取得了很大的影响。机器制造工人被誉为柏林最优秀的工人，因此，您也应当去拜访一下这些工人。上述情况是亨策少尉[389]向我们提供的，随信附上亨策的地址，他可能会向您介绍更详细的情况。他**没有**加入同盟，但却是马克思的老朋友，因此您应当同他亲近一些。

请您无论如何在启程前往莱比锡之前给我们写一封信。

向您致以问候，并握手。

亨·毕尔格尔斯

德累斯顿国家档案馆内务部案卷
Nr. 10963 号，Bl. 292—294（副本）

566

康拉德·施拉姆、斐迪南·沃尔弗和威廉·李卜克内西退出伦敦区部的声明[390]

1850年12月28日

我们宣布退出同盟伦敦区部,特此声明。

康·施拉姆

斐迪·沃尔弗

威·李卜克内西

1850年12月28日

第一次发表

手稿
莫斯科苏共中央马列主义研究院
中央党务档案馆,f. 20, op. 1, d. 167

567

泰奥多尔·格茨[391](美因茨)给卡尔·马克思(伦敦)的信

1850年12月28日①

1850年12月28日于美因茨反省院

---

① 信封上盖有"1851年1月16日"的邮戳,因此马克思可能直到1851年1月中旬以后才收到这封信。

亲爱的马克思：

您从这个通讯处可以看出，那个无法逃脱的厄运已经降临到我头上；或者更确切地说，是我自己走进了命运安排的深渊。从10月份以来，我已遭到囚禁。开始时，我被关在我那极其狭小的故乡的首府——达姆施塔特；前几天，我又像我那些行李箱箧一样被捆扎起来、运送到了这里；现在，我至少已经幽囚在莱茵河左岸了。这种铁窗生活实在没有任何浪漫的情趣，有的只是寂寞无聊。但在我的身上一点也看不到那种双目失神的囚徒形象；我会像一只填鹅那样变得肥胖起来。这倒确实是一件倒霉的事情。以我这样的好走极端的性格，一旦经受住了这种增长脂肪的可怕的考验，就会变得毫无节制。在我被捕以前，黑森政府曾让我自由自在地生活了几个月，他们大概是希望抓住把柄以败坏我的声誉，而不用直接监禁我本人；可是他们打错了算盘。那几个星期，我是在达摩克利斯剑下面享受自由，并没有犯下新的叛逆罪行；我所做的唯一的事情，就是趁着玫瑰尚未凋谢之际，去品味它们的芬芳，这些玫瑰在我离开此地的两年中，已经茁壮成长、盛开怒放，同时我也按照惯例向其他一些鲜花恭贺春天的来临，这些鲜花在我当初离开此地时，还只是小小的蓓蕾，如今却已花团锦簇。值得庆幸的是，瑞琴特街的优美景致并没有使我对德国这边的典雅事物变得冷漠起来。三个月来，我一直遭到监禁；在达姆施塔特的那段生活使我感到可怕。时时与地痞流氓、流浪汉为伍，使我无法进行任何一种精神方面的工作。绕绕毛线倒还可以排遣郁闷。通过亲眼观察，我确信，无论是逍遥法外的盗贼，还是关进监牢的盗贼，都是支撑帝王宝座和教会祭坛的最牢靠的支柱；我历来认为，这是一个无可辩驳的观点。各地政府之所以要把民主派投入监狱，大概就是为了使他们在这所君主制的高等学府里增长一点见闻。前几天，我已住进美因茨监狱的单人牢房；我在这里做工，也可以随意阅读书籍。如前所说，我在获得自由的那几个星期里，既没有参与政治活动,也没有结交政界人士;我对地方上的那些政治名流怀有天生的反感,对他们避之唯恐不远。就算这些人具有某些价值,也不能带来丝毫的益处;如果我是处于另一种环境,早就会对这些人大动肝火,可是眼前恼人的事情已经够多的了,我当然不必再去自寻更多的烦恼。我对自己的情况已经写得太多了,现在我也该谈谈欧洲发生的其他各种事情。我首先想到的是:你们在做些什么工作?革命的形势如何?《新莱茵报。政治经济评论》的情况怎样?我既不知道这个杂志是否还在出版,也不了解它发表了什么文章,我虽然也订了这个刊物,但至今连一份也没有收到。另外,下一步的前景如何?你们的防范是否已更加严密?你们是不是仍旧处于孤立的境地?在我们德国的那些蠢驴面前,你们这样做是可以理解的,但同法国人和意大利人的关系却不应如此。在这方面,我首先想到的是马志尼。即使是最坚决的人,也可以而且必须同他保持联系。断绝往来、退守一隅,自然是十分痛快的事;可是,这样做难道总是有利的吗?归根到底,关键还是在于怎样做有利。对于蒲鲁东派在对外交往方面表现的犹豫不决、暧昧不明的态度,我们也总是提出这样的质问:这样做对谁有利?在这里,我要指出激进派的一个错误,那就是:由于我们提出了宁可独自前进、也不同那些时刻影响我们迈步的跛子同行的正确原则,我们便更进一步,把那些步伐稳健有力、只是不如我们先进的人也抛在一边。这样做是错误的;在任何一场斗争中,只要是腿脚硬朗的人,都应当鼓励他们自愿向前。如果我对您的观点起码还有个正确的理解,那么可以说,在评价我们的革命的敌人和对手的整个问题上,我们俩是有分歧的。在您看来,共产主义是绝对的、唯一的尺度;而在我看来,除此之外还有别的标准。对于我来说,共产主义及其正确性、可行性就像二乘二等于四一样,是一个真理;共产主义必然胜利,就像哥白尼体系必胜一样。可是下一步又该如何动作呢?难道您能把一切承认二乘二等于四的人都利用起来吗?值得庆幸的是,现在一切蠢才和无赖都与共产主义者为敌。然而，这种幸运的局面会永久维持下去吗？一旦能够沽取虚名，蠢驴们就会接踵而来；一旦有利可图，骗子们也会闻风而至。如果他们堂而皇之地来了，您就不得不实行一贯的主张而把他们的名字从另册中一笔勾销。我的态度与此不同，我衡量一个人只是看他头脑中有无智慧、身上有无胆识；我可以把圣西门主义者的大师当初对冯·艾希塔尔男爵讲的那番话用在哈根教授身上，对这位教授说，他只配在共产主义事业中擦擦皮靴。我们把帝国政府的那些老爷们称作半途而废的人，并认为我们之所以憎恨他们，是因为他们半途而废；这种看法其实是错误的，我们对他们的憎恨之所以是合乎正义的，并不是因为他们**半途而废地**做了一些事情，而是因为他们**根本没有任何作为**；举例来说，赖德律和福格特在这一点上就有区别。关于科拉捷克的奥林匹斯山上的那位众神之王丘必特，我们可以断言，无论他是逗留在地中海之滨寻找贝壳也好，还是返回德意志也好，反正都完全一样；正因为如此，人们对这位丘必特才应当进行讨伐。我们德国还涌现过其他一些人物，这些人虽然未能拯救人民，但他们的名字却永垂史册。黑克尔犯过错误，他没有提出远大的目标；但是，正是从他那里开始了一场真正的斗争，揭开了全部德国革命风起云涌、扣人心弦的一幕。勃鲁姆早在1846年在莱比锡期间以及在预备议会期间，就表明了自己的立场，尽管他的做法十分糟糕，但他毕竟是一柄利剑，虽然这柄利剑未能拔出剑鞘；而其他一些伟大人物却只想堆积沙土，并不打算垒成高山，人民的健康思想无情地鄙视和唾弃了他们。当他们在斯图加特的那场驱逐事件①中希望获得一点同情时，他们的整班人马就一起卷缩到乌兰德的桂冠之下；而为了在短短的两天内引起舆论界对他们的注意，乌兰德

---

① 指1848—1849年法兰克福议会的残余势力逃往斯图加特以后遭到武力解散的事件。

的"智慧的头颅"就不得不忍受骑兵马刀的威胁。

  关于德国的普遍思想和情绪，我在这所监狱同在那座较大的监狱里一样，也完全可以作出报导，这就是所谓德国的自由。况且，对于一个阅历已深的政治家来说，任何风吹草动都可以带来各种信息。目前，市侩派已经消失得无影无踪，分化成了专制派和反对派，这一点尽管看起来十分糟糕，其实却是大好事；反对派的力量微不足道，但却并不软弱，专制派则具有罗马—俄罗斯的色彩，不再是拜占庭—德意志式的了。在人民中间，存在着一种抑郁低沉的绝望情绪。有传闻说，美国是一个君主制国家，这一点，所有的人都信以为真。可是，我仍然坚持我过去的看法，并从中得到慰藉；我认为，目前之所以毫无动静，并不是由于缺乏力量，而是由于缺少行动的契机。真的，我也曾是一个德国青年，也曾像其他青年一样，用七年的时间苦苦追求自己的恋人，直到勇敢地搂住她的纤腰；现在，我还没有等待七年之久，即使是等待七天对我来说也过于漫长，如果今天有人告诉我说必须等待七年，我会认为是不可思议的事情。人民一旦觉醒，他们就将获得自由；他们目前还在辗转反侧，做着噩梦，这就是他们的不幸。您看，我们已经跨越了市侩阶段；面对这种情况，谁都不敢再说；"不，自由只是一种梦想。"顺便说一下，德累斯顿事件将会给我们提供某种行动的契机。一开始，巴伐利亚和其他小邦会结成一个人民抵抗阵线，以反对各个大邦；接着，大邦将要求小邦放弃抵抗的立场，并以此为条件来保证小邦的生存（许多人以为，小邦将丧失其帝国直辖地位而变成大邦的附庸，我不同意这种看法）。那些可爱的小邦心存畏惧，它们将派遣大批的使节前往德累斯顿。可是这只会造成更多的耗费，因为贿赂之风跟着就会格外地盛行。这是为维持宫廷的奢侈生活而支付的新的款项。现在金克尔已经获得自由；叔尔茨一定是个了不起的人物，他是我的同乡，但我不了解此人。请你在信中给我介绍一下他的情况。我很想知道这些情况；过去，我的施勒弗尔曾在我心中占有一席之地，现在我想把这个位置腾出来，让给这位叔尔茨。在奥地利和普鲁士关系紧张的时候，普鲁士人曾为海瑙挨打一事拍手称快；现在为了报复，奥地利军官也为金克尔的逃亡高声欢呼，这就叫以眼还眼，以牙还牙。因为慷慨大度的资产阶级在一年之中总还要抽出一天时间向时代精神鞠躬致敬，所以，他们就始终在自己的头顶上保留一个未曾合缝的革命的囟门；过去担当这种角色的是波兰人，而这一次则轮到金克尔充当这种不幸的幸运儿。为了使游泳和溜冰的乐趣不受恼人的戒严状态的干扰，他们便对金克尔流下一滴同情的泪水，以求取消戒严。金克尔应当在报纸上公开发表声明，要求大家不要因为照顾他的情面而答应他那些流泪哭泣的、不成器的孩子们提出的任何要求。您看看那些理论家吧，他们连篇累牍地评述政治家，而仅仅用剩下的一点篇幅谈论人的问题。您在做些什么工作？您的可爱的妻子和孩子们情况如何？恩格斯、维利希、沃尔弗①情况怎样？哥林格尔等人的情况怎样？他的兄弟的兄弟在荷尔斯泰因有什么收获②？有人说，任何一个普鲁士人都是道地的普鲁士人，这是一个多么好的预言啊！只要结局圆满，那就皆大欢喜。请您尽快给我来信，越快越好，哪怕短一点也行。希望您不要对我这种民主派的拖沓散漫的作风进行报复。

兄弟般的拥抱。

您的　泰奥多尔·格茨

回信请寄美因茨大晒衣场泰奥多尔·格茨

---

① 斐迪南·沃尔弗。
② 指康拉德·施拉姆作为同盟密使出使各地一事；见注释338。

手稿
阿姆斯特丹国际社会史研究所马克思恩格斯遗著 D Ⅳ 174/D 2158
(《马克思恩格斯全集》历史考证版第 3 部分第 3 卷第 710—712 页)

568
约瑟夫·魏德迈(美因河畔法兰克福)给卡尔·马克思(伦敦)的信

1850 年 12 月 28 日

1850 年 12 月 28 日于法兰克福

亲爱的马克思!

我到科隆去了几天,现在又回到这里。法兰克福这座自由城的警察当局目前至少还没有光顾我们的住所,而在黑森-达姆施塔特和巴伐利亚的普法尔茨,我们的人却正在受到警方的追捕。在这种情况下,我当然只能足不出户,这对工作有些影响;但尽管如此,我还是能够办理一切必要的事务。

我每天都盼望您的来信,但总是白等一场。请您按照我写的泰·舒斯特的地址,立即给我来信;因为一旦发生意外的变故,我就得迅速离开此地。再说,在最近这段时间,我还得为同盟的事情外出旅行一次。关于钱的问题,我正在等您作出最后的决定。我曾在一封信中向您询问过此事,那封信您到底收到了没有?请务必在回信中提一笔;因为那封信中还附寄了 5 塔勒,如果信件丢失,那可就更加麻烦了。

《新莱茵报。政治经济评论》第 5、6 期合刊号至今还没有送到这里;在科隆,我听说那位无赖的出版商①拒绝发行这份杂志。您可以考虑在书刊出版业交易所报上披露他的卑鄙行为,以此来威胁这个无耻的家伙。不过说到底,这样做对他也不会有什么触动,因为据我从鲍特那里获悉的情况来看,此人在书刊出版界已经声名狼藉。在科隆,我在丹尼尔斯那里见到了这一期杂志,那是丹尼尔斯让人从杜塞尔多夫寄来的。糟糕的是,这期杂志在我们这个地区竟连一份也没有。

我现在硬着头皮挤出了一些必要的时间,来为工人们撰写一本国民经济学著作;我打算在办妥报纸方面的事务以后,就立即奋力投入这项工作。下面是我暂时拟订的提纲:

(1) 在引言中,我想简要地论述一下经济问题与政治问题之间的联系;同时也论及阶级差别问题,以及各个阶级彼此采取的态度。

(2) 劳动分工。——机器。

(3) 货币的产生。——资本的集中。——信贷。

(4) 税收。

(5) 保护关税和自由贸易。

(6) 工人的要求。

我担心的只是,久拖下去,这篇著作就会拉得太长;我想最好把它压缩成几个印张。

但愿过不多久你就能收到你的《哲学的贫困》的译稿。

不管怎样,我的妻子和姨妹将在此地居住到今年5月,因为我的妻子已决定在此地等待分娩。值得庆幸的是,这里的警方还没有残忍到下令驱逐妇女的地步。

向你全家以及恩格斯致以衷心的问候。

您的 约·魏德迈

---

① 尤利乌斯·舒伯特。

手稿
阿姆斯特丹国际社会史研究所马克思恩格斯遗著 D Ⅷ 101/D 4536
(《马克思恩格斯全集》历史考证版
第 3 部分第 3 卷第 713—714 页)

569
康拉德·施拉姆(伦敦)给卡尔·马克思(伦敦)的信

1850 年 12 月 31 日

1850 年 12 月 31 日于伦敦

亲爱的马克思:

听说皮佩尔到我这里来过,打算取走过去的记录稿。为什么会突然发生这样的事情?难道我已被驱逐出同盟了吗?① 关于成立亚当党的事,还要等到遥远的将来才能实现,眼下我只不过打算退出夏娃党罢了。鉴于去年的经验,我已毫无兴趣再同维利希之流、泰勒林之流以及施特罗姆之流为伍,**不管他们用其他什么名义和形式来掩饰自己。**

谨致新年的祝贺。

您的 康·施拉姆

我认为,您绝不可能同林格斯[392]和埃卡留斯一起策划反对我的阴谋。

---

① 见注释 390。

手稿
阿姆斯特丹国际社会史研究所马克思恩格斯遗著 D VII 48/D 4003（《马克思恩格斯全集》历史考证版第 3 部分第 3 卷第 716 页）

570
海尔曼·贝克尔（科隆）给卡尔·马克思（伦敦）的信

1850 年 12 月底

亲爱的马克思！

我本想在圣诞节期间把第一个印张寄给您。[393] 可是我陷入了极其艰难的境地，以致无法实现这个愿望。[……]

随信寄上我的那本小册子。① 如果社会主义小丛书也以这样的开本印行，可能会收到很好的效果。您是否打算把特德斯科的著作（《无产者问答》）② 和维尔加德尔的著作（通过联合体协调各种利益）③ 收入这套丛书[？] 这两本书已由弗莱里格拉特和丹尼尔斯译出，并由我出

---

① 可能是指《德国是君主制还是共和制。在 1860 年 10 月 25 日科隆陪审法庭的控诉书和辩护词》，1850 和 1851 年在科隆多次重版。
② 文件 445。
③ 见注释 334。

版过一次，但早已脱销，或者确切地说，是以极其低廉的价格售完的，因为党组织承担了这两本书的印刷费用。

　　致以最诚挚的问候。

海·贝克尔

　　转交这封信的人是波兰流亡者莫尔根施特恩，他居住在伦敦。

手稿
莫斯科苏共中央马列主义研究院
中央党务档案馆，f.1，op.5，d.328
(《马克思恩格斯全集》历史考证版
第3部分第3卷第719页）

571
阿尔伯特·埃尔哈德（科隆）给彼得·诺特荣克（柏林）的信

1850年12月底[394]

亲爱的朋友：

　　您的信我早已收到，关于箱子的事情，我也早已向汉森作了交代；您至今尚未收到箱子；这并不是我的责任，这一点我必须向您说明。箱子今天寄出，上面写的是施米特的地址，但邮资未付，您可以从箱子里取出钱来交付邮资；把箱子打开再关上，这要花费许多时间，但也没有更好的办法。您从箱子里存放的材料中可以了解这里的详细情况。

我让我的兄弟①把这封信转交给您。请您去看望他,并摸一摸他的思想情况!

祝新年快乐。

因为提货单上只写了施米特的姓名,所以请您通知施米特:他收到的箱子是寄给您的。

德累斯顿国家档案馆内政部案卷　　　　　　　　　　　　　第一次发表
MdI, Nr. 10963, Bl. 295（副本）

572

朱利安·哈尼（伦敦）给弗里德里希·恩格斯（曼彻斯特）的信[395]

1851年1月4日②

1851年1月4日星期六上午

亲爱的恩格斯:

寄上第2期刊登的《德国民主党》③一文。

卡梅伦（约翰）的地址是:休姆区瓦尔德街10号。另一个很好的人叫W. B. 鲁宾逊,也是"兄弟协会会员"。④您可以设法通过卡梅伦接近他。

---

① 即尤利乌斯·埃尔哈德博士,当时居住在柏林。
② 原稿上误写为:1850年12月4日。从信的内容来看,这封信是1851年1月初写的,1月4日是星期六。
③ 指桑顿·汉特的报纸《先驱》上的一组连载文章。
④ 民主派兄弟协会会员。

星期三晚上的会糟糕透了。我提出派厄·琼斯参加明天在哈里法克斯举行的西区代表大会，这个提议得到通过。关于拒绝承认并谴责曼彻斯特代表大会[396]的决议以6票对1票（奥康瑙尔反对）获得通过。关于谴责对厄·琼斯的攻击的决议案也获得通过。持反对态度的有奥康瑙尔**和雷诺**，以及候里欧克（他认为"太激烈"）。后来他们三个人在一份措词缓和的对琼斯表示信任的文件上签了名。

琼斯将于**今晚**到达曼彻斯特——**在滑铁卢或惠灵顿下车**，住在莫斯利**武器库**（莫斯利武器库在医院对面）**后面**的某条街上。琼斯无法告诉我更详细的地址。

如果您今晚见不到他，就请明晚到学院去。他上午去哈里法克斯，晚间返回曼彻斯特对付他的反对者。如有可能，请务必前往，并请酌情给他一些帮助。

那帮家伙很可能会动武——要是他们有胆量的话。奥康瑙尔告诉琼斯说，他可能会被人从讲坛上扔下去，会有生命危险！！！

我估计曼彻斯特那帮家伙将激烈地谴责我。过几天再给你写信。

祝你健康并致以兄弟情谊

乔·朱利安·哈尼

曼特尔的地址是奥德姆路亨利街39号。他今晚很可能同琼斯在一起。

手稿　　　　　　　　　　　　　　　　　　　第一次用原文发表

莫斯科苏共中央马列主义研究院
中央党务档案馆，f.1, op.5, d.333

573
卡尔·马克思(伦敦)给弗里德里希·恩格斯(曼彻斯特)的信

1851年1月6日

[……]昨天沃尔弗①出席了区部会议,但是李卜克内西和施拉姆②没有到会。新章程③通过后,我把这个玩意儿不定期地搁下了。

你的 卡·马·

我们的《评论》④可能很快在瑞士复刊。所以,你得写点东西,以便需要时我手头有现成的稿件。

---

① 斐·沃尔弗。——编者注
② 康·施拉姆。——编者注
③ 共产主义者同盟分裂后,同盟的伦敦中央委员会于1850年9月15日作出决定,将中央委员会的全权移交给科隆区部,并委托新的科隆中央委员会起草新章程。该委员会于1850年11月起草了这份新的同盟章程,并把它连同《共产主义者同盟科隆中央委员会告同盟书。1850年12月1日》一起交给了同盟。1850年12月18日马克思收到了亨·毕尔格尔斯抄写的章程副本。1851年1月5日,有马克思参加的伦敦区部会议批准了这个新章程,章程的全文见《马克思恩格斯全集》中文第2版第10卷第744—747页。——原卷末注
④ 《新莱茵报。政治经济评论》。——编者注

手稿　　　　　　　　　　　　　　　　　　　　　节录

莫斯科苏共中央马列主义研究院中央党务档案馆，f.1，op.1，d.393
(《马克思恩格斯全集》德文版第27卷第156页，参看《马克思恩格斯全集》中文第2版第48卷第154—155页)

574
阿伯拉罕·雅科比（波恩）给芬妮·迈耶尔（明登）的信

1851年1月10—11日

1851年1月10日于波恩

亲爱的芬妮：

我马上就要到体操协会去，现在还有一点时间，就用来给您写信吧。[……]

1月11日。

我曾去过一次杜塞尔多夫，经历了种种事情①，也曾多次去过科

---

① 见文件536。

隆，这一切对我来说十分重要，意义深远。圣诞节的第二天，我在波恩这里结识了科隆的贝克尔，他到这里来的目的，是为了参加此地秘密举行的一次政治宴会。举行宴会的那个晚上以及翌日清晨，我一直同他待在一起；后来，他启程离开了此地，我当时向他许下诺言，答应在下个星期到科隆去。星期二①早晨，库格曼动身前往杜塞尔多夫，我便在中午启程前往科隆；当晚，同民主派的各位领导人——贝克尔，《新莱茵报》编辑毕尔格尔斯，贝尔姆巴赫，以及丹尼尔斯博士等——聚首畅饮，直至深夜，而那时，您却正在参加舞会。次日（元旦）傍晚时分，我动身前往杜塞尔多夫，估计索菲娅②也是在那天到达的。库格曼当晚就去看望了她，而我却未能前往，因为我孤身一人，人地生疏，而时间又已经很晚，不敢贸然闯进那些陌生的寓所。我在科隆的收获极大，因为我在那里找到了可以推心置腹、倾吐衷肠的人，同时，我还可以从他们那里获得教益；而这样的人在波恩是无处寻觅的。[……]

您大概还记得，《威斯特伐利亚报》最近刊载过一系列巴黎通讯，讨论建立一个直接立法的制度的问题。科隆的里廷豪森是这种制度的首倡者之一，他把这种制度描绘得完美无缺。③ 简单说来，这种直接立法的制度就是要让聚居在小乡镇的居民在他们的基层会议上，对任何一个部门提出的任何一项法律草案都加以评议，然后再投票表决，如此等等。人们之所以要发起这场讨论，当然是因为他们完全正确地看到：我

---

① 1850年12月31日。
② 芬妮·迈耶尔的妹妹。
③ 另见注释290。

们今天的代议制丝毫也不能表达人民的意志，即使把选举权扩大到最大限度也是枉然，因为，姑且不说政治觉悟和政治素养的问题还必然存在，即以自由地使用自己的选举权这个问题来说，这一点也只有在那些已经取得物质方面的独立地位的人中间才能实行，而这样的人在今天实在是寥若晨星。因此，在个人的物质生活尚无保障的情况下，任何一种代议制都只能是无稽之谈。但是，依我看来，那些好心的人们把事情看得太简单了；我和毕尔格尔斯正是就这个问题进行了长时间的交谈。我们的观点完全一致；我们认为：且不说这种立法程序实行起来有多困难，且不说广大群众对此抱着冷漠的态度，也不说频繁地召集各种必要的乡镇会议、操办各种琐屑事务，会导致怎样的厌倦情绪和疲沓现象，即以最普通的居民来说，在他们尚未要求获得明确的政治见解的时候，要采用这样一种立法方式也是根本行不通的。［……］我深信，我们暂时还要重新回到代议制的道路上去，尽管我认为由物质上备受奴役的人们选举出来的任何一种立宪会议都是祸患无穷的东西。试问，当资产者有可能迫使成百上千的无产者按照他的意愿投票的时候，能有什么自由的选举吗？可是，请设想一下，如果在一个社会里，每一个人都已从现今的关系下解放出来，每一个人都摆脱了资本的压迫，摆脱了敲诈盘剥、掠夺成性、掌握权柄的资产者的肆意践踏，从而取得了独立的地位，并能以这种独立的方式真正贯彻自己的意志；如果当选者可以随时罢免，那么应当说，在这种条件下产生的代议机构还是能够发挥效用的。因为在这种情况下，代议机构的代表是接受了委托的人，是负有义务的公职人员，他必须按照那些授予他职权、而又随时可以免除他职务

的人的意愿来制定和起草法律,他同其他一切公职人员一样,是一切行政部门和其他部门的公仆。[……]

从杜塞尔多夫归来的途中,我经过了科隆,星期日①晚上和星期一早晨,我在那里又同上次相遇的那些人团聚在一起。除此之外,我还遇到了两个法国流亡者,他们从瑞士出发前往伦敦,经人介绍,中途来到科隆。其中一位是律师,另一位估计是工人,这至少根据他那双手就可以判断出来。整个晚上,这两个人都坐在我身边,我极力用我懂得的一点法语同他们交谈;他们以别具风格的火一般的激情演唱了工人之歌(这首歌收录在迈斯纳的著作中)② 以及其他一些歌曲,他们的动作和表情表达了心中的愤怒,也吐露出脉脉的柔情和忧伤。这时,我对法兰西不禁产生了前所未有的向往和思慕之情,我面对着这两个普普通通的人,把法国和德国的民主派作了一番对比——这两者之间有着多大的差别啊。[……]

十分遗憾,我今天不能继续给您写下去了,因为邮班马上就要截止,而且,我也许明天就得动身前往科隆。[……]

手稿 节录
波茨坦国家档案馆,Rep. 30 Berlin
C, Tit. 94, Lit. J 78, lfd. Nr. 10878,
Bl. 120 – 128

---

① 1851年1月5日。
② 载于阿尔弗雷德·迈斯纳《来自巴黎的革命习作(1849年)》1849年美因河畔法兰克福版第146页及以下几页。

575

卡尔·马克思(伦敦)给弗里德里希·恩格斯(曼彻斯特)的信

1851年1月22日

1851年1月22日〔于伦敦〕

亲爱的恩格斯:

你像死一般地沉默。随信给你寄去:(1)巴塞尔《国民报》发表的奥斯特瓦尔德·狄茨反对普芬德和鲍威尔①的声明②;(2)阿·卢格先生同司徒卢威和维利希一起炮制的反对我们的诽谤性文章③。你最迟

---

① 亨·鲍威尔。——编者注
② 指奥·狄茨的《致德意志工人协会》(载于1851年1月7日《瑞士国民报》第5号上)。这是属于维利希—沙佩尔宗派冒险主义集团的奥·狄茨在共产主义者同盟分裂后发表的指责马克思的拥护者亨·鲍威尔和卡·普芬德的声明中的一篇,这篇声明指责他们把持属于伦敦德意志工人教育协会的钱款。——原卷末注
③ 指1851年1月17日《不来梅每日纪事报》第474号发表的阿·卢格1月13日写的伦敦通讯。通讯内容大部分是攻击马克思和恩格斯于1848—1849年革命期间和其后的活动,特别是攻击他们作为《新莱茵报》、《新莱茵报。政治经济评论》编辑和在伦敦工人教育协会中的活动,以及退出该协会、同维利希决裂等等。马克思1851年1月22日将文章寄给恩格斯,建议写一篇驳斥卢格的共同声明。恩格斯于1月25日回信,建议马克思草拟一份声明,他在上面签名。马克思于1月27日把拟写的《为驳斥阿·卢格而发表的声明》寄给了恩格斯,声明全文见《马克思恩格斯全集》中文第2版第10卷第624—625页。——原卷末注

在两天以内要把这些下流的东西寄还给我,并且告诉我,我们应当怎样对付(2)。如果你想写一篇声明之类的东西,也请把它寄给我。

康·施拉姆自己将发表他的声明。①

你对阿塔·特洛尔②和隐藏在他背后的"杰出的坚定的人司徒卢威"以及"勇敢的维利希"③ 的这一杰作有什么看法?这太过分了。报纸是我偶然从班贝格尔那里得到的。不然,谁会阅读和知道这家《不来梅每日纪事报。民主派机关报》呢?

鲍威尔和普芬德当然不会回答。看来,目前确实对他们来说沉默是最合适的。

无论从愿意继续出版我们的《评论》④ 的沙贝利茨那里,还是从愿意考虑出版我的著作的贝克尔那里,我还没有得到任何消息⑤。我向舒伯特先生提出的一切措施至今毫无结果。如果豪普特能找到一个承担这

---

① 在1850年8月底共产主义者同盟中央委员会会议上,在马克思和恩格斯为一方和维利希为另一方进行激烈辩论期间,马克思和恩格斯的拥护者康·施拉姆要求同维利希进行决斗,决斗于9月在奥斯坦德附近举行,结果施拉姆受了轻伤。

  由于阿·卢格在自己的文章中歪曲了康·施拉姆同维利希决斗的真相,施拉姆就此事写了一篇声明。马克思将施拉姆的声明与他自己草拟的反对卢格的声明一道附在1851年1月27日给恩格斯的信中。但这两个声明均未被当时的报刊发表。——原卷末注
② 指阿·卢格的绰号(系海涅的一篇同名讽刺诗的主角的名字)。——编者注
③ 引自阿·卢格的文章。——编者注
④ 见《马克思恩格斯全集》中文第2版第48卷第161—163页。——编者注
⑤ 早在1850年12月马克思就已经开始同海·贝克尔商谈出版自己的著作一事。经过商谈之后,于1851年4月底出版了《马克思文集》第1分册(1851年科隆版)。这个分册包括马克思在1842年写的《评普鲁士最近的书报检查令》和《第六届莱茵省议会的辩论》第一篇论文的一部分(《马克思恩格斯全集》中文第2版第1卷第107—135、136—202页)。由于海·贝克尔被捕,第1分册出版后没有继续出版。——原卷末注

件事的律师，他就将对舒伯特提出诉讼。① [……]

你的 卡·马·

手稿 节录

莫斯科苏共中央马列主义研究院中央党务档案馆，f.1, op.1, d.396（《马克思恩格斯全集》德文版第27卷第165页，参看《马克思恩格斯全集》中文第2版第48卷第164—165页）

576
朱利安·哈尼（伦敦）给弗里德里希·恩格斯（曼彻斯特）的信

1851年1月25日

1851年1月25日于伦敦布卢姆斯伯里区女王广场不伦瑞克街4号

亲爱的恩格斯：

来信收到。我准备下星期给您回复。但我得先告诉您，《先驱》上没有再发表什么有关《德国民主派》②的文章。我不知道这个题目是否已经论述完了。

---

① 马克思打算对汉堡出版商尤·舒伯特提出诉讼，以迫使他继续出版《新莱茵报。政治经济评论》。——原卷末注
② 见文件572。

您能见到曼特尔和其他朋友并设法使我得到有关"曼彻斯特代表会议"① 活动情况的消息吗？我想知道"代表"的名单（？），他们的主要决议的**基本内容**，克拉克和麦格拉斯那些"挑选出来的"叛徒的言论，以及奥康瑙尔所采取的路线。我至少应该收到两封信，星期三早晨一封，星期五早晨一封。等着看《北极星报》太晚了；再说，那个可爱的杰出人物（！）也不会把所有的发言和活动都发表出来。

明天早晨将在我家里开会，决定那个计划中的报纸的问题。

下星期再写信。[397]

您的情同手足的
乔·朱利安·哈尼

手稿

莫斯科苏共中央马列主义研究院

中央党务档案馆，f. 1, op. 5, Nr. 339

577
威廉·沃尔弗（苏黎世）给卡尔·马克思（伦敦）的信

1851 年 1 月 26 日

1851 年 1 月 26 日于苏黎世

亲爱的朋友：

自我们上次在宾根聚会②以来，已经几易寒暑，可是我们之间却从

---

① 见注释 396。
② 1849 年 5 月底。

未有过书信往还。在这期间，巴门的弗里茨①承担了文书工作，通信事务都由他代劳。现在，因为他已在曼彻斯特的公司任职，我便直接给您写信，但有一个条件：您得把一些必要的事情向他转达。弗里茨的上封来信我是在去年年底收到的。他要求我到伦敦去，这实在是令人神往的事情；可是，现实中出现的种种障碍，使这种诱人的事无法实现。如果我能按自己的意愿行事，我早就到你们那里去了。可是，我始终凑不齐那件最重要的东西——必要的旅费；再说，我还有点缺乏信心，担心在伦敦找不到工作。[……]自然，我最后的结局也将是：被逐出瑞士！②联邦委员会通过迄今所采取的措施，已使流亡者从11 000人减少到500人，但是，它在没有把不拥有相当财产或特殊关系的一切人都赶出去以前，是不会罢休的。③[……]

关于C. B.④，我没有什么消息可以奉告；我同所有的人都中断了联系。德朗克也许常给您写信。我只知道他住在日内瓦，但不清楚他的地址。附带告诉您，此地对流亡者的一举一动都严加监视；不管您到哪里，也不管您在什么地方说过什么话，都会有人把全部情况汇报上去。去年秋天我给德[斯特尔]写过两封信，但至今杳无回音。[……]

手稿　　　　　　　　　　　　　　　　　　　　　节录
莫斯科苏共中央马列主义研究院　　　　　　　　第一次发表
中央党务档案馆，f. 1, op. 5, d. 338

---

① 指弗里德里希·恩格斯。
② 沃尔弗于1851年4月遭到驱逐，大约5月底离开瑞士。他1851年6月初抵达伦敦。
③ 马克思在《福格特先生》一文中引用了这句话（见《马克思恩格斯全集》德文版第14卷第435页，参看《马克思恩格斯全集》中文第2版第19卷第107页），但文中说这封信写于"1851年1月25日"。
④ 可能是"共产主义者同盟"的缩略语。

578
卡尔·马克思和弗里德里希·恩格斯为驳斥阿尔诺德·卢格而发表的声明

1851年1月27日

卡·马克思和弗·恩格斯
为驳斥阿·卢格而发表的声明

今年1月17日的《不来梅每日纪事报》在1月13日的伦敦通讯中,为反对《新莱茵报》和本声明的署名者,贩来了一大堆编造得很不高明的胡言乱语、无中生有以讹传讹的谣言、拙笨的诽谤和一本正经的训斥。

类似这位伦敦记者的"杰出的坚定的人们"总是用猴子学样的方法来回答他们招架不住的批评:他们向对方满嘴喷粪。真是各显神通。

我们把这些巧妙编造的关于《新莱茵报》的小故事回赠给这位"坚定的杰出的人"。至于他对我们退出大磨坊街协会①的行动的善意诽谤,我们特作如下声明:

恩格斯和马克思无论在退出协会以前和以后,从来没有管理过协会的出纳处。他们参与管理过流亡者的出纳处,并且在以前的工作经过核查并确认无误后才退出的。说我们退出协会是为了免交每月9便士的会

---

① 伦敦德意志工人教育协会。——编者注

费,这种说法是一个一文不值的人捏造出来的!还说,为了这个目的,我们中间一个人到了曼彻斯特,而另一个人打算到海外!在这些充满义愤的心灵深处埋藏着多么纯洁的珍珠呵!

在德国的我党同志都知道我们退出上述协会和我们跟协会领导人分手的**真正理由**。这些理由他们是赞同的,但是不宜公开。在德国目前状况下,连老练的奸细都不能诱使我们作进一步的解释,更何况《不来梅每日纪事报》的笨得像熊一样的奸细①。

最后只指出一点,用自己的粪便从伦敦给《不来梅每日纪事报》施肥的不是别人,正是波美拉尼亚②的思想家。《新莱茵报》谈起他来常常带着一种艺术家的偏爱,我们在另外一个地方根据他的著作把他描绘成"流泄一切污秽语言和德国民主的一切矛盾的阴沟"③。一句话,不来梅的亲戚不是别人,正是我们的"**阿尔诺德·温克尔里德·卢格**",欧洲民主派中央这辆马车的第五个轮子。现在,人们可以理解《新莱茵报》的卑鄙无耻了。

卡尔·马克思

弗里德里希·恩格斯

1851年1月27日于伦敦

手稿

莫斯科苏共中央马列主义研究院

中央党务档案馆,f. 1, op. 1, d. 399 (《马

---

① 暗指阿·卢格。——编者注
② 波美拉尼亚波美拉尼亚是波罗的海边普鲁士的一个州,卢格的家乡。——译者注
③ 对卢格的类似的评价参看马克思和恩格斯的著作《流亡中的大人物》(见《马克思恩格斯全集》中文第2版第11卷第324—335页)。——原卷末注

克思恩格斯全集》历史考证版第 1 部分第 10 卷第 491—492 页，参看《马克思恩格斯全集》中文第 2 版第 10 卷第 624—625 页）

579

海尔曼·贝克尔（科隆）给卡尔·马克思（伦敦）的信[398]

1851 年 1 月 27 日

1851 年 1 月 27 日于科隆

亲爱的马克思：

事情有所进展，但极其缓慢。科隆简直像一个大村庄，在这里，书籍的发行流通步履维艰。三个印张①的印版已经排好，但无法上机付印，因为没有纸张。从 1 月 1 日以来，我的印刷所几乎完全停工了。[……]不过，我们最近将走上正轨，也许今天就能恢复正常工作。随信附上我刚刚收到的一张校样。在丹尼尔斯和毕尔格尔斯的催促下，我略微改变了一下书的开本，按他们两人的说法，改动后显得比较美观大方。此外，这里还缺一期旧《莱茵报》，这是一桩很伤脑筋的事情。荣

---

① 指马克思的《文集》，见注释［399］。

克把他那份借给了柏林的罗格。我今天还要给弗莱里格拉特写信（昨天我去找过他，但他不在），让他请人从哈根寄一份来。我为此事曾再三请求《科隆日报》协助，但至今毫无结果。

魏德迈将您发表在《威斯特伐利亚汽船》上的文章手稿交给了我。① 最近几天内，我将把这些手稿寄给您，同时还要把丹尼尔斯《人类学》② 一书的手稿一并寄给您，请您审阅。［……］

此地蔓延着流行性感冒，毕尔格尔斯和丹尼尔斯等人全都病倒了。前段时间，弗莱里格拉特全家都生了病，现在才完全复元，弗莱里格拉特总算松了一口气。

最近有一个叫里瑟尔的波茨坦人来过这里，此人是当地的一个宫廷马鞍匠的儿子。他在我面前自称是恩格斯的朋友；然后又跑到勒泽尔那里破口大骂恩格斯，结果被狠狠地撵了出去。维利希给我写了几封非常有趣的信；我没有回信，但是他情不自禁地向我陈述了自己的新的革命计划。他指定我去发动科隆的卫戍部队革命！！！不久前我们曾对此捧腹大笑。他的这种蠢举还会使许许多多的人倒霉，因为光是这封信就足以保证成百个蛊惑民心的法官能得到三年的薪俸。如果我在科隆发动了革命，他是不会拒绝担负下一步行动的领导责任的。真够朋友！

致以兄弟的敬礼。

您的　贝克尔

---

① 1846年《威斯特伐利亚汽船》刊登了《反克利盖的通告》——文件88，1847年该刊发表了马克思批判卡尔·格律恩的《法兰西和比利时的社会运动》一书的文章（即《德意志意识形态》第2卷第4章）。
② 罗兰特·丹尼尔斯：《小宇宙。生理人类学概论（手稿）》。这部著作未能发表。

手稿①　　　　　　　　　　　　　　　　　　节录
莫斯科苏共中央马列主义研究院　　　　　第一次发表
中央党务档案馆，f.1, op.5, d.304

580
卡尔·马克思（伦敦）给海尔曼·贝克尔（科隆）的信

1851年2月1日前后

［……］如果你把维利希的信件②寄给我，我将万分感激。一方面，让我们在这里，在巴比伦的河边③也能分享你们的开怀大笑。另一方面，这个人利用"所谓的"联系，在外国人面前说大话，同时进行

---

① 马克思在《揭露科隆共产党人案件》一文中发表了这封信（见注释385）的最后部分（见《马克思恩格斯全集》德文版第8卷第464页，参看《马克思恩格斯全集》中文第2版第539页）。

② 指奥·维利希分别于1850年12月6、24日和1851年1月底写给海·贝克尔的信。维利希在这些信中表明了他大约自1850年11月底以来就一直抱有的打算，即借助于普鲁士的后备军在德国发动新的革命。1852年底在科隆共产党人案件贝克尔的辩护词中和1854年在马克思的小册子《高尚意识的骑士》（《马克思恩格斯全集》中文第2版第12卷第557—591页）中，维利希的这些信件都起了一定的作用。这些信的原件都没有保存下来。——原卷末注

③ 参看《旧约全书·诗篇》第137篇第1节。——编者注

告密活动。最后，我认为你有必要通过我，或者你自己直接给他去封短信，婉言谢绝同他继续通信，因为搞幽默对在伦敦的他来说是毫无危险的，然而在科隆的你们却会因此而受到严重损害，不仅如此，还会牵连到我们在德国的党内同志。还有什么会比由于"木匠"① 一时兴起说的玩笑话而被钉在十字架上处死更为不幸，同时也更为可笑［……］

起诉书，第53页（《马克思恩格斯全集》德文版第27卷第544页，参看《马克思恩格斯全集》中文第2版第48卷第174页） 摘要

581
威廉·豪普特（汉堡）给卡尔·马克思（伦敦）的信

1851年2月3日

1851年2月3日于汉堡

经奥斯滕德中转！

亲爱的马克思：

1月17日来信②已经收到；我这次回信又略微迟了一些，因为我实

---

① 指奥·维利希。他于1848年革命前夕打算辞去普鲁士军官职务，到科隆当木匠。——原卷末注
② 马克思的这封信没有保存下来。

在无法在短短的时间内完成交给我的那些任务。

前段时间我确实找不到一名律师，愿意承办对舒伯特的诉讼事务①；一方面是因为经费问题不好解决（这的确是最大的困难），另一方面是因为辩护人必须站在《新莱茵报》一边——一看到这张报纸的名称，哪一位驯良的公民还敢染指呢？我已经感到一筹莫展了，但就在这时候，出现了新的希望。有人向我推荐了冯·伯尼希豪森博士，我一刻也没有拖延，立即同他取得联系。冯·伯尼希豪森前两个星期一直在为获准成立的石勒苏益格—荷尔斯泰因人的组织操办事务，并为他们争取援助（他是石勒苏益格—荷尔斯泰因委员会的成员），因而无暇顾及自己的律师业务。五天前，我才同他第一次碰头，并把各种信函交给他过目；我问他，如果他需要的各种费用都保证照付，当然是在一定条件下，这场诉讼事务他是否愿意承办？他当即回答说：他将爽快地答应这个要求，再说，他同舒伯特书局也没有什么情面可讲。[……]

对这里的时局，一些人感到可悲可叹，另一些人则感到可喜可贺。感到可悲可叹的是民主派和资产者先生们。民主派有这种感慨，是因为他们眼看自己完全束手无策，眼看自己的最后一点资本、最后一线希望已同石勒苏益格—荷尔斯泰因一起丧失；资产者感到可悲可叹，是因为他们从奥地利人进驻②以来，就一直抑郁寡欢；他们心怀疑虑，觉察到奥地利人要实行关税联盟；他们也预感到自己行将垮台。这种发展趋势确实令人高兴，所以说目前的局势可喜可贺。在奥地利人越过易北河之前，民主派先生们制定了**惊人的**计划，他们要让石勒苏益格—荷尔斯泰

---

① 此事涉及到《新莱茵报。政治经济评论》第5、6期合刊号部分杂志的发行问题。

② 根据1850年8月2日的伦敦议定书，奥地利军队开进了汉堡和霍尔施坦。伦敦议定书得到英国、法国、俄国、瑞典和奥地利的赞同，它们不承认石勒苏益格—荷尔斯泰因从丹麦独立。

因把革命的火炬燃遍日耳曼尼亚故国的一切地区,并在所到之处筑起伟大自由的圣坛。石勒苏益格—荷尔斯泰因,呵,救世主!对于这一点,布伦自然也是深信不疑的;可是,由于大多数石勒苏益格—荷尔斯泰因的伟大英雄都是无用的废物,由于石勒苏益格—荷尔斯泰因的整个事件处理得十分糟糕,他们的计划当然也就成了泡影。布伦已于昨天(或前天)启程前往迪特马申。为什么要到那里去?是不是去发动革命?这一切我都不清楚。我同民主派先生们十分疏远,同布伦的关系虽然不错,但我通常是完全独立地开展工作,除了去了解和掌握他们的情况,一般不同他们往来。再说,自从奥地利人来到此地以后,也很少听到他们的消息;很难见到他们露面,他们几乎总是泡在舒适惬意的"美好的手工业者教育协会"之中。本星期内我要召集一些比较精干的人开很多会,这些人还是有点培养前途的;我希望能同他们一起把工作开展起来。目前正在讲解《共产党宣言》①;当然,这些人还没有加入同盟,他们还有待进一步培养,才能具备成熟的条件。我将尽力把更多的人吸收进来;不过,这项工作十分艰巨,因为在这里,对我们的原则稍许有几分认识的人连一个也没有,我所遇到的全是一些手工业者。我从科隆那边没有得到太多的消息。希望你尽快回信,并请你在信中也谈谈你们那边党组织的情况。

在此向大家致以问候。

威·豪普特
于老交易所街 1 号

手稿　　　　　　　　　　　　　　　　　　节录
莫斯科苏共中央马列主义研究院　　　　　　第一次发表
中央党务档案馆,f. 1, op. 1, d. 4347

---

① 本书第 2 卷文件 202。

582
阿伯拉罕·雅科比（波恩）给芬妮·迈耶尔（明登）的信

1851年2月3日

亲爱的芬妮：

刚才接到了你们的来信，现将药方寄给您，顺便说明一下，打了记号的药剂对于您最近谈到的那种疾病疗效甚佳。请您经常服用。我必须尽快给米凯尔写信，因此必须近日内抓紧时间写出来；我可以给你们寄一本《共产党宣言》①，这种书现在已经不难找到，可是由于我受科隆的［……］②委托，领导着一些群众，所以人们总是来我这里把书取走。③ 向您和索菲娅④致以深情的问候。

星期五或星期四我再给你们详细地写一封信。请代阿伯拉罕向左尔格问好。

你们的阿·雅科比

1851年2月3日于波恩

---

① 本书第2卷文件202。
② 这里是一个缩写词，无法辨认。
③ 见注释348。
④ 索菲娅·迈耶尔。

《共产党宣言》目前还不宜公开阅读。祝您安好。**你们的母亲好吗??**

手稿　　　　　　　　　　　　　　　　　　　　　　第一次发表

波茨坦国家档案馆，Rep. 30 Berlin C,
Tit. 94, Lit. J 78, Ifd. Nr. 10878, Bl. 137

583
恩斯特·德朗克（日内瓦）给卡尔·马克思（伦敦）的信[399]

1851年2月7日

2月7日于日内瓦

亲爱的马克思：

前天，有个人从**伦敦**来到这里。此人名叫迈尔，或称迈耶尔[400]；他这次出来旅行，是为了给遭到埋没的杰出人才家族①办点事情。那些杰出人才最近发表了一篇欧洲宣言②（一些法国人和意大利人也在上面签

---

① 指宗德崩得集团。
② 指《告各国民主主义者书》。1850年12月2日，马克思在给恩格斯的信中转录了这篇号召书的内容（见《马克思恩格斯全集》德文版第27卷第147—151页，参看《马克思恩格斯全集》中文第2版第48卷第143—145页）。

了名),被这里的一位布朗基主义者说成是"蠢才叛乱,反对天才"。迈尔已经去过拉绍德封;同盟目前在那里设**有两个**支部。迈尔打算从这里前往瑞士的腹心地带和符腾堡地区。在拉绍德封,他想方设法,力图把我们的人拉过出;他采用的手段是:一、散布谣言,对您进行攻击;用卑劣的手法,对亨·鲍威尔和恩格斯进行诋毁;在这方面,他还借用载勒尔、红色沃尔弗①和李卜克内西的名义来达到自己的目的。② 二、声称**科隆**方面根本就没有为组织做过任何工作。三、宣称他们自己不仅在奥地利境内建立了联系,而且同**布朗基主义者**、**意大利人**、**英国人**、**波兰人以及匈牙利人**保持着联系,说他们在这方面是**独一无二**的。为了使人们相信上述论断(即他们同布朗基主义者保持着联系),莫泽斯·赫斯这位被埋没的英才也在这里竭力为他帮腔。

鉴于这种情况,我请求您委托一个人向我介绍一下同法国人以及其他国家的人进行联系的情况;同时,我还要给科隆方面写信,请他们介绍一下同其他方面联系的情况,以便我在瑞士这边至少能以确凿的证据去反击那些阴谋诡计。如果我的这封信仍像前几封信那样得不到回音,那我可就一筹莫展了。顺便提一下,那位代理人在谈论他们建立的各种联系时,表现得十分糊涂;按照他的说法,似乎路易·勃朗也同布朗基主义者(!)建立了联系;而对于路易·梅纳尔和勒坎布雷的情况,他竟一无所知。因此,我曾指出,这个人从某些方面来说是个笨蛋和吹牛家。不过,巴泰勒米倒确实在巴黎同他进行了秘密接触,并帮助他同山岳党人以及区部的领导取得了联系。至于那些在他们的宣言上签名的意大利人,其实并没有任何影响;迈尔企图通过本地的马志尼派出纳夸德

---

① 指斐迪南·沃尔弗。
② 见文件566。

里奥搞到12000法郎的资金，提供给"伦敦德意志协会"（这笔款项从马志尼信贷基金中支出），但毫无结果，那位出纳只是详细地对他进行了一番盘问。

无论如何，请您迅速地给我回信；或委托别人写一封信给我。来信请寄给法兰克福的泰奥多尔·舒斯特，让他转交，这样最为稳妥可靠。

萨宗诺夫本来已经从这里启程，以便向伦敦进发，但突然又从伯尔尼返回本地；他暂时居留在这里，尚未确定居留多长时间。

忠实于您的恩·德朗·

手稿　　　　　　　　　　　　　　　　　　　　　　　第一次发表
莫斯科苏共中央马列主义研究院
中央党务档案馆，f. 1, op. 1, d. 404

584
卡尔·马克思（伦敦）给海尔曼·贝克尔（科隆）的信

1851年2月8日

[1851年2月8日于伦敦]

[……]①又及：维利希和沙佩尔同巴泰勒米等人一起，通过大肆吹嘘他们在德国的影响和对我们进行大肆诽谤，终于把路易·勃朗愚弄到

---

① 手稿此处缺损。——编者注

了这样的程度,他竟同这些"败类"一起联合筹办纪念二月革命的宴会①,还同他们一起发表了一个包括宣言一类东西在内的纪念会节目单。矮子由于虚荣心而上了当,他是想让赖德律-洛兰看看,他后面也跟着一长串德国、法国、波兰、匈牙利的追随者。现在,事情又完全弄糟了。矮子觉得他白白地损害了自己的声誉,并徒劳无益地失信于我们,而他同我们本来从1843年起就有了某种联盟②,尽管这种联盟并不十分密切。

然而,你知不知道维利希首先靠什么博得朋友们的钦佩?靠他**在科**

---

① 指1851年2月24日为纪念法国1848年二月革命三周年在伦敦举行的国际会议。会议的相关记录以《平等者宴会》为标题发表在1851年3月《人民之友》报第14、15号上。宴会的组织者是路·勃朗领导下的一部分法国小资产阶级流亡者,布朗基流亡者协会的首领巴泰勒米、亚当以及维利希—沙佩尔集团的人。马克思和恩格斯为了了解情况,派自己的拥护者康·施拉姆和威·皮佩尔去参加宴会,但是,他们被逐出会场,并遭到维利希和沙佩尔拥护者的毒打。监狱中的奥·布朗基在寄给"平等者宴会"的祝酒词《人民要警惕》中揭露了路·勃朗和法兰西共和国临时政府其他成员的叛卖行径。所以宴会的组织者故意压下了这篇祝酒词,没有在宴会上宣读。尽管如此,这篇祝酒词仍然在2月27日《祖国报》第58号上及其他许多法国报纸上发表。3月初,马克思和恩格斯把这篇祝酒词译成了德文并写了按语(见《马克思恩格斯全集》中文第2版第10卷第630页)。德译文寄往科隆并印了3万份,在德国和英国广为流传,布朗基的祝酒词也刊登在几家德国报纸上。英译文的情况不详。

与布朗基祝酒词有关的情况,见马克思1851年3月17日给恩格斯的信、马克思和恩格斯的《流亡中的大人物》(《马克思恩格斯全集》中文第2版第11卷第277—407页)、马克思的《高尚意识的骑士》(《马克思恩格斯全集》中文第2版第12卷第557—591页)。——原卷末注

② 指1843年《德法年鉴》编辑部与路·勃朗就他为杂志撰稿进行商谈一事。后来在1847年,恩格斯还曾与路·勃朗商谈了德国共产主义者和法国社会主义者的合作事宜(见恩格斯1847年10月25—26日给马克思的信)。——原卷末注

隆的巨大影响。因此,你更有必要把那些信件①寄给我,以阻止"木匠"②的活动。再见。

起诉书,科隆,1852年,第53页　　　　　　　　　　　　　　　摘要
(《马克思恩格斯全集》德文版第27
卷第545页,参看《马克思恩格斯全
集》中文第2版第48卷第185页)

585
卡尔·马克思(伦敦)给弗里德里希·恩格斯(曼彻斯特)的信

1851年2月10日

1851年2月10日于[伦敦]
索霍区第恩街28号

亲爱的恩格斯:

你来信说抨击路易·勃朗的时刻不久就要到来,你至少是一个有眼力的人。

---

① 指奥·维利希分别于1850年12月6、24日和1851年1月底写给海·贝克尔的信。维利希在这些信中表明了他大约自1850年11月底以来就一直抱有的打算,即借助于普鲁士的后备军在德国发动新的革命。1852年底在科隆共产党人案件贝克尔的辩护词中和1854年在马克思的小册子《高尚意识的骑士》(《马克思恩格斯全集》中文第2版第12卷第557—591页)中,维利希的这些信件都起了一定的作用。这些信的原件都没有保存下来。——原卷末注
② 指奥·维利希。他于1848年革命前夕打算辞去普鲁士军官职务,到科隆当木匠。——原卷末注

请你听一听下面的故事：

几天前，大约一星期以前，朗道夫遇见我，从他问候我和我妻子时的那副尴尬相，我就看出，我们这位骑士朋友，我们这位山岳党①的巴亚尔"有点不妙"②。果然！**朗道夫和路易·勃朗**同亚当先生已经退出的**维利希—沙佩尔**委员会联合起来了！可是两个星期以前朗道夫还大骂巴泰勒米，而且我还把维利希先生和沙佩尔先生干的坏事告诉了他。你对此有什么看法？这些庸人事先没有向我吐露过一句话。

事情的经过是这样的。

教堂街③2月24日④将举行一次宴会，邀请了勃朗、赖德律-洛兰，被邀请的还有朗道夫。路易·勃朗为了向赖德律-洛兰显示他还得到一个世界主义的委员会的支持，为了惩罚教堂街把他和赖德律"同等"看待，正在从大磨坊街⑤和堕落的波兰人光顾的小酒馆招募自己的队伍。

又是一招！你对此有什么看法？

---

① 山岳党（1848—1851年）指法国制宪议会和立法议会中集合在《改革报》周围的小资产阶级民主主义者和社会主义者。其领袖人物为赖德律-洛兰、皮阿等人。以路·勃朗为首的小资产阶级社会主义者也参加了这一党。他们自称是1793—1795年法国国民公会中的山岳党思想的继承人。1849年2月后该党又称新山岳党。——原卷末注
② 莎士比亚《哈姆雷特》第1幕第4场。——编者注
③ 伦敦教堂街是法国社会主义民主派兄弟协会的所在地。该协会成立于1850年秋季，其宗旨是向法国政治流亡者提供物质援助，但不介入政治。协会中既有路·勃朗、皮·弗·朗道夫、赖德律-洛兰等小资产阶级社会主义者和民主主义者，也有埃·卡贝的追随者和布朗基派的人。

  1851年2月7日，该协会倡议举办一个国际性的宴会纪念1848年法国二月革命三周年。在筹备期间，勃朗和赖德律-洛兰发生了冲突。于是勃朗及其朋友退出了协会，随后同朗道夫一起与乔·朱·哈尼及其追随者，以及"欧洲社会民主主义者中央委员会"联合起来。其结果是2月24日有两个宴会同时举行，一个宴会在教堂街，有斐·沃尔弗和威·李卜克内西出席；另一个宴会则是在维利希主持下举办的"平等者宴会"。——原卷末注
④ 2月24日是法国1848年二月革命的纪念日。——编者注
⑤ 指伦敦德意志工人教育协会和伦敦民主联合会。——原卷末注

几天以前，教堂街接到一份参加2月24日盛大宴会的铅印请柬（同时也是**宣言**），第一个署名的是朗道夫，紧接着沙佩尔的是路·勃朗。教堂街大为恼怒！大磨坊街欣喜若狂！

路易·勃朗在通告式宣言中不是以某个民族的名义讲话，而是以自由、平等、博爱这个永恒公式的名义和代表者讲话。使我不快的只是我还欠朗道夫一英镑半，现在必须马上通过沃尔弗送还。

你不难想象，维利希和沙佩尔是多么妄自尊大，并且认为已经把我们打败了！

但是我们将用别的办法击败他们。我们有最灵的一招，可以使军士和木匠维利希①**发疯**，不折不扣地使他发疯。

你会记得，施拉姆以贝克尔②的名义给维利希写过一封信，在信中施拉姆向维利希提出要搞军事专政，取消报刊并给沙佩尔的品德投下了淡淡的阴影。

果然！没有教养的、戴过四次绿帽子的蠢驴维利希上了圈套。他向贝克尔回了一连串的信③，已经准备好要派遣一名特使，居高临下地对待沙佩尔，对这个庸人施展阴谋，表示轻蔑并百般地加以侮辱；他已经具有了克伦威尔第二的专横派头，动辄暴跳如雷，不再容忍任何反对意见，他委派贝克尔在科隆制造革命，表示愿意担任最高领导。

---

① 指奥·维利希。他于1848年革命前夕打算辞去普鲁士军官职务，到科隆当木匠。——原卷末注
② 海·贝克尔。——编者注
③ 指奥·维利希分别于1850年12月6、24日和1851年1月底写给海·贝克尔的信。维利希在这些信中表明了他大约自1850年11月底以来就一直抱有的打算，即借助于普鲁士的后备军在德国发动新的革命。1852年底在科隆共产党人案件贝克尔的辩护词中和1854年在马克思的小册子《高尚意识的骑士》(《马克思恩格斯全集》中文第2版第12卷第557—591页)中，维利希的这些信件都起了一定的作用。这些信的原件都没有保存下来。——原卷末注

不久前他在一次聚会时突然跳了起来，叫喊说巴黎和科隆给他的来信还没有寄到（这和最近的法国内阁危机有关），一个劲地抱怨他的（蠢驴的）头脑混乱，混乱，混乱，于是冲到邦得街，用水桶往自己头上浇水。我现在已经为他准备好一场淋浴，这将起到相反的作用。过几天我将从贝克尔那里收到维利希的信，那时就会使地雷爆炸。

这里来了一群新的民主主义无赖：从布鲁塞尔被驱逐出来的法国人，从卡塞尔来的海泽，从布鲁塞尔来的奥本海姆，从法兰克福来的君特等等。但是，最后这几个我幸好一个也没有见到。

我的上一封信你收到了吧？

你的　卡·马·

手稿

莫斯科苏共中央马列主义研究院中央党务档案馆，f.1, op.1, d.405（《马克思恩格斯全集》德文版第27卷第182—183页，参看《马克思恩格斯全集》中文第2版第48卷第186—188页）

586

约翰奈斯·米凯尔（格丁根）给卡尔·马克思（伦敦）的信

1851年2月10日[401]

先生：

我这是第二次写信向您求教了，请您原谅。现在，我同您已经没有正式的关系①，在这样的时候，我心中就产生一种更为强烈的愿望，就是希望同一个为无产阶级作出了巨大贡献——用公民们的说法——的人保持联系。

我第一次给您写信②是在汉诺威，那时我还在忙于晋升律师的考试。资产阶级社会在我的背后标上"候补律师"的头衔、贴上它规定的价码以后，我就来到了格丁根，因为我觉得在这里可以为我们的党发挥最大的作用。按照资产阶级的标准，我的地位是独立的；我在一位律师③那里实习，我同他的关系是雇主和雇工的关系。这位令人憎恶的先生获取产品价值的三分之二，结果可想而知，我的收入就只能勉强维持最低限度的生活水平。

到目前为止，我为我们党做了下列几项工作：（1）建立了一个支部，其成员共有6人[402]，这些人不仅是十分清醒的共产主义者，而且根本不搞任何资产阶级的方案。他们同资本主义社会实行了彻底的决裂。（2）建立了一个基层区部，其成员共有15人（工人和大学生），这些人也同样具有革命的魄力，而且也认识到被压迫阶级争取解放的条件（虽然这种认识还不够深刻）；可是，他们至今还不太可靠、不太坚定，他们还没有用**崭新**的思想培养成坚强的性格。（3）建立了一个"工人教育协会"（汉诺威的警察很欣赏这种德国式的名称，而我并不喜欢），这个协会正在千重压力、百般刁难之下艰苦地开展工作。除此之外，我还间接地掌握着一个小资产阶级体操协会的全部领导权。

在目前的情况下，在经济方面的资助十分匮乏的条件下，我不可能开展更多的工作。顺便告诉您，我打算在最近举办一些国民经济学讲

---

① 指科隆中央委员会成立以后，米凯尔同马克思已没有正式的组织联系。
② 文件489。
③ 本费。

座，在赞同这种大胆举动的"学者"中，我想尝试一下，用这种形式来宣传共产主义。

请您原谅，关于我的情况和我的工作，这里竟谈得如此冗长。我觉得自己仿佛有责任向您——我们党的代表汇报一下工作。

您大概知道，同盟过去和现在都相当混乱，有一分部已经瓦解。新的中央委员会看来很有魄力，我希望，在它的领导下，在摆脱这种无产阶级和资产阶级的混血儿，即在摆脱巴登的这些妄自尊大的"苦行主义者"和文化虚无主义者之后，同盟能很快地复兴，并得到进一步的发展。无产阶级政党不仅需要做组织工作；同盟还应以十分有效的方式阻止我们党的成员向小资产阶级方向演变；因为每一个现实主义者都会认识到，这根支柱对于许许多多处于小资产阶级环境的人都是必不可少的。因此，我从内心向往英国和法国。我打算用半年时间去巴黎；如果可能的话，请您给我一些指点，告诉我怎样才能在那里维持生计，怎样在那里安排生活最为适宜，以及怎样同那里的共产主义者取得联系。如果我能筹集到足够的钱，我还准备明年夏天到伦敦去。

如果您给我回信，望您再就下列问题给予指教：英国无产阶级是否还信奉宗教？他们是否已具有真正的阶级觉悟？对于这些问题，我们很缺乏了解。我和我的朋友们正急切地期待着您写的《国民经济学》。但愿这部著作能早日出版。

皮佩尔的情况如何？我想，您也许已经帮助他彻底克服了那些小毛病。我认为他是一个很有用的人才。如果有一个叫鲁卡斯·沃尔弗的人去找您，望您将他拒之门外。此人是普鲁士的奸细。

德斯特尔是否正在组织一个秘密协会？

您看，我有这么多事情想向您打听；真的，您如果不写几句回信，那是脱不了身的！

我的地址未变；如果需要的话，您可以问一下皮佩尔。

祝您安好，望您不要忘记您在德国的忠实的拥护者们。

您的忠实的　约·米·
1850年① 1月10日于格丁根

手稿

莫斯科苏共中央马列主义研究院

中央党务档案馆，f.1, op.1, d.6895

587
约翰奈斯·米凯尔（格丁根）给
威廉·皮佩尔（伦敦）的信

1851年2月12日[403]

亲爱的皮佩尔：

　　自我上次给您写信以来，又有两个月过去了——可是至今也没有见到您的回信。我不明白，究竟是什么原因使您迟迟没有动笔写信，我甚至担心您生了病。因为我不能想象，您会有意断绝我们的书信往来。即便真是如此，我也要请您简单地说明一下原因。而在目前，我不愿设想会发生这样的事情。

　　从我上封信发出以后，我在此地颇为紧张地忙碌了一阵。详细情况

---

① 此处应为"1851年"。

您可以从写给马克思的附函①中了解，为了安全起见，我就不再重复了。我同科隆中央委员会保持着联系，雅克②在波恩也同他们建立了联系。我们的**老伙伴们**（其中许多人都参加了组织）情况都很好，特别是宰弗特，目前已经完全康复。彼得现在正参加考试，再过三个星期就将离开此地。他正等着他的 L. 分娩；此外他还有两个情人。康拉德患有下疳。平舍尔想到伦敦去，他请您给予帮助。您能帮他找一份工作吗？至于我自己，目前我在本费那里工作，忙忙碌碌地处理"法律事务"，老老实实地挣钱糊口。另外还要提到的是，所有这些人在生活中都比较注重实际，我明确地支持这种做法。只要允许我们赊欠（我们都是一文不名的人），我们就同"三朋四友"相聚痛饮。对于上门讨债、催逼太甚的市侩，我们第一是向他们讲革命的道理，第二是声明我们一无所有，使他们安静下来。现在，就连那家老酒馆也把许多人"赊欠的账目"一笔勾销了。无忧无虑地生活，蔑视资产阶级地位，持之以恒地刻苦学习，这是防止演变为小资产阶级的最好方法。除此之外，我就没有多少内容可写了。我希望能筹集到足够的钱，以便尽快启程到伦敦去。去巴黎的计划我已经具体落实。您知道那里有可以挣钱的工作吗？您在那里有没有相识的人？怎样才能进入那里的社会？请您务必给我写一封信，详细地介绍一下那里的人物和情况。英国无产者有没有阶级觉悟？他们是否已成为共产主义者？据我目前观察，同盟在前段时间是十分混乱的。**现在的**中央委员会很有魄力。只是由于缺少资金，他们无法开展更多的工作。我不理解，您为什么认为我**根本**不会去伦敦呢？我从未表示过这种意思，也从未产生过这种想法。对我们来说，**目前**在卡塞尔地区大有可为，我最近将到那里去。您什么时候能回德国？我在**哪里**

---

① 可能是指文件586。
② 可能是指阿伯拉罕·雅科比。

能同您相聚?"温格"小姐向您致意,雅克也向您问好。望您尽快回信,好让我知道您的近况。

您的

1850年① 2月12日于格丁根

您的翻译工作进展如何?

如今您也跻身于维利希切齿痛恨的文人之列了。

手稿   第一次发表

莫斯科苏共中央马列主义研究院

中央党务档案馆,f. 20, d. 159

588

在美因茨、威斯巴登和比布里希工人联合会纪念法国二月革命大会上的演说[404]

1851年2月24日

法国二月革命纪念会开幕词

(1851年2月24日于比布里希)

兄弟们!在今天这样一个洋溢着团结、欢乐气氛的集会上,能向你

---

① 此处应为"1851年"。

们致词表示欢迎，我感到莫大的欣幸。因为对于一个工人来说，最令人愉快和振奋的事情莫过于通过一个偶然的机遇，同自己的许多兄弟邂逅相逢，并置身于这些志同道合、风雨同舟的战友之中，同他们一起欢度这幸福的时刻。在社会的特权阶级面前，工人们不用很多时间，就会很快地认识到自己在这个社会中所处的比奴隶还要悲惨的地位，认识到自己随着时间的推移，已经日甚一日地被钳制在那副似乎无法摆脱的枷锁之中；另一方面，特权阶级对无产阶级施行的严刑峻法，目前已经残酷到无以复加的程度，只要再紧逼一步，无产阶级就不可能继续生存。在这种情况下，工人们当然只能为自己的生存而劳碌奔波，积久成习，他们已经忘却生活中还有欢乐和享受。在这种情况下，唯有同自己的兄弟往来和聚会，才能使我们得到欢欣，才能使我们忘却自己的悲惨境遇，忘却**下一步**的十分暗淡的前景，用喜悦的目光，去迎接那场梦寐以求的决战；在那场决战中，我们将本着一人为大家、大家为一人的精神，高举自己的旗帜，为消灭社会上的一切贵族分子而展开殊死的搏斗；在我们的旗帜上将写着：打倒专制，打倒资本，劳工万岁！！！装饰这面旗帜的是神圣的劳工画像，它将使"为大家谋福利"的口号响彻未来；而为了实现这一切，最有效的途径就是我们兄弟之间保持往来、时时相聚。现在，这种集会的权利弥足珍贵，因为也许过不了多久，我们这些聚集在这里的人就会像谷粒一样被狂风吹散，就会在那些经过特殊训练的猎犬的追逐下，漂泊到四面八方。

兄弟们！正是带着这些想法，我们聚集在这里，共同**纪念**一个重要的历史事件；对于这个历史事件，无产阶级将来还会时时回顾，感念不忘。我们在互相握手致意的时候，都在心中默默地念道：这是我们初次相逢，可能也是最后一次团聚。正因为如此，我们都希望把这个纪念会开成一个真正的、名副其实的盛会。为了说明这个纪念会的缘起，我想简要地阐述一下这个纪念日的意义。不过，我决不打算站在那些同社会主义对立的、自诩为民主派的人所崇奉的现代民主的立场；相反，我要从真正的社会主义观点出发，来考察这个历史事件。

众所周知，压迫和奴役无产阶级的人分成了两大敌对的营垒。其中一个营垒由世袭的特权分子组成，他们现在还完全操纵着各国的政府；另一个营垒则由依仗金钱而得势的特权分子组成。这两个阶级虽然在某些方面有着迥然不同的利益，但在劳动阶级面前，却有着完全**一致**的利益；他们使用一切手段剥削劳工，一起瓜分利润，在这一点上，他们休戚相关，互相勾结。不过，在上述这两个劳工的敌人中，有时候也会有一方在敲诈盘剥、巧取豪夺的过程中侵犯另一方享有的权利，于是，他们就会发生内讧，这种内讧会延续下去，直至其中的一方——资产阶级——同双方共同残害的对象——无产阶级联合起来，把劳工的另一个敌人——世袭贵族一举推翻；这样一来，资产阶级就可以攫取各国政府的权柄，独自进行敲诈盘剥、巧取豪夺的勾当，独自对劳动阶级进行剥削而中饱私囊。在形形色色的欺骗伪装和虚假诺言的迷惑下，无产阶级已经多次被利用来为这些富豪们夺取统治地位。在这方面可以法国为例；在那里，这种闹剧已经屡次被搬上政治舞台，而尤其突出的是1830年，那时，金钱帝王路易-菲力浦就是采用这种手法登上七月王朝的宝座的。

如上所述，在我们的面前站立着两个敌人；要想解决社会问题，就一定要把这两个敌人推翻。可是，按照事情的常理，如果人们面临着两个敌人，就应当确定先后，依次击破；而且，首先应当打击那个握有实权、能对另一方进行援助的敌人，一旦铲除了它的权力，断绝了它的援助，另一个敌人就势必在下一步斗争中很快无条件地投降了。资产阶级就同后者的情形一样；如果它的唯一的靠山——军事专制政权垮了台，它就无法再同无产阶级进行长期的较量了。由此看来，十分清楚，无产阶级还必须进行多次的革命。目前在国家行政事务中占主要地位的是世袭贵族,要想卓有成效地讨伐资本,扫除金钱的至高无上的权威,就必须首先彻底消灭世袭贵族。①

法国人是老资格的实践家,他们早就认清了这一切道理,因此,他们已多次采取行动,力图清除世袭的特权集团。我只想从最近的历史事实中列举数例:1793年1月21日,路易十六被押上了断头台,在他手下执政的贵族集团的人物,凡是没有及时逃走的,也全部遭到了同样的命运。当时,法国人的社会革命进展得十分迅速,以致在这一年的10月21日,连国民公会中的政党——吉伦特派的成员也被处以死刑,因为他们虽然是共和主义者,但却顽固地反对一切社会改革。无产阶级当时已经通过以罗伯斯比尔为首的、实行专政的公安委员会掌握了一次政权。这个政权当然远不具备纯粹的无产阶级的性质,它很快就走到了尽头。1794年7月26日,罗伯斯比尔和他的拥护者们死于重新执政的温和派的斧钺之下。温和派在执政多年之后,使法国有幸出现了拿破仑政权。拿破仑一方面使法国成为声势烜赫的强国,另一方面却又在法国建立了举世罕见的独裁统治(军事专制政权)。在这期间,18世纪90年代逃亡在外的法国昔日的世袭贵族余党又重新回到国内,逐步营建了自己的巢穴,当他们认为有把握在这个国家恢复君主制的时候,便向欧洲列强求援,在欧洲列强的帮助下,他们推翻了拿破仑,再次将一个波旁王族成员扶上了王位。可是,由于人民已经为这场遭到失败的革命牺牲了自己的一切,他们再也没有力量偿付捐税,所以,在这个政府的统治下,国家就不得不求助于资产阶级,求助于这些富豪们,以便获得资金,维持生存。众所周知,对于这些富豪来说,一旦有人要掏他们的腰包,他们是决不会温和顺从的。所以,他们又玩弄骗人的惯伎,拉拢无产阶级去重新推翻王族,这一次,他们独自掌握了政权,并于1830年

---

① 以上刊登于1851年3月22日《德意志工人俱乐部》第12号。

推选路易-菲力浦当了国王。因为议院的多数成员是昔日的贵族余孽，而这些人又坚决与新政府为敌，所以路易-菲力浦不得不购买选票，出钱贿赂，以便为自己赢得多数；这样，他当政的18年就成了一个不断贿赂的过程，而受贿的议员则肆无忌惮，提出越来越高的要求。法国人民把这一切看得清清楚楚，他们对富豪们虚伪狡诈的统治深恶痛绝，因此，他们在1848年2月毅然决定，不仅要经常谴责政府的腐败行为（贿赂），而且要永远结束这种金钱的统治。他们驱逐了路易-菲力浦，再次宣告成立共和国；可是这时他们却犯了几乎不可原谅的错误，竟以为这样一来革命就大功告成，可以就此止步了。但昔日的世袭贵族依然存在，金钱帝王依然存在，社会问题实际上没有得到丝毫的解决，金钱的至高无上的权威并没有扫除。所以毫不奇怪，这一次的法兰西共和国也只是虚有其表罢了。

人们要问，二月革命对我们有何功绩可言呢？只要我们回顾一下欧洲当时的情况，这个问题就不难回答了。二月革命发生时，整个欧洲正在沉睡，巨大的专制主义的坚冰覆盖着大地。到处是权力无边的专制主义统治，人民没有任何权利，只有缴纳赋税和服苦役的义务。"法兰西再次崛起了"，这道闪电划破了整个欧洲的长空，在绝大多数国家的所有宫殿里都点燃了烈火。人民揉着自己的双眼，看着一座座宫殿在震颤，以为可以利用这个机会向本国的统治者求得一点自由。统治者们应允了人民的要求，可是，人民也亲身体验到了这种诺言是什么货色。现在，他们看穿了统治者在1848年以及从那时以来一再向他们玩弄的骗人的把戏；现在，他们认清了自己在那一小撮人面前所处的地位，那些人逐渐攫取了一切权利，用一切手段剥夺人们的天经地义的人权；他们（各国人民）已经认识到，要想使人真正地做人、成为人，就一定要消灭站在人民之外的一小撮人。而正是今天发生的事件，使人民在获得上述认识之后树立了自信心，为必将涌现的巨大潮流开辟了道路。

兄弟们！撇开其他一切因素不谈，二月革命也是值得我们、值得整个劳动阶级深深怀念的，**因为二月革命是无产阶级的凤凰——社会主义赖以打开各国大门的钥匙**。让我们去寻访一座座城市、一个个乡村、甚至一间间茅舍吧，在所有的地方，社会主义都已扎根；我们到处都会听到这样的呼喊："面包！面包！"而不再听到要求自由的呼唤。在1848年2月24日以前，穷苦的人民甚至不可能想到怎样才能减轻自己的痛苦，怎样才能改善自己的物质生活状况。而从2月24日这一天起，社会主义却传遍千家万户，并进一步巩固了困苦的生活为社会主义的传播所准备的基础。人民很快就成为浑然一体、不可分割的无产阶级，他们越来越深刻地认识到：对于他们来说，倘若不首先使每一个人的生存都得到保障，那么，在通常意义上所说的那种自由就毫无意义；下一步，他们还将会认识到自己在将来应当采取什么措施。简言之，**二月革命是法国无产阶级以所有文明国家的整个无产阶级的名义、并受他们的委托而揭开的斗争序幕，这场斗争将使无产阶级的救星——社会主义——迈过敌人巢穴的废墟，去占据未来的统治地位**。

兄弟们！请你们举杯，并同我一起，用雷鸣般的声音，为二月革命三呼万岁！！！

《德意志工人俱乐部》[405]（汉诺威）
1851年3月22日第12号和1851年
3月29日第13号

589

威廉·皮佩尔（伦敦）给弗里德里希·恩格斯（曼彻斯特）的信[406]

1851年2月26日

亲爱的恩格斯：

您大概已经获悉，那些获得解放的市侩们和施特劳宾人定于24日在这里举行两个庆祝宴会。① 沃尔弗②和李卜克内西出席了其中的一个宴会，有关这个宴会的情况，我打算让马克思向您叙述③；我和施拉姆参加了另一个宴会，我感到有必要把这个宴会上发生的一些事情告诉您。有关哈尼同德国和法国的苦役犯以及兵痞之流的关系，马克思大概已经在信中向您谈过；因此我不想再费笔墨来描述这种**兄弟情谊**的性质及其产生的背景；我只想谈谈我的看法，我认为，哈尼主要是在朗道夫的介绍之下，被勃朗诱入歧途的。朗道夫那种众所周知的亲善友爱、殷勤备至的态度，和那种举止高雅的巴亚尔式的风度，使哈尼受到了愚弄，而友谊一经建立，便没有任何约束，自然要发展到叛卖久经考验的党内老同志的地步，因为这些同志不具备那些讨人喜欢的素质。自从贝姆追悼会召开[407]以后，他们就已经结成联盟；为了举办这次宴会，哈尼本人曾经不遗余力地奔走忙碌。我们认为有必要注意观察一下哈尼在这

---

① 见文件592。
② 斐迪南·沃尔弗。
③ 文件591。

次宴会上的表现，于是就设法搞到了出席宴会的入场券。这入场券是从谁那里搞来的呢？是施拉姆从哈尼那里弄来的，哈尼已经成了施特劳宾老爷们最得力的兜售商品的小贩。我想顺便提一下，自从贝姆追悼会召开以后，哈尼就一直小心翼翼地回避马克思，当施拉姆去找他时，他十分惊愕，以致满脸通红。现在再回到本题，施拉姆和我去参加了这次宴会，宴会是在伊斯灵顿举行的。我们去得略微晚了一些，因此在入场时立即受到了别人的注意。我们找好了座位，此后便耳闻目睹了下面所述的一切。出席宴会的共有700人，大厅里装饰着各种常见的旗帜，并且赫然悬挂着一些精心选择的名人肖像：在科苏特和加里波第的肖像之间挂着莫尔的肖像，在布朗基和卡贝的肖像之间挂着雅科比的肖像，罗伯特·勃鲁姆的肖像则挂在巴尔贝斯和罗伯斯比尔的肖像旁边。维利希任会议主席，整个大厅布置得一片通红，那情景就像马格努斯·格罗斯所说的，仿佛是所有红色共和国中最红的共和国的开国大典。我们一开始就有意让哈尼夫人注意到我们的光临，使这个可恶的女人在整个晚上大为扫兴，对此我们感到十分愉快。会上宣读的贺词有：（1）来自第12行政区的贺词，即路易·勃朗的昔日的卢森堡建筑工人代表的贺词，由路易·勃朗宣读；（2）来自某地的贺词，由维迪尔宣读；（3）来自某地的贺词，由朗道夫宣读；（4）来自瑞士的贺词，由沙佩尔宣读；（5）来自波兰的贺词，由萨瓦什凯维奇宣读，如此等等。来自德国的贺词一份也**没有**——因为他们从德国什么东西也**没有**弄到。

祝酒词有：朋友朗道夫发表的以他本人的平等精神为基调的高论；格贝尔特发表的有关苦役犯式的社会主义的高论，如此等等，不一而足。最后，哈尼终于露面了；在这之前，他参加了教堂街的宴会。沙佩尔以郑重的语气向人们介绍了哈尼，称他是"我们的朋友、公民乔·朱·哈尼"。这位公民宣读了民主派兄弟协会的贺词，对沙佩尔的"决一死战"的说法表示赞同，他大概是庆贺自己经过盲目摸索和苦苦追求而终于参加了这个宴会，庆贺自己一生中最为光彩的一次凯旋，他是那样匆忙地舍弃您和马克思同他的友谊和联系，来换取这种凯旋的梦幻。在我们进场时，豪德接待了我们，同时也盯住了我们；过了没有多久，维利希那支骁勇的军团已经摆开了围攻我们的阵势，我们遭到了文格勒、普罗哈斯基、科文德以及其他十位先生的最卑劣、最无耻的凌辱，时间长达半小时之久。我们不可能安然退出会场；眼看面临着一场灾难，我们便作好准备，尽一切可能使这场灾难朝着有利于我们党的方向发展。不过，尽管那位拉扎罗尼的头目和会议主席怀着挑战的心情注视着我们的处境，我们在当时毕竟还没有受到众所瞩目的攻击，因而不能要求登上讲台，来回击这种丑恶的行径。过了几分钟，由于辱骂之声越来越响，我们在大厅里受到了足够的注意；这时，施拉姆便走向讲台，要求朗道夫维持大厅那一角的秩序，要求他向施特劳宾人发布制止令（因为维利希尽管默不作声，事实上却已经在那里发号施令），否则，一场轩然大波将不可避免。那位高尚、英俊、勇敢和侠义的朗道夫是怎样回答的呢？他说：这里不是调解你们和别人纠纷的场所。施拉姆的要求遭到了拒绝，不言而喻，这一点立即就成为一个信号；它说明人们已经背弃了我们。这时，场内正准备奏《马赛曲》；有几个人高喊"脱帽"，就在同一时刻，那些攻击我们的人跳了出来，企图扯下我们的帽子；他们这样做还不满足，继而又大声嘶喊："奸细，奸细！"20只拳头在我们面前举了起来，我们尽力自卫，但还是在拳击之下被逐出大厅。您很难想象接着发生了怎样卑鄙的行为，除非您先想一想参加这次集会的是一些什么样的人。他们觉得高喊"奸细"还不够味，务必要进一步煽起杀气腾腾的疯狂情绪，于是，他们又叫喊"海瑙"，进行煽动。大会主席团袖手旁观，他们不发令，不摇铃，不进行任何努力，来制止这100人对两个赤手空拳的人进行残害的卑鄙行为。沙佩尔、巴泰勒米、格贝尔特以及整个大磨坊街的人团团围住我们，威逼我们。这时，朗道夫终于出场同我们谈话来了，他要我们自己认清形势，还是彻底离开此地为妙。我们从来没有见识过这样下流无耻的畜生，他们肆意辱骂，大打出手，以此来表现自己，大概是为了博得维利希先生的欢心；对此，我们尽一切可能不断地进行抵抗。最后，哈尼露面了，他羞羞答答地出来证明我们不是奸细；他是那样卑怯，竟不敢把我们当成自己的朋友加以保护，不敢把我们的事情当成他自己的事情来处理，据我们所知，他后来又转身回到大厅，心安理得地去参加这个**情同手足的**欧洲社会主义和**共产主义者**的集会，直到散会为止。在事件发生的过程中，路易·勃朗先生可倒了霉，他眼看自己口袋里的那份关于博爱精神的演讲稿受到了冷落；不过，在这场可悲的事件过去以后，他还是发表了这个演说。

我们准备进行报复，关于我们的打算，我将在明晚写信告诉你；我们必须先同琼斯磋商一下，他没有参加这两个集会，估计他会站在我们这一边，同我们的那位人民之友①相比，他是较为热诚的。

致以友好的问候。

威·皮佩尔
1851年2月26日于伦敦

手稿
莫斯科苏共中央马列主义研究院
中央党务档案馆, f. 1, op. 1, d. 412

---

① 指哈尼。

590
康拉德·施拉姆（伦敦）给弗里德里希·恩格斯（曼彻斯特）的信

1851年2月26日

1851年2月26日①

亲爱的恩格斯：

我今天去过哈尼那里，对他在那次集会②上的表现进行了指责。我说，他本应同他的人一起退出会场，至少也应当在讲台上对攻击我们的行为提出抗议。哈尼作了极其无力的辩解，说他尽了最大的力量去制止那些人的行为，但他的努力未能奏效。据他说，大磨坊街的人，即沙佩尔、维利希及其同伙断言事端是由我挑起的，硬说我讲过"让《马赛曲》见鬼去"这样的话；此外他们还编造了其他一些谎言。哈尼十分惧怕公开的诉讼，认为那样一来宪章派将遭到巨大的损害，《泰晤士报》和资产阶级的文人会抓住治安法庭上发生的这一丑闻大做文章。我回答哈尼说，如果事情会产生这样的后果，我也没有丝毫责任；为什么兄弟协会不对这种中伤事件进行抨击呢？

他建议将此事提交名誉法庭调查处理，我当然断然拒绝了这个建议。我对他说，对于这种公然侮辱别人的行为，我必须要求公开的洗

---

① 年份是马克思后来添加上去的；此外，他还在日期下面写上了"康·施拉姆"的字样。
② 见文件589和本书第4卷文件692。

雪。我们的谈话临近结束的时候，哈尼对发生这样的事件哀叹不已，说早知如此，当初就什么集会也不去参加了。我指出，他同沙佩尔、维利希交往，这本身就是一种卑劣的行为。针对我的指责，哈尼回答说，他的立场迫使他不得不利用一切机会公开露面；尽管他只同我们保持着亲密的私人交往，但在各种流亡组织面前，他不能不采取不偏不倚的态度。哈尼还说，您似乎在信中要求他对待其他国家的人也同对待德国人的态度一样，要完全按照这样的原则行事，那就是看一看这些人是否符合您和马克思的心意。我对他说，这是根本不可能的事情；您绝不会产生这样的想法，竟会要求他断绝同路易·勃朗和赖德律-洛兰的一切联系；可是，他所交往的是我们的直接的敌人维利希和沙佩尔，他竟然两次在沙佩尔主持的会议上发言，并且亲自筹备了这样的集会。我指出，除此之外，使我感到奇怪的是，他竟跟着法国人跑，并通过他的兄弟协会来为法国人的集会壮大声势；而路易·勃朗和赖德律-洛兰这些伟大的先生们却一次也没有出席过他所举行的集会。这时，哈尼又以他的政治立场来进行辩解。他表示愿意在《人民之友》上登载我写的任何一项声明[408]；我在离开他的时候，顺便向他声明说，这决不会使我心满意足，我将同我的朋友们一起考虑我要采取的步骤；毫无疑问，我将被迫提请法庭进行调查。哈尼告诉我，沙佩尔准备让他的人指控我侵吞了大磨坊街的钱财，并企图以此相威胁；我当即声明，果真如此，那我就更有理由通过公开的诉讼来彻底终止这群畜生的诬陷行为。

　　致以友好的问候。

您的　康·施拉姆

手稿　　　　　　　　　　　　　　　　　　　　　第一次发表
莫斯科苏共中央马列主义研究院
中央党务档案馆，f. 1, op. 1, d. 414

591

卡尔·马克思（伦敦）给弗里德里希·恩格斯（曼彻斯特）的信

1851年2月26日

[1851年2月26日于伦敦]

亲爱的恩格斯：

在皮佩尔和施拉姆①的信中，我让当事人亲自把事实②讲给你听。

---

① 康·施拉姆。——编者注
② 指1851年2月24日为纪念法国1848年二月革命三周年在伦敦举行的国际会议。会议的相关记录以《平等者宴会》为标题发表在1851年3月《人民之友》报第14、15号上。宴会的组织者是路·勃朗领导下的一部分法国小资产阶级流亡者，布朗基流亡者协会的首领巴泰勒米、亚当以及维利希—沙佩尔集团的人。马克思和恩格斯为了了解情况，派自己的拥护者康·施拉姆和威·皮佩尔去参加宴会，但是，他们被逐出会场，并遭到维利希和沙佩尔拥护者的毒打。监狱中的奥·布朗基在寄给"平等者宴会"的祝酒词《人民要警惕》中揭露了路·勃朗和法兰西共和国临时政府其他成员的叛卖行径。所以宴会的组织者故意压下了这篇祝酒词，没有在宴会上宣读。尽管如此，这篇祝酒词仍然在2月27日《祖国报》第58号上及其他许多法国报纸上发表。3月初，马克思和恩格斯把这篇祝酒词译成了德文并写了按语（见《马克思恩格斯全集》中文第2版第10卷第630页）。德译文寄往科隆并印了3万份，在德国和英国广为流传，布朗基的祝酒词也刊登在几家德国报纸上。英译文的情况不详。

与布朗基祝酒词有关的情况，见马克思1851年3月17日给恩格斯的信、马克思和恩格斯的《流亡中的大人物》（《马克思恩格斯全集》中文第2版第11卷第277—407页）、马克思的《高尚意识的骑士》（《马克思恩格斯全集》中文第2版第12卷第557—591页）。——原卷末注这样最便于你自己作出判断。200名"兄弟协会"①暴徒把他们建立革命功勋的欲望发泄在两个单独的个体身上,这是不可思议的无耻行径;"亲爱的"②、朗道夫、路易·勃朗等人对此袖手旁观,嘴上背诵着关于博爱的空话,这是不可思议的无耻行径。

施拉姆同哈尼谈话中还有一个情节:哈尼强调说,沙佩尔是他的"老相识",在我们逗留布鲁塞尔时期,他同沙佩尔之间的关系是非常密切的。

附带提一下:路易·勃朗先生及其同伙在开会的**前一天**就把关于会议的**整个报道**③寄给了一家巴黎报纸。

诉讼会毁掉路·勃朗。你可以想象,这对于《泰晤士报》来说是多么合胃口,特别是因为巴泰勒米这个"苦役犯"、"杀人犯"等等以被告和教唆谋杀者的身份出现。正是巴泰勒米在这场殴打中指着施拉姆说:"这是个无赖,应当消灭他。"

---

① 民主派兄弟协会是宪章派左翼代表人物(乔·哈尼、厄·琼斯)和革命流亡者(正义者同盟盟员等)为了在各国民主运动之间建立密切的联系而于1845年在伦敦成立的国际性民主团体。马克思和恩格斯参加了1845年9月22日各国民主派会议的筹备工作,这个协会实际上就是在这次会议上成立的。马克思和恩格斯同民主派兄弟协会保持着经常的联系,竭力以无产阶级国际主义和科学共产主义的精神教育协会会员,特别是教育1847年参加共产主义者同盟的协会的无产阶级核心,并通过协会从思想上影响宪章运动。协会会员在理论上的幼稚观点,曾受到马克思和恩格斯的批评。1848年宪章运动失败以后,协会的活动大为削弱,到1853年协会就完全解体了。——原卷末注
② 乔·朱·哈尼。——编者注
③ 《平等者宴会》,载于1851年2月27日《立宪主义者报》第58号。——编者注

诉讼只会造成这种不好的结果：哈尼和琼斯筹划的报纸会垮台，①哈尼和"民主派兄弟协会"会完蛋，《泰晤士报》会兴高采烈，皮佩尔会丧失他的职位（他是高尚的，根本不会在乎这件事），而所有的宪章派②最终还是会把施拉姆等人毁掉。怎么办？明天我要和琼斯谈谈这个问题。朋友哈尼和沙佩尔似乎觉得，事情会平静地过去。哈尼甚至认为没有必要对我们采取必要的步骤并作必要的让步。这样，这头蠢驴就把事情复杂化了。对这种恶劣行为决不能置之不理。

当哈尼给你来信时，你只要注意一点。你在信中对赖德律和勃朗的理论性批判写得过于详细。哈尼现在硬说我们要求他做我们的尾巴。首先应当向他指出：

1. 问题**完全和仅仅**在于他同沙佩尔和维利希的关系，他已经成为

---

① 大约从1850年11月起，乔·朱·哈尼和恩·琼斯就计划根据宪章派新的革命行动纲领共同出版一家周报。1850年12月中旬，乔·朱·哈尼因英国的新闻出版法而不得不停办《红色共和党人》，他把报纸稍加改变更名为《人民之友》继续出版。恩·琼斯虽然不是合作出版者，但仍支持哈尼出版该报一直到1851年春天。由于哈尼越来越接近小资产阶级流亡者，并因此而同马克思和恩格斯一时间关系破裂，琼斯同哈尼的关系也紧张起来，最后导致两人分手。1851年5月3日，琼斯在马克思和恩格斯的支持下出版了自己的周刊《寄语人民》。——原卷末注

② 宪章派是宪章运动的参加者。宪章运动是19世纪30—50年代中期英国工人的政治运动，其口号是争取实行包括要求普选权和一系列为工人保证此项权利的许多条件的人民宪章。英国工人阶级为实现人民宪章掀起了广泛的群众性政治运动，宪章运动出现过三次高潮。由于资产阶级收买工人上层和工人阶级政治上的不成熟，到50年代中期运动终于失败。宪章派的领导机构是"全国宪章派协会"，机关报是《北极星报》，左翼代表人物是哈尼、琼斯等。恩格斯在他1892年为《社会主义从空想到科学的发展》写的英文版导言中称宪章派是"近代第一个工人政党"。列宁把宪章运动称作"世界上第一次广泛的、真正群众性的、政治上已经成型的无产阶级革命运动"（见《列宁全集》中文第2版第36卷第292页）。——原卷末注

我们的直接的个人的卑鄙无耻的敌人的**追随者**，他在德国面前大力支持他们来反对我们。难道他不是曾经**同我们一起以书面的形式**表示过同维迪尔、巴泰勒米和维利希断绝关系了吗？① 他怎么能够没有我们、**背着**我们和违反我们的意志去恢复这种关系！如果这样做正派的话，那我是无法理解的。

2. 他**背弃了我们**，因为在施拉姆和皮佩尔的事件发生**之后**，他没有马上在会上予以反击和立刻退出。他不这样做，反而竭力向他的朋友们说明整个这件事是无关紧要的小事。

附上德朗克的信。你要给他写信，详细地谈谈这种下流勾当，包括最近的事情。我要往科隆、汉堡等地写大批信件。

请原谅，今天的信没有付邮资。已经很晚了，来不及去买邮票，而这封信今天晚上必须寄走。

你的　卡·马克思

---

① 指伦敦布朗基派的流亡者组织世界革命共产主义者协会。1850年4月中，马克思和恩格斯代表共产主义者同盟与旅居伦敦的法国布朗基派流亡者、宪章派的革命派代表达成了一项有关建立"世界革命共产主义者协会"的协定。这就是当时达成的六项条款的协定（见《马克思恩格斯全集》中文第2版第10卷第718—719页）。协定由奥·维利希起草，马克思、恩格斯、乔·哈尼、奥·维利希、茹·维迪尔和亚当签署。这份协定共抄写七份，每一份上都有七个人的亲笔签名，它们都保存在马克思和恩格斯那里。

世界革命共产主义者协会未曾有过实际活动。共产主义者同盟中央委员会分裂以后，布朗基派流亡者倒向维利希—沙佩尔宗派主义一边并企图接近伦敦小资产阶级民主协会，即民主联合会。在这种条件下，马克思、恩格斯和哈尼在1850年10月初认为应当取消同布朗基派的协定。于是，当1850年10月7日巴泰勒米、亚当和维迪尔邀请维利希、马克思和恩格斯参加"世界革命共产主义者协会"的讨论时，马克思、恩格斯和哈尼在1850年10月9日的回信中声明协定早已解除，并邀请他们于10月13日到恩格斯住处烧毁协定。事实上他们并未销毁这些文件。——原卷末注

手稿

莫斯科苏共中央马列主义研究院中央党务档案馆，f.1，op.1，d.412
(《马克思恩格斯全集》德文版第27卷第206—207页，参看《马克思恩格斯全集》中文第2版第48卷第210—212页)

592

卡尔·马克思（伦敦）给海尔曼·贝克尔（科隆）的信

1851年2月28日

[1851年]2月28日[于伦敦]

亲爱的贝克尔：

希望你收到了《莱茵报》。我不理解你的沉默。如果你把我向你要的**维利希的信件**①寄给了我，那我就用不着把下面的卑鄙勾当告诉你

---

① 指奥·维利希分别于1850年12月6、24日和1851年1月底写给海·贝克尔的信。维利希在这些信中表明了他大约自1850年11月底以来就一直抱有的打算，即借助于普鲁士的后备军在德国发动新的革命。1852年底在科隆共产党人案件贝克尔的辩护词中和1854年在马克思的小册子《高尚意识的骑士》(《马克思恩格斯全集》中文第2版第12卷第557—591页)中，维利希的这些信件都起了一定的作用。这些信的原件都没有保存下来。——原卷末注

了。我仍然不得不请你**立刻把这些信件寄给我**……我把下面的事情告诉你,好让你把它读给我们所有的朋友们听。他们必定会把关于此事的消息传遍整个德国。

事情发生在2月24日①伦敦的宴会②上,我们的两个朋友、党的同志③在"海瑙!"④的叫喊声中,在英勇的骑士**维利希**主持宴会的情况下当众遭到毒打。为了让你们了解后面所叙述的事实,必须先作如下说明:

---

① 2月24日是法国1848年二月革命的纪念日。——编者注
② 指1851年2月24日为纪念法国1848年二月革命三周年在伦敦举行的国际会议。会议的相关记录以《平等者宴会》为标题发表在1851年3月《人民之友》报第14、15号上。宴会的组织者是路·勃朗领导下的一部分法国小资产阶级流亡者,布朗基流亡者协会的首领巴泰勒米、亚当以及维利希—沙佩尔集团的人。马克思和恩格斯为了了解情况,派自己的拥护者康·施拉姆和威·皮佩尔去参加宴会,但是,他们被逐出会场,并遭到维利希和沙佩尔拥护者的毒打。监狱中的奥·布朗基在寄给"平等者宴会"的祝酒词《人民要警惕》中揭露了路·勃朗和法兰西共和国临时政府其他成员的叛卖行径。所以宴会的组织者故意压下了这篇祝酒词,没有在宴会上宣读。尽管如此,这篇祝酒词仍在2月27日《祖国报》第58号上及其他许多法国报纸上发表。3月初,马克思和恩格斯把这篇祝酒词译成了德文并写了按语(见《马克思恩格斯全集》中文第2版第10卷第630页)。德译文寄往科隆并印了3万份,在德国和英国广为流传,布朗基的祝酒词也刊登在几家德国报纸上。英译文的情况不详。

与布朗基祝酒词有关的情况,见马克思1851年3月17日给恩格斯的信、马克思和恩格斯的《流亡中的大人物》(《马克思恩格斯全集》中文第2版第11卷第277—407页)、马克思的《高尚意识的骑士》(《马克思恩格斯全集》中文第2版第12卷第557—591页)。——原卷末注

③ 康·施拉姆和威·皮佩尔。——编者注
④ "海瑙"一词源于同奥地利元帅尤·雅·海瑙发生的一次意外冲突,它后来成了"痛打"的同义词。海瑙因在1848—1849年革命期间残酷镇压意大利和匈牙利的人民起义而臭名昭著。1850年9月4日他在参观伦敦巴克利—珀金斯公司的酿酒业时遭到酒厂工人的一顿暴打,最后在警察的掩护下才得以脱身,随即很快离开了英国。马克思和恩格斯把工人的这次行动描述为"大大显示了一下"英国人民的对外政策(见《马克思恩格斯全集》中文第2版第10卷第597页)。——原卷末注

法国流亡者也像所有其他流亡者一样,分裂成了各种各样的派别。后来,他们在教堂街共同建立了一个协会①。这个协会本应是慈善性质的,即对流亡者进行救济。政治被排除在协会之外。这就为形形色色的法国流亡者提供了一个中立地带。因此这里也同时出现了赖德律-洛兰和路易·勃朗,山岳党人②和卡贝分子,布朗基分子等等。

2月24日快到了。你们知道,法国人对于这样一种可以出出风头的机会,就像女人可能要分娩那样,早早地做着准备,共同商议,反复研究。为此教堂街协会召开了一次全体会议,以便采取行动纪念这个"光荣的"日子。路·勃朗和赖德律-洛兰出席了会议。矮子勃朗——请注意,他不能即席发言,他要把讲稿写好,对着镜子把它背熟——站起来,发表了精心炮制和仔细修饰过的狡诈的演说,他在演说中力图说明,这个协会是慈善性质的,不能举办**政治性的**宴会,因此,也不能举办二月革命③纪念会。赖德律-洛兰反驳了他。在激烈的争论中矮子勃

---

① 伦敦教堂街是法国社会主义民主派兄弟协会的所在地。该协会成立于1850年秋季,其宗旨是向法国政治流亡者提供物质援助,但不介入政治。协会中既有路·勃朗、皮·弗·朗道夫、赖德律-洛兰等小资产阶级社会主义者和民主主义者,也有埃·卡贝的追随者和布朗基派的人。——原卷末注

② 山岳党(1848—1851年)指法国制宪议会和立法议会中集合在《改革报》周围的小资产阶级民主主义者和社会主义者。其领袖人物为赖德律-洛兰、皮阿等人。以路·勃朗为首的小资产阶级社会主义者也参加了这一党。他们自称是1793—1795年法国国民公会中的山岳党思想的继承人。1849年2月后该党又称新山岳党。——原卷末注

③ 二月革命指1848年2月爆发的法国资产阶级民主革命。代表金融资产阶级利益的"七月王朝"推行极端反动的政策,反对任何政治改革和经济改革,阻碍资本主义发展,加剧对无产阶级和农民的剥削,引起全国人民的不满;农业歉收和经济危机进一步加深了国内矛盾。1848年2月22—24日巴黎爆发了革命,推翻了"七月王朝",建立了资产阶级共和派的临时政府,宣布成立了法兰西第二共和国。它是欧洲1848—1849年大革命的第一次革命。无产阶级和小资产阶级积极参加了这次革命,但革命果实却落到资产阶级手里。——原卷末注

朗脱口而出说，由于**赖德律和马志尼不让他加入欧洲中央委员会**①，所以他也不会同他们一起参加任何宴会。别人回答他说，举行宴会的不是欧洲中央委员会，而是由形形色色的法国流亡者组成的教堂街协会。

第二天，这个协会收到了路·勃朗的来信，他宣布说他将举行盛大的反宴会［……］②

于是，路·勃朗就把哈尼及其一部分拥护者拉来参加自己的宴会。英国的基础打好了。但是，还缺少像欧洲中央委员会那样的彩虹般的大陆背景。为此目的，路易·勃朗把他的行家眼光投向了马志尼委员会的可笑的模仿画，**即维利希—沙佩尔—巴泰勒米—维迪尔—彼得和保罗的委员会**。

现在简单谈谈这个委员会的产生和性质，以及它在各有关团体中的形形色色的追随者。

当维利希和沙佩尔及其拥护者被开除出同盟③的时候，他们便同维迪尔、巴泰勒米……以及波兰、匈牙利、意大利流亡者中的渣滓联合起来，并要求这群败类承认他们是欧洲中央委员会。……沙佩尔和维利希

---

① 即欧洲民主派中央委员会，它是根据马志尼的倡议于1850年6月在伦敦成立的、欧洲各国资产阶级和小资产阶级流亡者的一个国际性的组织。马志尼的倡议曾得到司徒卢威和卢格的全力支持。卢格经司徒卢威的推荐，作为德国民主派的代表加入了委员会。加入委员会的还有赖德律-洛兰、达拉什和科苏特。这个无论成分和思想都极其复杂的组织存在的时间不长。由于意大利和法国民主派流亡者之间的关系恶化，该委员会于1852年3月实际上已经瓦解。马克思和恩格斯在《时评。1850年5—10月》(《马克思恩格斯全集》中文第2版第10卷第575—621页) 中批判了该委员会1850年7月3日的成立宣言。——原卷末注

② 这里被省略掉的地方，科隆共产党人案件的起诉书中是这样写的："接着是叙述路·勃朗怎样把他的朋友哈尼以及宪章派内的最激进的派别一起吸引来参加他的宴会"。——原卷末注

③ 这里指共产主义者同盟。——原卷末注

(他们当然希望这个肮脏的、不雅观的和可怜的杂色画从远处看起来像是一件艺术品)还有一个特殊的目的,就是向德国共产党人表明,欧洲流亡者是跟他们走,而不是跟我们走的,他们——不管德国愿意不愿意——决心一有机会就在那里夺取政权……

路·勃朗为了实现他反对教堂街的阴谋,并不厌弃同他所看不起的这帮人进行联系。他们当然兴高采烈。他们终于可以获得地位了。这些先生们虽然想把所有的作家都开除出去,但是一旦有某个著名作家表示愿意为他们效劳,他们就用双手抓住他不放。沙佩尔和维利希预感到自己胜利在望了……到那时,德国共产党人肯定无法再进行对抗,将会怀着懊悔的心情回到他们的庇护之下……

宴会于2月24日在伊斯灵顿举行。我们的两位朋友,**施拉姆**和**皮佩尔**,出席了宴会…… 会上宣读了献词。路·勃朗宣读了他的代表们的献词,朗道夫宣读了议员格雷波的献词(在巴黎没能搞到第二份献词),一个波兰人宣读了他的一些巴黎同伙的献词,而**主持宴会**的伟大的维利希则宣读了来自拉绍德封①的献词。他们从德国一份献词也没能弄到……②

现在你们应当尽一切力量,在德国无产阶级面前以及在其他一切可能的场合痛斥这些胆小的、造谣中伤的和卑鄙的匪徒。

为此,你们有必要马上把维利希的信件寄来。

---

① 拉绍德封是1850年9月从共产主义者同盟中分裂出去的维利希—沙佩尔冒险主义宗派集团宗得崩德这一时期在瑞士的活动中心。——原卷末注
② 这里被省略掉的地方,科隆共产党人案件的起诉书中是这样写的:"接着是详尽地叙述他们的两个朋友(根据以上所述他们属于同盟)在这种情况下所受到的虐待。"——原卷末注

起诉书,科隆,1852年,第53—54页(《马克思恩格斯全集》德文版第27卷第546—548页,参看《马克思恩格斯全集》中文第2版第27卷第216—219页)

593
阿伯拉罕·雅科比(科隆)给芬妮·迈耶尔(明登)的信

1851年3月2日

1851年3月2日①于科隆

亲爱的朋友:

今天我仍然只能委托朋友米凯尔给你们捎去我的问候。昨天,即星期六的下午,我们已经来到科隆;我本来准备今天早晨返回波恩,但因为弗莱里格拉特下午要来,所以我未能成行。[409]

至于我回去的时间,大约还要推迟两个星期,但愿到时候不要再拖

---

① 原信此处有一个墨水污点,日期无法辨认;从信的内容来看,这封信是在一个星期天写成的,而1851年3月2日正是星期日,所以我们推定了这个日期。

延下去了。在这段时间里,我还有不少事情要办,日程很快就排满了。

向你们全家致以问候;我在波恩幽居独处的那间小屋,这些日子事实上将阒无一人,等我回去以后,恳请你们来信,就是说,请你们亲自给我写两封信。

祝你们安好,并致问候。

你们的阿·雅科比

手稿 第一次发表

波茨坦国家档案馆,Rep. 30 C, Tit. 94,
Lit. J 78, Ifd. Nr. 10878, Bl. 145

594

路易-奥古斯特·布朗基的祝酒词和卡尔·马克思和弗里德里希·恩格斯的德译文按语

1851年3月3日和6日之间

祝酒词

路易-奥古斯特·布朗基为纪念伦敦二月革命一周年寄给伦敦流亡者委员会。由公正之友发表。

按　语

几个可耻的哄骗人民的骗子，所谓的欧洲社会民主派中央委员会，其实是欧洲败类中央委员会，由维利希先生和沙佩尔先生等人主持在伦敦纪念了二月革命三周年。伤感的口头社会主义的代表人物路易·勃朗为了阴谋反对另一个人民的叛徒赖德律-洛兰，加入了这个二流野心家的集团。他们在自己的宴会上宣读了据称是从各地寄给他们的贺信。虽然他们尽了一切努力，但是他们从德国没有乞求到任何一篇贺词。这是德国无产阶级进步的一个良好的征兆！

他们也写信向革命共产主义的高尚的蒙难者布朗基提出了请求。他寄回了如下的贺词：

人民要警惕

什么样的暗礁在威胁着明天的革命？就是昨天的革命碰上的那块暗礁：乔装成护民官的资产者的可悲的声誉。

赖德律-洛兰、路易·勃朗、克雷米约、马利、拉马丁、加尔涅-帕热斯、杜邦（德勒尔）、弗洛孔、阿尔伯、阿拉戈、马拉斯特！

多么不祥的名单啊！这是些民主欧洲所有马路上用鲜血写成的不吉利的名字。

临时政府扼杀了革命！它得对一切的不幸和千千万万牺牲者的鲜血负责！反动派扼杀民主，不过是做了它本行的事情。被轻信的人民当作自己领导者的、把人民出卖给反动派的叛徒，犯下了罪行。

可鄙的政府！它不顾人民的呼声和请求，规定农民交四十五生丁税，使他们感到绝望而举行起义。

它保留保皇派的总部、保皇派的法官、保皇派的法律。叛变！

传单《路易-奥古斯特·布朗基的祝酒词》封面

它在4月16日陷害巴黎的工人；它把利摩日的工人关进监牢；它在27日枪杀鲁昂的工人；它放出了它所有的猎犬，它追捕一切真诚的共和主义者。叛变，叛变！

它，唯有它对毁灭1848年革命负有重大责任！

啊，罪大恶极的人常有，但是在他们中最坏的就是那些被他们的冠冕堂皇的言辞所蒙蔽的人民看成是自己的剑和盾的人，就是那些被人民热情地宣告为自己未来的主宰的人。

传单《路易-奥古斯特·布朗基的祝酒词》按语

如果在未来的人民凯旋之日，由于群众的健忘和宽容而使这样一个辜负群众信赖的人上台执政，对我们是不幸！革命就会再次垮台。

愿工人们永远记住这些恶人的名单；如果有一个名字，是的，即使只有一个名字再出现在革命政府里，那就让全体工人一起高喊：

"叛变!"

如果演说、说教和纲领又仅仅是扯谎和欺骗,如果那些骗子又回来重操旧把戏,那便是更加疯狂的反动派一连串新行动的第一环。如果他们有一天敢于重新露头,那就对他们咒骂和报复!如果天真的群众再次落入他们的圈套,那么人们将会为这些人感到羞耻!

除了把二月革命的骗子永远赶出市政厅之外,还必须防止新的叛徒。

凡是靠无产阶级上了台而不立即采取下列措施的政府都将是叛变的政府:

1. 完全解除资产阶级近卫军的武装。
2. 武装全体工人,成立他们的军事组织。

当然,还应采取许多其他必要的措施,但是采取了这种作为人民安全的预先保证和唯一保障的第一个行动,许多其他措施也就会自然由此而产生。

一件武器也不应该留在资产阶级手里,否则就没有活路!

目前正在各自博取群众好感的各种学派,将来是能够实现他们进行改革和为民造福的诺言的,但是,有个先决条件,即他们不是舍本逐末。

如果人民仅仅忙于理论而不重视唯一实际的唯一可靠的东西——暴力,那么他们得到的只能是悲惨的失败!

武器和组织——这就是进步的有决定意义的因素,是消除贫困的唯一重要手段。

谁有剑,谁就有面包!有了刀剑就能使人屈服,手无寸铁的人群就会像糟粕一样被扫除。法国到处是武装了的工人——这就是社会主义降临。

对武装起来的无产者来说,没有什么办不到的事情,一切障碍、反抗都会一扫而光。

但是,消磨时光在马路上的无聊散步、种植自由树和同律师作响亮空谈的无产者开始是得到圣水,然后是侮辱,最后是霰弹和永远的贫困!

让人民来选择吧!

1851 年 2 月 10 日于贝勒岛监狱

传单①
(《马克思恩格斯全集》历史考证版第 10 卷第 498—500 页,参看《马克思恩格斯全集》中文第 2 版第 10 卷第 630—632 页)

595

威廉·沃尔弗(苏黎世)给约瑟夫·魏德迈(美因河畔法兰克福)的信

1851 年 3 月 13 日

［……］然后,您可以将艾韦贝克的地址一并抄寄给我。因为我在瑞士绝不可能久留,如果旅经法国,我可能用得上艾韦贝克的地址。②我在此地最多能住到 4 月底或 5 月初。前天,我被传唤到警备军

---

① 最迟于 1851 年 3 月 15 日,第一批传单已经被印制出来,因为海尔曼·贝克尔在第二天已经向伦敦寄出一份样品——见文件 596。传单是一个小册子,第一页是标题和印刷附注,第二页是前言,第三、四页是布朗基的"人民要警惕"祝酒词。在 1852 科隆共产党人审判案中,传单受到法庭的详细调查——见彼得·格尔哈德·勒泽尔的调查卷宗,载:杜塞尔多夫国家档案馆,科隆国家法庭档案,Nr. 9/21, fol. 251 以及《马克思恩格斯全集》历史考证版第 1 部分第 10 卷第 1026 页。按照恩格斯的说法,传单印制了 3 万份——见文件 646,对于当时的情况来说这个印量已经极高。

② 沃尔弗后来并不是取道巴黎,而是取道科隆前往伦敦的。

司令部，那里的人受联邦议会委托，讯问我是否打算利用法国方面的资助到美国或英国去。[……] 所以，我必须离开此地，也许在接到美国那边的回信之前，我就要启程。最近几天，我打算给科隆的一个熟人写封信，了解一下能否在那里筹集到一笔旅费。如果可能，请您在回信时附寄几份《宣言》① 来。许多人都希望得到这部著作。科隆那边已经采取逮捕和搜查的行动。您了解详细情况吗？

向您和您的夫人致以衷心的问候。

您的 鲁普斯

手稿 摘要
阿姆斯特丹国际社会史研究所约瑟夫·魏德迈遗著

596
海尔曼·贝克尔（科隆）给卡尔·马克思（伦敦）的信②

1851年3月16日

亲爱的马克思：

您肯定已经收到那50塔勒和维利希的信。③ 布朗基祝酒词④昨天已

---

① 见注释348。
② 原件的边缘已破损。
③ 见注释385。
④ 文件594。

给您寄去,仍是按照以前给您寄旧《莱茵报》的办法寄出的。丹尼尔斯要求归还他写的论稿①,他一再叮嘱我,让您把论稿寄还给他。

马克思著作②的第一个印张已经付印;目前进度加快了一些,如果我有足够的资金,进度还可以加快四倍。预垫金额高得惊人。遗憾的是,一直拖延到3月份,我们才得以着手技术方面的准备工作。

您手边有没有篇幅为一两个印张的针砭时政的现成短文,可供如饥似渴的德国读者阅读?我们的主要市场是北德意志,因此,可以考虑一下那一地区正在民主主义化的读者的需求。这支读者队伍的力量越壮大[……],就越是有利。您并没有放弃出版季刊的设想吧?③ 我已全力以赴筹集资金;倘若有几百 rh 可供周转,就至少可以尝试进行征求订户的工作了。

如果您能提供任何一篇可以发表的短文,那就是一种极大的**援助**;我之所以再次提及此事,是因为我已经很久没有给我的读者提供过一篇深刻睿智的文章了,而我希望保持[……]联系,这一点是我特别关注的。里廷豪森关于直接立法的指导思想正在威斯特伐利亚四处传扬。④ 毕尔格尔斯已经准备批判这种荒唐的思想。⑤ 有一件事您如果还不知道,我可以告诉您;卡尔·格律恩目前这段时间正准备对您进行报复,因为您在1848年抨击了他。他目前住在布鲁塞尔,仍在为[……]

---

① 罗兰特·丹尼尔斯《小宇宙。生理人类学概论》。
② 指《卡尔·马克思文集》,见注释393。
③ 指马克思准备以季刊的形式继续出版《新莱茵报。政治经济评论》。——译者注
④ 见注释290。
⑤ 另见文件574。

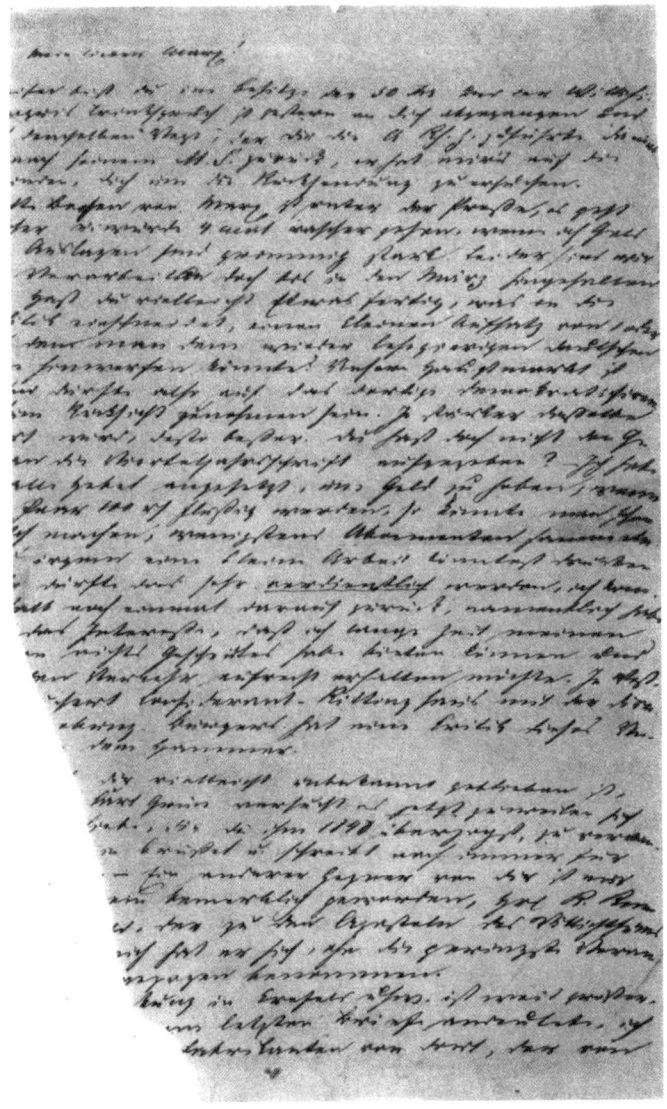

海尔曼·贝克尔1851年3月16日给卡尔·马克思的信

Unter der Presse befinden sich:

Karl Marx's
gesammelte Aufsätze,

herausgegeben
von
Hermann Becker.

Marx's Arbeiten sind theils in besondern Flugschriften, theils in periodischen Schriften erschienen, jetzt aber meistens gar nicht mehr zu bekommen, wenigstens im Buchhandel ganz vergriffen. Der Herausgeber glaubt deshalb, dem Publikum einen Dienst zu erweisen, wenn er, mit Bewilligung des Verfassers diese Arbeiten, welche gerade ein Decennium umfassen, zusammenstellt und wieder zugänglich macht.

Der Plan ist auf 2 Bände berechnet; der Band wird **25** Bogen umfassen. Dem zweiten Bande wird Marx's Portrait beigegeben. Die, welche bis zum 15. März 1851 auf diese Bände subscribiren, erhalten solche in 10 Heften à 8 Sgr. Nach diesem Termine tritt der Ladenpreis, 1 Thlr. 15 Sgr. per Band, ein.

Der erste Band wird Marx's Beiträge zu den „Anekdota" von Ruge, der (alten) „Rheinischen Zeitung" (namentlich über Preßfreiheit, Holzdiebstahlsgesetz, Lage der Moselbauern u. s. w.), den deutsch-französischen Jahrbüchern, dem Westf. Dampfboote, dem Gesellschaftsspiegel u. s. w. und eine Reihe von Monographien enthalten, die vor der Märzrevolution erschienen, aber, wie Marx an Becker schreibt, „leider" noch heute passen.

Bestellungen nimmt an

《卡尔·马克思文集》出版启事

写稿。——您的另一个对手R.罗姆［……］先生使我感到奇怪，此人对维利希的［……］圣徒们［……］。他对我无缘无故地采取十分无礼的行为。

克雷费尔德等地的［……］，比我在上一封信中提到的还要大得多，我同那里的一位工厂主谈了话，他讲的内容只有一点，那就是失业的无产者正在咄咄逼人地采取行动。一位［……］的资产者——施泰因银行的老板宣称：三个星期以来，营业进展等于零［……］，因为破产者的数量与日俱增。银行家们在金钱的问题上走投无路，［……］再也没有一个德国银行家能够［支］付现金了。

您和舒伯特的事进展如何？此事对我们的《新莱茵报。政治经济评论》的订户来说［……］十分恼人，几乎每天都有人向我询问此事。我总是固定不变地回答说：马克思是没有责任的，大家应当同爱森交涉。

我对［……］有两个小小的要求［……］载勒尔负责通讯［……］托马斯·卡德林的报刊商店［……］，如果您能让人筹措一些资金，那就太好了。使我担忧的是，您已经以［……］的形式向载勒尔偿付了债务。

您的　贝克尔

1851年3月16日于科隆

手稿　　　　　　　　　　　　　　　　　　　第一次发表
莫斯科苏共中央马列主义研究院
中央党务档案馆,f.1,op.5,d.355

597
《新杂志》出版启事[410]

1851年3月19日

敬启者：

民主报刊的出版者已经感到他们面临着双重的危险：一方面，通过邮局销售报刊的权利有可能被剥夺；另一方面，上缴的保证金有可能白白丧失。自从出现这种情况以来，党的机关刊物不是被迫停刊，就是改变自己的色彩，仅仅去满足一小部分读者的需求，而这样一来，由于订户减少，刊物就势必难以为继。①

只要民主报刊的生存还完全取决于书商们对这项事业有无兴趣，上面所说的那种严重情况就没有改变的**可能**。这是因为，迄今为止党一直处于涣散状态，在这种情况下，一个出版者根本不能指望在失去一笔保证金之后还会得到补偿。

由此可见，能否出版一份独立的机关刊物，归根结底要看能否解决资金问题。可是直到现在，人们总是以一种奇特的含糊敷衍的态度来回避资金问题。他们以为，一份报纸只要已经开始出版，而且质量较好，它就会自行解决自身的一切问题；人们**往往**就是用这种方法聊以自慰！

---

① 原件在此处有一条脚注："在德国的一些邦，当局尚未剥夺人们通过邮局销售报刊的权利，也没有强迫人们缴纳保证金；可是在这些邦，上述规定很快就会实行；或者，当局会采取另一些措施来代替这些规定，使出版者遭到同样沉重的压迫。"

实践的结果已经充分证明，这种漫不经心的态度是多么有害。

现在，当我们重新筹划出版一种**崭新的**民主刊物的时候，我们认为必须首先保证编辑出版机构在开头一段时间拥有足够的资金；应当在行动计划中列入这项要求，同时也应当向党提出这种要求。因为，如果做不到这一点，杂志就不可能在思想领域自由地发挥作用。我们有足够的人才愿为党的这项事业贡献力量；关于这一点，我们在这里就无需详述了。

我们想就刊物的出版规划作如下说明：

为了使人们不再为缴纳保证金的问题而产生顾虑，不再为通过邮局进行销售的问题而引起烦恼，这份刊物只能每五个星期出版一次，而且只能通过书商或独立经营的个人来发行。刊物的出版周期较长，这也有好处，因为这样一来，我们就可以把刊物送往国外去印刷，从而避免承印人出于维护营业权的考虑而对刊物进行审查。

在这种情况下，本刊就不打算发表有关政治新闻的报道文章了；况且对于我们来说，这类政治新闻一般并没有什么价值，而那些影响深远的时事问题，**往往**都要到事后才有可能进行深入的讨论。至于涉及到真正原则的问题，涉及到各个民主组织之间的分歧和差异的问题，本刊则要辟出专栏加以讨论。这是因为，许多口号和谬论的实质至今仍然模糊莫辨、若明若暗，现在确实是到了对这些口号和谬误进行批判的时候了。

我们认为，在原则问题上，今后绝不应当继续采取畏首畏尾的态度，绝不应当为了照顾所谓实际工作的利益而处处牺牲原则；总之，民主主义者不应当在现实环境中继续采取"瞻前顾后"的做法，相反，他们应当同自己的一切敌人进行彻底的清算。否则，在必须创建民主制度的时候，我们自己党内的愚昧无知和糊涂昏聩的状态就不可避免地会给反动势力再次提供可乘之机。民主主义者必须清理自己的队伍。

《新杂志》出版启事

为了创办这份杂志,并保证杂志在创办以后的头六个月内能够正常出版,我们认为必须拥有2000塔勒的资金。如果在这六个月的时间内杂志没有把握做到自立,那就表明它缺乏足够的生命力,这样,它就不能再要求外界继续提供资助;除非发生了十分特殊的客观情况,证明人们确有必要提供临时性的支援,杂志才能提出这样的要求。

我们认为,这笔资金可以用召股的方式来筹集,每股4塔勒,以现金支付。只要认购的数额达到1500塔勒,缴纳的现金至少有了1000塔勒,杂志就可以开始出版。凡认购股票者必须缴付本票,保证在三个月内付清款项。

本刊每年出版11期,其中有一期为双月合刊;每期篇幅至少有五个标准印张,在德国各地书店均可预订,每年订费为4塔勒24银格罗申。订户每次至少必须预订六期,订费在每次收到杂志时缴付。本刊将在1852年偿还股东们所付的金额,其方式是:凡持有一份股票的股东,均可免费预订全年杂志。为了实施这项计划,股票将分成四联单,股票持有者应在每个季度之初将其中的一联单寄给《新杂志》发行部,然后由发行部按照股东或其法定继承人所提供的地址将各期杂志寄出。

我们恳请大家尽快认购股票并缴付款项,使我们在下个月内就能让第1期杂志出版问世。

海尔曼·贝克尔
亨利希·毕尔格尔斯
约瑟夫·魏德迈
1851年3月19日于科隆

通讯地址:科隆大桑德考尔街34号,出版社发行部。

两页印刷品

阿姆斯特丹国际社会史研究所威·沃

尔弗收藏品

598

彼得·勒泽尔（科隆）给斐迪南·拉萨尔（杜塞尔多夫）的信

1851年3月31日

亲爱的拉萨尔：

您的来信已由毕尔格尔斯转给了我，此刻，我在匆忙中给您回信，对您的盛情邀请表示感谢；可是，我不得不怀着遗憾的心情告诉您：我无法应邀前往，因为我今天就要启程外出旅行。[411]

我作为德国烟草工人联合会副主席，受杜伊斯堡委员会的委托，将出发访问莱茵省的各个协会，以便协助哈瑙协会办理一些事务。哈瑙协会在上星期举行集会时，遭到巴伐利亚士兵的包围，有20名会员被捕，5名会员被押送到卡塞尔，等候军事法庭的审判。与此同时，当局还查抄了该协会的财产，价值1000弗罗林。被捕者的家属和当地的一些病人如果得不到其他各个协会的援助，那就要陷入极其悲惨的境地。因此，事情刻不容缓，我必须立即启程。

不用说，对于您顺利地度过了六个月的刑期，我是感到十分高兴的。倘若没有上述事务缠身，我也很愿意同您，同我们的朋友们为"红色共产主义事业"干上一杯。愿共产主义事业万古长青！

致以衷心的问候。

彼·格·勒泽尔
1851年3月31日于科隆

又及：我目前住在艾格尔施泰因15号。

波茨坦国家档案馆，Rep. 30 Berlin C, Tit. 94, Lit. R, Nr. 208（副本）

599
关于《布朗基祝酒词》的通讯报道[412]

1851年4月初

布朗基论法国革命

4月初，**格丁根**消息。工人政党必须清楚地知道，当一场斗争开展起来的时候，会有哪些人集合在自己的旗帜下。虚情假意的朋友比明火执仗的敌人更加恶劣；因此，工人政党切不可同那些企图利用工人来谋求私利的民主派为伍。

至于那些为无产阶级的事业而踏实工作的人，工人们必须时刻把他们的名字铭记在心中，不仅要以他们为准绳，来衡量自己的行动，而且，更重要的是要以他们为准绳，来衡量那些所谓朋友的所作所为。

法国人布朗基就是这样一个真正的无产者。他在青年时代就已投身革命，从25岁那年起，他开始从事秘密活动，反对资产阶级的统治；1833年后，他身陷囹圄，备受折磨；二月革命使他重获自由，此后，他立即着手创建了一个纯粹的工人俱乐部，坚决地反对临时政府，并设法动员一切力量来推翻这个政府，因为他看清了这个政府的资产阶级性质。1848年5月15日，他试图解散国民议会，推翻资产阶级的立宪共和国；同他一起行动的还有巴尔贝斯和阿伯特等人，而这些人只是想进行一次示威罢了。

我们知道，这次行动未能成功；指挥这次行动的人被投进监狱，受到狱吏的虐待，甚至遭到严刑拷打；他们被押解到资产者的特别军事法庭，受到了资产者的控告、资产者的审问和资产者的判决。

可是，布朗基并没有丧失勇气！他的身体是那样虚弱、衰惫，几乎一直忍受着病痛的折磨；在阴暗的囚室里，在危害健康的环境中，他几乎是连续不断地度过了18年铁窗生活；他所走的斗争道路是那样遥远漫长，可是这一切，并没有削弱他的斗志；他唯一的奋斗目标是争取工人事业的胜利。他完成了那么多的业绩，忍受了那么多的煎熬，但他的精神还是一如既往，依然是那样坚韧顽强、高昂振奋、百折不回。

下面发表的这封公开信，对于我们评价这位杰出人物的品格具有十分重要的参考价值。

1851年4月12日《德意志工人俱乐部》（汉诺威）第15号

600
亨利希·毕尔格尔斯（科隆）给威廉·豪普特（汉堡）的信[413]

大约1851年4月

您认识教育协会副主席皮尔施吗？如果他属于您的支部，那就请您告诉他，一个盟员的首要的最神圣的义务就是严守机密。皮尔施曾向一个从汉堡来到科隆的工人说过，他是北德意志秘密组织的成员。

维尔穆特和施梯伯《19世纪共产主义者的阴谋》第1部分1853年柏林版第120页

601
海尔曼·贝克尔（科隆）给卡尔·马克思（伦敦）的信

1851年4月5日

亲爱的马克思：

出版月刊或同类期刊的计划势在必行。现在只有在党内为《新杂志》募集股金，才能把资金筹集起来，除此之外，别无它法。为此，我们向党内发出了通告①，在通告上签名的有毕尔格尔斯、魏德迈和我，我们恳切地请求大家提供资金。"为了党的利益，党必须加强自身的思想建设"，我们准备大规模地开展自愿捐款活动。刊物就定名为《新杂志》，不发表创刊词之类的东西。不空许诺言，不刊登编辑人员名单，至多只印一个责任编辑的姓名。如果您同意这项计划，那就请您立即考虑为刊物供稿。只要有了相当数量的读者，我们就能以每印张20—30rh的标准付给稿酬，并在对外发行中挤垮科拉切克先生。② 请您把汉堡的那篇有关金克尔反对马克思的文件立即寄来。③ 我们将把这篇可耻的文章公之于众。

伦敦那边还应缴纳1英镑和若干先令，作为同盟储金，就让他们把这笔钱付给您吧；我这样做给您增添了麻烦，那笔款项我日后一定补上。请您把钱的数额告诉我。

致以最衷心的问候。

您的　贝克尔

1851年4月5日于科隆

手稿　　　　　　　　　　　　　　　　　　　　　第一次发表

莫斯科苏共中央马列主义研究院
中央党务档案馆，f. 1, op. 5. d. 358

---

① 文件597。
② 指阿道夫·科拉切克当时出版的《德国政治、科学、艺术和生活月刊》。
③ 见文件603。

602

阿尔伯特·埃尔哈德（科隆）给彼得·诺特荣克（柏林）的信[414]

1851年4月5日前后

亲爱的诺：

两封来信均已收到；为了等待勒泽尔写完附函，我耽搁了一些时间，否则，我早就给您回信了。您从随信附上的账单可以看出：按照您的结算，还应付给您几塔勒；请您将账目核实一遍，并将详细情况告诉我。

来信问到的那位海德堡，是一个很不错的人。您常去看望我的兄弟[①]吗？他在政治方面表现如何？可否让他做一点工作？您至少可以试探一下。我们这里没有什么新的情况。下星期，红毛[②]将因为他发表的那篇演说而受刑事陪审法庭的审判；但肯定会被宣告无罪。

除此之外，一切都很正常，仍同以前一样。

目前经济十分萧条，人们估计即将爆发一场危机；而危机的爆发对于我们倒是十分有利的。

您的阿·埃·

---

① 尤利乌斯·埃尔哈德。
② 海尔曼·贝克尔。

德累斯顿国家档案馆内政部案卷 第一次全文发表
Nr. 10963, B1. 291（副本）

603
卡尔·马克思（伦敦）给海尔曼·贝克尔（科隆）的信

1851年4月9日

[1851年4月9日于伦敦]

亲爱的贝克尔：

附上一篇金克尔派的可笑的拙劣文章①。这里为同盟②筹集了15先令。还差10先令，这笔款子已经有人认捐，但是钱还没有拿到。我将按照你所建议的方式行事。请让我负担一英镑。由于应该付5先令的那个会员的生活状况更加恶化，这笔钱拿不到了［……］

---

① 指马克思寄给在科隆的海·贝克尔的一份文件。它本将在当时筹备出版的共产主义者同盟的机关刊物《新杂志》第1期上发表，但最终未能出版。——原卷末注
② 这里指共产主义者同盟。——原卷末注

起诉书,第55页(《马克思恩格斯全集》德文版第27卷第549页,参看《马克思恩格斯全集》中文第2版第48卷第244—245页)

节录

604
宪章派左翼的宣传纲领[415]

1851年4月10日

宣传纲领

1851年3月31日和以后几天在伦敦举行的宪章派代表大会通过。

宪章派全国代表大会的首要任务是改善宪章派的组织,使该组织区别于其他一切政治运动和团体,并且在各阶级中尽力传播政治的和社会的知识。

1. 为了更好地改组宪章派,兹决定:

(1)由于按照目前向人民提出的任何一种选举办法(宪章中提出的除外)进行选举,中等阶级获得的选票将比工人阶级获得的选票多得多,而这又将使后者处于比现在还要无权的地位,因而,有必要对宪章进行全面宣传——因为去掉其中的任何一点都会损害其余部分的效用。同时,必须使人民停止支持宪章所提出的那些规定的选举办法之外的选举办法。

（2）宪章原提案中的条文要明确规定每个成年男子除非被判有罪，否则都享有选举权。条文应改为：只有在服刑期间才被剥夺选举权。因为在犯法者因某项罪行受到惩罚后，对他再进行任何追加的惩罚都是不公正的。

（3）向国会递交一份关于实施宪章的国民请愿书。请愿书的准备工作如下：在有条件的各个城市和自治市同时召开大会，通过请愿书；会上指定两名计票人，统计出席人数；请愿书和记有赞同该请愿书的人数的宣言由计票人和大会主席签字。

（4）预计到国会将要解散，在宪章派有足够能力参加竞选的各个自治市，都应立即确定候选人，这些人必须保证信守宪章各条，同时还应成立选举委员会，捐助经费，开始在各区进行宣传，并向全体选民施加影响。在提不出候选人的地方，在当地的每一次竞选讲演会上都应提出一名宪章派；从而有可能利用这个机会传播宪章派的主张。

2. 市的和教区的政权应交人民掌握，因为剥夺公民对地方事务的管理权同限制公民的选举权一样不公正。为此决定：

（1）不得忽视宪章派组织能够从城市和地区政权获得的支持，在存在民主组织的一切城镇和教区采取实际步骤，参加市的竞选。

（2）就市的和教区的立法问题发表告人民书，并根据与宪章原则相类似的原则，将市的和教区的普选权问题提交给公众。

3. 此外还决定在工会中进行宪章宣传，以便通过互相帮助使这两个运动进一步壮大；为此目的，应同工联执行委员会、各种工会团体以及工人联合会建立联系，指出这两大改革力量合作对彼此的好处。

4. 将农业郡县划分为区，准备发表致农民和农业工人的传单和宣言。

派宣传员携带这种传单和宣言到各农业区，并在这些农村城镇召开群众集会和演讲会，以便建立地方组织。

同时还应派宣传员到爱尔兰人、苦力、矿工和铁路工人中去。

必要时，经费由宪章运动全国基金会担负。

会议进一步认为，取得人们对宪章运动的同情的最好办法是说明宪章运动同所有受苦的阶级的苦难的关系，使这些阶级懂得把宪章主义看作实现自己希望的手段；影响和削弱阶级政府的最好途径是向那些尚在支持政府的人表明，宪章派给予他们的好处比阶级政府能够或者将要给予他们的好处还要多，同时，连续不断地由各部分劳动群众向阶级政府施加影响，抨击它的每一项垄断，进攻它的每一座堡垒，并且把这些堡垒彻底摧毁。

会议还认为，政治变革如不伴之以社会变革是不会有实效的；宪章运动如不了解社会知识最后将彻底失败。我们如果不向工人、机械师、农民或商人证明我们是实际改革者，政权一定能转归宪章派，证明我们了解他们的苦难，知道怎样解除苦难，证明宪章将会给他们带来一种实在的、直接的和长远的利益，并且还会立即使他们更舒适，更富裕，我们就不能要求或者得到他们的支持。

因此，宪章派组织应该站出来保卫被压迫者。而所有受苦的阶级都应该把它看成是解除自己苦难的依靠。宪章派应该成为把各劳动阶级互相孤立的组织在一个共同的基础上连接起来的链条，因为自身利益是能够把它们彼此联系在一起的最好的纽带。

因此，现在应该是各被压迫阶级的自身利益受到注意的时候了。各被压迫阶级都需要一种与自己的要求相适应的社会改革的方法。他们的要求虽各不相同，却并不互相抵触——一方的权利决不会与另一方的权利相矛盾，真理是不会同真理相对立的。

把所有这些孤立但实际上属于同一性质的利益统一起来，将千百万人团结成为一个严密的团体——唤醒国家沉睡的思想，从而把这一聚集起来的力量引入正确的方向，这就是这个人民代表的责任和工作。

代表大会深刻认识到这一点，它坚持宪章派是一个有组织的政治团体，不参加其他任何派别，也不与其他任何组织混在一起，同时，它建议，将群众的注意力引向下列原则：将附加的补救办法交给利益不同的各个阶级讨论；在这些改革的基础上要求他们对宪章派进行支持，并使这些改革成为长期、普遍教育的内容：

一、土地

这次代表大会认为土地是全人类不可剥夺的继承财产。因而，垄断是同上帝和自然的法规不相容的。土地国有化是国家兴盛的唯一真正的基础。

为了实现这一最终目标，特决定不断地向群众推荐下列措施。

第一，建立一个农业委员会。

第二，把瘠地、公地、教会的和王室的土地都归还给人民。

将这些土地分成适当大小的部分。住在该地的居民是国家的承佃人，他们按租用土地的多少缴纳租金。

第三，对于优秀的改进土地经营的承佃人给予补偿。

承佃人不受任何旧的作物轮种契约的束缚。

废除狩猎规则。

所有的租税一律改为谷物租。

第四，授予国家购买土地的权力，以便在土地上安置居民，他们个人或以联合组织的形式向国家租佃土地并缴纳租金。购买土地所需的资金应出自对上述公地、瘠地、教会的和王室的土地交付的租金，以及今后将确定的其他一些来源。

第五，上述政府购买的土地不得重新出售，这些土地应永远作为国家财产。土地在租给承佃人时其数量和条件应以能够保证承佃人的自由和国家的安全为准。

第六，国家应享有以公平的市价购置土地的优先权。

第七，为准备实现彻底的和全面的土地国有化，在现存利益能够通过法律、死亡、放弃或通过任何一种符合公理和对一切阶级都宽宏大量的做法的手段消除时，国家将迅速收回土地。

二、教会

宗教应该是自由的。它是精神方面的，不应受到世俗政权的控制。

因此，代表大会建议：

第一，教会和国家彻底分离。

第二，宣布教会的全部财产都是国家财产，个人按照法律手续自愿捐赠的财产除外。

显然是由国家基金拨付其全部建造经费的教会建筑物均属于国家所有。现在使用这些建筑物的教派可以在公平合理的条件下继续享用它们。

第三，废除什一税和教堂维持费。

第四，国家不干预任何教会的内政。所有神职人员都应按该教区的全体教徒认为合适的方法委派，他们的报酬应由受其服务的教徒自愿支付。

第五，教育特许证无须教会颁发。

三、教育

正如人人都有取得物质生活资料的权利一样，人人都有取得精神活动资料的权利。不给人的头脑以精神食粮，如同不给人的身体以食物一样，都是不公正的。因此，教育应该是全民的、普遍的、免费的，并且在某种程度上是义务性的。因此，特建议：

1. 国家办的中小学校、专科学校以及大学应免费向全体公民开放，所有家长有义务让其子女接受普通学校的教育。

2. 高等学校的教育同样实行免费，但可以选择。

3. 建立工业技术学校，青年人可以在这里学会各种职业和专长，从而逐渐废弃学徒制度。

四、劳动法

劳动是国家财富的创造者，因而是国家兴盛的最重要因素。尽管如此，主人与劳动者的关系却一直同社会幸福相矛盾。迄今为止，创造者一直是其创造物的仆人。劳动一直是资本的奴隶，并且是在一种同一切自由原则相违背的雇佣奴隶制下呻吟着。

为了使劳动摆脱它现在所处的被压抑的状况，大会建议实行下列措施，以便更快地废除雇佣奴隶制和发展合作原则。

1. 为发展工业而联合的一切合作团体都有权免费登记注册，并且可以有不限数量的下属机构。

2. 改革关于合伙经营的法律，以消除联合道路上存在的困难。

3. 合作的原则对于人民的幸福极为重要。财富的集中应该通过分散的趋势加以抵制。财富积聚在互相孤立的团体手中是仅次于财富被个别人所垄断的一件坏事。因此，在全国的基础上彻底重新调整劳动问题之前，今后试图建立的一切合作组织都应结成一个全国的联合会。各种工会和协会是这个联合会的地方组织或分会。各地方协会的利润，若超出一定的数额，都应该上缴，作为一笔共同基金，以便建立新的工人团体，从而加速发展联合的独立的劳动。

4. 国家设立信贷基金，以便按照一定的条件向那些愿意为发展工业而联合的工人团体提供贷款。

五、济贫法

劳动是每个人的责任，因而，每个人也都有取得劳动机会的权力。而那些由于疾病或年龄不能从事劳动的人，则有接受国家供养的权利。

因此：

1. 一切不能维持自己生活的体格健全的人都应该得到有报酬的工作。并且，在可能时，把他们安置在土地上。

2. 国家不能为失业者找到工作时，必须负责供养他们，直至他们找到工作。

3. 失业者由国家，而不是由教区负责供养。并且，这笔费用应由国家的税收支付。

4. 老人和病人，可在他们自己的家中，其亲属的家中或政府专门建筑的房屋中任选一处，接受国家的供养。

六、税收

对工业征税束缚财富的生产，对奢侈品征税促使政府贪得无厌，对生活必需品征税则损害人民的健康和舒适生活。

因此，一切税收征自土地和积累的财产。

七、国债

这种债是阶级政府为了阶级目的而设立的,所以,不能把它看成是由人民合法地设立的。

而且,要后代无休止地为其祖先的愚蠢或不幸作抵偿,从而要以几倍的钱数来偿还这种债,这种做法是非常荒谬的。

因此,应该用现在每年作为利息交付的那笔钱来清偿国债。在国债偿清前,这些钱都应立即用于偿付这笔借款。

八、军队

设立常备军是违反民主的原则的,而且也使人民的自由受到威胁。代表大会同时也承认,在我们的殖民地和国内还没有发生适当的变革以至使常备军的继续存在成为多余之前,保留一支常备军还是有益的。

在发生这种变革之前,为了士兵的舒适和公民的安全,有必要实行下列规定:

1. 应募者在报名一星期后若不再次到地方行政官处重新报名,则报名无约束力。

2. 士兵服役四年后有权自由退役。

3. 军队被隔绝在兵营中,使得它们与公民疏远,不能承担家庭生活的责任,士气低落,并且对于维护军纪也并无必要。这一点已经得到证实,因为当军队驻扎在居民中(这种事情无论平时或战时都是经常有的)时,军纪并未受到破坏。

4. 军队驻扎在居民中,同房客一样交房租。不得强迫任何人留住军队。

5. 按军阶逐级晋升，服兵役至少须满一年才能晋升。
6. 废除买卖晋级。
7. 废除鞭笞刑罚。
8. 在任何情况下，军事法庭都应由比例相等的军官和士兵组成。

九、海军

应遵守同样的规定。

十、民兵

携带武器是每个人的权利，因而每个人也都有责任知道如何使用武器。每个公民都应该从国家得到好处，因而，他也就应该准备保卫国家。没有武装也没有受过训练的人民在武装起来并受过训练的一伙人面前，自由是没有保障的。因而，必须使每个15岁以上、具有健全体魄的男子都有机会参加军事训练。

货 币

代表大会认为，改革货币法对于本国生产者的福利是绝对必要的。它建议执行委员会通过发表宣言、传单等，使本国人民关心这个问题。

出版物

思想和言论的绝对自由是人类首要的最神圣的权利之一；对印刷和出版的一切限制，如印花税或其他的规定，都是不合理、不公正的。因而，代表大会宣布，坚决反对有关知识方面的赋税，并建议彻底废除：

稿税；

广告税；

报纸的1便士印花税；

以及外国书籍和刊物的进口税。

《人民之友》（伦敦）1851年4月12日第18号和1851年4月19日第19号

605
罗兰特·丹尼尔斯（科隆）给卡尔·马克思（伦敦）的信①

1851年4月12日

［……］还有一点。您知道，拉萨尔和先前一样［……］从污浊的泥泞中［……］站立起来［……］弗莱里格拉特**完全有理由**认为，他们是从不缴纳一文钱的②［……］美国之行，行期在即，这次又要筹集10塔勒的旅费；果然，在［……］全部捐款已经寄出三个星期以后，那些人仍然分文未付，当然，人们已经把他们忘记了，可是，我和

---

① 这封信仅存若干碎片，因此有些地方缺少大段的文字。
② 康拉德·施拉姆拟定于1850年初前往美国；这里是指为这次旅行筹款一事。

弗莱里格拉特没有忘记他们——我们还记着以前发生的那些事情，并且预见到这样的事还会重演。拉萨尔的特征，即他的资产阶级职业或资产阶级地位，是有点与众不同的；依我看，他的主要长处仅仅在于熟悉当今实践所确立的、民事法典所运用的那种逻辑，并具有一种自幼养成的坚韧性格。现在，自毕尔格尔斯离开那里以来，他便成了民主［……］的小伙计［……］自从这起诉讼案使人们感到厌倦以后［……］便同父亲一起咒骂民主派，而同自己的母亲分道扬镳了；在我的印象中，他历来如此，［……］感到孤独。他试图和解，但遭到了毕尔格尔斯的拒绝①（他利用出狱的机会争取和解。为了在十分尴尬的情况下为自己涂脂抹粉，他还邀请了勒泽尔，但也遭到了拒绝）。② 弗莱里格拉特是杜塞尔多夫人，只好应邀前往。拉萨尔觉察到自己已众叛亲离。在杜塞尔多夫，与会者全是流氓无产者。但他并不嫌弃这类援军，他同泰勒林的关系就证明了这一点。过去，人们对拉萨尔印象很好，但自从泰勒林的小册子③发表以后，拉萨尔就失去了人心，尤其在科隆这里更是如此。我估计，他会向伦敦方面求援；至于是求助于您，还是求助于别的什么人——这一点我不清楚。不过，您得小心谨慎。他并不知道您目前在经济上十分拮据。

再见！

你的　丹

1851年4月12日［……］

刚才收到了您的来信，金克尔派的拙劣文章使人感到开心。④

［……］

---

① 见注释411。
② 文件598。
③ 爱德华·弥勒-泰勒林《〈西德意志报〉的悲伤》1850年杜塞尔多夫版。
④ 见文件601和603。

手稿 节录
莫斯科苏共中央马列主义研究院
中央党务档案馆,f. 1, op. 5, d. 363

606
《德意志工人俱乐部》(汉诺威)发表的论述工人教育协会任务的文章[416]

1851年4月12日

⊙工人教育协会

《德意志工人俱乐部》遵循自己的宗旨,对工人教育协会予以极大的关注。很遗憾,从有关工人教育协会的报道中,我们看到,这些协会根本没有独立地代表工人政党及其利益,相反,那些在协会中占据重要地位的人物,不仅不为工人谋利益,反而直接同工人的利益背道而驰;在许多地方,这些先生甚至把持着协会的领导权,这样一来,他们的影响就更加恶劣。他们通常集中主要精力,千方百计地使工人脱离一切政治,处处阻挠他们进行广泛的讨论;或者,当一个协会带上政治色彩时,他们就处处阻止工人坚持独立的党性立场,并无休止地鼓吹一切民主主义者之间的和睦。对于这些人,工人们必须保持高度的警惕;他们是工人们的最危险的敌人;这些资产者用空泛的民主主义辞令来掩饰他们的私利,借以蒙蔽工人,并用所谓共同利益来欺骗工人。从表面来看,这些先生似乎是站在工人一边;从他们的言论来看,则更是完完全全地站在工人的立场,因为他们是民主主义者,甚至是"坚定的革命家",他们时刻把统一和博爱挂在嘴边,并经常标榜自己是"社会主义者"。这样,工人们就更容易对他们表示信赖。可是,只要仔细地考察一下他们所奉行的原则,就会立即发现,他们并不否定自己的资产阶级利益;他们从未想过要把工人的主要要求变为自己的要求,也就是说,他们从未考虑过要消除对工人的剥削,即消除雇佣劳动。相反,他们希望劳资双方的对立一如既往,永世长存。在这些人面前,工人们必须极其鲜明地坚持自己的党性立场,因为在下一次革命中,工人们要同他们一起推翻共同的敌人,因而**从表面上看**,两者似乎有着共同的利益。在迄今为止的一切革命中,工人和资产者是携手并进的,两者都站在革命的一边;工人们通过斗争夺得了胜利,而从中渔利的却是资产者,工人们总是一再受骗。甚至在二月革命中,工人们所获得的权益,也仅仅是有可能在卢森堡宫公开讨论自己利益而已;最后,饥饿迫使工人进行了为期三天的六月战斗。在这次战斗中,工人们遭到镇压;资产阶级宣布实行紧急状态法,以此来对付工人。所以,工人们要想在下一次革命中不再受骗上当,就必须建立一个独立的政党;就必须同其他民主政党,特别是同工人协会中为数甚多的小资产阶级民主派严格划清界限,这是工人们面临的头等重要的任务。工人们必须利用这些协会,在政治上进行相互的启发教育;他们不应当把自己的全部时间用来学习书写和计算,用来举行歌咏活动,或沉湎于晚会上的种种娱乐消遣之中,而应当在经常举行的会议上,摆脱一切资产阶级影响,专门**讨论自身的利益**。为此,工人们必须尽可能地同资产阶级分子保持距离,至少不要把协会的领导权交给他们,而应当把领导权掌握在自己手中。但愿德国工人以自己的法国兄弟为榜样;法国兄弟并不会把余暇时间用来提高书写水平、增强计算能力,而是用来深刻地认清自身的利益、严密地进行组织工作，从而使法国资产阶级报刊在报道中惊慌失措、战战兢兢地宣称：工人们正在采取严肃的、咄咄逼人的行动。

1851年4月12日《德意志工人俱乐部》（汉诺威）第15号

607
卡尔·马克思（伦敦）给弗里德里希·恩格斯（曼彻斯特）的信

1851年4月15日

[……] 罗特哈克尔的信，我下次寄给你。这个蠢驴在美国也是一个编辑。从他的信中可以看出：从遥远的西部到东部，到处都对我们狂吠、谩骂，并写文章反对我们。魏特林在他的小报①上刊登了一篇寄自巴黎的攻击我和你的文章（据说，实际上是出自维利希之手）。② 另一方面，施瑙费尔攻击了伟大的维利希。[……]

维利希在哥林格尔的指导下干了种种欺骗勾当。不过，他在接到假贝克尔最近的复信和所附的祝酒词之后，害了两个星期的胆热病。他两

---

① 《工人共和国报》。——编者注
② 指魏特林的刊物《工人共和国报》于1851年2月刊载的一篇短评。这篇短评是寄给魏特林的，它对马克思和恩格斯进行了诬蔑性的攻击。——原卷末注

个星期没有离开过小教堂,即营房①,而当他重返磨坊街②时,就把祝酒词③和祝酒词的按语④提出来讨论,大概是为了领取一张赤贫证明书。

沙佩尔为英国编出了一部宪法,因为就在这个磨坊街,经过深思熟虑和详尽讨论之后,他们决定,英国没有一部成文宪法,因此必须得到一部宪法。而沙佩尔—格贝尔特将给它这样一部宪法。宪法已经草拟成功。

席梅尔普芬尼希遍游德国,并为了维利希—沙佩尔、卢格—金克尔、贝克尔⑤—济格尔的共同利益到处起劲地搞阴谋反对我们。主要是在那些推崇金克尔的地方,尤其是在那帮人对我们从来都不友好的威斯

---

① 营房指社会民主主义流亡者委员会于1850年7月在伦敦租的一套带工作室、卧室及公用厨房的房子。这里聚集着维利希的追随者及维利希—沙佩尔冒险主义宗派集团的大多数成员。——原卷末注
② 指伦敦德意志工人教育协会和伦敦民主联合会。——原卷末注
③ 指1851年2月24日为纪念法国1848年二月革命三周年在伦敦举行的国际会议。会议的相关记录以《平等者宴会》为标题发表在1851年3月《人民之友》报第14、15号上。宴会的组织者是路·勃朗领导下的一部分法国小资产阶级流亡者,布朗基流亡者协会的首领巴泰勒米、亚当以及维利希—沙佩尔集团的人。马克思和恩格斯为了了解情况,派自己的拥护者康·施拉姆和威·皮佩尔去参加宴会,但是,他们被逐出会场,并遭到维利希和沙佩尔拥护者的毒打。监狱中的奥·布朗基在寄给"平等者宴会"的祝酒词《人民要警惕》中揭露了路·勃朗和法兰西共和国临时政府其他成员的叛卖行径。所以宴会的组织者故意压下了这篇祝酒词,没有在宴会上宣读。尽管如此,这篇祝酒词仍然在2月27日《祖国报》第58号上及其他许多法国报纸上发表。3月初,马克思和恩格斯把这篇祝酒词译成了德文并写了按语(见《马克思恩格斯全集》中文第2版第10卷第630页)。德译文寄往科隆并印了3万份,在德国和英国广为流传,布朗基的祝酒词也刊登在几家德国报纸上。英译文的情况不详。

与布朗基祝酒词有关的情况,见马克思1851年3月17日给恩格斯的信、马克思和恩格斯的《流亡中的大人物》(《马克思恩格斯全集》中文第2版第11卷第277—407页)、马克思的《高尚意识的骑士》(《马克思恩格斯全集》中文第2版第12卷第557—591页)。——原卷末注
④ 马克思和恩格斯《奥·布朗基祝酒词的德译文的按语》,见《马克思恩格斯全集》中文第2版第10卷第630页。——编者注
⑤ 约·菲·贝克尔。——编者注

特伐利亚、奥斯纳布吕克、比勒费尔德等地,流言飞语无穷无尽。

你的 卡·马·

手稿 节录

莫斯科苏共中央马列主义研究院中央党务档案馆, f.1, op.1, d.436（《马克思恩格斯全集》德文版第27卷第237—238页,参看《马克思恩格斯全集》中文第2版第48卷第248—249页）

608
罗兰特·丹尼尔斯（科隆）给卡尔·马克思（伦敦）的信

1851年4月24日

亲爱的马克思：

您本月15日的来信已经收到。[……]

我已经同您谈论过那种吹牛撒谎的江湖骗术,而您对那一套总是怀有好感,现在,我不能不十分郑重地再次提醒您对一位江湖骗子加以注意。拉萨尔和毕尔格尔斯的争执①决不是个人之间的口角；我认为,您没有认清拉萨尔的面目。我和许多人都认为他是一个浅薄的吹牛家,一个纯粹的、标榜民主主义的江湖骗子；总有一天,他会像泰勒林那样暴

---

① 见注释411。

露无遗。只要在金钱方面发生某些困难，他那种奢华的生活就难以为继；我十分担心，那样一来，这位"强悍的斯巴达人"（见《新莱茵报》发表的海涅的信①）就会使出波斯人的伎俩。至于人才，我们最近已经培养出两名出类拔萃、足以匹敌的对手。尤其是对其中的一名对手，我抱有很大的希望；目前在柏林，我们赢得了在其他任何地方所没有的声望。②［……］

手稿　　　　　　　　　　　　　　　　　　　　　节录
莫斯科苏共中央马列主义研究院　　　　　　　　　第一次发表
中央党务档案馆,f. 1. op. 5, d. 367

609
《德意志工人俱乐部》（汉诺威）的社论[417]

1851年4月26日

我们的任务

什么样的暗礁在威胁着未来的革命？

就是昨日的革命碰上的那块暗礁；

---

① 1849年1月4日《新莱茵报》（科隆）第186期。
② 一名"足以匹敌的对手"是指阿伯拉罕·雅科比，他当时已前往柏林，其身份是同盟特使；另一名"对手"可能是指约翰奈斯·米凯尔。

> 穿着护民官外衣的资产者的令人
> 痛心的威信。
> 布朗基①

什么是工人政党的首要任务？

"**工人政党必须认清自己对其他政党，特别是对各个革命政党所应采取的立场，并按照这一立场采取行动。**"

毋庸赘言，工人们不会同残存的**封建主义**势力，即贵族统治、官僚机构和警察专制结成同盟。

工人们也不会想到同整个资产阶级实行联合，因为**资产阶级**恰恰是他们的直接的敌人。可是，在资产者中间也有那么一些人，他们感到自己身受封建残余势力的倾轧，不能坐等工业的发展来扫除这些残余势力，**从某种程度上来说**，这些资产者是革命的，但他们的革命性仅仅表现在反对腐朽的国家残余势力这一点上，一旦这些残余势力被推翻，他们的革命姿态也就随之消失。此外，他们在各种所谓工人教育协会中也积极活动，力图向工人们灌输**资产阶级的**知识，希望利用这些知识来谋求**自己的**私利。我们正在全体真正的工人面前揭露他们。

对于工人们来说，更富有诱惑力、同时也更具有危险性的事情，是同立宪民主主义或共和主义的**小资产者**，即**现代民主派**结成同盟。

这些现代民主派由小工商业者、城市手工业者、农民以及一大部分农村无产阶级组成，他们从自己的生活地位出发，力图在资产阶级的**大资本**、大工业面前保护自己的**小资本、小工业**。

大资本对小资本施加的压力十分沉重，以致小资产者不断沦为无产阶级，一部分是由于他们的小资本不足以经营大工业，从而在资本家的竞争面前一败涂地；一部分是由于新的生产方式使他们那种精明干练的

---

① 引自《布朗基祝酒词》（文件594）。

本领变得毫无价值。大工业逐渐占领了一切有可能大规模投资的企业，它正在一个接着一个地把小资产者从各个行业中排挤出去。这样一来，小资产阶级就在一切领域遭到大工业的摧毁，这个阶级的成员也就在各个地方被抛到无产阶级的队伍中去：随着大工业的发展，他们这个独立的阶级将消失得无影无踪，剩下的只有单纯的资产阶级和无产阶级的对立，他们眼看着这个时刻正在步步逼近。因此，他们是革命的。

在英国，这样的小资产者几乎已经不复存在；在法国，他们正在日渐消失；而在德国，他们却还拥有强大的力量。

另一方面，小资产者也同资产阶级一样从工人身上榨取利润。师傅与帮工的关系，同资产者与工厂工人的关系如出一辙，毫无二致。小资产者也同样必须招收雇佣劳动者，对工人进行剥削；他们也同样拥有资本，并通过劳动来增殖资本；**因此，他们要让资本和雇佣劳动的对立存在下去**，他们只是希望这种对立有所缓解罢了。这些人就是我们的民主派！

我们看到，小资产者不断地遭到大工业的排挤，沦落为无产阶级，他们所追求的全部目标，就是要把大工业、大资本遏制在一定的范围之内，以便他们的小资本、小工业能够与之展开顺利的竞争。小资产者所希望的到底是什么？他们是希望**自己也成为资产者**。而这些人就是我们的民主派！

现在的生产建立在什么基础之上？它是建立在私有制的基础之上，建立在资本和雇佣劳动互相对立的基础之上。难道工人们还有什么兴趣去维护这种对立吗？事实恰恰相反，他们这些雇佣工人忍受着有产阶级即资本的千方百计的剥削；他们所经受的剥削极为残酷，致使他们几乎无法生存；所以，他们的**唯一**的努力方向就必然是**消除资本与劳动的对立，消灭目前生产的基础——私有制**。

只要他们还是雇佣劳动者，他们就不可能得到任何人间的幸福！

由此我们看到，**小资产者和工人所追求的利益是直接对立的**。这两个党派即使联合起来，也不可能持久，在他们之间很快就会出现势不两立的敌对局面。

民主派目前也受到压迫；他们的地位互不相同，其革命性也有强有弱；他们努力的方向就是要推翻统治阶级。如果为了这一目标而同这些民主派**携手并进**，这是否符合工人的利益？

回答是肯定的，不过，这种携手并进仅仅是为了**这个**目标。

在推翻统治阶级即资产阶级这一点上，工人和小资产者有着共同的**利益**；因此，两者的道路在这一点上是重合的。可是，为了推翻共同的敌人，并不需要特意进行联合；在这种情况下，联合将自然形成。所以，工人不仅没有必要为了同民主派联合而放弃自己的独立地位，恰恰相反，他们必须**不惜一切代价来保持自己历尽艰辛而赢得的独立地位**。

综上所述，我们认为：

小资产者力图使自己变成资产者，他们要让资本和劳动的对立长存下去，他们只是希望这种对立有所缓解罢了；相反，工人却要求消除这种对立。因此，民主派和工人所追求的利益是截然相反的，也正因为如此，工人不能同民主派结成联盟。

在下一次革命中，两者只是在推翻统治阶级这个目标下有着共同的道路：工人将帮助自己的暂时的盟友。

统治阶级一旦被推翻，工人就将迅速对民主派采取针锋相对的行动；如果目前就同他们结成同盟，就会给将来采取针锋相对的行动造成巨大的困难。

1851年4月26日《德意志工人俱乐部》（汉诺威）第17号

610

罗兰特·丹尼尔斯（科隆）给卡尔·马克思（伦敦）的信

1851年4月26日

1851年4月26日于科隆

亲爱的马克思：

有关鲁普斯①申请护照一事，在办理时务请谨慎小心。完全应当在事先就考虑到，伦敦来的信件是受到监视的。[……]

您对最近拟订出版的杂志②有何评价？从您的来信推断——似乎评价不高。[……]

我刚才听说鲁普斯的护照已经办妥。因此，你就不必费心了。望及早回信，并请寄一份前言给我。③

您的 丹

手稿 节录
莫斯科苏共中央马列主义研究院 第一次发表
中央党务档案馆，f.1, op.5, d.368

---

① 威廉·沃尔弗。
② 见注释410。
③ 马克思当时打算为丹尼尔斯的著作《小宇宙。生理人类学概论（手稿）》撰写一篇前言。

611
海尔曼·贝克尔(科隆)给卡尔·马克思(伦敦)的信

1851年4月29日

亲爱的马克思:

当局又吊销了我的书刊承印人的营业执照。因此,印刷工作目前改在韦尔维耶继续进行。

恳请您同意我们在《新杂志》① 上发表您批判蒲鲁东文章的德译文。②如果可能的话,杂志首期拟刊登这篇著作的第一章,此外还要发表丹尼尔斯《人类学》一书的导言③,以及德朗克论意大利革命的一篇文章。另外,请把您得到的涉及维利希—金克尔—勃朗之流阴谋活动的有关文件资料寄来,我们尤其需要《泰晤士报》发表的那篇沙佩尔—维利希声明,以及临时政府关于实行国家信贷的文告④。杂志第1期除发表上述三篇文章以外,还准备刊登一篇剖析伦敦临时政府派的论文,以表明《新杂志》的立场,这样,就不需要再写发刊词之类的东西了。

我将在下星期前往不来梅,打算在那里亲自反击卢格的阴谋活

---

① 见注释410。
② 指马克思《哲学的贫困》一书(1847巴黎—布鲁塞尔版)的德译文;这篇译文当时拟定编入《卡尔·马克思文集》。
③ 指罗兰特·丹尼尔斯的著作《小宇宙。生理人类学概论(手稿)》。关于该书的导言,见本书第4卷注释456。
④ 见本书第4卷注释636。

动。⁴¹⁸但愿上面提到的各种材料能在5月4日或5日以前寄到这里,这样我就可以在临行前安排好印刷方面的各项事宜。

人们是不是又要利用维利希给我的第二封信①,来描绘这位将军的革命才能?我和你的其他朋友十分殷切地期望你尽快回信。

您的 贝克尔
1851年4月29日于科隆

手稿　　　　　　　　　　　　　　　　　　第一次发表
莫斯科苏共中央马列主义研究院
中央党务档案馆,f.1,op.5,d.370

612
共产党在德国的要求（1851年）[419]

大约1851年4月底

共产党在德国的要求
（1851年）

1. 宣布全德国为统一的、不可分割的共和国。
2. 凡年满21岁的德国人,只要不是人所共知的反动分子,都有选

---

① 见注释385。

举权和被选举权。

3. 给人民代表支付薪金,使德国工人也有可能出席德国人民的国会。

4. 武装全体人民。今后,军队同时也应当是劳动大军,使部队不再像以前那样光是消费,并且还能生产,而所生产出来的东西要多于它的给养费用。

此外,这也是组织劳动的一种方法。

5. 诉讼免费。

6. 无偿地废除一切至今还压在农民头上的封建义务,如徭役租、代役租和什一税等等。

7. 各邦君主的领地和其他封建地产,一切矿山、矿井等等,全部归国家所有。**在这些土地上用最新的科学方法大规模地经营农业,以利于全社会。**

8. **宣布农民的抵押地归国家所有。这些抵押地的利息由农民交纳给国家。**

9. 在通行租佃制的地区,地租或租金作为赋税交纳给国家。

实行第6、7、8、9各条中提出的这些措施,是为了减轻农民和小租佃者所担负的社会义务和其他义务,同时也不致减少支付国家开支所需的资金,而且不使生产本身遭受损失。

至于既不是农民,又不是租佃者的土地所有者是不参加任何生产的。因此他们的消费纯粹是挥霍。

10. 成立国家银行来代替所有的私人银行,国家银行发行的纸币具有法定的比价。

实行这一措施就能按照全体人民的利益来调节信用事业,从而破坏大金融资本家的统治。实行这一措施就能逐渐以纸币代替黄金和白银，使资产阶级流通的必要工具，即一般的交换工具减价，因而就有可能把黄金和白银用到对外贸易上去。最后，为了把保守的资产者的利益和革命联系起来，这个措施也是必要的。

11. 国家掌握一切运输工具：铁路、运河、轮船、道路、邮局等。它们全部转为国家财产，并且无偿地由没有财产的阶级支配。

12. 所有官员的薪金没有任何差别，只有有家眷的官员，即需求较大的人的薪金可以比别人高一些。

13. 教会服从国家的领导，并接受国家的监督。各教派牧师的薪金一律由各个自愿组织起来的宗教团体支付。

14. 限制继承权。

15. 实行高额累进税，取消消费税。

16. 建立国家工场。国家保证所有工人都能生存，并且负责照管没有劳动能力的人。

17. 实行普遍的免费的国民教育。

为了德国无产阶级、小资产阶级和小农的利益，必须尽力争取实现上述各项措施；因为只有实现这些措施，德国千百万一直受少数人剥削，且少数人仍力图使之继续受压迫的人，才能争得自己的权利和作为一切财富的生产者所应有的权力。

传单
美因茨市立图书馆 Nr. 6 – 356a – 20a
(参看《马克思恩格斯文集》第 4 卷第 238 页)

613
卡尔·马克思（伦敦）给弗里德里希·恩格斯（曼彻斯特）的信

1851年5月3日［于伦敦］

1851年5月3日［于伦敦］

亲爱的恩格斯：

据鲁普斯①本人给我来信说，他已从科隆得到一张英国护照和他自己同德朗克的路费。德朗克还给科隆人②寄了一篇关于意大利革命的文章。

但是可笑的是，在给当时筹备纪念二月革命的委员会③的献词上赫然有德朗克的署名——这个献词在路易·勃朗那里发表。我们将要求他

---

① 威·沃尔弗。——编者注
② 指科隆共产主义者同盟中央委员会的成员。——编者注
③ 伦敦教堂街是法国社会主义民主派兄弟协会的所在地。该协会成立于1850年秋季，其宗旨是向法国政治流亡者提供物质援助，但不介入政治。协会中既有路·勃朗、皮·弗·朗道夫、赖德律-洛兰等小资产阶级社会主义者和民主主义者，也有埃·卡贝的追随者和布朗基派的人。

1851年2月7日，该协会倡议举办一个国际性的宴会纪念1848年法国二月革命三周年。在筹备期间，勃朗和赖德律-洛兰发生了冲突。于是勃朗及其朋友退出了协会，随后同朗道夫一起与乔·朱·哈尼及其追随者，以及"欧洲社会民主主义者中央委员会"联合起来。其结果是2月24日有两个宴会同时举行，一个宴会在教堂街，有斐·沃尔弗和威·李卜克内西出席；另一个宴会则是在维利希主持下举办的"平等者宴会"。——原卷末注

对这种奇怪的情况作出解释。这件事,从最好的方面说也是这个侏儒的一个不太聪明的做法。

贝克尔①把他的排字房和印刷所迁到了韦尔维耶;看来,政府的迫害没有伤害到他。我写的玩意儿的一个分册②已寄来,但是只有一本。[……]

丹尼尔斯给我来信说,他们在柏林的代表胜过任何地方;他们在那里掌握了很活跃的"天才人物"和"绅士"。③[……]

手稿　　　　　　　　　　　　　　　　　　　　　　　节录

莫斯科苏共中央马列主义研究院中央党务档案馆,f.1,op.1,d.441
(《马克思恩格斯全集》德文版第27卷第243—244页,参看《马克思恩格斯全集》中文第2版第48卷第257—259页)

---

① 海·贝克尔。——编者注
② 早在1850年12月马克思就已经开始同海·贝克尔商谈出版自己的著作一事。经过商谈之后,于1851年4月底出版了《马克思文集》第1分册(1851年科隆版)。这个分册包括马克思在1842年写的《评普鲁士最近的书报检查令》和《第六届莱茵省议会的辩论》第一篇论文的一部分(《马克思恩格斯全集》中文第2版第1卷第107—135、136—202页)。由于海·贝克尔被捕,第1分册出版后没有继续出版。——原卷末注
③ 这里指阿·雅科比——他当时作为共产主义者同盟科隆中央委员会的特使去了柏林,另外一个人可能是在格丁根同盟组织中从事活动的约·米凯尔。——原卷末注

614
威廉·皮佩尔（伦敦）给弗里德里希·恩格斯（曼彻斯特）的信

1851年5月4日①

［……］当然，伦敦的缝纫业和制鞋业目前十分兴旺，这使我为埃卡留斯感到高兴，他终于熬过了一个艰难困苦的冬天。鲍威尔的收入也很可观。他刚才到这里来过，告诉我说，纽约的工人联合会表示希望在这里召开一次工人代表大会。⁴²⁰ 这大概就是《纽约先驱报》的告密者们最近在《泰晤士报》大肆叫嚣的原因。汉堡的马尔滕斯已委托莱梅在这里为汉堡人物色一名代表。如果德国和法国的工人（即手工业者）参与这次行动，那么，他们准备在这次代表大会上搞什么名堂呢？是规定各项人权呢，还是就各种协作联合的方案进行辩论？这些愚蠢的行为有什么用处？我打算同马克思交换意见；必须给科隆人写信，让他们尽可能阻止这种愚蠢的举动。

马克思著作②的第一册已经寄到这里。贝克尔的印刷设备没有被没收——当局只是没收了贝克尔的《君主制还是共和制》一书。马克思已经把批判蒲鲁东的著作寄出。目前印刷工作进展得相当迅速。［……］

致以友好的问候。

永远忠实于您的朋友
于星期日早晨

---

① 原信上的日期误写为"6月4日"，这封信写于星期日，应为"5月4日"。
② 指《马克思文集》，见注释393。

手稿　　　　　　　　　　　　　　　　　节录
莫斯科苏共中央马列主义研究院　　　　第一次发表
中央党务档案馆, f. 1, op. 5, d. 371

615
卡尔·马克思（伦敦）给弗里德里希·恩格斯（曼彻斯特）的信

1851年5月5日

［……］刚才塔普曼①带来米凯尔的信，从信中看出，德国民主派——以及某些共产主义者——由卢格的不来梅的臭小报②带头，正在不知疲倦地对我进行诽谤，而德国庸人和施特劳宾人③对这类东西自然是狼吞虎咽的。这些家伙显然是对我怕得要死，因为他们现在正在采取各种手段，以便使我不能在德国居住。

你的　卡·马·

琼斯昨天作了一次反对合作社运动的真正出色的演讲④，他在演讲

---

① 威·皮佩尔。——编者注
② 《不来梅每日纪事报》。——编者注
③ 施特劳宾人是德国的流动手工业帮工。马克思和恩格斯这样称呼那些还受落后的行会意识和成见支配的德国手工业者，这些人抱着反动的小资产阶级幻想，认为可以从资本主义的大工业退回到小手工业去。——原卷末注
④ 厄·琼斯于1851—1852年领导宪章派左翼开展了同英国合作社运动的斗争。当时的合作社大多由所谓的"基督教社会主义"的追随者建立，这些人出身于富人家庭，或者是神职人员、律师等，他们想借建立合作社来抵制革命运动。——原卷末注

NOTES TO THE PEOPLE.

BY

ERNEST JONES,

OF THE MIDDLE-TEMPLE, BARRISTER-AT-LAW,
AUTHOR OF "THE WOOD SPIRIT," "LORD LINDSAY," "MY LIFE," ETC.

VOLUME I.

LONDON:
J. PAVEY, 47, HOLYWELL-STREET.
1851.

厄内斯特·琼斯出版的《寄语人民》周刊封面

中公开攻击了他自己的听众。他对我说,同哈尼合伙出版报纸的打算大概不会有什么结果,因为无法同他的妻子打交道。他暂时将以自己的力量出版一个杂志①。

手稿 节录

莫斯科苏共中央马列主义研究院中央党务档案馆,f. 1, op. 5, d. 442 (《马克思恩格斯全集》德文版第27卷第247页,参看《马克思恩格斯全集》中文第2版第48卷第261—262页)

616
海尔曼·贝克尔(科隆)给卡尔·马克思(伦敦)的信

1851年5月6日或7日②

亲爱的马克思:

批判蒲鲁东的文章③已经收到。您说得对,为了保证《文集》④的

---

① 指1851—1852年在伦敦出版的宪章派机关刊物《寄语人民》周刊,它的主编是厄·琼斯。由于哈尼转入小资产阶级民主派阵营,这个刊物——宪章派中的革命的无产阶级的喉舌——的出版,就具有了特别的意义。马克思和恩格斯曾经支持这个杂志,参加该杂志的编辑和出版工作,并且从1851年6月到1852年4月在这个杂志上发表了许多文章。——原卷末注

② 贝克尔本人在这封信上署明的时间是"5月7日";但在这一天汉诺威会议已经开幕,因此,这封信可能是5月6日写的。

③ 可能是指威廉·皮佩尔翻译的马克思著作《哲学的贫困》。

④ 见注释393。

出版工作顺利进行，就不宜将这篇文章全文刊登在《新杂志》① 上。眼下一切工作都停顿下来了。明天一早，我将启程前往汉诺威；北德意志地区的民主派要在那里举行一次类似代表大会性质的集会②，我受到了真诚的邀请。

请来信告知：我们是否能在此地帮助弗里茨·恩格斯搜集某些资料？③戴·纳特那边，等我同警方"商妥"以后，就立即给他去信。

我已经再次为凯斯勒尔先生单独结清了账目，现将账单随信附上。

托马斯已经付款了吗？

几天前，无缘无故出逃达两年之久的卡尔·克雷默回来了，幸灾乐祸的科隆人纵情地嘲笑了他。由于这个原因，他至今还没有去拜访他昔日的那些"民主派的"朋友们。

施特罗特曼在这里说话十分审慎，因为他撰写的那些有关金克尔的东西，使他在波恩受到了当地小资产者的猛烈攻击，而这些情况我们在这里并没有获悉。圣诞节第二天，我在波恩参加了一个宴会；那时，金克尔的妻子还住在波恩。席间有人提议为金克尔祝酒，结果举座愕然；后来就再也没有任何人提起这位受苦受难的人了。这一点确实标志着时代的特征。施特罗特曼已在波恩"修正"了他"对舆论的错误看法"。

弗莱里格拉特几天前来过这里；本星期他就要启程前往伦敦，准备在那里度过夏天。

您的　贝克尔

1851年5月7日于科隆

---

① 见注释410。
② 见注释418。
③ 估计恩格斯当时正在为《新杂志》撰写一篇文章。

手稿 第一次发表

莫斯科苏共中央马列主义研究院
中央党务档案馆, f. 1, op. 5, d. 372

617
弗里德里希·恩格斯（曼彻斯特）给卡尔·马克思（伦敦）的信

1851年5月9日

［……］不能希望在德国对我们的漫骂比在美国和伦敦少一些。你现在处于足以自豪的地位，同时受到两大洲的攻击，这是连拿破仑都从来没有遇到过的。可是，我们在德国的朋友却是些蠢驴。他们不介意单纯的漫骂，对这种卑鄙勾当的情况三个月才说几句话，这一点完全是正常的。但是当事情达到诽谤的程度，当民主派庸人不再满足于单纯地相信我们是最可怕的怪物，并开始散布捏造的和歪曲的东西，在这种情况下，如果这些先生们把这些文件给我们之中某个人送来，以便我们能采取自己的措施，这的确不是多余的。但是德国人认为，只要他根本不相信这类胡诌，他就是已经尽到了责任。请你叫塔普曼写信把这一点告诉米凯尔。根本不需要立刻答复，等这种丑事积累几打时，再突然狠狠地干一下，一脚踩死这些臭虫。至于他们想使我们不能在德国居留，就

让他们去得到这种满足吧!他们不可能把《新莱茵报》①、《宣言》② 以及类似的东西从历史上一笔勾销,他们的一切号叫也无济于事……
[……]

手稿 摘要

莫斯科苏共中央马列主义研究院中央党务档案馆,f. 1,op. 5,d. 445(《马克思恩格斯全集》德文版第 27 卷第 253—254 页,参看《马克思恩格斯全集》中文第 2 版第 48 卷第 269 页)

618
一篇论述阶级和阶级斗争的文章

(原载汉诺威《德意志工人俱乐部》)
1851 年 5 月 10 日

反动的报刊

德国的反动报刊极端无能,它们无法理解目前运动的性质,无法认清这场运动中出现的阶级对立和行将爆发的阶级斗争的必然趋势;在反

---

① 《新莱茵报。政治经济评论》。——编者注
② 马克思和恩格斯《共产党宣言》。——编者注

动势力企图利用报刊来反对社会主义工人政党时，这些反动报刊的无能暴露得最为明显。它们太缺乏真知灼见，不能用论证和辩驳来进行这场斗争，于是，就只剩下一条出路，那就是进行告密，同时也写几句可怜的空话，并且道貌岸然地发一点惊叹，说什么教育和宗教已经毁灭殆尽，野蛮的状态已经来临；这条出路同它们的浅薄平庸倒是十分相称的。这些陈词滥调的依据是一种有趣的想象，而统治阶级就是借助于这种想象把它们的观点和制度变成永恒的自然法则和理性法则，同时也把它们的社会视为唯一合理的社会。如果在一个社会中，绝大多数人仅仅是供人买卖的劳动工具，活人的劳动成了僵死的资本的奴隶，财富的每一点增殖都要以无产阶级人数的进一步增加和赤贫状态的进一步加剧为前提，任何一次生产的过剩都不是带来普遍的富裕，而是造成极其可怕的贫困，造成一切工业、一切商业的暂时的毁灭；如果我们对这样一个社会进行了抨击，那就会被说是动摇**一切**人类秩序的基础。如果社会主义不是像资产阶级社会那样，竟然无法保障自己的奴隶在遭受奴役时的生存条件，而是要通过共同的生产源源不断地增加全民族和个人的财富，那就要被反动报刊说成是一种普遍的野蛮状态。如果我们对包藏着种种资产阶级利益的资产阶级偏见进行了批判，如果我们把遮掩残忍的剥削行为的那层貌似神圣的外衣彻底撕开，那就会被说成是攻击了最神圣的事物，是把工人推向令人诅咒的罪恶深渊。如果社会主义要取消那种使一部分人掌握捞取利益的剥削本领，而把另一部分人培养成机器的阶级教育，并决心为一切人争得长知识、受教育的权利和条件，那就会被说成是毁灭**一切**教育，是采取一种普遍的践踏文明、戕害人性的行动。

  反动报刊就是这样用空泛的陈词滥调来掩饰自己的无能，与此同时，它们又对那些不幸而受到毒害、从而堕入万劫不复的地狱的人发出沉痛的惋叹，借此来掩饰自己的恐惧；它们进行极其卑鄙的诬陷和谗害，

载于《德意志工人俱乐部》的论阶级和阶级斗争的文章

以此作为自己的武器。反动派认为无产者只是一些堕落的群氓和懒汉；他们当然想象不出社会主义同那种有组织的烧杀抢掠有何区别。《汉诺威报》就是坚持这种无知妄说的一个例证，该报在4月23日的一期上用极其无耻的手法告发了《德意志工人俱乐部》。工人们只要留心一下那篇诽谤文章，就会从那些心虚胆怯的议论中，从该报对社会主义原则无力进行反驳的事实中，得出一个结论，即社会主义已经成为一种力量，这种力量是资产阶级社会所无法抗拒的。

不过，为了给《汉诺威报》一个机会，使它有可能公开显露自己的聪明才智，我们愿意同它进行一场辩论；为了使该报不致再次流于空谈，尽讲废话，我们要向它申述一下讨论的各个要点，即社会主义的基本原理。

到目前为止的全部历史都是阶级斗争的历史，革命是阶级斗争的最激烈的爆发形式，被压迫阶级通过革命而取得胜利。在中世纪，有封建领主、陪臣、行会师傅和农奴；从行会师傅中发展形成了资产阶级。资产阶级并没有消灭阶级对立，它进行自由竞争，并以耗费的劳动时间来评定事物的价值，从而使阶级对立简单化了；它把整个社会分裂为两大阵营：资产阶级和无产阶级。在这种对立中，资本的每一点增殖都以无产阶级人数的进一步增长为前提。消费不是同生产齐头并进，相反，在生产发展的时候，消费却在削减。然而与此同时，工业（其软弱无能、束手无策的把持者是资产阶级）的进步却结束了工人们由于竞争而造成的分离状态，使他们通过结社而实现了革命的联合，因此，在资产阶级社会内部，已经蕴含着社会化生产的一切条件。我们将从这些条件出发，向《汉诺威报》证明，该报所代表的资产阶级社会必将为社会主义所取代。如果《汉诺威报》不愿进行辩论，我们将不再同它继续纠缠。

1851年5月10日《德意志工人俱乐部》(汉诺威)第19号

619
卡尔·冈洛夫(莱比锡)给弗兰茨·施韦宁格(埃森)的信[421]

1851年5月11日

亲爱的施韦宁格：

对于您的沉默，我作过种种猜测，但所有的猜测都没有充分的理由；您的来信终于使我疑虑顿消。

我很高兴，您终于有了较好的前途，对此，我表示衷心的祝贺。我的境况不佳，这就是我所能告诉您的一切；从出版漫游札记到发行《普罗米修斯》，我有三次因不合手续而犯了错误，为此，我必须交付18rh19新格罗申8芬尼的罚金，这种处罚使我只好去**典当财产**，这就是我的全部遭遇。我也曾像乞丐一样向八方写信求援，可是**很久**以来，我没有收到分文；工人们背离了自己的立场，抛弃了自己的事业。如果局势有所变化，使中央委员会①有可能发表一篇工作报告，那么，我们将会在许多方面对工人们提出责难。尽管如此，我仍在继续工作，从不间

---

① 指工人兄弟会中央委员会。

断。我为布罗克豪斯干活,可是哪有什么报酬可言!我认为,蓝色党人①在下一次运动中将取得胜利果实,我们的明智做法应当是支持他们,以便首先争得政治上的自由和经营商业、手工业的自由,在实现这一目标之前,蓝色党人是会同我们一道前进的;不过,我们应当注意不要过早地同他们分道扬镳。如果这一次不能赢得胜利,我看德国就毫无希望了,它将遭到同以色列人一样的命运。您可以注意一下华沙的动向,在那里,王公大人们是肯定要举行一次会议的。

我在这里还团结着为数不多的一群人,他们坚韧顽强,英勇不屈;我们同柏林、汉堡、慕尼黑、纽伦堡、格平根、汉诺威、不伦瑞克方面继续保持着通信联系。望您经常将您的观点告诉我,这样,我们就可以及时地互通情况,步调一致地采取行动;我觉得,目前我们必须适应形势的发展,因为坦率地说,工人们已经四分五裂,变成一盘散沙,而且表现得十分自私,因此,我们必须同那些品质优秀、敏于思考的人一道工作;而群众却总是自动地投靠暂时得势的人物。

现在谈谈我们的事情吧。我已经向大家转达了您的问候;赫尔佐克、耶尼希、**雷费尔德**、马尔齐乌斯等人也委托我向您问好。艾斯纳已经不住在这里,左尔格也已离开此地;格劳豪的施特克尔**422**到这里来参加博览会,他也让我向您致意。我通过书信往来,仍同萨克森以及巴伐利亚和符腾堡地区保持着联系。那些东西您肯定会收到的,不过,我必须向您表示一点歉意,有些东西是我的妻子舍不得放弃的,如陶瓷器皿、几幅小画和灯具,她想留着做个纪念。我经历了艰难的生活;除了上述物品以外,还有一只酒杯也未能寄给您,在罗伊斯驱逐时,我把那只酒杯典当出去了,虽然只当了2.5rh,可是我却无力赎回这件抵押品。

---

① 指资产阶级民主派。

不过，您一定会得到这只酒杯，至迟在米迦勒节①，我将把它送给您；也许我会托一位外出旅行的人将酒杯带到您那里。

今年以来，我的弟弟已经给我寄了50rh，否则我早已成了饿殍；不过，我并不沮丧，情况总会好起来的；对于目前的境遇，我已经完全习惯了。罗伊斯音讯全无，去年他曾给我寄来一篇文章，并写信给我，要我发表这篇文章，而责任由他来负。可是，他却用这篇文章坑害了我；在审讯时，他声称给我写过信，要求修改那篇文章，使之不与我国的法律相抵触。当我听到宣读这份审讯记录的副本时，我简直莫名其妙；不过——这倒使我认识了一些人的面目；如果我能获得国王的**恩典**，我大概只需服两个月的徒刑，这已经是够糟糕的了。

时间太紧，我只能写到这里了。我的全家向您致以衷心的问候，家里的每一个人都特地让我写上一番问候的话。我请求您尽快回信。

有两个纽伦堡人在这里，我们将同他们在酒馆会面。

裁缝业和制鞋业由于日渐萧条，已经没有生机，这就是本地工人的状况。

1851年5月11日于莱比锡

致以衷心的问候，并紧握您的手

您的 卡·冈洛夫

我的确切地址是：陶哈大街20号，请C.舒斯特（法律专业学生）转交。此人住在我这里，是一个可靠的人。您的几封来信我没有收到。

波茨坦国家档案馆，Rep. 30 Berlin C, Tit. 94, Lit. G, Nr. 186, Ifd. Nr. 10081, Bl. 36-38.（副本）

第一次发表

---

① 9月4日。

620
共产主义者同盟科隆中央委员会给拉绍德封总区部的信

1851年5月13日

1851年5月13日于科隆

我们从你们本月8日的来信[423]中获悉，你们曾经提出过召开代表大会的要求；这一要求已经得到某些人（大概是伦敦方面的人）的同意，他们答应于7月1日召开这次代表大会。

本来，你们完全可以直截了当地向我们声明：你们已经退出组织。你们竟赞成召开这样一个违背章程的代表大会，并准备派遣代表去参加这次会议，这就说明，你们事实上已经脱离组织，正因为如此，我们也就不打算对你们的来信郑重其事地给予详细答复了。

不过有一点必须提醒你们注意，那就是：你们在要求实现统一的时候犯了一个错误。你们似乎认为，我们的党已经发生分裂，遭到了众叛亲离的厄运。我们可以告诉你们，事实同你们的看法恰恰相反；我们可以满怀信心地对你们说，在清除了少数几个在德国境外活动的盟员以后，我们在目前比以往任何时候都更加统一、更加坚强。

《起诉书》第31页

621
海尔曼·贝克尔（科隆）给亨利希·毕尔格尔斯（柏林）的信[424]

1851年5月14日

亲爱的毕·：

诺特荣克已于10日①在莱比锡车站，即莱比锡本地的火车站被捕。② 有人写信告诉我，他当时随身携带着各种文件。详细情况还不清楚。一旦获悉详情，我就立即给您写信。警方搜查寓所的行动日益频繁，不来梅的杜朗已遭到搜查，我和本地其他人的住所也已被查抄，同时，警方还为一幅攻击毕尔格尔的标语的事搜查了赞德库尔的住宅，看来完全是捕风捉影。

随信附上20Rt；我马上就要写信寄往帕德博恩，也许还能筹集到一些钱。许纳拜恩等人在埃尔伯费尔德搞了个群众集会[425]，会场上乱作一团。我真倒霉，恰好赶上集会开始时③抵达埃尔伯费尔德，于是只好观赏了这出有趣的闹剧。

致以最衷心的问候。

您的　贝·

---

① 原件上写的是"11日"。
② 见注释217。
③ 1851年5月11日。

手稿

波茨坦国家档案馆，Rep. 30, Berlin C, Tit. 94, Lit. J, Nr. 78, Ifd. Nr. 10878, Bl. 49

第一次发表

622

阿伯拉罕·雅科比（柏林）给亨利希·毕尔格尔斯（科隆）的信[426]

1851 年 5 月 14 日

1851 年 5 月 14 日

亲爱的毕·：

随信附上 7 塔勒，这是我还给贝克尔的余款，麻烦您转交给他。我已经到王冠大街寻访过朋友诺特荣克——但他从上星期四①起就不知去向了。

我来到此地刚刚几天，在此之前，我曾因病休假，接着又在格丁根住了几天。

6 月 1 日以前，我将住在舒曼大街 19 号 2 楼。为稳妥起见，来信请用双层信封，地址写：王冠大街 18 号 3 楼哲学系学生 G. 吕特盖特先生转我收。

---

① 1851 年 5 月 8 日。

我将在下封信写明详细情况，今天就写到这里。

向我的熟人们问好！

您的①

希望尽快把7月份召开代表大会的有关情况告诉我。②

《起诉书》第65页

623
亨利希·毕尔格尔斯（柏林）给
威廉·豪普特（汉堡）的信[427]

1851年5月15日前后

亲爱的豪普特：

5月10日，诺特荣克从此地前往莱比锡，我不清楚他此行的目的，在抵达当地火车站时被捕。请迅速将此消息通知马尔滕斯。我在此地一切都非常顺利。

亨·毕尔格尔斯

---

① 下面的签名无法辨认。
② 见本卷第452页注③。——译者注

波茨坦国家档案馆，Rep. 30 Berlin
C, Tit. 94, Lit. N, Nr. 67, Bd. 1, Bl. 151

624
阿伯拉罕·雅科比（柏林）给
约翰·克里斯蒂安·吕霍夫[428]
（柏林）的信

1851年5月20日

5月20日

亲爱的吕霍夫：

不知您最近情况怎样，所以特地给您写这封信。如果您和康内吉塞尔[429]愿意来我这里作客，我将在明天和后天上午留在家中等候。我苦于要应酬两起来访，无法脱身，所以不能去看望你们。为了我们事业的需要，请务必到我这里来一趟。

您的 阿·雅·

手稿　　　　　　　　　　　　　　　　　　　　第一次发表

波茨坦国家档案馆，Rep. 30 Berlin C,
Tit. 94, Lit. J, Nr. 78, Ifd. Nr. 10878. Bl. 46

625
卡尔·马克思（伦敦）给弗里德里希·恩格斯（曼彻斯特）的信

1851年5月21日

1851年5月21日于伦敦

亲爱的恩格斯：

弗莱里格拉特已来这里并向你问候。他来这里是为了找一个职位。如果找不到，他就到美国去。

他从德国带来了非常好的消息。科隆人①很活跃。从9月以来，他们的使者就到各地去。他们在柏林有两个很好的代表②；而由于民主派不断到科隆去请教，所以他们经常阻碍其他一些先生们的活动。例如，不伦瑞克人打算给席梅尔普芬尼希2 000塔勒，转交伦敦委员会（社会的）③。但是他们先派遣了鲁齐乌斯博士到科隆，于是这件事就吹了。[……]

---

① 指科隆共产主义者同盟中央委员会的成员。——编者注
② 这里指阿·雅科比——他当时作为共产主义者同盟科隆中央委员会的特使去了柏林，另外一个人可能是在格丁根同盟组织中从事活动的约·米凯尔。——原卷末注
③ 伦敦委员会在这里显然指伦敦德意志工人教育协会下属的流亡者委员会。它是在马克思、恩格斯及其盟友退出工人教育协会以及马克思、恩格斯领导的社会民主主义流亡者委员会解散之后由维利希—沙佩尔冒险主义宗派集团建立的。——原卷末注

第六章 共产主义者同盟从分裂至科隆中央委员会活动结束　　627

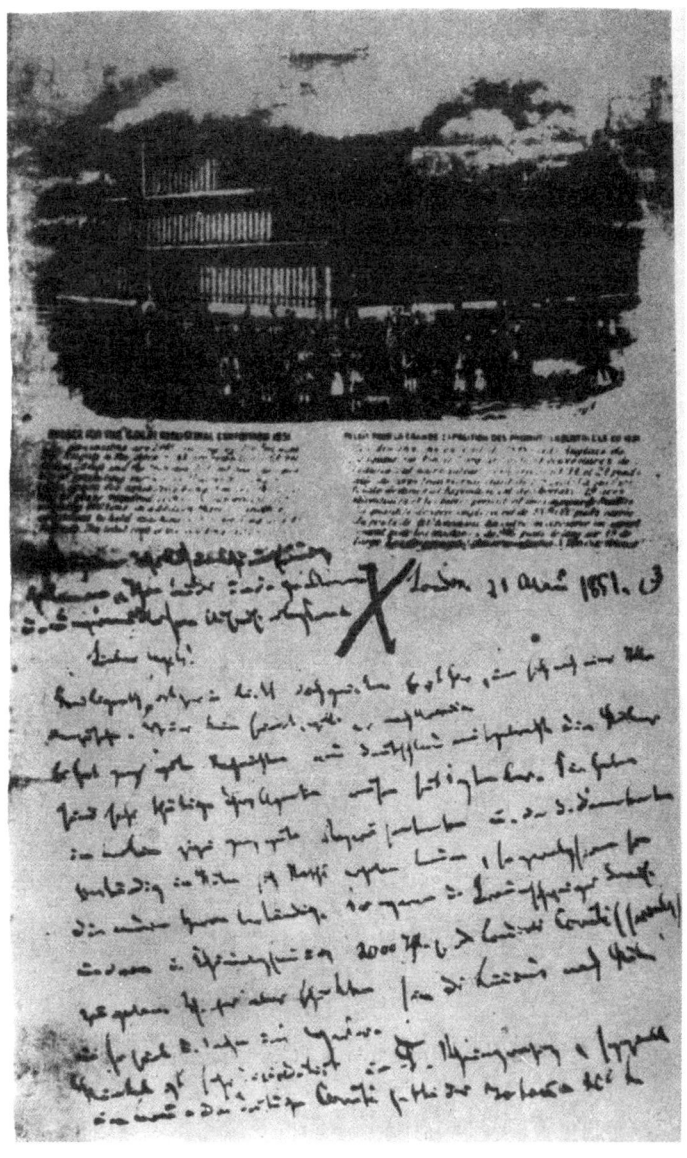

卡尔·马克思 1851 年 5 月 21 日给弗里德里希·恩格斯的信

科隆人过几星期将召开一个共产主义会议。[……]

《新莱茵报》整个编辑部不久将到这里来。我对鲁普斯①没有来感到惊异。但愿他没有发生什么不幸。

手稿　　　　　　　　　　　　　　　　　　　　　　　　节录

莫斯科苏共中央马列主义研究院中央党务档案馆，f. 1，op. 5，d. 450
(《马克思恩格斯全集》德文版第27卷第262、264页，参看《马克思恩格斯全集》中文第2版第48卷第278、280页)

---

① 威·沃尔弗。——编者注。

附　录

6

彼得·勒泽尔1853—1854年期间关于1848—1849年革命后共产主义者同盟的供词[430]

1850年1月至1851年5月

[1853年12月30日审讯]

[……]① 1850年新年后不久,我收到马克思一封信,他在信中建议我在科隆建立支部,并尽量设法在莱茵省的其他城市建立这样的支部。在言论自由和出版自由实际上被取消后,马克思也认为现在有必要重建同盟,因为在不久之后就只能秘密进行宣传了。我给他回信说,我准备接受他的建议,但我要求在我开始行动之前必须有一个我们应当遵循的和排除任何秘密活动的章程。马克思回答说,1847年的章程②已不再适用了,而1848年的章程③现在在伦敦也不再受人欢迎,所以应该制定新的章程,一俟同盟建立起来,即应召开代表大会,由代表大会批准新章程。在此之前我应根据1847年的《宣言》④领导组织,《宣言》

---

① 这里删节的部分已经作为本书第2卷文件384发表。
② 本书第2卷文件183。
③ 本书第2卷文件321。
④ 勒泽尔指《共产党宣言》。

1848年在科隆是公开销售的,我从那时起有一本。他在两封信中竭力劝我去找丹尼尔斯医生和毕尔格尔斯谈一谈,争取他们加入同盟。经我多次劝说之后,丹尼尔斯回答我说,他完全同意共产主义者的原则,但就他的整个个性来说,他不适于在同盟里工作,所以决不加入同盟,但他说,毕尔格尔斯很快会从杜塞尔多夫来,当时毕尔格尔斯一直住在那里,丹尼尔斯认为毕尔格尔斯有写作才能,而且有个人活动能力,是我要吸收入盟的最合适的人选。我还同下面的一些人谈过话,争取他们加入同盟:

1. 细木工汉森,现在美洲。
2. 赖夫。
3. 伯多夫。
4. 奥托,化学家。
5. 维西希,鞋匠,可能仍住在科隆。
6. 鞋匠皮埃尔,后来侨居美洲。
7. 细木工雅各·魏勒尔,住在科隆施普尔曼巷。

所有这些人都对我说同意加入同盟。我在他们向我发誓保守同盟存在的秘密之后,把他们接受入盟了。他们保证按照《宣言》阐述的同盟的原则行动。我们成立了支部,一致同意由我当支部主席。奥托和赖夫加入同盟有一个保留条件:如果同盟搞密谋活动,他俩将不承认自己是盟员。

我们当时没有再开会,也谈不上搞进一步的组织工作,我们只限于在科隆,具体说是在1849年夏天已经代替工人协会的工人教育协会①里进行宣传工作。当时的宣传工作主要由我和皮佩尔在小范围内作具有共产主义倾向的报告,再就是给工人教育协会图书馆弄些政治性和社会性

---

① 见注释221。

的出版物，每个盟员每周付6芬尼即可利用这个图书馆。

[1853年12月31日审讯]

我应该补充说一下，参加上述最近一次会议的还有斐迪南·弗莱里格拉特，他表示愿意加入同盟。

同时，在1850年谢肉节后的星期四①，卡尔·沙佩尔被威斯巴登陪审法庭宣布无罪释放，尔后星期日就来到科隆。第二天早晨，他收到警察局的命令，要他在24小时内离开科隆。

当天下午，我同沙佩尔作了一次长谈，谈话当中，我告诉他同伦敦通信的情况，他立即回答说他准备重新加入同盟，并在他选作居住地的威斯巴登市以及威斯巴登郊区为同盟的利益进行活动。于是我写信给伦敦的马克思，把科隆支部临时组织的情况，以及我同沙佩尔交谈的结果告诉了他，请他作进一步的指示。为了答复我的信，稍后，在3月份，来了特使亨利希·鲍威尔，他持有一个英国人姓名的英国护照。鲍威尔英语讲得很好，装束也像个英国人。他住在迪施旅馆。他到警察局登记与否，我不知道。鲍威尔身高5英尺4英寸，矮小结实，头发淡黄，浅色胡须，但刮得很干净，脸相当胖；如果我没记错，他是蓝眼睛。起先他呆在弗莱里格拉特那里，弗莱里格拉特的住址他知道得很准确，然后他从那里在早上10点钟左右来到我的住所。鲍威尔道过姓名，拿出自己的特使证件给我看，证件是伦敦中央委员会发的，如果我没有记错，上面只有马克思一人签名；他请求召开科隆支部会议，要同支部成员谈一谈，主要是要给支部成员介绍一下他带来的《告同盟书》。② 这是

---

① 1859年2月15日。
② 文件448。

1850年3月的《伦敦中央委员会告同盟书》，它的抄本在汉堡已从豪普特那里被没收了。我定好晚上在我住所开支部会议。上面说的人全部出席了会议。鲍威尔在会上介绍了由六部分组成的《告同盟书》，并建议我们如果同意告同盟书的内容就立即抄下一份。经过长时间的讨论之后，我们表示同意它的内容，因为我们没有发现里面有任何密谋倾向。我把这个文件的各个部分发给弗莱里格拉特、赖夫、奥托和我自己，有一部分我次晨带去给丹尼尔斯医生，第六部分则给克莱因医生。有人向我错误地介绍说，这个克莱因从前是同盟盟员，如果我没有弄错，是伯多夫介绍的。当我同克莱因讲这件事时，他对我说，他感到奇怪，因为他第一次从我口里听说这件事，他说他同意共产主义者的原则，但从个人的性格考虑，他不能加入同盟。于是，我请他出席会议，关于他加入同盟的问题，暂且不发表声明。他出席了在我住所召开的会议（全体成员都出席了这次会议），但次晨再次写了书面意见——因为我不在，他把字条交给我妻子——说他不能参加同盟的活动，而没有解释他作这一决定的原因。他把信交来后过了几个小时，又把我交给他的《告同盟书》的一部分连同他抄写的一份送来给我，或者准确些说，他亲自装在信封里交给我的妻子。稍后，为了更保险些，我对这位克莱因说，拟建立的同盟组织没有建成。我收到整个抄本之后，便把原件交还鲍威尔，如果我没有记错，他当天上午11点或12点动身到北德意志去了。我后来从马克思自伦敦寄来的信中得知，他先是到比勒费尔德会见了商人雷姆佩尔，然后到汉堡会见了林木商人马尔滕斯，到什末林会见了水疗医师迈尔；到柏林会见了几个我不认识的人，到莱比锡会见了小马尔齐乌斯①，到威斯巴登会见了沙佩尔，还到纽伦堡会见了一个叫舒尔采的人。三四个星期以后，鲍威尔回伦敦途中又到了科隆，再次来看望我，

---

① 亨利希·马尔齐乌斯。

并说他此行对同盟有良好的结果。我请他详细地说一说同盟盟员的姓名和区部的名称,但他拒绝这样做,因为这只与中央委员会有关。在鲍威尔第一次离开之后,根据我的倡议,赖夫、奥托和我抄了几份《告同盟书》;这几个抄件后来在多次旅行期间得到利用。赖夫抄写的那一份后来在贝克尔博士那里被没收了。

在鲍威尔来科隆之前,弗莱里格拉特把特德斯科写的《无产者问答》①译成了德文,特德斯科当时在比利时被判处在要塞服无期徒刑。《问答》当时要印刷。我着手抓此事。弗莱里格拉特把译稿给了我,我把它寄给威斯巴登的沙佩尔,要在那里印刷。过了一些时候,沙佩尔给我来信说《问答》印好了。我得悉这一消息,便于一天早晨坐船到比布里希,再从那里换乘火车到威斯巴登,晚上7—8点钟抵达,住在沙佩尔那里。我告诉沙佩尔说,鲍威尔特使正在北德意志旅行,随身带来了《告同盟书》,打算还要拜访他。沙佩尔告诉我说,他正在威斯巴登开展工作,打算在那里建立个支部,他还说他已把前炮兵中尉魏德迈接纳入盟,魏德迈当时是美因河畔法兰克福《新德意志报》的编辑,这位编辑在美因河畔法兰克福建立了支部。我回来时,把5000份《无产者问答》装在两个皮箱里带了回来,据沙佩尔说,这是在魏德迈的帮助下在法兰克福印刷的。印刷费用是我后来拿销售《问答》所得的款项支付的,每份单价6芬尼。我把钱寄给沙佩尔或魏德迈,究竟是寄给他们中的哪一位,我现在记不得了。

我在沙佩尔那里呆了两天就往回走,先是到科布伦茨。沙佩尔托我同蹄铁匠小尼克斯谈一谈,如果我认为他合适,就把他吸收入盟。沙佩尔曾经同尼克斯一起出席法兰克福民主派代表大会。我晚上到达科布伦茨,至于是哪一天,我记不得了,是4月,我认为是4月上半月。我住

---

① 见文件445。

在莱茵河大桥下的一家旅店。当天晚上我决定去尼克斯家里看望他,他当时还同自己的父亲住在一起,但我没碰见他。从那里出来,我一路上进了几家小饭铺,在其中的一家,我听到一位我不认识的顾客对尼克斯的评论,听了这位顾客的评论,我不得不对这位尼克斯抱十分谨慎小心的态度。据说尼克斯是个酒鬼和多嘴多舌的人。很晚了,大约10点钟的时候,我还进了一家小饭铺,在这里碰到了一伙人在谈论政治和社会状况。在这里我头一次见到医学博士施勒格尔。[431] 他就是那个维护新原则的人。我当时很想找机会同他谈一谈。等大多数顾客离开之后,我给施勒格尔打了个手势。我们走到一旁,我对他说,我想同他单独谈一谈。我们谈到12点钟,之后,他送我到旅馆,我答应次日早晨9点去找他。次日早晨我拿了几份《问答》(能拿多少就拿了多少),在9—10点钟到施勒格尔的住所去。我同他长时间攀谈,谈话屡次被来找他的病人打断。交谈快结束时,他说他同意共产主义者的观点,因此我对他说我知道同盟以前存在过,现在正在重建,我问他是否愿意加入同盟,并在科布伦茨建立支部。他表示同意,我就用通常的方式接纳了他为同盟盟员,就是说,我让他发誓保守秘密,不泄露我告诉他的情况,他则答应根据自己的力量进行有利于同盟的活动。他当时没有得到同盟的文件,他只得到一批特德斯科的《问答》,他答应散发。我在科布伦茨度过了整整一天。我们说好了去我们前一天会过面的那家小饭铺之后,施勒格尔就忙于他的营生。我在这里遇见他已经很晚,我们的交谈时间很短。交谈中他证实我听到的关于尼克斯的情况。次晨我坐船启程回科隆。

在我这次旅行期间或是我回科隆之后不久,毕尔格尔斯从杜塞尔多夫来到科隆。我根据马克思的指示,立刻到他家里去,用通常的办法接纳他为同盟盟员。

1850年4月底,亨利希·鲍威尔在回伦敦途中再次来到科隆,这在上面已经说过。在他到达的当天晚上我们召开了支部会议，毕尔格尔斯第一次参加，鲍威尔当时住在我的住所。会上，伯多夫问是否应该仍旧承认中央委员会，因为在他出席的罗马旅馆会议上马克思解散了同盟①，因此1847年的代表大会选出的中央委员会现已不复存在，并且在他看来，伦敦支部无权选出中央委员会。毕尔格尔斯支持伯多夫的意见，相反，我和鲍威尔主张在目前的情况下承认中央委员会，尤其是因为它的职能是临时性的。支部大多数成员支持这一意见。然后我们终于建成了支部，我再次让各人宣誓保守秘密。次日一早，鲍威尔就乘火车经亚琛和布鲁塞尔去伦敦。5月底我生了病，病愈后于1850年6月28日同细木工汉森一起坐船溯莱茵河和摩泽尔河而上赴科黑姆休养。我们住在汉森的内兄雷特拉德那里，他是个面包师和店主（或这一类人）。我们常常郊游。我们晚上上小饭馆去串联人，但找不到宣传我们原则的良好基础。在彼得和保罗节②之后的星期五，我独自离开科黑姆去科布伦茨，因为汉森在科黑姆还要办理钱财方面的事务。在这天晚上，我在施勒格尔家，同他谈话，然后施勒格尔带我去一家我没去过的小饭馆，我们在那里会晤了食利者德里姆伯恩，施勒格尔把他介绍给我，说他已接纳这个人加入同盟。尔后，我把伦敦3月份的《告同盟书》的一份抄件交给了施勒格尔，并于晚上11点钟乘轮船回科隆。

紧挨着铁路住的原籍亚琛的见习法官和商人拜塞尔，是我们所知道的1848年和1849年以来最坚决的革命者，当时他积极参加了这两年在科隆召开的两次代表大会。1850年7月，我和毕尔格尔斯赴亚琛，在拜塞尔家里拜访了他，就社会问题和共产主义问题进行长谈。拜塞尔说他完全同意共产主义的原则，并且，在我们告诉他关于同盟及其组织的

---

① 见本书第2卷文件384和本卷注释202。
② 天主教的彼得和保罗节是6月29日。

情况之后，他表示愿意加入同盟，愿意在亚琛建立支部。我于是照例让他宣誓保守秘密；如果我没有记错，我当时把伦敦的《告同盟书》交给了他。如果我没有记错，当天晚上我们就返回科隆。后来，我通过亚琛至科隆铁路线上的售票员威美尔曼交给他特德斯科的《问答》、传单《面包或死亡》（我不知道其作者是谁，但我总认为这是拉沃党写的），以及几封信，我在信里要他为同盟进行活动，并请他一有可能就在亚琛建立支部。夏天，我通过这种方式收到拜塞尔的一封信，他在信中告诉我说，支部已建立，但请求尽量少写信。

威美尔曼原来是个骗子和叛徒，现在逃跑了。

我收到过马克思的一封信，他在信中反复告诉我，说他的住在特里尔的内弟，见习法官冯·威斯特华伦早已由他接纳入盟，后来在特里尔建成了一个支部，但他生性懒散，近来不给马克思回信。马克思请我给这个冯·威斯特华伦写信，因为我从科隆同他通信较为安全。

我通过施勒格尔转交威斯特华伦的两封信没有收到回信。这两封给施勒格尔的信是汉森托轮船的司炉或司机转交施勒格尔的。1851年4月或5月，当毕尔格尔斯离开期间，我收到了施勒格尔的一封信，他在信中告诉我说，他打听到特里尔还有一些能干的盟员，最好我们派个人去特里尔把他们找着。我回信说，毕尔格尔斯已离开，而且，因为至今没有一个支部缴纳过盟费，要作这次旅行，就会把同盟的存款花光；我问他，科布伦茨支部能否同意负担这次旅行的费用；如果支部同意负担，我准备一俟毕尔格尔斯回来便去特里尔一趟。但我不久就被捕了，所以我没收到回信，因此无法讲有关特里尔支部的详细情况，但我想，冯·威斯特华伦先生可以提供这些情况。

1850年6月底，沙佩尔被逐出威斯巴登，所以他再次赴英国。他因此到了科隆，经我为他奔走，警察局准许他在此逗留了24小时。我从他那里得知，他在威斯巴登、美因河畔法兰克福、美因茨，如果我没有记错，还有哈瑙分别建立了共产主义支部，另外，在达姆施塔特和赫希斯特接纳了两个人加入同盟，这两个人当时正竭力在这两个城市建立支部。在这一地区不久就能建立六个支部，这就够建立一个区部了。沙佩尔后来同美因茨、威斯巴登和美因河畔法兰克福三个支部的成员商定，选举魏德迈为美因河畔法兰克福区部委员会主席，沙佩尔委托他从此作为一个独立区部主席直接同伦敦通信。沙佩尔以为，他可以作为前伦敦中央委员会成员向现在的中央委员会提出他的这些措施并能够取得中央委员会的批准。

后面我还要谈这个美因河畔法兰克福区部。7月底①，磨剪刀匠威廉·克莱因从伦敦回到德国，在此之前他一直流亡伦敦。他是索林根人，因参加1849年埃尔伯费尔德起义被追究。他在埃尔伯费尔德起义一案已经了结，不必再担心受迫害之后才回来。我在1848—1849年两次科隆代表大会上认识克莱因。他1850年7月底到科隆，住在自己的舅舅那里，他舅舅的姓名和地址我不知道。他给我捎来了马克思的一封信，马克思在信中愤怒地谈及维利希及其一伙，并很惋惜沙佩尔支持他们的荒唐幻想。马克思写道：在1849—1850年冬，他在伦敦工人协会作有关《宣言》的演讲。在这些演讲中，他提出这样的思想，即共产主义只有经过许多年才有可能建立，它应经过若干阶段，一般说只有通过教育和逐渐发展的道路才有可能建立；但维利希及自己的喽啰——（马克思这样称呼他们）——激烈反对马克思，他们声称：共产主义将在最近的革命中实现，哪怕只能靠断头台的威力。马克思通知我说，他们之间的敌对情绪已经很厉害了，他担心同盟会因此发生分裂，因为维利希"统帅"打定主意，一定要同他的蛮勇的普法尔茨伙伴们在最近

---

① 实际上是1850年6月初，因此克莱因才可能还带去一封短信，信中谈到卡尔·沙佩尔在伦敦支持奥古斯特·维利希。

的革命中不顾死活地甚至违背全德的意志推行共产主义。最后马克思向我介绍这位克莱因,说他是个能干的工人,对社会原则和共产主义原则尚未完全认识清楚。这里我应当重复说一下在审判时我说过的一件事,这就是我并没有收到过伦敦第二篇《告同盟书》,至少是上述克莱因没有把它转交给我。在审判时我指出过,克莱因给我捎来一封裁缝迈耶尔的信。

至于说到上述的《告同盟书》,在审判时有人强调说,我们收到过这个《告同盟书》,而且是根据在赖夫家里发现的他的笔记上写的一句话:"克莱因从伦敦回来。《告同盟书》"。正像我事后知道的那样,的确有过这个《告同盟书》,并寄到了德国,而且是沙佩尔和维利希搞的。同时,哈利·鲍威尔特使把他出使的成果说的那么显著,以致于人们相信能够宣布这样的《告同盟书》。但是,因为这个《告同盟书》内容有言过其实和扯谎的地方,特别是扯谎说科隆支部已经私自向威斯特伐利亚派出一名特使,所以我不得不认为,人们不敢让我们知道这种谎言。马克思和恩格斯最坚决地反对这个《告同盟书》,并明确表示反对任何言过其实的作法。

我认为上面提到的克莱因就是马克思所描述的那种人。因为他要回索林根去,他的岳父母住在那里,而且他在该地工人当中有很大的影响,所以我劝他在那里把宣传工作重新搞起来,暂时把一些积极肯干的工人组成一个小组,并尽可能每周经常轮换地方同他们聚会,同时规定每周交一定的费用,以便购置宣传工作所必需的书籍。克莱因满口答应,并在逗留24或48小时之后离开了科隆。

[1854年1月2日审讯]

我想补充指出,诺特荣克在埃尔伯费尔德无罪开释并回到科隆之后，我向他介绍了当时存在的同盟的组织情况，并用通常的方式接纳他为同盟盟员。1850年8月初，我被科隆烟草工人联合会选为出席在阿尔托纳召开的烟草工人联合会代表大会①的代表，这次代表大会是由这个联合会的主席阿龙格召开的。我在1850年8月8日或10日早晨7点从多伊茨起程，晚上7—8点钟到达汉诺威，用彼得·格尔哈德的姓名住在维多利亚旅馆。次日我从汉诺威坐车前往哈尔堡，再从那里坐轮船去汉堡。阿龙格在码头上迎接我和其他几个代表的到来，并带我们到旧市场上的白马旅馆。我在代表大会期间在那里同弗洛托的一位叫做施拉德的代表住在一起。阿龙格立即通知我们，前一天阿尔托纳实行戒严，代表大会不能在那里召开，因为这很危险。他害怕得不知如何是好；为此，我批评了他，并坚决地建议，既然我们已经来了，就在汉堡找一个秘密地点，免得白费了钱。阿龙格是土生土长的汉堡人，终于在一条我不知道的僻静街道上的一家小旅馆里找到了房间；我们在那里从星期一到星期日②开了会。关于这一代表大会工作的决议和报道，在阿龙格后来印刷的传单③上可以找到。烟草工人联合会④同共产主义者同盟没有任何共同之处，它的活动的目的是要维护工人的独立，在发生不幸事故、疾病、死亡和迁徙时互济互助。阿龙格在这以前是联合会的副主席，现当选为联合会的主席，每月薪俸20塔勒。

我到达汉堡后第二天去找马尔滕斯，我道了姓名并说自己是同盟盟员之后，受到友好接待。我同他共进午餐，一直呆到晚上。马尔滕斯对伦敦中央委员会非常不满，为在伦敦发生的只会损害事业的争吵伤心难

---

① 见文件507。
② 1850年8月19—25日。
③ 《在汉堡召开的德国烟草工人全体代表会议讨论简况》1850年杜斯堡版。
④ 见注释343。

过。他是从施拉姆那里得知这些争吵的,施拉姆不久以前从伦敦来石勒苏益格—荷尔斯泰因和汉堡。据他说,施拉姆当时受马克思的委托,把科隆支部、特别是我的情况告诉他。我之所以一道姓名就受到马尔滕斯的盛情接待,原因就在这里。我在汉堡逗留期间,曾找过马尔滕斯三四次,每次都请他召集支部会议,把我介绍给支部成员。他每次都答应照办,但又找种种借口不履行诺言。因此,除了马尔滕斯外,我一个汉堡支部成员也没有见着,没有同谁谈过话,因此,关于这个支部的情况,我再也没有什么可讲的了,我甚至不知道支部有多少成员。

我找马尔滕斯告别的时候,马尔滕斯说,从前他在法国认识细木工路德维希·施泰翰,此人现住汉诺威。马尔滕斯建议我去访问他,尽可能争取他加入同盟。

第二天我由汉堡经哈尔堡到汉诺威,住在离烟草工人联合会会址不远的地方,我不知道街道和旅馆的名字。那里住着许多地主。当天下午我打听到上述施泰翰的地址并去找他,但他不在家。第二天早晨我再次去他家找他,转告了马尔滕斯对他的问候,把马尔滕斯写的介绍信交给他,信是明信,说我是可以信任的人。我同施泰翰谈了很久。在这里我应当重复一下我在受审时已经说过的情况:依我看,施泰翰的观点相当模糊。如果不是马尔滕斯对我说他是极其可靠的人,如果不是我认为他加入同盟对于在汉诺威有个牢靠据点有重要意义的话,我是不会接纳他加入的。因此,在谈话结束时我用通常的方式接受他入盟,然后很快就起程经明登回科隆,当天就到了科隆。随后我给施泰翰寄了几份特德斯科的《问答》。施泰翰把这一《问答》刊登在《协和报》(《烟草工人联合会机关报》)上。① 正如我从起诉书中得知的,施泰翰似乎还从科

---

① 《无产者问答》最迟于1850年6月发表在《协和报》上,因为路德维希·施泰翰早在1850年8月底以前又参加了同盟活动。

隆收到《红色问答书》①，在寄给伦敦的一封信中，他对《红色问答书》是持反对意见的。《红色问答书》不是共产党员写的，并且，就我所知，这个党的领导人并没有建议拿去宣传；但是我打听到，它是住在瑞士的一位著作家赫斯写的；在美因河畔法兰克福印刷，由瑞士人散发。

法学博士贝克尔在1850年春天和夏天两次被宣告无罪，对他提出的指控被撤销，《西德意志报》最初是他用集股办法创办，后来靠他自己的资金出版的，它在这一期间，特别是自从毕尔格尔斯成为它的编辑以来，采取了更加坚决的立场。因此，我同毕尔格尔斯商量过以后，认为接纳贝克尔入盟已是时候，于是在一次支部会议上我建议支部成员用通常的方式接纳他。除了诺特荣克和皮埃尔，支部其他所有的人都赞成接纳。由于诺特荣克和皮埃尔投反对票，结果没有接纳成，因为有这样一条规定：没有支部全体成员的一致同意，任何人均不能接纳新盟员。我后来问诺特荣克，为什么他反对接纳贝克尔，他冷淡地说：“我还不信任这个红毛。”

1850年9月下半月的一天下午，丹尼尔斯医生和毕尔格尔斯带了一个青年人到我家来找我，他们向我介绍说他是店员豪普特，汉堡人，从伦敦回来，还要返回故乡。丹尼尔斯或毕尔格尔斯（究竟是他们当中的哪一位，我记不得了）对我说，豪普特捎来了一封马克思写给丹尼尔斯的信。我们一起去毕尔格尔斯家里；丹尼尔斯很快就离开，我同毕尔格尔斯和豪普特留下，然后让我看信。我看了信以后得出结论：这封信的内容同我以前收到的马克思寄来的信是一致的。马克思写道：再也不能同沙佩尔和维利希共事了，正式的决裂已经发生，伦敦中央委员会的多数派决定把中央委员会的驻地迁往科隆；如果科隆人同意这一决定，他们应当作为新的中央委员会，尽快制定新的章程，它可以在下次代表

---

① 见注释336。

大会召开之前充当临时性的章程。他们应把这个章程寄送各区部和支部。

豪普特详细地给我们讲述了伦敦的争论,他特别强调指出,分裂发生的原因,据对方说,是马克思和恩格斯行动不够坚决,不想放弃认为在下次革命期间不可能实现共产主义这一错误主张。争论十分激烈,以致施拉姆在委员会的一次会议上说维利希是说谎的人。维利希为此向他提出决斗。决斗在比利时进行①,维利希把施拉姆击成重伤,把他留在决斗现场就回伦敦,扬言他已把施拉姆打死。这次决斗时没有证人。②施拉姆找到一个农民,住在这个农民家里,直至养好了伤才回伦敦。这个施拉姆是克雷费尔德的一个商人。

我们对豪普特说,我们将在支部会议上讨论中央委员会的决定,但先要等一等,等收到有关会议记录③再说(豪普特说他将寄给我们)。豪普特说,他是进军巴登的参加者,后流亡瑞士,又从那里流亡伦敦。他只是不久前才被马克思纳入盟。我对于接纳他感到奇怪,后来同毕尔格尔斯谈话时,我也表示不赞成,因为我不信任豪普特。

晚上我同豪普特和毕尔格尔斯去施尔德尔巷的恩格尔啤酒馆,诺特荣克稍后也来到这里。我在这里告诉豪普特,我在汉诺威接纳了施泰翰加入同盟,建议他顺路去找一下施泰翰,让他开展活动。10时左右,我同诺特荣克陪着豪普特回他住的"英国人客栈"里的旅馆;此后我就没有见过他,也没有同他通过信。豪普特有无护照,我不知道。豪普特不是中央委员会的特使,而只是盟员,他以盟员的身份捎来马克思的信。但是,正如他说的,马克思委托他在汉堡建立新支部,因为马尔滕

---

① 见本卷第358页注①。——译者注
② 证人是亨利克·米斯科夫斯基和古斯塔夫·阿道夫·泰霍夫。
③ 文件497。

斯太懒,不报告自己的任何情况。马尔滕斯应被开除出盟。我们对于委托豪普特在汉堡建立新支部表示赞同。关于汉堡支部,我回头再说。几天以后,我经过售票员戚美尔曼之手收到了埃卡留斯的信和伦敦的会议记录副本,如果我没有记错,是1850年9月15日的会议记录副本。戚美尔曼是我作为可靠的人介绍给马克思的。我叫他转交信件,又从他那里收到信件。警察中士克韦廷格在科隆发现我常去售票处找戚美尔曼。戚美尔曼是通过谁把信发出的,这我不知道,可能是通过科隆至亚琛铁路线上的乘务员或其他职员。显然,马克思在比利时和从加来到多佛尔或从奥斯坦德到伦敦的路线上也有这样的联系,以便转递信件。

信是由埃卡留斯签署的。恩格斯显然当时已在曼彻斯特,埃卡留斯是中央委员会的书记。① 我认识埃卡留斯部分是通过莫尔,部分是通过他早在1848年秋作为伦敦工人协会的书记写给科隆工人联合会的信。这封信现在审讯文卷中。1850年2月沙佩尔来科隆时,我才获得关于埃卡留斯的可靠消息。

在埃卡留斯的信中只写着:随信附上伦敦中央委员会会议记录。会议记录包含有马克思已经告知我们的关于中央委员会驻地迁往科隆和制定新章程的决议。会议记录是由已解散的伦敦中央委员会多数派成员签署的,如果我没有记错,他们是马克思、埃卡留斯、施拉姆、亨利希·鲍威尔、普芬德和恩格斯或威廉·沃尔弗(鲁普斯)② ——这个人我已经记不确切了,所有这些人全都签上了名。所以我不知道,寄到科隆来的会议记录是原本还是副本或已有原签名的抄本。这一文件留在毕尔格尔斯处,只是在我们被捕后同所有其他文件一起烧毁了,这是毕尔

---

① 恩格斯1850年11月才迁居曼彻斯特,格奥尔格·埃卡留斯是新建的伦敦区部的书记。

② 威廉·沃尔弗的第二个名字是弗里德里希,但是他当时在瑞士。

格尔斯在监狱里见到我时告诉我的。毕尔格尔斯究竟把这些文件藏在谁那里我不知道，我连一点印象都没有。

在我收到埃卡留斯的信连同会议记录的当天，或者是第二天①，豪德以特使的身份来我家找我，拿出了沙佩尔签名的证明书，要求把他介绍给支部，好让他传达他受托的事情。我答应介绍他，先同他去找诺特荣克。我同诺特荣克秘密地商谈了几句，委托他整天陪着豪德，一刻也不能放松。随后我同豪德告别，告诉他，我已定好晚上8点钟开支部会，他一定要同诺特荣克一起出席。随后我到毕尔格尔斯那里去。我同他谈过话后，就邀请除弗莱里格拉特（他当时在杜塞尔多夫）之外的所有支部成员6点钟在我家开会。会议在6点钟按时召开了②，我读了前伦敦中央委员会的会议记录，经过时间不长的讨论之后，大家赞同这一记录。然后选出新的中央委员会：我当选为主席，毕尔格尔斯为书记，皮埃尔是出纳，皮埃尔原是当时已经解散的工人教育协会的出纳。然后我叫支部成员离开，我、毕尔格尔斯和皮埃尔则留下来等豪德，他和诺特荣克在8点钟左右来到。我对豪德说，我们已收到9月15日的决议，我已告诉了支部的成员，他们赞同决议，我建议他给我们这个重新建立的中央委员会讲述他的委托者委托他的事情。豪德希望找科隆支部谈，我们拒绝了他，他就给我们宣读了一个可鄙的文件，内容全是对马克思及其拥护者的极其卑鄙的攻击和漫骂。文件里明确说，马克思及其在伦敦的拥护者已被赶出同盟，今后同盟将由清一色的工人组成，要我们承认由伦敦区部重新选出的中央委员会，否则，根据这个中央委员会的决定我们也被开除出同盟。

我们再次竭力说服豪德，叫他认识自己所持的立场是错误的，并请

---

① 大约是1850年9月28日。
② 科隆中央委员会的成立会议于1850年9月29日举行，见注释349。

他告诉自己的委托人，为了同盟的利益，为了保持同盟的统一，他们应当同意前伦敦中央委员会的决议，而且，伦敦现有两个区部，这两个区部今后均应同我们保持书面联系。豪德的答复是他力图履行他所受的委托，并要把我们开除出盟。我们对他说，我们也将这样对待他的一派，这样，沙佩尔—维利希派被郑重地开除出盟了。

在豪普特到来后的第二天，毕尔格尔斯给美因河畔法兰克福的魏德迈写了信，把伦敦发生的事通知他。这样，我们也就不必再担心豪德的活动了，第二天早晨我们给他提供方便，让他动身去美因茨和美因河畔法兰克福，这是他说要去的地方。豪德缺少路费，他希望由我们来为他支付路费；因为这是办不到的，所以他不得不很快就前往美因茨和法兰克福。他在那里同样也弄不到钱，呆了四五天，就不得不空手返回伦敦，这是我自己在归途中听他说的。他再次来科隆我处，告诉我说他一无所获，但不说他在法兰克福和美因茨是在谁那里。他马上坐船去鹿特丹，没能搞出什么名堂，因为我叫细木工汉森监视他，一直到他离开。

他没有路费，他曾有一只银表，这只表是他在瑞士花13塔勒买的，在伦敦早已有人给他出过15或16塔勒的价钱。他现在想要卖掉这只表，作为路费。因此，我同他一起去找出纳戚美尔曼。戚美尔曼用10塔勒买下他的表，不过有一个附带条件，那就是，如果他退给戚美尔曼10塔勒，戚美尔曼任何时候都愿意把表交还。

1850年11月9日罗伯特·勃鲁姆忌辰那一天，我们在黄油市场的拉姆啤酒馆举行一次小规模纪念会。豪特出席这个纪念会，直到晚上11点，他乘荷兰公司的轮船动身到鹿特丹。根据这一点，我回想起来了，豪普特在1850年10月底还可能到过科隆，而不是9月。①

---

① 威廉·豪普特9月底已在科隆。

至于毕尔格尔斯写的1850年12月1日科隆中央委员会告同盟书①提到的特使到各地巡视的问题，那里提到的第一个特使就是美因河畔法兰克福的魏德迈。第一个特使巡视的确切日期我已经记不得了，看样子是在我们组成中央委员会之后马上进行的。魏德迈收到的毕尔格尔斯的信，大概是由邮局寄出的。毕尔格尔斯在这封信里要魏德迈去纽伦堡和南德，了解那里的情况。于是魏德迈去纽伦堡②找了舒尔采，他早就作为同盟盟员而著名。舒尔采答应第二天带魏德迈出席纽伦堡支部的会议，可是他没有这样做，而是去参加"自由支部"的会议，并且没有回来。舒尔采打发魏德迈去找另一个同盟盟员，魏德迈从这个盟员那里得知，舒尔采根本不中用，什么事也不干，把同盟的事务弃置不顾。于是魏德迈③打听了积极的盟员的情况（共六人），把他们召集在一起，由他们建立了新的支部，宣布解散先前的支部。魏德迈从那里去班贝格，在那里吸收了一个人加入同盟；在这两个地方，他委托盟员同他保持书面联系。1850年12月初，我到魏德迈那里去，在他那里住了一夜。当时他把上述情况告诉了我。我赞同了他的行动，并把纽伦堡支部和要在班贝格建立的支部合并到法兰克福区部。

我的美因河畔法兰克福之行的主要目的是要同魏德迈谈谈伦敦的纠纷，想弄清楚法兰克福区部的其他支部对于建立新的中央委员会这一消息的看法，以及预先告诉魏德迈，叫他不要相信没有我们开具的资格证明书的人。我从他那里得知，大多数支部表示同意我们，认为从科隆领导同盟事务比从伦敦好。次日早晨我起程回科隆。

---

① 文件553。
② 到纽伦堡去的特使是弗里德里希·列斯纳。
③ 列斯纳。

[1854年1月3日审讯]

科隆中央委员会成立以后，毕尔格尔斯马上写信给亚琛的拜塞尔、科布伦茨的施勒格尔、比勒费尔德的雷姆佩尔、莱比锡的马尔齐乌斯，我则写信给汉诺威的施泰翰和汉堡的马尔滕斯。这些信的内容是通知伦敦发生了纷争，中央委员会驻地已迁到科隆，以及后来在《告同盟书》中详细告知各支部的那些事情。如果我没有记错，回信的只有施勒格尔，他在一封短信里表示承认中央委员会。

在1850年11月动员军队期间，一天早晨，我去找毕尔格尔斯，惊奇地听说他把同盟的事告诉了贝克尔。此中的缘由如下：贝克尔问毕尔格尔斯，在伦敦除了流亡者委员会之外，是否还有个革命委员会。毕尔格尔斯说没有。贝克尔反驳说，他知道的却相反，显然有个革命委员会，人数众多，拥有足够的经费。毕尔格尔斯对他再次保证说，他毕尔格尔斯一点也不知道有这么个委员会，贝克尔回答说："维利希是个傻瓜！"——并且给了毕尔格尔斯几封从维利希那里收到的信①，毕尔格尔斯读了信明白了，觉得有必要尽可能地把同盟的事告诉贝克尔。

毕尔格尔斯请我去找贝克尔，让他允许我看看这些信。我拜访了贝克尔，把我同毕尔格尔斯谈话的内容告诉他。之后，贝克尔把信给了我。我清楚记得这些信件里有这样的一处：

"你贝克尔要按中队召集常备军和后备军，让他们每个中队选出一个三人委员会，这些委员会再选出一个人数较少的委员会。我近期将亲自去指挥，并同莱茵后备军和常备军一起进军巴黎；我们将把拿破仑送去见鬼，然后同法国革命者联合起来，掉转枪口进攻德国，并宣布成立

---

① 见注释385。

统一的不可分割的共和国等等。必要时你可以使若干平民加入委员会"云云。

当时，贝克尔一封接一封地收到维利希这样的三封荒唐的信——我必须把它们叫做荒唐的信。我把这些信全都读了，讲的只是那么一件事。贝克尔后来把这些信给了前第34团尉官施特芬，让他阅读，可惜，施特芬在我们被捕后立即把这些信烧毁了。从这些信的内容可以清楚地看出，维利希正在准备什么进攻行动，因为毕尔格尔斯担心我们可能由于维利希而遭到什么损害，所以他没有告诉支部，就把同盟的存在、伦敦的分裂和争吵，以及新的中央委员会驻地迁来科隆的事告诉了贝克尔。如起诉书所说的，贝克尔后来能够把他当时不认识的维利希的密友，前炮兵尉官亨策派到科隆委员会，其原因就在这里。

贝克尔很早就同马克思不和，他亲口说过，由于这个缘故他不能加入同盟，只要他同马克思的关系搞不好，即使支部里没有人反对他加入同盟，他也不加入。这是他回答毕尔格尔斯要他加入同盟时对毕尔格尔斯说的。我本人是从毕尔格尔斯那里听说的。

后来我又建议支部接纳贝克尔。诺特荣克当时正在柏林。这次是皮埃尔反对接纳贝克尔。①

1850年11月底，细木工帮工弗拉赫——犹太巷的面包师弗拉赫之子，他同父亲一起住在波恩——来找我。我以前不认得弗拉赫，他却知道我是科隆工人联合会的主席。弗拉赫告诉我，波恩有个大学生和市民组成的体操协会；他又说金克尔自从在拉施塔特军事法庭发表了辩护词之后很不得人心。我同他详谈过之后，认为他是个能干的工人，便从工人教育协会图书室拿了几本政治性小册子给他，让他自修和进行宣传。

---

① 为了使海尔曼·贝克尔往后不受更多的牵连，勒泽尔没有提他大约1850年11月被接受入盟的事情。

他好几次来换书。当我相信他是可以信赖的，同毕尔格尔斯交换过意见之后，我告诉了他同盟的秘密，并用通常的方式接纳他加入了同盟。接纳是在我家里进行的，时间是1851年1月的一个下午。约在1851年3月，我到波恩去找弗拉赫，他告诉我，他当时在波恩建立了一个由三个人组成的支部。弗拉赫的父亲、面包师弗拉赫当时同我在门口右边的房间里进行了长谈，所以他可以证明我在波恩的逗留，虽然我没说自己的名字，只对他说我是从科隆来的，想找他儿子谈谈，他立即让人去工厂叫他儿子。波恩支部的成员我说不出来。

奥托于1850年11月受科隆矿泉水院的委托赴莱比锡和柏林。我因为寄给马尔齐乌斯的许多信都没有收到回音，便口头委托奥托找莱比锡的马尔齐乌斯和冈洛夫，德累斯顿的科尔贝克和柏林的一位收信人谈谈。我是从哪里得到冈洛夫的地址的，我已经记不得了。我想，我们并不知道他是同盟盟员，而知道他是工人兄弟会的卓越活动家和《普罗米修斯》的编辑，这是我想同他联系的唯一原因。我现在完全清楚地记得，除此之外，我们没有同冈洛夫建立联系的任何其他理由。科尔贝克的地址，我们是从伦敦得到的；我想，他的地址是同其他一些地址附在埃卡留斯把会议记录寄给我们的那封信里面的。柏林的地址，我们也是从伦敦得到的。在上述地址当中，有些是在旁边打上问号的。

奥托在莱比锡没有找到马尔齐乌斯，他见到了冈洛夫，同他作了长谈，但没敢同他谈同盟的事。

他也拜访了德累斯顿的科尔贝克。科尔贝克对奥托十分冷淡，因为他把奥托当成警察局的密探了，这从审讯文卷中的科尔贝克致冈洛夫的信里可以看出。

奥托从德累斯顿赴柏林，但他在那里只呆了几小时，没有找到上述地址中的任何人；这样，他的柏林之行对同盟来说毫无所获。

奥托从柏林到萨勒河畔魏森费尔斯，去看望自己的母亲①，然后从那里回科隆。

上面所有的情况，是奥托回来后我从他那里打听到的。

因为奥托之行没有什么成果，我们不久派诺特荣克，委托他去巡视威斯特伐利亚和北德意志。他得到一些地址②，这些地址在维尔穆特的书里已有列举；这些地址一部分是从伦敦那里得到的，一部分是从贝克尔那里得到的。奥托还从同盟经费中领取14塔勒，是我从皮埃尔那里拿来给他的。伦敦的地址是毕尔格尔斯手写的。他通过什么方式得到这些地址，我不确切知道。但我应当指出，我们知道所有我们提供了地址的人并不都是共产主义者。他们其中的许多人，我们只知道他们拥护革命政党，所以我们必须找到他们，考验一下，以便弄清楚能否接纳他们加入同盟。可见，毕尔格尔斯写的地址一部分是从伦敦得到的，一部分是我们从另外的途径知道的。

维尔穆特的书的第107页上印的地址，开头印的"布雷斯劳"等等可能是毕尔格尔斯写的地址。纽伦堡的奥古斯特·舒尔采可能是魏德迈③在纽伦堡要找的那个舒尔采。我根本不认识的亚琛的E.D.海尔梅斯可能是亚琛拜塞尔支部的成员。德累斯顿的裁缝师傅科尔贝克是伦敦方面提供的地址。哈瑙的大学生、我不认识的F.罗斯巴赫可能是沙佩尔或魏德迈创立的哈瑙支部的成员。特里尔的教师韦特海姆（参见地址"圣特里尔教师韦特海姆"）可能是特里尔支部的成员。其余的地址我一概不知道。

同一页末尾和下一页上印的地址"比勒费尔德"等等显然是毕尔

---

① 卡尔·奥托的母亲当时住在施内贝格。
② 文件540。
③ 即列斯纳。

格尔斯写的。雷姆佩尔、施泰翰、马尔滕斯、豪普特、迈尔是经常提到的，也是知名的。其余的地址我知道不是共产主义者的地址，根本不是，蒂尔克教授的地址例外。诺特荣克在审判期间对我讲过，他找过蒂尔克，但是这位蒂尔克很不客气，把他赶出大门。

同书第108页上印的"其他的介绍信"到"鲁齐乌斯博士"肯定是贝克尔提供的。我知道这些名字是革命党追随者的名字，但是我相信，他们当中没有一个是共产主义者。

我在这里不得不说明，贝克尔有可能把地址交给诺特荣克。贝克尔知道，诺特荣克要到北德意志去一趟，而毕尔格尔斯请求他把知道的地址告诉诺特荣克。毕尔格尔斯认为贝克尔作为一个知名的革命者是个重要人物，从他那里可以得到介绍和地址，诺特荣克看到这些地址，应当感觉到，他们可能加入了同盟。

至于后面的地址"帕伦贝格等等"，帕伦贝格（不是波伦贝格）是毕尔格尔斯的房东，但不是同盟盟员。豪普特是知名人物。裁缝师傅彼得逊的儿子、裁缝帮工彼得逊打算在汉堡吸收豪普特加入同盟。什未林的亨利希·舒尔采我不认识，他可能是水疗大夫迈尔吸收加入同盟的。正面是阿尔伯特·埃尔哈德，而背面是尤利乌斯·埃尔哈德博士的名片没有什么意思，在审判中已经谈到了。R. R. 很可能是鲁道夫·雷姆佩尔。诺特荣克在柏林 C. 谢弗家住。其余所有的地址我完全不知道。

除了我上面提到的地址之外，诺特荣克还得到：1. 印在维尔穆特的书第103页上的那份委托书①；2. 委托内容是：去找比勒费尔德的雷姆佩尔、汉诺威的施泰翰、汉堡的豪普特和马尔滕斯、什未林的水疗大夫迈尔、罗斯托克的蒂尔克和柏林的一个收信人（姓名我记不起来了）；告诉他们伦敦发生的事，通知他们，中央委员会现在科隆，并问

---

① 文件539。

他们打算支持哪一派。他的基本任务是秘密进入柏林和在那里至少建立一个支部，以及寻找黑策尔案件①后打听到的一些老盟员。蒂尔克的地址是伦敦方面给我们的，不过，加上一个问号，这应当是表示怀疑蒂尔克是否加入同盟。柏林的地址也是伦敦方面给我们的，也都加上了问号。诺特荣克还受委托为此目的去找埃森的施韦宁格，施韦宁格的地址也是伦敦方面告诉我们的，也加上问号。我不知道施韦宁格是不是同盟盟员。

诺特荣克夜里乘火车经杜塞尔多夫和哈姆出发。1850年12月，如果我没有记错，他按毕尔格尔斯的房东，上面提到过的帕伦贝格的地址往科隆给毕尔格尔斯写了信。他没有提到施韦宁格，但他说他没有见到雷姆佩尔，因为雷姆佩尔出差走了。在汉诺威，人们仍然在为石勒苏益格—荷尔斯泰因宣传，因此他差点同施泰翰吵一架。施泰翰还没有把支部建立起来，但他答应诺特荣克说要开始行动，不久即可建立支部。在汉堡，豪普特建立了一个新支部，马尔滕斯懒惰如旧，诺特荣克狠狠地骂了他一顿；他没有打听清楚，汉堡究竟有没有一个在马尔滕斯领导下的支部。在基尔和罗斯托克，他拿着的地址是不能用的。在什未林，他同水疗大夫迈尔谈过话，迈尔说同意已通过的决议。然后，他赴柏林。最后，如果我没有记错，他要求给他钱，或者，确切些说，他说，他想继续巡视，但钱不够了。关于他在柏林的活动，他还不能写什么东西，因为他刚到。在1851年寄来的一封信中，诺特荣克告诉我们说，他已经混熟了，他工作很起劲，不久可望建立支部，却不告诉我们任何名字。在审判期间我问过他在柏林是否建成了支部，柏林来的证人当中有没有同盟盟员；他对我说，他觉得这些证人不很可靠，他当时并没有建成支部。

---

① 见文件506。

发表在维尔穆特的书里面的1850年12月1日的科隆告同盟书，包括章程，是毕尔格尔斯起草的，经过讨论之后，由科隆支部通过，作为提交下届代表大会的一个草案。我们，也就是毕尔格尔斯、奥托和我，把它们抄写了几份。一份由戚美尔曼通过铁路寄给亚琛的拜塞尔；一份由汉森通过轮船寄给科布伦茨的施勒格尔；一份由汉森通过轮船寄给美因河畔法兰克福的魏德迈，并委托他转抄几份给各支部；诺特荣克在柏林收到一份，而且采取如下的方式：诺特荣克把他的装财物和衣服的箱子留在科隆的汉森那里。这只箱子被汉森打开。诺特荣克把钥匙带在身上。汉森把箱子的折叶上的平头钉锉掉，把箱子打开，把《告同盟书》① 装进去，再按上一只新的平头钉，然后把箱子提到埃尔哈德那里。埃尔哈德把这只箱子同科隆的银行家施泰因寄往柏林的货物一起寄走，收货人写的是裁缝谢费，诺特荣克住在他那里。汉森把必要的情况告诉了埃尔哈德，而没有让他知道同盟的事情。为了这只箱子十分安全地寄到，埃尔哈德给诺特荣克写了那封众所周知的信②，这封信已印在维尔穆特的书第107页上。信中提到的"内装的东西"不是信或附在信中的文字材料，而是箱子本身或箱子里装的文件。有人曾经大体上告诉过埃尔哈德，箱子里有我搞的宣传材料。除了我们的《告同盟书》，箱子里还装有1850年3月《告同盟书》和我的一封附有毕尔格尔斯附言的信③（这封信印在维尔穆特的书105页上），以及为什未林的水疗大夫迈尔抄的一份科隆《告同盟书》和10塔勒银行本票。

我在收到诺特荣克最初的消息之后不久，就用烟草工人赫尔佐克的地址给莱比锡的马尔齐乌斯写了信，而且是两封，一封是毕尔格尔斯写

---

① 文件553和554。
② 文件571。
③ 文件565。

给雷姆佩尔的。这些信谈到伦敦的争吵。所有这些信我们都没有收到回信。这些信是由邮局寄出的。早些时候寄往科布伦茨、美因河畔法兰克福和亚琛的《告同盟书》和章程，我们收到法兰克福的答复说：魏德迈同意这些文件的内容，并向法兰克福区部的各个支部作了传达，魏德迈后来把这些支部的意见告诉我。施勒格尔从科布伦茨回信说：科布伦茨支部要求章程第1条在"一切"一词之后加上"符合法律的"。亚琛人要求的也一样，并要求删去第2条"a"。

后来，我把告同盟书和章程的一份完整的副本转交细木工帮工弗拉赫，如果我没有记错，那是我在波恩访问他的时候；但也可能是他早在科隆我住所里就已经得到这些文件了。

毕尔格尔斯于1851年5月初起程赴威斯特伐利亚、北德意志，特别是柏林和布雷斯劳。此行恰逢民主主义者代表大会在汉诺威举行，毕尔格尔斯接到贝克尔的邀请。此外，此行还有一个目的就是为毕尔格尔斯和贝克尔计划出版的报纸①筹集捐款和收集作品。关于他此行的结果，任何具体情况我都讲不出来，因为毕尔格尔斯这次旅行时在德累斯顿被捕了，我在受审时才见到他。

最后，我还要指出，我们被人指控说，马克思派和沙佩尔派这两派都想搞共产主义。其实两派在实现共产主义问题上彼此已成激烈的对手，甚至是已成敌人了。沙佩尔和维利希要在当前的教育水平上实行共产主义，并且，如有必要，在下次革命中以武力实现共产主义；马克思则认为只有通过教育和循序渐进的发展才能实现共产主义，他在一封寄给我们的信中指出共产主义在其完全实现之前应经过四个阶段。他说，在目前，直到下次革命，小资产阶级和无产阶级将一起进行反对王权的斗争。这一革命将不是由他们搞起来的，它是从现有的权力关系中产

---

① 见注释410。

生，由普遍的贫困引起的。周期性的商业危机加快革命的到来。只有在下次革命之后，当小资产者执政时，共产主义者才开始真正活动，才开始成为反对派。接着产生社会共和国，社会共和国之后是社会共产主义共和国，最后，社会共产主义共和国让给纯粹共产主义共和国。

[1854年2月11日审讯]

从1848年起，我就听说拉萨尔的名字，知道他是杜塞尔多夫民主派领导人。我第一次见到他是在著名的首饰盒盗窃案审理期间。当时我还不大过问政治，因此没有理由去接近拉萨尔。在民主主义者代表大会期间，我在科隆第一次同拉萨尔讲话，他当时从杜塞尔多夫到科隆来出席这次会议，但这只是一次简短的交谈。

1850年4月或5月的一个下午，我大约6点钟在科隆《西德意志报》编辑部，按照我的习惯看报，当时贝克尔从另一个房间，即楼梯上面的那个房间进来来找，对我说，刚才知名的海恩①从柏林来找他。我只听说过海恩这个人的名字；我知道这个人参加过巴登起义并被判处多年要塞监禁。贝克尔对我说，海恩刚才从给自己治病的军用医院里逃出来并请求他帮助逃跑。至于海恩如何逃跑的，后来贝克尔向我讲了如下的情况。

海恩给自己弄到一身便装，像在医院内工作的连队外科大夫，并带上眼镜，以如下方式逃跑，来到贝克尔那里。他呆在一个房间里，旁边另有一个房间与它相通。当一名仆役进到他的房间并通过这个房间进入旁边的房间去打扫时，他走出他的房间，这个房间对着走廊的门开着，他装扮成连队外科大夫，训斥在走廊站岗的人说，他不关门。然后，他

---

① 见注释410。

直奔大门，训斥一名下级军官监督不严，威胁要告发他，并让这个也把他当成连队外科大夫的人把大门打开，这样就找到了贝克尔。正像贝克尔告诉我的，他本人没有参与这次营救活动，他也不知道这个行动。我自己后来也从来不知道，这次营救活动是谁搞的，谁当时提供了帮助，我也难以估计到。仆役博特，我刚才提到了，是可疑的，他给海恩弄到衣服，但我听说他被宣告无罪。我同博特从来不曾谈及此事，而博特也根本不知道，我帮助过海恩，这一点我下面要讲。我也相信，海恩以前不认识贝克尔。

如同上面提到的，贝克尔告诉我海恩在他那里，正在说话的时候，如果我没有记错，贝克尔被听差叫了出去；过了几分钟，他又回来了，对我讲，一名士兵刚才告诉他海恩从医院逃跑一事已经传扬出去，至少在我的印象中贝克尔说过一名士兵曾把这件事告诉了他。据我所知，这名士兵因此也被审查。

这时贝克尔问我该怎么办和应当把海恩安顿到什么地方。我回答他说，这事由我来办，我同贝克尔一起走进海恩呆的房间，问候了他，并请求他把帽子压低盖住眼睛，跟我走。然后我们来到附近的奥古斯丁广场，在那里坐上出租马车，沿着所谓小茅屋穿过施泰因巷到伦根巷找鞋匠维西希。海恩非常激动，以致于我认为最好不同他交谈，后来我不久就在维西希那里同他分手，告诉他，为了他的安全，我不能再来看他。在施泰因我们碰上第 34 步兵团的一个分队。海恩非常害怕，我把他按在车篷的角落，并招呼赶车人把车拐进哈森巷，沿着沃尔库赫通过凯西林街到伦根胡同。我告诉维西希这位陌生人是谁，并要求他细心照料和调养，直到他病愈。在维西希的房间里没有任何人。我告别了维西希，当天我没有再干什么事情。我曾经从细木工汉森那里听说，知名的特使莫尔①的兄弟金匠莫尔②自告奋勇，负责照顾偶尔遇到的流亡者一两天，只要他是个正派人。为了海恩的安全，我认为换一下住的地方比较有把握，第二天我委托年长的伯多夫晚上把他从维西希那里带走，送到莫尔处。伯多夫照办了，他把海恩送到莫尔处，当时莫尔住在圣阿加塔街。海恩在这里整整呆了三天，我没有去看他，我不敢去，因为我认为，警察已经怀疑我。第三天我托汉森搞一辆车，并告诉他赶车人必须是可以信赖的和不多嘴多舌的人。他应当乘车到伯多夫处。同时我还拜托伯多夫，让他用车把海恩从莫尔那里带走，同他一起到杜塞尔多夫拉萨尔处，让拉萨尔继续把海恩送走。汉森告诉我，这辆车大约晚上8点钟启程。这辆车的主人和赶车人我不认识。伯多夫回来后，我听他说，他夜里3点钟左右到达杜塞尔多夫拉萨尔处，他按了门铃，门开了，他把海恩交给拉萨尔，海恩第二天早晨便马上乘上去鹿特丹的轮船走了。

党内有这么一个默认的原则，这就是：如果人们自己直接办不到，可以把流亡者送到其他地方的党的领导人，以便再继续转送。这是我把海恩交给拉萨尔转送的唯一原因。据我所知，除了海恩，没有从科隆给拉萨尔送去过任何流亡者；从别的地方是否送去过，我不知道，不过我认为这是有可能的。我自己从科隆转送过不少流亡者，这一点我将要单独详谈，不过没有求助于拉萨尔。

关于海恩的经历，我一无所知。在审判时我只听说海恩在伦敦加入过同盟。如果指责我说，海恩1848年初，还在法国革命前，就在柏林被怀疑同共产主义有联系，那么我对此只能回答说，关于此事我丝毫不知道。

1850年底或1851年初，马克思从伦敦给我写信，要我同拉萨尔联

---

① 约瑟夫·莫尔。
② 安东·克利斯蒂安·莫尔。

系，争取把他吸收入盟。我不同意马克思的意见，我对他说，我们有理由不接纳拉萨尔加入同盟，但没有举出是什么理由。原因是我、毕尔格尔斯和皮埃尔都不信任拉萨尔；我们认为拉萨尔自私，如果当局宽容他，他就会抛弃共产主义；我们完全认为，他对工人政党的态度不真诚。

1851年3月底，我和毕尔格尔斯从拉萨尔那里收到赴杜塞尔多夫参加祝贺拉萨尔被释放出狱的庆祝会的邀请。我们两人拒绝了这个邀请，毕尔格尔斯拒绝是因为他早已经同拉萨尔分裂[1]，我拒绝是因为我对拉萨尔的傲慢反感，他居然为他自己举办这样的庆祝会。因此，我借口要出行。这封有关的信[2]在拉萨尔手上。

1851年复活节后星期一下午，拉萨尔到我的住所来看我。因为我不在家，他在我夫人那里留下话说，他住在英格兰旅社，他让她转告，我第二天可以去看望他。复活节后星期二早上，我才去找毕尔格尔斯，征求他的意见。毕尔格尔斯建议我去看望一下，以便照顾拉萨尔的面子。因此，我到旅社去了一趟。拉萨尔不在，我留下话说我来过了。拉萨尔当时离开了，我们没有来得及交谈。大约两个或三个星期后，拉萨尔又来到科隆，一个星期六早上他到我的住所来看望我。我又不在家，晚上我到英格兰旅社去拜访拉萨尔。我们谈话的主题是政治问题。前议员格拉德巴赫在场。我们的谈话一般只是围绕着政治问题。我指责拉萨尔说，他从1849年以来在杜塞尔多夫没有开展革命活动，他借口说他患病和坐牢。海恩的事情根本没有谈到，共产主义也没有谈。总之，在整个谈话当中，拉萨尔给人的印象是他支持极端革命党。格拉德巴赫不大介入。我们的谈话没有取得什么结果，从我这方面来说，也根本没有

---

[1] 见注释411。
[2] 文件598。

期望有什么结果。

至于拉萨尔为什么要来看望我,我只能回答说,我估计,他认为我表现得像一个革命党的坚定战士,花点工夫同我取得联系是值得的。

第二个星期的星期一,拉萨尔和格拉德巴赫到我的住所来看望我。事后不久,审判官谢弗出现在我的住所,搜查了我的家,我被逮捕。这是5月19日的事情。在我家被搜查时,拉萨尔和格拉德巴赫经审判官同意留在现场。当审判官来到时,拉萨尔和格拉德巴赫还没坐下,所以我们之间还没有开始谈话。

当我被捕时,我已经意识到,诺特荣克已经被捕,这一点我在另外的场合交代过。但是我没有理由把这些情况告诉拉萨尔。我也不能设想,拉萨尔知道诺特荣克被捕这件事。

如果拉萨尔正好在那个时候到科隆来并打算再次同我取得联系令人感到奇怪,如果由此得出结论:拉萨尔知道共产主义者同盟的事情或者甚至是同盟盟员,那么我对此只能作如下的回答:

马克思可能把共产主义者同盟的存在告诉了拉萨尔,马克思可能促使他试图通过接近我来获得加入同盟的机会,而我从前曾拒绝接纳他入盟。我估计,实际上就是这么一回事。当着上述格拉德巴赫的面,我不能把这一方面的估计讲出来;也许格拉德巴赫只是陪着拉萨尔,以便考察法律顾问基尔如何办理哈茨费尔特伯爵夫人的案件。

在我被捕头半年,拉萨尔每月向科隆寄5塔勒给科隆拘留所的办公处并给我寄来一封信。我不得不总是把钱退给办公处。

科隆的工人把拉萨尔看成是一个利己主义者,骂他是重利的小人。他们认为,一旦遇到机会,他会更多地为哈茨费尔特伯爵夫人和他自己的利益而革命,而不是为工人的利益。

[1854年2月12日审讯]

关于同拉萨尔的关系，我没有什么可说的了。

回答一些个别问题：

杜塞尔多夫的染匠基希尼阿维、审计员赖维、食利者韦特、商人霍尔特霍夫、律师布勒姆、高等法院陪审官格罗特、以前的沿街叫卖者施米特、盖森海默、施帕尼尔、巴哈拉赫、法里纳、格罗斯凯普、巴克豪森、希尔格斯、富克斯、锁匠莫尔、魏登米勒、书商舍勒尔这些人我一个也不认识。

科隆的泥水匠施塔克和制钉匠贝克豪森我认识。施塔克是工人协会会员。关于施塔克和贝克豪森同拉萨尔的关系，我一无所知。关于我在科隆拘留期间我是否通过他们得到金钱帮助，我不知道；有人说，拉萨尔给我送过钱。克雷费尔德的酿酒匠齐伦巴赫和侍役贾内拉我不认识，的确我听说过前者的名字。《西德意志报》有一位编辑，他后来到巴黎去了，有一次告诉我齐伦巴赫是一个饶舌者。这位编辑是克雷费尔德人。

格拉德巴赫的商人奥古斯特·布罗克，我有一次在我们的常去的饭馆或在比利希那里见过，如果我没有记错，是贝克尔把他介绍给我的。

科隆的莉娜·毕尔格尔斯、细木工汉森和房东施米茨我认识。我在另外场合交代过，汉森是同盟盟员。施米茨有两个儿子，一个在科隆当酿酒匠，另一个是中学生。施米茨被判处一年徒刑，因为他冒犯了一位教士。这两个人都没有参加过同盟。

我不认识贝勒堡的克奈普博士，以及穆赫的食利者菲尔豪斯和法院执行官施米特，也不认识玛丽亚林登的教师施吕谢尔。

波恩的制便帽匠魏茵施泰因、房东伦茨和大学生格劳尔特，我都不认识。在陪审前，我在科隆见过波恩的安瑟伦·翁加尔，他被指控参加进军锡格堡。

本斯贝格的保安官菲施巴赫在科隆几次到我们常去的饭馆"拉姆"和比利希那里来。我不认识本斯贝格的房东欧拉和科尔普，以及锡格堡的工厂主富斯赫勒尔，也不认识韦尔维耶的前测量专家格拉斯。

我认识教师克斯特。有一次毕尔格尔斯说他是一个放荡者。

关于拉萨尔和同他的联系，我再没有什么可说的了。

[1854年2月12日审讯]

××被要求交代运送科隆流亡者的情况，现说明如下：

在科隆没有流亡者救济委员会或者这一类的组织。据我所知，除了海恩，还运送过七名流亡者①：

1. 阿布雷德里乌斯②，原籍特里尔附近，店主，从前住在墨西哥，参加巴登起义，被判处七、八年要塞监禁。

2. 他的一个同伙，名字我不知道。③

这两个人作为军事犯人关在艾格尔施泰因门的军事监狱里。他们被带到这个门前的一所小房子里，那里有劳动工具。这所小房子有一个大炮射孔，离地面有10至12呎，射孔与垒濠相通。两个人钻过射孔，跳进濠里，跑到雄鸡门，在那里同维西希会见。他们向这个人打听我的地址。他们把衣服反穿或扔掉，于是他们同维西希一起到伦根巷他的住宅。维西希把这个情况告诉了我，我给他们两个人送去衣服，给他们每

---

① 见注释325。
② 阿洛伊斯·阿普雷德里斯。
③ 可能是海尔曼·佩尔松。

个人送去外衣、短裤、背心、便帽和围巾。这些东西是为了照顾巴登流亡同志放在我这里的。维西希让他们两人在自己家里住了两天,汉森同在荷兰轮船上工作的一个叫施泰歇的人商量好。这个人把施泰歇的衣服借给他们穿上,他们把我给他们的衣服藏在一个蓝包里;维西希把他们带到轮船上,他们逃到轮船上,呆在司炉的房间里。我在维西希家里同阿布雷德里乌斯①和另一个人谈过话;另一个人说,他由于参加巴登起义被判处五年要塞监禁。

3. 在另一天的晚上,从塔(艾格尔塔)里逃出五名犯人。② 其中有一个人无疑是布雷维耶,他以前是火炮手长,参加过巴登起义,在起义中失掉了一只眼睛。这五个人弄到汉森和伯多夫的地址,早晨来到汉森家,汉森住在科尼贝克[?]。汉森给布雷菲尔穿上短上衣,戴上便帽和眼镜,然后带他到伯多夫那里。后来他带着其他三个人到施普尔曼巷去找细木工魏勒尔,他把第五个人留在自己家里。我给他们弄到衣服,他们分别在魏勒尔、汉森和伯多夫那里呆了几天,在我弄到路费之后,他们全都同许尔茨、塞吉和哈麦尔一起装扮成手工业工人。魏勒尔带他们过桥,汉森和伯多夫也把他们的受保护人带过桥。在莱茵河畔多伊茨要塞前面约会。他们把手工工具放在一边,然后从这里被带往米尔海姆,并乘船逃跑。

在从外面通过科隆转道的流亡者当中,有不少人得到救济,只要他们被确认为流亡者。

贝克尔对我讲过,他有一次资助过一些匈牙利人路费,他们在德累斯顿被捕并在那里逃出监狱。更详细的情况我不了解。据说这些匈牙利人好像是作为货物打包运到的,不过详情我一无所知。贝克尔掌握流亡

---

① 阿洛伊斯·阿普雷德里斯。
② 其中可能有莱维和菲利皮。

者基金，用金钱救济被确认的流亡者。但是他只管这件事。我可以保证，我根本没有参与救济匈牙利人的事情。

1850年初一个星期日早晨，约翰奈斯·隆格从波恩来到科隆；他受到通缉，谁通缉他，我不知道。他到我家里来找我，并对我讲，他前一天在波恩被人认出来，他担心被捕，而且非常害怕。他请求我帮助他逃跑。他手上有足够的路费。我托汉森雇一辆马车来，而没有告诉他隆格来了或雇车干什么用。尔后不久，汉森乘车来到我家门前，隆格上了车，他把隆格送往柯尼希斯多夫。隆格后来写信告诉我，他从那里乘火车到亚琛，并步行通过比利时边境。这封信是他从列日和安特卫普写来的，同时他要求在科隆成立一个德意志天主教教区。这个要求我自然没有照办。隆格在波恩住了多久，以及住在谁家，我不知道；他没有对我说过此事。他惊惶失措，十分可怜。我不曾给他回信。后来汉森才从我那里知道，他陪送的是隆格。

此外，我说不出一个从科隆被送出去的流亡者的名字。从1848年起，有一大批流亡者被送出去和受到救济。其中有波兰人，他们从巴黎来，后来在波兰人起义被镇压后又回到巴黎，有萨克森、伊瑟隆、巴登和匈牙利的起义者。

当时有个流亡者救济委员会，它的成员有贝克尔、施奈德第二、基尔、商人布劳巴赫和建筑师帕尔梅斯。这个委员会公开活动，它在报纸上发表募捐的号召书。

关于这件事，我说不出更多的东西。

以秘密转送流亡者为目的的委员会是不存在的，看起来，这同我一开始所交代的有矛盾。

去年12月31日对我审讯时，我曾经交代说，在科隆成立了一个支部。但是，在科隆不仅成立了一个支部，而且还成立了一个区部。区部是根据伦敦委员会的决议成立的。区部委员会主席是我，出纳是皮佩尔，书记最初是赖夫，后来是毕尔格尔斯。我们是区部委员会成员，同时也是科隆支部的成员和领导人。科隆区部下设科隆、亚琛、波恩和科布伦茨支部和特里尔的一个支部。关于后者及其成员，除了已交代过的，我不知道更多的情况。

科隆支部的成员我全都交代了。除了真正的成员之外，我们曾经试图争取许多共产主义拥护者支持我们的原则。几乎所有工人教育协会会员都是我们争取的对象；其中泥瓦匠斯塔克、已经不在人世的石膏粉刷工吉勒斯和鞋匠威斯特曼是最合适的人选。威斯特曼嗜酒如命。科隆区部里的教师的确大多数信奉民主主义原则，至于他们是否信仰共产主义，我不知道。在农民中间共产主义不普及，我们也没有打算在那里传播共产主义。

[1854年2月13日审讯]

为了补充以前的交代，关于魏德迈，我再交代如下情况：

最初，我只知道《新德意志报》有个编辑名叫魏德迈。毕尔格尔斯和魏德迈早已是知名人物，当我作为特使巡视时，我才见到魏德迈并同他交谈。通过汉森的中介，我同魏德迈多次通信，汉森把信发到卡斯特尔，从那里邮寄。魏德迈很早也已经认识贝克尔。贝克尔、毕尔格尔斯和魏德迈曾计划共同出版一家报纸。① 我只知道编辑有名叫吕宁和君特的。我听沙佩尔说，这两个人不信奉共产主义。魏德迈亲口对我说过，他出生在威斯特伐利亚，认识雷姆佩尔。根据这一点来看，雷姆佩尔可能知道魏德迈的社会关系。

我不认识泰格勒尔家族和制女帽女工贝拉·泰格勒尔，因此我无法

---

① 《新杂志》，见文件597。

交代这位女工是否送过魏德迈的书信。

美因河畔法兰克福区部有如下支部：美因河畔法兰克福支部、威斯巴登支部、达姆施塔特支部、哈瑙支部、赫希斯特支部、纽伦堡支部和美因茨支部；班贝格有无支部我不知道。

美因河畔法兰克福支部是谁建立的，我不知道，它有哪些成员，我也根本无法猜测。魏德迈在美因河畔法兰克福的一个协会里活动，我不知道是哪个协会，可以设想，他由这个协会会员变成同盟盟员。

裁缝小恩克、大恩克、制碱工人莫森、鞋匠谢弗、弗里德里希·丰克我不认识；泰奥多尔·舒斯特的名字我好像听说过，此人在某个地方，也许在巴登很出风头。

共产主义者特使布伦我不认识。他作为起义者当中的一员参加进军巴登，在1850年春天，科隆成立支部之前，就来到科隆。在瑞士成立一个新的革命委员会①，布伦也参加了这个委员会。布伦在科隆住在图恩市场，如果我没有记错，是住在维多利亚旅馆。他在美因河畔法兰克福同魏德迈会谈，并通过魏德迈给我捎信，因此他到我家来看望我。他以瑞士共产主义者同盟特使的身份问我能否在科隆成立一个支部。我回答他说，我在傍晚将同其他一些人一起到他住的旅馆去会见他并告诉他。大约4点钟我同汉森和皮佩尔，我相信还有伯多夫，一起去会见他。当时马克思已经要求我在科隆成立支部并为同盟工作。我从布伦那里得知，在瑞士，而且在伯尔尼，已经成立一个新的共产主义委员会。他要求我们参加这个委员会。但是我拒绝了，因为司徒卢威和卡尔·海因岑等人已参加该委员会，我回答他说，只有在德国或来自伦敦的领导告吹，我们才能同路。于是布伦一无所获地离去。后来伦敦方面通知我

---

① 显然是记录中的一个错误，因为勒泽尔在后面叙述了他同卡尔·布伦的谈话。

们，他作为宗德崩得特使被开除出同盟。因此我们没有同布伦联系。据我后来得知，魏德迈本人也没有接受布伦的建议。但是他告诉我，布伦自己在美因河畔法兰克福成立了一个支部，归属于瑞士委员会。这个支部的成员我不认识。

谁是威斯巴登、达姆施塔特、哈瑙、赫希斯特和纽伦堡各支部的主持人或这些支部的成员，我根本不知道，只能加以推测。赫希斯特的安德烈亚斯·格罗斯曼我不认识，哈瑙的格茨·乌纳我也不认识。关于哈瑙支部，我听说过如下的情况：有一个参加伦敦委员会的大学生，他的名字记不得了，现在突然想起来了，叫做威·李卜克内西，他出生在哈瑙。① 重要的是查清李卜克内西在哈瑙的联系。

关于美因茨，我可以交代如下情况：

裁缝帮工列斯纳（化名卡斯滕斯）为了逃避兵役想去伦敦，他于1848年夏天来到科隆，我在这里的工人协会里与他结识。他同沙佩尔非常要好，他们两人曾经在伦敦一起呆过。当沙佩尔在威斯巴登被捕时，列斯纳负责照顾搬回科隆的沙佩尔的家庭。沙佩尔在威斯巴登被释放后回到科隆。沙佩尔被驱逐出科隆，他又回到威斯巴登。列斯纳跟随他到威斯巴登，列斯纳的未婚妻，名叫克拉拉②，成为沙佩尔的女管家。沙佩尔在威斯巴登把列斯纳的未婚妻夺走。因此两人不和，所以，当沙佩尔被驱逐出威斯巴登时，列斯纳到美因茨。1850年秋天，魏德迈写信给我，要我给列斯纳寄书，供美因茨社会工人协会使用。不久，列斯纳从美因茨给我来信也提出这样的请求，我把书寄给了他，书单上有"美因茨"的字样，这个书单在我那里被没收了。我不知道，列斯纳是否是同盟盟员，不过我从上述情况判断他是同盟盟员。美因茨社会

---

① 威廉·李卜克内西出生于吉森，见本卷第781页。
② 克拉拉·霍珀。

工人协会最多有25名会员,列斯纳后来成了它的主席,可以设想,会员至少有一部分是共产主义者同盟盟员。列斯纳没有付给我所寄的书钱。在审判期间,我问过他怎么不付钱。他回答我说,美因茨的上述协会的一名会员、嗜酒的制帽工人把这笔钱昧下买酒喝了。这种说法是否真实,我不知道。这位制帽工人的名字他没有对我说,但我确切知道,列斯纳说过经手这笔钱的出纳是个制帽工人。

1850年8月,我到汉堡期间,列斯纳在科隆为沙佩尔的指控给自己辩护,这些指控是赖夫写信告诉他的。沙佩尔硬说,列斯纳是一个不干工作的懒惰的家伙,想过好生活,试图爬进他家里偷东西。列斯纳借这个机会向我转达魏德迈的问候。总之,不论魏德迈还是列斯纳,都没有向我说过他们之间有什么关系。

在科隆之行以后,列斯纳到纽伦堡参加工人兄弟会的一次代表大会。此行是否打算在那里建立共产主义支部,我不知道。魏德迈把那里存在的支部解散并另建一个新支部,这是后来的事情。

魏德迈在班贝格接受谁为盟员,我难以设想。我根本没听说过班贝格的律师梯图斯这个人的名字。

关于魏德迈作为特使巡视的情况,凡是我知道的,我全都交代了。

1851年2月或3月,魏德迈被驱逐出美因河畔法兰克福①后来到科隆,如果我没有记错,他住在维西希家里。我在《西德意志报》编辑部同贝克尔和毕尔格尔斯一起找他商谈筹建一家新报纸的事情,认为这家报纸应由上述三个人来编辑。魏德迈说,他不可能继续呆在美因河畔法兰克福,一则是因为他被从那里驱逐,二则因为无法维持生活,不过到那时他一直还秘密住在那里。他可能需要到威斯特伐利亚去找他的岳

---

① 约瑟夫·魏德迈没有被驱逐,他秘密地住在美因河畔法兰克福。他多次到科隆,见本书第4卷注释442。

父。第二天,他返回美因河畔法兰克福。从那时起,我没有再见到魏德迈,我也丝毫不知道他的下落。

我几次从格劳登茨写信给我的兄弟①,询问魏德迈、马克思和弗莱里格拉特的情况。我的兄弟回信说,马克思和弗莱里格拉特在纽约,而丝毫没有谈魏德迈的情况。

我知道雷姆佩尔在比勒费尔德结识了魏德迈,至于他们之间是否有通信联系,我不知道。魏德迈的岳父叫什么名字,我也不知道,尤其是我不知道他的岳父是否叫吕宁,又或编辑吕宁博士同魏德迈是否是翁婿关系。

我不认识一个名叫克拉斯的人。②

关于吕宁和君特的下落,我一无所知。

我根本不认识著作家格尔曼·莫伊勒。美因河畔法兰克福的狄茨、施特劳斯、法布里齐乌斯、劳施、福尔克特我不认识。

因此,关于美因河畔法兰克福区部里共产主义者同盟的活动,我能交代的情况不可能比我在以前的审讯中和在前面交代的更多。

[1854年2月13日审讯]

××回答问题如下:

1. 默勒,特别是细木工安东·默勒,我不认识,也许除了同盟盟员鞋匠弥勒,还有第二个同名人,他在海门巷[?]工作了很久,是一个不爱讲话和文静的工人。此人与同盟没有关系。

2. 林格斯这个人,我只知道他的名字。这个人出生在锡格堡,应

---

① 弗兰茨·约瑟夫·勒泽尔。
② 勒泽尔也许被问到阿道夫·克路斯。

当是伦敦支部的成员,在审判中提到过此事。锡格堡的教堂杂役林格斯我不认识。

3. 被开除的大学生韦特我不认识,不过另外有一个人叫格奥尔格·维尔特,他是《新莱茵报》的一个编辑,写过讽刺小品,由于冒犯了利希诺夫斯基侯爵(美因河畔法兰克福)于1850年在科隆被监禁了几个月。这个维尔特是波恩富有的银行家维尔特的侄儿,1850年受汉堡一家名门望族的委托周游了英国、葡萄牙、西班牙、法国和德国等国家。他同拉萨尔是否有联系,我不知道,他同贝克尔和毕尔格尔斯等人是否有联系,我也不知道;相反,他同马克思、两个沃尔弗、德朗克、《新莱茵报》的编辑有交往。维尔特没有参加协会。他服刑以后返回汉堡。从此,我没有听到他的任何消息,也不知道他现在何处。

4. 科隆的高等法院陪审员施泰因我根本没有听说过,有人说他向我透露了侦察的情况,这是不真实的。说我与我的同案人之间有联系,是千真万确的。不过这种联系只是通过清洁工来进行。例如,毕尔格尔斯有一次通过一个清洁工给我带来一封信,通知我他供述的内容。于是我也写信把我供述的内容告诉了他,我问他,我是否应当修改我的供词,或者最好坚持我的供词。他回信对我说,我可以坚持我的供词。从来没有任何官员参与这种舞弊行为。

5. 邮局秘书奥沙茨〔?〕我不认识,我也根本不知道,如果发生了对党不利的事情,党会通过邮局公务员得到通知。

6. 米尔海姆的房东科赫我认识,而且的确在他那里发现一批在米尔海姆及其附近地区传播的特德斯科的《问答》。汉森和科赫有交往,科赫可能通过汉森得到这部著作,以便把它传播出去。科赫不是同盟盟员,也根本不是共产主义者。

7. 如果说我曾经说过,只要把工人协会的名单摆在我面前,我能够把全部同盟盟员都供出来,那是出于一种误会。我只是说过,只要把科隆工人协会的名单摆在我面前,我能够说出哪些人是共产主义学说和原则的拥护者。

8. 细木工魏勒尔,我以前谈到过他,在我被捕之前一直住在施普尔曼巷,如果我没有记错,住在一所他自己所有的房子里。他的名字是否叫雅各,我不知道,但我知道他的一个兄弟住在小布林克巷［？］。

9.《德国男子汉和普鲁士臣民》① 的手稿是在1850年军队动员时马克思转寄给我的,他托我把它印出来加以传播。谁是作者,我不知道;最初,我以为是马克思,后来我认为是恩格斯或沃尔弗(鲁普斯)。我通过汉森把手稿寄给美因河畔法兰克福的魏德迈,请求他把手稿印出来,然后包装好,看起来像一捆捆货物,用轮船运给我。魏德迈负责印刷并寄给我四五千份。费用由那些出入拉姆啤酒馆的同志们自愿捐献。我把这一捆捆的传单从科隆邮寄给索林根的克莱因、巴门的裁缝师傅许纳拜恩(他是社会主义者,而不是共产主义者)、比勒费尔德的雷姆佩尔、汉诺威的施泰翰、汉堡的马尔滕斯;寄往莱比锡的由赫尔佐克转给小马尔齐乌斯。② 在寄往莱比锡的包裹里有一包是给德累斯顿的科尔贝克,另一包是给马格德堡的烟草工人迈耶尔(他曾在各次烟草工人代表大会上担任主席),第三包给萨克森的Nn③,他的名字在审判中出现,他是证人,因为在他那里发现这个著作;最后第四包给爱尔福特的克拉克吕格。

此外,还给亚琛的拜塞尔、科布伦茨的施勒格尔寄去几份,还根据魏德迈的要求,保留了一些,在上莱茵散发。除了我自己从科隆寄往索林根、巴门、比勒费尔德、汉诺威和汉堡的之外,汉森把全部捆好的文

---

① 文件545。
② 亨利希·马尔齐乌斯。
③ 鲁道尔施塔特的亚历山大·沃勒。

件带到杜塞尔多夫,他在那里邮寄。他在酒店里把一包分开,这个酒店里的人都认识他。拉萨尔那时在杜塞尔多夫已被捕。

包裹的地址是奥托写的,他在审讯中托词说他这样做是为了讨一个工人的喜欢,而不知道寄的是什么东西,他也的确不知道。

寄东西这件事,只有我、毕尔格尔斯和汉森知道,后来我才告诉支部。

在科隆,我、汉森、皮佩尔、维西希和魏勒尔把一些文件交给工人们,让他们去散发。此外,汉森还把一些文件作为海报贴在各街角。

10. 科隆至亚琛铁路线的前列车长施米茨我认识。他是一个文静的正派人,没有参加协会,也没有参加过会议,我只是偶尔在酒店里见过他。施米茨只替我们送过一次信。施米茨是争取统一的德国和共和国的人当中的一个。

11. 布鲁塞尔铁路的司机斯密斯我不认识,这条铁路的司机我一个也不认识。他被解雇,是因为他被怀疑在科隆和伦敦之间传递信件。

12. 为党传递过信件的明登铁路司机,我也不认识,而且从来没有听说过。

13. 赫茨贝格博士和波尔恩的名字,我是才从同我一起在格劳登茨被捕的教师布劳恩那里听说的。我不认识这两个人,我只是对上述布劳恩说过,我记得好像有个波尔恩或波尔恩施太德同马克思一起当过1848年以前出版的《德意志—布鲁塞尔报》的编辑。

14. 我和科隆支部成员从来没有在我们的住所里藏过武器弹药,否则便是发疯了。我们当中的任何人也从来没有私藏过这些东西。有人说在科隆全部武器弹药都收集起来了,我也从没有听说过此事。如果确有此事,那么我一定会知道。

15. 哈尔图姆的雅科比博士,我1850年春天才在《西德意志报》的编辑部见过,当时是贝克尔把他介绍给我。雅科比说,他在波恩是一个体操协会的会员，协会里有许多社会分子，他请求贝克尔给这个协会开列一张社会著作清单。贝克尔把他介绍给我。四天后我在维西希那里见到他，把书单子交给他，而这个书单子在他那里被没收了。我还没有把书给他寄去。从那时起，我同雅科比在审判中才重新相见，我不可能交代他的社会关系。他是蒲鲁东主义者和革命者，但不是共产主义者，我从同他的交谈中得到这个印象。

16. 在中央委员会迁往科隆后，马克思给我来信说，在格丁根有个很好的支部，大学生李卜克内西同这个支部有通信联系，与它通信有一个有利的时机。因此，他当时认为最好从伦敦同这个支部建立通信联系。我猜想，这个支部是由大学生组成的，或者还存在。李卜克内西在吉森和格丁根学习，他不是来自哈瑙，这一点我今天交代错了。因此，我的错误交代应当更正。不过，伦敦同盟里有个盟员来自哈瑙，他的名字很容易查出来。关于格丁根支部，我交代不出更多的情况，我们从来没有跟它通过信。名叫克拉默和瓦格纳的威斯特伐利亚大学生我不认识，我也没有听说过。

为了补充我以前的交代，我想援引去年12月和今年1月的记录中的如下一些话：

我所交代的科布伦茨支部的情况是我知道的全部情况。如果给我再提出名字来，那么我可以谈一谈对个别人的猜想。对亚琛支部也是如此。有人提问，现在我来回答：我同科布伦茨的文学家恩斯特·德朗克有个人交往。1848年他是科隆《新莱茵报》的编辑之一，莫尔当主席时他在协会里做过报告，而我当主席时他没有再做报告，他说他没有时间。《新莱茵报》停刊后，德朗克前往美因河畔法兰克福，从那里又到了日内瓦，当时我在那里被监禁。他现在何处，我不知道。

1848年文学家莫泽斯·赫斯同他的妻子和小姨子①在科隆短期逗留，他是哥特沙克领导的工人协会会员。当我加入工人协会时，他已不再到协会来了。我听说，他1848年已经到瑞士。我从魏德迈那里听说，赫斯是《红色问答书》的作者，《红色问答书》是在美因河畔法兰克福印的，由那里的瑞士人共产主义者支部②散发。我收到从美因河畔法兰克福匿名寄来的一包《红色问答书》，内中附有如下的话：

"勒泽尔公民！我们请求散发附上的印刷品，每份1银格罗申。所得钱款，请寄给拉绍德封委员会。祝好并握手。"我估计，这些东西是法兰克福的瑞士人支部寄来的。

关于赫斯，我不知道更多的情况。

韦尔维耶的药剂师亨利斯滕我不认识。

奥伊彭的前教师黑格纳的名字我知道；他翻译过乔治·桑的剧本，贝克尔把它印出来了。此外，我对黑格纳一无所知。

前测量专家格拉斯我不认识。

亚琛的费尔滕博士的名字我知道；他是一个人所共知的人物，我知道他同拜塞尔要好。如果我没有记错，这是拜塞尔亲自对我讲的。另外，我对费尔滕一无所知。

国家检察官绍尔恩鲍姆［？］这个人，我只知道他的名字，他的社会关系我完全不知道。

前警察和陪审推事冯·奥尔茨巴赫［？］，我甚至连他的名字都不知道。

文学家弗兰茨·韦克维尔赖这个人的名字我不知道。如果说他曾经散发过传单《德国男子汉和普鲁士臣民》，那么这些传单他只能从拜塞

---

① 卡杰琳娜·佩施。
② 即"革命集中"法兰克福小组。

尔那里得到，上面我已经交代过，我把传单寄给了拜塞尔，或者是由拜塞尔介绍而得到的。

科布伦茨的费尔滕博士我不认识，也不认识亚琛的科嫩博士和阿尔诺德·[……]①、佩尔策，店主武特尔、制革匠荣格尔兰德尔、市议员伯恩斯-罗斯巴赫、织工绍耳、刀匠吉姆珀尔、锁匠施派特尔、砖瓦工匠格雷文我也全不认识。

亚琛的律师特里珀尔这个人的名字我熟悉，我知道他同拜塞尔和费尔滕博士有交往，是个革命者。我估计，特里珀尔是亚琛的同盟盟员，由拜塞尔接纳入盟的。我这样估计是因为他是拜塞尔的密友，拜塞尔亲口对我说过，亚琛支部有个能干的盟员。至少，特里珀尔就是拜塞尔所说的能干的人。拜塞尔1851年春天路过科隆时拜访过毕尔格尔斯；我在毕尔格尔斯那里见到他，当时他对我讲了上述情况。当时他登上去波恩的火车，据他说，是去办私事。波恩是否是目的地，我不清楚。

[1854年2月14日审讯]

关于科布伦茨支部，我已经说过了，我交代不出更多的情况。

施勒格尔博士在那里担任领导，这件事我不怀疑。除了这个人和德里姆伯恩之外，其他同盟盟员我不认识。我听说，在施勒格尔那里特德斯科的《无产者问答》和《德国男子汉和普鲁士臣民》、《布朗基祝酒词》②都被没收，这无疑是由于我寄给他们一些可能被翻印的宣传品引起的。

关于施勒格尔在科布伦茨和附近地区的社会联系，我不知道。

---

① 原稿上这个词无法辨认。
② 文件594。

律师格雷贝、格雷布舍尔、布雷米希、书商弥勒、许勒尔博士、律师林曼、商人谢弗、卡福夫、埃克施泰因、科讷特根-曼特尔、药剂师比利希、酒店主德恩巴赫、施林克、法律顾问维尔辛、泰森、钉书工人克莱珀、鞋匠弥勒、染工费尔巴哈、测量专家济格耳、食利者皮斯巴赫、法院执行官费林、公证处助理恩格尔斯、法院文书塔珀尔曼、典当业公务员格林我都不认识。

我认识铁匠尼克斯，我已经交代过了，是由于科隆代表大会。

科布伦茨的赖夫和赫尔舍书店我不认识。

关于共产主义者同盟在拿骚的活动，除了已交代的，我不知道更多的情况。

然后，把1853年9月15日的报告中所列出的名字拿给××看；他说：

这些人当中我一个也不认识。

在我被捕后伦敦的同盟可能改组了，如果像别人告诉的那样施勒格尔博士在拿骚有联系，那么科布伦茨可能被指定为区部。

对个别问题的回答：

1. 科隆的细木工西斯滕［?］我不认识。
2. 美因河畔法兰克福的舒斯特海斯印刷所我不知道。
3. 关于克雷费尔德成立一个支部的事情，我一无所知。
4. 船长［?］法斯本德尔我不认识，我也不知道他是否曾经传递过信。
5. 裁缝帮工约瑟夫·罗斯我不认识。
6. 霍普和保利的名字我不知道。费舍是园丁，与汉森是老朋友并到我们的经常就餐的饭馆来过。他是一个沉默寡言和文静的人。他同拉萨尔有来往，即经济交往。拉萨尔有一次打算从费舍那里接受1万塔勒。

7. 石膏粉刷工吉勒斯同汉森有交往,到我们经常就餐的饭馆来过。他在这期间死去了。

8. 裁缝帮工帕尔梅斯和班索我不认识,也不认识酿酒工济亨巴赫。

9. 施奈德第二、弗莱施豪埃尔、贝尔姆巴赫和路易·舒尔茨虽然都是革命家,但不是共产主义者。

10. 埃伦布赖特施泰因的搬运工人霍尔策我不认识。

11. 弗兰肯贝格的格伊贝尔博士我也不认识。提问到共产主义者同盟在波恩的发展情况时,××说:

我在波恩接受细木工弗拉赫加入同盟,其他同盟盟员我不认识。

但是,我必须说一说波恩的律师哈根。哈根到1850年一直在科隆当律师。最初,他公开作为演说家出现在协会和民众大会上,但是他已于1848年秋引退。1850年以前人们不再重视他,而1850年他在各次审判中出色地为贝克尔作了辩护。1850年秋天他成为毕尔格尔斯的密友,多次到我们经常就餐的饭馆来,毕尔格尔斯对我讲,哈根的观点是进步的,他认为当今的社会再也支撑不下去了。我回答毕尔格尔斯说,根据1848年哈根的引退,我不再信任哈根,他对哈根要有所警惕。1850年秋天哈根被派到波恩,他在那里工作很忙,只是偶尔回科隆来。哈根不是同盟盟员,是不是共产主义者,我不知道,不过我对此表示怀疑,我不能不认为,他没有被党所承认,因为他拒绝已经承担的为毕尔格尔斯辩护的任务。① 说我把哈根接受入盟并暗中向他传达同盟文件是完全不符合事实的。但我估计,哈根是从毕尔格尔斯那里知道同盟的存在的,是毕尔格尔斯让他看了同盟文件,我也谈过对教师布劳恩的这样的估计。

哈根不认识弗拉赫;弗拉赫接受了哪些人入盟,我只能作这样的猜

---

① 见本书第4卷注释471。

测：是波恩体操协会会员，因为弗拉赫在这个协会里开展了出色的活动。

安塞尔姆·翁加尔这个人，我只知道他的名字和认识他的相貌。医学博士翁加尔、啤酒酿造工希特多尔特（？）、面包师尼德尔斯海恩、里夏茨博士、列曼博士和前法院执行官施奈德、某个温德米勒和某个瓦塞迈尔我不认识。如果我没有记错，

波恩的制便帽工人魏因施托克是那里的体操协会的主席（？）。

关于特里尔支部，除了我已经交代的，我交代不出更多的情况。现在来回答问题：

《特里尔日报》的编辑瓦尔特尔，我1850年夏天在贝克尔那里见过一次。他们在讨论如何为民主派报纸筹集保证金。《特里尔日报》不是共产主义倾向的报纸，它处于非共产主义者卡尔·格律恩博士的影响之下，所以我估计，瓦尔特尔根本不会参加同盟。

某个瓦尔德奈尔我不认识。①

克雷费尔德的伊曼特②1848年作为一个协会的代表出席科隆工人协会代表大会。这位伊曼特在科隆工人协会一次会议上，当时莫尔主持会议，发言主张按照莫尔和沙佩尔的原则建立纯共产主义共和国。代表大会后，伊曼特返回克雷费尔德，在那里表现得非常坚定，因而被驱逐出境或逃亡。他从克雷费尔德到了巴黎，1849—1850年冬天在那里死于霍乱。

后来我听说，死在巴黎的伊曼特有个兄弟③住在特里尔并参加了革命党。他现在何处，是否是共产主义者和同盟盟员，我不知道。

---

① 可能有人问到尼古劳斯·瓦尔德奈尔。
② 卡斯帕尔·伊曼特。
③ 彼得·伊曼特。

关于克莱因的联系和当时住在何处，除了已交代过的，我不知道更多的情况。埃尔伯费尔德的工厂工人兰西克我不认识。米尔海姆的织工本格尔我认识。他是米尔海姆工人协会的主席，坚定的共和主义者，他多次在米尔海姆或科隆同沙佩尔会晤。他从来没有加入同盟。

巴门的裁缝许纳拜恩同克莱因有交往，还经常找贝克尔。他和同盟没有什么关系。他是一个雇佣八九个帮工的富有者，不信奉共产主义。

我有关列斯纳所作的交代不完全符合事实；我打算加以更正。我担心列斯纳会由于我的交代而再次被审查和加重处罚，出于对他的同情，我没有吐露实情。但若是有人对我说，不允许由于那些已成为具有法律效力的判决的内容的事实而进行一次新的审查，那么我就要毫不顾忌地把我所知道的有关列斯纳的情况全都说出来。

我关于列斯纳加入同盟作为猜测所说的实际上就是这样。列斯纳在科隆案件审理期间对我说过，魏德迈接受他加入同盟①，他是美因茨支部成员。魏德迈已经得知，他应当到纽伦堡参加工人兄弟会代表大会。因此，魏德迈委托他顺便监督工人兄弟会并尽可能督促工人兄弟会采取坚决的进步行动。除此之外，我关于列斯纳所作的交代是正确的。魏德迈没有对我说过，他把列斯纳接受入盟。我猜测，列斯纳对法兰克福地区的同盟组织情况可以提供详尽的答复。另外，列斯纳还亲自对我说，美因茨支部的一部分成员参加了当地的社会工人协会。

我保证，我现在把我知道的共产主义者同盟的分支情况毫不保留地全部照实交代了。

××回答问题说，关于个别人，他可以谈一些或许大家还不知道的情况。关于这方面的情况，他作了如下的交代：

1. 著名的前少尉席梅尔普芬尼希1851年初从巴黎到瑞士、美因河

---

① 列斯纳早就是同盟盟员，他也许1850年成为法兰克福区部领导成员。

畔法兰克福和科隆。他持的是一张法国护照，上面写的是一个大学生的名字克拉默。他在科隆以大学生的身份出现。当时他从波恩来，他说，现在波恩的大学生不再像从前那样崇拜金克尔。他在科隆住在比利希那里。他受沙佩尔和维利希之命出行；他的使命尤其在于，调查普鲁士军官的观点。他在科隆同贝克尔和我有来往；在贝克尔告诉我他到达之后，我到比利希那里看望过他。因为特使豪德的使命受挫，所以我相信，他现在的使命是为维利希—沙佩尔派争取我们。我们向他宣读了维利希的信，以便让他相信维利希的观点是荒唐的。他向我介绍金克尔、阿尔诺德·卢格、司徒卢威等人搞德国革命公债①计划，试图争取我们支持并要求我们不久参与推销公债券。我们表示拒绝，因为我们不想同金克尔及其同伙打交道。席梅尔普芬尼希化名弥勒乘科隆至明登的火车从科隆动身，他头戴军帽，身穿蓝色上衣，冒充一个离队的预备兵。席梅尔普芬尼希随身带着衣服。他打算到北德意志去一趟。大约三四个星期之后，他返回科隆，还是作为大学生克拉默住在比利希那里。当天，这是一个星期日，律师鲁齐乌斯从不伦瑞克到科隆来同贝克尔商谈在汉诺威召开代表大会②的事情。席梅尔普芬尼希在贝克尔的编辑部里会见了贝克尔。不久之后鲁齐乌斯又到了那里。我当时也在场。席梅尔普芬尼希在鲁齐乌斯来了之后不久便同我一起到比利希那里。他在那里对我说，他的出使是有成果的，他在柏林碰见了少尉亨策和诺特荣克，如果爆发一场新的革命，北德意志也将支持工人党的原则。不久，又来了贝克尔、毕尔格尔斯、鲁齐乌斯及其他一些熟人；贝克尔同席梅尔普芬尼希走到一边，我听见，贝克尔指责席梅尔普芬尼希出使时的行为并要求席梅尔普芬尼希第二天早上到他那里去，把问题讲清楚。第二天早上席

---

① 见本书第4卷注释456。
② 见注释418。

梅尔普芬尼希不辞而别。后来我从贝克尔那里得知，席梅尔普芬尼希盗用他和我的名义，去不伦瑞克找鲁齐乌斯，说什么他此行是受贝克尔和一个科隆委员会的委托。席梅尔普芬尼希还访问了谁，我不知道。在陪审期间，诺特荣克只是对我说，席梅尔普芬尼希多次找过他，但大部分时间呆在亨策那里；亨策一个季度给维利希寄去一笔钱。席梅尔普芬尼希住在哪里，我不得而知。

关于席梅尔普芬尼希的出使，我不知道更多的情况。

2. 波恩的大学生叔尔茨1850年秋天到科隆①并会见了贝克尔。当时我也跟他谈过话。他这次来是受一个瑞士委员会②的委托。这个委员会清一色由参加过巴登起义的军官组成。他的主要任务可能是营救金克尔并争取贝克尔支持瑞士委员会。叔尔茨在科隆住在哪里，我已经回忆不起来了。我只是在贝克尔那里跟他谈过一次话。第二天，当我找他的时候，我听说，贝克尔同一位陌生的先生一起走了。这是人们在编辑部里对我讲的。后来我从贝克尔那里听说，他带着叔尔茨去参加不伦瑞克代表大会③，在那里使用了一个他没有对我说的陌生的名字，代表大会的一位代表在叔尔茨离开之后表示惋惜，说贝克尔没有把这个年轻人介绍给他。

那个时候，金克尔的妻子经常从波恩来拜访贝克尔。

贝克尔是否知道营救金克尔的计划，我不清楚。

关于营救金克尔一事本身和营救的参加者，除了一般人们所讲的叔尔茨通过贿赂一名看守来实施这次营救之外，我一无所知。

---

① 事实上是1850年5月。
② 指"革命集中"。
③ 指1850年6月中召开的代表大会，见注释418。

波茨坦国家档案馆 Rep. 30 Berlin C, Tit. 94, Lit. R, Nr. 208b.

第一次全文发表

7

亨利希·毕尔格尔斯1851年6月关于共产主义者同盟科隆中央委员会活动情况的供词[432]

1850年9月至1851年5月

[1851年6月26日审讯]

[……]1850年9月15日伦敦会议记录①由伦敦通知科隆区部。按照会议记录，科隆区部应当把自己选为新的中央委员会。然后由新的中央委员会起草新章程。不久之后在伦敦应当组织两个区部，这两个区部是独立的，彼此不发生关系，只同科隆中央委员会联系。由于上述情况，起草新章程势在必行；因为旧章程②已被人遗忘，1848年的章程③又是为了特殊的目的而制定的；可见缺乏一个真正的章程。伦敦中央委员会的迁移，由于那里的盟员之间发生的分裂而又成为必要，科隆被选

---

① 文件522。
② 见本书第2卷文件183。
③ 见本书第2卷文件321。

为新的中央委员会所在地,据我猜测,可能是一则由于科隆的位置十分便于对外联系,二则由于伦敦的大部分盟员来自科隆,三则由于科隆区部大概是组织得最好的区部。[……] 从此以后,科隆区部的作用提高了。如上面所指出的,科隆区部完全是由工人组成的,因此,感到需要物色一名完全能够胜任通讯工作的知识分子盟员,这样我正好被选中了。我被接受入盟没有举行仪式,而按照旧章程,过去接受盟员可能是有一定仪式的;很可能是按照1830年革命前后形成的烧炭党人的联系方式进行宣誓。[……]

关于中央委员会的选举。当时科隆区部除我之外还有九名或者十名成员;我不能完全准确地回忆起人数,即使我努力去回想人名。当时形成决议,中央委员会只由三人组成,选举是口头进行的,没有经过特别的仪式。我承认,我是中央成员之一;请不要让我说出另外二人的名字①;其中一人反正很容易从案卷中猜到,另外一人是科隆的工人②,他不起任何作用,只是挂个名,不做任何工作。区部会议不定期,只是偶尔举行。在一次区部会议上只是讨论了章程③,然后我起草了章程以及新的科隆中央委员会的告同盟书④,我把这两篇东西送给其他两位领导成员,得到了他们的同意。《告同盟书》和章程注明的日期是1850年

---

① 记录旁批:毕尔格尔斯后来肯定地供认,勒泽尔是第二名委员,委任状和在诺特荣克那里查获的其他文件是由他起草和签发的。

② 记录旁批:注意。毕尔格尔斯指的是勒泽尔,他只是不愿意让人们把勒泽尔的第一个名字由于他明确供认而记录在案。注意。根据豪普特的交代,第三名领导成员应当是丹尼尔斯,参阅上面旁批中关于他所作的交代。他已婚,也许只是因为这一点他受到了宽恕;第三名领导成员不一起签名。豪普特在他的备忘录中再次交代,毕尔格尔斯、勒泽尔、丹尼尔斯组成同盟的科隆中央委员会。

③ 文件554。

④ 见文件553。

12月1日。有人告诉我，在诺特荣克那里查获了这两篇东西，而且在案卷中让我看了副本。

根据上述情况，显而易见，我本人只对去年12月1日的新章程和最近的《告同盟书》负有共同责任。但是我要指出，这两篇东西是从1847年原来的《宣言》① 中抄来的，是以它为基础的。因此，要了解现在的同盟的全部历史和真正性质，就必须把下列文件拿来审查：1. 旧章程；2. 在伦敦瓦伦街②印刷和1848年2月发表的1847年《宣言》；3. 1848年的临时新章程；这三个文件在伦敦都可能买到；4. 1850年3月伦敦中央委员会的《告同盟书》③；5. 1850年12月1日科隆中央委员会的《告同盟书》和章程；第4、5两项的三个文件，上面已经指出，已经放在案卷中，为了确认这些文件的真实性，已经由我写上了我的姓名代号。另外，我保留在我拘禁期间对最后一个章程写出书面说明的权利，并把这个说明列入案卷。我希望，我能够以此帮助我的未来的审判机关站到正确的立场上来观察和考虑章程、章程的各项条款以及《告同盟书》。[……]

[1851年6月27日审讯]

如果问我从我参加科隆区部以来，从科隆区部担任同盟中央领导以来，科隆区部的活动情况怎样，那么，为了不致有所遗漏，我要在这里首先指出，有人认为，由于一定的原因，最好把两名盟员除名，因为他

---

① 指1848年2月的《共产党宣言》，本书第2卷文件202。
② 毕尔格尔斯在后来一次的审讯中指出，瓦伦街是说错了，不言而喻，应当是比肖普门利物浦街。
③ 文件448。

们的品行表现不好；为了不伤感情，他们被告知，由于伦敦发生了争执，整个同盟都解散了。然后，从工人当中吸收了两人加入同盟来顶替他们。往后再没有吸收新盟员，因此，原来的盟员人数没有变化。[……]

新的中央委员会的下一步活动是对同盟的规模进行必要的了解。正如上面已经指出的，伦敦方面把有关德国的所谓盟员、区部、支部等等的地址提供给我们。我坦率地承认，如果我能想到同盟只存在于科隆区部，那我就不会参与其事，就不会费心起草章程和《告同盟书》。在这方面我完全上当了。《告同盟书》为此提供了最好的证明。为了检验那些地址的可靠性，我们派了四名特使：首先是纽伦堡特使。他是法兰克福的工人①，一个盟员。据美因河畔法兰克福区部委员会成员（一个工人②）告诉我们，这位盟员要去纽伦堡作一次临时的旅行，他根据这位委员会成员的建议而接受的任务是：利用伦敦方面向我们提供的纽伦堡的阿·舒尔采的地址了解当地同盟的状况。他的那份由法兰克福区部委员会转给我们的报告，在《告同盟书》中已经通报了；他发展的六名盟员的名单留在法兰克福，没有告诉我们，我们再没有收到别的报告。因此，即使我愿意，我也无法提供纽伦堡六名盟员的名单。此外，派到纽伦堡去的代表不是从我们这里得到证明书，而是让法兰克福区部委员会发给他的。派遣的时间大概是1850年11月，因为我是10月初被接受参加同盟的③；12月1日的报告里已经有了这个消息，可见我们只能在这个期间得到这个消息。如果人们给我出示在德累斯顿从科尔贝克那

---

① 纽伦堡特使是美因茨的弗里德里希·列斯纳。
② 美因河畔法兰克福区部的领导人是约瑟夫·魏德迈。
③ 毕尔格尔斯1847年参加共产主义者同盟。他在这里说他1850年10月初入盟，是为了避免因为1847年章程和1848年章程而被追究刑事责任。

里查获的（1850年）11月25日冈洛夫发自莱比锡的信①，并以此证明，冈洛夫当时在纽伦堡，他按照自己的意思报告那里的政治情绪的好的一面，因此，人们普遍怀疑冈洛夫大概就是派到纽伦堡去的那个人。那么我就要回答说：不是这么一回事。我根本不相信有此事，因为我正好从法兰克福得到了对冈洛夫的不好的评论，这在我和勒泽尔去年12月27日的信②中已经提到了。这种评论只能以派到纽伦堡去的法兰克福人的报告为依据。自然这只是我的猜测，但有如下根据：有人从法兰克福告诉我，在德国的工人协会中，至今还存在一个兄弟会，这个兄弟会于1850年11月25日在纽伦堡开了一次会；大概那个法兰克福人在那里同领导工人兄弟会的冈洛夫见了面，因此得以报告他的情况。报告中说：他竟对兄弟会进行欺诈。其次，如果人们指责我说，我和勒泽尔在1850年12月27日的信中写道：

  奥托在莱比锡同冈洛夫接了头，冈洛夫在奥托面前自称是同盟盟员。可是这位冈洛夫根本没有加入同盟；因此，我们从未利用过他所提供的地址。此事如何处理，

  请您来信告诉我们。

由此看来，冈洛夫似乎无疑是盟员。对此我要回答说：只是看起来是这样，实际上冈洛夫不是我们同盟的盟员。③ 我们被告知，冈洛夫领导着一个工人同盟。因此，奥托从科隆经莱比锡去柏林办理他的事务时应当去探访冈洛夫，并弄清他是否同伦敦的工人协会有联系，是否知道伦敦发生了分裂的情况。也许是为了试探，冈洛夫向奥托暗示，他确实

---

① 文件548。
② 文件565。
③ 记录旁批：毕尔格尔斯秘密告知，据他所知，冈洛夫在这期间参加了维利希—沙佩尔派，属于他们的同盟。

参加了同盟，不过不是我们的同盟，而是大概同伦敦工人协会有联系的一般的工人同盟，他交给奥托一个地址，以便同莱茵地区还存在的秘密工人协会进行联系。这是奥托告诉我的。但是，因为在这期间我们从法兰克福得到对冈洛夫不好的评论，所以我们不再同他交往了。我负责地保证我的叙述是真实的，即使有人指责我，说我的说法非常勉强，说冈洛夫终究是盟员，我也坚持我的说法。

至于去莱比锡的第二名特使，他应当是科隆的化学家奥托。我虽然为此而利用了他，但他并不是同盟盟员；至少从来没有人告诉我说，他属于同盟。我在上面谈到冈洛夫时已经说过，奥托去莱比锡和柏林是受他任职的科隆司徒卢威矿泉水公司的委托，他曾是科隆工人协会的会员，同我认识，曾被驱逐出境；因为他已经结婚，我们大家都劝他退出工人协会，不要参加任何政治活动。他也这样做了。我听说他要作这次旅行，我就请求他去探访几个人：莱比锡的冈洛夫和一个叫小马尔齐乌斯①的裁缝帮工，伦敦方面告诉我们说后者是盟员；柏林的一个属于下层的人，伦敦方面告诉我们说他也是盟员。我请求他问问他们，他们是否知道伦敦工人协会发生分裂的情况，他们是否同协会有联系。如果我们得到肯定的答复，那我们就知道我们的处境如何。奥托带去了给马尔齐乌斯的一封信，我们从前已经两次给他写信，但未得到回信。后来奥托给我们带来消息说，他没有找到马尔齐乌斯，而柏林的那个人承认不了解任何情况；关于后者，人们当时证明，他在柏林还有一个同名人；而此人同样给了完全否定的答复。他关于冈洛夫所报告的情况，我在上面已经讲过了，而冈洛夫让他去找德累斯顿一个名叫科尔贝克的裁缝，这我不知道，他没有告诉我这件事。我也不知道，他是否把给马尔齐乌斯的信退给了我们。我听说，马尔齐乌斯以前到过伦敦，曾因参加一个

---

① 指亨利希·马尔齐乌斯。

工人团体在莱比锡被捕过一次。① 我关于奥托所交代的情况是真实的，尽管我去年12月27日的信的内容和措词以及冈洛夫去年12月25日的信的内容和措词与事实有出入。此外，我们在这些地区没有掌握其他的地址。

至于莱茵地区和美因河畔法兰克福的第三名特使，他是科隆的一个盟员。他的报告写入了1850年12月1日的告同盟书。报告的内容不错，我也完全相信，当时只有莱茵省可以接受共产主义的学说。事实肯定是这样，这是由那里的工业情况决定的。而且我不相信，在那里占统治地位的共产主义要求可以压制下去。我认为，这种要求一定会得到满足。这种要求在科隆城最成熟，其次是杜塞尔多夫行政区的工业区，亚琛行政区差一些，最差的是科布伦茨行政区，虽然那里有两个同盟支部。关于特里尔行政区的思想情况，我从未得到消息，但我相信，摩泽尔农民的悲惨处境必然使他们成为共产主义者；因为他们由于葡萄酒税、过重的租金、他们庄园的抵押债务、酒商的高利贷而被榨取净尽了。

《告同盟书》中提到的11个支部，5个在我们莱茵省②，6个在法兰克福。前5个支部中

1个在科隆城，包括我在内，共有10个盟员

1个在亚琛行政区，人数少些

1个在杜塞尔多夫行政区，人数也少些

---

① 1850年6月，从伦敦寄的《六月告同盟书》落入莱比锡警察当局手里（见本卷第335页注释①），亨利希·马尔齐乌斯因此被捕，大约9月，由于缺乏罪证他被释放。——译者注

② 记录旁批：毕尔格尔斯列举了科隆区部各支部：科隆城、亚琛城、埃尔伯费尔德城、科布伦茨城、安德纳赫城。这是现有文件中提到安德纳赫有一个同盟支部的唯一的一处。

两个在科布伦茨行政区,其中一个始终毫无生气①,另一个②虽然名义上有7—8个人,实际上不起任何作用。

我请求允许我不具体讲出这些地方的名字,尤其是因为那里的支部由于后来进行的军事动员而完全瓦解了,而且像我下面还要指出的那样,同盟实际上已经完全停止活动了。

关于法兰克福的六个支部,除了法兰克福本身外,我只能说出威斯巴登(沙佩尔的故乡)和美因茨这两个支部。其他三个支部我不知道,而我从来就不知道,因为关于这几个支部,我们总只是同法兰克福进行联系。此外,我也不可能交代这些地方的盟员人数,我只知道,美因河畔法兰克福的盟员人数从未超过七人。顺便指出,这个支部大约在3月由于内部的分裂实际上已经瓦解③,因而同那些归入法兰克福区部的支部的任何联系都停止了。我相信,一部分人加入了一般的工人兄弟会,另一部分人加入了伦敦工人协会,如上所述,这个协会从此成了维利希—沙佩尔派。我隐约地记得,争论是人为地挑起的和故意制造的,目的是同我们的同盟断绝关系。

最后,至于北德意志的第四名特使,此人是诺特荣克,因为他那里有许多文件,所以带来很多麻烦。

我在科隆发现他是盟员,但是,我不知道,他是谁介绍、什么时候、在什么地方加入同盟的。他不是被特地派去了解北德意志同盟情况的,他本来就想去柏林,只是顺便利用了他的柏林之行。具体地说,由于他的政治名声,他在科隆未能在一个裁缝师傅那里找到工作,因此,

---

① 指特里尔。
② 在科布伦茨。
③ 见文件490。

他想迁居柏林。他带了1850年11月4日由我草拟和签名的委托书①，我还从科隆的流亡者救济基金中给他弄到了一笔旅费。贝克尔博士是这个基金会的主席，但是，如果我没有记错的话，每一次拨款他都必须得到另一位先生的附议。诺特荣克属于政治上受迫害的，因此，他有权利得到这个基金会的资助；而且他在获释后初期已经得到过它的资助，因此我轻而易举地又为这次旅行弄到了一笔款子。根据伦敦提供的名单，他要去找汉堡的木匠师傅马尔滕斯（但在这份地址中把他说成是没有能力的和可疑的人）、什未林的迈尔大夫以及罗斯托克的某人，此人的名字我忘记了。②

在北德意志我们没有掌握更多的情况，诺特荣克应当看看，什么地方还有同盟的拥护者。在这方面，我们请他注意冈洛夫的连襟，埃森的施韦宁格，奥托是从他那里送消息的。此外，我相信，他还让贝克尔博士给他开了一些私人介绍信，这些大概就是在他那里查获的给门兴博士、特里陶、奥尔斯豪森等人的介绍信。③ 然而这些人和我们的同盟没有联系。

起初他从汉诺威来信说，他同那里的工人协会取得了联系，但是，在其中没有发现对我们有用的任何东西，因为这个协会似乎仅仅讨论政治问题；他根本没有想到人的问题。我们从汉堡收到他的第二封信，他在信中告诉我们说，他在那里找到了豪普特，同马尔滕斯谈过话，认识一个叫布伦的人；豪普特似乎完全脱离了工人阶级，变成了一位高贵的汉堡人；马尔滕斯仅仅忙于地方事务和汉堡工人教育协会；布伦虽然好

---

① 文件539。
② 记录旁批：毕所指的应当是一个教授（蒂尔克，他的地址在诺特荣克那里查获）。
③ 见文件540。

像同瑞士、同北德意志的一个工人同盟、同伦敦工人协会都有很多联系，但是，他觉得此人可疑，因此他想只能谨慎地接近此人；由此可见，汉堡的情况很不妙。后来我们要求他作进一步的了解，他的回答十分空洞和平淡，于是我认识到，同诺特荣克无法打交道。他只是随信附来他从布伦那里得到的一些地址，开列的是在德国存在的一个大的同盟的盟员名单。个别名字同我们从伦敦得到的名单一致，这仅仅是巧合。我认为，布伦大概是为了炫耀自己而用一些著名的德国人名凑成这个名单来欺骗诺特荣克。这就是在诺特荣克那里查获的名单；我们历来没有利用过这个名单。

此后诺特荣克从柏林来信，信中痛苦地抱怨说，在罗斯托克，人们让他去找一个人，而此人对情况一无所知，并且把他赶了出来。他告诉我们说，什未林的迈尔大夫对此事不再感兴趣，他想完全退出来。此后不久，他在发自柏林的第二封信中要求再次给以帮助，因为他没有找到工作。我们还没有来得及给他回信，又收到了他的第四封信，信中再一次请求寄钱，并通知我们：他将去莱比锡找工作，并且顺便在那里了解我们同盟的情况。我们的答复就是1850年12月27日的信，随信我给他寄去10塔勒，这也是我从流亡者救济基金会给他弄到的。这封信的内容大部分跟上一封信差不多。**伦敦的鲍威尔**大概是伦敦的特使，是他把1850年3月的《告同盟书》带到德国；这只是我的猜测，但我不能交代这个人的名字。诺特荣克短时间前往莱比锡，以便打听到我们完全不知道下落的马尔齐乌斯，我们固然认为这很好，但是，我们迫切希望他回到柏林，以便尽可能在那里为我们的同盟进行活动，我们在柏林还没有任何联系。如果说我在我的信中关于马尔齐乌斯确实曾经说过，我们掌握着马克思和贝克尔①的一张有关他的纸条，那么，后一个名字可

---

① 记录旁批："贝克尔"是笔误，原信中是"鲍威尔"。

能是一个错误；无论如何，他应当叫做埃卡留斯。贝克尔从未到过伦敦。布姆斯和布伦斯始终只能是所提到的布伦。我们的这封信他没有答复，不知道他是否去了莱比锡，我们不能不认为他完全放弃了这次旅行。我们得到他的最后一封信是今年3月，他在信中根本没有讲同盟的事情，只讲了柏林工人协会同人民协会的关系，大意如下：

> 工人协会实际上同民主派在同一个组织中，即所谓人民协会或区域协会；但是，工人协会已经越来越不信任以前的民主派领袖们①（他没有举出他们的名字），可是并没有认清自身的立场；他力图使他结识的那些工人加深这种不信任，等等。

他根本没有讲到他在这方面的努力取得了什么成果，只是说已经找到了工作，而且很忙。

从此以后他没有再来信，我们也没有给他写信。当时我们相信，同他的关系已经完全结束了，他已经完全离开了我们。后来，当我来到柏林得知他秘密地离开了这个城市时，我感到十分惊奇；但是，我根本没有想到他会为了我们同盟的事情去莱比锡。直到现在我也不能相信这一点，如果说他随身带走了文件，那这只能是因为他觉得放在他在柏林的住所里不安全。[……]

[1851年6月28日审讯]

我交代过，其他区部完全停止活动，最后实际上已瓦解，如果有人问我，科隆区部通过什么方法取得成效。那么我要指出如下情况。我很快发现，从数量上加强和扩大同盟，既不合时宜，也没有必要。我倒是

---

① 记录旁批：毕认为，这主要是贝伦兹。

认为，而且至今仍然认为，就当前来说，重要的是进行很好的宣传，只要使人们，特别是使工人阶级越来越了解和接受共产主义的本质和学说，那就足够了。因为将来一旦到了决战和行动的时刻，那些经过思想训练的分子就会自动地聚集起来。由于这个原因，我一无例外地拒绝我们盟员关于接受新盟员的一切建议，即使是完全合格的和受过充分训练的人；并且教育盟员，让他们自己也仅仅从事这种宣传。每一个工人都可以利用同朋友、同事、同行的谈话、社交和偶尔的聚会做这种工作。而我则利用科隆现有的工人教育协会作关于共产主义的报告。工人教育协会被当局解散后，我就随时随地利用同工人接触的机会（他们当然过去就认识我，比如说，常常在饭店里探望我），同他们进行关于共产主义的谈话，使他们接受共产主义。我有时（自然后来越来越少了）利用私人住宅召开盟员大会，讨论共产主义学说。在这方面，我让人们注意我们的章程，章程正是把这种思想宣传规定为盟员的主要义务；章程第1条中说："同盟不得解散！"根据我的理解，是说即使同盟表面上和实际上已经瓦解，每一个盟员也还有义务为共产主义进行宣传。此外，同盟没有出版著作，近来在美因茨出现或流传的共产主义著作①与同盟毫无关系。除上述方式外，我不曾用其他方式进行宣传，具体地说，我没有影响体操协会或其他协会，而且我同其他协会也没有联系。

如果有人问我同雅科比博士的关系，那么我可以坦率地讲一讲这个情况。去年除夕我已经在科隆见到过他，而进一步结识他则是在今年狂欢节。我们当然谈到共产主义，我发现他是一个坚定的共产主义信仰者。另外他已经知道1847年的党的宣言②，宣言正是我们结识的基础。是的，我不愿隐瞒，是雅科比要来拜访我，以便进一步了解共产党的情

---

① 本书第4卷文件634。
② 指1848年2月的《共产党宣言》，本书第2卷文件202。

况。至于他在这方面偏偏注意到我,这是很自然的事情,因为他认识我的朋友贝克尔,他一定听说过我在工人教育协会的活动。但是,按照我前面讲到的观点,我认为,明确地吸收他入盟,没有必要,因为他是一位有教养的、信仰共产主义思想的青年人,他随时都准备为这种思想而工作,即使不当盟员。因此,我首先也没有给他介绍同盟的存在,只是要求他下定决心,从科学的角度进一步了解共产主义的学说,并为此而进行宣传。

对此,我们彼此作了保证,他赞成我们协会的目的和志向,而不必正式参加。他首先应当在柏林为共产主义进行活动,比如说,像在波恩那样安排社交聚会,讨论共产主义。他决不是为其他目的而去柏林的,而是真正为了进行宣传。更确切地说,他应当完全利用他在柏林逗留的机会来从事这一工作。因为他在那里完全是个陌生人,于是,我把诺特荣克的地址交给他,据我所知,诺特荣克也是这样想的,会在这件事上给他以帮助。如果有人指责我说,根据查获的各种文件,比如根据索菲娅·迈耶尔今年5月24日的信[①],雅科比似乎确实是盟员,有迹象表明我想解除人们对他的怀疑,那么我可以保证,不是这么回事,关于他我所说的都是实情。我在柏林找过他,但是最初没有找到,我把此事告诉了科隆的贝克尔,后来他大概在明登向迈耶尔一家打听雅科比的下落。索菲娅·迈耶尔可能是因此才写了今年5月24日的信。

如果有人问我最后一次旅行(我在这次旅行中在德累斯顿被捕)的情况,那么这次旅行主要是由于写作工作方面的原因,这当然也与同盟有一些关系。前面我已经多次指出,我认识到,同盟现在实际上已经不能在形式上存在下去了,因为除了科隆区部之外,它已经根本不再存在了。因此,我只想再为它进行思想宣传,并为此创办一个杂志。关于这件事,我同贝克尔博士进行联系,想在他的印刷所印刷和出版。这个

---

① 本书第4卷文件629。

杂志应当代表和促进共产主义利益,贝克尔于3月底或4月初①让人拟定了关于杂志的计划。②

我应当到德国各地去一趟,一方面是为了给杂志物色撰稿人,另一方面是为了了解大多数人的看法,从而弄清这件事是否会得到赞成。同时,也是为了通过发股票筹集资金。当然我要求助于民主派的著名的大人物,因为只能指望他们给以支持。贝克尔也给了我旅费。我想顺便了解一下我们同盟的残存部分,因为我认为同盟的继续存在是多余的,所以,我到哪里,就把那里还存在的同盟解散。我请求给我签发去伦敦的护照,因为我不可能得到一张护照,而请求一张在国内旅行的护照,大家都知道,对我来说这是不体面的。因此,我宁愿请求给我签发直接去伦敦的护照,何况我打算真的去伦敦,如果我的旅行很顺利。我到过汉诺威、汉堡、柏林、布雷斯劳,在这些地方作了或长或短的停留。贝克尔陪同我到汉诺威,目的是同我一起为杂志进行活动,即使我们没有偶然遇见盖尔丁,我们本来也无论如何都要去拜访他。关于同盖尔丁的会见,我于今年6月20日已经向这里的法庭讲过了,我只能坚持原来的说法。我们同他谈了我们的事情,然而仅仅得到冷淡的保证。贝克尔从汉诺威转回去了,为了不再增加旅费,他就不再陪我了。在汉堡,我同文学家格奥尔格·维尔特以及拉福里博士进行了商谈,并且拜访了豪普特,我认为他一定是盟员,因为他从前在伦敦呆过,参加了那里的工人协会。[……]我现在在汉堡拜访他,是想通过他来了解汉堡工人协会的情况。我从他的言谈中得知,他已经完全引退了,对此再也不感兴趣

---

① 是1851年3月19日,见文件597。
② 记录旁批;杂志的情况似乎不是这样。因为贝克尔在1851年5月27日科隆审判中的原话是:上面提到的杂志由我、毕尔格尔斯等人出版,照我的想法,该杂志除其他文章外,也登载自然科学和经济学的文章,毕尔格尔斯应当提供这样的文章,说他为了物色撰稿人而作过一次旅行,这是可能的。

了。后来没有同他再谈。如果有人指责我说，他的供词同我的供词根本不一致，那么这不能怪我。后来他走得太远了。我既没有斥责他对同盟的冷淡态度，也没有告诉他说，同盟将于6月或7月开一次代表大会，也没有告诉他说，同盟在格丁根大学生中有发展，皮佩尔属于同盟。我还访问了木匠师傅马尔滕斯。虽然我知道他是盟员，但是我没有同他谈同盟的事情，只是谈当地的工人协会和对计划中的杂志的支持。对此他没有答应，因为汉堡工人协会已经支持了《不来梅每日纪事报》。[……]

我在柏林住在库尔街的"红鹰"旅馆，在那里呆了五天或七天，就报纸问题同一个人谈了话，我不愿说出此人的名字，因为他本来就受够了迫害，我不想使他再受牵连。①

此外，我还想在柏林会见一些人。我在当地既没有找到诺特荣克，也未能一开始就找到雅科比。只是到了第二天我才在"夏季沙龙"偶然碰到了雅科比，我同他相处很好，我们彼此进行了互访。在这里，我收到贝克尔的信，说诺特荣克在莱比锡被捕了。我把这封信给雅科比看了，但是我漫不经心地把它撕毁了，而且我也不改变旅行路线，按照原来的计划继续到布雷斯劳去。在布雷斯劳，我同《新奥得报》编辑部②谈过我的事情，只在那里呆了一天半，没有同其他任何人来往，然后我打算经过德累斯顿和莱比锡到马格德堡去。在德累斯顿，我想了解1849年5月参加过街垒战的我的兄弟是怎样死的，在莱比锡，根据丹尼尔斯博士的愿望，我想了解他的人类学著作③的出版商，在马格德

---

① 记录旁批：即施特雷克福斯。毕尔格尔斯承认了，但他不愿意写出名字。（署名）舒尔采，6月29日。后来他在1851年7月19日的［？］中承认了这一点，见施特雷克福斯的陈述。
② 记录旁批：即泰梅和施泰因。毕尔格尔斯承认了，但不愿写出他们的名字。（署名）舒尔采，6月29日。
③ 《小宇宙。生理人类学概论（手稿）》（没有出版）。

堡，我想了解对我计划中的杂志的支持情况。但是，大家知道，我一到德累斯顿就被捕了。我于5月19日晚上离开柏林，20日上午10点到达布雷斯劳，在那里呆到22日早晨，当天下午5点到达德累斯顿，23日早晨我去警察局取护照，就在那里被捕了。在德累斯顿，我没有同任何人接触，只在阳台上过了一夜。[……]

我再说一遍，对于计划今年6月或7月召开的代表大会我一无所知，如果雅科比打算从我这里听到另外的说法或者关于此事的暗示，这也同豪普特的交代一致，那么我无法对此作出解释。我同样也不大了解计划在伦敦召开的代表大会，如果有人认为，我和贝克尔将去伦敦参加这个代表大会，那么这只能是可笑的捏造。[……]

波茨坦国家档案馆 Rep. C, Tit. 94,　　　　　　　　节录
Lit. B., Nr. 320　　　　　　　　　　　　　　　　第一次发表

8
威廉·豪普特1851年6月6日关于他在共产主义者同盟中的活动情况的供词[433]

1850年4月至1851年5月

[……]我在瑞士的革命活动实际上已不起任何作用，尽管生活很好，我只能用学习来消磨我在那里逗留的漫长时间，后来，我变得一无所有，又得不到父母的帮助，我也不得不于1850年3月离开瑞士。我经过法国勒阿弗尔去伦敦，旅费一部分由瑞士团队支付，一部分由流

亡者救济委员会支付。

当我到达伦敦的时候，那里只有大磨坊街的一个德国协会，尽管只有一个，但它内部不乏分裂、瓦解和涣散的因素。[……]

当时流亡者救济委员会由马克思、恩格斯、维利希、普芬德、鲍威尔组成；鲍威尔当时到德国去了。司徒卢威和海因岑也在伦敦，但是没有参加这个委员会，因此他们已经成为这个委员会的死对头。司徒卢威在巴登和瑞士占有突出的地位，他想在这里也能继续占有这样的地位，现在由于被撇在一边，他的虚荣心受到了严重伤害，于是，他在5月着手执行他的决定：成立自己的委员会，只让自己的同志参加这个委员会。他吹嘘给流亡者更多的资助，并向他们述说大磨坊街的派性，从而把一部分流亡者拉到了自己方面来。海因岑本人根本没有参与这件事和这个委员会，大概是因为他也把司徒卢威看作自己的竞争对手。这个新的委员会设立在希腊街，同时建立了一个流亡者协会。这时，我仍然留在大磨坊街，因为对于已经造成的分裂，对于司徒卢威的狭隘的虚荣心，对于他的浅薄幼稚，我无法容忍。例如，他不吃肉食，因为他认为屠宰动物是罪恶，他还以他那种近乎可笑的骨相学知识而洋洋得意。

这第一次分裂的直接后果是：两个委员会从德国很少得到或者根本得不到救济金，流亡者开始被贫困压得喘不过气来。我几个星期口袋里没有1个便士，只能依靠某一位不知从哪里弄来几便士的同情者的慷慨过活。[……]

人们用大磨坊街剩余的几个钱租了一所房子，急急忙忙凑合着为最困难的人收拾了一下，约在7月中把他们搬了进去。这个营房的生活肮脏、野蛮和愚昧，对于有教养的人来说，简直是真正的地狱，于是，许多人宁愿露宿，也不睡在这所房子里。我在极度的贫困中，再一次给我父亲写信，恳求他能给我寄点钱和开几封介绍信来，使我多少缓和一下可怕的贫困生活。钱寄来了，可是只够我买一套衣服和我在老康普顿街租的房子住几个星期。吃饭我还必须继续到流亡者兵营（人们这样来称呼）去。在这里进午餐当然不会使人愉快，因为我和其他几个人不得不同时忍受住在营房里的人的嘲笑，他们大部分是手工业者，他们骂我们这些有时候住在私人住宅和客店的人是贵族等等。这些人几乎全都由于懒惰而在营房里安了家，他们在这里实行最糟糕的平均主义，从事最坏的营生。肮脏、懒惰、愚蠢，这一切是他们所共同的。

奥古斯特·维利希早就把马克思和恩格斯的精神优势视为眼中钉，他认为他的声望在他们的影响下受到了损害，于是，就同当时已被从威斯巴登送回、同样认为自己从前的声誉受到损害的沙佩尔联合起来，利用流亡者中的敌意，来破坏马克思、恩格斯、普芬德和已经回来的鲍威尔在流亡者委员会以及在整个大磨坊街协会中的地位。维利希和沙佩尔的联合阴谋完全实现了，1850年8月底或9月初（我不能说出确切时间）①，马克思、恩格斯、普芬德、鲍威尔退出了流亡者委员会，同时带着包括我在内的一小部分会员退出了大磨坊街协会。[……]

两派分裂以后过了几天，我收到我父亲一封信，让我回汉堡。

大约在我动身前一个星期的某天晚上，我在第恩街一家饭馆的一个房间里同马克思、恩格斯、普芬德、鲍威尔、施拉姆以及另外两三个人见了面。马克思在这里第一次告诉我有一个同盟已经存在好几年这件事。这次谈话自然只涉及同维利希和沙佩尔的分裂，从谈话中我得知，在伦敦有同盟的中央委员会，成员有维利希、沙佩尔、列曼、马克思、恩格斯、施拉姆、埃卡留斯、鲍威尔和普芬德，维利希和沙佩尔方面只有列曼一个人，其他人是多数。他们还告诉我，同那些人公开决裂后，在中央委员会中也同他们决裂了，但是，伦敦存在着一个很大的区部，由许多支部组成，这个区部完全掌握在维利希和沙佩尔手中，他们在这

---

① 1860年9月17日，见文件523。

个区部中占大多数。

他们还告诉我说，在中央委员会最后一次会议上，尽管少数派反对，还是作出了决定，把中央委员会从伦敦迁到科隆，交给那里的区部委员会；其次，伦敦区部一分为二，一部分交给沙佩尔来领导，另一部分交给埃卡留斯来领导。

马克思告诉我，我从此也被接受入同盟了，成为他们区部的成员。[……]我在伦敦只参加了这个区部的一次会议，因为我很快就离开了伦敦，未能再参加会议。我和整个同盟的组织发生了联系，但是，我并不知道它的成员住在哪些城市和叫什么名字。因为我想经过科隆去汉堡，所以马克思委托我在那里（科隆）去找罗兰特·丹尼尔斯博士，向他报告伦敦发生的事情，并尽可能向他揭发对方（维利希和沙佩尔）的行径。此外，让我带去给科隆区部委员会的一份报告。这个报告详细地谈了我必须加以补充和说明的事情。

马克思告诉我说，在汉堡，马尔滕斯有一个支部，但是，这个支部现在是否还存在，他不知道，因为马尔滕斯对我们的事业不热心，也许他已经把这个支部解散了，至少不久前到过汉堡的施拉姆报告说，他没有看到马尔滕斯的支部的任何踪迹，马尔滕斯给他留下的印象极坏。马克思委托我在汉堡建立一个新的支部，再也不必为其他人操心，而是力求通过这个支部发生影响。同时，我在科隆不必提起这个任务，因为首先要了解清楚，科隆人是支持维利希，还是支持他们。只有得到了确切情报之后，我才能同科隆人进行联系，马克思还告诉我，我还可以把拉福里博士拉过来，马克思认为此人很能干；但是，无论如何我应当十分小心地对待一切。埃卡留斯还告诉我说，他有一个兄弟在汉堡，我可以把他吸收到同盟中来。

我在科隆停留了大约一天，我首先会见了丹尼尔斯博士，向他讲了伦敦发生的各种事情，如实地向他介绍了维利希和沙佩尔的各种卑鄙的阴谋活动。晚些时候，毕尔格尔斯和勒泽尔被邀请来到他这里，在第二次拜访丹尼尔斯时遇见了他们。在这里，我又把上午已经讲给丹尼尔斯的一切重复了一遍。根据我得到的指示，我丝毫没有向他们透露我在汉堡的任务。谈话中只谈到伦敦的事件。这大概是因为他们过去从未见过我，不认识我，我只不过是送信的人，只是我表白自己是属于这个组织的，因此，他们不完全信任我。或者是因为对于外面的情况和组织，例如关于汉堡，他们自己还一点不了解或了解得很少。当时，伦敦方面既没有给他们送来文件，也没有给他们送来地址，因为那些人在送发这些东西之前有些犹豫，因为他们想首先完全摸清科隆人的态度。后来我没有得到任何指示就离开了科隆，除了这几个现在的中央委员会的成员，我也没有结识更多的人。

如果我没有记错的话，我是1850年9月底到汉堡的。[……]

到汉堡后三四个星期，我首先访问了圣格奥尔格协会当时的主席爱·莱梅，感谢这个协会在我流亡期间所给予我的资助。

八个星期之后，我通过邮局收到有关同盟事务的第一封信，是马克思写的。信中告诉我说，科隆区部委员会已同意接受中央委员会的职权。他通知我说，维利希—沙佩尔派想另组成一个同盟，把伦敦中央委员会以前的多数派马克思、恩格斯等等以及几名区部成员开除出同盟，但是，新的科隆中央委员会却把维利希和沙佩尔的伦敦区部完全解散，把它的成员开除出同盟。接着他告诉我说，我现在可以大胆地去同科隆人进行联系。这封信在我口袋里放了大约八天后，我才接受了第一名盟员，即马尔沙夫斯基。虽然马尔沙夫斯基是一名几乎无用的盟员，因为他只具有普通工人的理解力，但我至少总算有了一个盟员，这样，人们就不会马上责备我，说我在汉堡这么长的时间什么也没有干。当然，要物色到一个盟员，对我来说是十分困难的，因为我根本没有到各协会去，到1851年，我总共只拜访过四次或五次。因此，我只能接受我过去已经认识、而现在正好首先遇到的人。马尔沙夫斯基就是这样的人,我曾在莱梅那里见过他两次。彼得逊也是这样的人,我曾经从瑞士给他写过一封由于当时我的不太美妙的处境迫使我写的信,而我来到汉堡后很久,有一次他曾在我父亲的店里拜访过我,向我表示祝贺。在我向科隆发出第一封向他们报告情况的信之后(至少我相信,我以前写过这封信),我才拜访埃卡留斯,并且还接受了他入盟。这封寄往科隆的信是写给丹尼尔斯博士的,因为我认为他是新的中央委员会的主席,而伦敦方面给我指出的也是他。为了找个理由来为我没有参加各个协会进行辩解,我写道,这些协会毫无用处,无法同它们打交道。

其次,我在信中说,我建立了一个支部。但是,我没有指出其他盟员的名字,因为我有理由担心他们从科隆来了解这个支部,他们会发现这个支部毫无价值。

到圣诞节,我同这三名盟员大约开过三四次会,会议从未作过记录,因为根本没有可记的。我把1847年马克思写的在伦敦瓦伦街印刷的《共产党宣言》讲给他们听,我讲了两页、三页或四页,就停下来。这引不起他们的兴趣,因为坦率地说,这三名盟员谁也没有完全听懂。《宣言》的文字很深,谁不能准确地把握住它的思路,不事先对生产关系有一定的研究,他是不能理解《宣言》的。因此,我在这个新的支部里和对这个新的支部,实际上什么也没有干。我还收到马克思的另一封信,他在信中向我描述了他可怕的贫困情况,他写道,他的一个孩子死去了。最后他请求我在汉堡给他借点钱,但是不要说出他的名字。我当然无法做到这一点,而且我也不愿冒风险,于是就从自己的口袋里拿出一些钱寄给他,免得他以后再提出请求。同时我写信告诉他[1],我在

---

[1] 指文件544和文件558。豪普特已经记不清楚了,他把文件558后面的其他的片断说成是另外一封信。

这里建立了一个小支部，已经写信告诉了科隆，正在等待那里的指示。马克思的信再没有谈同盟的事情，因为正像他说的那样，他没有时间谈，他呆在家里房东会来找麻烦，因此，他只能从伦敦图书馆写信来。他到图书馆是别人介绍的。

我不能肯定，特使诺特荣克到来之前我是否收到过中央委员会写给我的一封信。如果确有这么一封信，那么这封信除了报告伦敦的分裂进一步发展的情况和似乎提醒我要更积极些之外，不会有别的内容。但是我几乎不能相信，在诺特荣克到来之前，我得到过科隆的回信，因为我相信我对诺特荣克关于我干的太少的指责所作的辩解可以说明我没有得到中央委员会的任何消息。我已经说过，即使我愿意，我也无法对此提供确切的材料。

诺特荣克是在普鲁士军队动员时期来到这里的，据他说，他想去柏林入伍。他来这里后，我就立即带他去见马尔滕斯，而马尔滕斯对我们大发雷霆，主要是怨恨我，指责我，说我来到汉堡已经好几个月，可是既不来见他，也不在教育协会露面。他对同盟根本不感兴趣，而且以后也不愿同它打交道。接着诺特荣克问他，他是否把他原有的支部解散了。马尔滕斯似乎既不愿作**肯定**回答，也不愿作**否定**回答。然后我们三人一起去教育协会，我在那里只呆了大约半个小时，就同诺特荣克和皮尔施离开了。皮尔施是诺特荣克作为盟员（来自柏林）介绍给我的。我们在啤酒公会的"无忧宫"吃晚饭，这时皮尔施说，他不属于马尔滕斯的组织，他认为马尔滕斯不为同盟做任何事情。他根本看不起马尔滕斯，他认为此人属于另一个组织。我们还谈了伦敦的情况，接着诺特荣克说他想逼着马尔滕斯表态：或者把他的支部召集起来，或者坦白承认他把支部解散了。然后我们就分手了。第二天早晨，诺特荣克对我进行最严厉的斥责，说我在这里为同盟做的事太少了。说我甚至不了解是否还存在其他组织，说我不了解任何协会，不到任何协会中去，根本不进行任何宣传。我极力进行辩解，我提出的理由是，我遵守这样的原则：既不同马尔滕斯发生关系，也不同各个协会发生关系。既然马尔滕斯根本不被看作大革命家，我的辩解也就不太困难了。而诺特荣克认为，为了监视他，我应当去接近他。

当天晚上我赶快跑到圣格奥尔格去，以便尽快在我的支部里接受一名新盟员。我当然必须想到，诺特荣克也想看看我的支部。为了不使人认为这个支部太不像样子，为了不致和同盟公开决裂，为了避免发生任何丑闻，为了使我能一步步地退出来，我接受了这个新盟员。爱·莱梅是五金商人，住在圣格奥尔格的朗格莱耶。我同彼得逊或者是埃卡留斯（我至少相信二人中缺一个）来到马尔沙夫斯基那里。我赶快把莱梅叫来，告诉他说，有一个秘密同盟，它以他已经读过的《宣言》（马克思的《宣言》）为基础。然后就接受了他入盟。可是，当我请他发表意见时，发现他的看法同《宣言》的观点极不相同，我立即下定决心，以后再不找他来。实际上他没有再参加过一次会议。过了几个月，他有一次来到我的住处，向我说了一些闻所未闻的粗话，然后他声明，他不愿再同我、同整个事情发生任何联系。三天之后，我同彼得逊、马尔沙夫斯基去拜访他，我直截了当地向他说，我们没有吸收他参加会议（其实这整个期间我们就开过一次会），是因为他的观点同我的观点完全不同。为了慎重起见，我补充说，我们决不是认为他被开除了。我当时以为，这样做他就不会泄露秘密。但是，他对这件事已经根本不再感兴趣，他还请求我以后再不要找他。

我首先讲事情的经过，是为了解决这样一个问题：这个以后不再出现的人物是参加了，还是实际上没有参加。

这时，诺特荣克到基尔去了，以便在那里同一个叫做宾生或者宾根①的人（确切的名字我不知道）谈话。这次旅行的目的以及结果，我全不知道。我只能根据我的推测指出，没有达到目的，因为诺特荣克对这个宾生总是呆在客店里玩牌很恼火。诺特荣克终于迫使马尔滕斯召开了支部会议。一个星期日的下午6—7点钟，人们聚集到马尔滕斯的办公室里，或者一间隔板房子里。到会的人是否真的就是支部，马尔滕斯是否在欺骗我们，我们暂且不去管它，因为到会的不是12人，而是只有4人。马尔滕斯、哈克、皮尔施。另外，还有一个人我在这里**不能肯定**地说出名字，我不愿把名字说错。我还相信我听说一个叫做施特恩堡的人要来，但是，这个人没有来。这都是半年以前的事，过了这么长时间难免不忘掉点什么。

在这个会上同盟受到了激烈的攻击，谁都不愿意参加同盟，但是全都为**兄弟会**，为瑞士的一个组织②进行辩护。据诺特荣克告诉我说，这个组织偏袒布伦，但是已经解散了。贝克尔（约·菲·）是这个组织的领导。他们根本不愿对诺特荣克和我讲他们的观点，因此，我认为很明显，他们与其说是属于同盟的，不如说是属于某个其他组织，也许不再属于任何组织。

从这天晚上起，就是说，这半年以来，我一次也没有同马尔滕斯接触过，教育协会只去过两次，圣格奥尔格协会也只去过两次。皮尔施到我的住所访问过我三次。如果说我们第一次谈到过同盟的事情，那么充其量只是东拉西扯，决不是什么重要谈话，否则我一定会记得起来。第二次他请我做点裁缝活。第三次直接谈钱的问题。但是我既不能，又不愿给他钱，从此，他就一次也不来找我了，并且在我背后对我散布极端无耻的谣言。诺特荣克在那里又呆了一天，这一天他几乎完全没有和我

---

① 指克里斯蒂安·宾索。
② 指"革命集中"。

在一起。我猜他又一次同马尔滕斯谈了话。我之所以这样猜想，是因为他还劝我无论如何要同马尔滕斯保持密切联系，还要监视他和布伦的行动，看看马尔滕斯是否召集他的支部开会，为什么马尔滕斯向他保证要重新参加同盟。因为在这期间我没有再听到马尔滕斯的任何消息，尽管有诺特荣克的提醒，但我既没有去关心马尔滕斯，也没有去关心布伦。所以关于马尔滕斯的问题我始终只能根据我的最好的猜测和我的想法发表意见。布伦手里有我名下的从瑞士开出的一张期票，因此，我同他在海军部街商人维尔格尔的家里见过两次面，但是，他逼着我兑现期票，因此，后来就再也和他没有任何来往了。我听说，布伦在荷尔斯泰因的一个地方结了婚。(什么地方我不知道)

诺特荣克第二天就走了，没有看一看我的支部。这当然使我很高兴，因为这样我就没有必要更久地留住莱梅了，而且以后就不必比现在更进一步发展我的支部了。当诺特荣克在这里的时候，我收到了马克思的一封信，他在信中委托我去舒伯特公司，要求他们解释，为什么他们不愿寄发马克思的《评论》。他要我向他们指明，按照合同，他们有义务给科隆的瑙特寄杂志，不必同他结算，而只同马克思结算。要我告诉他们，因为他们向瑙特和爱森要钱，他们就破坏了合同。要我警告他们，如果他们今后不寄杂志，那就对他们起诉。信中很少谈到或者根本没有谈到政治问题和同盟事务，马克思给我写信，尽管每一次都说下一次详谈，可是，只有他给我写的第一封信和最后一封信讲到同盟等等的情况。又过了很长时间，我告诉他，诺特荣克来过这里，写信对他说①诺特荣克在这里对马尔滕斯等干了些什么，然后通知他我同诺特荣克找过舒伯特，可是一无所获。

大约在［1851年］1月初或1月底，我收到毕尔格尔斯一封信，信

---

① 这里指的也是文件558。

中指责我说，虽然诺特荣克来过汉堡，可是我没有提供任何消息。关于新的组织，我没有得到任何消息，后来毕尔格尔斯总共来过三四封信，多半都写得很短。他们之所以不给我讲详细情况，大概是因为他们想首先弄清我的活动情况。我召集支部开会，有彼得逊、埃卡留斯和马尔沙夫斯基，我们商定组织一个协会，这个协会以后再扩大。这个协会成立起来了，可是大概只开过四五次会就又解散了。会员中当然有非盟员。会上似乎宣读过上面说过的《宣言》的片断，我好像进行过解释，其实只进行过一次，这可能多少明显地表现出我的反感，总之，这有限的几次会有时只有二三人到场，有一次连我本人也没有去。开过第五次会以后，这整个计划就告吹了，连已经起草的章程也没有来得及宣读。

从这时起，即从大约2月底或3月初起，这个协会和支部没有再开过会，我也不再关心同盟的事情。我有两个月没有再看到埃卡留斯，有时看到彼得逊，而马尔沙夫斯基，我可以肯定，根本没有再看到。过了很长时间，5月初，彼得逊又来找我，我对他说，第一，我去哥本哈根了；第二，我害了病。

在这整个期间内，我只能通过书信了解同盟的情况和一般政治活动。[……]

诺特荣克从柏林来过两封信。他在第一封信中写道，他从科隆得到消息，说我没有提供任何情况；因此，他让我记住我作为一个盟员的义务，希望我尽力为同盟工作。其次，他请求我把最近几期《新莱茵报。政治经济评论》给他寄去。我回信说，我在积极活动，我向他描述了协会的组织情况，当时这个协会正好还存在，我答复把书寄给他。大约一个半月之后，我收到他的第二封信。他在信中诉苦说，他还没有收到《评论》；他再次请求我赶快给他寄去；接下来他表示很高兴，他终于在那里找到了工作和住处，他还说他建立了一个支部。他没有向我讲更多的情况，而且新章程①（如果我没有记错的话）也明确禁止不相干的区部和支部互相联系，他当时一定已经有了新章程，我回复他的第二封信使用的地址和我给他寄《评论》应当使用的地址，我已经记不得了；我只知道，这是两个不同的地址。对他的第二封信，我根本就没有回复。

早在上面所说的协会解散以前，我用迪彭巴赫或德雷布劳克转克莱因博士这个地址，给科隆送过一份关于这个协会的报告，我告诉他们，希望同盟能对这个协会施加影响，这个协会应当发展，等等。

直到大约一个半月之前，我没有得到任何答复，后来毕尔格尔斯来了一封信，他在信中让我立即筹集一笔款子，因为马克思在伦敦处于十分可怕的贫困状态，会因还不起债而坐牢。凭良心说，这封信除了钱的问题，没有谈别的。我当时的确很为难，不知应当怎样答复。我自己分文不名，我的支部肯定也拿不出钱来。［……］我的回信一天天拖下去。很快毕尔格尔斯又来了一封信，他在信中再一次请求我赶快寄钱去，同时通知我说，我将通过诺特荣克从柏林得到文件：新的中央委员会的宣言②和新章程。

我在这封信中为我迟迟不答复找到了一个新的借口，因为我可以一直等到收到诺特荣克的文件后再回信。可是不知为什么文件始终没有送来。毕尔格尔斯在他写了最后一封信三个星期之后，他自己来了，这样就没有必要回信了。

诺特荣克的信以及毕尔格尔斯的最后两封信，使用的是席·彼得逊的地址。原因如下：

---

① 文件554。
② 大概指文件553，但是，难以设想，1850年12月1日的《告同盟书》直到1851年4月才送到汉堡。

一个名叫维尔特的先生带来第一封信，他把这封信完全当作一般的商务信件送到我父亲的店里；就在我父亲拆这封信的时刻，我到了，我从他手中拿过信来，说这是我的私人信件，就走开了，然后我把这封信撕碎了。因此我改换了我的地址，以避免将来很可能再发生的差错。大致就在这个时候，我把一部分文件拿到彼得逊那里去保管。

这期间，马克思给我来了几封信，因为这些信几乎完全没有直接涉及同盟事务，谈的都是有关《评论》的事情，所以这些信总是使用我的商店的地址。

马克思在一封信中让我物色一位律师，来对付不顾一切请求和威胁而不愿寄杂志的舒伯特公司。如果败诉，他就用他父亲名下的一张期票支付律师的费用。后来我对这件事也不太热心，最后我找到了一个律师冯·伯尼希豪森博士，我把马克思在最后一封信中寄来的舒伯特公司给《评论》的发行负责人康·施拉姆的有关合同的全部信件，转交给这位律师（这些文件现在还在冯·伯尼希豪森博士手里），然后我写信告诉马克思：律师要求把马克思签发的、由法院验证的起诉书和委托书寄给他。同时我想，为了尽快进行审理，由马克思直接同律师打交道会更好些。我担心费用最后落在我身上。此后，大约在三个星期以前，我又收到马克思的一封信，他在信中让我把给律师的文件要回来，说他（马克思）不再想打官司了。此外，有关同盟的事情，马克思告诉我说，沙佩尔和维利希现在完全投入了民主派卢格、豪格等人的怀抱，这样，他们就完全放弃了他们原来的一切原则，他们还在继续像原来一样疯狂地反对他（马克思）。

凭我的良心，这就是我收到的全部信件及其大致内容和我所写的信件及其内容。

我给马克思寄去的信不太多，因为只有在《评论》方面需要写信的时候我才给他写信。这些信的内容除了谈到《评论》的问题，总是

只谈这里的情况。最后一封信①完全没有得到答复。[……]

毕尔格尔斯于星期六②来到这里,我在街上(约翰尼斯大街)遇见他,陪他走了一刻钟,我简短地告诉他说,我暂时把协会和支部全都解散了。他很生气,要求我立即重新着手恢复起来,并进行改组。我为自己辩解说,责任在诺特荣克,他不给我寄文件,同时,在科隆的那些人也有责任,他们根本不让我看到报告,只寄来一些无关紧要的书信。他还抓住机会责备我一点钱也没有筹集到。但我向他指出,我觉得马克思的困境似乎可疑,因为他最近给我的信中根本没有谈到这一点。时间很短,于是他约我明天(星期日)上午8点在"欧罗巴旅馆"见面。而我8点半才到那里,因为有商务在身我还必须在9点1刻到达阿尔托纳—基尔火车站,所以我只停留了几分钟,然后就去阿尔托纳。中午我同我父亲、母亲一起用餐,因此,没有时间(在星期日)同他来往。星期一中午,我在旅馆见到他,他告诉我说,南方的联系最好,巴伐利亚同许多城市有联系,美因茨做得最好,而北方,主要是汉堡,都大大落后于各联系地点。他提醒我要比过去更努力,重新为建立联系而进行活动。他把新章程和两个宣言(一个是新的,一个是过去的③)交给我;让我找人把其中的一个宣言④抄下来,然后还给他,因为他们在科隆没有这个文件的副本。这次谈话进行了大约20到25分钟,总之,毕尔格尔斯似乎不想多讲话。例如,他向我打听马尔滕斯的住所,可是,他不告诉我他访问的目的和结果。我们又约定晚上在基恩处见面;可是,我没有到那里去,因为我宁愿会见其他朋友。直到他第二天早上离

---

① 本书第4卷文件627。
② 1851年5月10日。
③ 指伦敦中央委员会1850年3月和12月的《告同盟书》见文件448和553。
④ 指3月的《告同盟书》。

去，我们再没有见面。

我把文件锁在我房间的办公桌里，连看也没有看过，这些文件就这样放在那面，直到从报纸上得知诺特荣克被捕。[……]

看到被捕消息的当天，我收到毕尔格尔斯从柏林寄来的一封信①，内容大致如下：

"亲爱的豪普特：

诺特荣克从这里去莱比锡旅行（旅行的目的我不知道），于5月……②在莱比锡车站被捕。请立即转告马尔滕斯此事。这里一切都好。

亨·毕尔格尔斯"

当晚我邀请埃卡留斯和彼得逊来我住处；只有埃卡留斯一人来了。[……]这天晚上我还给马尔滕斯写了便条，非常简短地通知他："诺特荣克在莱比锡被捕。"埃卡留斯当天晚上把便条交给彼得逊，彼得逊应当在第二天转交马尔滕斯。我邀请埃卡留斯和彼得逊第二天晚上到我住处来。这一天晚上，我把另一篇宣言交给彼得逊重抄一份，并把所有涉及我的政治活动的文件交给他保管，以便我这里发生意外的时候确保安全，至于说彼得逊那里也不十分安全，这我根本没有想到。我们决定，在几天后的一个晚上（我相信是一个星期五③）再见面，并且也把马尔沙夫斯基请来。这段时间里我不关心别的，只希望这次来临的风暴能够过去，而且等我摆脱这一切事情和不会被卷入的时候再爆发。可是星期五④我得知科隆进行了逮捕，使我大吃一惊。当我们晚上在彼得逊处聚会时，马尔沙夫斯基没有来，却收到他的一封信，他在信中说，因

---

① 文件623。
② 原稿中没有具体日期。
③ 1851年5月16日。
④ 1851年5月23日。

为我们好几个月以来都可以不要他，我们现在完全不用指望他了。他以此声明他退出我们的组织。星期五的这次聚会，我用铅笔作了很短的记录，总共几乎不到半页纸。记录中写上了决定：彼得逊再次给马尔沙夫斯基写信，他和我星期一一起去找他，向他说明我们在这段时间里根本没有举行会议。

星期一，彼得逊因为商务脱不开身，于是，我把时间推到星期三。我在我的住所等候彼得逊，等了一刻钟他没有来，所以我可以随便到哪里去，而不必去找马尔沙夫斯基。[……]

星期六①早晨，我的住所被搜查。从这次搜查到我第一次受审这段时间，我赶紧把情况通知彼得逊，建议他把全部文件弄走。可是已经晚了，人们正打算在那里进行搜查。后来，当我再次访问的时候，他父亲告诉我说，除了一份《宣言》，全部文件都被发现了，而另一份被拿走了。他向我说，他的儿子在诺特荣克那里。我急忙赶到那里，得知文件已通过一个姑娘寄给他（彼得逊）堂姐妹了。我建议他把文件，包括小纸片，全部烧掉，请他5点半到啤酒店（啤酒泉）来找我谈话。

我非常害怕，担心失去自由，一辈子陷入不幸，因此我在第一次审讯时什么也没有说。我想，一切还都会好起来。我去啤酒泉会见彼得逊，我这样做，是因为我还希望我的一切美好希望、我的一切抱负、我的整个未来不致于成为泡影。我再一次建议彼得逊把一切文件都烧掉，看在上帝的面上，不要供认我把《宣言》交给了他。彼得逊没有预先告诉我也把埃卡留斯请到啤酒泉，我也恳求他这样做。[……]

虽然马克思做了介绍，但我同拉福里没有任何来往。鲍威尔的德国之行，我后来了解到，是为同盟的事情。

豪普特

---

① 1851年5月31日。

补 充

我从科隆去汉堡时，根据勒泽尔的建议，在汉诺威停了一个晚上，我在那里让人把细木工师傅、编辑施泰翰找来。勒泽尔曾经告诉我说，他在路经汉诺威时接受了施泰翰入盟，施泰翰后来又接受了另外一个博士（我不知道姓名）入盟。

勒泽尔建议我（从汉堡）同施泰翰联系。我到了汉诺威，发现情况正好相反，施泰翰根本没有接受任何人入盟，至少他是这样向我说的，和勒泽尔的看法相反，他决不是一个头脑很清楚和顶用的人。我向他讲了马克思的《宣言》（1847年在瓦伦街出版）的一些要点；他还根本不理解《宣言》，倒是暴露了各种各样的错误观点。我们分手之前，他请求我在伦敦为他不久就要出版的报纸①物色通讯员。我答应了他。

我在给马克思的第一封信中讲了这件事，并且请马克思自己考虑是否为施泰翰物色通讯员。他物色了没有，我不知道，因为马克思从未提到过这件事。

我给施泰翰写过一封信。我告诉他，我已经遵从他的愿望，向伦敦写了信，我希望他能从那里得到消息；其次，我告诉他说，他可以同我联系。对于这封信，我从来没有得到书面的或口头上的答复。

彼得逊只看到我的很少一部分通讯，我把我的信件交给他以后，他必定会在我事先不知道的情况下在自己家里看过。当时我第一次交给他的文件和信件都密封在一个包里，马尔沙夫斯基和埃卡留斯都没有看到过一封信，他们二人谁也没有见过任何一名特使。

豪普特

---

① 指《德意志工人俱乐部》（汉诺威）。

补 充

布伦在我入盟之前很久就是盟员，这是我在伦敦听马克思或施拉姆说的；但是因为他同那些反对党的人，如约·菲·贝克尔等人有来往，他被开除出同盟。我还记得，不是第一次就是第二次在维尔格尔那里见面（因为期票问题）时，我同他谈到了马克思和维利希，但是没有谈同盟的事情，因为我知道他被开除了。我记得，布伦非常恼火，对马克思和维利希极为愤怒，攻击了他们二人。这是圣诞节左右或者圣诞节前的事，我想可能是圣诞节前。

其次我记得，后来，大约在奥地利人进驻之前三个星期（那时奥地利人的到来已是预料中的事），我还在啤酒公会完全偶然地遇见过他一次，他对石勒苏益格—荷尔斯泰因制宪议会表示非常愤怒，他认为它出卖了石勒苏益格—荷尔斯泰因，左派和右派一样糟糕，等等。他认为，应当设法阻止奥地利人进驻，石勒苏益格—荷尔斯泰因的军队很好，一部分军官也很好，梅克伦堡有时也很好，在汉堡，应当通过工人干点事情。他确实对拯救石勒苏益格—荷尔斯泰因有一些相当狂热的想法。我不愿同他争论，让他去实行他的计划吧。在后来我给毕尔格尔斯的一封信中，我嘲笑了布伦的这种英雄主义，同时告诉他们，在奥地利人进驻和越过易北河之前，他就已经跑到石勒苏益格—荷尔斯泰因的一个角落去了，没有留下任何踪迹。这是我最后一次看到布伦。

毕尔格尔斯写给我的最后一封信[①]的内容大致如下："你认识皮尔施吗？他是教育协会的副主席。如果他属于你的支部，请你告诉他，盟员的首要的和最神圣的义务是保守秘密。皮尔施曾经对一个从汉堡到科

---

① 文件600。

隆来的工人说，他属于北德意志的秘密组织。"

正像我过去已经说过的，我没有再见到皮尔施，因此我当然也没有质问过他。

豪普特

手稿

汉堡国家档案馆警察案卷 Serie, VI,
Lit. X, Nr. 1365, Bd. 1, Teil I

节录

第一次发表

注　释

197　约瑟夫·魏德迈是炮兵军官，后为工程师和政论家。在40年代，当他还处于哲学的和"真正的"社会主义的影响之下时，就参加了社会主义运动。他于1844年结识恩格斯，1846年结识马克思，并同布鲁塞尔共产主义通讯委员会建立起密切的联系。当时，他主要是帮助马克思和恩格斯物色一位出版者来出版一种拟议中的季刊和《德意志意识形态》（见文件85）。1847年，魏德迈成为共产主义者同盟盟员。他参与宣传马克思的经济学说并自修经济学。1848—1849年革命时期，他起先在达姆施塔特，后来在美因河畔法兰克福担任他的姐妹夫奥托·吕宁出版的《新德意志报》的编辑（见注释200）。魏德迈代表哈姆工人协会出席了1848年6月法兰克福民主派代表大会（见注释150），他是这个工人协会的领导人之一（见C.3.列维奥娃《关于马克思和恩格斯及其战友的若干新文件》，载于《纪念马克思诞辰160周年。马克思恩格斯著作翻译室科学情报》1978年莫斯科版第67—70页）。1849年1月28日和29日，魏德迈参加海德堡西南德意志工人联合会地区代表大会（见文件332和注释174）。1849年5月初，魏德迈至少曾经打算参加埃尔伯费尔德起义，这一点从美因河畔法兰克福的保安委员会开的一张给埃尔伯费尔德的安全委员会的介绍信（阿姆斯特丹国际社会史研究所魏德迈遗著Mappel, Nr. 3/1）中可以看出。1849年5月底，马克思在动身前往法国之前曾经在法兰克福魏德迈那里小住了一些时候，因而更增进了他们的友谊。

魏德迈是那些在革命失败后继续在德国从事活动的共产主义者同盟盟员当中最重要的一个。他继续同马克思和恩格斯以及其他流亡的盟员保持经常的通信联系，也同同盟科隆总区部保持经常的通信联系。魏德迈帮助推销《新莱茵报。政治经济评论》并努力通过他的《新德意志报》编辑部的工作来支持同盟的活动。1850年12月，在该报被查禁和他被驱逐出美因河畔法兰克福之后，他继续秘密住在那里。从1849年1月他参加海德堡代表大会（见文件335）时起，他就经常在美因河畔法兰克福和南德意志其他城市的工人组织里进行活动。他在美因河畔法兰克福建立了工人协会和同盟可以在其中从事活动的其他组织。魏德迈担任法兰克福同盟支部的领导人，从1850年12月起担任南德意志总区部的领导人，支持在威斯巴登、哈瑙、美因茨、勒德尔海姆和莱茵河-美因河地区的其他地方以及在纽伦堡和法兰克尼亚和巴伐利亚的其他城市开展同盟的活动。他与科隆同盟的领导成员有经常的联系，他印刷各种宣传品加以传播，成绩卓著，他还参加推销《新杂志》（见注释410）。1851年7月，魏德迈不得不离开德国（见文件644）。

关于魏德迈1849年到1851年的活动，见В. 帕斯别洛娃《约瑟夫·魏德迈》（《马克思恩格斯和第一批无产阶级革命家》1961年莫斯科版第263—268页和1965年柏林版第278—285页）；卡尔·奥伯曼《约瑟夫·魏德迈传（1818—1866年）》1968年柏林版第170—228页；沃尔弗-海诺·施特鲁克《威斯巴登工人运动的开端（1848—1851年）》（《地方志。美因茨大学地方志学会出版物》第5卷），单行本《路德维希·彼得里纪念文集》第2部分1969年威斯巴登版第307—309页。——15

198 有一些情况说明，这里是指法兰克福平版印刷工人赖因霍尔德·拜斯特。这个人于1848—1849年接近共产主义者同盟。他不仅认识魏德迈，而且还认识恩斯特·德朗克（见文件499）。1852年的一份警察报告说，拜斯特是美因河畔法兰克福一乡长开办的印刷厂的领导人。这个印刷厂"被描绘成主要的宣传据点"（波茨坦国家档案馆Rep. 77, Lit. C, Nr. 286, Bl. 42）。

1860年，拜斯特在美因河畔法兰克福出版了莱奥波德·弗里德里希·伊尔塞的著作《与盟联邦议会同时建立的美因茨中央调查委员会和法兰克福同盟中央委员会的政治调查的经过（1819—1827年，1833—1842年）》。直到今天，它仍是流亡者同盟和正义者同盟历史的重要资料之一。当时，拜斯特是法兰克福一个政治性工人协会的创建人之一，1863年参加建立全德工人联合会（见贝尔特·安德烈亚斯《论1863—1864年全德工人联合会的鼓动和宣

传》,载于《社会史文库》1963年汉诺威版第3卷第309页)。——15

199 科隆商人斯蒂凡·阿道夫·瑙特早在40年代就同科隆共产主义者和恩格斯有密切联系。在革命期间,他最初合伙经营《新莱茵报》(科隆),并从1849年4月1日起担任经理。马克思在1849年8月中旬给约瑟夫·魏德迈的一封信中说他是"《新莱茵报》的正直的老经理"(《马克思恩格斯全集》德文版第27卷第508页,参看《马克思恩格斯全集》中文第1版第27卷第532页)。这份报纸被查封之后,瑙特同斐迪南·弗莱里格拉特一起清理财务。1850年,瑙特从科隆组织在莱茵地区和接壤的地区推销一部分《新莱茵报。政治经济评论》(见文件424)。他还帮助马克思克服财政上的困难。直到1852年,他还同马克思恩格斯保持书信关系。从1852年9月14日瑙特致马克思的信(莫斯科苏共中央马列主义研究院中央党务档案馆 f.1, op.5, d.548)中可以看出,瑙特1852年秋天想在德国找一位出版者承印马克思的著作《路易·波拿巴的雾月十八日》,但没有成功。后来,瑙特脱离了政治生活(见1854年7月20日恩格斯致马克思的信,载于《马克思恩格斯全集》德文版第28卷第375页,参看《马克思恩格斯全集》中文第1版第28卷第374页)。——16

200 指《新德意志报。民主派机关报》。这是一家日报,由奥托·吕宁编辑。从1848年7月1日到1850年12月14日主要由约瑟夫·魏德迈撰稿,最初由卡·弗·列斯凯出版社在达姆施塔特出版,从1849年4月1日起在美因河畔法兰克福出版。1848—1849年革命期间,这个报纸是法兰克福国民会议里的小资产阶级民主派的正式机关报。虽然它在某些问题上立场同《新莱茵报》接近,但它不接受工人阶级的观点。这种不坚定性最后受到了马克思和恩格斯的尖锐批判(见文件484)。

反革命的胜利加重了这个报纸的政治和财政上的困难,1849年9月几乎停刊。左翼民主派的捐助和接收罗伯特·勃鲁姆创办的(也在法兰克福出版的)《德意志帝国报》才使它得以继续出版。第二任编辑是小资产阶级民主派格奥尔格·君特。当时《新德意志报》的发行量为2000—3000份。

共产主义者同盟对它有一定的影响。除了吕宁有时参加工作(见注释201)之外,主要是魏德迈在编辑部进行工作。虽然马克思1849年8月为其撰稿的计划没有能够实现（见注释202），但是后来恩斯特·德朗克从巴黎、康拉德·施拉姆和塞巴斯蒂安·载勒尔从伦敦为《新德意志报》撰过稿。德朗克大约从1849年11月起经常在与魏德迈的通信中批评这个报纸的方针并在他从1850年4月到7月初逗留法兰克福期间继续进行这种批评。《新德意志报》发表过同盟盟员的许多声明、关于伦敦流亡者救济委员会和《新莱茵报。政治经济评论》的简讯，不过其中也有政治上错误的评价。这些错误的评价经常促使魏德迈以退出相威胁。马克思最初写信，后来公开批判过这些错误（见文件475和484）。

由于吕宁、魏德迈和格奥尔格·君特被驱逐出美因河畔法兰克福，另外他们还被缺席判处4周监禁，编辑部不得不停止出版该报。——关于《新德意志报》的历史，见卡尔·奥伯曼《约瑟夫·魏德迈传（1818—1866年）》1968年柏林版。——16

201 奥托·吕宁，原来的职业是医生，革命前1845—1848年主要是《威斯特伐利亚汽船》月刊（比勒费尔德-帕德博恩）的出版者，当时是威斯特伐利亚"真正的"社会主义者小组的一员。革命时期到1850年底，他出版《新德意志报》（见注释200）。吕宁曾经受过马克思和恩格斯的一定影响，于1847年加入共产主义者同盟，但在1848年或1849年又退出。从恩斯特·德朗克的一封信（文件490）中可以看出，1850年初，他同卡尔·沙佩尔一起被重新接受入盟，但是不久又退出；另见彼得·勒泽尔后来的供词（附录，文件6）。

吕宁虽然认识马克思、恩格斯和许多其他盟员，首先是同他的姐妹夫约瑟夫·魏德迈多年密切合作，但是他在根本上是站在小资产阶级民主主义，或者更正确地说，是小资产阶级社会主义的立场上。因此，最后马克思和恩格斯在无产阶级运动的一些原则问题上坚决同他划清界线（见文件484）。

在《新德意志报》被迫停刊之后，吕宁在国外度过了若干年，但是他还为鲁道夫·杜朗的《不来梅每日纪事报》撰稿。1856年，他返回德国并结束了他的民族自由党人的政治生涯。

关于吕宁的传记，见卡尔·比特尔《1831—1834年格赖夫斯瓦尔德的革命大学生会会员》，《格赖夫斯瓦尔德-斯特拉尔松年鉴》1964年什未林版第

99—116页;库尔特·科斯祖克《〈汽船〉和雷达区部》,《多特蒙德报纸研究论文集》1958年多特蒙德版第2卷第29—54页。关于三月革命前吕宁同书报检查当局的斗争,见梅泽堡德国中央档案馆 AAI, Rep. 4, Nr. 2058 和波茨坦国家档案馆 Rep. 77, Tit. 6, Lit. L, Nr. 127 以及 Tit. 508, Nr. 3, Bd. 8—4。弗里德里希·施纳克的悼词《回忆奥托·吕宁大夫》发表在1868年11月23日《守卫者。明登–拉文斯贝格周刊》第141号上。——16

202 指马克思打算为美因河畔法兰克福《新德意志报》写的一篇关于英国政治的文章(见1849年8月1日马克思给约瑟夫·魏德迈的信,载于《马克思恩格斯全集》德文版第27卷第506页,参看《马克思恩格斯全集》中文第1版第27卷第531页)。当时,马克思非常关切英国政治斗争的发展,首先是工业资产阶级的新政策。自由贸易派在争取取消谷物法的斗争中在内政方面打垮了贵族,而现在他们作为以理查·科布顿为首的所谓和平派把外交问题提到首位。这一派主张同欧洲反动列强(俄国、奥地利和普鲁士)决裂并废除"神圣同盟"。马克思在1849年8月17日给恩格斯的一封信中写道:"正像你知道的那样,和平派无非是自由贸易派的一种新打扮。不过,工业资产阶级这一次比在反谷物法同盟的运动时期还要革命些……

"这次对封建制度和神圣同盟的经济征讨战可能产生完全预料不到的后果。"《马克思恩格斯全集》德文版第27卷第140—141页,参看(《马克思恩格斯全集》中文第1版第27卷第158—159页)

由于家人生病和被驱逐出巴黎,马克思计划写的文章没有写成(见1849年8月中旬马克思给约瑟夫·魏德迈的信,载于《马克思恩格斯全集》德文版第27卷第508页,参看《马克思恩格斯全集》中文第1版第27卷第532页)。关于马克思继续研究英国在欧洲总的革命过程中的作用,见文件412。

1850年初,马克思计划继续写他的连载文章《从1848年到1849年》(从1895年起,以《1848年至1850年法兰西阶级斗争》为题而闻名于世),发表在《新莱茵报。政治经济评论》上并附有一篇关于英国的文章(见《马克思恩格斯全集》历史考证版第1部分第10卷第224页)。这个计划也没有实现。——16

203 1849年5月19日用红色油墨印刷的科隆《新莱茵报》最后一号（见文件369）比平常的印数多得多，而且后来还多次翻印。早在1849年8月中旬就发表了一篇关于"非伪造的原版停刊号"的第3版大广告（1849年8月16日《西德意志报》（科隆）第71号）。类似的广告在8月多次出现，后来在1849年11月又出现一次（见1849年8月18日、31日和11月2日第73、85和139号。另见1849年7月13日马克思给约瑟夫·魏德迈的信，载于《马克思恩格斯全集》德文版第27卷第500页，参看《马克思恩格斯全集》中文第1版第27卷第524页及文件482）。留在德国的同盟盟员直到1850年夏天还用这个专刊号作为宣传材料，取得很大成效。美国方面甚至也要求订购（见1850年6月8日马克思给约瑟夫·魏德迈的信，载于《马克思恩格斯全集》德文版第36卷第35页，参看《马克思恩格斯全集》中文第1版第27卷第559页）。

在反社会党人法时期（1878—1890年）在科隆还有人出售剩余的"红色号"，恩格斯还谈到此事（见1883年8月27日恩格斯给爱德华·伯恩施坦的信，载于《马克思恩格斯全集》德文版第36卷第55页，参看《马克思恩格斯全集》中文第1版第36卷第56页）。1883年7月20日，资产阶级的《科隆日报》第2版发表了一篇简讯，其中说道："1849年5月19日出版的、以斐·弗莱里格拉特的《〈新莱茵报〉告别词》开头的《莱茵报》最后一号，即所谓的红色号（第3次印刷），近日来在这里再次被警察没收。有一个旧货商作为废纸买了若干份这家当年民主派机关报的最后一号，即告别号，并以每份10芬尼的价格出售。警察当局没收了这个商人手头的剩余报纸。"另见文件808。——16

204 威廉·格吕韦尔是帕德博恩的进步出版商。早在1848—1849年革命前就同约瑟夫·魏德迈、奥托·吕宁和鲁道夫·雷姆佩尔有交往。格吕韦尔在《威斯特伐利亚汽船》的出版者比勒费尔德的奥古斯特·赫尔米希那里学习印刷技术，由于1846年底赫尔米希前往美洲，格吕韦尔接管了他的出版社。从1847年起，格吕韦尔在帕德博恩出版《威斯特伐利亚汽船》。马克思的《哲学的贫困》一书的德文译本也计划在格吕韦尔那里出版（见文件167）。——17

205 斐迪南·弗莱里格拉特1848年10月担任《新莱茵报》（科隆）的编辑——在该报被查封之后不得不离开德国。他同斯蒂凡·阿道夫·瑙特和亨利希·楚劳夫一起完成了清理《新莱茵报》债务的艰难任务。——见注释193。

弗莱里格拉特可能是在他参加《新莱茵报》编辑部的大约同时加入同盟的。他在1851年7月14日致阿尔诺德·卢格的信中谈到他加入同盟。卢格当时试图争取他参加一个小资产阶级组织。他在信中说："另外，我几年来已经是某个现存的政党的党员了，因此我没有必要再加入一个刚刚成立的政党。"（《弗莱里格拉特和马克思恩格斯通信集。由曼弗雷德·海克尔编辑并作序》1968年柏林版第2卷第29页）。

革命失败后，弗莱里格拉特经常和马克思通信。当共产主义者同盟组织在莱茵省恢复活动时，他率先加倍努力进行工作。他积极参加同盟的科隆组织，翻译传单（见注释286）。弗莱里格拉特参加了1850年3月底和5月中旬在科隆同中央委员会特使亨利希·鲍威尔举行的讨论会，还参加抄写《三月告同盟书》。从他同马克思的通信中可以看出，弗莱里格拉特尤其积极参加推销《新莱茵报。政治经济评论》。他为政治流亡者以及为卡尔·沙佩尔的孩子（见注释206）组织过各种募捐活动。1850年6月，弗莱里格拉特从科隆迁居到杜塞尔多夫附近的比尔克，但他还经常到科隆去。关于他在1850年9月科隆共产主义者同盟中央委员会改组中的作用和他以后的活动，见注释349和409。

关于弗莱里格拉特在1848—1849年革命后的活动，见B.克雷罗夫《斐迪南·弗莱里格拉特》，载于《马克思恩格斯和第一批无产阶级革命家》1961年莫斯科版第339—348页和1965年柏林版第357—366页，曼弗雷德·海克尔《〈弗莱里格拉特和马克思恩格斯通信集〉第1卷》，《1968年柏林版序言》第56—100页。

1848年初，弗莱里格拉特已经在伦敦同雅科布·沙贝利茨结识。

雅科布·沙贝利茨从1848年3月27日起成为共产主义者同盟盟员（见文件225），从1848年5月初到10月底在巴黎参加同盟和德意志协会的政治活动（见注释155），并担任《新莱茵报》（科隆）的通讯员。他从1848年

11 月起回到巴塞尔。他父亲的出版社在巴塞尔出版激进的《瑞士国民报》，他给这份报纸撰稿。他在巴塞尔还千方百计作为同盟盟员开展活动（见文件 319），1849 年初，弗里德里希·恩格斯在那里拜访了他（见文件 348）。从他 1849 年 8 月 30 日致恩格斯的回信中可以看出，他曾在 1849 年 8 月应恩格斯的请求设法印刷《德国维护帝国宪法运动》一书，但没有成功。

1850 年初，沙贝利茨还同在巴黎的海尔曼·艾韦贝克保持同盟通信（见文件 423），但是他 1850 年夏天对恩斯特·德朗克特使非常冷淡（见文件 490）。1851 年 1 月初，马克思写信给他，谈在巴塞尔继续出版《新莱茵报。政治经济评论》的可能性（见文件 575）。1851 年夏，沙贝利茨在伦敦逗留，在那里支持马克思反对小资产阶级民主派的斗争。他在返回的途中在日内瓦会见了德朗克（见文件 658）。1852 年底，沙贝利茨在巴塞尔张罗印刷马克思的著作《揭露科隆共产党人案件》1853 年巴塞尔版，但是这一版在巴登边境被没收（见文件 775 和 757）。——18

206 显然是指这里提到的报纸上发表的科隆工人协会委员会为 1849 年 9 月 2 日故去的卡尔·沙佩尔夫人写的讣告（1849 年 9 月 4 日《西德意志报》（科隆）第 88 号）。苏桑娜·沙佩尔娘家姓佩科弗尔，原籍查尔顿（北汉普顿郡）。当她丈夫在威斯巴登坐牢（见文件 402 和 430）的时候，她死于产褥热。1849 年 9 月 3 日，一家报纸报道了她的葬礼。这篇报道无疑是出自一个同盟盟员的手笔。报道写道："［……］工人、沙佩尔的朋友都出席了，他们一行成了一次大规模的示威。［……］工人勒泽尔和卡斯滕斯［列斯纳］先后发表了简短而感人肺腑的讲话，当人们就救济孤儿问题达成协议之后各自回家。他们这样做是为了表明，穷工人真正知道什么叫友爱。"（1849 年 9 月 5 日《西德意志报》第 89 号）。在根本不允许工人协会进行公开活动以及它的成员只能在工人读书会里进行某些活动的情况下，这次示威具有十分重要的意义。共产主义者同盟在为安葬沙佩尔夫人举行的集会中所发挥的作用首先通过同盟的两位代表弗里德里希·列斯纳和彼得·勒泽尔在墓前的讲话表现出来。关于科隆同盟盟员在 1849 年下半年的活动，主要见文件 404。

对沙佩尔家庭的支援还表现在安顿孩子上面。在沙佩尔于 1849 年 6 月被捕之后，列斯纳就开始照顾他的家庭。他的孩子由朋友和同志照料。列斯纳在回忆录中写道："家境较好的同志把遗下的4个孩子领去抚养。弗莱里格拉特也领了一个孩子，一个8岁的女孩。她只会讲英语，因为沙佩尔夫人是一个在英国出生的英国人。我每天都去看望孩子们。由于这种机会，我同弗莱里格拉特成为亲密的朋友。"（弗里德里希·列斯纳《1848年前后》，《我把〈共产主义宣言〉送去付排》1975年柏林版第80—81页）。

为了结算收入的捐款和支出，斐迪南·弗莱里格拉特专门制作了一个账簿，上面写着"沙佩尔孩子的账目。1849年9月"。在此以后，由J. P. 默滕斯经手从科隆寄来工人教育协会的捐款和《西德意志报》作为中间人寄来一大笔募捐款。瓦尔从埃尔伯费尔德、费尔滕从亚琛、里夏茨从波恩附近的埃登尼希以及尤利乌斯·奥珀曼从威斯巴登工人协会寄来募集的大笔捐款。另外，在寄款人的名单上还有这样一些人的名字：巴门的弗拉舍、纳斯泰滕（黑森-拿骚）的G. Ph. 卡特赖恩、美因河畔法兰克福的法布里齐乌斯、布鲁塞尔的基恩、美因茨的施土姆普弗和施托伊普。弗莱里格拉特在1850年10月15日给里夏茨博士的信（柏林德国统一社会党中央马列主义研究院中央党务档案馆 Ms. 65/2）中感谢他"和费尔滕博士夫人辛勤地抚养沙佩尔的孩子"。

在支出栏里，记有一笔1850年2月6日支出5塔勒的账："预支卡斯滕斯（即列斯纳）"赴威斯巴登旅费，他根据沙佩尔的愿望前往参加审判沙佩尔的刑事陪审法庭（见文件430，载于弗莱里格拉特为沙佩尔的孩子记的账簿，存于多特蒙德城乡图书馆 Atg. 1073。另见曼弗雷德·海克尔《〈弗莱里格拉特和马克思恩格斯通信集〉1868年柏林版序》）。关于最后结算，见注释273。——18

207 塞巴斯蒂安·载勒尔原籍吕本（西里西亚），1830年攻读法律之后在里赫尼茨当私人秘书，后为法院录事。大约在30年代中，他来到柏林，他似乎在这里开始了他的报人生涯。为了逃避兵役，他离开普鲁士，到意大利和巴黎游历。他在巴黎参加秘密的共产主义团体，可能是正义者同盟。在1839年五月起义（见文件10）之后被驱逐出境，他又到了瑞士，到1844年一直积极从事政论活动。关于他青年时期的经历，见恩斯特·巴尼科尔《宗教的和无神论的早期社会主义史。根据奥古斯特·贝克尔1847年的叙述》1932年基尔版第64—66页。他写过大量小册子和文章,它们有相当大的一部分是靠耸人听闻的新闻取胜。有些小册子和文章匿名或化名塞巴斯蒂阿诺发表(《根据埃米尔·马尔科·德·圣伊雷尔得到的法兰西王国时代的秘密消息》1839年苏黎世版;《卡斯帕尔·豪泽尔——巴登的王位继承人》1840年苏黎世版;《玛丽-路易莎和雷希施塔特公爵——梅特涅政策的牺牲品》1842年伯尔尼版等等)。载勒尔同瑞士正义者同盟的领导成员,也就是同威廉·魏特林、奥古斯特·贝克尔和西蒙·施米特是好友,积极参加工人协会,特别是洛桑的工人协会的活动。他在小册子《财产在危险中!或者德国和瑞士为什么害怕共产主义和理性信仰?》(1843年伯尔尼版)和《著作家威廉·魏特林和苏黎世共产主义者的争吵》(1843年伯尔尼版)中捍卫了同盟的思想。载勒尔很早就反对魏特林的越来越突出的落后观点(见文件22)。1842—1843年,他还从瑞士为《莱茵报》(科隆)写通讯(见文件31以及注释31和34)。魏特林被捕及1843年瑞士同盟活动受挫之后,载勒尔也被驱逐。他于1844年到了布鲁塞尔,他从那里给格奥尔格·席尔格斯领导的《德意志电讯》(汉堡)等写通讯。载勒尔在1844年底为理查·莱茵哈特创办的通讯社撰稿。他后来一度领导这个通讯社,威廉·沃尔弗和路易·海尔贝格1846年也在该社工作。1845年,马克思和恩格斯来到布鲁塞尔,载勒尔同他们取得联系,1846年加入共产主义通讯委员会(见文件83和88)。1847年,载勒尔参加共产主义者同盟布鲁塞尔的一个支部和德国工人协会(见注释104)的工作,但是在这里发生了意见分歧,因此他于1847年10月迁到巴黎。1848年3月,他在巴黎支持马克思领导的中央委员会反对格奥尔格·海尔维格的革命儿戏并给一些德国和法国报纸当通讯员,给法国国民议会当速记员。他和海尔曼·艾韦贝克都是德意志协会(见注释155)的主要成员。1849年夏天,他为雅科布·沙贝利茨的《瑞士国民报》(巴塞尔)写通讯。1849年6月13日示威之后,他被捕,在被监禁两个月之后前往伦敦——见1850年4月6日《大胡蜂》(卡塞尔)第80号。关于他的小册子《1849年6月13日阴谋或法国资产阶级的最后胜利》,见文件446。

载勒尔在伦敦为美因河畔法兰克福《新德意志报》等写通讯。他是工人教育协会会员，支持马克思筹建社会民主主义流亡者委员会（见注释212）。他同共产主义者同盟中央委员会保持密切联系并站在马克思和恩格斯一边反对维利希—沙佩尔集团，1850年9月17日，他同他们一起退出工人教育协会（文件523）。他在伦敦当新闻工作者时，一直同马克思有来往，他首先把报纸上发表的东西通知马克思并帮助他处理过财务问题。

1856年，载勒尔迁居纽约。他在那里当记者和教师，支持美国的工人运动。他一度同共产主义俱乐部（见文件794）有联系，1857年底当了工人执行总委员会的书记。美国工人总同盟是从这个执行委员会中产生的，但它的成立宣言表明其理论水平非常低（见海尔曼·施昌特《德国工人运动在美国的开端》1907年斯图加特版第164—167页）。约瑟夫·魏德迈1858年初批评载勒尔在工人同盟中的活动，见文件797。当古斯塔夫·司徒卢威接替载勒尔的工人同盟机关报的编辑职务时，他离开纽约（他在那里曾是《纽约刑法报》的撰稿人）并在大约1859年初当了新奥尔良《新德意志报》的编辑。——19

208 工人教育协会1840年成立于伦敦，它的正式名称长期叫（德意志）工人教育协会（见注释21），它从成立到1850年秋天一直在同盟盟员的领导之下。从1846年底起甚至多半由同盟中央委员会委员来领导。1848—1849年革命期间，虽然很大一部分同盟盟员赶回德国，但它仍保持了自己的组织。这时协会的领导主要掌握在亨利希·鲍威尔、格奥尔格·埃卡留斯、格奥尔格·罗赫纳和卡尔·普芬德的手里。协会同科隆工人协会保持密切联系，而且也同德国的其他工人协会保持密切联系（见文件260、266、274、301和363）。

1848年底迁回伦敦的共产主义者同盟中央委员会在马克思和恩格斯领导下开始改组同盟，这对协会的发展具有特别重要的意义。从1849年底，马克思在工人协会里作过关于政治经济学的报告（见注释237）。

革命失败后，流亡者的拥入又使会员的人数急剧增长。一时间，混进了一些盲动主义吹牛家和小资产阶级分子。1879年恩格斯就批评过这一点（见1879年7月1日恩格斯给菲力浦·贝克尔的信，载于《马克思恩格斯全集》

德文版第 34 卷第 382—383 页，参看《马克思恩格斯全集》中文第 1 版第 34 卷第 356—357 页）。1849 年秋天，协会内部发生意见分歧。结果，冒险家、警探威廉·巴克豪斯和医生路易·鲍威尔于 10 月脱离协会，同古斯塔夫·司徒卢威一起试图成立一个小资产阶级组织来唱对台戏。关于工人教育协会的这次"清洗"，布鲁塞尔和科隆的同盟盟员是通过卡尔·弗勒利希特使知道的（见文件 403、404、406 和 426）。意见分歧还导致工人教育协会的真正体现者（见注释 212）——流亡者委员会的分裂。关于协会在 1849 年秋天的发展，另见雅科夫·罗基特扬斯基和奥尔加·沃罗比沃娃《1849 年秋天威廉·魏特林和卡尔·马克思的会见。魏特林未发表的回忆录》，《马克思恩格斯年鉴》1980 年柏林版第 3 卷第 307—317 页。

当 1850 年 9 月维利希—沙佩尔集团的假革命的冒险主义使得中央委员会有必要采取断然措施（见文件 522）的时候，工人协会里的多数成员还指望着不久将发生一场新的革命，拒绝马克思和恩格斯有科学根据的观点。因此，有 12 名同盟盟员在 1850 年 9 月 17 日退出工人教育协会（文件 523）。

1851 年和 1852 年工人教育协会内部斗争一度表现为公开反对主要由奥古斯特·维利希所代表的消极的倾向（另见马克思在《高尚意识的骑士》中的论述，《马克思恩格斯全集》德文版第 9 卷第 508—509 页，参看《马克思恩格斯全集》中文第 2 版第 12 卷第 580—581 页）。无产阶级反对派的代表是格奥尔格·罗赫纳、约翰·乌尔默、E.伦普夫和约翰·亨利希·居姆佩尔等同盟盟员。1852 年初，马克思主义力量成立了新的伦敦工人协会（见文件 684），在这个协会里除了普芬德、埃卡留斯和罗赫纳之外，主要有威廉·李卜克内西、路德维希·施泰翰和威廉·沃尔弗在起领导作用（见格尔哈德·贝克尔《1852 年伦敦的新工人协会。关于共产主义者同盟的历史》，《历史杂志》1966 年第 1 期第 74—97 页）。

当维利希 1853 年 1 月离开伦敦时，分歧已经消失，新的工人协会停止了活动。在一个时期内，资产阶级力量，主要是哥特弗利德·金克尔和埃德加·鲍威尔在大伤元气和缩小了的工人教育协会里有很大的影响。1856 年底，出狱的弗里德里希·列斯纳开始组织反对派。这个反对派最后在马克思的帮助下又把金克尔等人排挤出协会,从而使工人教育协会于1858年开始进入新的健康发展的阶段(见文件780;И. М. 西涅里尼科娃《弗里德里希·列斯纳——德国和国际工人运动的活动家》1962年莫斯科版第52—83页;И. М. 西涅里尼科娃《伦敦德意志工人共产主义教育协会和第一国际》,《近代史和现代史》(莫斯科)1964年第6期第55—63页)。

马克思又在协会里作了几次报告并促使1858年底到1859年初李卜克内西和卡尔·沙佩尔担任工人教育协会伦敦两个支部的主席职务。1863年10月,马克思写了《伦敦德意志工人教育协会支援波兰的呼吁书》(《马克思恩格斯全集》德文版第15卷第576—577页,参看《马克思恩格斯全集》中文第1版第15卷第614—615页)。

工人教育协会是一个在国际工人协会1864年9月成立时就已经存在的组织;它还同亨利希·博勒特和卡尔·施佩耶尔以及前同盟盟员列斯纳、罗赫纳、普芬德和沙佩尔一起占总委员会成员的一大部分。60年代中,拉萨尔主义的影响在协会里发生作用,但不久也被排挤出去。1869年8月社会民主工党在爱森纳赫成立之后,伦敦工人教育协会声明表示支持。1876年2月,马克思和恩格斯参加协会的成立36周年纪念会并讲了话(见文件826)。从1876年中开始,特别是从反社会党人法实施起,宗派分子于1879年重新在工人教育协会里占了上风。他们一度把列斯纳以及其他革命力量排挤掉,为无政府主义者约翰·莫斯特的有害的政策提供地盘。1880年3月,协会的大部分会员与无政府主义者分裂,并在共产主义工人教育协会的名称下重建起来。但是,无政府主义者残余还留在协会里。新建的协会毫无保留地站在德国社会主义工人党的革命立场上。到恩格斯逝世,协会一直衷心拥护他(见《马克思恩格斯全集》德文版第22卷第141、507和528页,参看《马克思恩格斯全集》中文第1版第22卷第486、589和1613页)。从1912年到1917年,俄国的许多流亡者也参加了协会的活动。伦敦工人教育协会一直存在到1918年被查封。关于它的历史,另见R. 魏茵加茨《过去的岁月。回忆1840年2月7日》,1928年2月7日《前进报》(柏林);亚历山大·勃兰登堡《伦敦工人共产主义教育协会。评早期德国工人教育运动(1840—1847年)》,《社会历史国际评论》（阿森-阿姆斯特丹）1979年第24卷第3部分第341—370页；《伦敦工人共产主义教育协会章程（1840—1914年）》（雅克·格兰迪荣、卡尔·路德维希·柯尼希和玛丽·安格·罗伊-雅克马尔编）1979年特里尔版，《马克思故居丛书》特里尔版第23辑。——20

209 卡尔·布林德原籍曼海姆，1848—1849年革命前在波恩和海德堡攻读法律学。当时他作为小资产阶级民主主义者结识了弗里德里希·海克尔和古斯塔夫·司徒卢威并同约翰奈斯·米凯尔结为好友。1847年8月，他因为散发海因岑的传单而被捕，被判处几个月徒刑。1847年底，布林德积极参加体操运动，1848年初成为卡尔斯鲁厄一个工人协会的主席（见弗罗林德·巴尔泽《1848/1849—1863年的社会民主党。资料汇编》1962年斯图加特版第638页）。

革命时期，布林德参加海克尔和司徒卢威领导的巴登1848年4月和9月起义。在拉施塔特的8个月待审拘留之后，他被判处8年监禁，但是不久便由于1849年5月革命起义而被释放。布林德参加了以洛伦茨·彼得·卡尔·布伦坦诺为首的巴登临时政府，在5月21到24日期间的讨论中支持马克思和恩格斯的关于采取攻势的建议，并于6月初作为巴登临时政府的公使前往巴黎。

在巴黎，他又同马克思相遇。由于1849年6月13日的示威，他同海尔曼·艾韦贝克、塞巴斯蒂安·载勒尔和其他德国流亡者一起被捕。关于他在被监禁两个月后被驱逐一事，1849年8月26日《西德意志报》（科隆）第81号的一篇巴黎通讯报道说："巴登和普法尔茨前临时政府的公使卡尔·布林德于8月18日接到根据内务部长6月13日的决定下达的驱逐令。出于睦邻的愿望，当局不允许布林德前往布鲁塞尔。他必须在一名法国警官的押送下前往能从海路到英国的地方并根据特别的许可只能在巴黎逗留到8月23日。"

在伦敦，他同马克思经常来往，并成为共产主义者同盟盟员和工人教育协会会员。工人教育协会把他选入社会民主主义流亡者委员会的领导机构（见文件393）。他为《新莱茵报。政治经济评论》撰写过一篇文章《巴登的奥地利和普鲁士政党》，发表在第1期上（见重印本，载于《〈新莱茵报。政治经济评论〉，卡尔·比特尔作序》1955年柏林版第63—69页）。

布林德在救济委员会的领导机构里工作时间不长,因为他于1849年9月底或10月初已经到达布鲁塞尔。关于他以后的活动,见文件403、414和495,关于共产主义者同盟布鲁塞尔支部的工作,见注释225。

他在1852年底迁居伦敦之后,同马克思的友好关系还保持了几年,但是由于布林德逐渐转向资产阶级民主主义立场,最后转向了民族自由党的立场,这种关系就恶化了。1859年,由于布林德在马克思反对卡尔·福格特的斗争中采取无原则的立场,他们之间发生分裂(见卡尔·马克思《福格特先生》,载于《马克思恩格斯全集》德文版第14卷第473—486页,参看《马克思恩格斯全集》中文第1版第14卷第506—519页)。普法战争期间,布林德终于采取极端民族主义立场(见1871年4月6日马克思给威廉·李卜克内西的信,载于《马克思恩格斯全集》德文版第33卷第201页,参看《马克思恩格斯全集》中文第1版第33卷第203—204页;1871年10月4日《人民国家报》(莱比锡))。

关于布林德的生平,见古斯塔夫·迈尔《卡尔·马克思给卡尔·布林德的信》,《社会历史国际评论》(莱顿)1939年第4卷第153—160页,《卡尔·布林德。为祝贺他的80寿辰而作》,1906年9月4日《柏林政治和学术问题王国特权报》(《福斯报》)第412号。——20

210 塞巴斯蒂安·载勒尔于1849年8月24日同马克思和卡尔·布林德一起离开巴黎(见1849年8月30日雅科布·沙贝利茨给恩格斯的信,《马克思恩格斯全集》历史考证版第3部分第3卷第392页)。海尔曼·艾韦贝克留在巴黎;关于马克思被捕的消息也是不正确的。

奥地利人卡尔·陶森瑙在革命时期是小资产阶级民主派左翼,在维也纳民主协会中央委员会里担任领导工作。在被驱逐出法国之后,他在伦敦参加小资产阶级流亡者团体。——20

211 指科隆的律师兰伯特·哈根博士。他在1848—1849年革命时期积极参加马克思所领导的科隆民主协会,从1848年6月14日到17日作为该会的代表参加美因河畔法兰克福第一届民主派代表大会,1848年九月危机时担任科隆安全委员会委员。

在革命失败后，哈根在科隆还同马克思的朋友，主要是亨利希·毕尔格尔斯、斐迪南·弗莱里格拉特和格奥尔格·维尔特保持密切的联系。在对海尔曼·贝克尔的报刊诉讼中，他充当辩护人。虽然彼得·勒泽尔否认他加入过共产主义者同盟（见附录，文件6），但这是否认不了的。

1850年秋天，哈根作为律师在波恩定居，似乎从此不再参加政治活动（见文件668）。1869年9月，马克思在波恩看望过他（见1869年9月25日马克思给恩格斯的信，载于《马克思恩格斯全集》德文版第32卷第371页，参看《马克思恩格斯全集》中文第1版第32卷第352页）。——22

212 在根据共产主义者同盟中央委员会的倡议而召开的一次工人教育协会会议上，成立了旅居伦敦的德国政治流亡者救济委员会。这是争取工人政党的组织上、政治上的独立性的斗争的一个表现。委员会面临一项困难的任务——多数流亡者非常穷困，其中许多人眼看就要挨饿。在革命失败后为了逃避反动派的迫害不得不背井离乡的人越来越多。大部分人，尤其是维护帝国宪法运动的战士，起初打算主要在瑞士避难。但是瑞士当局不久——在某种程度上是受到大国的压迫——就开始驱逐德国流亡者，所以这些人不得不到其他国家，主要是英国和美国。——为了在流亡者当中进行政治工作，首先必须保证他们的物质生活。这种救济还有政治意义，因为在德国除了地方救济委员会，还有小的组织中心。

早在9月18日会议之前就已经发表了1849年9月6日的《成立伦敦救济德国流亡者出纳处的号召书》。这个号召书发表在1849年9月14日《西德意志报》（科隆）第97号上，只有塞巴斯蒂安·载勒尔一人签名。号召书指出，法国、波兰和意大利的流亡者已经组织起来。只有"德国人在那里还处于无组织状态和孤苦伶仃；他们只能靠私人施舍和他们的无产阶级兄弟的支援。"但是，这第一次尝试没有人响应。可见，工人协会作为一个整体抓住这个机会是必要的。

委员会成立后立即发表了一篇呼吁书（文件394），而且一直很活跃，因为它同德国建立了各种联系。它的一系列报告和财务报告说明了它的活动和发展（见文件405、407、444、458、459、480、500和524）。

曾经计划建立救济流亡伦敦的各民族的人士的总委员会。这个计划没有实现，不过建立了同各个民族的流亡者救济委员会的联系。

1849年11月，救济委员会必须改组，变为社会民主主义流亡者委员会（见文件407）。关于伦敦流亡者委员会，见М. И. 米哈伊洛夫《共产主义者同盟的历史》1968年莫斯科版第306—313页。——23

213 安东·菲斯特尔从1847年起在维也纳担任哲学、神学和教育学教授，1848—1849年参加革命运动。他是奥地利国会里的左翼议员。1848年十月斗争期间，他是一个革命大学生武装团体学士军团的战地神甫。此后，他一度在莱比锡和汉堡逗留，1849年7月流亡伦敦。他参加救济委员会的工作时间不长，因为他在1849年十月初已经离开伦敦——见文件407。1876年以前，菲斯特尔住在波士顿和纽约。关于他的生平活动，见马扬·布里托夫舍克《1848年奥地利革命中的安东·菲斯特尔》1970年马里博尔版。——23

214 鞋匠亨利希·鲍威尔原籍维尔茨堡附近，1838年起已经参加正义者同盟的活动，1841年在巴黎被捕（见注释20）后被驱逐出法国，1842年3月到达伦敦，他在伦敦一直住到1851年（其间短期的离去除外）。1845年，他在同威廉·魏特林争论中是进步方面的参加者之一（见文件64）。从1846年他几乎一直参加正义者同盟、后来共产主义者同盟的领导。例如，1848—1849年革命爆发后他是1848年8月在马克思的领导下成立的中央委员会的委员，他还以中央委员会委员的名义签署过《共产党在德国的要求》17条（文件224）。但是，鲍威尔大约在4月就返回了德国，他在那里同格奥尔格·埃卡留斯、卡尔·普芬德等人一起成立区部，后来又成为大约1848年底在伦敦重建起来的中央委员会的委员。

1849年革命失败之后，鲍威尔是在马克思的领导下在伦敦重建的中央委员会的委员，并在共产主义者同盟改组的过程中起了重要的作用。寄给中央委员会或工人教育协会领导的信大部分都写他的通讯处。1849年和1850年，鲍威尔在组织和领导德国流亡者救济委员会（见注释212）和后来的社会民主主义流亡者委员会方面也作了非常大的贡献。

关于他从1850年3月到5月作为共产主义者同盟中央委员会特使出使德

国，关于鲍威尔的生平，见马丁·洪特《第一批革命无产者之———亨利希·鲍威尔》，《德国工人运动史论丛》1972年第4期第638—650页。——23

215 小装饰画家卡尔·普芬德原籍海尔布隆，1844年或1845年到伦敦。他参加工人教育协会和正义者同盟，并不久成为正义者同盟的领导人。他积极参加同威廉·魏特林的争论（见文件64）。根据一篇悼词（文件827）的记述，普芬德在1848年以前就已经是共产主义者同盟中央委员会委员，至少他在1847年同盟改组为革命政党中起了重要的作用。

1848年，他已经患病（见文件225），但是在许多主要同盟盟员离去之后他带病同亨利希·鲍威尔和格奥尔格·埃卡留斯一道领导伦敦区部并同卡尔二世·不伦瑞克公爵进行过几次财务谈判（见注释135）。

1848年夏天或秋天，普芬德是回国继续干革命的同盟盟员之一。在1849年维护帝国宪法运动中，他率领一部分海尔布隆的民军进驻维姆普芬，后来只身前往巴登，他在那里加入哈瑙体操协会卫队，并在瓦格霍伊泽尔打了一仗。1849年6月24日他被捕，但第二天就被释放，因而得以逃亡伦敦。

革命失败后，普芬德加入在伦敦改组的中央委员会，并在同盟的改组中起了非常重大的作用。他在组织和领导救济委员会（见注释212）和后来的社会民主主义流亡者委员会（见文件407）中也起了非常积极的作用。关于普芬德在同盟分裂时的表现，见文件521、522和523。

他同鲍威尔一起多方筹集工人教育协会和救济委员会的经费（见文件687和注释372）。1851年和1852年，普芬德积极参加马克思所领导的共产主义者同盟伦敦支部的工作，并且是关于为在科隆被判刑的人募捐的呼吁书的签名人之一（文件746和751）。从1852年1月起，他参加新的伦敦工人协会工作（见文件684），在后来一些年里始终站在无产阶级力量方面，为恢复工人教育协会的活动而奔波（见文件780）。国际工人协会成立后，普芬德是骨干成员；从1864年到1867年以及从1870年到1872年，他参加了国际工人协会的总委员会。——23

216 克里斯蒂安·约瑟夫·埃塞尔原籍杜塞尔多夫附近的诺伊斯，是科隆的制桶工人。他在1848年春天参与建立科隆工人协会（见注释141）；1848年7月初，他是工人协会被迫害的干部之一，但得以逃脱，而后在明斯特被捕，1848年秋天在科隆被拘押若干星期（见文件293）。埃塞尔同安德烈亚斯·哥特沙克和弗里德里希·安内克一起于1848年12月以莫须有的叛国罪名被起诉，但被宣布无罪释放。1849年初，他显然已经是在卡尔·沙佩尔的领导下重新开始活动的共产主义者同盟科隆支部的成员（见文件384）。他成长为科隆工人协会的一位领导人并首先在克服哥特沙克的影响方面发挥了作用。埃塞尔参加了新章程起草委员会，是工人协会的一个分会主席。从1849年2月起，他担任协会机关报《自由、博爱、劳动》（科隆）（见文件336和338）的编辑并在1849年4月参加莱茵省和威斯特伐利亚工人协会代表大会（见文件360和362）的筹备工作。从1849年秋天起，他是海尔曼·贝克尔领导的《西德意志报》（科隆）的主管人和出版人。他多次因违反出版法而被起诉，在几次被宣告无罪之后于1850年4月23日被判处6周徒刑，5月25日被判处3个月徒刑，最后于7月13日被缺席判处两年徒刑。埃塞尔为了逃避已经宣判的依然有效的惩罚于1850年6月14日离开科隆（从文件481中可以看出）到了伦敦。从同一封信中还可以看出，他这时已经因为不参加活动而被开除出同盟。埃塞尔在英国不再参加工人运动——另见1851年9月1日恩格斯给马克思的信，载于《马克思恩格斯全集》德文版第27卷第344页，参看《马克思恩格斯全集》中文第1版第27卷第353页。——27

217 裁缝帮工彼得·诺特荣克原籍米尔海姆（莱茵河），现在是科隆的一个区。1847年底，他在波茨坦服兵役之后并在游历了柏林、不伦瑞克和美因河畔法兰克福之后来到科隆，在那里不久即参加共产主义者同盟。1848—1849年革命爆发时，他参加了1848年3月3日科隆示威（见文件210）。在革命期间是科隆工人协会领导委员会的骨干成员。1849年5月，诺特荣克同恩格斯一起参加埃尔伯费尔德起义并成为军事指挥官奥托·冯·米尔巴赫的副官。在革命部队打算撤往普法尔茨并已经开拔时，诺特荣克于1849年5月17日在埃尔伯费尔德附近被捕，差不多被拘留了一年。还在埃尔伯费尔德拘留期间，他由于早已过去的一次违反出版法行为（侮辱冯·乌滕霍芬的一位军官）于1849年10月9日被提交法庭审判，被判处一年徒刑。这一处罚后来由于他长期被拘押而被抵消。在埃尔伯费尔德审判中,诺特荣克也像多数被告一样于1850年5月9日被宣告无罪释放。他回到科隆,在那里担任工人教育协会副主席。科隆中央委员会成立后,1850年9月底,诺克荣克作为4名特使之一被派往德国重新发动同盟的活动。1850年11月4日,他受中央委员会的委托(见文件539、553和641)前往北德意志和西里西亚。他这次出使到过埃森(见文件565)、比勒费尔德、汉诺威和汉堡。他在汉堡大约逗留了一周(见文件558和561),路经基尔、什未林和罗斯托克,于1850年12月初来到柏林。他在柏林呆到1851年5月并建立起一个新的同盟支部。参加这个支部的可能有裁缝帮工莫尔和戈特洛布·勒德尔。关于诺特荣克的这次出使,另见彼得·勒泽尔的供词(附录,文件6)。1851年5月8日,他才完成中央委员会1850年12月已经改变的任务,即派他作为特使从柏林前往莱比锡(见文件565)。中央委员会对他1851年春天缺乏积极性表示不满(见文件641)。关于诺特荣克在莱比锡同亨利希·马尔齐乌斯的谈判,见黑尔维希·弗德和格尔哈德·齐泽《〈1850年6月中央委员会告同盟书〉写作过程和共产主义者同盟盟员在莱比锡的活动(1850年—1851年)》,《德国工人运动早期历史概述》1964年柏林版第272—275页。

1851年5月10日,诺特荣克由于强化护照检查而在莱比锡车站被捕。虽然海尔曼·贝克尔早就提醒过他,但他漫不经心,随身携带许多同盟的文件。这些文件成为当时发动的逮捕浪潮的主要原因之一,并为1852年10月至11月科隆共产主义者审判案提供了方便条件。由于缺乏秘密工作的经验,诺特荣克于1851年5月和7月之间向莱比锡的警方和普鲁士警察厅长舒尔茨详细招供了同盟的活动(见波茨坦国家档案馆 Rep. 30 BerlinC, Tit. 94, Lit. N, Nr. 67, Bd. 1)。在科隆审判案中,他被判处6年徒刑。他在格拉茨(西里西亚)服刑。

因为他1858年11月被释放后不准在科隆地区逗留,所以他在布雷斯劳定居,他在那里当摄影师。马克思在《纽约每日论坛报》上发表的《为拿破仑在莱茵河上的未来战争作准备》一文(《马克思恩格斯全集》德文版第15卷第49—50页,参看《马克思恩格斯全集》中文第1版第15卷第56—57

页）中揭露了对诺特荣克的刁难。1863年，诺特荣克成为全德工人联合会的驻布雷斯劳的全权代表，但他几乎不公开露面（见文件815以及特奥多尔·弥勒《布雷斯劳社会民主党成立初期和顶峰时期的45位领袖》1925年布雷斯劳版第16—18页的传记材料）。——28

218 裁缝弗里德里希·威廉·许纳拜恩是在漂泊中来到布鲁塞尔的。他大约在1847年底成为该地工人教育协会会员——见文件191，大约同时也成为共产主义者同盟盟员。他在同盟中认识了马克思和恩格斯。当恩格斯1848年5月初在巴门组建共产主义者同盟支部的时候，他最先也找过已经回到该地的许纳拜恩。许纳拜恩这时已经接替他父亲的裁缝职业。他积极支持筹建《新莱茵报》（科隆）（见文件252）。1849年埃尔伯费尔德起义时，他是安全委员会的军事委员会委员（见文件368），他被捕并在埃尔伯费尔德拘留所蹲了一年。这时他还通过斐迪南·弗莱里格拉特的介绍同科隆的同盟盟员建立了联系（见1849年6月23日弗莱里格拉特给许纳拜恩的妻子的信，《同时代人》第251—253页）。

许纳拜恩是埃尔伯费尔德起义参加者审判案中的被告人之一（见注释219），1850年5月被宣判无罪。1850年6月，他向受伦敦中央委员会派遣前来联系的特使卡尔·威廉·克莱因表示拒绝积极参加共产主义者同盟的工作（见文件765），但他1850年11月参与起草传单《德国的男子汉和普鲁士臣民们！》（见文件545）。1851年初，他同在曼彻斯特的恩格斯取得联系（见1851年2月27日恩格斯给马克思的信，载于《马克思恩格斯全集》德文版第27卷第209页，参看《马克思恩格斯全集》中文第1版第27卷第229页），并成为1851年5月11日埃尔伯费尔德国民集会的组织者之一（见注释425）。在以后的岁月里，他只是偶尔同马克思和恩格斯联系（见文件691）。关于1870年1月初在巴门会晤的情景，恩格斯写道："老裁缝兼革命将军许纳拜恩又见到了我，很高兴。他也还保存着一全套红色封面装帧的《新莱茵报》，这应当记住。他问候你。"（1870年1月9日恩格斯给马克思的信，载于《马克思恩格斯全集》德文版第32卷第424页，参看《马克思恩格斯全集》中文第1版第32卷第408页）。

一篇悼词写道:"7月12日**巴门***讯。面对一个昨天长眠的人的棺柩,1848年和1849年的事件又浮现在人们的眼前。77岁的养老金领取者**弗里德里希·威廉·许纳拜恩**在这里逝世。他是巴门出生的人,正如《巴门日报》所报道的,他加入了争取自由的人们的行列。他同弗里德里希·恩格斯、斐迪南·弗莱里格拉特、卡尔·马克思、格奥尔格·维尔特、亨利希·毕尔格尔斯和威廉·奥特贝格一起创办《新莱茵报》。他还后来成为多特蒙德和科隆的大市长的海尔曼·贝克尔博士有个人交往。贝克尔有时拜访他。许纳拜恩积极参加1849年的埃尔伯费尔德政治运动,这个政治运动导致了一场动乱。由于这个原因,一支由一个步兵营、一个骑兵连和两门火炮组成的部队不顾城市当局反对,于5月9日从杜塞尔多夫返回到埃尔伯费尔德。5月10日凌晨3点钟爆发了街垒战,因为杜塞尔多夫那里也发生动乱,军队调到杜塞尔多夫去了。在这一天,埃尔伯费尔德成立了革命的安全委员会。这位死者也参加了这个委员会。这个委员会一直存在到5月17日。16日晚上,埃尔伯费尔德国民卫队占领了一些岗哨,可是并没有引起两派之间的战斗。而委员会的领导人可能认识到,这种形势难以维持下去,再者,从伊瑟隆传来消息说从马格德堡派来了第24营,以致于人们宁可放弃埃尔伯费尔德。5月17日(耶稣升天节)早晨5点钟,安全委员会及其拥护者经过冰岛桥和科隆大街向克罗嫩贝格进发,围墙上的火炮还开了几炮为他们送行。这支部队上午到达吕特灵豪森和伦内普。在伦内普这个地方有一个牧师在做礼拜时鼓动突击。许纳拜恩和其他几个人被农民俘虏,农民把他们拴在一起送往埃尔伯费尔德,晚上他们被送进拘留所。接着,刑事陪审法庭经过审理宣布许纳拜恩及其同案人无罪。从此,许纳拜恩作为安分的居民住在那里,他脱离了政治生活,不再参加政治活动。"(1893年7月16日《法兰克福报和商报》第195号第3号早版第1页)

这份报纸的上述通讯的剪报在阿姆斯特丹国际社会史研究所的马克思恩格斯遗著中发现,可见恩格斯必定看过这个报纸。——29

219 对1849年5月埃尔伯费尔德起义的参加者的审判(见文件368)于1850年4月23日至5月9日在埃尔伯费尔德举行。

起义被镇压之后,当局进行了大逮捕;到1849年6月5日,警察逮捕了157名埃尔伯费尔德事件参加者。虽然一部分被捕者被释放,但是与此有关的逮捕一直持续到1849年底,而且1850年3月在埃尔伯费尔德、科隆和其他莱茵城市又进行了一次与此有关的大逮捕。在被捕者当中有军事指挥官奥托·冯·米尔巴赫、安全委员会委员弗里德里希·威廉·许纳拜恩和米尔巴赫的副官同盟盟员彼得·诺特荣克。大部分参加者都逃跑了,他们当中包括恩格斯在内的许多人都受到通缉。他们转移到普法尔茨,在那里参加战斗。

这次审判是在1849年12月26日的对总计193名被告(其中包括"在逃的报纸编辑弗里德里希·恩格斯在内")的起诉书的基础上进行的;但是,被告人当中只有122人出庭。1850年9月5日宣判,米尔巴赫被判处两年监禁;还有一些被告人以所谓抢劫罪被判处5年监禁。这些人曾经在恩格斯的领导下参加袭击设在附近的格莱弗拉特监狱并夺取一些装备。其余的被告人被宣告无罪,因为陪审法官否定了参加反叛的指控。——29

220 奥托·冯·米尔巴赫,原籍埃尔宾,很早就辞去普鲁士少尉的职务,在20和30年代参加希腊人和波兰人的民族解放斗争。曾经流亡法国并在40年代在比利时和威斯特伐利亚当铁路工程师。他同斐迪南·弗莱里格拉特和格奥尔格·维尔特有个人交往。

1848—1849年革命期间,米尔巴赫积极参加威斯特伐利亚的民主运动并在明斯特出版《威斯特伐利亚人民俱乐部》。1849年初,他从明斯特同在科隆的马克思通信(见《马克思恩格斯全集》历史考证版第3部分第3卷第202和241—242页)。由于违反出版法,米尔巴赫被拘留了4个月。埃尔伯费尔德起义开始之后,他经恩格斯的介绍来到埃尔伯费尔德,1849年5月14日被任命为军事指挥官。由于形势危急,他同恩格斯商定率领他所指挥的义勇兵撤退到普法尔茨。5月17日,这个行动失败。米尔巴赫被捕并被作为埃尔伯费尔德审判案(见注释219)中的首犯被判处两年徒刑。1851年新年之夜,他越狱逃跑,经过巴黎又到希腊。他在那里下落不明。——另见文件368。——30

221 1849年6月,科隆工人协会最后一次以政治集会的形式公开出现(见文件380)。在此之后,工人协会由于反革命的胜利不得不实际上停止活动。1849

年9月初，形式上没有解散的工人协会只是在安葬卡尔·沙佩尔夫人（见注释206）和安得烈亚斯·哥特沙克时才再次公开出现。从1849年7月初起，成立工人读书会。它至少不得不从外表上放弃任何政治活动。10月初，同盟支部（见文件404）认为已有条件发挥工人读书会的作用，于是把工人读书会改组为工人教育协会。

在章程中，极力避免任何暗指政治活动的措词。章程规定："1. 科隆工人教育协会的宗旨是对它的会员进行科学方面的教育；它认为可以利用的教育手段是：（1）图书馆；（2）基础科学课程、语言课程和技术课程；（3）科学辅导报告。[……] 4. 协会的事务由一个9名委员组成的委员会领导，即主席1人、文书1人、出纳2人、图书管理员2人和管理员3人。委员会每3个月改选一次。[……] 17. 本章程的有效期到1850年1月1日。然后应对本章程进行修改。"（1849年10月21日《西德意志报》（科隆）第129号）这个从1850年1月1日起生效并印成小册子的章程只作过细节的修改。

协会主席是彼得·勒泽尔；此外，参加领导的还有卡尔·奥托、阿道夫·皮埃尔和雅科布·魏勒尔等同盟盟员，而弗里德里希·列斯纳则在后台活动。工人教育协会通常每星期六晚上开会，担任教员的有同盟盟员罗兰特·丹尼尔斯（生理学）、奥托（工业化学）、威廉·赖夫（法语）和亨利希·毕尔格尔斯（政治经济学）——他于1850年4月迁到科隆；另外，还有海尔曼·贝克尔（地理）、格奥尔格·荣克（历史）、威廉·克莱纳布罗赫（绘画）——另见文件466。积极参加科隆工人教育协会活动的还有阿道夫·贝尔姆巴赫、亨利希·汉森和威廉·施特龙。

早在1849年11月，当局就设法压制工人教育协会，首先对开课的讲座人的资格表示怀疑。关于后来1850年4月的镇压阴谋，见文件470。

贝克尔从1849年11月到1850年5月在工人教育协会的活动，后来在科隆共产党人案件中起了一定的作用（见《1852年科隆共产党人案件同时期报刊上的反映》（卡尔·比特尔主编和作序）1955年柏林版第222—223页）。——32

222 斯图加特工人教育协会通常简称工人协会，于1848年5月成立。约瑟夫·莫尔在出使期间（见注释183），曾于1849年2月底或3月初访问工人协会，并可能还着手改组小斯图加特同盟支部——另见文件350。这次访问之后，斯图加特工人协会同伦敦的亨利希·鲍威尔有了书信联系（文件363；另见海尔曼·冯·贝格《一份在伦敦新发现的1849年的共产主义文件》，《德国工人运动史论丛》1969年第3期第451—460页）。斯图加特工人协会有大批会员参加了1849年维护帝国宪法运动。由于革命失败，工人协会的活动遭到巨大挫折。但是协会很快就有了新的发展，直到1851年12月初当局采取镇压措施为止。1849年秋天，原籍海登海姆附近的黑尔布莱希廷根的鞋匠帮工克里斯蒂安·比尔克当了工人协会的主席。这个人从1845年起在斯图加特工作，可能从这时起已经参加正义者同盟的斯图加特支部。比尔克还是斯图加特工人协会出席1849年9月底在罗伊特林根召开的符腾堡工人协会第二届全体大会（见注释223）的代表。到1852年3月工人协会解散为止，比尔克一直是协会的领导人。在斯图加特工人协会的多方面的和持久的活动的背后无疑有小同盟支部在起作用。1850年中央委员会《六月告同盟书》（文件473）中也提到过这个小同盟支部，但是史料不能使我们确切地知道这个支部到底有哪些人。不过比尔克肯定是这个支部的成员。符腾堡当局1850年也猜测比尔克是同盟盟员。

约瑟夫·魏德迈1851年7月初从美因河畔法兰克福来到苏黎世时曾经改组了斯图加特同盟支部（见文件656和662；另见马丁·洪特《关于斯图加特革命工人运动早期的历史》，《历史年鉴》1972年柏林版第7卷第277—330页）。——33

223 符腾堡工人协会第二届全体大会在罗伊特林根举行。出席大会的有斯图加特、乌尔姆、罗伊特林根、埃斯林根和格平根工人协会的代表以及罗伊特林根体操协会的代表。这次大会讨论了工人协会对政治协会和体操协会的态度并决定同体操协会进行密切合作。但是，由于反动派的压力越来越大，大会没有公开规定个别协会的政治立场。有关的决议指出："避开政治问题，因为参加哪个政治协会是由每个会员和协会自己决定。"这样就顶回了资产阶级民主主义符腾堡人民党的建议：一切工人协会都应当参加一切"合法的进步运动"。

因为这个建议可能把工人实际上拴在资产阶级民主主义政策上。这说明人民党的机关报、斯图加特的《人民防卫报》反对罗伊特林根全体大会的决议。

另外，全体大会还讨论了"加强和改组工人协会"（支付救济金、为莱比锡中央委员会捐款，为莱比锡《博爱报》征求订户）、"工人协会对国家的态度"（实行职业教育），"工人协会对会员的态度"（迁移补助等）问题，规定派一名代表出席1850年2月20日到26日的全德工人兄弟会莱比锡大会并把符腾堡中央理事会的所在地迁到格平根。决定《观察家报》为符腾堡工人协会机关报（见1849年10月9日《博爱报》（莱比锡）第107号；弗罗林德·巴尔泽《1848/1849—1863年的社会民主党。资料汇编》1962年斯图加特版正文卷第393—397页）。——33

224 这是1849年9月20日呼吁书（文件394）的第一个结果。伦敦商人G.多恩布施在1849年10月15日的一封信中通知流亡者委员会说，他"已经从什切青的爱德华·蒂森先生那里收到资助贵委员会活动的汇票，并请贵委员会告诉我，我把这个汇票——什么时候及在什么地方——交给谁以换取收据"（《马克思恩格斯全集》历史考证版第3部分第3卷第402页）。从多恩布施1849年10月17日的第二封信中可以看出，已经在10月15日把一笔7英镑的捐款交给了流亡者委员会的一位代表（见《马克思恩格斯全集》历史考证版第3部分第3卷第403页）。爱德华·蒂森可能是一个同伦敦有业务联系的什切青商人。他在11月3日又寄来一笔捐款（见文件405）。这两笔捐款在12月3日的救济委员会的账目报告（文件407）中合成一笔款，另外在文件400和406中也提到过。——35

225 布鲁塞尔德意志工人协会是于1847年8月底由共产主义者同盟盟员建立的（见文件154）。协会的领导人几乎完全是同盟盟员。由于1848—1849年革命爆发后许多工人返回德国和比利时，警察当局为了配合所谓里斯康土行动而采取镇压措施，不论协会还是同盟组织的活动从1848年春天起都面临着严重的困难。工人协会在1848年8月还给柏林工人代表大会写过一封信（文件287），但是，现在除了它写于1849年10月24日一封信之外，已找不到关于它在革命后继续进行活动的材料。

1849年5月至1850年6月之间，约瑟夫·莫尔、卡尔·弗勒利希，亨利希·鲍威尔和卡尔·威廉·克莱因作为伦敦中央委员会的特使访问过布鲁塞尔同盟支部。从《六月告同盟书》（文件473）中可以看出，尽管组织已经瘫痪，但是1850年还有一个支部，它的成员有卡尔·阿尔伯特·勒、尼尔茨·洛伦斯·彼得逊、奥托·希奥和亨利希·施泰因根斯等人。在勒1851年8月29日给施泰因根斯的信（见波茨坦国家档案馆 Rep. 30 Berlin C, Tit. 94, Lit. R208b, Bd. ⅩⅢ）中，除了这些人之外还提到扬森、奥内曼斯、普洛斯、施奈德和绍尔茨这样一些老朋友。他们当中有一部分是同盟盟员。从1849年底到1850年秋，当时已经是同盟盟员的卡尔·布林德在布鲁塞尔（见文件414和495）。1850年9月15日中央委员会的决议（文件522）中谈到通报比利时同盟盟员的问题。

1850年10月，工人协会被比利时警察解散。布鲁塞尔同盟支部的残余人员在彼得逊的影响下在1850年和1851年之交参加宗德崩得。——36

226 尼尔斯·洛伦斯（洛伦茨、劳伦斯、路易）·彼得逊从1828年到1833年在哥本哈根学习毛皮手艺，然后到欧洲许多城市打短工。他为了迷惑警察而曾经轮流使用的三个流动证现在保存了下来（见阿姆斯特丹国际社会史研究所莫特勒遗著 Nr. 3038）。他于1836年到过奥地利和巴伐利亚、1837年到过法兰克尼亚和符腾堡并从1838年到1847年主要在瑞士各个城市居住，有时暂时在米卢斯、里昂和布鲁塞尔落脚。他最迟于1841年在洛桑成为正义者同盟盟员，他多年在瑞士，主要是在苏黎世和洛桑积极参加正义者同盟的活动，长期同威廉·魏特林密切合作（见文件37、39和注释28）。1843年魏特林被驱逐出瑞士之后，彼得逊到1847年秋天一直坚持进行当地的一部分同盟活动（见文件160）。

1847年10月，彼得逊前往布鲁塞尔，参加共产主义者同盟和工人教育协会（见文件189、191和503）。关于1848年2月底的布鲁塞尔事件，他回忆（在细节上可能不够准确）说："当时，马克思、恩格斯、赫斯、被囚的沃尔弗和红色沃尔弗同比利时的头面人物不停地开会——讨论的问题不外是如何像法国人撵走岳父那样撵走女婿。不过，莱奥波德宣称，他们不必费事，他自己走,这时比利时人欢呼'我们的好国王万岁'。这样一来,他直到今天还坐在王位上。"(1875年5月15日尼尔斯·彼得逊致约翰·菲力浦·贝克尔的信,阿姆斯特丹国际社会史研究所贝克尔遗著 Sign. DII 617)

1848年5月,彼得逊到瑞士,1849年9月返回布鲁塞尔。当特使约瑟夫·莫尔大约于1849年5月初在布鲁塞尔逗留的时候,他可能在当地领导同盟支部。在这次碰头之后,彼得逊立即前往伦敦,1849年秋天到达巴黎和里昂。从1850年5月到8月,他在伯尔尼工作,1850年10月他经过巴黎返回布鲁塞尔。他参加宗德崩得并按照它的精神在布鲁塞尔进行活动。他从1851年1月至2月作为支部的领导人给伦敦宗德崩得中央委员会写的三封信以摘要的形式保存下来(见波茨坦国家档案馆 Rep. 30 Berlin C, Li t. L, Nr. 228, lfd. Nr. 11 373)。1851年7月和8月,他作为宗德崩得代表大会的代表在伦敦逗留。

50年代末工人运动复苏之后,彼得逊又展开了积极的活动。这时,他主要是在巴黎进行了多年的活动。1859年,他在布鲁塞尔作了短时逗留,试图再把德意志工人协会加以恢复。关于这一情况,他回忆说:"最后一次到这里是公元[18]59年。当时我们组成一个协会——从手脚不干净的人那里夺回属于从前的协会的财产的剩余部分。"(1875年5月15日尼尔斯·彼得逊给约翰·菲力浦·贝克尔的信,出处同上)他1859年从巴黎给伦敦的《人民报》撰稿。从1859年6月至8月,这家报纸的"工人的声音"栏里发表了以《一个工人的业余作品》为题的一组文章。他在文章中反对资产阶级所鼓吹的阶级和平。在60年代,他同莫泽斯·赫斯和维克多·席利一起在巴黎工人当中进行工作。从大约1865年到1869年,他在某种程度上还受到拉萨尔主义的影响,而且还为柏林的《社会民主党人报》写通讯。然而,他同时在主要问题上支持第一国际的观点。早在1868年春天,他就在哥本哈根为国际筹建丹麦支部。1870年,他直接受总委员会的委托组织丹麦支部,1875年夏天再一次组织丹麦支部(见雅克·弗莱芒《第一国际》1971年日内瓦版第3卷第429页)。彼得逊从60年代到80年代一直同在日内瓦的约翰·菲力浦·贝克尔保持个人的书信来往,1870年是莱奥·弗兰克尔领导的巴黎第一国际德国人支部的骨干成员（见格茨·朗考《巴黎德国人支部》，《国际社会历史评论》（阿森-阿姆斯特丹）1972年版第17卷第1—2部分第103—150页；汉斯-诺伯特·拉梅《国际工人协会丹麦支部的早期历史》，《国际社会历史评论》1974年第19卷第1部分第54—72页）。

从1870年11月到1871年2月，彼得逊在伦敦工作。他在伦敦结识了弗里德里希·列斯纳等人。1875—1876年他在布鲁塞尔，1883年在万塞讷，1884年在伦敦工作。

一篇悼词写道："一位从50年代起就在旅居伦敦的德国政治流亡者圈子内有许多交往的老同志——**尼尔斯·洛伦斯·彼得逊**于6月25日在哥本哈根逝世，终年81岁。日内瓦工人协会总会的悼词中说：彼得逊同志1841年在洛桑当毛皮工人，参加威·魏特林成立的正义者同盟。从那时起，他一直在瑞士，后来在巴黎、布鲁塞尔和伦敦为传播共产主义思想而工作。60年代，他参加了新的社会主义运动并成为全德工人联合会的第一个机关报、在伦敦出版的老《社会民主党人报》的撰稿人。1868年和1869年，他是巴黎的固定的通讯员，他同时还担任一个德国人团体的主席。当然，他也逃不脱受迫害的命运。1881年6月25日，我们这位66岁的老同志被驱逐出巴黎，被押解到比利时边境。两年后又返回法国。彼得逊不间断地写日记并把它留给了德国社会民主党。我们希望把其中的一些有价值的材料继续发表出来。"（1894年7月19日《社会民主党人报》（柏林）第25号附刊）

前面提到的日记是彼得逊从1884年2月至1894年5月写的。除此之外，还保存下来彼得逊写于1889年的一些书信草稿和其他各种笔记（见莫斯科苏共中央马列主义研究院中央党务档案馆 f. 203, op. 1, d. 775）。——36

227 卢伊特伯特（又叫路易特贝特或斯维特贝特）·亨利希·海尔曼·施泰因根斯，原籍是明德尔海姆，职业是油漆工。从1844年3月，他在布鲁塞尔工作。1847年，他在布鲁塞尔参加德意志工人协会，担任协会出纳并一度担任主席。施泰因根斯是共产主义者同盟盟员并参加过1848年3月初的短命的布鲁塞尔中央委员会——见文件206。1848—1849年革命期间，他是布鲁塞尔德意志工人协会委员会委员（见文件287），似乎直到1850年秋天仍在团结旅居布鲁塞尔的德国革命工业帮工方面发挥着积极作用。

1850年10月，施泰因根斯在尼尔斯·洛伦斯·彼得逊的影响下参加宗德崩得并同他和奥托·希奥一起领导宗德崩得布鲁塞尔支部。按照马克思的说法，施泰因根斯是"该集团在布鲁塞尔的主要代理人"（《揭露科隆共产党人案件》，载于《马克思恩格斯全集》德文版第8卷第462页，参看《马克思恩格斯全集》中文第1版第8卷第526页）。1850年12月，施泰因根斯回到克雷费尔德。根据维尔穆特-施梯伯《19世纪共产主义者的阴谋》1854年柏林版第2部分第126页上的说法，彼得·勒泽尔到那里同他接头，促使布鲁塞尔支部脱离宗得崩德。这时，施泰因根斯通过卡尔·阿尔伯特·勒同布鲁塞尔保持联系。1852年1月1日，警察在克雷费尔德施泰因根斯那里搜查到宗得崩德的文件。这些文件也被用来作为在科隆被捕的同盟盟员的罪证。1852年10月，施泰因根斯在科隆共产党人案件中被传讯（见《马克思恩格斯全集》德文版第8卷第435和462页，参看《马克思恩格斯全集》中文第1版第8卷第492和526页，《1852年科隆共产党人案件在同时期报刊上的反映》（卡尔·比特尔主编并作序）》1955年柏林版第111和138页）。——37

228 1849年6月13日，卡尔·沙佩尔由于出席黑森-拿骚的伊德施泰因邦代表大会（文件377）而被捕，从此被关押在威斯巴登。他在一封只以节录的形式保存下来的致斐迪南·弗莱里格拉特的信中表示，希望科隆的同盟盟员能够到威斯巴登看望他。同时，从文件424中可以看出，科隆共产党人同他保持经常的联系。

对沙佩尔及其同案犯的审判一再推迟。关于沙佩尔在被押期间的遭遇，1849年11月2日《西德意志报》（科隆）第139号发表的一篇威斯巴登10月28日通讯作了报道。这篇通讯可能出自一个同盟盟员的手笔。作者报道说，不仅对沙佩尔，而且还对在逃的其他两名被告发出了逮捕令。当最后另一个被告阿道夫·拉特也被捕的时候，这个人交上保证金便立即被释放。"沙佩尔的兄弟在卡尔·沙佩尔被捕后为了使他获释马上交了保证金。甚至在沙佩尔夫人逝世后一再提出申请，但都遭到拒绝。拉特获释后，几乎没有人怀疑沙佩尔会被释放。但是昨天第三次交保证金，又被拒绝。这是在法律面前人人平等吗？尽管如此，但是没有人怀疑，沙佩尔必将被释放。就连法官也声称，对沙佩尔的起诉书在世界上任何一个秘密官僚法庭上都不能为继续拘押作辩护。这种拘押现在一直持续到1月，这是一种什么样的拘押？这简直令人难以置信，但却是事实：沙佩尔晚上得不到灯光；晚上6点钟，他的衣服便被拿走，以致于他可以'充分享受'在床上躺13小时的幸福。"关于最终在1850年2月举行的审判，见文件430。——37

229 弗勒利希是共产主义者同盟盟员。1849年10月，他参加了伦敦工人教育协会内部的争论并与马克思相识，还从流亡者委员会那里得到救济金（见文件407）。10月底，弗勒利希作为伦敦的特使经过布鲁塞尔到德国，在科隆拜访了弗里德里希·列斯纳并在11月5日继续前往不伦瑞克（见文件404）。——39

230 弗里德里希·雅科布·许茨是美因茨一个鞋匠的儿子，在吉森攻读法律期间同格奥尔格·比希纳的人权社取得了联系，秘密地散发它的传单《黑森邦信使报》，可能还参加过法兰克福的袭击岗哨行动。他1834年流亡瑞士，从1836年起住在比利时。1848年6月他被赦免，返回美因茨。他曾是民主协会的主席和《美因茨日报》的编辑之一。他可能还是工人教育协会会员，有时在协会里作报告。由于参加美因河畔法兰克福的九月事件，他与同盟盟员热尔曼·梅特涅一起被警察通缉，许茨又到了布鲁塞尔。但1848年12月他又返回德国，因为他这时已当选为法兰克福国民会议的代表。1849年许茨参与领导维护帝国宪法运动并护送巴登临时政府的公使卡尔·布林德到巴黎。他最迟是在巴黎结识马克思的。许茨在巴黎参加1849年6月13日的示威并为了逃避被捕的危险而前往比利时。1851年2月20日，他在美因茨被缺席判处6年徒刑。大约1851年，他到了伦敦，在那里追随哥特弗利德·金克尔。从1852年11月11日弗里德里希·卡普给麦克斯·约瑟夫·贝克尔的信——阿姆斯特丹国际社会史研究所《小通讯》——中可以看出，许茨于1852年11月前往澳大利亚。从1856年起，他移居美国，在美国积极参加政治生活并当了美国驻鹿特丹的领事。

他的弟弟，书籍装订帮工安德烈亚斯·许茨1842年是美因茨差不多50名被告之一。他们被指控参加流亡者同盟或正义者同盟。1849年他是美因茨工人教育协会的发言人（见《19世纪中叶的美因茨和社会问题。纪念瓦劳市长和凯特勒主教逝世100周年》1977年美因茨版第35页）。

不应把弗里德里希·雅科布·许茨和安德烈亚斯·许茨两兄弟同1848年积极参加美因茨民主协会的平版印刷工人克利斯蒂安·许茨混同起来，也不应当同1848年4月也暂时在美因茨逗留的巴黎同盟盟员约瑟夫·许茨（见文件242）混同起来。——39

231 这是弗里德里希·列斯纳（当时可能是科隆同盟支部的领导人）受科隆同盟支部的委托写给中央委员会委员亨利希·鲍威尔的一封信。它是直接证明1848—1849年革命失败后科隆同盟支部还继续存在的第一份文件，它和其他一些信件（见文件401和409）一样，也反映出为恢复已失去的组织联系而从基层进行的最初努力。

反革命胜利之后，同盟的组织在科隆面临非常严酷的局面。马克思、恩格斯、恩斯特·德朗克、斐迪南·沃尔弗和威廉·沃尔弗不得不离开德国；1848年9月就已经逃离的约瑟夫·莫尔阵亡；卡尔·沙佩尔在威斯巴登，彼得·诺特荣克被关押在埃尔伯费尔德。参加过1849年5月至6月战斗的其他许多共产主义者同盟盟员和科隆工人协会会员不是阵亡，就是被捕或流亡他乡。但毕竟还有一些积极的共产主义者在科隆留下来并继续进行活动，他们当中有恩格尔伯特·伯多夫、罗兰特·丹尼尔斯、克里斯蒂安·约瑟夫·埃塞尔、斐迪南·弗莱里格拉特、亨利希·汉森、列斯纳、卡尔·奥托、阿道夫·皮埃尔、威廉·赖夫、彼得·勒泽尔、胡贝尔特·萨尔盖特、木匠雅科布·魏勒尔和鞋匠菲力浦·维西希。列斯纳指出，当时科隆有7名同盟骨干盟员是沙佩尔吸收的。这个说法证实了关于科隆支部大约在1848年底或1849年初进行了改组的消息（见文件384）。

从这封信中可以看出，支部或者列斯纳本人在此之前已经给鲍威尔写过几封信，但是没有得到答复。同时也没有迹象表明，科隆人在他们发出11月5日致中央委员会的信后立刻收到所期望的关于"新组织"——这很可能是弗勒利希报告的（见注释232）——的答复。大约在1849年和1850年之交，中央委员会才有可能开始改组同盟并为此目的同科隆组织建立联系。

这封信的前4段已经发表在卡尔·奥伯曼《约瑟夫·魏德迈传（1818—1866年）》1968年柏林版第185页。——40

232 关于弗勒利希和他从伦敦经布鲁塞尔前往科隆之行，见文件403。弗里德里希·列斯纳提到的关于伦敦协会的报告显然与工人教育协会内部的争论有关；但是这在某种程度上也涉及到关于这封信开头所谈的关于伦敦的同盟的"新组织"的通知，至少是暗示。这也许促使列斯纳再次把这封信寄给在伦敦的同盟领导。——43

233 这篇通讯的作者是谁，难以肯定。很有可能是康拉德·施拉姆和塞巴斯蒂安·载勒尔。1849年9月初，载勒尔已经开始在《西德意志报》（科隆）上发表通讯，不过，首先是通讯的标记不同（见文件391）。施拉姆大约于9月中旬到达伦敦，也经常从事新闻活动。另一篇S通讯（文件415）报道了一次会议，施拉姆可能参加了这次会议，而载勒尔没有参加。这一事实说明，作者是施拉姆。

关于同意发表这篇通讯的争论，见注释236。——44

234 1837年在英国出现的宪章派是第一个无产阶级群众性政党。40年代，宪章派的活动是争取对选举制度进行民主改革。他们深信，只有通过普选权取得的工人阶级的政治统治才能改变社会关系。正义者同盟和共产主义通讯委员会大约1845年起同宪章派建立了密切的联系，共产主义者同盟继续保持了这种联系。在这里，民主派兄弟协会（见注释120）起了重要的中介作用（见文件79、108、111、130、161、176、185、186、193，以及199）。在1848—1849年革命期间，同科隆工人协会（见文件304）以及宪章派机关报《北极星报》（伦敦）和《新莱茵报》（科隆）（见文件268、273和275）之间也存在这种联系。

共产主义者同盟盟员参加的1848年4月10日伦敦宪章派示威（见文件234）的失败开始从群众影响方面看出这一运动进入了衰落时期，而在此期间宪章运动左翼在思想上有了很大进步，尤其是在1850年和1851年。因为从1848年起，老的请愿策略已经完全过时，所以宪章运动的左翼代表彼得·麦克道尔和同盟盟员朱利安·哈尼和恩斯特·琼斯等人主张建立新的巩固的组织形式,而菲格斯·奥康瑞尔组织了一个小资产阶级集团,支持资产阶级改良运动。哈尼于1849年5月筹备出版自己的刊物时还曾经征求过恩格斯的意见(见文件365)。1849年秋,马克思和恩格斯到达伦敦之后,首先建立起共产主义者同盟和宪章运动的左翼领导人哈尼和琼斯(不过他1850年7月才出狱)等人之间的密切合作。当时,马克思和恩格斯努力使宪章派发展成为一个革命的政党。他们积极为宪章派刊物《民主评论》(伦敦)、《红色共和党人》(伦敦)、《人民之友》(伦敦)、《寄语人民》(伦敦)和《人民报》(伦敦)撰稿并促使和敦促其他同盟盟员,包括阿道夫·克劳斯,格奥尔格·埃卡留斯、威廉·皮佩尔和康拉德·施拉姆等人撰稿(见《马克思恩格斯全集》历史考证版第1部分第10卷第698—707页)。1849年11月通过的民主派兄弟协会的新章程中的宗旨在哈尼的影响下表述为:"一切民族的亲密相处,特别是全世界无产者的兄弟般的联合。"而且哈尼在1849年12月提出"宪章和更多的东西"口号。这个口号反映了超越宪章运动的旧目标的努力——关于这一点,另见文件415。1850年春天,左翼宪章派参与了成立革命共产主义者世界协会的尝试(见文件457)。1850年中央委员会的《六月告同盟书》(文件473)谈到同盟和宪章派的合作;《告同盟书》从纲领上考虑把宪章派左翼说成是独立的革命工人政党。1850年11月9日、16日、23日和30日《红色共和党人》第21、22、23和24号发表了《共产党宣言》的第一个英译本——《德国共产党宣言》(《马克思恩格斯全集》历史考证版第1部分第10卷第605—628页)。1851年宪章派代表大会通过的由哈尼和琼斯制订的新纲领(文件604)已经接近科学共产主义。关于宪章运动的历史,见罗·乔·甘米奇《宪章运动历史(1837—1854年)》1854年伦敦版(1894年伦敦第2版),1969年在伦敦出版重印本);海尔曼·施留特尔《宪章运动。试论英国社会政治史》1916年纽约版;A.L.摩尔顿和乔治·塔特《英国工人运动(1770—1920年)》1956年伦敦版,以及该书1960年柏林德文版;B.A.罗日科夫《宪章运动概述(1836—1854年)》1960年莫斯科版;B.A.罗日科夫《19世纪50年代英国工人运动的革命流派》1965年莫斯科版,B.з.库尼娜《卡尔·马克思和英国工人运动》1968年莫斯科版;Jl.戈尔曼

《从共产主义者同盟到第一国际》1970年莫斯科版。——44

235 朱利安·哈尼青年时代就已经参加工人运动并且很快成为宪章运动的左翼。从1843年起,他担任《北极星报》编辑并在长期内决定了这份报纸的立场。在这一时期,他还认识了恩格斯,之后不久认识了马克思,并同他们建立了多年的友情。哈尼在建立国际联系方面进行了特别积极的工作并成为民主派兄弟协会(见注释120)的创始人和领导人之一。1846年,他参加共产主义通讯委员会(见文件80)的活动,从1846年初起是伦敦工人教育协会的会员并同正义者同盟的伦敦领导人保持密切联系。1847年,他成为共产主义者同盟盟员。即使在1848—1849年革命期间,哈尼也同马克思和恩格斯保持密切联系,并为《新莱茵报》写过两篇有关宪章运动历史的文章(见文件275)。关于哈尼在1849年到1851年的活动,见注释234。

越来越接近马克思和恩格斯的观点的哈尼,在英国工人运动走下坡路的时候开始在一系列问题上转向小资产阶级集团的观点。在1850年9月共产主义者同盟分裂时,他还站在马克思和恩格斯方面,但是第二年就明显背离了工人运动的革命倾向。在遭到挫折之后,他于1853年脱离政治活动并在以后的几十年迁居泽西岛或美国。虽然不进行政治活动,但哈尼直到晚年仍认为自己同工人运动联系在一起。他是第一国际的成员,在晚年又同马克思和恩格斯保持友好的书信联系。关于哈尼,见 A. R. 朔英《宪章派的挑战。乔治·朱利安·哈尼传记》1958年伦敦—墨尔本—多伦多版;B. 3. 库尼娜《乔治·朱利安·哈尼》,《马克思恩格斯和第一批无产阶级革命家》1961年莫斯科版第405—438页,以及该书1965年柏林德文版第421—455页;《哈尼文集》(弗兰克·热·布莱克和勒奈·梅蒂维埃·布莱克编)1969年阿森版。——45

236 指1849年10月已经明显看出的活动(见文件403和404)。这一活动是要消除共产主义者同盟对伦敦工人教育协会的影响并把协会置于小资产阶级民主派的领导之下。参与这一活动的有古斯塔夫·司徒卢威、路易·鲍威尔,还可能有卡尔·海因岑,除此之外,还有像威廉·巴克豪斯这样一些警探。他们把少数老同盟盟员弗里德里希·博布钦、约翰·多尔和约翰·格伯尔等人拉到他们一边。大约15名被开除工人教育协会的人成立了民主协会和社会民主主义流亡者委员会的对抗委员会。马克思断绝了同路易·鲍威尔的关系（见1849年11月30日马克思给鲍威尔的信，载于《马克思恩格斯全集》德文版第27卷第514页，参看《马克思恩格斯全集》中文第1版第27卷第537页）。民主协会和对抗委员会最初没有发挥多大的作用。1849年12月22日，恩格斯在致巴塞尔的雅科布·沙贝利茨的信中说："一般说来，这里一切都很好。司徒卢威和海因岑随时随地都在阴谋反对工人协会和反对我们，但是没有得逞。他们同几个从我们协会清洗出去的温和的抱怨派办了一个单独的俱乐部，海因岑就在这个俱乐部里发泄他对共产主义者的害死人的学说的愤恨。"（载于《马克思恩格斯全集》德文版第27卷第519页，参看《马克思恩格斯全集》中文第1版第27卷第542页）。1849年底，小资产阶级集团再一次试图建立反对工人教育协会的组织（见文件419和426），但是伦敦的同盟盟员在1850年4月初就已经感到有必要针对这种活动作出表态（见文件458）。

针对《西德意志报》（科隆）上发表的这篇文章，民主协会于1849年11月24日发表了一篇致《科隆日报》和《西德意志报》的感情用事的声明。不过，《西德意志报》在12月22日才收到这个声明。这家报纸在刊载这篇声明之后随即发表了自己的看法，表示充分信任其驻伦敦的通讯员（见1849年12月23日《西德意志报》（科隆）第183号第2号副刊）。

S通讯员本人在1850年1月12日的另一篇通讯中驳斥了民主协会的声明——这篇通讯的一部分就是文件415。他首先指出，路易·鲍威尔是一个"极端看风使舵的人"，在这种情况下，不会去公开揭露真正的奸细："另一个反对协会的奸细，从去年起还给汉堡民主派留下美好印象的所谓的教授巴克豪斯公开地吹嘘他同本生的亲密关系。当此地的法国共和主义者协会向那些想同它结为兄弟的民主派质问这个冒充前奥地利国会议员的工业骑士时，被开除的工人组成的所谓'民主协会'本身必定会踢他一脚。"（1850年1月19日《西德意志报》第16号）——45

237 从1849年11月到1850年9月这段时间，重新着手在伦敦研究经济学的马克思在工人教育协会作过关于政治经济学的演讲（见《马克思恩格斯全集》历史考证版第1部分第10卷第1128—1129页)。从文件436中可以看出,他还给集聚在他的寓所的为数不多的同盟盟员开过同样题目的专题讲座。关于马克思的报告,1850年中到达伦敦并在那里加入共产主义者同盟的威廉·李卜克内西在他的回忆录中写道:"在1850年和1851年,马克思在**一个政治经济学讲习班讲课**。他这样做也不完全是自愿的。但是,在他给一小部分朋友讲了几次之后,由于我们的要求,他终于答应给较多的听众讲授。在这次使一切有幸参加听讲的人都感到极大愉快的讲授中,马克思已经基本上阐述了他在《资本论》中所阐述的理论体系。在共产主义协会或'工人共产主义教育协会'(当时是在磨坊街)的拥挤的大厅里〔……〕马克思显示了他做普及工作的惊人天才。"(《我景仰的人》1982年北京人民出版社版第51页)

马克思打算把他的报告发表在《新莱茵报。政治经济评论》上。该杂志第1期上的一篇预告写道:

"第3期将发表:

"《什么是资产阶级财产?》第2部分《地产》——卡尔·马克思在伦敦德国工人协会所举行的讲座。"(《马克思恩格斯全集》历史考证版第1部分第10卷第224页)但是,马克思没有实现这个计划。

彼得·勒泽尔的供词(附录,文件6)中也提到马克思"1848—1849年冬"(指1849—1850年冬)所作的报告,而且是关于《共产党宣言》和无产阶级革命阶段的报告。——46

238 特奥多尔·哈根,原籍汉堡,从1838年到1840年学完商科,后来开始学习音乐,1841年在巴黎继续学习音乐。他在巴黎结识了亨利希·海涅和弗里德里希·黑贝尔,可能也已经认识了马克思。1844年回到德国后,哈根成为音乐评论家和作曲家,而且还从事政论和文学活动。这时,他开始用约阿西姆·费尔斯这个笔名。哈根为《季报》和《德意志电讯》(汉堡)撰写文章。这两家报纸是汉堡工人教育协会的创始人之一格奥尔格·席尔格斯编辑的(见注释52)。哈根领导过汉堡市立剧院,但时间不长。他的抱负是不让统治阶级再继续独享大型音乐,而让音乐属于人民。这一点在他1846年出版于莱比锡的《文明与音乐》一书中得到理论上的表现。1846年和1847年,哈根多半奔走于德国和匈牙利。关于当时他为共产主义者同盟进行的活动,找不到详细的材料。他的传略中有一段话可以说明他的观点——这段话在某种程度上是根据他1850年的自述写的。它写道:"他这时的作用完全取决于社会民主党的斗争。他多年来属于这个党并相信它的使命是建设新的社会。"(《直到当代的汉堡著作家人名辞典》1857年汉堡版第3卷第69—70页)

在1848—1849年革命中,他在汉堡工人协会(见文件342)和民主派区委员会里起了积极的作用。从1848年10月26日到30日,他还参加了柏林第二届民主派代表大会(见注释164),并于1849年5月初在美因河畔法兰克福从事政治活动。1848年,他在汉堡写了小册子《世界上的问题在哪里?社会经济概论》和《红色共和国》。1849年5月中旬,他在汉堡与马克思相会。

1849年底,哈根为《新莱茵报。政治经济评论》的创刊作出了决定性的贡献。他同印刷者和出版者进行交涉,组织校订,实际上是伦敦编辑部在汉堡的代表。从1850年11月起,他在伦敦当音乐教员,1854年旅居美国,直到逝世,他在美国音乐界起了很大的作用(见艾特尔·沃尔弗·多贝尔特《德国民主主义者在美国。四八年战士及其著作》1958年格丁根版第93—95页)。——51

239 鞋匠帮工弗兰茨·施彭格勒可能是慕尼黑同盟支部的领导人。他的这封信应视为同1848—1849年革命失败后从基层采取措施重建共产主义者同盟组织有关。

早在40年代中期,慕尼黑就有了一个支部(见文件75、148和160)。当约瑟夫·莫尔1848年底到1849年春作为在伦敦重建的中央委员会的特使出使德国的时候,他(从文件351中可以看出)在1849年2月曾经化名泰勒也到过慕尼黑,但是当时没有取得同中央委员会的固定联系。

1850年春天,可能还有亨利希·鲍威尔在出使期间看望过共产主义者同盟慕尼黑支部。中央委员会的《六月告同盟书》(文件473)把慕尼黑说成是同盟的主要据点之一,但是没有指定慕尼黑,而是指定纽伦堡作为巴伐利亚的总区部。慕尼黑支部的工作(没有关于它的工作的专门文件)集中在(从文件351中也可以看出)该地的工人协会(工人教育协会)上面。除了施彭格勒，慕尼黑工人协会的领导成员还有谁是同盟盟员，尚找不到有关资料。1851年5月，在彼得·诺特荣克那里发现的地址（文件540）中慕尼黑方面有裁缝师傅约瑟夫·雅科布的名字。此人1848年已经在工人协会中起领导作用，但后来不再露面。关于慕尼黑同盟支部后来的活动，另见1851年5月11日卡尔·冈洛夫给弗兰茨·施韦宁格的信（文件619）。

这封信不是通过邮局寄的；在信皮上只写着："冈洛夫先生收"。冈洛夫在这下面注明："慕尼黑，11月21日，施彭格勒。想要名片和伦敦的地址。回复：12月15日。"信纸的右上角有另一个人的手迹："慕尼黑路易特波尔德街6号，弗兰契斯卡·施里弗勒收。"弗兰契斯卡·施里弗勒是慕尼黑的律师和录事安东·迈尔霍弗的母亲。1849年11月21日，安东·迈尔霍弗也给冈洛夫寄过信。

迈尔霍弗在革命时期是慕尼黑三月协会和民主协会的骨干成员，后来参加工人运动。1849年11月，他同施彭格勒一起重新建立工人教育协会，作为工人兄弟会的慕尼黑分会并向冈洛夫要印好的协会卡（见德累斯顿国家档案馆 MdI, Nr. 11026a, Lage57）。在工人协会和1849年秋天建立的流浪者救济协会里，除了施彭格勒和迈尔霍弗之外，骨干分子还有车工以撒·恩格尔和裁缝帮工阿洛伊斯·尼斯勒。恩格尔被派去参加1850年2月20日到26日举行的全德工人兄弟会莱比锡大会（见注释276）。根据二月代表大会的规定，慕尼黑工人协会同纽伦堡和维尔茨堡的工人协会一起加入巴伐利亚地区协会。

1850年2月中旬，慕尼黑工人协会开会祝贺尼斯勒出狱。为此，这次会议的发言人麦克斯·沙尔被捕（见1850年2月20日《西德意志报》（科隆）第43号）。后来，协会还在1850年3月初举行了纪念法国二月革命周年的宴会（见1850年3月10日《西德意志报》第59号）——尽管前一年举行的这种宴会（约瑟夫·莫尔曾经参加过）遭到了警察的逮捕。关于协会到1850年2月底的发展情况的一篇详细报道后来发表在1850年6月29日《博爱报》（莱比锡）和1850年7月6日《普罗米修斯》（莱比锡）第1号上面。

像巴伐利亚所有参加工人兄弟会的协会一样，慕尼黑工人协会于1850年7月被取缔。1850年9月28日，在十字架酿酒厂集会的大批工人在一次大规模警察行动中被捕,但是警察无法证实其关于工人协会继续存在的猜测(见 1850 年 10 月 1 日和 2 日《德意志报》(美因河畔法兰克福)第 274 和 275 页)。——52

240 1849 年 5 月,威廉·沃尔弗接受了法兰克福国民议会副议员的委任书,立即在那里坚决反对帝国政府的叛卖政策,并在这种情况下度过斯图加特残阙议会的最后几天,直到它 1849 年 6 月 18 日解散。沃尔弗为了逃避反革命的迫害不得不逃亡瑞士。他立即从苏黎世同当时也在瑞士的恩格斯、马克思以及斐迪南·弗莱里格拉特(见文件 392)取得联系。但是,因为共产主义者同盟的改组工作在瑞士进行得十分迟缓,而且困难重重,所以在苏黎世最初还没有同盟组织,沃尔弗随时有被驱逐的危险,处境十分孤立。中央委员会让拉绍德封支部(文件 425)同沃尔弗建立联系的指示显然没有被执行。同伦敦的联系在 1850 年春天也断绝了一些时候。关于沃尔弗决定参加 1850 年 2 月从苏黎世建立起来的"革命集中"和后来他为共产主义者同盟进行的活动,见文件 469。关于威廉·沃尔弗在革命之后的活动,见 B. 斯米尔诺娃《威廉·沃尔弗》,《马克思恩格斯和第一批无产阶级革命家》1961 年莫斯科版第 187—195 页;瓦尔特·施米特《威廉·沃尔弗在瑞士。论 1848—1849 年革命后德国政治流亡者和共产主义者同盟历史》,柏林《历史杂志》1973 年第 12 期第 1464—1488 页;瓦尔特·施米特《威廉·沃尔弗——马克思和恩格斯的战友和朋友(1846—1864 年)》1979 年柏林版。——61

241 弗兰茨·施米特,原籍西里西亚,在三月革命以前是列温堡的天主教神甫,曾参加反对派的政论活动。他当时主张用民主主义方式解决波兰问题,1846 年经威廉·沃尔弗介绍加入共产主义通讯委员会。在 1848—1849 年革命中,他同弗里德里希·威廉·施勒弗尔和威廉·阿道夫·冯·特吕奇勒尔一起成长为法兰克福议会里的最坚定的左派。他在那里同科隆的《新莱茵报》保持联系。1849—1850 年,他偶尔和马克思通信。由于参加 1849 年维护帝国宪法运动,施米特被普鲁士法庭缺席判处 10 年监禁。

他亡命瑞士,在那里同沃尔弗建立联系。沃尔弗实际上把他当作同盟盟员(见文件 472)。施米特 1850 年夏天是否在伦敦会见过马克思和恩格斯,无史料可查，但这是很有可能的。从1850年起，他居住在美国，是圣路易斯的编辑和一所学校的领导人。他同约瑟夫·魏德迈有联系。尽管身患疾病，但他直至1853年早逝之际，始终在密尔沃基的工人运动和体操运动中从事政治活动。——61

242 这里显然是指亨利希·鲍威尔，因为这封信结尾处的12月29日的附言中说：附件转交鲍威尔。关于中央委员会为什么要在这个时候派鲍威尔作为特使到大陆去改组同盟，别无其他资料可查。大约在1850年1月底才又谈起派特使到德国和瑞士的计划，为此还必须筹集路费（见文件425）。亨利希·鲍威尔1850年3月底才出使。——65

243 布鲁塞尔档案保管员菲力浦·日果早在1846年初便参与建立共产主义通讯委员会并担任它的书记（见注释68）。从1847年夏天起，他参加共产主义者同盟布鲁塞尔区委员会（见文件153和注释121），是布鲁塞尔德国工人协会会员和民主协会的创建人之一（见文件164和175）。1848年3月初，日果是一度从伦敦迁到布鲁塞尔的共产主义者同盟中央委员会的成员（见文件206）。他曾经被捕，后来又参加革命运动（见文件334），因此丢掉比利时内务部档案保管员的职位。从1849年底起，日果又到比利时国家档案馆工作，但1857年才得到一个固定的职位。关于他的生平，见尤利安·科伊佩斯《卡尔·马克思的比利时朋友（1845—1848年）。摘自比利时档案》，《国际社会史评论》（阿森—阿姆斯特丹）1962年第7卷第3部分第446—458页。尤利安·科伊佩斯《威廉·沃尔弗和布鲁塞尔德意志工人协会（1847—1848年）》，载于《社会史文库》第3卷1963年诺汉威版第107页。——65

244 卡尔·布伦于1824年和1829年之间在基尔和慕尼黑学习法律，从1829年到1834年在布雷斯劳当普鲁士炮手，其后在石勒苏益格和短时在瑞典当家庭教师，大约于1835年在巴黎成为流亡者同盟盟员，从1836年起在德国建立流亡者同盟的一些地方小组（见注释9、15和96）。他成长为一个有经验的密谋家；他最初化名巴尔杜因进行活动，1848年至1851年之间，利用利布林、米勒、布兰特等化名活动。他参加正义者同盟一事无从查考。1841年12月，他在美因茨被缺席判处死刑（这个判决1848年遇上大赦）。从1840年到1848

年,布伦在瑞士当农民,同约翰·菲力浦·贝克尔、古斯塔夫·司徒卢威等人保持联系,1848年4月参加巴登的弗里德里希·海克尔的起义,后来在阿尔萨斯当新闻工作者,是军人联合会"自助者"的组织者之一(见注释169)。1848年9月,布伦参加美因河畔法兰克福的起义;从10月26日到30日,参加柏林第二次民主主义代表大会(见注释164);大约11月,同共产主义者同盟特使约瑟夫·莫尔相会(文件322)。布伦最迟从这时起成为同盟盟员。同时,他在1848—1849年期间受民主协会中央委员会的委托在石勒苏益格—荷尔斯泰因、汉堡和梅克伦堡工作及汉堡工人协会工作;他还为《新莱茵报》撰写通讯。1849年5月初,他在汉堡与马克思相会,5月20日为参加维护帝国宪法运动而来到普法尔茨,同康拉德·施拉姆一起在汉诺威附近的莱尔特被捕,9月被押送到美因河畔法兰克福,但于1849年12月15日被释放。关于布伦直到1849年的传记,见格尔哈德·贝克尔《新发现的马克思1849年的文件。被没收的卡尔·布伦特使的文件》,《历史杂志》1974年第4期第423—442页。

1850年2月至3月,布伦在瑞士逗留,参加建立"革命集中"(见文件469和注释315)。1850年3月,他作为"革命集中"的特使到美因河畔法兰克福、威斯巴登和科隆。他在美因河畔法兰克福只建立了一个小的特别支部(见文件490),他同约瑟夫·魏德迈、卡尔·沙佩尔和彼得·勒泽尔一起被驱逐出境,1850年3月底迁到阿尔托纳,4月初他从那里通过施拉姆同伦敦中央委员会建立联系(见文件453和465),并且还受到中央委员会特使亨利希·鲍威尔的探访。

显然,布伦在鲍威尔的探访及研究了《三月告同盟书》(见文件448)之后,大约于1850年4月15日给他在美因河畔法兰克福的保证人写了一封只保存下摘录的没有注明日期和署名的信。信中写道:"大约两周前,这里来了一位伦敦客人,这个人还要到你们那里去——这些人只是搞共产主义。他们不重视发动革命,他们只想利用革命。——我在这里同瑞士人一起干,我接受了成立支部的委托,我现在要专心致志地干这个工作。这些支部里有一些伦敦拥护者,那也没有什么关系。将要向你们传达的号召书,一看便明白,最好利用这一点来推动革命的准备工作；在我们能够利用革命之前，我们首先必须掌握它。沙佩尔在威斯巴登搞得不错，他对我说，共产主义是革命，德国的中央委员会在科隆。他们在科隆也对我这样说过，可是现在特使说不是——对我来说反正一样——让我们为革命而工作——而不是为个别人——这些人通常还是很明智的——他们的《告同盟书》并不明智。这些先生从1848年把一切都搁下了，现在一切都应当搞起来。在我看来，让我们执行我们的义务吧——你们听从瑞士的号召吧，你们以我为榜样吧——并且好好地工作吧。"（保存于莫斯科苏共中央马列主义研究院中央党务档案馆f. 20, d. 166）

中央委员会的《六月告同盟书》（文件473）通知布伦，他由于宗派活动而被开除出同盟。但是这一点没有得到汉堡支部的同意（见文件558和561）。1850年7月，施拉姆作为伦敦中央委员会特使确认了布伦的盟籍（见文件502），于是科隆中央委员会同他建立了联系。1850年8月至9月，布伦作为阿尔托纳工人协会的主席被拘押6周。1850年11月，彼得·诺特荣克作为科隆中央委员会特使同他举行了会谈。

从1860年到1866年，布伦在汉堡出版《北极星》周报。这个周报从1863年起是全德工人联合会的机关报。1865年，他参加全德工人联合会内部的反对派，反对迷信拉萨尔并发表了第一国际的一些材料，但还支持全德工人联合会里的哈茨费尔特集团并参加对马克思的诽谤。

1868年，布伦退出全德工人联合会。他是1869年关于成立德国社会民主工党的号召书的署名者之一。——72

245 这里关于工人运动状况的叙述是与共产主义者同盟中央委员会对地方组织提出的询问有关。

改组法兰克福地区的同盟进行得并不顺利，这首先是因为在1850年初有一个革命民主派小组——一些同盟盟员也参加了这个小组（见注释315）——参加了瑞士的"革命集中"。卡尔·布伦在这方面起了不光彩的作用（见注释244）。当恩斯特·德朗克于1850年4月初作为同盟特使来到法兰克福并在这里逗留到6月底的时候，才着手按照原则进行整顿工作。亨利希·鲍威尔也在这方面作出了贡献（见文件468）。当德朗克决定解散旧支部并指示在约瑟夫·魏德迈的领导下建立新支部的时候，法兰克福的同盟改组工作于6月最终结束（见文件490和493）。

魏德迈在这封信中所描述的关于黑森工人协会状况不太有利的形势在1850年2月初已经有所改变，因为在他的领导下在奥芬巴赫举行了工人兄弟会的地区代表大会，出席这次代表大会的有法兰克福、达姆施塔特、哈瑙和奥芬巴赫的工人协会（见文件429）。同盟对工人协会的日益增长的影响特别明显地反映在关于4月底法兰克福地区委员会会议的报告（文件460）里面。

到1850年中，共产主义者同盟法兰克福区部发展成为德国最重要的同盟组织之一。德朗克、弗里德里希·列斯纳、卡尔·沙佩尔和作为区部领导人的魏德迈长期或短期地在这里工作过。关于威斯巴登同盟支部，见注释303。法兰克福区部在推销《新莱茵报。政治经济评论》以及印制和散发传单方面也起了特别积极的作用。在1850年的《六月告同盟书》（文件473）中，中央委员会报告说法兰克福、哈瑙，美因茨和威斯巴登的支部是"主要据点"。关于1850年9月同盟分裂后法兰克福区部的发展，见文件533。——78

246 这封受日内瓦支部委托写的信是工人H.M.执笔和署名的。这位工人在1848—1849年革命中是奥古斯特·维利希的"最积极的伙伴"之一（见文件427）。共产主义者同盟日内瓦支部在革命后最初本来应当是瑞士的总区部，但是它在1849年底表现得太软弱，甚至不能在日内瓦工人协会里取得领导权。它受卡尔·海因岑、弗兰茨·济格尔、卡尔·亨利希·施瑙弗和古斯塔夫·司徒卢威等小资产阶级共和主义者的强大集团的影响。这些人当时暂时逗留日内瓦，伙同约翰·菲力浦·贝克尔等筹建一个秘密的军事和政治组织，企图把它作为共产主义者同盟的继续（见文件473）。包括奥古斯特·格贝尔特、亨利希·弥勒、Th.尼斯特勒和弗里德里希·施洛特贝克等人参加的拉绍德封支部立即反对这种活动。这个文件是对致日内瓦支部有关的批评信的答复。拉绍德封支部在1850年1月6日还就这一问题写信给伦敦中央委员会；关于中央委员会的回信，见文件425、426和427。——79

247 裁缝帮工（根据另外的资料是木工帮工）奥古斯特·格贝尔特，原籍梅克伦堡，1848—1849年革命前在巴黎加入共产主义者同盟，还认识恩格斯（见文件327）。1848年初，格贝尔特住在洛克尔，是共产主义者同盟拉绍德封总区部的成员。1848年8月，他参加纳沙泰尔州反对普鲁士宗主统治的革命起义。他对在德国爆发的革命所持的态度反映出盲动主义倾向（见文件241和327）。格贝尔特参加了1848年4月巴登共和主义起义，在起义失败后同奥古斯特·维利希密切合作，建立贝桑松纵队（见注释172）。1849年，他同维利希一起参加维护帝国宪法运动，在巴登被俘，1849年底或1850年初逃跑，来到洛克尔。他在那里立即又在刚刚撤回到拉绍德封的瑞士总区部里担任了领导职务（见文件425）。他作为洛克尔工人协会的代表前往参加1850年2月20日在瑞士穆尔滕举行的德国工人协会代表大会（见注释278），被捕，1850年4月同威廉·李卜克内西一起被驱逐出瑞士。他路经巴黎来到伦敦。他在巴黎时同当地的同盟支部建立了联系，到伦敦后又同维利希建立起密切联系（见文件462和516）。1850年9月宗德崩得成立之后，他是其中央委员会的成员；因此被科隆中央委员会开除出同盟。1852年夏天，他作为宗德崩得的特使出使柏林——另见注释663。不过，关于这次出使，没有确切的资料。维利希在回答马克思的《揭露科隆共产党人案件》时写道："我们派遣的特使与科隆被告们毫不相干。他只是由于马克思先生和他的朋友为了反对我们而散布的谎言而经常受到怀疑。他已经说清楚了这一点。"（奥古斯特·维利希《卡尔·马克思博士和他的〈揭露〉》，1853年11月4日《美文学杂志和纽约刑法报》第34号）

在60年代，格贝尔特住在巴黎；1868年和1869年的《先驱报》（日内瓦）偶尔提到他曾对罢工者进行少量捐助。——80

248 从海尔曼·艾韦贝克的信这样一些文件中可以看出，伦敦中央委员会在1849—1850年之交开始改组同盟。1月7日马克思的信没有保存下来。

从《六月告同盟书》（文件473）中可以看出，中央委员会并没有能够使巴黎支部进行改组。不仅艾韦贝克退出同盟一事，而且约翰奈斯·勃鲁姆（莫里逊）显然没有到伦敦这一事实，使得联系断绝了。

现在可以非常清楚地看出，1847年同魏特林分子的论战没有进行到底。同时，艾韦贝克和莫泽斯·赫斯于1848年底进行的宗派活动（见注释149和

165）可能也促成了分裂。1849年春天，艾韦贝克、赫斯、路德维希·亨利希·奈特、约翰·格奥尔格·莱宁格尔、安得烈亚斯·谢尔策尔和蒂茨这样一些同盟盟员一意孤行，挑起反对《新莱茵报》的报刊论战（见《莫泽斯·赫斯通信集》（埃德蒙·济伯纳编）1959年海牙版第218—220页）。关于1850年春的巴黎支部，见文件462。后来查明，警探也混进了这个组织；当巴黎同盟盟员在特使阿道夫·迈尔的影响下于1850年底加入宗德崩得的时候，这些警探——首先是茹利安·舍尔瓦尔——勾结冒险主义分子取得了领导权，使得普鲁士和法国政治警察在1851年9月得以组织所谓的德法密谋（见注释452）。——81

249 海尔曼·艾韦贝克推测，莫里逊（鞋匠帮工勃鲁姆的化名）1849—1850年之交曾经在伦敦逗留过。这是否属实，不能完全肯定，但他无论如何没有同马克思谈过话（见卡尔·马克思《高尚意识的骑士》，载于《马克思恩格斯全集》德文版第9卷第494页，参看《马克思恩格斯全集》中文第2版第12卷第562页）。

勃鲁姆出生于俄国。他没有确定的名字，他可能叫约翰奈斯或雅科布，因为英国的叫法是约翰和詹姆斯，但他有时用P.勃鲁姆这个名字签名。他在1848—1849年革命前很久就居住在伦敦并拥有一张在爱丁堡签发的流动证书。40年代中期，他很可能已经是伦敦工人教育协会会员，而且还可能是正义者同盟盟员；他是民主派兄弟协会的领导成员之一（见文件185和186）。革命爆发之后，他是前往德国的同盟盟员之一，是科隆工人协会委员会委员。1848年九月危机时，他是科隆安全委员会委员。革命失败后，他化名莫里逊在巴黎逗留并参加巴黎同盟支部的活动。他被驱逐出巴黎后来到日内瓦，1850年中，他参加日内瓦同盟支部（见文件503）。当这个支部于1850年底参加宗德崩得时，勃鲁姆担任这个支部的领导工作（另见文件657）。1851年底，他来到伦敦。他在伦敦又用他的真名。

从警探的报告中可以看出，在维利希派工人协会里，勃鲁姆在一个重要问题上所持的观点同马克思和恩格斯的观点非常接近，因此遭到激烈的反对。他在1852年1月18日的会议上提出这样一个问题作为议程："下一次革命将是无产阶级革命吗?"为了便于回答,他解释说:"这个问题——按照他的理解——有两个方面。有人认为,只要革命带有普遍的性质,无产阶级多半总是参加的。这种观点固然是正确的,但无产阶级决不是因为受自觉的意图的支配而参加斗争,而是因为它的自然地位在一切变革中都会把它推到前台,并且在这种情况下它恰恰构成多数,在革命中也必定成为多数。但仍不能因此就说革命的性质是无产阶级的。这就产生了一个问题:革命是否为了无产阶级的利益,而在这个意义上,他必须对关于下一次革命提出的问题作出否定的回答。迄今为止,没有为实现小资产阶级的愿望做任何事情,相反,今天的国家通过大资产阶级的统治夺走了它们最后的生存条件。可见,小资产阶级由于非常留恋它的理想、家业和固定财产,将在下一次革命中极力维护这一财产,无产阶级则站在它身旁为实现工人国家而战斗。由此可以看出,既然每个阶级都争夺自己的利益,下一次革命充其量和在最幸运的情况下会使它们联合起来反对大资产阶级——它们的动机各不相同,而这些动机也将驱使每一个政党从革命中给自己捞到最大的利益。他不再期望有纯粹的无产阶级运动。"根据警探的报告,在这段阐述之后,"发出一阵喧闹声,人们由于演讲人勃鲁姆谈了对问题的看法而纷纷责问他,而且费了很大的力气才阻止人们把他赶走"。关于1月25日会议的报道指出,"这个问题讨论不下去了,因为人们害怕挨揍,相反提出了另一个问题来讨论。"(波茨坦国家档案馆 Rep. 30 Berlin C, Tit. 94, Lit. A, Nr. 102)。

尽管发生了这次争论,但勃鲁姆仍然留在工人协会,而且还经常参加讨论,当然是讨论一些不太伤和气的题目。不过从这时起,他就受到奥古斯特·维利希的猜疑;勃鲁姆指的是,维利希指责马克思派"他的一位最坚定的拥护者总是作为他的打小报告的人在我的直接周围活动"(见奥古斯特·维利希《卡尔·马克思博士和他的〈揭露〉》,1853年10月28日《美文学杂志和纽约刑法报》第33号)。马克思回答说:"总之,勃鲁姆是在维利希近旁开放的[在德语中,勃鲁姆和"花朵"是谐音词——译者注]。但是这样一来他就同我更远了。我与勃鲁姆从未谈过话,甚至这方面的暗示都没有。我只知道勃鲁姆的出身是俄国人,职业是皮鞋匠;他还以莫里逊的身份出现,大力推销维利希的莫里逊氏丸,现在大概在澳大利亚。"(卡尔·马克思《高尚意识的骑士》,载于《马克思恩格斯全集》德文版第 9 卷第 494 页,参看《马克思恩格斯全集》中文第 2 版第 12 卷第 562 页)约瑟夫·魏德迈在出版马克思的这一著作时对上述一段话加了出版者的注释。"勃鲁姆先生不在澳大利亚,而在费拉德尔菲亚。在美国工人联合会成立时,他作为维利希的代理人混入该会的理事会。"——82

250 瑞典排字工人古斯塔夫·厄博姆真名叫拿破仑·贝格尔,1838 年在斯德哥尔摩由于写过两篇有关出版自由的文章被判处 8 年徒刑。但他用假护照逃到外国。厄博姆从 1839 年到 1851 年住在伯尔尼,其间有过短期的离开。他在伯尔尼最初同奥古斯特·贝克尔和威廉·魏特林有密切联系并积极参加工人协会的活动。他是正义者同盟盟员,1847 年领导伯尔尼支部。因为伯尔尼当时是瑞士的总区部,所以厄博姆的魏特林主义严重地阻碍了正在形成的共产主义者同盟在瑞士的发展,他的言行受到中央委员会的尖锐批评(见文件 160 和 169)。1848 年,厄博姆在伯尔尼德国手工业工人协会工作,但是他在那里很难对付占统治地位的小资产阶级共和主义思潮。1848 年底,他认识了恩格斯。他从 12 月 9 日到 11 日同恩格斯一起参加瑞士德国民主协会和工人协会的代表大会并同恩格斯保持通信关系至少到 1849 年底。他参加《伯尔尼报》的编辑部工作。1850 年初,厄博姆成为"革命集中"(见注释 315)的成员。1850 年 7 月,他与同盟特使恩斯特·德朗克一起着手改组共产主义者同盟伯尔尼支部(见文件 496)。1851 年他被驱逐出瑞士(见文件 657),因而去美国,在纽约出版第一家瑞典文报纸(见埃利克·甘比《拿破仑·贝格尔,又名古斯塔夫·厄博姆》(手稿)乌普萨拉版,无出版日期)。——83

251 马克思在这件事情上还求助过斐迪南·拉萨尔,拉萨尔作了非常不利的回答:"我为派人到纽约而筹款的努力已经完全失败。这里的人们认为派遣特使到纽约同大洋彼岸的政党联系这类活动是不明智的,人们一谈到这类遥远的事情就目瞪口呆。"(1850 年 2 月 12 日斐迪南·拉萨尔给马克思的信,《马克思恩格斯全集》历史考证版第 3 部分第 3 卷第 477 页)

拉萨尔在同一封信中还回答了马克思的另一封没有保存下来的信。马克

思在信中请求拉萨尔在杜塞尔多夫为《新莱茵报。政治经济评论》征求订户。——86

252 指路易·梅纳尔的诗《两条腿》。马克思想在《新莱茵报。政治经济评论》上刊登这首诗,所以请斐迪南·弗莱里格拉特把它翻译出来。弗莱里格拉特表示拒绝之后,《两条腿》用法文原文刊登在这份杂志第4期的首要位置并附有前言:"我们的朋友、《革命的序曲》一书的作者路易·梅纳尔把下面这首在1848年六月屠杀之后不久写的诗寄给我们刊登。"载于《马克思恩格斯全集》历史考证版第1部分第10卷第264页。

路易·梅纳尔由于1849年在巴黎出版这部阐述六月战役的结果的著作《革命的序曲》而遭到迫害并不得不逃亡英国。他在这里也参加了1849年12月31日举行的民主派兄弟协会的宴会(见文件415)。——86

253 1849年7月已经开始在科隆为曾经参加过普法尔茨和巴登的战斗并逃亡瑞士的政治流亡者募捐。募捐最初是通过《西德意志报》(科隆)非正式进行,当然捐款不止是来自科隆。1849年11月24日,承担捐款的主要部分和负责分配捐款的委员会向民众发表了号召书。这个委员会的成员有:奥古斯特·布劳巴赫、格奥尔格·荣克、弗兰茨·基尔、P. M. 帕奈斯和卡尔·施奈德第二。到1849年12月中旬,专门捐给"伦敦流亡者委员会"的一笔捐款第一次达到30塔勒——见1849年12月13日《西德意志报》(科隆)第174号,但这笔钱在该委员会的保存下来的财务报告中没有记载。虽然这时许多流亡者已经离开瑞士,有相当一部分人已经到达英国,但是大部分捐款还是照旧寄到瑞士。1月中旬,流亡者委员会在1850年1月22日《西德意志报》第18号上发表了一份财务报告,从中可以看出,在总计225塔勒中,仅寄往瑞士的就有218塔勒=800瑞士法郎。

斐迪南·弗莱里格拉特寄给施奈德第二的催促信有了一些成效。委员会在1850年2月26日《西德意志报》第48号上发表了一份财务报告,记载了如下支出:1. 支付"来自瑞士和法国的许多流亡者赴伦敦的旅费"——54塔勒;2. "寄给斯特拉斯堡当地委员会"——120塔勒;3. 寄往伯尔尼——201塔勒;4. 寄往伦敦——251塔勒=36英镑——见文件459。后来捐款日益减少，但其总额的大部分还是寄到瑞士。《西德意志报》在5月23日第121号上也发表了一份整整41塔勒的清单。这家报纸同流亡者委员会一起还继续接受捐款。这41塔勒是国外捐款人"为伦敦的德国流亡者"捐助的。这次发表的清单还附加了一个显然出自同盟人士手笔的"关于我们党内许多同志在伦敦正陷入贫困"的注解。1850年5月，已经不再有关于捐款的通知。当局一段时期以来一直多方阻挠捐款活动，这时已完全禁止捐款活动。——86

254 这封由康拉德·施拉姆署名的信中有亨利希·鲍威尔写给当时可能担任拉绍德封支部领导人的亨利希·弥勒的私人附言。这封信不是通过邮局寄的，信封上写着："拉绍德封少女街138号。鞋匠亨·弥勒先生收"。

这份文件是保存下来的中央委员会在重新改组后为了详细说明它对重要政治问题和组织问题的意见而写给一个基层组织的唯一信件。从这封信中可以看出，这是对弥勒1850年1月6日受拉绍德封支部的委托写给鲍威尔的信的答复。弥勒在信中请求说明重要的政治问题——这些问题的性质从文件422中可以看出。大约在1月中旬，日内瓦支部曾经给奥古斯特·维利希写了一封信（见文件422），这封信很可能也是促使中央委员会草拟这封信的原因。与中央委员会的这封信有密切关系的还有维利希的两封信（文件426和427）。

40年代初曾起过重要作用的瑞士同盟组织在1848—1849年革命前夕已经不再特别突出，而且——从1847年6月9日和9月14日中央委员会的通告信（文件148和160）中可以看出，在政治思想方面表现得不太坚定。革命爆发后，在瑞士也失去了许多联系，因为大部分同盟盟员急忙赶赴德国参加斗争去了。尽管如此，在瑞士的许多德国工人协会中的同盟盟员还是工作得卓有成效，1848年底甚至使它们在伯尔尼工人协会的领导下联合起来（见文件324、325和328）。然而，当时已具有良好开端的发展却由于1849年的维护帝国宪法运动而中断，因为大部分住在瑞士的德国工人又去参加这个运动了。在瑞士的德国工人协会数量大大减少了，有一部分甚至瓦解了，伯尔尼的工人协会也瓦解了。

革命失败后，受到政府迫害的流亡者，主要是维护帝国宪法运动的参加者，首先涌进瑞士。在他们当中有许多工人，还有大批同盟盟员，其中包括恩格斯,斯蒂凡·波尔恩、卡尔·德斯特尔、奥古斯特·格贝尔特、奥古斯特·维利希和威廉·沃尔弗。但是,各种政治色彩的小资产阶级民主主义者在数量上占流亡者的很大一部分,他们在流亡者当中有很大影响。1849年秋天,小资产阶级民主主义者计划在瑞士建立一个秘密的军事政治组织"广泛的武装联盟"(见文件427)。同时,约翰·菲力浦·贝克尔和维利希曾经领导的军人联合会"自助者"的传统还在继续起作用(见注释168)。因为支持日内瓦行动的派别标榜自己是社会民主主义并支持"红色共和国",而且计划中的组织甚至冒充是共产主义者同盟的继续(见文件473),所以它还能够争取到一些同盟盟员支持它的目标。出现这种情况是因为人们抬出维利希作为这次计划的所谓领导人。从文件422中可以看出,从日内瓦搞起来的这次组织阴谋一时间甚至波及到美因河畔法兰克福。卡尔·布伦于1849年12月中旬被释放后也在法兰克福同一个与弗兰茨·济格尔有关系的集团建立了联系(见文件453)。日内瓦的组织计划是同把工人运动变为独立运动这一必要的、已经刻不容缓的任务相抵触的。它遭到拉绍德封同盟组织的反对(见文件422)。拉绍德封的同盟支部在瑞士的支部当中是组织上最巩固的;它的成员有奥古斯特·格贝尔特、亨利希·弥勒、G.施内贝格尔、弗里德里希·施洛特贝克和瓦伦廷·韦伯等人。从中央委员会的信中可以看出,它加强了拉绍德封支部的立场,明确强调坚决同小资产阶级组织计划划清界限的必要性并决定把拉绍德封支部改组成区部,暂时让它担负瑞士总区部的职能作为首要的措施。这项决定具有重大意义,因为1849年8月宣布日内瓦为瑞士德国工人协会的临时领导区域,而且该地的同盟支部至少实际上也担负了一个总区部的职能。

同时,采取了一项重要措施来实现工人运动的独立性和改组瑞士的共产主义者同盟。为了彻底解决各种问题,答应派一名特使。但后来由于种种原因,特使推迟了许多个月才到达(见文件490)。

拉绍德封同盟组织依靠强大的地方工人协会,谋求在全瑞士的德国工人协会当中取得领导地位。由于警察镇压1850年2月20日在穆尔滕举行的在瑞士的德国工人协会代表大会(见注释278),轰轰烈烈的运动遭到严重挫折

（另见文件439；罗尔夫·德卢贝克《一份新发现的关于共产主义者同盟在1848—1849年革命后为建立无产阶级的独立组织而斗争的文件》，《德国工人运动史论丛》1962年第1期第87—101页）。——87

255 关于同盟盟员G. 施内贝格尔，仅有极少的资料。他可能在1848—1849年革命前已经是瑞士的正义者同盟盟员。1848年6月，他在巴黎的时候，在斯特拉斯堡的一伙政治流亡者的支持下有了名气。这些流亡者当中的许多人都参加过1848年4月在弗里德里希·海克尔领导下的巴登第一次共和主义起义。他在巴黎参加该地同盟支部的领导，与海尔曼·艾韦贝克和斐迪南·沃尔弗共事（见文件264）。1848年底，他在瑞士担任洛桑工人协会的主席。他以这个身份还给恩格斯签发过出席1848年12月9日至11日在伯尔尼举行的在瑞士的德国民主协会和工人协会代表大会的委托书（文件324）。从中央委员会的这封信中可以看出，在1849年和1850年之交，施内贝格尔不是暂时逗留拉绍德封，就是打算离开瑞士。——91

256 中央委员会的这封信中还附有一份章程抄件。这份章程是1848年秋天在伦敦成立的中央委员会制定的，不免有一些缺点（见文件321）。这份章程废弃了1847年章程的明确的原则性表述——文件183，把"建立一个统一的、不可分割的社会民主主义共和国"说成是同盟的目标。这是很有害的，因为这一时期工人运动恰恰应当非常坚决地同那些提出类似要求并越来越标榜自己是"社会民主主义的"的左翼小资产阶级流派划清界线。

后来，彼得·勒泽尔在供述这个章程时不能不考虑到，在警方和司法当局审判同盟的活动过程中，这个章程的存在被认为是非常棘手的问题，以致于勒泽尔有理由在这里含糊其辞。按照勒泽尔的意思，马克思1850年1月应当拒绝科隆同盟组织对章程的要求，并论证：1848年的章程"在伦敦，人们也不再表示同意"。人们暂时还是应当根据《共产党宣言》进行工作。同时，马克思许诺制定新的章程（见附录，文件6）。——92

257 鞋匠亨利希·弥勒，原籍萨克森（见注释153），可能在巴黎加入正义者同盟。1847年，他居住在布鲁塞尔并在那里加入工人协会。弥勒不认识马克思；他在1848年就同莫泽斯·赫斯有书信联系——见文件276。1848—1849年革命爆发后，他来到科隆，在该地的工人协会中作领导工作。1848年九月危机中，他是科隆安全委员会委员。按照彼得·勒泽尔后来的供词，弥勒于1848—1849年参加过共产主义者同盟科隆区部讨论同盟在德国进一步开展活动的重要会议（见文件384）。1849年5月，他和豪德一起离开科隆并在奥古斯特·维利希的指挥下参加维护帝国宪法运动。这个运动失败后，他流亡瑞士。1849年底，他从瑞士同科隆同盟支部取得联系（见文件404）。弥勒在拉绍德封落脚，根据中央委员会的指示，领导全瑞士的同盟组织，同时他还是工人协会的主席并在1850年2月签署了对出席1850年2月20日在穆尔滕举行的在瑞士的德国工人协会代表大会的拉绍德封代表团的指示（见文件434）。根据恩斯特·德朗克的报告（见文件526），弥勒1850年9月还在拉绍德封的同盟组织中起领导作用。关于他的其他活动，没有资料可查。——92

258 这封通过邮局寄的奥古斯特·维利希的信里，除了那封没有保存下来的古斯塔夫·司徒卢威的信，还附有写给同盟盟员E. 的一张纸（文件427）。信封上除了2月4日的邮戳之外，还可以看到如下的说明：

"寄酿酒工人和店主**弥勒公民**。

如果上述弥勒公民不在，

请把这封信转交裱糊匠施洛特贝克，

或鞋匠尼斯特勒。"

首先从附言中看得出来，维利希的信与1月28日中央委员会的信（文件425）中所谈的问题有密切关系。维利希在这里放弃了革命儿戏和与小资产阶级民主派的无原则的联系。但是，这封信的主要部分，即维利希阐述他的世界观的部分却暴露出其思想上和政治上的弱点。这也表明，他还没有完全断绝同司徒卢威的联系。——93

259 在瑞士的资产阶级报刊上发表了对政治流亡者的一系列恶意攻击。拉绍德封同盟支部显然把支持奥古斯特·维利希反对这种诋毁作为自己的任务。下面的一篇由瓦伦廷·韦伯撰写的文章也可以证明这种活动：

"**答辩。拉绍德封**，于2月。《国民报》第30号发表了一篇来自伦敦的文章，文中对我们颇为正直的兄弟维利希和工人进行恶意的攻击。该文说：人们只能在工人协会里见到维利希。他只同那些由于感谢其的确值得感激但不值得崇拜的牺牲精神而把他看作是可靠权威的工人交往,这一点已经成为他的狂热癖好。这对我们来说与其说有益,不如说有害,因为它使维利希几乎完全无所事事,间接地促使工人等级傲慢起来。在我看来,这种傲慢比贵族的妄自尊大有过之而无不及。人们可以因有力量和毅力承受困苦并消灭困苦而自豪;人们可以因勤奋努力而自豪,但是他们却以自己的短上衣而感到了不起,这像第欧根尼的大衣故事一样令人捧腹。只要有一个阶级认为自己有权进行单独的统治,那就没有自由,工人的阶级也不例外。劳动应当成为权利并受到尊敬,但不应当成为一种权力。这种权力掌握在工人手里比掌握在游手好闲的贵族手里更具有压迫性(例如,特别是对游手好闲者来说)。——尊敬的作者先生!您的这篇大作表明,您与您周围的人相比有多么高明。您正是因为工人们**不承认权威**和更不尊敬权威而对工人大动肝火;其实,您肯定会知道,工人们,特别是您所讲到的那些工人并没有因为他们的兄弟的业绩或知识而崇拜他们的兄弟,或者把他们看作是可靠的权威,因为他们把这一点看作是每一个人的义务;您一定会知道,每个人都运用自己天赋的力量来造福于自己的兄弟。

您说的'这一点已经成为他的狂热的癖好,这对我们来说与其说有益,不如说有害'这句话里的**我们**是指**谁**,我们请您告诉我们。因为您在那里接着就说什么'维利希的狂热的癖好间接地使工人等级傲慢起来。在您看来,这种傲慢比贵族妄自尊大有过之而无不及',所以您既不属于工人阶级,也不属于贵族阶级,而且,既然您把人分成许多阶级——到底有多少阶级,我们不得而知,那么我们很不幸,只好把您或者**我们**摆在前者的近处或者后者的远处。

尊敬的作者先生(如果我们把您的头衔称呼错了,请您多加原谅;只要您给我们指明,您属于哪个阶级或阶层,那么您会得到您应得的头衔),还有一个问题要请教您。如果您确信,维利希让工人分享了他的知识和经验,从而为教育工人作出了贡献并作了大量的、有益于人类的工作;如果您确信,他作为您的对立面,为消灭阶级竭尽了自己的全部力量,那么您将如何评价您自己和您的文章呢？如果您懂得您需要进行多少工作和修养才能达到维利希的水平，那么您将如何评价自己。

将来，当工人们不顾您的恐惧而取得政权的时候，是否会按照您的体系继续存在许多阶级，或者人们只组成**一个**阶级，或者这个唯一的阶级是工人阶级或游手好闲的阶级。在这种情况下，是否会使您感到懊恼，这是我们给您的洞察力留下的练习题。

受拉绍德封德意志
协会委员会的委托：韦伯"

载于1850年2月13日《瑞士国民报》（巴塞尔）第148页。——93

260 比勒费尔德大亚麻商人鲁道夫·雷姆佩尔在1848—1849年革命前受"真正的"社会主义的影响。他同尤利乌斯·赫尔米希、奥托·吕宁、尤利乌斯·麦耶尔、约瑟夫·魏德迈等人在比勒费尔德组织了一个威斯特伐利亚社会主义者小组，从事政论活动，并且还提供财政支持（见文件82和117以及注释71和79）。在革命期间，他属于威斯特伐利亚民主主义运动的左翼，并且起初在比勒费尔德，从1848年11月起在莱姆戈出版《人民之友》周报。雷姆佩尔在1848年9月10日到11日举行的民主派威斯特伐利亚地区代表大会上担任主席，参加过10月26日到30日在柏林举行的第二次民主派代表大会（见注释164）。他是威斯特伐利亚11月抗税运动的领导人，12月因遭到迫害不得不逃亡巴黎，但1849年春天又从巴黎返回。在明斯特和哈姆的抗税案件中，他像其他所有被告一样被宣判无罪。

根据彼得·勒泽尔的供词（文件384），雷姆佩尔在约瑟夫·莫尔出使期间（见注释183）被莫尔吸收加入共产主义者同盟，不过这一点看来有些问题，因为雷姆佩尔在莫尔出使期间主要是旅居在巴黎。1849年5月初，马克思在比勒费尔德同雷姆佩尔谈过《新莱茵报》（科隆）的经费问题（见卡尔·马克思《高尚意识的骑士》，载于《马克思恩格斯全集》德文版第9卷第510页，参看《马克思恩格斯全集》中文第2版第12卷第583页）。6月底，雷姆佩尔在他的《人民之友》上发表了马克思的文章《六月十三日》（《马克思恩格斯全集》德文版第6卷第527—528页，参看《马克思恩格斯全集》中文第 1 版第 6 卷第 627—629 页）。1850 年，雷姆佩尔帮助推销《新莱茵报。政治经济评论》，在《人民之友》上宣传马克思的一些观点并参加为伦敦流亡者捐款（见文件 459）。3 月底，亨利希·鲍威尔在出使期间拜访了他。科隆中央委员会千方百计同比勒费尔德建立了固定的联系。虽然特使彼得·诺特荣克在 1850 年 11 月可能没有见到雷姆佩尔，但阿伯拉罕·雅科比在 1851 年 4 月却拜访了他。

50 年代，雷姆佩尔投资煤气工业和矿业，还建立了一个大型缝纫机工厂等。1859 年，他参加民族联盟，后来参加进步党。——另见 E. 弗里德里希·施纳克《回忆鲁道夫·雷姆佩尔。对一个人民英雄的描述》1868 年多特蒙德版。——100

261 指计划中的康拉德·施拉姆的出使。马克思在鲁道夫·雷姆佩尔的这封信上写的如下的批注与筹集路费有关：

"40 来自科隆。

10 来自比勒费尔德。"

这就是说，到 1850 年 2 月初，只筹集到所需 150 塔勒的三分之一。大约在这个时候，中央委员会似乎已经放弃了它的计划。这 50 塔勒可能在 3 月份被一并用于亨利希·鲍威尔到德国去的扩大了范围的出使活动。——100

262 工人兄弟会法兰克福地区组织的记录（如同文件 449 和 460）使人了解到共产主义者同盟对该地区工人运动日益增长的影响。1848—1849 年革命期间，工人兄弟会还没有在这里站住脚，1850 年 3 月 10 日制宪会议之后才建立地区组织。约瑟夫·魏德迈在制宪会议上作为法兰克福同盟组织的领导人起了领导作用。工人兄弟会莱比锡中央委员会关于派遣代表参加 1850 年 2 月 20 日到 26 日举行的全德工人兄弟会莱比锡人会（见注释 276）的号召是召开地区代表大会的原因。为安东·门克尔开具了一张代表委托书。除了"附言"之外，这个委托书在写法上同《博爱报》（莱比锡）上发表的格式一致（另见文件 431，432 和 433）。委托书写道：

委托书

"本协会委托奥芬巴赫的安东·门克尔以本协会的名义参加 1850 年 2 月

20日举行的德国工人莱比锡大会并以本协会的名义发表声明和表决,而在任何情况下均有义务使大会的决议或决定对本协会具有法律约束力。我们根据协定承认这种义务长期有效。

1850年2月10日于奥芬巴赫

    代表达姆施塔特协会

     G. 科赫

     Ph. 韦伯

     H. 克鲁泽

    代表美因河畔法兰克福协会

     约·魏德迈

     康·施米特

     J. 法尔科

    代表美因河畔奥芬巴赫协会

     卡尔·诺伊基希

     菲力浦·阿尔诺德

     安东·门克尔

    代表美因河畔哈瑙协会

     G. 乌纳

     Ph. 莱珀特

     Art. 海尔曼

附言!

本委托书是1850年2月10日由在奥芬巴赫举行的达姆施塔特、美因河畔法兰克福、美因河畔奥芬巴赫和美因河畔哈瑙这4个城市的代表大会的代表开具的。

    代表大会的理事会

     主席 约·魏德迈

     书记 Art. 海尔曼

藏于德累斯顿国家档案馆 MdI, Nr. 11026a.

同时，地区代表大会还向莱比锡中央委员会呈递了关于门克尔代表资格的如下通知书。

"美因河畔奥芬巴赫地区代表大会致

莱比锡德国工人中央委员会

一切人的幸福、教育、自由

兄弟们：

我们仅向你们通告，我们将委派一名代表参加你们的代表大会，我们请求你们把这位代表和其他代表同等看待。

这位代表是**美因河畔奥芬巴赫的安东·门克尔**，他代表**达姆施塔特、美因河畔法兰克福、美因河畔奥芬巴赫和美因河畔哈瑙**。

致以问候和兄弟般的握手

奥芬巴赫代表大会理事会

主席　约·魏德迈

书记　Art. 海尔曼

1850年2月10日于奥芬巴赫"

藏于德累斯顿国家档案馆，MdI, Nr. 11026a

1850年春天，工人兄弟会的法兰克福地区组织已经十分强大，赫希斯特、美因茨和威斯巴登的工人协会也加入进来。同时，共产主义者同盟的影响也进一步加强。卡尔·沙佩尔和弗里德里希·列斯纳重新加入重建的威斯巴登工人协会（见注释301）具有特别的意义。

如果说在法兰克福最初流动手工业帮工的日常经济利益还是讨论的主要问题的话，那么1850年4月恩斯特·德朗克参加以后基本的政治问题已成为中心议题（见文件460）。

这个记录不是原件，而只是同时代人的一个抄件。它还包括文件449和460这两篇记录。这个足足有7页的抄件的结尾写有附注"抄写无误，抄写人"。——101

263 皮包工人安东·门克尔原籍奥芬巴赫，1848—1849年革命前参加体操运动，1848年4月参加共产主义者同盟从美因茨开始把德国一切工人协会都联合起来的活动。门克尔为了此事作为特使出使北德意志,1848年5月13日在莱比锡工人协会发表演说。现在难以肯定,他何时被吸收加入同盟。不过当时已经计划吸收他了(见文件242)。革命失败后,门克尔显然已经是法兰克福地区的同盟盟员之一。这些同盟盟员同时与瑞士的分裂集团保持联系。他还试图从这个集团那里取得出席1850年2月20日到26日举行的全德工人兄弟会莱比锡大会的特别指示(见文件442)。但这个指示不再能及时地下达给他。从恩斯特·德朗克的报告(文件468)中可以看出,在与瑞士集团保持联系的同盟盟员当中"可用的人大有人在"。关于门克尔在1850年2月莱比锡大会上的演说,见文件438;他在1850年3月24日工人兄弟会第二次法兰克福地区代表大会上报告了这件事(文件449)。——102

264 制皂工人哥特弗利德(格茨)·乌纳(有时叫翁纳)原籍哈瑙,革命前就已经公开参加体操运动的活动。例如,1848年1月9日积极参加哈特斯海姆(莱茵河)的体操协会会议。卡尔·布林德主持这次会议,出席会议的还有同盟盟员热尔曼·梅特涅。革命时期乌纳是哈瑙工人协会的主席。他代表哈瑙工人协会出席1848年6月14日到17日在美因河畔法兰克福举行的第一次民主派代表大会和1850年2月奥芬巴赫工人兄弟会第一次地区代表大会。他代表当时已被强制解散的哈瑙体操协会出席了1850年3月31日至4月1日在爱森纳赫举行的一次体操协会代表大会(见阿尔弗雷德·塔普《三月革命前和1848—1849年革命中的哈瑙。论黑森选帝侯国的历史》1976年哈瑙版)。

乌纳很可能是共产主义者同盟盟员。1850年11月,他由于政治迫害不得不离开德国,经约瑟夫·魏德迈介绍前往美国。——102

265 1850年2月8日到15日,在威斯巴登开庭审判伊德施泰因邦代表大会的组织者(见文件377)。卡尔·沙佩尔在此之前一直作为主要被告被关押(见注释228)。他在法庭上发表了长篇辩护词。他利用这个机会扼要陈述了他在此之前的全部生活——因为他的清白被控讼所玷污。沙佩尔在辩护词中清楚地描述了自己革命的过去。但是他闭口不谈他进行政治活动的许多具体情况,或者把政治活动加以轻描淡写,不给国家当局和法庭提供多余的根据。首先他只字不提他在正义者同盟和共产主义者同盟里的领导作用。

沙佩尔在被关押期间同科隆同盟盟员，例如主要是同斐迪南·弗莱里格拉特和弗里德里希·列斯纳保持联系。早在1849年11月，列斯纳就已经打算根据沙佩尔的愿望在威斯巴登探访沙佩尔（见文件404）。当开庭日期确定的时候，科隆共产主义者打算派兰伯特·哈根律师作为观察员出席威斯巴登法庭（见文件424）。但这个计划改变了，决定派弗莱里格拉特前往威斯巴登。然而，由于弗莱里格拉特无法成行，最后由列斯纳前往。弗莱里格拉特在他为沙佩尔的孩子记的小账簿（见注释206）上记下2月6日的一笔支出："预支卡斯滕斯（即列斯纳）的旅费。他根据沙佩尔的愿望出席威斯巴登法庭——Tlr.5，—，—。"

列斯纳在他的回忆录中写到威斯巴登之行："1850年2月，沙佩尔被提交陪审法庭。科隆的工人派我前往威斯巴登，参加法庭审判。如果沙佩尔被宣布无罪，便将他接回。最初此事曾委托弗莱里格拉特，但因为他当时必须留在科隆，所以我接受了这个任务。当时在威斯巴登，人们已经广泛传说：弗莱里格拉特将前来，所以那里已经作好了隆重迎接这位诗人的安排。

我自然事先对威斯巴登方面所筹划的事情一无所知。因此我对在我到达之际所举行的盛大的欢迎甚为惊讶。每个人都想看见弗莱里格拉特并同他握手。我理所当然立即向人们解释说，我不是弗莱里格拉特。虽然人们有些失望，但情绪还是十分热烈。沙佩尔和其他的被告被宣布无罪。威斯巴登的民主派举行宴会和集会来庆祝这一宣判。随后沙佩尔和我便动身回科隆。"（弗里德里希·列斯纳《1848年前后》，《德意志言论》（维也纳）1898年第4期第148页，转载于《我把〈共产主义宣言〉送去付排》1975年柏林版第81页）

经过1850年2月15日陪审法庭的宣判，卡尔·沙佩尔和其他10名被告被无罪释放。沙佩尔在审判后最初回到科隆，他在那里同当地的同盟盟员讨论了改组德国的同盟的问题（见文件437）。

关于沙佩尔的传记，见威廉·费林《卡尔·沙佩尔和工人运动开始到1848年革命。哲学博士论文》1922年罗斯托克版，C.列维奥娃《卡尔·沙佩尔》，《马克思恩格斯和第一批无产阶级革命家》1963年北京三联书店版第72—118页，格尔哈德·贝克尔《卡尔·沙佩尔》，《1848年革命名人录》

1970年柏林版第123—147页。——103

266 1848年夏天成立的纽伦堡工人协会是巴伐利亚最大的工人协会之一。共产主义者同盟盟员在它的领导机构中起领导作用。除了主席、裁缝帮工奥古斯特·舒尔采之外，首先是玻璃工帮工古斯塔夫·法森作为同盟盟员占有突出地位。他是同工人兄弟会莱比锡中央委员会，特别是同卡尔·冈洛夫的主要通信人。

1849年4月2日到4日，在纽伦堡举行巴伐利亚工人协会的地区代表大会。这次大会是为了准备计划于1849年6月召开的莱比锡德国工人代表大会而召开的（见注释174和188）。1849年4月到6月，纽伦堡工人协会会员人数由60名增加到300名。1849年5月，它试图建立用大镰刀武装起来的连队，以打开局面，结果导致1849年6月底革命失败后的抄家、逮捕——其中包括理事会成员亨利希·克歇尔特、卡尔·施托特讷尔（真名施泰特讷尔）、格奥尔格·迪托尔恩和费舍——和最后1849年8月13日协会解散。但是，正如法森起草的1849年9月23日协会致莱比锡中央委员会的一封信——这封信发表在1849年10月5日《博爱报》（莱比锡）第106号上，有某些删节，标题是《纽伦堡工人协会的改组》——中所指出的，"在9月3日召开的一次全体工人大会上［……］成立了一个新的协会，名叫工人教育和救济协会"。这个协会实际上和以前的协会是一回事，不过法森，有时还有舒尔采在正式理事会里充当幕后人物。法森的这封信还建议召开一次全体工人代表大会："为了完全恢复德国工人的组织，为了重建各地的协会和与此有关的救济基金会，总的说来，为了讨论工人的总体事务，是否可以考虑在明年春天，也许就在今年冬天召开一次全德国工人代表大会。"（藏于德累斯顿国家档案馆，MdI, Nr. 11026a, Lage 60）在工人兄弟会组织内部，纽伦堡工人协会同时也是中法兰克尼亚的地区协会。邻近的菲尔特和施瓦巴赫的工人协会在这里起比较大的作用。这些协会还给奥古斯特·舒尔采写过委托书。施瓦巴赫协会1850年2月17日的委托书同莱比锡中央委员会所建议的和纽伦堡协会也遵循的写法有一定的出入。在"发表声明和表决"这句话的后面写了这样的保留意见："但明确地指示反对把维尔茨堡方面草拟的规章呈交巴伐利亚内阁,因为这个规章崇尚行会并拱手交出管理的独立性。"

尽管形式上变成一个非政治性的协会,但是当时已经有大约 500 名会员的纽伦堡协会在 1850 年中还是成为日益加剧的反动的迫害浪潮的牺牲品。1850 年 6 月 21 日,中法兰克尼亚当局的一项命令指出,"中法兰克尼亚的工人协会[……]所想的不单纯是它们的章程中所规定的教育和福利的目标,它们所追求的目的完全是普遍地重塑目前在所有的公共事务中占有一种最重要地位的工人等级的社会条件。因此,它们必须服从一切有关政治性协会的法律规定,特别是,根据今年 2 月 26 日法令的第 17 条,必须服从接纳成员的禁令"。它强调说,"中法兰克尼亚的工人协会不仅在它们之间,而且还同国内外的其他协会保持组织联系",因此必须一律解散。

1861 年和 1862 年之交重建纽伦堡工人协会时,1848 年的 3 位老战士起了重要作用。他们是安德烈亚斯·罗伊斯、卡尔·克莱默和原籍魏玛的排字工人格奥尔格·哈瑟尔。哈瑟尔 1850 年曾经领导古滕堡联盟的纽伦堡小组。——110

267 1848 年 8 月,为了柏林工人代表大会(见文件 269),在什未林成立了一个工人协会。主席起初是文书和作家尤利乌斯·波伦茨(这位小资产阶级民主派逐渐接近了同盟的观点),后来 1849 年 8 月在他被关押之后是"水疗大夫"、共产主义者同盟盟员特奥多尔·哈恩,从 1850 年 1 月起是亨利希·迈尔(见注释 268)。其次,在什未林工人协会的理事会起骨干作用的还有 A. 博布钦(不要把他同原籍也是什未林的钟表匠帮工弗里德里希·博布钦相混淆)、泥瓦匠帮工安东·许贝尔斯和书商 M. 马尔库斯。

在什未林工人协会的发展过程中,它同汉堡的密切联系起了积极作用。例如,协会还派代表出席了 1849 年 2 月 10 日到 15 日在汉堡举行的北德意志工人协会地区代表大会。在这次代表大会上,同盟盟员起了领导作用(见注释 166)。什未林工人协会没有起到梅克伦堡的地区协会的作用,因为尽管多次努力,比较合适但处于小资产阶级影响下的罗斯托克和维斯马尔的工人协会却拒绝固定地参加工人兄弟会。

为了避免作为政治性协会而遭到镇压,这个协会从 1849 年 8 月起改名为工人教育协会。在反革命胜利后到1849年底，会员人数有所下降，随后在1850年初又有所回升，到4月，会员人数已逾200名。——关于什未林工人协会在1850年上半年的发展，见亨利希·迈尔《什未林工人教育协会及其活动》，1850年6月22日《博爱报》第38号。——1851年2月，协会成为镇压梅克伦堡一切进步组织的牺牲品。——什未林工人协会几乎在它存在的整个时期内一直受秘密同盟支部的领导。

关于梅克伦堡的初期工人运动，见克劳斯·鲍迪斯《诗人和政论家尤利乌斯·波伦茨》1965年罗斯托克版；克劳斯·鲍迪斯《1848—1849年革命时期梅克伦堡城市无产阶级的作用。梅克伦堡第一批工人协会的性质》，《历史年鉴》1972年柏林版第7卷第371—406页。——113

268 亨利希·迈尔是什未林的教员，在他的内兄弟特奥多尔·哈恩的推动下一度还当过"水疗大夫"。在1848—1849年革命时，他在什未林改革协会里担任领导职务，一度担任这个协会的主席，同时还在工人协会（见注释267）中担任领导职务，从该协会1848年8月成立起一直是其理事会成员，并于1850年1月担任协会主席。迈尔参加革命是为了实现民主主义教育改革。1848年4月，他为此发表了一封《关于改进教学致梅克伦堡教师的公开信》，并从1848年5月到1849年9月在什未林出版《教师和学友周报》。1849年他发表反对地主操纵乡村学校的传单《学校的独立性是其任务的必然结果》。1849年秋天，迈尔为了学习并同工人兄弟会中央委员会建立联系而在莱比锡逗留。根据彼得·勒泽尔的供词（文件384），约瑟夫·莫尔在他出使期间（见注释183）将迈尔吸收到共产主义者同盟里来。迈尔作为第一个著作家出席了1850年2月20日到26日的全德工人兄弟会莱比锡大会，但他不得不在2月22日提前离开这次会议。1850年4月，他在什未林受到中央委员会的特使亨利希·鲍威尔的探访。最晚从这时起，迈尔可能已经成为什未林同盟支部的领导人。1850年底或1851年初，科隆中央委员会的特使彼得·诺特荣克可能在什未林没有见到他，但是迈尔的名字出现在诺特荣克所开列的通讯处清单（文件540）上，不过写的是Fr.迈尔。反革命胜利之后，迫害日益强化，1851年2月还对迈尔领导的工人协会进行了最后的镇压，因此他不得不在

1851年5月23日逃到吕贝克;1851年6月初,他从汉堡启程前往美国。关于迈尔的传记,见克劳斯·鲍迪斯《诗人和政论家尤利乌斯·波伦茨》1965年罗斯托克版第85—87页。

可以设想,迈尔只是到了伦敦,而且同那个当时积极支持马克思并与恩格斯和威廉·皮佩尔结为好友的迈耶尔是一个人。在1854年马克思和恩格斯之间的通信中多次提到迈耶尔。这个迈耶尔是马克思周围的"亲密的一伙人"之中的一个,一度在布赖顿当家庭教师,1854年返回德国。这个迈耶尔肯定是约翰奈斯·米凯尔在1856年和1857年致马克思的信中写到的那个又回到什未林当教师(见文件783、790和791)的迈尔。60年代,迈尔转向民族自由党人的立场并在梅克伦堡-什未林大公那里当语文和历史教师(见马丁·洪特《马克思和恩格斯的医生和朋友——路易·库格曼传》1974年柏林版第277页)。——113

269 经汉堡地区委员会的推荐,约翰·卡尔·哈克代表工人兄弟会的一个最重要的地方组织出席了1850年2月20日到26日的全德工人兄弟会莱比锡大会。这个原籍不伦瑞克的裁缝帮工哈克大约从1842年起在柏林工作,大约1846年从柏林来到汉堡,在汉堡结识了弗里德里希·马尔滕斯并加入工人教育协会,到1851年9月一直积极参加该协会的工作(汉堡国家档案馆警察局侦察案卷 Sevie Vl, Lit. X, Nr. 1365, Bd. 1, Teil I)。

1850年,哈克参加马尔滕斯领导的共产主义者同盟支部。根据威廉·豪普特的供词(附录,文件8),哈克于1851年6月同汉堡的其他同盟盟员一起被捕。因为无法证实他参加过1850年11月同特使彼得·诺特荣克的会晤(见注释362),他于1851年9月初被释放并被驱逐出汉堡(汉堡国家档案馆 Serie Vl, Lit. X, Nr. 1365, Bd. 1, Teil Ⅱ)。哈克到了伦敦,并在伦敦参加宗德崩得(见卡尔·马克思《揭露科隆共产党人案件》,载于《马克思恩格斯全集》德文版第8第461页,参看《马克思恩格斯全集》中文第1版第8卷第525页)。——115

270 拉绍德封工人协会作为指示交给其出席1850年2月20日在穆尔滕召开的瑞士德国工人协会代表大会的代表、普法尔茨钟表匠和维护帝国宪法运动战士瓦伦廷·韦伯的决议,证明了同盟盟员在这个协会里起领导作用。这些决议的基本内容是叙述拉绍德封共产主义者同盟组织的决议。中央委员会临时指定这个组织执行瑞士总区部的职能(见文件425),所以该组织这时极力设法在联合在瑞士的德国工人协会方面起领导作用。

早在1849年8月,日内瓦工人协会以及拉绍德封工人协会就已经向其他德国工人协会发出通告信,建议重新联合起来。拉绍德封工人协会同时还着重提到1848年12月9日到11日在伯尔尼召开的在瑞士的德国民主协会和工人协会代表大会(见文件324和325)。1849年秋天成立的德国工人协会联合会的临时领导决定日内瓦为领导地区。日内瓦协会的1850年2月1日通告信要求在弗赖堡州的穆尔滕召开一次德国工人协会代表大会。这次代表大会将最后选出中央协会并讨论协会以后的工作。从同盟的总区部的指示可以看出,它尽量把中央协会的职权移交给会员人数最多(达112名)的拉绍德封工人协会。结果表明,日内瓦同盟组织受小资产阶级的分裂活动的影响(见文件422),因此它无法在该地的工人协会中贯彻明确的路线。日内瓦协会的领导权掌握在威廉·李卜克内西手里。他已经成为社会主义者,但当时还没有加入共产主义者同盟。

〔威廉·李卜克内西,原籍吉森,1842—1847年在吉森、柏林和马尔堡学习神学和语言学,后来学习哲学。关于他1848—1849年革命时期在南部德意志的活动,见卡尔·马克思《福格特先生》,载于《马克思恩格斯全集》德文版第14卷,参看《马克思恩格斯全集》中文第1版第14卷第430—431页。1849年7月中旬,李卜克内西到达日内瓦,不久担任该地工人协会领导人并试图把在瑞士的所有的德国工人协会统一起来。由于参加领导筹备1850年2月20日在穆尔滕举行的在瑞士的德国工人协会代表大会(见注释278)的工作,李卜克内西被捕,并于1850年4月同共产主义者同盟盟员奥古斯特·格贝尔特一起被驱逐出瑞士。他最早于1850年5月底经过法国到达伦敦。李卜克内西1849年9月已经在瑞士同恩格斯有了短暂的接触,后来在伦敦参加工人教育协会,不久又参加共产主义者同盟并成为马克思和恩格斯最亲密的朋友之一。在与维利希—沙佩尔集团的斗争中,他坚定地站在马克思和恩格斯一边,尽管彼此有些小分歧(见文件566),但他在后来的艰难的流亡岁月里始终是党的一名可靠的成员(见文件756)。1852年,他积极参加新伦敦工人协会(见文件684)并支持马克思为科隆共产党人案件的被告辩护所作的努力(见文件725,729和730)。

在50年代,李卜克内西当新闻工作者;从1856年起,他同弗里德里希·列斯纳一起再次参加工人教育协会的活动;1862年,他返回德国,与奥古斯特·倍倍尔一起成为革命社会民主党的创始人和领导人以及国际工人运动的一位杰出的干部。李卜克内西努力在德国社会民主党中保持共产主义者同盟的传统(见文件810、818和824)。

李卜克内西的传略,见沃尔夫冈·施勒德《威廉·李卜克内西》,《德国工人运动史人物传记辞典》1970年柏林版第293—298页,库尔特·阿达米《"一个革命士兵"——威廉·李卜克内西》,《德国工人运动史论丛》1971年第5期第812—822页;B.楚宾斯基著的长篇传记《威廉·李卜克内西——革命士兵》1968年莫斯科版;瓦蒂姆·楚宾斯基《威廉·李卜克内西传》1973年柏林版;1896年首次在纽伦堡出版的李卜克内西的著作《纪念卡尔·马克思》,后来发表在《摩尔和将军。回忆马克思和恩格斯》1970年柏林版第5—179页;1967年出版的《威廉·李卜克内西。一个革命士兵的回忆》(海因里希·格姆科夫编辑和作序),是李卜克内西的一部最新的选集。]

拉绍德封同盟组织特别明确地提出这个指示所依据的6点构想,因为它要求广泛地联合所有的德国工人协会。这个构想几乎是与1850年2月召开的全德工人兄弟会莱比锡大会同时提出的。在第5点中提到的特使可能要被派去参加这次代表大会。值得注意的是,这个指示中建议共产主义者同盟中央委员会所在地伦敦作为德国工人协会总联合会中央委员会所在地。

一位代表(可能是奥古斯特·格贝尔特或韦伯)除了上述决议之外,还带来下述同盟文件,以便使其他同盟盟员了解全面情况:1.共产主义者同盟章程(文件321);2.1850年1月28日中央委员会给拉绍德封支部的信(文件425);3.奥古斯特·维利希的2月初的两封信(文件426和427);4.1月19日日内瓦支部给拉绍德封支部的信(文件422)。从此可以看出,穆尔滕代表大会被当成同盟领导成员的一次聚会和制定共同政治路线的机会。

2月19日晚在穆尔滕召开的一次预备会议上当选代表大会主席的不是日内瓦工人协会的代表,而是拉绍德封代表韦伯。这是根据指示的精神取得的第一个成果。

但是预定2月20日开幕的穆尔滕代表大会由于警察的干涉而没有开成(见文件440)。

关于穆尔滕代表大会的准备工作和意义,见罗尔夫·德鲁贝克《一份新发现的关于共产主义者同盟在1848—1849年革命后为建立无产阶级的独立组织而斗争的文件》,《德国工人运动史论丛》1962年第1期第87—101页。——117

271 这篇文章没有署名。作者可能是亨利希·毕尔格尔斯,比较一下《西德意志报》上的其他多篇文章就可以证实这一点。不能排除罗兰特·丹尼尔斯,还有斐迪南·弗莱里格拉特参与过此事。《西德意志报》把它当作是社论。

首先从罗兰特·丹尼尔斯写于1850年7月19日的信(文件497)中可以看出,这篇文章中所提出的关于出版和传播革命民主主义和社会主义著作的问题在很大程度上引起了科隆共产主义者的重视。这一计划并没有像这篇文章中所陈述的那样变为现实。在反动派日益加强的政治压力下,单是筹集必要的费用方面的困难就无法克服。同时,所谓民主党的左翼本身也表明自己不能团结一致、富有成效地实现一个如此庞大的计划。但是,文章所表达的意愿在传播维克多·特德斯科的《无产者问答》(文件445)、弗朗索瓦·维尔加尔德尔的一部著作的译本(见文件497)、传单《德国男子汉和普鲁士臣民》(文件545)和最后《布朗基祝酒词》(文件594)当中得到一定程度的实现。

关于《西德意志报》,见注释289。——118

272 这篇通讯可能是根据科隆同盟支部的倡议发表的。卡尔·沙佩尔在威斯巴登获释(见注释265)几天之后,于2月18日或19日到了科隆,但是2月23日又不得不离开(见注释274)。关于他逗留科隆期间的政治活动,没有直接材料可以考查。但通讯员关于沙佩尔已经完全"引退"的说法与事实不符,只能有利于警察的造谣。

作为同盟中央委员会的多年的委员,沙佩尔无疑会利用这个逗留机会与科隆同盟组织的领导人进行深入交谈,以便确定今后工作的措施。对于彼得·勒泽尔后来的供词(附录,文件6)中讲的情况,勒泽尔在1852年科隆共产党人案件中的供词中还作了补充。他供称:"但后来,当**沙佩尔**在威斯巴登被释放后,于1850年春天回到科隆,他和被告们在这里讨论了同盟的事情及重新开展**鼓动工作**的必要性时,他(**勒泽尔**)受委托在这里建立一个支部。为此目的,我同**工人协会**的最有修养的会员一起进行了商谈,还向伦敦写了信。1850年8月,特使**鲍威尔**作为对这封信的答复从伦敦来到科隆。"(《1852年科隆共产党人案件在同时期报纸上的反应》(卡尔·比特尔主编和作序)1955年柏林版第57页)

沙佩尔同科隆共产主义者讨论的议题可能还包括从科隆入手在全德国改组同盟的计划。中央委员会的《六月告同盟书》(文件473)中提到这个计划,而且这个计划于6月底到7月初在中央委员会和科隆组织之间当时产生分歧的情况下再一次被涉及到(首先见文件493)。宣布科隆为全德国同盟工作的中心的计划(从文件522和注释382中可以看出)是沙佩尔于1850年7月到达伦敦后提出来的。

对中央委员会直到1850年3月底派出特使亨利希·鲍威尔的做法,特别是如下的事实在种种原因中发挥了作用:这就是党的理论刊物《新莱茵报。政治经济评论》在同一时期才提出来的政治设想方面的重要问题还没有最后弄清楚。在这种情况下,首先弄清楚革命前景——这是在组织上重建同盟的必不可少的基础——具有重要意义。

关于1850年1月之前科隆同盟组织的活动,见注释231。有关1850年夏天以前这段时期的情况,除了勒泽尔的供词之外,只有为数极少的资料可查。——由于沙佩尔返回威斯巴登时还带走了弗里德里希·列斯纳,所以勒泽尔最迟于2月底开始在科隆支部里起领导作用。沙佩尔访问之后不久,可能作为它的直接结果,在此以前住在杜塞尔多夫的亨利希·毕尔格尔斯就决定断绝同斐迪南·拉萨尔的关系并迁到科隆(见文件443),他在那里不久便担任了同盟的领导职务。翻译、出版和传播维克多·特德斯科的《无产者问答》（文件445）等等证明科隆共产主义者的积极性越来越高。这时，科隆共产主义者还顶住了"革命集中"（见注释315）通过卡尔·布伦控制他们的同盟组织的企图（见文件453和附录，文件6）。

当鲍威尔1850年5月中旬第二次到科隆的时候，他参加了科隆区部委员会的一次会议。根据勒泽尔供词——这是有关这一情况的唯一资料，会上进行了认真的讨论。但是勒泽尔说毕尔格尔斯支持恩格尔贝特·伯多夫的关于伦敦组织根本没有资格选择中央委员会的观点，而这种说法是不可信的。但是可能涉及到关于科隆方面力图成立全德国的总区部这个问题的某些的意见分歧（另见注释326）。

从1850年6月中央委员会《告同盟书》可以看出，对科隆组织来说，鲍威尔出使的结果在于，它被指定为全德国的总区部，也就是说，不仅是普鲁士莱茵省，而且是美因河畔法兰克福周围的中莱茵地区，另外还是威斯特伐利亚的总区部。这个总区部的主席是勒泽尔，书记起初是威廉·赖夫，后来不久可能是毕尔格尔斯。鞋匠阿道夫·皮埃尔被勒泽尔推荐为出纳。但是，因为勒泽尔由于其他原因还把皮埃尔任命为后来的科隆中央委员会的出纳，所以这个职务实际上由卡尔·奥托担任，奥托也许早已是区部委员会的出纳。

关于同盟后来在莱茵地区，主要先是在科隆的活动，见文件493。

关于科隆共产主义者同伦敦中央委员会的关系，见Я.Г.罗基将斯基《马克思和共产主义者同盟科隆支部主要活动家的通信（1850年1—9月）》，《马克思恩格斯著作翻译室科学通报》1971年莫斯科版第20辑第38—56页；Е.л.康捷尔《重视史料》，《马克思恩格斯著作翻译室科学通报》1972年莫斯科版第21辑第43—65页；黑尔维希·弗德《关于1848—1849年革命以后共产主义者同盟改组的若干问题》，德国统一社会党中央马列主义研究院编《马克思和恩格斯研究论丛》1979年柏林版第4期第23—68页。——120

273 科隆同盟盟员曾经照料卡尔·沙佩尔夫人死后留下的4个孤儿（见注释206）。他们当中最年幼的一个在沙佩尔返回科隆之前不久的1850年2月12日死去。2月20日，负责为沙佩尔家庭募集的捐款的斐迪南·弗莱里格拉结了账。从这个账簿上可以看出，共收到捐款 100 塔勒 24 银格罗申 8 芬尼，支出 52 塔勒多一点，"结余 48 塔勒 5 芬尼。我今天把这笔现金作为专项开支如数交给沙佩尔。在此，我还以他的名义再次向一切友好的资助者和捐款者表示最衷心的感谢。1850 年 2 月 20 日于伦敦。斐迪南·弗莱里格拉特。"载于 1850 年 2 月 22 日《西德意志报》（科隆）第 45 号。弗莱里格拉特记的账簿的最后有沙佩尔开的如下一张收据："今收到上述经过查对和核准的 48 塔勒 5 芬尼。1850 年 2 月 20 日于科隆。卡尔·沙佩尔。"

下面接着还有弗莱里格拉特事后补记的一笔账："1850 年 2 月 20 日之后，又从科隆收入 1 塔勒，从美因茨的卡廷卡·齐茨夫人那里收入 10 法朗。这两笔钱立刻交给了沙佩尔，《西德意志报》上刊登了有关告示。"——121

274 卡尔·沙佩尔只能使得他的逗留期限稍微延长一点。关于他的被驱逐，《西德意志报》上还发表了如下的可能和通讯同出一个来源的通告：

"科隆，2 月 21 日［原件上误刊为：20 日］。沙佩尔先生的逗留期限延长 24 小时。"（载于该报 1850 年 2 月 22 日第 45 号）

"科隆，2 月 22 日。沙佩尔先生现在不仅从科隆，而且从普鲁士国家被驱逐出去。他甚至必须于本月 24 日离开上述地区。今天早上已经把强迫离境护照交给他。"（该报 1850 年 2 月 23 日第 46 号）

"科隆，2 月 23 日。卡尔·沙佩尔今天早上已经离开科隆。他将选择威斯巴登作为他未来的居住地。"（该报 1850 年 2 月 24 日第 47 号）

另外一篇通讯指出驱逐沙佩尔和计划举行法国二月革命周年纪念会之间的联系："科隆，2 月 22 日。民主主义政党确信警察对计划举行的 2 月 24 日纪念会心存疑虑，他们感到有必要在这一天之前把沙佩尔驱逐出去；其次采取最严格的措施，以防止 2 月 24 日发生哪怕最小的骚乱，所以民主主义政党在他们的巴黎同志们的先例之后决定今年不举行纪念会。"1850 年 2 月 23 日《西德意志报》第 46 号。

一名工人教育协会会员发表的一则启事："鸣谢。——米尔海姆的公民科赫和科隆的公民 P. 西蒙斯把卡尔·沙佩尔在他们那里时喝啤酒的钱转交给两名因参加埃尔伯费尔德起义而被关在当地拘留所的工人的妻子，特此向他们二位公开表示感谢。——但愿能有许多这样的仁爱之士,使我们的被捕的兄弟的贫困妻儿得到救济。——1850年2月22日于科隆。——P.J.**默滕斯**。"1850年2月23日《西德意志报》第46号。这则启事证明,沙佩尔利用逗留科隆的机会在科隆和米尔海姆的协会酒馆里与工人协会的老朋友聚会过。

当时化名卡斯滕斯住在科隆的弗里德里希·列斯纳在致在巴门出版的一家报纸的订户的启事中也通告了沙佩尔的离去:"我今天同沙佩尔先生一起前往威斯巴登,特此通告《人民英雄》的本地订户。当我诚恳地向大家告别的时候,我请你们注意:《人民英雄》照旧由巴蒂斯特·霍普先生送给你们。他也住在罗梅尔胡同23号。——1850年2月23日于科隆。——C.**卡斯滕斯**。"1850年2月24日《西德意志报》第47号。——霍普也是同盟盟员。——121

275 全德工人兄弟会大会于1850年2月20日到26日在莱比锡举行。这次大会拥护得到共产主义者同盟积极支持的召开一次全德工人代表大会的主张。全德工人代表大会原定于1849年6月在莱比锡召开,但由于反革命的胜利而没有开成(见《德国工人运动史》1966年柏林版第1卷第152—155页)。——莱比锡大会是在同盟盟员的积极影响下召开的(见文件429、431、432和433)。同盟盟员甚至在代表大会上也占有支配地位。在代表大约43个工人协会的30名有完全表决权的代表中,有一半以上的人不是在全体大会召开之前和大会之后不久加入同盟,就是观点接近同盟。他们是:柏林的路德维希·比斯基、布雷斯劳的海尔曼·布雷默、汉堡的约·卡尔·毕林、莱比锡的卡尔·冈洛夫、汉堡的约翰·卡尔·哈克、不伦瑞克的路易·黑克、莱比锡的亨利希·赫尔佐克、阿尔托纳的古斯塔夫·阿道夫·希尔施霍夫、什未林的亨利希·迈尔、奥芬巴赫的安东·门克尔、莱比锡的奥古斯特·路德维希·皮尔施、奥斯纳布吕克的约翰·亨利希·舒赫特、纽伦堡的奥古斯特·舒尔采、埃森的弗兰茨·施韦宁格、汉诺威的路德维希·施泰翰、格劳豪的卡尔·哥特利布·施特克尔和不来梅的约翰奈斯·福格特。——工人兄弟会中央委员会召开全体大会表现出争取工人运动的统一的努力。这种努力也决定了原定同一天在穆尔滕召开的德国工人协会瑞士代表大会的准备工作(见注释270)。

1848—1849年革命失败后,已经不可能把合法的工人组织公开地说成是政治性的，而是有必要把活动的重点——至少是暂时地和表面上——集中在社会领域。因此，莱比锡大会的议程，除了中央委员会作报告和选举新的中央委员会之外，还规定讨论流动工人、病人和残废人救济基金会的总章程（见1850年1月22日和2月1日《博爱报》（莱比锡）第7号和第10号。

从代表们的经验交流中可以看出，协会的活动中已经自觉地考虑到业已存在的反动的政治形势。这首先表现在：除了成立流动工人救济协会以及其他涉及工人物质利益的组织之外，代表们还报告说，许多协会已经改变了以往的做法，也吸收妇女参加并更加关心学徒工的问题。少数代表指出了——即使是间接地——工人和企业主之间的阶级对抗。在会议第二天才到达的安东·门克尔最后一个报告了地方协会的情况。他的讲话可能有人作了记录，所以非常详细地刊登在《博爱报》（莱比锡）上面。1850年5月23日《西里西亚人民报》（布雷斯劳）第21号第85页转载了一部分。

在工人协会的报告之后，各烟草工人协会的代表以及德国烟草工人联合会主席温采尔·科尔韦克作了报告。施韦宁格接着作了工人兄弟会中央委员会的报告，分为总报告和专题报告两部分，总报告是向大会作的，而专题报告是受大会的委托向管理委员会作的。这个管理委员会主要由共产主义者同盟盟员组成。这个报告（见1850年6月15日《博爱报》第37号）涉及从1848年8月23日到9月3日的柏林工人代表大会（见注释161）以来的时期。

会上"真正的议题"是讨论工人兄弟会的互助机构问题。互助机构是指流动工人救济基金会和劳动介绍所，其次是保健基金会以及消费和生产合作社。为了专门讨论个别问题，成立了许多委员会。讨论的结果写在《德国工人兄弟会基本章程。经过1850年2月20-26日全德工人兄弟会莱比锡大会讨论》里面。关于烟草工人联合会参加工人兄弟会问题的讨论，以这个组织中主张参加的代表的声明而结束。其次，大会决定烟草工人联合会机关报《协和报》（汉诺威）与《博爱报》合并，将来作为周报出版，把烟草工人的利益列为一个专门栏目。

同盟盟员冈洛夫和施韦宁格以及安德烈亚斯·罗伊斯被选入工人兄弟会的新的中央委员会。全体大会的记录摘要连续发表在1850年5月18日到6月29日的《博爱报》上。——关于莱比锡大会，见海尔曼·冯·贝格《1848—1849年革命失败后德国工人兄弟会的地方组织北德工人联合会的诞生和活动（哲学博士论文）》1970年柏林版第171—202页，《全德工人兄弟会（1848—1850年）》（霍斯特·施勒希特修订并作序）1979年魏玛版。——121

276　恩斯特·德朗克于3月23日被捕。他第二天就给在美因河畔法兰克福的约瑟夫·魏德迈写信说："狗昨天终于发觉了我并驱逐我。这一点你将会从通讯中看到。我昨天就被从长官衙署的仓库放出来，我不能不把这完全归功于我的妻子。她跑去找卡尔利埃，在办公室里威胁说要质问茹尔·法夫尔并捅到报纸上；因为今天是星期天，若是没有她，我无论如何要在卡绍呆到星期一。下令在24小时内把我从巴黎驱逐出去的卡尔利埃的办公室主任经过一番激烈的争吵——我在争吵中把他叫作哥萨克和普鲁士人——同意我的最后期限到星期六晚上。他告诉我，过了这个期限，我就要被捕并由宪兵押送。我期待明天或后天能够得到一个莱比锡书商对出版里恰迪的《意大利革命史》的译本的答复，并希望那时能够通过这个合同搞到钱；在这种情况下我将去都灵。如果事情办不成，那么我就到你家里呆些日子，直到我找到另一个书商承担制造［德朗克指出版译本］和去意大利的路费；这里的屁事也不可能拖很久，这一点我已经直言不讳地对警察说了，我向他允诺，两个月内这里就会向'红旗'致敬。无论如何要为我弄到一些路费"！（《同时代人》第332页）

　　3月30日，德朗克不得不离开巴黎。与莱比锡的出版商的合同没有签成。4月2日，他从斯特拉斯堡写信给魏德迈（见《同时代人》第335—336页）。后来他——除了在富尔达的一次短时逗留之外——在法兰克福魏德迈那里一直呆到1850年6月底并积极参加同盟的活动。——125

277　政论家弗里德里希·克吕格尔，原籍但泽，1847年在莱比锡同约翰·雅科比等人出版《柯尼斯堡1847年政治手册》并在这个著作于1847年1月在普鲁士被禁之前就逃到布鲁塞尔，他是《德意志-布鲁塞尔报》的撰稿人，并于1847年9月成为共产主义德意志工人协会会员（见文件164和191），1847年

11月是布鲁塞尔民主协会的创始人之一（见文件175和注释118）。克吕格尔是共产主义者同盟盟员，二月革命之后到了巴黎。1848年4月初，是一批为参加工人运动而单个返回德国的同盟盟员当中的一个（另见文件232）。克吕格尔在1848年4月16日《柏林阅览室》第92号上发表抗议书，报道了他同威廉·沃尔弗一起在普鲁士驻巴黎大使馆要求旅行护照的斗争。他取道科隆——他在科隆同安得烈亚斯·哥特沙克相遇——回到柯尼斯堡并参加了4月16日成立的工人协会。1848年年中，工人协会已经有大约400名会员。1848年6月，克吕格尔在柏林代表该协会参与筹建工人兄弟会（见文件269），后来在1848年8月还代表该协会参加工人兄弟会的成立。克吕格尔是1848年10月26日到30日在柏林举行的第二次民主派代表大会（见注释164）的代表。这时，他在柏林出版了他的小册子《对共和国的捉弄。当代一次革命的速描》。他在小册子里捍卫了六月起义。1849年1月中旬到6月中旬，他是激进的但泽周报《人民报》的编辑和但泽民主协会主席。这一时期，他还为《博爱报》（莱比锡）撰稿。革命失败后，他再次旅居国外。大约在1849年10月，他在伦敦马克思处短时逗留，然后到了巴黎。1850年初，他被驱逐出巴黎。此后他可能住在瑞士。最迟从1853年起，他向普鲁士国王呈递返回德国的申请书，1856年得到批准（见梅泽堡德国中央档案馆 MdI, Rep. 77, Tit. 6, Lit. C108）。——126

278 拉绍德封工人协会的声明无疑是出自在这个协会担任领导职务的同盟盟员之手。这个声明是抗议瑞士政府为镇压1850年2月20日在穆尔滕召开的在瑞士的德国工人协会代表大会而采取的措施。

瑞士政府在列强的压力下采取严厉手段来阻挠这次代表大会（见文件434）的召开，而且随后又用这些手段来对付所有的工人协会。这次代表大会被诽谤为一次危险的密谋。大会一开幕，警察就闯入，逮捕了所有的与会者；接着又逮捕德国工人协会会员。由于1850年3月22日联邦委员会的决定，几乎所有在瑞士的德国工人协会一律被解散，余下的也处于警察监视之下。500多名会员被驱逐出境，其中有许多人是同盟盟员。大部分被驱逐者前往伦敦，因此那里本来就普遍存在的流亡者的赤贫问题更加严重（见文件456和458）。

对穆尔滕代表大会的迫害对于在瑞士的德国工人协会，对于它们的联合的努力，首先是对于共产主义者同盟的组织是一个沉重打击。刚刚开始改组并同小资产阶级的组织路线划清界线的同盟几乎完全瘫痪。在许多地区，例如在伯尔尼和苏黎世，还有一些单个的同盟盟员，他们还根本不知道改组同盟这么一回事。只有少数几个州，例如在诺恩堡，联邦委员会命令采取的措施没有十分认真地执行，一些残余的组织还存在。关于1850年夏天同盟在瑞士的状况，见恩斯特·德朗克的报告（文件490、496、503和526）。

关于穆尔滕事件，见马克思的著作《福格特先生》一书中的《穆尔滕革命代表大会》一节，载于《马克思恩格斯全集》德文版第14卷第410—415页，参看《马克思恩格斯全集》中文第1版第14卷第430—436页；罗尔夫·德卢贝克《一份新发现的关于共产主义者同盟在1848—1849年革命后为建立无产阶级的独立组织而斗争的文件》，《德国工人运动史论丛》1962年第1期第87—101页。——127

279 在由1848年巴黎六月战斗中负伤的大学生弗朗索瓦·帕迪贡主持的宴会上，六月起义的参加者起了很大的作用。他们多半支持奥古斯特·布朗基的方针，其中有制鞋楦工人亚当、机械工艾曼纽埃尔·巴泰勒米和前骠骑兵上尉茹尔·维迪尔。此后不久，共产主义者同盟便同旅居伦敦的法国流亡者革命派的这些代表达成了关于建立世界革命共产主义者协会的协定（文件457）。

《西德意志报》（科隆）的这篇报道曾转载于1850年3月5日《德累斯顿日报》第55号上。——128

280 致1850年2月20日至26日召开的全德工人兄弟会莱比锡大会（见文件429和438）的一名代表安东·门克尔的信现在只保存下来恩斯特·德朗克抄写的摘要。他在抄写时还作了某些注解。德朗克在1850年初来到美因河畔法兰克福开始调查这个地区存在的宗德崩得阴谋活动（见文件464）之后掌握了这封致门克尔的信。他作了摘要并把摘要寄往伦敦中央委员会。从他写的后记中可以看出，他作为同盟特使出使瑞士时曾把原件带在身上，以便在那里进一步弄清与此有关的事件。

从这封信的内容，特别是从德朗克所加的注解可以看出，它涉及到一个伯尔尼小组的秘密分裂活动。这个小组显然已经加入"革命集中"（见文件469），而且在法兰克福地区还有一些拥护者。这个组织的规模和性质，当时中央委员会还不了解。在写信人当中，斯蒂凡·波尔恩只是暂时同"革命集中"有联系，此外，他还有自己的组织计划，而显然同门克尔过从甚密的法兰克福商店小伙计小资产阶级民主派阿尔诺德·赖纳赫却是"革命集中"的伯尔尼小组的骨干成员。1848—1849年革命时期，他最初在美因河畔法兰克福工人协会里做领导工作，是1848年9月18日起义的领导人。后来他受到通缉，暂时逗留巴黎，还作为一支志愿部队的上尉参加了1849年维护帝国宪法运动。1851年或1852年，他被茨韦布吕肯的陪审法庭缺席判处死刑。从这封信的内容中可以看出，伯尔尼小组把它的主要的注意力集中在单独的和秘密的——因而也是几乎无法检查的——筹款上面。虽然门克尔到莱比锡迟了，但是他在动身之前再没有接到指示。

作为这封信的摘要的翻印件的基础的原件共有3页。德朗克对这封信作了注解，这些注解多半放在圆括弧里，删节用3个破折号标明，重点的地方一部分自己来标明，一部分沿用原件上的符号，一般但并非一律用引号来标明信中的原话。——129

281 弗里德里希·施纳克在1848—1849年革命前参加了威斯特伐利亚"真正的"社会主义者集团（见弗里德里希·恩格斯《真正的社会主义者》，载于《马克思恩格斯全集》德文版第4卷第257—261页，参看《马克思恩格斯全集》中文第1版第3卷第651—655页）。他在《威斯特伐利亚汽船》（比勒费尔德-帕德博恩）上发表过一些文章，一度在埃尔伯费尔德参加《社会明镜》（埃尔伯费尔德）的编辑部。革命时期，他是法兰克福预备议会的比勒费尔德代表，从1848年5月底起，在杜塞尔多夫人民俱乐部作领导工作。他和斐迪南·弗莱里格拉特一起代表这个俱乐部出席了1848年6月14日到17日召开的美因河畔法兰克福第一次民主派代表大会。9月，施纳克是在比勒费尔德举行的威斯特伐利亚民主派地区代表大会的秘书。他代表威斯特伐利亚的地区委员会和明登的民主协会参加了1848年10月26日至30日在柏林举行的第二次民主派代表大会（见注释164）。在改选民主主义中央委员会时他当选为

"候补委员"之一（见文件308），同卡尔·德斯特尔密切合作。1849年2月，施纳克同弗兰茨·施韦宁格一起出席汉堡工人兄弟会地区代表大会（见注释166），并在会上讲了工人在指日可待的新的革命斗争中的任务，并且还在汉堡工人协会的成立纪念会上发表演说（见文件342）。从1849年春天起，施纳克在萨克森革命运动中活动，参加五月起义并因此而被迫害。

革命失败后，他到了瑞士，1852年以前住在瑞士的左洛图恩。他被监禁了一些时候，但没有被驱逐出瑞士，他长期在那里当教师。后来，他返回德国。1868—1869年，他发表纪念奥托·吕宁和鲁道夫·雷姆佩尔的文章。马克思的《资本论》问世后，《埃尔伯费尔德日报》上发表的第一篇长篇评论也是出自他的手笔（见1868年6月29日马克思给恩格斯的信，载于《马克思恩格斯全集》德文第32卷第110页，参看《马克思恩格斯全集》中文第1版第32卷第110页）；1868年7月2日马克思给路德维希·库格曼的信，载于《马克思恩格斯全集》德文第32卷第549页，参看《马克思恩格斯全集》中文第1版第32卷第537页；1868年7月4日马克思给齐格弗里特·迈耶尔的信，载于《马克思恩格斯全集》德文第32卷第550页，参看《马克思恩格斯全集》中文第1版第32卷第542页）。——132

282 对斯蒂凡·波尔恩的这一控告也通报了《博爱报》（莱比锡）编辑部。这促使中央委员会于1850年2月向出席1850年2月20日至26日召开的全德工人兄弟会莱比锡大会的代表发表一份声明。后来查明，那次的资助是专门给波尔恩的，因此波尔恩对其他流亡者不负任何责任；至于特别提到弗里德里希·施纳克，那是因为他处于比其他流亡者有利的地位（见1850年4月27日《博爱报》第30号）。

所提到的另一笔款项，与波尔恩毫不相干；它是给哈雷亲王的，被寄到伯尔尼Fr. 福格尔韦德处。后者在1850年3月31日的一份公开声明中承认，这笔钱必须留下，以便由亲王出面向某些债主偿还债务。——132

283 1845年到1846年，亨利希·毕尔格尔斯在短时逗留巴黎和布鲁塞尔期间成为马克思的亲密朋友，后来同罗兰德·丹尼尔斯和卡尔·德斯特尔一起参加科隆共产主义者小组，而这个小组同布鲁塞尔共产主义通讯委员会有密切联系。

毕尔格尔斯从1847年起参加共产主义者同盟。1848—1849年革命爆发后，毕尔格尔斯在科隆参与筹建一家报纸，1848年5月担任共产主义者同盟科隆支部的主席（见文件253）和1848年6月14日到17日在美因河畔法兰克福举行的第一次民主派代表大会（见注释149）的代表。后来，他还参加科隆的革命运动（见文件296和352）。毕尔格尔斯起初参加《新莱茵报》（科隆）编辑部，但不久实际上退出（另见文件261）。

1849年1月，毕尔格尔斯在曾与斐迪南·拉萨尔在杜塞尔多夫同居的索菲娅·哈茨费尔特伯爵夫人家里给她18岁的儿子当家庭教师。直到革命结束，毕尔格尔斯一直在杜塞尔多夫，而后来又在科隆参加民主运动。毕尔格尔斯在革命失败后还同科隆保持联系。同时还给《西德意志报》（科隆）当通讯员（见文件435）。

毕尔格尔斯的这封解约信与科隆同盟组织恢复其活动的努力（见注释353）以及为此还要争取毕尔格尔斯（另见附录，文件5）有关。正像他在给拉萨尔的信中所说的，他打算在科隆为他的党工作，主要是（从文件450和466中可以看出）当《西德意志报》的编辑。他3月2日动身前往科隆，此行显然是为了预先安排他未来的活动。从毕尔格尔斯的信中还可以看出，这时他已经同拉萨尔有了重大的政治分歧，而后来这种分歧更加深刻（见文件483和598）。——133

284 维克多-安德烈·特德斯科，原籍卢森堡，在列日读大学，并于1844年在那里获得法学博士学位。后来在列日当律师并参加民主运动。看来，那时他已经同罗兰特·丹尼尔斯相识，至少丹尼尔斯在1845年1月初从巴黎回科隆的途中曾经拜访过他。丹尼尔斯可能在1846年春介绍马克思和特德斯科相识——见文件78。他同路易·海尔贝格以及法国的布朗基分子雅克·安贝尔一起为布鲁塞尔和列日的各民主派报纸和工人报纸撰稿。1847年秋，特德斯科在布鲁塞尔成为共产主义者同盟盟员，1847年11月参加创建民主协会（见文件175和注释118）。1847年12月底，他受委托建立民主协会列日分会（见文件188）。同年秋天，他已经在那里建立了共产主义者同盟的一个小区部，他作为这个组织的代表参加了在伦敦举行的同盟第二次代表大会。当时，他积极参加同盟纲领的讨论,那时他的《无产者问答》至少已经有了初稿(见注释285)。文件166中也可以看出他作为列日区部领导人的活动,但新近的研究表明,这份文件不是产生于1847年10月,而是产生于1848年2月。——关于特德斯科在1848年革命中的活动,见文件292。他度过了6年艰苦的监禁生活——1849年1月底之前是在安特卫普,后来是在马斯河畔的于伊。他在1854年1月由于大赦而获释。特德斯科脱离工人运动之后,在阿尔隆以律师为职业,并积极参加比利时自由党的活动(见尤利安·科伊佩斯《卡尔·马克思的比利时朋友(1845—1848年)。摘自比利时档案》,《社会史国际评论》 (阿森—阿姆斯特丹)1962年版第7卷第3部分第451—457页)。——139

285 维克多·特德斯科可能在1847年秋参加共产主义者同盟内部讨论纲领时就已经开始把当时讨论的一些问题改写成通俗的宣传品。他在坐牢期间,于1848年夏天或秋天撰写成《无产者问答》(另见注释286)。这篇《问答》大约在1848年和1849年之交匿名发表在《1849年共和国年鉴》(《人民报》编辑委员会编)1849年列日版第28—43页上。《人民报》(巴黎)的老板和编辑是特德斯科的朋友普罗斯佩-安东·埃塞朗。1849年初《无产者问答》还以小册子的形式出版了两个版本。在第一个版本的封面上印着,"政治犯维·特德斯科著",第二个版本于5月出版,发行了1万册(见阿尔丰斯·加斯帕《〈共产党宣言〉和维克多·特德斯科的〈无产者问答〉》,《社会主义报》(布鲁塞尔)1960年9月第41期第664—671页,Е.Л.康捷尔《关于科学共产主义的第一批纲领性文件的历史》,《近代和现代欧洲。纪念H.M.鲁金院士文集》1966年莫斯科版第229—251页)。——139

286 1850年2月左右,斐迪南·弗莱里格拉特在科隆把维克多·特德斯科的《无产者问答》译成德文。开始时,他严格地忠实于法文原文,而最后在翻译几项具体要求时在相当大程度上脱离开了原文,使有些提法适合于德国的情况。这一译本是当时同盟科隆区部委员积极进行宣传活动的一部分(见文件497)。如果彼得·勒泽尔的供词(附录,文件6)可信的话,《无产者问答》是1850年3月前后在卡尔·沙佩尔和约瑟夫·魏德迈的参与下在美因河畔法兰克福印刷的。非法版本的出版委托人是海尔曼·贝克尔（见文件 497 和 570）。在科隆，可能还进行过第二次印刷，因为流传下来的一些文本（梅泽堡德国中央档案馆 Rep. 77, Tit. 509, Nr. 1, Bd. 7；汉堡国家档案馆警察局刑事案 Serie VI, Lit. X, Nr. 1022, Bd. 3；威斯巴登黑森国家档案总馆, Abt. 5, Nr. 264）不大相同。

这本没有封面的 16 页小册子的第 1 页上，在标题和作者姓名下面印着一行字"（价格 1 便士—2 芬尼—1 新格罗申）"，在第 16 页的末尾注有："伦敦和纽约。社会主义文库出版社 1849 年版"。所有这些虚构的说明都是为了迷惑警察局的。这本小册子流传极广。从各种警察局案卷——主要是从梅泽堡德国中央档案馆 Rep. 77, Tit. 509, Nr. 1, Bd. 7——可以看出，直到 1853 年，还在亚琛、奥伊彭、埃施韦勒、美因茨（在弗里德里希·列斯纳处）、杜塞尔多夫附近的比尔克（在弗莱里格拉特处）、米尔海姆（在木匠彼得·约瑟夫·哈根处）和科布伦茨发现了几册。法兰克福区部出售小册子的收入（关于这一点，文件 488 提到）支付了恩斯特·德朗克出使瑞士的部分费用。

此外，埃米尔·奥托卡尔·韦勒在他的非法刊物《臣民和仆人的新年历书》（1850 年莱比锡版）上刊登了《无产者问答》的许多节录；1850 年年中，由路德维希·施泰翰把它刊登在当时他在汉诺威编辑的烟草工人联合会机关刊物《协和报》上。1850 年 12 月底，海尔曼·贝克尔建议重新出版《无产者问答》，而且收入由马克思倡议出版的社会主义小丛书的一册；海尔曼·冯·贝格《特德斯科〈无产者问答〉德译本》，《历史杂志》1970 年第 1 期第 76—87 页）。——139

287 塞巴斯蒂安·载勒尔在其 1850 年 1 月 21 日致约瑟夫·魏德迈（美因河畔法兰克福）等人的信中已经提到："［……］我在给你们的信中附上［……］（b）一本小册子的两篇小品文的校样。这本小册子不久将会出版，它不仅会触动法国的民主派，而且也会触动你们的官方德国民主派。"（《同时代人》第 307 页）但小册子在汉堡最后完成的时间显然推迟了，因为《西德意志报》（科隆）直到 3 月 20 日才刊登了关于这篇著作发表的第一份广告。

载勒尔小册子的封里印有这样的题词："献给朋友《新莱茵报》总编辑

卡尔·马克思，塞巴斯蒂安·载勒尔，1850年2月于伦敦流放中。"

载勒尔直接参与了巴黎1849年6月13日事件，因此，在他的叙述中能够提供一些鲜为人知的细节。在他撰写自己的小册子时，至少已经看到马克思为《新莱茵报。政治经济评论》写的连载文章《1848年至1850年法兰西阶级斗争》前两篇的草稿。毫无疑问，载勒尔同也曾亲身参加过6月13日事件的马克思详细讨论过他的小册子的主题。

这里的摘要——结束语除外——主要选用了叙述共产主义者同盟盟员活动的章节。关于1849年6月13日事件及其意义，参看马克思在《1848年至1850年的法兰西阶级斗争》中的论述（《马克思恩格斯选集》第1卷第451—485页）；马克思《路易·波拿巴的雾月十八日》（《马克思恩格斯选集》第1卷第632—639页）；马克思《六月十三日》（《马克思恩格斯全集》德文第6卷第527—528页，参看《马克思恩格斯全集》中文第1版第6卷第627—629页）。——153

288 塞巴斯蒂安·载勒尔接着详细描述了6月13日之后受迫害的情形，首先是他本人、卡尔·布林德、海尔曼·艾韦贝克和另外几个德国流亡者在6月14日是怎样被捕的。在关于"所谓欧洲革命委员会"的审讯中，被警察局没收的、据说是一个叫莫尔的人所写的一封信起了重要作用。载勒尔写道："这封信是新近写的，开头用了夸张的词句：'亲爱的弟兄们！决定性的时刻已经到来……整个欧州将要奋起……我们将在瑞士这里组织一个军团，马上就到巴黎去援助你们，然后把德国从专制君主的统治下解放出来……'它以这种海因岑式的街垒风格继续谈了4个方面。"（塞巴斯蒂安·载勒尔：《6月13日阴谋》1850年汉堡版第79页）但他在谈审讯艾韦贝克时解释说，信的署名不是莫尔而是莫·赫（莫泽斯·赫斯），后者当时同海因岑和加莱尔留在日内瓦，而没有像莫尔、金克尔，恩格斯以及成百的其他人一样拿起武器参加巴登革命，他可以很从容、安然地写这封街垒风格的信（同上书第80页）。——157

289 当《西德意志报》于1849年5月25日在科隆出版时，其出版者和编辑海尔曼·贝克尔企图造出一种假象，似乎他的报纸是刚刚被镇压的《新莱茵报》

的继续。对此，马克思以编辑部的名义发表了一篇严厉的声明作为回答（文件374）。亨利希·毕尔格尔斯没有在这个声明上署名。虽然直到那时他形式上仍是《新莱茵报》编辑部成员，但实际上只是以自由撰稿人的身份参加活动。1849年1月，他迁居杜塞尔多夫。

《西德意志报》持左翼小资产阶级民主派的观点，但后来日益向科隆共产主义者靠拢。共产主义者给报纸带来什么好处，从恩斯特·德朗克（巴黎）1849年底给约瑟夫·魏德迈（美因河畔法兰克福）的信中也可以看出。信中写道："弗莱里格拉特给我写信，要求我在服满一个月的刑期之后接管《西德意志报》编辑部，由股东撤销蠢驴贝克尔在该报的工作。我还不知道我该怎么办。"（《同时代人》第299页）《西德意志报》刊登共产主义者方面的通讯、伦敦社会民主主义流亡者委员会的通知，并为《新莱茵报。政治经济评论》刊登广告。尤其是毕尔格尔斯在该报上发表了许多文章（见文件435），但是想领导该报的计划落空了（见文件466）。

共产主义者同盟盟员克里斯蒂安·约瑟夫·埃塞尔是《西德意志报》形式上的发行人，在报头上印着他的名字，他有时也为报纸撰写文章。而海尔曼·贝克尔对外只以"印刷和出版"负责人的身份出现。在埃塞尔为了逃避罚款威胁而逃亡之后（见注释216），胡贝尔特·萨尔盖特在报纸的处境极端困难的情况下，从1850年6月19日起接替了他的位置，成为该报发行人（见注释483）。

《西德意志报》要越来越多地同当局的镇压措施作斗争。当局首先没收了个别版面，并对该报进行一系列报刊审讯。1850年6月，普鲁士出版法使得该报已不可能继续出版，因为尽管贝克尔广泛筹集款项，但仍然交不出所要求的2500塔勒的保证金。在当局以站不住脚的理由甚至查封了印刷所之后，《西德意志报》从6月30日起每周只能出版两号，并于1850年7月21日出版了最后一号。

《西德意志广告报》（科隆）作为纯粹的广告报，在贝克尔主持下还存在了一段时间，该报发行处在1850年7月31日向《西德意志报》的订户呼吁，凡不要求退还报款者，将会收到"一系列文章作为补偿，其中包括论述当前政策和社会政治问题的文章"。接着说:"首先将论述'**石勒苏益格—荷尔斯泰因战争**',紧接着就发表'维尔加尔德尔关于联合体的著作'的译文。"——187

290 1847年9月,科隆的律师和政论家莫里茨·里廷豪森先生作为德国保护关税的代表参加了讨论自由贸易的布鲁塞尔会议,为此受到了恩格斯的嘲笑(见弗里德里希·恩格斯。《经济学家会议》,载于《马克思恩格斯全集》德文第4卷第293页,参看《马克思恩格斯全集》中文第1版第4卷第278—279页,恩格斯《讨论自由贸易的布鲁塞尔会议》,载于《马克思恩格斯全集》德文第4卷第300页,参看《马克思恩格斯全集》中文第1版第4卷第286页)。里廷豪森作为科隆民主协会的成员和《新莱茵报》(科隆)的通讯员在法兰克福预备议会中积极参加了1848—1849年革命。1848年9月,他被选入科隆安全委员会。1849年5月,他是科隆新创办的《西德意志报》的发行人之一,并在后来从巴黎为该报写通讯。

革命失败之后,里廷豪森侨居法国,后来又移居比利时。他在巴黎成为傅立叶主义者维克多·孔西得朗的追随者,他在傅立叶主义者的机关报《和平民主日报》(巴黎)上首先发表了其人民直接立法的思想,1850年9月,还以《人民直接立法即真正的民主》为标题出版了单行本。他在《人民直接立法及其反对者》(1852年布鲁塞尔版)中阐述了类似的思想。这种认为人民直接立法的制度是建立社会主义社会的道路的空想,在共产主义同盟中受到密切注意,并作为幻想被拒绝(见文件574和655)。1851年8月8日马克思致恩格斯的信,载于《马克思恩格斯全集》德文第27卷第299页,参看《马克思恩格斯全集》中文第1版第27卷第318页。在60和70年代,里廷豪森还企图在德国工人运动中宣传其直接立法的制度。关于这一点,恩格斯于1883年5月10日写信给奥古斯特·倍倍尔说:"里廷豪森早在1848年就不是一个什么人物,他当社会主义者,只是为了装潢门面,以便依靠我们的帮助去实现他的直接的民权制度。"(载于《马克思恩格斯全集》德文第36卷第25—26页,参看《马克思恩格斯全集》中文第1版第36卷第24页)。

1856年,里廷豪森回到科隆,参加拉萨尔派的运动,后来又积极参加第一国际科隆支部的活动;他是1869年巴塞尔代表大会的代表。里廷豪森参与了创建社会民主主义工人党的工作。他作为社会民主党的代表于1877—1878年参加北德意志联邦国会，1881—1884年参加帝国国会。1884年作为左倾机会主义者脱党。——187

291 阿道夫·克路斯是美因茨的几何学家、铁路修建工程师和建筑师，有时参加散发海因岑的传单并参加民主体操运动。1847年，他居住在布鲁塞尔，是马克思一家以及恩格斯、约翰·席克耳、斐迪南和威廉·沃尔弗的朋友。他曾为《德意志布鲁塞尔报》撰稿，并且（文件679可以证明）成为共产主义者同盟盟员，在同盟内化名朗格。革命爆发后，他立即返回美因茨，同卡尔·瓦劳、约翰·席克耳和保尔·施土姆普弗一起参加了同盟的活动。一段时期内，他们在这个组织中起着核心作用。作为美因茨工人教育协会的书记，克路斯于1848年4月5日签署了中央委员会发表的《致全体德国工人的呼吁书》（文件233）并代表协会参加了1848年6月14—17日在美因河畔法兰克福召开的第一届民主主义者代表大会（见注释150）。早在1848年夏天，他就到了纽约，在那里花了半年的时间加强他的英语知识和工程师的实践活动；从1849年2月起，任美国政府职员，从事海岸测量工作；从1850年起，在华盛顿的海军部任职。

克路斯在任职期间，有几年还积极参加了共产主义者同盟的活动。他同伦敦的马克思、威廉·沃尔弗等人有大量的书信来往；从1851年底，通过马克思的关系还开始同纽约的约瑟夫·魏德迈通信。1852年至1854年，他同魏德迈一起在美国大力宣传马克思主义。这两个人从1852年起，为了开展这项活动试图建立一个同盟组织（见文件685、694和753）。克路斯从1852年到1854年还为报纸撰稿，主要为埃内斯特·琼斯在伦敦出版的宪章派机关报《人民报》和魏德迈在纽约参加出版的美国工人同盟机关报《改革报》撰稿。克路斯发表在《改革报》上的文章中常常利用马克思给他的许多信中的材料。从1852年夏天起，他在美国进步的体操运动中起着积极作用——见文件717。克路斯在反对小资产阶级流亡者小组，特别是反对哥特弗利德·金克尔鼓吹的所谓德美革命公绩（见注释456），反对卡尔·海因岑和奥古斯特·维利希对共产主义者的攻击的斗争中，做了大量的政治工作；他所考虑的首要问题是使马克思的《揭露科隆共产党人案件》和他的论战性小册子《高尚意识的骑士》在美国得以出版。1854年，克路斯和马克思之间的书信来往减少了，克路斯同维利希的接触可能对此起了一定作用。在巴黎逗留之后，克路斯于1858年春来到伦敦，但没有遇到正在曼彻斯特恩格斯处的马克思。从这时起，他们再没有直接联系。——克路斯后来成为美国国家工程的总监和华盛顿的总建筑师（见B. H. 帕斯别洛娃《阿道夫·克路斯——马克思和恩格斯的战友（他在1848年革命前夕和革命期间的活动）》，《马克思主义和国际工人运动史论丛》1977年莫斯科版第285—307页；维尔塔·帕斯别洛娃《阿道夫·克路斯——共产主义者同盟盟员和马克思恩格斯的战友》，《马克思恩格斯年鉴》第3卷1980年柏林版第85—120页）。——191

292 阿道夫·克路斯指的是《工人共和国报》杂志的头3期（1850年1月、2月、3月）。这份杂志由威廉·魏特林在纽约出版到1855年7月，用以宣传他的空想共产主义观点。例如，他在同样由克路斯寄往伦敦的3月号上发表了《组织企业银行》一文。他在文章中把这种银行看作"社会改革的灵魂，协作尝试的基础"，认为它将会转变成一个完全平均分配收入的大规模共产主义移民区。

在《工人共和国报》的许多期中刊载有反对马克思和恩格斯以及科学共产主义的论述。魏特林最初取得了一些成果：1850年10月22—28日，在费城召开的魏特林所建的工人同盟第一次代表大会上通过了他的决议案（见《工人共和国报》1850年11月号第169—176页）。然而很快就发生了分歧，这个组织瓦解了。50年代中期，魏特林的空想措施，即在威斯康星州建立的共产主义移民区"公社"破产了。魏特林脱离了积极的政治活动（见吉安·马里奥·布拉沃《威廉·魏特林.〈工人共和国报〉和同马克思的论战（1850—1855）》1979年瓦杜兹-利希滕施泰因版第22—37页）。——191

293 商店职员约翰·席克耳出身于美因茨一个富有的商人家庭。他于1847年6月初到达布鲁塞尔，在那里，他同马克思和恩格斯建立了密切联系并被接受为共产主义者同盟盟员。他积极参加布鲁塞尔德意志工人共产主义协会的活动。1848—1849年革命爆发后，席克耳回到美因茨，立即同保尔·施士姆普弗和阿道夫·克路斯一起参加了加强美因茨同盟支部的工作（见文件236、242和251）。他在美因茨的工人教育协会和民主协会中进行活动，特别是在1848年4月和5月支持了共产主义者在美因茨发起的号召所有工人协会联合起来的倡议。

革命失败后，席克耳侨居布鲁塞尔，1850年3月去美国。在动身去布鲁塞尔之前，他把共产主义的"印刷材料"转交给德意志工人协会的代表海尔曼·施泰因根。马克思和恩格斯非常关心席克耳的命运，于1851年底建议克路斯和约瑟夫·魏德迈同最初当农场主的席克耳取得联系。此后，席克耳也参加了同盟盟员在美国的宣传活动（见文件688）。1852年10初，他在华盛顿拜访了克路斯；后来他作为商人在梅查尼克斯堡定居。1853年初，他参加了声援1852年科隆共产党人案件中被判刑者的集会——见文件753。席克耳在密尔沃基去世，当时他是一个大酒商。关于他的传略，参看《19世纪中叶的美因茨和社会问题。纪念瓦劳市长和凯特勒主教逝世100周年》1977年美因茨版第33页。——193

294 这时，民主派兄弟协会的组织结构同过去相比有了本质的变化。1848年4月10日宪章派举行的示威游行失败后，英国政府加强了对工人运动的镇压措施。500多名宪章派领导人被捕。关于恢复禁止结社法（外侨管理法案）的决定，限制了集会和出版的自由，并禁止外国成员参加英国的政治组织。这一禁令促使朱利安·哈尼于1848年5月4日召集了一次民主派兄弟协会的大会，会上决定解散协会，用同一名称建立一个新的协会，只接受英国公民参加这一组织。1848年5月27日，民主派兄弟协会的新章程在《北极星报》（伦敦）第553号上发表，由一个完全由英国人组成的7人委员会签署。这个委员会每年改选一次。章程宣布，协会的主要任务是组织一个由全民选举的政府，它有义务向人民汇报工作。协会的政治目标基本上同过去一样，即争取欧洲所有国家民主派的兄弟联合，特别是建立这些国家工人之间的密切联系。民主派兄弟协会同情巴黎1848年六月起义，并专门就此向英格兰和爱尔兰工人发出呼吁。

1849年秋，为了加强民主派兄弟协会的活动，并使它变成一个浸透无产阶级国际主义思想的组织,哈尼采取了新的步骤。他于10月份起草了一个新章程,发表在《民主评论》(伦敦)11月号第240页上。这家杂志实际上是民主派兄弟协会的机关报。新章程把协会的首要目标表述如下:"各民族间的兄弟情谊,特别是全世界无产者兄弟般的联合。"新章程规定,除了已有的由会员自愿捐助的公共基金之外,再建立一项兄弟基金,专门用来援助受迫害的英国兄弟和来自欧洲大陆的"兄弟"。然而,后来民主派兄弟协会作为纯粹的英国组织而存在。不过,各国的革命流亡者代表也应邀参加它偶尔举行的宴会和群众大会,他们可以积极参加这些活动。这有助于在伦敦的共产主义者同盟、左翼宪章派和法国布朗基主义流亡者的领导人之间建立密切联系,他们很快就组织成世界革命共产主义者协会。

随着宪章运动的普遍衰落,民主派兄弟协会的活动也渐渐停止了。它最后大概存在到1853年。——202

295 这是以S为标志的4月13日伦敦一篇通讯的结尾。这篇通讯可能是塞巴斯蒂安·载勒尔撰写的。关于此次宴会,《民主评论》(伦敦)1850年第5期第463—464页也作了报道(见《马克思恩格斯全集》历史考证版第1部分第10卷第1076—1077页)。

朱利安·哈尼的讲话表明了他当时同马克思和恩格斯的亲密关系,康拉德·施拉姆的讲话反映出马克思著作《1848年至1850年的法兰西阶级斗争》第三节的影响(文件447)。恩格斯的祝酒词第一次表明他在从事历史问题的研究。此后不久,他就写成了他的著作《德国农民战争》(见文件550)。——202

296 关于工人兄弟会法兰克福区委员会的活动,另见文件429和449。——共产主义者同盟盟员对这个区委员会的强烈影响(见注释263)首先在这个记录中清楚地表现出来:一是建议科隆作为工人兄弟会新的区的领导地区;二是提出讨论的问题使人感觉到中央委员会的《三月告同盟书》——文件448——的作用。正如从恩斯特·德朗克1850年7月3日给中央委员会的报告(文件490)中所看到的,把法兰克福同盟支部建立在《三月告同盟书》基础上的这种宣传工作,5月和6月还在工人运动中卓有成效地继续进行。——214

297 裁缝约翰·格奥尔格·莱宁格尔,原籍伊德施泰因的尼德豪森,是共产主义者同盟的多年老盟员,但他始终未能摆脱威廉·魏特林和埃蒂耶纳·卡贝学说的影响,后来成为维利希—沙佩尔宗德崩得的最积极的成员之一。

莱宁格尔从1840年起住在法国,1843年起住在巴黎,是正义者同盟盟员,并同威廉·魏特林、海尔曼·艾韦贝克、安得烈亚斯·谢韦策尔等人有私人交往。他在巴黎结婚,他的妻子曾为流亡的德国手工业者(其中有许多同盟盟员)提供食宿,因此,莱宁格尔的住宅成为同盟的集会地点。1847年秋天,莱宁格尔在巴黎和美因茨反对正义者同盟改组为共产主义者同盟(见文件169)。在1848—1849年革命期间,他是巴黎的德意志工人协会的领导成员(见文件294和注释155)。在艾韦贝克退出共产主义者同盟之后,莱宁格尔大概还继续在一个支部中进行活动(见注释298)。1850年秋天,他参加了宗德崩得,1851年7月,他作为巴黎的代表参加了伦敦的宗德崩得代表大会。1851年8月底,他作为巴黎宗德崩得的特使来到美因茨。可是,由于警察局事先已经得到消息,他于几天之后(9月6日)就在美因茨被捕。后来,威廉·施梯伯在1852年的科隆共产党人案件中利用了从他那里发现的材料。经过大约一年半的拘押之后,莱宁格尔于1853年5月7日在美因茨陪审法庭的一次审判中获释。他的供词、起诉书和其他材料,见波茨坦国家档案馆 Rep. 30 Berlin C, Tit. 94, Lit. R, Nr. 217. ——219

298 这封信只有保存在莱宁格尔案卷中的警察局抄件(波茨坦国家档案馆 Rep. 30 Berlin C, Tit. 94, Lit. R, Nr. 217),这个抄件有不少错误,这次刊印时尽量予以更正。信封上的地址写着:"经加来。巴黎蒙马特尔街莱宁格尔先生(裁缝)收。"

这封信是在1850年1月海尔曼·艾韦贝克退出同盟之后,有关巴黎同盟盟员继续进行活动的少数材料之一(见注释248)。虽然奥古斯特·格贝尔特只在那里逗留了几天,但他凭借1848年革命前的巴黎盟员身份同一些人取得联系。这些人的名字在文件中提到,但一般不为人所熟悉,他们大概受约翰·格奥尔格·莱宁格尔领导。——巴黎另一个同伦敦和美因茨有联系并在德意志歌咏协会中起领导作用的小组或同盟支部的成员当时有:约瑟夫·吉佩里希、鞋匠彼得·勒德尔、制鞋帮工弗里德里希·米德京、符滕堡的让·弗格特勒和亨利希·巴德（见文件478），后来还有：汉诺威的裁缝路德维希·亨利希·奈特、荷尔斯泰因的罗斯或罗瑟和柏林的施米茨。——219

299 指的是由古斯塔夫·司徒卢威、弗里德里希·博布钦和1850年4月22日建立的流亡者协会（见《马克思恩格斯全集》中文第1版第8卷第301、32页。——译者注）的另外4个领导人署名的一封信。协会于4月29日把这封信交给社会民主主义流亡者委员会，这是一封公开的挑战书，其中充满粗暴的指责和诽谤，直至提出解散社会民主主义流亡者委员会的无理要求。例如，在4月28日流亡者协会的一次会议上提出：

"考虑到：你们的委员会并不是由当地的流亡者多数自由选举产生的，因而不是流亡者的机关；

考虑到：你们的委员会只有把得到的救济金平均分配给每一个需要救济的流亡者，才是民主意义上的分配者；

考虑到：多数流亡者不满意你们过去的财务报告，他们有理由求一份**专门的财务报告**；

最后，考虑到：多数流亡者认为只有由最近召开的全体大会选出的委员会才有权代表他们。

会议建议并决定：

向今迄由马克思、恩格斯和维利希诸位先生领导的'社会民主主义流亡者委员会'提出下列要求：

1. 鉴于上述理由，解散'流亡者委员会'。
2. 向流亡者协会提交专门的财务报告。
3. 把库存现金转交流亡者协会理事会。"

奥古斯特·维利希给马克思的这封信写在流亡者协会此信的最后一页上。后来，马克思在维利希这封信的背面作了如下批注："奥·维利希对古·司徒卢威的评价。1850年4月29日"这句话显然写于同盟分裂之后，并且同维利希后来和司徒卢威之流的小资产阶级领袖们进行合作的事实有关。——221

300 因为亨利希·鲍威尔的出使大约在1850年5月8—10日才到达美因河畔法兰

克福，所以在卡尔·沙佩尔信的末尾注明的日期"星期三"，估计是5月1日。这也符合沙佩尔没有参加4月24日在美因河畔法兰克福召开的工人兄弟会区委员会会议（见文件460）的情况。这封信第一次在《同时代人》（第340—341页）上发表时注明的日期是"大约1850年4月"。

这封信没有通过邮寄；在信封的抬头只写着"恩斯特·德朗克博士先生收"。——222

301 威斯巴登工人协会有时也叫做工人教育协会，是1848年5月在奥斯瓦尔德·狄茨和医生弗里德里希·格雷费领导下建立的。狄茨和卡尔·沙佩尔作为该组织的代表参加了1848年6月14—17日在美因河畔法兰克福召开的第一届民主主义者代表大会（见注释150）。1849年协会会员参加了维护帝国宪法运动——如弗里德里希·卡尔·海特尔（见文件376）和在拉施塔特被枪杀的钟表匠格奥尔格·毕明。革命之后，协会（从1850年2月底起，沙佩尔和弗里德里希·列斯纳接替领导职务）同工人兄弟会区委员会合并——见文件449和460。会员人数从1850年3月的110人增加到6月的200人——见文件474。协会经管一个阅览室，它的会员在歌咏、体操和射击协会中进行了大量的政治工作。为伦敦政治流亡者所举行的募捐活动被警察禁止。威斯巴登同盟支部有目的的活动总体上反映了协会至1850年年中富有成效的发展（见注释302）。1850年6月，沙佩尔和列斯纳被驱逐出威斯巴登之后，协会由卡尔·拉特（因参加伊德施泰因的省代表大会而和沙佩尔一起受到控告的宫廷法庭庭长阿道夫·拉特的儿子）和亨利希·法伊贝耳领导；1851年9月，协会被警察局取缔。关于这一点，1851年9月29日《北德报．汉诺威晨报》第544号上报道："**威斯巴登9月27日讯。**当地警察局昨天同时在民主协会（维护人权民主协会）理事会、制革匠内森和教师D.施米特家里，后来又在工人协会理事会、亨利希·法伊贝耳（检察官老莱斯勒的文书）和瓦工卡尔·基尔普家里，以及利特尔的书店（听说还在细木工鲁珀特和裁缝法伊贝耳、卡尔·毕尔舍家）进行了大规模的搜查。根据发现的文件，特别是其中发现有一封同不久前逃往汉诺威的共产主义者细木工施泰翰的通信，下流作家法伊贝耳被逮捕。工人协会的会员（人们发现了一本他们的完整的名

册)大部分是外来的手工工匠,据说他们第二天就被赶出这个城市并被驱逐出境。"——222

302 早在1847年秋天就已经打算派一位特使在威斯巴登建立同盟支部(见文件169),然而直到革命开始后,卡尔·沙佩尔作为中央委员会的特使于1848年4月底才建立了支部。在建立支部的过程中,他一度得到过阿道夫·克路斯的支持(见文件242和248)。当住在威斯巴登的卡尔·瓦劳退出同盟之后,奥斯瓦尔德·狄茨和弗里德里希·卡尔·海尔特尔起了重要作用。1849年6月,沙佩尔在威斯巴登只进行了短时间的活动(见注释191)。

1850年2月底,沙佩尔和弗里德里希·列斯纳一起回到威斯巴登(见注释274)之后,那里的政治工作开始了一个新的阶段。他们使这个属于工人兄弟会法兰克福区委员会的兄弟协会的活动活跃起来。新建立的受沙佩尔领导的同盟支部大约有10名会员,其中有列斯纳,还可能有海特尔、弗里德里希·格雷费、福尔克马森的细木工亨利希·安东·比丁、卡尔·拉特(因参加伊德施泰因的省代表大会而和沙佩尔一起受到控告的宫廷法庭庭长阿道夫·拉特的儿子)和文书亨利希。法伊贝耳。彼得·勒泽尔于3月初从科隆、卡尔·布伦大约在同一时间从伦敦、亨利希·鲍威尔于5月初从伦敦分别来到威斯巴登。他们同约瑟夫·魏德迈(美因河畔法兰克福)有密切联系。威斯巴登同盟支部的盟员领导工人协会和其他协会的活动,推销《新莱茵报。政治经济评论》——见文件482,他们对尤利乌斯·奥珀曼领导的《自由报》(拿骚)也有影响。中央委员会《六月告同盟书》(文件473)把威斯巴登看作同盟的一个主要据点是有理由的。这份文件提到有一个支部建议立即召开一次代表大会,可能是指威斯巴登支部。在威斯巴登的内罗贝格举行的一次未经当局批准的大规模人民庆祝活动,也说明了共产主义者的群众影响日益增长。在这种情况下,反动势力很快就加强了镇压(文件474);6月18日,沙佩尔和列斯纳被驱逐出境。他们于1850年6月20日离开威斯巴登。沙佩尔去了伦敦,列斯纳去了美因茨。在威斯巴登继续存在的同盟支部仍然推销《新莱茵报。政治经济评论》(见文件488),并于1850年秋站在马克思主义立场上对宗德崩得进行了斗争。根据科隆中央委员会的决议,威斯巴登支部从 1850 年 11 月初隶属于新组建的美因河畔法兰克福总区部。由于魏德迈的朋友卡尔·拉特于 1850 年 11 月移居美国，在最后的阶段主要由法伊贝耳起领导作用。他同路德维希·施泰翰在汉诺威出版的《德意志工人俱乐部》建立了密切联系，并为它写通讯（见文件 588）。工人协会遭到禁止后，法伊贝耳于 1851 年 9 月以叛国罪受到审讯。在一份丝毫不能反映出法伊贝耳全部观点的可疑材料，即国家检察官 1851 年 10 月 6 日的报告中谈到对法伊贝耳的审讯："根据被告的解释，社会主义要求在社会中把天资和勤奋拉平。这一体系同卡尔·沙佩尔及其追随者的原理的不同之处在于，后者要求社会完全排除学者阶层，亨利希·法伊贝耳不同意这种观点。他把共产主义解释为一种思想，这一思想主张把全部财富以及私人工业转交给国家，通过这种方法实现完全的平等。在这个体系中，天资和勤奋是不予考虑的，然而它并不排除学者阶层。社会民主派要求一切人的无条件的平等；它只承认人民的自主权，并致力于同时改善国家成员的物质命运。"（引自沃尔弗-海诺·施特鲁克《威斯巴登工人运动的开端（1848—1851 年）》，《地方志。美因茨大学地方志学会出版物》第 5 卷专辑：《路德维希·佩特里纪念文集》第 2 部分 1969 年威斯巴登版第 318 页）这一阐述证明，法伊贝耳清楚地知道同宗德崩得的分歧，并拒绝了他们的观点。——法伊贝耳被判处一年监禁，但他得以逃亡伦敦。比丁早在 1851 年 10 月就已经被驱逐出拿骚省。——关于威斯巴登工人运动的早期历史，参看上书第 287—321 页。——222

303 这封信同文件 453 相衔接，施拉姆在此期间的回信没有保留下来，不过根据卡尔·布伦的信，可以知道它的一部分内容。回信似乎是受中央委员会的委托而写的，根据布伦关于一次所谓误会的说明可以看出，信中指示布伦应当放弃他的军事幻想。布伦当时在许多方面背离了同盟的政治路线，例如，他号召同瑞士的"革命集中"（见文件 469）和司徒卢威的伦敦流亡者协会（见注释 299）这样的小资产阶级组织和解。他对于像特奥多尔·哈根和弗里德里希·马尔滕斯（他们当然拒绝他的冒险主义的军事计划）这样的同盟盟员的怀疑也是没有根据的。由于宗派主义活动，布伦被开除出同盟（见文件 473 和注释 244）。

像其他书信一样，布伦的信由中央委员会主席马克思在一次中央委员会会议上宣读（见卡尔·马克思《高尚意识的骑士》，载于《马克思恩格斯全集》德文第9卷第496页，参看《马克思恩格斯全集》中文第2版第12卷第565页）。

在第一次发表的时候（见沃尔弗冈·席德尔《1850年的共产主义者同盟》，《国际社会历史评论》（阿森—阿姆斯特丹）1868年版第13卷第1册第47—53页）——在阿姆斯特丹国际社会史研究所作为特别文件保存的附言（马克思恩格斯遗著 NI 12/020）没有刊印。它在《同时代人》第349页上才作为完全独立的文件第一次发表，注明的日期是1850年5月8日。在地址页上写的通讯处是"伦敦切尔西区国王路安德森街4号贝尔纳先生收"。但当时这是康拉德·施拉姆的住址。此外，在外侧还写着"向……问好"，至于向谁问好，由于纸张缺损而无法辨认。——224

304 石勒苏益格-荷尔斯泰因的工人协会于1850年初组成一个联合会，但它的中央委员会基本上仍处在小资产阶级领导之下，这些人主要有：基尔的律师泰奥多尔·奥尔斯豪森、弗里德里希·黑德和汉斯-赖默·克劳默。不久，工人运动的代表（其中也有一些是同盟盟员）参加了进去，使它有了很大的发展。参加进去的盟员有：烟草工人卡尔·布伦、细木工约翰·亨利希·居姆佩尔、阿尔托纳的细木工古斯塔夫·阿道夫·希尔施霍夫——他于1840年在巴黎参加正义者同盟——和新明斯特的木匠克劳斯·里彭。1850年5月4日和5日，中央委员会在新明斯特召开了一次全体大会，石勒苏益格-荷尔斯泰因大约35个工人协会和民主协会的40名代表参加了会议。一篇报道第一天大会的简讯把日期误写成4月4日，见1850年5月5日《北德意志自由报》（汉堡—阿尔托纳）第345号。这篇简讯基本上转述了1850年5月8日《西德意志报》（科隆）第109号的内容。——全体大会制定了石勒苏益格—荷尔斯泰因的工人总协会的一项法规（原稿影印件刊登在汉斯·佩尔格《1848年革命后北德意志的民主运动和社会运动》上，《社会史文库》第8卷1868年汉诺威版第208—211页）。

此外，根据希尔施霍夫的提议成立了一个委员会，它的任务是为石勒苏益格—荷尔斯泰因总协会合并于工人兄弟会作准备。从密探的一份报告看来，大约50名代表于5月12日在新明斯特就这一问题继续进行讨论，参加的人有奥尔斯豪森、黑德、克劳森、希尔施霍夫和里彭，此外还有：同盟盟员约翰·卡尔·哈克和汉堡的弗里德里希·马尔滕斯，以及不来梅的北德意志工人兄弟会中央委员会的代表。原则上接受了工人兄弟会的基本章程。——5月12日下午，在较小范围内举行的一次秘密会议上，不来梅的温采尔·科尔韦克和哈克说明了应当通报莱比锡的工人兄弟会中央委员会的成员被驱逐之后采取的秘密措施，其中还有科尔韦克就这一问题写给马克思（伦敦）的一封信，该信没有保存下来（见汉堡国家档案馆警察局刑事案卷Serie VI, Lit; X, Nr. 1022, Bd. 1, Bl. 96ff.）。——225

305 这个日期是根据邮戳"科隆5月5日"刊印的。

从亨利希·毕尔格尔斯的结束语可以看出，起初打算把这封信附在弗莱里格拉特给马克思的信中。但在毕尔格尔斯的结束语下面有弗莱里格拉特的手笔："斐·弗附上"，就是说，他把自己1850年5月5日给马克思和恩格斯的信（发表于《弗莱里格拉特和马克思恩格斯通信集》（曼夫雷德·海克尔编辑和作序）第1卷1968年柏林版第17—19页）附在毕尔格尔斯的这封信中。——230

306 亨利希·毕尔格尔斯提到并在这封信中直接或间接作了答复的马克思大约在1850年4月初和4月25日写给他的信，以及恩格斯大约在1850年5月2日写给斐迪南·弗莱里格拉特的信都没有保存下来。从毕尔格尔斯的这封复信中，可以推测出马克思书信的某些内容。——参看恩格斯1850年4月25日给约瑟夫·魏德迈的信（文件461）。

毕尔格尔斯认真研究了马克思和恩格斯的批评信。所以格奥尔格·维尔特还在1850年6月2日从科隆的拘留所写信给马克思说："我刚刚又同温顺的亨利希谈了一次话。他抱怨说，你们对他有些粗暴。他本想与你们通信，而从您和恩格斯的答复中得出结论，你们认为他阴谋反对你们，等等。但这个温顺的灵魂根本就没有这样想过。他给《西德意志报》工作是出于政治需要。看在我的面上，对这个温顺的人不要再这样粗暴。"载于《维尔特全集》

(布鲁诺·凯泽尔编)第 5 卷 1957 年柏林版第 360 页。——230

307 大约在 1850 年 2 月,亨利希·毕尔格尔斯就已经从杜塞尔多夫给《西德意志报》(科隆)撰稿(见注释 271)。4 月份,该报还发表过几篇可能出自毕尔格尔斯手笔的以 § 为标志的通讯。他进行过关于直接参加编辑部问题的商谈,并于 1850 年 4 月 11 日把商谈失败的消息告诉了斐迪南·拉萨尔。他在这封信中写道:"当我离开杜塞尔多夫前不久告诉您我将参加《西德意志报》编辑部的工作时,我曾有充分的理由这样告诉您。从那以后,情况有了根本的变化;《西德意志报》编辑部仍然是《西德意志报》编辑部,我仍然是我。我希望,该报至今没有改变立场这一情况就足以证明这一点。如果我(这不是不可能的)出于对党的考虑决定为该报写文章,那么我仍旧是一个自由撰稿人,既不受编辑部的约束,也不对它产生**任何影响**。"(《斐迪南·拉萨尔书信集》(古斯塔夫·迈尔编)第 2 卷 1923 年柏林版第 32 页)

但是,毕尔格尔斯不仅是《西德意志报》的通讯员,而且也做编辑工作。例如,到 1850 年 7 月为止,他以 ∗∗ 为标志发表了许多篇内容丰富的关于基本政治问题的社论,其中有一部分是同柏林《晚邮报》论战的(见注释 310)。

很久以后,毕尔格尔斯自己甚至也说,他在"1850 年复活节之后"参加了《西德意志报》编辑部(见《回忆斐迪南·弗莱里格拉特》,1876 年 11 月 26 日《柏林政治和学术问题王国特权报(福斯报)》第 278 号)。——231

308 有时用"哈茨费尔特党"表示斐迪南·拉萨尔、索菲娅·哈茨费尔特伯爵夫人及其追随者。拉萨尔从 1846 年至 1854 年承办伯爵夫人的一桩拖延很长时间的离婚和财产案件,他认为这一案件具有政治意义。亨利希·毕尔格尔斯被怀疑为"哈茨费尔特党"是因为他曾一度在杜塞尔多夫的哈茨费尔特家担任家庭教师(见注释 283)。1850 年 4 月,科隆共产党人和《西德意志报》(科隆)发行人对拉萨尔的抨击也牵连到毕尔格尔斯本人。因为 1850 年保尔·爱德华·冯·弥勒-泰勒林在杜塞尔多夫起草那篇诽谤性文章《〈西德意志报〉的悲伤》时,他正在那里逗留;毕尔格尔斯知道这篇稿件,却没有充分有力地提出自己的反对意见。

以罗兰特·丹尼尔斯为中心的一小伙科隆共产党人对拉萨尔持特别怀疑

的态度。甚至马克思偶尔提出希望把拉萨尔拉近同盟的建议也遭到了他们的拒绝（见文件 483 和 641）。不久，毕尔格尔斯也采取了这一立场，拉萨尔在长期被监禁获释后于 1851 年 3 月再次靠拢科隆共产党人时，遭到拒绝（见文件 598 和 605）。——232

309 从 1850 年 4 月 30 日起，《西德意志报》（科隆）除了原来的关于诉讼案的报道，还发表了一组关于科隆哥特弗利德·金克尔案件的社论。亨利希·毕尔格尔斯在社论中用一般法律政治观点剖析了起诉书，并首先探讨了 1849 年 5 月中旬出现的形势。第 102、103 号上毕尔格尔斯的文章以**为标志，接下来在 1850 年 5 月 2、3、4 日第 104、105 和 106 号上的文章是以单星为标志的。——尽管毕尔格尔斯没有着重突出金克尔个人，但他的文章在客观上起了促进金克尔个人崇拜的作用。即使是到后来，马克思在对毕尔格尔斯在这个问题上的做法仍然持完全否定的态度（见文件 689）。

对金克尔的评价在批判小资产阶级运动的弱点和暧昧时起了很大作用。金克尔是波恩大学文学教授，1848—1849 年革命期间参加小资产阶级民主主义运动。1849 年 5 月，他同弗里德里希·安内克和卡尔·叔尔茨一起参加了那次一开始就注定要失败的袭击济克堡军械库行动，接着来到德国西南部。在那里，他于 1849 年参加维护帝国宪法的斗争中被普鲁士当局逮捕，1849 年 8 月，被拉施塔特军事法庭判处无期徒刑。普鲁士国王本来准备把他判处死刑，后又改为严加看管的无期徒刑。从此以后，金克尔在广大民主派小资产阶级当中赢得了杰出殉道者的声誉，在报刊上一再受到赞扬。实际上，金克尔在民主主义运动中立场极其温和，常常动摇，他的讲话和文章经常使用一些非常夸张的惯用语。早在 1849 年 10 月，资产阶级报刊就曾报道过，金克尔在拉施塔特对一个同狱人说，"北方（特别是普鲁士）在德国和对德国南部的霸权地位将永远是肯定无疑的，并且是一个必然会达到的目标。至于普鲁士采取什么形式来领导德国，可以不予考虑。他本人并不反对立宪君主制，只是希望有一位从人民中脱颖而出的，或得到全体人民拥护的公爵作为领导人"（1849 年 10 月 26 日《西德意志报》第 133 号）。柏林《晚邮报》在 1850 年 4 月 6 日和 7 日的第 78 和 79 号上发表了金克尔在拉施塔特的辩护词，他在其中也谈到君主制普鲁士在德国的领导地位，另外还表现得没有什么气节。毕尔格尔斯在信中提到的对1849年8月的拉施塔特辩护词的否认仅仅在暗中流传；金克尔不敢把这一说法公开向他的妻子重述一遍。

1850年4月29日至5月2日，就锡格堡事件对金克尔作了进一步的审讯。同案的被告还有：波恩的商人安瑟伦·翁加尔、他的儿子莱奥波德·翁加尔、大学生路德维希·迈耶尔，以及流亡者弗里德里希·安内克、弗里德里希·康姆、马蒂亚斯·林格斯和卡尔·叔尔茨。在审理这一案件期间，对金克尔的个人崇拜达到了顶点，《西德意志报》的报道几乎全都围绕着金克尔。海尔曼·贝克尔印刷了金克尔的辩护词的好几个版本。这个辩护词虽然在政治上没有什么真正越轨之处，但却特别夸大其词和空话连篇。

金克尔的拉施塔特辩护词一发表，马克思和恩格斯立即进行了尖锐批驳，他们揭露了辩护词的真正内容（见卡尔·马克思/弗里德里希·恩格斯：《哥特弗利德·金克尔》，载于《马克思恩格斯全集》德文版第7卷第299—301页，参看《马克思恩格斯全集》中文第1版第7卷第351—353页）。

维尔特由于从1850年2月25日至5月26日在科隆为《新莱茵报》（科隆）写了反对利希诺夫斯基侯爵的小品文而被判处3个月监禁，他在获释后于6月2日写信给马克思说：“关于《新莱茵报．政治经济评论》，我听到许多不愉快的消息，主要是舒伯特的寄发工作做得不好，比如，在美因茨几乎一本都没有收到，至少瑙特向我肯定了这一点。此外，这头蠢驴对评论金克尔的这篇文章大放厥词。丹尼尔斯、弗莱里格拉特和我是仅有的对此感到高兴的人。在拘留所，我常看到金克尔，但不能同他讲话。他在这里的逗留和受陪审法官的审判是人们看到过的最恶心的闹剧。[……]金克尔无疑是一个很好的、很可爱的人，但另一方面却是一种宗教、文学和政治回忆的讨厌的混合物——真令人恼火。《西德意志报》——对谁也没有像对金克尔这样报道过——是这个人的最有价值的机关报。”（《维尔特全集》（布鲁诺·凯泽尔编）第5卷1957年柏林版第357—359页）——233

310 《西德意志报》4月22日了发表一篇带有§科隆标志的文章（1850年4月24日第97号）。这篇文章尖锐地批判了柏林《晚邮报》的空话。从6月7日至

7月6日，亨利希·毕尔格尔斯写了以※为通讯标志的文章，继续这场论战（见1850年6月9日和7月7日《西德意志报》第136号和第157号）。他在文章中还利用了马克思的意见，例如，从对"Mühleigner"（"厂主"）一词注解中可以看出这一点。

"Mühleigner"（"厂主"）指尤利乌斯·孚赫，他是《晚邮报》集团的主要代表者之一，早在1845年就由于一个简单的翻译错误而被马克思和恩格斯这样戏称（见马克思恩格斯《神圣家族》，载于《马克思恩格斯全集》德文版第2卷第16页，参看《马克思恩格斯全集》中文第1版第2卷第18页）。

这次思想争论在当时具有重大政治意义，因为柏林的《晚邮报》集团企图用无政府主义词句掩盖他们反对共产主义和民主主义的立场。他们还对伦敦流亡者委员会进行过诬蔑性攻击。马克思和恩格斯在1850年4月20日的声明（文件458）中对此进行了驳斥，他们在《新莱茵报。政治经济评论》第4期上发表的《评埃米尔·德·日拉丹〈社会主义和捐税〉》的书评中，就已经开始从理论上批判资产阶级无政府主义，恩格斯的一篇未完成著作《废除国家的口号和德国〈无政府之友〉》（载于《马克思恩格斯全集》德文版第7卷第417—420页，参看《马克思恩格斯全集》中文第1版第7卷第487—491页）继续进行这种批判。——234

311 还不能确定所指的是不是1850年4月22日《西德意志报》（科隆）发表的亨利希·毕尔格尔斯针对柏林《晚邮报》写的文章——见注释310——或者是其他一篇文章。毕尔格尔斯的说明是保存下来的唯一能够说明埃米尔·韦勒从1849年末至1850年5月的非法逗留地点的材料。

韦勒原籍德累斯顿，大约从1845年开始积极参加德国的社会主义宣传活动。他为许多文集、年鉴和报纸撰稿，例如，曾为《1846年德国公民手册》（曼海姆）、《莱茵社会改革年鉴》（康斯坦茨的贝尔维尤）、《威斯特伐利亚汽船》（比勒费尔德—帕德博恩）等报刊撰稿。此外，他在莱比锡进行了大量的编辑出版工作。韦勒受到"真正的"社会主义和无政府主义的很大影响。

从1846年起，他可能就是正义者同盟莱比锡支部的骨干成员。他可能是卡尔·沙佩尔在1846年9月初写的一封信的收信人（文件125）。韦勒在他的

《1848年民主手册》(1847年莱比锡)上刊登了1846年11月和1847年2月的人民议事会的两篇《告同盟书》(见文件134和139),此外,还刊登了马克思《哲学的贫困》的摘录(见文件174)。同盟莱比锡支部通过韦勒及其同书商的广泛联系而与巴黎、伦敦和瑞士保持联系。

在革命期间,他在莱比锡积极开展革命民主运动和工人运动的活动。他出版的《人民之友》(莱比锡)还刊登了《共产党在德国的要求》17条。韦勒为《新莱茵报》(科隆)写过通讯。1848—1849年革命期间,他虽然在政治上成长很快,但未能完全转到科学共产主义立场上来。1849年,他参加了"兄弟会"(莱比锡)的工作,并积极参加工人兄弟会(中央委员会设在莱比锡)的发展工作。韦勒从事的政论活动被加上莫须有的图谋叛国的罪名,并于1849年12月18日被判处18个月的徒刑,但他没有服刑。他继续从事非法政治活动,1850年得以部分地继续其出版活动。因为韦勒出版的宣传性小册子《臣民和仆人的新年历书》(1850年莱比锡)收入了亨利希·鲍威尔的一首诗,所以他有机会在鲍威尔特使巡视德国时同鲍威尔见面。此外,这本小册子中还收入了维克多·特德斯科的《无产者问答》(文件445)的摘录。1850年5月,韦勒离开德国,途经荷兰、布鲁塞尔和斯特拉斯堡到了瑞士,后来他住在纽伦堡。——关于韦勒到1851年的发展,见罗尔夫·韦伯《埃米尔·奥托卡尔·韦勒及其在1848年莱比锡民主运动和工人运动中的作用》(《地方史年鉴》1968年魏玛版第3卷第110—136页);韦伯《埃米尔·奥托卡尔·韦勒》,《1848年革命名人录》1970年柏林版第149—189页。

从1869年至1871年,韦勒在第一国际纽伦堡支部中起着领导作用(见韦勒给约翰·菲利浦·贝克尔的有关的8封信,存于阿姆斯特丹国际社会史研究所贝克尔遗著Sing. DIII 149—156)。——234

312 恩斯特·德朗克在《新莱茵报》(科隆)被查封以后,同马克思和恩格斯一起来到德国南部,并从1849年6月中旬至1850年3月底非法居住在巴黎。他从那里为美因河畔法兰克福的《新德意志报》撰写通讯,并翻译了约瑟夫·拿破仑·里恰迪的《意大利1848年革命史。附1849年上半年历次运动的概况》(1849年巴黎版)一书。他的计划是到都灵去。当他于1850年3月底被逐驱出法国后,来到美因河畔法兰克福,他在这里(除去到富尔达、哈瑙和威斯巴登的短期旅行)从1850年4月一直逗留到同年6月,同约瑟夫·魏德迈一起参加了共产主义者同盟在这一地区的改组工作并起了决定性作用。德朗克参加销售《新莱茵报。政治经济评论》的工作,并为伦敦流亡者委员会筹款,他同在威斯巴登的卡尔·沙佩尔保持联系,并坚决反对"革命集中"的影响(见文件464、490、496和注释245)。他很可能也参加了同中央委员会特使亨利希·鲍威尔的协商。在法兰克福,德朗克接到伦敦中央委员会派他出使瑞士的委托书。这次出使在1850年1月就已经决定。看来德朗克在鲍威尔访问之前,至迟是从接到恩格斯1850年4月25日前后的信之后,就已经知道了对他的委托。但是,这次原定于5月中旬开始的出使由于缺少经费而推迟到1850年6月底(另见H.特尔-阿科普扬《恩斯特·德朗克》,《马克思恩格斯和第一批无产阶级革命家》1961年莫斯科版第364—372页;《马克思恩格斯和第一批无产阶级革命家》1963年北京三联书店版第394—423页)。

关于德朗克以后的活动,见注释330和497。——237

313 德朗克在开头引用的恩格斯给恩斯特·德朗克的信没有保存下来;这封信附在1850年4月25日恩格斯给约瑟夫·魏德迈的信(文件461)中,因此是4月27日前后到达美因河畔法兰克福的。德朗克此时正在富尔达和哈瑙出使,于10天之后的5月6日前后回到法兰克福。因为亨利希·鲍威尔在其出使期间大约于5月8日到达法兰克福,而这封信是在他到达之前写的,所以时间应当是5月7日左右。

后来恩格斯在德朗克的原信上写了"1850年春"几个字。

关于德朗克在富尔达的逗留,在一篇注明日期为5月6日显然是德朗克刚刚离开以后为《法兰克福总邮报》撰写的富尔达通讯中说道:"政治流亡者恩斯特·德朗克博士几天以来出现在这里,险些被警察当局逮捕。他的几个熟人偶然知道了警官们的意图,立即设法帮助被追踪者逃走。"引自1850年5月10日《西德意志报》(科隆)第111号。——237

314 根据社会民主主义流亡者委员会1850年7月30日的财务报告(文件500),

来自哈瑙的200盾（折合13英镑）是奥古斯特·谢特奈尔汇到伦敦的。1850年5月，流亡者委员会从美因河畔法兰克福一次收到5英镑，一次收到20英镑；这两笔捐款同恩斯特·德朗克在这里提到的10多镑的期票有什么联系，还不太清楚。

1850年5月至7月的财务报告表明，在这期间仅从法兰克福就收到75英镑，此外，从邻近地区哈瑙和威斯巴登收到17英镑2先令3便士。因此，从法兰克福地区共收到92英镑2先令8便士。这个数字超过当时在德国、英国和法国所募集的全部救济捐款的88%，这是德朗克、弗里德里希·列斯纳、卡尔·沙佩尔、谢特奈尔、约瑟夫·魏德迈等这些同盟盟员特别积极活动的结果。——239

315 这份只注明"致恩格斯"的报告显然只是根据共产主义者同盟中央委员会的要求，为了供它使用才写的。1849年12月，恩格斯和威廉·沃尔弗的通信恢复（见文件413）以后，他们之间肯定有了频繁联系；沃尔弗的"参加伦敦协会"的这句话意味着他最晚在1850年3月已经得知同盟改组的事情，他还知道关于派特使恩斯特·德朗克到瑞士去的决定。因此，沃尔弗的关于他从恩格斯1850年4月写的一封没有保存下来的信中才知道"伦敦协会"的一些情况的说法同共产主义者同盟无关，而是同古斯塔夫·司徒卢威在伦敦继续搞他大约在1849年和1850年之交在日内瓦同弗兰茨·济格尔一起搞过的小资产阶级组织活动（见文件425）有关。中央委员会不能不估计到这种活动和"革命集中"的活动之间的联系，因此对这方面的消息很关心，并且不久还在《六月告同盟书》（文件473）中深入地分析了这种联系。

沃尔弗的报告是《六月告同盟书》描述和评价"革命集中"的基础。这一组织是在赛米尔·埃尔德曼·奇尔讷领导下于1850年初在苏黎世成立的，成立的原因是瑞士工人协会由于穆尔滕事件（见文件434和注释278）之后采取的镇压措施而难以立足并且大部分暂时完全瓦解。"革命集中"虽然人数很少，但是它作为一个分布在瑞士和在某种程度上在瑞士境外的组织直到1850年夏天都暂时具有一定的重要性（见注释244）。《六月告同盟书》指出，"这个联合会不具有任何明显的政党性质"。多数成员是小资产阶级民主派的左翼,但是同盟盟员卡尔·布伦、卡尔·德斯特尔和阿尔诺德·赖纳赫等人也参加了这个组织。这一方面是由于缺乏自己的组织,另一方面是由于政治上糊涂。沃尔弗大约在1850年6月(见文件490),也许在5月底就已经退出这个组织。沃尔弗在这个组织里为共产主义者同盟作了重要工作。——在"革命集中"的成员中还有一些革命民主主义者。他们真诚地尽力同共产主义者进行密切合作,而且共产主义者希望把他们吸收到共产主义者同盟里。事实上,约翰·菲力浦·贝克尔、彼得·伊曼特和维克多·席利后来都参加了革命的工人运动。

"革命集中"毕竟是一个本质上是小资产阶级的组织。它所唱的"左"的、常常是"社会主义"的,甚至"共产主义"的高调恰恰对工人运动的独立性构成严重威胁。因此,共产主义者同盟中央委员会在1850年6月的《告同盟书》中对这种行为进行了尖锐抨击。同时,它把"将可以利用的力量吸收到同盟里来"作为任务。——关于共产主义者同盟和"革命集中"之间继续论战的情况,见文件496、503和526。——241

316 这个"集中"是1836年成立的波兰民主协会的领导执行机构。这个协会于1832年在法国成立,是由贵族分子和资产阶级分子组成的波兰流亡者的左翼的组织。——242

317 威廉·沃尔弗很可能是指著名新闻工作者爱德华·特奥多尔·耶克尔。他出生在开姆尼茨的一个纺织工人家庭。1837年到1840年,他在莱比锡学习政治学和历史学,并在那里结识罗伯特·勃鲁姆和威廉·阿道夫·冯·特吕茨施勒。从1840年到1846年,他在开姆尼茨参加反对派运动,加入自由公民协会并出席国民集会;从1841年起,主编激进的《太阳报》。这家报纸在人民当中,甚至在矿山地区深受拥护,1845年被查封。1846年,耶克尔返回莱比锡,在那里发表了一些历史著作并出版《蚂蚁报》(格里马)。1847年,他在《灯塔》(莱比锡)上发表《厄尔士山区的雇佣织工》一文。1848—1849年革命期间,他是萨克森共和派领导人,主编《反对报》(莱比锡);从1848年9月起,是萨克森祖国协会中央委员会主席;从1848年12月起,担任萨克森第二议院的议员。1849年,他参加德累斯顿五月起义的领导工作,他工作到

5月底，在6月担任了普法尔茨临时革命政府的秘书，1849年7月初流亡瑞士。1849—1850年，他同赛米尔·埃尔德曼·奇尔讷一道加入苏黎世流亡者委员会，1850年加入"革命集中"。这时，他从苏黎世同萨克森共和派保持秘密联系，直到1850年春天，他还同共产主义者同盟莱比锡支部领导人亨利希·马尔齐乌斯的兄弟、在莱比锡的路易·马尔齐乌斯保持书信联系。沃尔弗曾努力争取耶克尔参加同盟（见文件472）。

后来，耶克尔在瑞士当教师和新闻工作者——关于他的生平，见鲁道夫·施特劳斯《19世纪上半叶开姆尼茨工人的状况和运动》1960年柏林版，罗尔夫·韦伯《1848—1849年萨克森革命。对它的动力所做的阐述和分析》1970年柏林版。——243

318 科隆工人教育协会（见文件398）被迫向警方递交会员名单，名单的抄件保留了下来（波茨坦国家档案馆 Rep. 30 Berlin C, Tit. 94, Lit. R, Nr. 208b, lfd. Nr. 12 520）。这些名单提供了关于协会组织的若干情况。1850年4月的第一份名单上有214名会员。这份名单提供了领导委员会的成员。"彼得·格尔哈德·勒泽尔——主席；爱德·弥勒和雅科布·魏勒尔——书记；卡尔·奥托和M.沃尔赛恩——图书管理员；T.许茨、阿道夫·皮埃尔和T.[可能是菲力浦之误]维西希——出纳。"在会员当中列举了如下参加过共产主义者同盟的人或靠近同盟的人的名字。安德烈亚斯·伯多夫、恩格尔伯特·伯多夫、F.拜塞尔、H.拜塞尔、W.布劳巴赫、希拉里乌斯·费舍、阿道夫·哈马赫尔、J.P.默滕斯、威廉·约瑟夫·赖夫、H.[可能是约瑟夫之误]罗斯、奥古斯特·瓦赫特尔、C.魏勒尔——还有1850年5月26日、6月9日和30日、7月28日和8月25日的6份补充名单，这6份名单写了45名新会员的名字。在5月12日的名单中有胡贝尔特·萨尔盖特的名字。他在革命时期是工人协会的骨干成员，1850年夏天是《西德意志报》（科隆）的正式出版者。在5月26日的名单中有彼得·诺特荣克的名字。他5月初在埃尔伯费尔德案件中被宣布无罪释放，从此在科隆工人教育协会里担任领导工作。——关于协会最后被取缔，见注释319。——246

319 警察局长所要求的这次审判未能举行，因为当局本身不得不承认，不可能把工人教育协会当作政治协会加以镇压。但是，工人教育协会于1850年9月中旬被警方解散，其借口是：它是一个公共教育机构，但却没有获得所必需的许可证。9月15日，科隆工人教育协会举行了最后一次会议。图书馆交由早在1848年6月就担任科隆工人协会的 J. P. 默滕斯看管；1851年8月13日，图书馆在他手里被查封。1853年夏天，警察在搜查1852年还从事政治活动的粉刷工人吉勒斯的住宅时，工人协会的旗帜落入警察之手。——247

320 关于这些事件，1850年6月5日《西德意志报》（科隆）第132号上刊登的一篇显然是卡尔·沙佩尔小集团所写的通讯报道说：

"△**威斯巴登**，6月1日。又一次政治性大侦查！从去年冬天开始，这里成立了工人协会，不久前，这个组织的成员已达到200人。上星期日［5月26日］，这个组织在内罗山庆祝五朔节。举办这一无害的娱乐活动已经引发了一次刑事侦查，大约有20个证人已被审讯。反动派，特别是僧侣反动派期望，这个协会将会并必然会被摧毁，小市民也是这样期望的。他们清楚地看到，如果工人们为了互相教育和支持而组成一个协会的话，整个疗养地将会被毁掉。此外，任何有眼光的人都会懂得，这一侦查主要是针对什么。人们想把协会领袖卡·沙佩尔藏起来。据说有人曾向他暗示，或者离开威斯巴登（注意·沙佩尔是拿骚人）或者接受刑事侦查。几天前，他的授课许可证干脆被取消了。认识他的人都知道，沙佩尔并没有因警察局的这一壮举而屈服。但他是否在其自愿流放之前一直为这件事感到恼火，则是另外的问题。我们几乎担心，他将会因为尝够了德国的不幸而移居他国。"

6月18日，沙佩尔和弗里德里希·列斯纳接到24小时之内离开拿骚公国的命令。他们于6月20日动身离开，6月21日左右，他们同许多工人（其中有美因河畔法兰克福区部的盟员）一起在美因茨的比布利希举行了告别活动。此后，列斯纳去美因茨，沙佩尔去科隆。1850年7月初，沙佩尔到达伦敦。——267

321 奥古斯特·海恩是施魏德尼茨（西里西亚）的邮局秘书。至于他是在什么时候成为同盟盟员的，没有材料保存下来。他由于参加1848年6月14日至17日在美因河畔法兰克福举行的第一届民主主义者代表大会（见注释150）而受到上级机关的处分。尽管过去免除过他的兵役,但这一次突然被招募到波茨坦去服兵役,从那里又被送回来。普鲁士邮政总局曾对海恩起诉过(见1848年7月14日《柏林阅览室》第161号),他后来投身于柏林的政治活动。例如,他作为西里西亚协会的代表于1848年10月26日至30日积极参加了在柏林召开的第二届民主主义者代表大会(见注释164)。在1849年维护帝国宪法的运动中,他来到巴登,后来任拉施塔特司令部的副官。在8个月的营内监禁之后,又被军事法庭判处20年要塞监禁。1850年3月初,被送到科隆修筑工事,但他在那里被送进军医院(见1850年3月22日《西德意志报》(科隆)第69号)。1850年6月3日,他得以逃脱,并在科隆的同盟盟员的帮助下,经过杜塞尔多夫和鹿特丹到达伦敦;关于逃跑的细节,见彼得·勒泽尔的供词(附录文件5)。海恩在伦敦立即支持马克思和恩格斯。1850年夏天,在同维利希—沙佩尔集团的论战中,他反对这个集团。他是1850年9月17日声明退出工人教育协会的12个签名人之一(文件523)。1851年和1852年,他是马克思和格奥尔格·埃卡留斯领导的共产主义者同盟伦敦支部的成员。——270

322 1845年,汉堡的排字工和印刷帮工卡尔·雷泽是汉堡工人教育协会的第一批会员之一。他同正义者同盟的一些盟员,特别是同弗里德里希·马尔滕斯和约翰·亨利希·居姆佩尔关系密切,因此,雷泽很可能是当地的盟员。他从1847年10月开始游荡,经过梅克伦堡和柏林到达莱比锡,在那里他开始了革命活动。1848年夏天,他经过西里西亚到达维也纳,他作为工人协会的会员在那里参加了同反革命进行的武装斗争。1848—1849年革命失败后,雷泽经过的里雅斯特到达瑞士,从1849年夏天开始担任巴塞尔的德意志协会书记,并在那里认识了雅科布·沙贝利茨。由于当局逮捕参加1850年2月20日在穆尔滕召开的瑞士德意志工人协会代表大会的人员(见注释278),雷泽于1850年4月被驱逐出瑞士。他移居美因河畔法兰克福,在那里他参加了在德国南部传播亨利希·鲍威尔转达中央委员会《三月告同盟书》(文件448)的活动。这一点可以从后来在他那里发现的一本笔记中得知。这本笔记本中抄写了《三月告同盟书》的片段(见《马克思恩格斯全集》历史考证版第1部分第10卷第850和854页)。这一片段的复制件,见上书第857页。1850年5月28日至6月5日,雷泽到达斯图加特,他的旅行路线可以从这封信中得知。这次旅行可能是为了传播《三月告同盟书》。后来在汉堡的一次审讯中,雷泽间接供认,他在达姆施塔特工人协会中参加过与《三月告同盟书》内容有关的问题的讨论。

从这封信中也可以看出,雷泽没有能够返回维也纳。1851年秋,他回到汉堡并重新参加了工人教育协会的活动。当时在汉堡的大部分同盟盟员被捕。看来,雷泽在这种形势下曾试图重新建立同伦敦的同盟的联系,但关于这一问题,没有可靠的材料。1852年4月8日,根据普鲁士警察局的指令他被逮捕,5月中旬交保证金释放;但是,他的案子在多次审讯之后才于1853年2月了结。但雷泽继续受到警察局的监视。——在以后的年代,他仍然是汉堡工人教育协会的积极会员并于1865年任该会副主席。关于他的传记,见马丁·洪特《卡尔·雷泽——共产主义者同盟盟员》,《马克思恩格斯年鉴》第3卷1980年柏林版第121—141页。——271

323 救济委员会是同盟盟员建立的一个组织。彼得·勒德尔(见注释324)和约瑟夫·吉佩里希以及信中提到的保尔·施土姆普弗无疑是盟员,让·弗格特勒和亨利希·巴德看来也曾是盟员。来自波茨坦的印染帮工巴德可能(提到他的伦敦的朋友一事可以说明这一点)在1848—1849年革命前曾在伦敦工作过。1850年6月初,他以所谓的叛乱罪的罪名受到莱比锡地方法院的审判,但是他顺利地逃往巴黎。——关于1850年同盟在巴黎的活动,见注释298。

在这封信中提到的50法郎的救济金,在1850年5、6、7月的财务报告中得到证实(文件500)。财务报告上记载着:在巴黎的德国工人捐献1英镑18先令6便士。1850年9月巴黎委员会再次把一笔数目可观的捐款寄往伦敦(见文件524)。——272

324 来自吉森的鞋匠帮工彼得·勒德尔经美因河畔法兰克福和美因茨到达布鲁塞尔,他在那里(如文件191所表明的)于1848年初参加了德意志工人协会。当时他也可能早已是共产主义同盟盟员。因为那时还有一个Ch. 勒德尔是工人协会会员,所以不能断定,参加签署文件287的图书管理员和编排者是否就是彼得·勒德尔。

后来，勒德尔到了巴黎。1850年春，他在那里和其他同盟盟员一起（见注释298）特别积极地支持伦敦社会民主主义流亡者委员会。因此，他于1850年8月被捕，1851年3月获释，并被驱逐出巴黎。他来到伦敦，并在那里参加了工人教育协会的活动。1871年，勒德尔在纽约签署了一项关于威廉·魏特林逝世的声明（见《先驱报》（日内瓦）1871年第2期第31页）。——273

325 这封信出自威廉·赖夫的手笔。他从科隆同伦敦的社会民主主义流亡者委员会通信，例如，1850年6月5日曾向该委员会提出请求，希望其帮助维护帝国宪法运动的前战士阿洛伊斯·阿普雷德里斯和亨利希·佩尔松逃往远处（见《马克思恩格斯全集》历史考证版第3部分第3卷第560页）。为什么仅仅写于10天之后并且谈到一件完全类似事情的这封信没有署自己的名字，而是以科隆共产党人作为落款，这不得而知。此后不久，赖夫被开除出同盟（见文件805）。

从赖夫写于1850年6月5日和15日的两封信中可以看出，科隆的同盟盟员曾多次帮助从监禁中逃跑的维护帝国宪法运动的前战士，使他们能够秘密逃到伦敦。特里尔的阿普雷德里斯、奥古斯特·海恩（见注释321）、萨尔布吕肯的莱维和柯尼斯堡的前农场管理员佩尔松（在乌布施塔特和库本海姆战斗时，他在弗里德里希·安内克的领导下指挥半个炮兵连，并在拉施塔特的一次袭击中失去了一只眼睛）于1849年7月被关入拉施塔特的普鲁士监狱，在掩蔽室监禁了很久之后，被判处多年要塞监禁，并于1850年8月被送往科隆服刑。阿普雷德里斯于1850年4月5日逃跑，佩尔松和其他两人于4月22日、莱维和菲浦皮于8月11日深夜逃跑。

后面两个人把这封信带到伦敦。部分被损坏的信封上写着："伦敦索霍区第恩街亨·鲍威尔［……］。——伦敦干草市场阿其尔街拐角。大磨房街，红狮子，F.海林通先生。转德意志协会会员卡·普芬德。"（见《马克思恩格斯全集》历史考证版第3部分第3卷第562页）——278

326 罗兰特·丹尼尔斯提到的马克思于1850年6月25日给亨利希·毕尔格尔斯

的信没有保存下来（其片断见《马克思恩格斯全集》历史考证版第3部分第3卷第84页）。因此，无法知道，马克思在信中批评共产主义者同盟科隆总区部的具体内容。它同中央委员会之间肯定出现了某些分歧，但是，马克思和丹尼尔斯之间诚挚的私人关系并没有因此受到损害（见文件497）。

从1850年7月10日前后科隆总区部的一封信中可以看出，马克思在6月25日曾幽默地指出："科隆像其他任何地方一样，都可以自称为一个什么中心。"这说明，在同盟的科隆组织对整个德国所起作用问题上也进行过争论。这个问题首先是由卡尔·沙佩尔提出的，他大约于1850年6月24日至27日在去伦敦的途中曾在科隆逗留（见文件486）。此后不久，他便在伦敦中央委员会中提出建立一个"科隆全德区域委员会"的主张（见文件522）。

从彼得·勒泽尔的供词（附录，文件6）可以看出，沙佩尔大概在离开威斯巴登之前也提出过成立美因河畔法兰克福总区部的建议。他肯定于6月底在科隆同那里的同盟领导成员讨论过类似的组织方案，毕尔格尔斯6月25日给马克思的信则部分地反映了这次讨论的情况。但是，从文件522中也可以看出，马克思根本反对沙佩尔的计划。——285

327 约翰奈斯·米凯尔，原籍靠近荷兰边界的诺因豪斯，从1846年开始在格丁根和海德堡学习法律，在汉诺威和格丁根参加了1848—1849年革命，1848年圣灵降临节参加爱森纳赫的大学生日并起了领导作用，在革命失败后的1849年秋天转向工人运动。1850年初，在他的朋友威廉·皮佩尔到达伦敦之后，同共产主义者同盟中央委员会建立了联系，从1850年中开始同马克思有书信来往。米凯尔开始在格丁根建立同盟支部（见注释402），在批判维利希—沙佩尔集团时站在马克思一边。1850年底，同科隆中央委员会建立联系并于1851年3月初在科隆同中央委员会成员进行了讨论（见文件593）。从这时起，他还为路德维希·施泰翰的《德意志工人俱乐部》（汉诺威）撰稿（见注释405、412和416）。1851年5月6日至10日，阿伯拉罕·雅科比特使到柏林途中曾在格丁根米凯尔那里逗留。雅科比在柏林被捕后，米凯尔的住宅于6月15日遭到一次毫无结果的搜查。后来，他是在德国的少数同盟盟员之一，他们在1852年科隆共产党人案件之前处于被迫害浪潮的条件下还能够在一定范围内继续从事宣传活动（见注释402和329）。马克思和恩格斯对米凯尔的能力作了高度评价。但是，很早就已经有迹象表明（见注释416），他对《共产党宣言》中提出的，并在1850年《三月告同盟书》中进一步阐述的工人党的独立政策并不完全赞同。这一点以及他的政治野心成为他后来变节行为的根源。——1854年，米凯尔在巴黎逗留了几个月，他多次计划到伦敦拜访马克思，但都未能实现。1857年停止和马克思的书信来往，但是直到60年代——最终通过路德维希·库格曼的中介——同马克思保持极一般的关系。

1859年，米凯尔参加创建资产阶级民族联盟，后来曾有许多年任奥斯纳布吕克市长，1890年至1901年任普鲁士财政大臣。关于他的传记涉及共产主义者同盟和他同马克思的关系，见爱德华·伯恩施坦《约翰·米凯尔论马克思和对他的疏远》，《新时代》（斯图加特）第32年卷（1913—1914）第2期第188—196页；威廉·蒙森《约翰·米凯尔（1828—1888年）第1卷》1928年柏林—莱比锡版；马丁·洪特《马克思恩格斯的医生和朋友——路德维希·库格曼传》1974年柏林版第83—98页。——291

328 关于这封信的日期，有几种不同的说法。奥古斯特·倍倍尔于1893年在德国社会民主党科隆代表大会上以及随后又在德意志帝国国会上宣读了其中的几个地方（并见注释503），他说日期是"1850年夏"。因为倍倍尔是从恩格斯那里得到约翰奈斯·米凯尔的信的，"1850年夏"很可能是归还恩格斯的日期。在1914年第一次全文发表时（爱德华·伯恩施坦《约翰奈斯·米凯尔给卡尔·马克思的信》，《新时代》（斯图加特）第32年卷（1913—1914年）第2期第5—7页）注明的日期是"1849年下半年"。蒙森在他写的米凯尔传记中不同意这个日期（威廉·蒙森《约翰奈斯·米凯尔（1828—1866年）》第1卷1928年柏林—莱比锡版第38—39页）。蒙森赞同倍倍尔注明的日期。

毫无疑问，这封信是米凯尔在他暂时逗留汉诺威进行律师考试时写的（见文件586），但日期没有确切记载。日期是在米凯尔的第一次法律学考试（通过这次考试结束了他在格丁根1850年上半年的学习）期间，最迟是1850年10月，因为他从1850年11月起就已经开始在格丁根从事法律活动。此外，米凯尔在这封信中把威廉·皮佩尔离开格丁根（最早是1849年12月底，可能是1850年初）作为前些日子已经发生的事情来谈，还提到皮佩尔同马克思的友谊（这可能不会早于1850年春）。这一切都说明，这封信是1850年中写的。

虽然人们注意到，中央委员会《六月告同盟书》（文件473）已经谈到格丁根的一个支部同伦敦中央委员会有直接联系，但这一消息不可能以米凯尔的这封信为依据。当米凯尔大约有半年不在格丁根的时候，很可能是皮佩尔同他在格丁根的朋友通信。他们——从米凯尔的信中可以看出——大约在1849和1850年之交建立了一个联盟。这个激进的大学生小组后来在1850年期间发展成同盟支部。关于这个由6名成员组成、由米凯尔领导的格丁根支部，他在1851年初写给马克思的第二封信中才提到（文件586）。——291

329 威廉·皮佩尔，原籍汉诺威，1848—1849年革命前是神学大学生，后来是语言学大学生，当时就已经参加了大学生联合会和体操运动并担任领导职务。三月革命开启了进行民主活动的新的可能性。1848年圣灵降临节，爱森纳赫学生代表大会决定创办《德国大学生报》，皮佩尔是出版者之一。在约翰奈斯·米凯尔的影响下，他继续向左转。他为1849年2月起在格丁根出版的《人民瞭望台。城乡报》撰稿，这一工作因为所谓的侮辱陛下案件而结束。由于这一案件，他于1849年11月24日被判处一个月的徒刑。服刑前不久，即大约1850年初，他到了伦敦，在那里担任银行家路特希尔德家的家庭教师。他到英国后不久就同马克思和恩格斯结识，很可能在这时成为共产主义者同盟盟员。大概是通过他，中央委员会于1850年年中同刚刚建立的格丁根同盟支部建立了联系（见注释402）。在批判维利希—沙佩尔集团的斗争中，皮佩尔坚决站在中央委员会马克思主义多数派一边。直到1852年底同盟解散为止，他一直是马克思和格奥尔格·埃卡留斯领导的同盟伦敦支部的成员。皮佩尔利用路特希尔德一家于1851年秋天到大陆旅行的机会，考察了加强同盟在布鲁塞尔、科隆、美因河畔法兰克福、格丁根和美因茨活动的可能性（见文件664、667、669、671、672和674），但是看来只有当时在格丁根同米凯尔的协商在同盟历史上有一定的重要性（见马丁·洪特《马克思恩格斯的医生和朋友——路德维希·库格曼传》1974年柏林版第92—96页）。从1850年到1853年,马克思和皮佩尔之间有着极密切的个人联系。有一段时间,他是马克思的秘书并为他做翻译工作。皮佩尔为朱利安·哈尼和埃内斯特·琼斯出版的宪章派报纸以及工人运动的其他机关报撰稿,是在经常同马克思和恩格斯商讨并在他们的指导之下进行的。1853年,皮佩尔由于生病和负债陷入了个人的严重危机之中。他在路特希尔德家的家庭教师的差事由于科隆共产党人案件准备期间所掀起的反共运动而失掉。从1854年到1858年,他在英国的许多地方担任过寄宿学校的教师,但有一段时间也在伦敦逗留,例如,1856年重新为《人民报》撰稿。1859年初,他在一次大赦之后回到德国,在不来梅任外语教师,并在自由派民族联盟中进行政治活动。——关于他的传记,另见伦特·施维纳科佩《威廉·皮佩尔——格丁根革命者(1848年),伦敦的流亡者、马克思恩格斯的朋友(1849—1859年)》,《过去和现在。大学生联谊会历史研究会年鉴》1964年纽伦堡版第5—23页。——90年代皮佩尔居住在布赖斯高的弗赖堡。——291

330 中央委员会在它1850年1月28日给拉绍德封支部的信——文件425——中早已宣布,"在一个月内〔……〕可能会有一位特使"动身前往瑞士。由于穆尔滕事件引发的迫害浪潮(见注释278)和其他一些事故,一再推迟派遣特使。当恩斯特·德朗克被驱逐出巴黎之后于1850年4月初到达美因河畔法兰克福时,马上就接到中央委员会的委任,派他作为同盟的特使到巴登并首先到瑞士进行工作。正像德朗克在他1850年5月初致恩格斯的信(文件468)中所说的,他当时以为,他"现在在短期内,最多8天内"便可以动身到瑞士去。从德朗克写给中央委员会的这封信中可以看出,中央委员会在5月中旬前后已经往苏黎世给德朗克寄去一封指示信。可是,主要是由于经济上的困难,他的出行再一次耽搁了很久,以致于他在6月底才得以成行。这次耽搁也可能是德朗克再也无法像中央委员会的《六月告同盟书》(文件473)中所规定的那样处理巴登的同盟问题的重要原因。德朗克在给恩格斯的附信(文件491)中通知说,他在巴登甚至不得不在警察的监视下履行他的使命。

德朗克在瑞士必须完成的任务是极为复杂的。他必须同威廉·沃尔弗一起把还只是以规模很小和彼此互不通气的小组形式进行活动的共产主义者同盟组织重建起来，并抵制试图在瑞士代替同盟或者和同盟缔结联盟的小资产阶级民主主义"革命集中"的影响。中央委员会在其1850年3月的《告同盟书》（文件448）中已经阐明共产主义者同盟对小资产阶级民主派，特别是对其左翼的态度的总体政治方针。中央委员会于5月中旬前后可能根据成廉·沃尔弗在其5月9日的信（文件469）中所通报的情况，给在苏黎世的德朗克下达的指示以及在这之前给在法兰克福的德朗克寄去的信都没有保存下来。然而，其主要内容不仅从德朗克的回信中，并且首先从1850年6月中央委员会《告同盟书》——批判"革命集中"在《六月告同盟书》中占了相当大的篇幅——中可以得知。这就是坚决反对"革命集中"的要求和诽谤阴谋。同时，德朗克还必须既要设法把那些参加了"革命集中"的老同盟盟员再拉回到同盟组织里来，又要设法把"革命集中"的其他可以利用的革命力量争取到同盟方面来。从德朗克的这封信中可以看出，中央委员会的指示中还提出"革命集中"大部分或全部成员加入同盟的可能性。在这种情况下，"革命集中"的成员应当组成同盟的外围支部，因为中央委员会《六月告同盟书》中已经为那些"有益于革命和可靠的，但还不了解目前运动的共产主义结果"的人作了这样的规定。

德朗克在他的信中报告了谈判情况，"革命集中"在谈判时提出了一个正式协定的草案。这一谈判清楚地表明，以任何形式加入共产主义者同盟都是不可能的。"革命集中"的代表虽然愿意作出进一步的妥协，甚至打算在一定的程度上承认《共产党宣言》作为他们政治活动的基础，但是他们仍坚持自己组织的独立性。德朗克按照他的方针中断了谈判，不过他答应还要等待中央委员会的最后的答复，而这个答复只能是否定的。——294

331 关于1850年上半年同盟在科隆的发展，见注释272。在这封信中提到的12个盟员这一数字很快就减少了。显然，在1850年夏天同没有信守民主集中制原则的彼得·勒泽尔进行过辩论。约瑟夫·埃塞尔大约于6月初已被开除出同盟（见文件481），继他之后，于1850年夏天被开除的有：胡贝尔特·萨尔盖特，鞋匠阿道夫·皮埃尔和威廉·赖夫。皮埃尔和赖夫还是区部委员会领导人。大概在这个时间，威廉·施特芬退出了同盟。——因此，当1850年9月科隆的同盟组织被委托履行中央委员会职责时，它可能只有8个委员。但当时的盟员肯定有：恩格尔伯特·伯多夫、亨利希·毕尔格尔斯、罗兰特·丹尼尔斯、阿尔伯特·埃尔哈德、木匠亨利希·汉森、约翰·雅科布·克莱因、彼得·诺特荣克、卡尔·奥托、彼得·勒泽尔、木匠雅科布·魏勒尔和鞋匠菲力浦·维西希。斐迪南·弗莱里格拉特虽然有一段时间不在科隆，但他也是同盟科隆支部的成员。阿道夫·贝尔姆巴赫是什么时候成为同盟盟员的，不太清楚，海尔曼·贝克尔大概是在1850年11月加入同盟的。希拉里乌斯·费舍（见注释481）大概也在1850年就是盟员了。阿道夫·克路斯在1852年6月6日给约瑟夫·魏德迈的信中称木匠约瑟夫·比森为科隆当时的同盟盟员。——这样，除汉堡外，在科隆存在着人数最多的德国同盟组织。——308

332 这份名单最早写于1850年7月初，因为名单上有7月1日才到达伦敦的卡尔·沙佩尔在伦敦的地址；最晚写于伦敦中央委员会1850年9月15日最后一次会议前不久。——马克思写下这个便条显然是为了通知中央委员会委员用的。同他住在一栋房子里，或者住在近处的人——亨利希·鲍威尔、康拉德·施米特、恩格斯，格奥尔格·埃卡留斯、卡尔·普芬德和奥古斯特·维利希，他只写了名字，而没有写地址。补充写在第二位的地址是有关街区或者曾经到过的街道附近的著名街道或广场。——310

333 裁缝阿尔伯特·列曼多年一直是正义者同盟盟员，后来是共产主义者同盟以及伦敦工人教育协会的骨干成员。根据弗里德里希·门特尔的供词（文件65），列曼于40年代初在巴黎参加同盟，后来担任伦敦一个支部的领导人和教育协会的出纳。从文件16中可以看出，列曼最晚在1841年底已经住在伦敦。1845年，他参加了同威廉·魏特林的争论（文件64），当时，他支持埃蒂耶纳·卡贝的计划，也反对威廉·魏特林的立场。但是，在亨利希·鲍威尔，约瑟夫·莫尔，卡尔·普芬德和卡尔·沙佩尔的影响下，他一直支持同盟的发展，并于1846年成为伦敦共产主义通讯委员会成员以及莫尔邀请马克思恩格斯加入同盟的委托书的签署人之一（文件138）。文件209、220和225证明，列曼1848年3月还成为共产主义者同盟伦敦区部的骨干之一。在1849

年夏天改组中央委员会时，他是中央委员会委员，但在1850年夏天参加了维利希—沙佩尔集团。1850年秋，他同宗德崩得其他领导成员一起被开除出科隆中央委员会。1852年3月，他同大约30名工人教育协会成员一起前往纽约（见文件703）。

不能把阿尔伯特·列曼和安德烈亚斯·列曼混同起来。后者是钢琴师，原籍上莱茵地区，于1847年参加布鲁塞尔德意志工人协会（见文件191），1851年成为宗德崩得布鲁塞尔支部的领导人之一。

最后，原籍法兰克福（奥得河）地区的鞋匠奥古斯特·弗里德里希·哥特利布·列曼（也叫拉罗什）和同盟，特别是和奥古斯特·维利希也有一定的关系。他于1842年从军队开小差。1848年，他先后在布鲁塞尔、石勒苏益格—荷尔斯泰因、柏林、意大利和法国呆过，当时他带着假证件，冒充政治流亡者。他在贝桑松认识了奥古斯特·维利希并于1849年中作为领导人参加维护帝国宪法运动，然后到了瑞士，1849年12月到达伦敦。因为他后来向伦敦政治警察提供过一些关于共产主义者同盟伦敦组织的有点凭空添枝加叶的供词，所以他至少有一段时间在工人教育协会人员当中混过。马克思和恩格斯可能是在那里认识他的（见1851年5月23日恩格斯给马克思的信，载于《马克思恩格斯全集》德文版第27卷第265页，参看《马克思恩格斯全集》中文第1版第27卷第283页）。1850年7月，列曼又到石勒苏益格—荷尔斯泰因，于8月3日在伦茨堡以所谓丹麦奸细的罪名被逮捕并被移交给柏林当局。1851年3月，他由于逃避兵役和参加1849年维护帝国宪法运动被判处死刑；后来改为无期徒刑。——310

334 空想共产主义者弗朗索瓦·维尔加尔德尔深受沙尔·傅立叶的影响（见奥托·卡尔明《弗·维尔加尔德尔传》，卡尔·格律恩贝克出版的《社会主义和工人运动史文库》1913年莱比锡版第3卷第302—306页）。1844年，维尔加尔德尔的小册子《联合体中各种利益的协调和公社的需要（附对沙尔·傅立叶的评注）》首次作为共产主义纲领性著作在巴黎出版，1848年出版了第2版补充和修订版。

1850年春，差不多与斐迪南·弗莱里格拉特翻译维克多·特德斯科的

《无产者问答》（文件445）的同时，罗兰特·丹尼尔斯翻译了维尔加尔德尔的小册子。马克思可能是1844年在巴黎弄到这本小册子。现在，这本小册子同丹尼尔斯的全部马克思藏书一起保存在科隆（见《卡尔·马克思和弗里德里希·恩格斯的藏书。一个藏书室的命运和索引》1967年柏林版第9—10页）。正像丹尼尔斯在这封信中对马克思所说的，出版宣传性小册子是共产主义者同盟的活动及适应1848—1849年革命失败后的新条件的组成部分。

这本小册子大约在1850年6月前后出版，小开本，126页，书名：《联合体中各种利益的协调及适应公共生活的需要。法国人维尔加尔德尔著》1850年科隆版。出版者是海尔曼·贝克尔（见文件570）。可以假定，它差不多和特德斯科的《无产者问答》一样，是通过同盟支部销售的。彼得·勒泽尔给在汉诺威的路德维希·施泰翰寄了几本小册子就是一个证据（见波茨坦国家档案馆 Rep. 30 Berlin C, Tit. 94, Lit. N, Nr. 67, Bd. 1, 1fd. Nr. 11 950, 1851年8月7日对施泰翰的审讯）。

维尔加尔德尔不是充分重视资本主义社会的阶级对立，而是用一种富有哲理的论证方法叙述共同的联合的生产和生活方式的优越性。丹尼尔斯在一篇注明"1850年5月"的译者《前言》中驳斥了维尔加尔德尔的空想主义。全文如下：

"德国读者出于善意很想弄清楚，我们翻译的这本小册子原版第一次问世是在何时何地。它最初是于1844年在巴黎问世的。

作者对法国当时的政治、官方哲学、报刊和议会辩论的抨击，由于书中所涉及的问题当前在法国国民议会和时事著作中已经受到人们的重视而在某种程度上丧失了其意义。相反，对于德国来说，它还是完全适用的。这本著作发表的日期是比较重要的——是在二月革命之前4年。像当时所有的社会主义政党一样，作者向社会上一切阶级的心灵和良知呼吁；他认为，所有的阶级通过心平气和的讨论就可以相信联合的合理性和优越性。二月革命，或者更确切地说，反革命的胜利使它们醒悟了。在冷酷的利己主义者那里，'不肯理解'成为派别信念。旧社会秩序的狂热信徒将永远不会承认，议会的多数能够用和平方式来进行社会改善。这本小册子的作者自己现在肯定已经看出,一种目光短浅的利己主义仍旧不相信一切改善,甚至不相信那些为了它的利益而进行的改善,正像他在引言中对第一次法国革命的改善的反动提出的非常中肯的看法,最后'武士的战刀必然成为手段,这样才能使这种顽固的脑袋开窍'。"——321

335 卡尔·普芬德的信在《伦敦德国流亡者事务》标题下发表时无上款。从1849年秋起,《自由射手》(汉堡)公布了伦敦社会民主主义流亡者委员会的若干文件,1850年6月以后甚至编了一个集子(见《凡有同情心的人,请慷慨解囊!》,载于1850年6月20日《自由射手》第74号)。截至10月1日,《救济伦敦苦难中的德国流亡者》这一栏目出了17次,证明寄给报社的捐款为数不少,其中大多是用化名,或者是姓名缩写,或者只报职业名称。1850年7月13日,寄给普芬德交社会民主主义流亡者委员会20英镑10先令10便士,同时寄给伦敦小资产阶级流亡者委员会同样数额的一笔捐款(见1850年7月16日《自由射手》第85号)。收到捐款后,普芬德立即写了这封信证明收到无误,而另一委员会却没有这样做。因此,《自由射手》发表社会民主主义流亡者委员会5月、6月和7月的财务报告(该报告也证实收到20英镑10先令10便士)(见文件500)时作了如下脚注:"本报编辑部不得不十分惊异地看到,伦敦的**另一个**流亡者委员会至今尚未送来寄给该委员会的20英镑10先令10便士那笔款子的收据。"载于1850年8月15日《自由射手》第98号。截至9月底,又募集到25英镑5先令2便士,这笔款子全部寄给普芬德交社会民主主义流亡者委员会(见1850年10月1日《自由射手》第118号)。

此外,汉堡的《北德意志自由报》和圣格奥尔格区同盟盟员爱德华·莱梅领导的工人协会也进行了募捐(见文件504)。——322

336 《给德国人民的红色问答书》写了75个问和答,结构类似1839年和1847年间正义者同盟在为制定一个纲领而进行的斗争中起过作用的那几本问答书,但内容却包括了莫泽斯·赫斯所特有的一切模糊不清的观点。赫斯的《红色问答书》大约于1849年12月至1850年年初,先是在苏黎世,后来在日内瓦写的。这本宣传性的著作过分在有关未来共产主义社会的细节上纠缠,而对于工人运动的战略和战术的现实问题则毫无论及。

该书显然是在1850年在美因河畔法兰克福印刷并在那里秘密散发的,参与其事的很可能是那些由于同瑞士的"革命集中"组织有联系而被恩斯特·德朗克解散的同盟支部(见文件490)的盟员(见彼得·勒泽尔的供词,附录,文件6)。《红色问答书》的散发在1852年的科隆共产党人案件中也起了一定的作用(见马克思《揭露科隆共产党人案件》,载于《马克思恩格斯全集》德文版第8卷第455—457页,参看《马克思恩格斯全集》中文第1版第8卷第525—526页)。赫斯在他已经成为维利希—沙佩尔的宗德崩得的成员之后,可能于1851年又在日内瓦用法文发表了一本部分内容相同的小册子《红色问答书》。

莫泽斯·赫斯的《哲学和社会主义文集(1837—1850)。奥古斯特·科尔纽和沃尔弗冈·门克编辑出版并作序》1961年柏林版第445—457页重新刊印了《红色问答书》。——323

337 威廉·罗特哈克尔,原籍巴登,为参加1849年的维护帝国宪法运动而中断了在布赖斯高的弗赖堡的文学学习。1849年7月7日至22日,在有普鲁士驻军的拉施塔特要塞出版《要塞信使》,后被捕入狱,但在将要被处决时成功地逃到了瑞士。1850年4月底,他被驱逐出瑞士后取道法国前往英国。

罗特哈克尔最晚在1850年9月底或10月初到达纽约,他于1850年10月14日给马克思的信已经谈到他初步习惯了新环境,所以他只有最早从1850年5月最晚到1850年9月这段时期可能在伦敦逗留过。这里发表的这封信大约是在这段时间的中期写的,因为他一方面已经成了同盟盟员并且熟悉同盟的情况,但是另一方面却还没有提到要去美国,而是请求把他调到伦敦的其他同盟支部去。罗特哈克尔在1850年8月17日给社会民主主义流亡者委员会的信中才提到他即将启程赴美(见《马克思恩格斯全集》历史考证版第3部分第3卷第616页)。信中指出维利希领导的同盟支部内的讨论内容这一点也证明此信大约是在1850年7月和8月初这期间写的。

1850年夏天,罗特哈克尔同马克思和恩格斯有过密切交往。马克思和恩格斯8月间考虑旅居美国的可能性时,曾请罗特哈克尔在纽约找朋友和熟人为他们准备立足点,并且首先考察创办报纸的前景。大约在1850年11月初,他们收到罗特哈克尔于10月14日从纽约写来的第一封信,该信未展示什么有利的前景。至少到1851年春,罗特哈克尔还给马克思写过信,以后通过约瑟夫·魏德迈或阿道夫·克路斯还继续有所联系。1851年年底,罗特哈克尔在惠林的《弗吉尼亚州报》工作,在辛辛那提领导过体操运动,并担任过《体操报》(纽约)的编辑。1852年1月,他曾设法在匹兹堡为魏德迈的周刊《革命》(纽约)争取订户——见1852年1月15日威廉·罗特哈克尔给麦克斯·约瑟夫·贝克尔的信,载于阿姆斯特丹国际社会史研究所《小通讯》。1853年罗特哈克尔在辛辛那提出版《人权报》。——329

338 这封由亨利希·施土姆普弗署名的信无疑是出自康拉德·施拉姆之手笔。他短期出使时使用的可能是用施土姆普弗的名字办的护照。——马克思在1850年7月17日给卡尔·布林德的信中写道,中央委员会向石勒苏益格—荷尔斯泰因"最初派一个特使,他在那里工作了两年,对所有的人和环境都了解得很充分"(文件495),这是指施拉姆——他从1848年6月到1849年4月主要在基尔活动。当彼得·勒泽尔大约从1850年8月19日开始在汉堡逗留(见文件507)时,弗里德里希·马尔滕斯向他报告说,施拉姆不久前在他那里并作为伦敦特使巡视过汉堡和石勒苏益格—荷尔斯泰因(见附录,文件6)。威廉·豪普特在他后来的供词(附录,文件8)中也供认,施拉姆在1850年9月分裂前不久到过汉堡的马尔滕斯那里,其任务是招募伦敦流亡者参加石勒苏益格—荷尔斯泰因军队。施拉姆当时还同卡尔·布伦谈过话(见文件537)。最后,朱利安·哈尼的《红色共和党人》(伦敦)在1850年10月19日第18期第137—138页上发表的施拉姆的文章《石勒苏益格—荷尔斯泰因战争》也同这次出使有某种联系。

施拉姆在汉堡和石勒苏益格—荷尔斯泰因的逗留最早从1850年7月23日开始,最晚到8月中旬结束。信中提到1850年8月2日的伦敦记录,似乎表明这封信是8月2日以后写的,不过在这种情况下,伦敦的志愿兵于1850年8月8日到达汉堡似乎不如施拉姆的信中所谈的事情清楚明了。伦敦记录的内容可能在它签署之前就已经在报纸上披露了。施拉姆提到的亨利希·马尔齐乌斯在莱比锡被捕一事是早在6月发生的。可见，在施拉姆从伦敦动身之前，那里还不知道。

施拉姆建议派伦敦工人教育协会成员作为石勒苏益格—荷尔斯泰因战斗的志愿兵。这个建议无疑是由布伦提出的并立即得以实现。他们当中的30人于8月6日到达汉堡。"他们为石勒苏益格—荷尔斯泰因军队提供服务，但被阿尔托纳的警察局驱逐出境。警察护送并同情他们，警告他们不得再到这两个公国来，否则将予以逮捕"（1850年8月15日《柏林政治和学术问题王国特权报》（《福斯报》）第188号，转载自《北德意志报》（汉诺威））。报纸报道说，参加者还有文件458中提到的约瑟夫·莱奥尼（科堡的裁缝帮工）、H.许茨和奥古斯特·施特塞尔（耶斯尼茨的钳工）以及前普鲁士军官古斯塔夫·察比恩斯基、普鲁士—明登的糕点师傅奥古斯特·威斯特法尔、海德堡的车工奥古斯特·维尔曼、巴伐利亚的大卫·格拉塞尔、白铁工人卡尔·蒂尔和一只"戒指"——指同盟盟员马蒂亚斯·林格斯（林格斯在德语中是"戒指"的谐音）（见注释392）。另外，参加这一行动的还有巴伐利亚的抄写员伯恩哈德·比蒂和印刷工人卡尔·弥勒——文件458中也提到过这两人——以及普鲁士的鞋匠路德维希·布兰德、演员西蒙·弗莱施曼、面包师傅帮工彼得·弗里施、巴伐利亚的屠夫格奥尔格·安东·古特曼、萨克森的尼古拉·赫夫林、巴登的鞋匠威廉·拉普、皮毛商麦克斯·罗森堡、巴伐利亚的裁缝雅科布·施勒德、普鲁士的皮毛商海尔曼·舒尔茨和波茨坦的酿酒厂厂主路易·施瓦尔岑堡（见《德国政治警察1848年1月1日至今的公报》（德累斯顿）[1855年] 第30—31页）。——331

339 1850年7月24日的《卡尔斯鲁厄日报》第172号部分转载了《六月告同盟书》。然而这份报纸几天之后才到达日内瓦的"革命集中"成员手中。因为德朗克提到古斯塔夫·阿道夫·泰霍夫即将（于8月5日左右）启程取道巴黎前往伦敦一事，所以此信极有可能是8月初写的。1854年，马克思在反驳奥古斯特·维利希的论战文章中曾引用和评论过该信（见马克思《高尚意识的骑士》，载于《马克思恩格斯全集》德文版第9卷第495—496页，参看《马克思恩格斯全集》中文第2版第12卷第564—565页）。

关于泰霍夫同伦敦共产主义者同盟中央委员会的会谈情况,见文件508。——334

340 五金商爱德华·莱梅,原籍汉堡,是当地正义者同盟支部创始人威廉·莱梅的弟弟。1850年时,他是十分活跃的汉堡圣格奥尔格区工人协会主席。该协会会员在1850年大约7月中旬至8月这期间通过募捐活动支援过伦敦的政治流亡者(见文件500和524)。协会为此成立了一个专门委员会,报纸的一则短讯报道过该委员会的活动——文件504。

根据威廉·豪普特的供词(附录,文件8),豪普特在1850年10月抵达汉堡之后,立即拜访了莱梅,并于11月20日前后——有科隆特使彼得·诺特荣克在场——接纳莱梅加入共产主义者同盟。但是,关于这次入盟据说有一些不清楚之处,所以,莱梅于1851年年初在同盟盟员约翰·马尔沙夫斯基家里又重新被接受入盟。1851年6月,莱梅由于豪普特的出卖而被捕,但他在历次审讯中都十分坚定,没有供出过任何东西。在汉堡共产党人案件中,莱梅同马尔沙夫斯基、卡尔·海尔曼·彼得逊和奥古斯特·路德维希·皮尔施均为被告,1851年11月10日,莱梅终因证据不足而被宣告无罪释放。——338

341 弗里德里希·列斯纳当时是美因茨同盟支部的领导人,1850年8月甚或9月初还在科隆,商讨成立美因河畔法兰克福独立区部的问题。10月初,他从美因茨出发前往法兰克福,尔后于10月中旬为改组支部前往纽伦堡。

此信是1851年6月间在莱昂哈特·波尔茨那里发现的——另见文件640。当局在注明日期为1852年6月12日的起诉书上翻印了此信,并在注明日期为1852年9月28日的有关列斯纳案情的增补中引用过。该增补被收入科隆共产党人案件的案卷。在1852年10月16日审理此案时宣读了这封信,随后各报摘要转载。其中包括《科隆日报》和1852年10月19日《科隆通报》第248号。列斯纳在审判中解释说,这封信他是在细木工师傅弗里德里希·恩格尔哈特的住所中写的,用的是红墨水,因当时手头只有红墨水。根据攻守同盟,他否认自己是同盟盟员,所以他声明,他来科隆是为了购买图书,信中的B.是海尔曼·贝克尔。——338

342 奥古斯特·黑策尔于1849年3月30日已经被捕（见注释187）。关于1849年年初同盟在柏林的活动，见文件354和355。黑策尔的审判记录未保存下来，然而普鲁士首相奥托·冯·曼托伊费尔为了为柏林的戒严状态进行辩护，曾在第二议院1849年4月25日的会议上报告过该记录的比较详细的摘要（见《关于奉1848年12月5日圣谕召开的议院辩论的速记记录。第二议院》，1849年柏林出版的《普鲁士国家通报》附刊第667—668页）。

对黑策尔（他在1846年就已经领导正义者同盟柏林的一个支部）以及他的同案人裁缝师傅弗里德里希·本德勒、手套制作帮工约翰·弗里德里希·李希特尔和油漆匠卡尔·韦格纳的审判本来应在1849年12月31日举行。这个案件的起诉书刊载在1850年1月2日柏林《法院总汇报》第1号。但是审判延期了，经过几乎一年半的审前羁押，直到1850年8月14日和15日才举行。但是经过润色和补充的起诉书（1850年8月15日《柏林政治和学术问题王国特权报（福斯报）》第188号第2增刊；还摘要发表在1850年8月17日《北德意志通讯，新罗斯托克报》第192号上），像两年后科隆共产党人案件中的起诉书一样，除了巴黎德国人民协会和正义者同盟之外，还追溯到威廉·魏特林的活动和弗里德里希·门特尔案件（黑策尔在这个案件中也被起诉，但于1847年6月被释放）。1850年被指控犯叛国罪。参加旁听审判的公众非常踊跃；韦格纳的辩护人是当时还是民主派的律师的威廉·施梯伯。

面对这些情况，黑策尔在法庭上表现十分坚决。他知道，叛国罪要处死刑；一周前就是这个法庭判决一名演员断头处死，只因为他参加了1849年的维护帝国宪法运动。在一篇报道中，关于黑策尔是这样写的："他面色十分苍白，两颊凹陷，这是一年半监禁的痕迹。深陷的双眼明显地闪现出勇敢和智慧的光芒。……他对法庭庭长提出的问题所作的回答很有辛辣嘲讽的特色，但又丝毫不失体面。在这里，被告人展现了他那个等级所少有的精神教养。他的语言纯熟自如，他的回答表明他读书很多。他谈社会问题，谈手工业者和工人，谈联合会，谈整个工人阶级的教育，使人一眼看出，他在这方面是颇为精通的。"载于1850年8月17日《法院总汇报》第66号。

在本文件中，黑策尔原本的辩护词是按照两种不同的报纸报道刊印的，以便于相互补充和比较。尽管报道不够准确，但仍可以明显看出一些有关资产阶级民主革命中无产阶级策略的重要思路。这些思路在某种程度上来源于黑策尔同约瑟夫·莫尔的谈话，因为黑策尔在狱中不可能了解中央委员会《三月告同盟书》（文件448）。

法庭质问黑策尔为什么不说出正在伦敦的特使的名字（当时在柏林人们也许还不知道，莫尔已经在维护帝国宪法运动中阵亡），他回答说：“警方的手很长，即使在伦敦也有德国密探。我看不出，我为什么要给那个人找麻烦。他的名字我不说，任何人的名字我都不说。”（1850年8月15日《柏林王国特权报》第188号）。当问到《共产党宣言》（文件202）时，黑策尔回答说：“我从一个不相识的人那里得到几本，但没有分发给别人，因为它的理论性和学术性太强了。”（同上）但是几乎可以肯定，黑策尔在柏林分发了10—12本（见库尔特·韦尔尼克《柏林工人运动史（1830—1849年）》（德国统一社会党柏林区委地方工人运动史区研究委员会编）（1978年柏林版第213页）。根据另一篇报道，他供认过，《宣言》是有人从莱比锡寄给他的。这种说法可能是要迷惑警方。

本德勒、李希特尔和韦格纳拒不承认自己是同盟盟员。因为陪审官只能在判处死刑和宣布无罪之间进行选择，所以这4个人在8月15日全部被宣布无罪释放。这一宣判在随后的一些日子里激起了报界的激烈争论，许多人投书《王国特权报》，批评无罪开释的判决，要求取消陪审法庭和建立王国最高法院。在1850年8月18日《北德意志通讯。新罗斯托克报》第193号上也有人批评无罪开释。

1850年8月24日《法院总汇报》第68号上写道：“鞋匠黑策尔不是在宣布他无罪释放的当天获释的，而是在第二天，因为警方需查明他是什么地方的人。查明以后，他被一名警察押解到布雷斯劳，在那里他可能会受到监视。李希特尔也是第二天才获释，但是对他就没有采取上述措施，而是把他一直送出大门，并命令他回自己的家后不要再在普鲁士露面。可是，已在本地结婚成家的本德勒和韦格纳都留在柏林，他们在宣布无罪开释的当晚便被释放。"黑策尔被驱逐到布雷斯劳,是因为他出生在布雷斯劳附近的新马尔克,并且在布雷斯劳有亲戚。他同韦格纳等柏林的朋友们保持了一段时间的通信(有几封信现存波茨坦国家档案馆 Rep. 30 Berlin C, Tit. 94, Lit. H 251, lfd. Nr. 10462)。因经济上极其困难,他在1851年1月底或2月初曾写信求助于伦敦的社会民主主义流亡者委员会,但他不知道委员会在1850年9月分裂之后已被宗德崩得所把持。此信连同所谓的狄茨档案一起落入威廉·施梯伯之手,施梯伯在科隆共产党人案件1852年10月27日的会议上把此信交给了法庭;《科隆日报》在一篇报道中写道,施梯伯呈交了"一封**黑策尔**写给伦敦的信,信封上写着'**马克思**先生、**沙佩尔**先生或**鲍威尔**先生收'。黑策尔在信中报告了他在柏林被无罪释放并请求救济,以便他能够再次安家并'为了人类的伟大原则能继续活动'〔……〕再次被传出庭作证的**黑策尔**承认这封〔……〕信是他写的并声明说,他因此收到13塔勒,他记得是**沙佩尔**寄来的。"(《1852年科隆共产党人案件在同期报刊上的反映》(卡尔·比特尔主编和作序)1955年柏林版第137页)。

科隆共产党人案件审理期间,黑策尔不得不于1852年7月经柏林前往科隆出庭作证。由于推迟审理,只写下一份记录(波茨坦国家档案馆 Rep. 30 Berlin C, Tit. 94, Lit. H 251, Nr. 10462, Bl. 172)。黑策尔在记录中供认,1848年年底莫尔是特使,告诉黑策尔的伦敦地址是亨利希·鲍威尔的。在审讯期间,黑策尔又来到科隆,并且在1852年10月19日供认:"自从我到科隆以来,我对事情作了进一步的考虑,现在我明确回忆起来了,莫尔1848年在柏林的时候对我说过,1848年中央委员会就设在科隆了。但是,科隆的中央委员会在伦敦还有3名委员,以便当中央委员会在科隆无法继续存在的情况下,在伦敦由他们组成中央委员会;他当时还告诉我,我的报告应寄给伦敦的鲍威尔。"(藏于杜塞尔多夫国家档案总馆,科隆高等法院档案 Nr. 9/28)正式记录只记载了供词的这一部分,而在马克思也引用过的《科隆日报》上关于黑策尔和韦格纳的供词却说,两名证人一致供认,柏林的同盟盟员"装备有武器,为的是在需要的时候也用武器来维护工人的利益。这些武器一部分是没有上交的市民自卫团的武器,一部分是新搞到的;还曾经在**黑策尔**处查获一箱手榴弹，他想这箱手榴弹是**德斯特尔大夫**运到他那里的。"(《1852 年科隆共产党人案件在同期报刊上的反映》第 107 页)。

这些无疑会给被告人加罪的证词使得马克思称黑策尔"以证人的身份出来反对被告们"。"他提供了假证词，竟把在革命时期偶然发生的柏林无产阶级的武装跟同盟的章程胡扯在一起。"(卡尔·马克思《科隆共产党人审判案》，载于《马克思恩格斯全集》德文版第 8 卷第 462 页，参看《马克思恩格斯全集》中文第 1 版第 8 卷第 526 页)——339

343 这次代表大会当时具有重大意义，因为德国烟草工人联合会是那时除古滕堡联盟以外在德国依然合法存在的唯一的跨地区性工人组织。

该联合会是在 1848 年 8 月底至 9 月初在柏林召开的第一次代表大会上成立的，并且从一开始便和同时存在的工人兄弟会有着密切联系（见注释 161）。第一任主席兼联合会机关报《协和报》编辑是柏林"前进"烟草工人协会主席文采尔·科尔韦克。1849 年 9 月 3 日至 13 日在莱比锡召开的第二次代表大会的代表已经代表着 77 个地方协会了。联合会主要是在同盟盟员、莱比锡烟草工人亨利希·赫尔佐克的影响下进一步接近工人兄弟会；《协和报》也作为《博爱报》（莱比锡）副刊出版。1850 年 2 月 20 日至 26 日，全德工人兄弟会在莱比锡召开大会（见注释 275），烟草工人联合会派出 6 名代表。其中赫尔佐克代表进步倾向，杜伊斯堡的马丁·阿龙格代表落后分子，而思想上十分混乱的科尔韦克则试图从中调和。经过几番激烈辩论，原则上决定并入工人兄弟会，《协和报》停刊。然而不久出现了分裂的趋向。科尔韦克解除了《博爱报》与《协和报》之间的协议，后者自 4 月 1 日起重新单独出版。但是给予该报以财政保证的不来梅协会确定，不再由科尔韦克而是由汉诺威的细木工路德维希·施泰翰出版联合会机关报（另见注释 357）。6 月，科尔韦克辞去主席职务。开始筹备 1850 年 8 月 19 日至 25 日在汉堡召开的烟草工人第三次代表大会。

出席此次代表大会的代表 19 名，代表 40 个协会。彼得·勒泽尔是莱茵省好几个烟草工人协会的代表，同时也是代表大会的主席；赫尔佐克是副主席兼记录员。这两个同盟盟员起了十分积极的作用，但因为记录是阿龙格校订的，而且是在1850年10月当局采取加紧镇压的措施之际出版的，所以一些政治言论不是删掉就是加以缓和了。勒泽尔和赫尔佐克抵制了在反动派压制下出现的解散的倾向。按照他们的建议，决定旅游储金会、寡妇储金会和伤残人储金会仍作为组织中心继续保留。他们还进而成功地批判了那种借助联合会所有的烟厂来改善工人状况的幻想计划。正如这份记录摘要所证明的那样，特劳贝尔特和迈耶尔也相信勒泽尔和赫尔佐克的论断，但受到他们的委托书的约束。

自1851年1月1日起，联合会每周出版一期《消息报》。但是政府的镇压措施不允许它有进一步的发展。地方协会凡是1850年没有被禁止的，1851年春天也都被禁止了；只有不来梅的协会在1852年时还保持原来的规模。——342

344 这份文件是瑞士"革命集中"的谈判代表古斯塔夫·阿道夫·泰霍夫于1850年8月26日和9月10日之间先在伦敦然后在安特卫普写的书面报告的节录。书面报告是寄给伯尔尼的亚历山大·席梅尔普芬尼希的，不是作为私人的通报，而是向"革命集中"领导人的汇报（见注释315）。从维克多·席利于1860年2月8日写给马克思的信（载于《马克思恩格斯全集》德文版第14卷第403页，参看《马克思恩格斯全集》中文第1版第14卷第421—425页和第461—463页）中可以看出，泰霍夫的信在1850年至少有弗里德里希·博伊斯特、卡尔·埃默曼和席利三个人看过，后来这封信就保存在席利那里。但是席利于1851年夏突然被驱逐出瑞士，这封信被装订工拉尼克尔私自拿走而后落入卡尔·福格特之手。福格特于1859年12月在他的诽谤性著作《我对〈总汇报〉的诉讼》中发表了这封信，许多人名被缩写或加以删节。1860年4月17日，泰霍夫在给马克思的信中表示反对发表这封信。从前"革命集中"的其他一些成员也反对发表并要求福格特归还此信的原件，但是该信原件后来下落不明。因此，这里转载的是福格特所发表的版本；缩写的人名凡已查明的，都一一写全。

马克思在他的论战著作《福格特先生》中，为泰霍夫的信专门写了整整一章（《马克思恩格斯全集》德文版第14卷第435—458页，参看《马克思恩格斯全集》中文第 1 版第 14 卷第 460—487 页），他驳斥并纠正了泰霍夫的种种歪曲和误解。而恰恰是这次论战促使马克思简要地叙述了共产主义者同盟的历史。马克思对同盟历史的叙述是本章的一个部分（见文件 1、49 和 385 以及注释 99、110）。

尽管中央委员会的委员同泰霍夫之间的商谈并不完全像泰霍夫所描写的那样——见 1860 年 3 月 3 日马克思给法律顾问韦伯的信（载于《马克思恩格斯全集》德文版第 30 卷第 504—507 页，参看《马克思恩格斯全集》中文第 1 版第 30 卷第 499—502 页），但是一般的话题和大致过程还是可以看得出来。泰霍夫的报告是中央委员会多数派和奥古斯特·维利希所领导的集团之间的矛盾在 1850 年 8 月中旬尖锐化的一个重要缘由。

泰霍夫对科学共产主义一窍不通，他由于反动报刊在 7 月底发表了《六月告同盟书》（文件 473）而有了成见（见文件 503），并且和马克思、恩格斯及施拉姆刚谈过话以后立即接受了奥古斯特·维利希的影响。他于 8 月 21 日大体上答应参与共产主义者同盟的工作，可能是晚些时候，他在信中详细叙述的保留意见才占了上风。他曾动摇了好几天，这从他的信迟迟不寄出去可以看出，从 1850 年 9 月 11 日以后他同马克思和恩格斯至少又会见过一次这个事实（马克思《高尚意识的骑士》，载于《马克思恩格斯全集》德文版第 9 卷第 505 页，参看《马克思恩格斯全集》中文第 2 版第 12 卷第 577 页）也可以看出。——344

345 从社会民主主义流亡者委员会 1850 年 9 月 18 日的财务报告（文件 524）中可以看出，9 月上半月全部尚存的钱款已经分掉，所以 9 月 15 日委员会实际上解散的时候不再有分文公款了。但是，在某种范围内，马克思至少把委员会的活动继续到 9 月 26 日，用的可能是 9 月 18 日财务报告之后从德国陆续寄来的钱。这 13 张收据便是这一活动的证明。关于最后这段时间在救济款问题上所发生的分歧，另见文件 512、513、514 和 517。

威廉·豪普特所开的第一个收据表明，部分钱款还用于同盟的公差旅行。不过，豪普特在一天之内收到数额完全相同的两笔钱，还是开第二张收据只是为了代替第一张收据和不写明钱的用途，这一点无法肯定。——351

346 此信的日期显然是奥古斯特·维利希写错了（他写的不是9月1日而是8月1日），因为所提到的财务报告结尾处的"上个月"只可能是1850年8月，因为维利希本人在1850年7月30日的5、6，7三个月的财务报告（文件500）上签过字。

恩格斯在信皮上写了"明天付钱"几个字，下面写有两行以镑计的款数，经过几次涂改。——357

347 哥特弗里德·克洛泽是（西里西亚）施魏德尼茨普鲁士当局的文书。1850年5月中，他由于参加1848年11月的抗捐运动而被判10年监禁，不久以后，因为参加1849年5月布雷斯劳的革命事件而被开除军籍并被判3年监禁外加警察监督3年。两项判决均是缺席宣判。克洛泽及其家属流亡伦敦，在那里参加工人教育协会，并且正如本文件所表明的，还参加了社会民主主义流亡者委员会的活动——另见文件511。大约在1850年夏天，他成了共产主义者同盟盟员，并于1850年9月17日和伦敦的其他同盟盟员一道退出工人教育协会——见文件523。克洛泽参加同盟伦敦支部的活动直到该支部1852年底解散，1852年上半年他还在新伦敦工人协会中积极活动（见文件684）。1852年6月30日克洛泽妻子去世，马克思照顾过他的家庭（见文件710）。——361

348 《共产党宣言》（文件202）在同盟改组期间和后来科隆中央委员会时期的活动中具有巨大意义（见马丁·洪特《〈共产党宣言〉和共产主义者同盟在1848—1849年革命后的活动》，《〈共产党宣言〉和1848—1849年资产阶级民主革命125年》1975年柏林版第131—138页）。1850年11月，马克思和恩格斯在《新莱茵报。政治经济评论》第5、6期上重新转载了《宣言》的一部分并且大力支持第一次把它译成英文。从这点来说，他们估计到了对同盟这一纲领性文献的需求量很大，第一个英译本刊载在朱利安·哈尼的伦敦《红色共和党人》杂志上（见《马克思恩格斯全集》历史考证版第1部分第10页第605—628、1119—1121页）。

1850年下半年在德国，尤其是科隆，一再要求重印《宣言》。这一点，除了彼得·勒泽尔的这封信之外，文件493、525和538也可以证明。大约在

1850年12月初，科隆和法兰克福的同盟盟员似乎同马克思已经谈妥此事（另见文件559）。秘密的不加修改的翻印（对此尚无明确的第一手材料可供查证）可能于1851年1月下半月不是在美因河畔法兰克福就是在科隆进行。从1851年2月3日阿伯拉罕·雅科比给芬尼·迈耶尔的信（文件582）中可以看出，这个时期又拥有足够数量的《宣言》用于宣传工作（另见文件595）。后来有一些原始材料（其中包括文件630）说，1851年3月中旬《宣言》在德国又传播开了（见黑尔维希·弗德《1851年春共产主义者同盟纽伦堡支部和〈共产党宣言〉的传播》，1962年《德国工人运动史论丛》专辑第165—188页）。美因河畔法兰克福的工人协会和工人读书会（这两个协会都是同盟盟员领导的）在1851年5、6两个月里散发的《宣言》特别多，每本9新格罗申。据会议记录记载，在1851年5月23日的会议上有人说，《宣言》从封面看同1848年伦敦第一次印刷的版本完全一样，但是"书却是新近才出版，并且不是在伦敦而是在德国印刷的，这只是有意的安排"（威斯巴登黑森档案总馆 Abt. 5, Nr. 264, fol. 68）。——见卡尔·欧伯曼《关于共产主义者同盟在德国的宣传和散发传单的活动（1850—1851年）》，《德国工人运动史论丛》1971年第5期第789—791页。——363

349 这里是指根据马克思在伦敦中央委员会1850年9月15日最后一次会议上提出的决议（见文件522）着手组建科隆中央委员会一事。在那次会议上，马克思在答别人询问时指出，由于在伦敦发生了分歧，他迄今为止尚未将迁移中央委员会所在地一事通知科隆方面。可是在那次会议以后，他可能立即向科隆方面发出了通知。由于彼得·勒泽尔的这封信写得错误甚多（凡有把握的地方，付印时均作了订正），所以很难确定他所指的是不是若干封书信和若干份记录。可以想象，马克思当时不仅经过勒泽尔转达了致科隆总区部委员会的信件，而且也给他的友人罗兰特·丹尼尔斯、斐迪南·弗莱里格拉特等写了信。马克思在这些未能保留下来的书信中预告，伦敦区部的领导人格奥尔格·埃卡留斯将提出一份正式报告。因为当时不可能召集一次代表大会，以便根据同盟的章程确定下一届代表大会召开以前中央委员会应当设在何处，所以，事情显然是这样处理的：由原中央委员会多数派的全体委员所属的伦敦区部向科隆总区部提出一份建议，请他们按照9月15日的决议组建新的中央委员会。这个未能保存下来的由埃卡留斯执笔的文件，于9月27日送到科隆（见文件529）。送文件的是威廉·豪普特，他还向丹尼尔斯、亨利希·毕尔格尔斯和勒泽尔口头详述了伦敦的情况（见文件528）。新的中央委员会事实上已经于9月27日或28日开始工作，并作出了一切必要的决议。可是，关于这些情况的报告（文件529）直至10月5日才寄往伦敦，这是因为在豪普特来后不久，维利希—沙佩尔的宗德崩得集团也派了一名特使——施奈德·豪德来到科隆。不过，这位特使受到了严正的拒绝，他肩负的使命未能完成。1850年9月30日，科隆总区部在一次会议上正式选举了中央委员会，并通过了第一批决议（见文件529）。勒泽尔当选为中央委员会主席，毕尔格尔斯当选为书记，卡尔·奥托当选为出纳；许多事实表明，中央委员会的成员还包括科隆的其他一些盟员。例如，共产主义者同盟1847年的章程（文件183）就规定中央委员会应由五名委员组成。马克思和恩格斯也在书信中多次间接或直接地指出过，丹尼尔斯和弗莱里格拉特曾任科隆中央委员会委员（见文件613、639、652、802和注释409）。

科隆中央委员会在1850年12月1日的《告同盟书》中再次详尽地回顾了它成立的情况和缘由。有关这方面的情况，另见勒泽尔和豪普特后来的供词（附录，文件6、7）。——381

350 1850年6月底，奥兰地区破获了一个秘密组织。当局在参与密谋的首要分子市长秘书安德烈那里查获了一批武器弹药，以及一份完整的暴动计划。从这份计划来看，密谋者企图逮捕司令长官和地方行政长官，攻占奥兰附近的拉芒军事要塞，并没收金融机构的钱财。1850年10月底，对密谋者的审判宣告结束，50名被告（其中有6名缺席受审）受到判决：安德列被判处无期徒刑，其他参与者被判处半年至5年徒刑。——383

351 约翰·菲力浦·贝克尔，原籍法兰肯塔尔，职业是制刷工，从1830年起，投身于普法尔茨的共和主义运动；1832年参加汉巴赫大典，并负责领导工作。自1838年起寓居瑞士，并在当地同德国工人教育协会以及威廉·魏特林、弗里德里希·马尔滕斯建立联系；但当时还站在小资产阶级民主主义的青年德意志（见注释26）一边。

贝克尔积极参加德国1848—1849年的革命斗争。开始时，他参加1848年和9月由弗里德里希·黑克尔和古斯塔夫·司徒卢威领导的巴登共和主义者起义；后来，他组织军人联合会"自助者"（见文件322和注释168）；特别值得一提的是，他在1849年维护帝国宪法的运动中，曾担任巴登人民自卫团司令官。

革命失败后，贝克尔在日内瓦的小资产阶级民主主义流亡者组织，特别是在"革命集中"中从事活动（见注释315）；1851—1852年，贝克尔是日内瓦宗德崩得支部成员（见注释246）。贝克尔在革命中已经表现出由小资产阶级民主主义革命家向无产阶级革命家逐步转变的发展趋势；1860年，他支持马克思反对卡尔·福格特的波拿巴主义阴谋活动，从那时起，他就在政治上同马克思和恩格斯并肩战斗。自1864年起，他是第一国际的主要代表之一。

有关贝克尔的生平，见弗里德里希·恩格斯《约翰·菲力浦·贝克尔》，《马克思恩格斯全集》德文版第21卷第319—324页（参看《马克思恩格斯全集》中文第1版第21卷第365—371页）；N. 梁赞诺夫"约翰·菲力浦·贝克尔传。他在1856年以前的主要活动"，载卡尔·格林贝格主编《社会主义和工人运动史文库》1914年莱比锡版第4卷第313—329页；罗尔夫·德卢贝克《约翰·菲力浦·贝克尔。从激进民主主义者到马克思和恩格斯在第一国际的战友（1848—1864、1865年）》，1964年柏林洪堡大学哲学博士论文；恩斯特·恩格尔贝格《约翰·菲力浦·贝克尔在第一国际》1964年柏林版；N. И. 奥萨波娃"约·菲·贝克尔和卡·马克思（1860—1861）"，载《马克思和19世纪国际工人运动的若干问题》1970年莫斯科版第302—338页。——384

352 威廉·豪普特，店员，原籍汉堡，1848年底加入汉堡圣格奥尔格工人联合会，1849年春任该联合会主席，并兼任汉堡各工人联合会地区委员会委员。曾以这些组织的领导者身份同莱比锡工人兄弟会中央委员会通信（见注释166），1849年5月前往巴登，参加维护帝国宪法运动；7月赴瑞士，在日内瓦结识约翰·菲力浦·贝克尔和弗里德里希·阿道夫·左尔格等人，1850年8月，同其他许多政治流亡者一起被驱逐出境。事后，豪普特前往伦敦，加入工人教育协会，至迟在1850年4月同马克思、恩格斯和康拉德·施拉姆建立了联系（见文件465）。卡尔·布伦在1850年5月2日致康拉德·施拉姆的信中提醒大家对豪普特保持警惕，中央委员会对此未予理睬，因为他们认为布伦本人是一个很不可靠的盟员（另见注释303）。豪普特加入同盟的具体时间不详；他在后来的供词中曾声称自己直至1850年9月才参加同盟，这个交代可能隐瞒了事实真相。9月17日他同马克思、恩格斯的其他所有政治友人一起退出工人教育协会（见文件523）。一星期后，他返回汉堡。同盟在伦敦的领导机构委托他在归途中取道科隆，向盟员们报告9月15日发生的事件的经过，并转交格奥尔格·埃卡留斯领导的伦敦区部的一封正式函件。从豪普特所起的作用来看，他事实上已经参与了科隆中央委员会的组建工作（见注释349）。9月底，他途经汉诺威，同路德维希·施泰翰交换了意见；1850年10月，在汉堡建立了一个新的同盟支部，与弗里德里希·马尔滕斯领导的支部并立；新支部的成员有卡尔·海尔曼·彼得逊、约翰·马尔沙夫斯基和弗里德里希·埃卡留斯；爱德华·莱梅大概也参加了这个支部。豪普特同马克思保持通讯联系，1850年底，他支持马克思出版《新莱茵报。政治经济评论》。豪普特同科隆中央委员会的联系迟迟未能建立，原因主要是他在1850年11月与科隆中央委员会特使彼得·诺特荣克在各种问题上发生分歧，尤其是在如何对待马尔滕斯和布伦领导的同盟支部的问题上看法不一（见文件558）。1851年4月，亨利希·毕尔格尔斯探望豪普特；5月中旬，毕尔格尔斯在信中告诉他，诺特荣克已被逮捕（见文件623），豪普特将这一消息通知了马克思（文件627）。5月31日，警方在豪普特住所进行搜查，但一无所获；6月2日，豪普特被捕，几天后，作了大量叛卖性的供述（附录，文件8），致使罗兰特·丹尼尔斯等人首先被捕。1851年7月施泰翰被捕后，豪普特也一同在汉诺威受审，8月15日被解除拘留监禁，但未撤销审查。在1851年11月的汉堡共产党人审判案中，法庭宣布把他的拘留审查期折算成刑期。1852年1月豪普特再次被捕，并于2月在科隆受审。1852年7月初，法庭在审理科隆共产党人案件时传讯他出庭作证；接到通知后，他于7月8日离开汉堡前

往巴西（见文件724，以及恩格斯《关于共产主义者同盟的历史》（参看《马克思恩格斯文集》第4卷第244页）。——386

353 路德维希·施泰翰，汉诺威的一个细木工的儿子。1832年作为手艺匠人外出漫游，旅经德累斯顿、博登湖畔的林道、苏黎世、里昂（1834年）、索恩河畔沙隆，于1835年（或1836年）抵达巴黎。在那里结识了来自汉堡的卡尔·弗里德里希·霍夫曼和弗里德里希·马尔滕斯，加入了流亡者同盟，后来又参加了正义者同盟。1840年5月，从巴黎出发踏上旅途，经伦敦抵汉诺威，9月在当地被捕。1841年由于健康原因被取保释放；直至1843年5月，在重新关押四个星期之后，才被解除审查。1845年至1847年，在汉诺威为《工场》报撰稿；该报由格奥尔格·席尔格斯主编，在汉堡出版。

施泰翰积极参加了1848—1849年革命。当时，他的友人弗里德里希·施特根与共产主义者同盟盟员保持着联系；1848年4月，施泰翰与施特根密切配合，建立了汉诺威工人联合会；1848年夏季，又支持创建工人兄弟会。有关汉诺威工人联合会在1848—1849年间活动的情况，见海尔曼·冯·贝格《1848—1849年革命失败后德国工人兄弟会的地方组织北德意志工人联合会的诞生和活动》，1970年柏林哲学博士论文，第56—83页。施泰翰1848年当选为汉诺威市议员，一直当到1851年。

1850年2月20日至26日，施泰翰代表德国西北部的一些工人联合会出席了全德工人兄弟会莱比锡大会（见注释275），并任大会副主席。根据这次代表大会决议，烟草工人联合会的机关报《协和报》改成《博爱报》（莱比锡）的副刊，由施泰翰任编辑。后来，这种从属关系尽管已于4月1日被解除，但施泰翰仍然留任该报编辑，直至1850年8月该报停刊为止（见注释343）。早在这一期间，施泰翰就开始着手准备出版一份较大型报纸；在1850年6月底《博爱报》停刊后，这项工作就显得更加必要（见注释357）。但是，《德意志工人俱乐部》（汉诺威）直至1851年1月才问世（见注释405）。至迟从莱比锡代表大会召开时起，施泰翰即已同共产主义者同盟的许多盟员保持联系，其中包括他交往多年的老友——汉堡的马尔滕斯。大约在1850年7月，他曾在《协和报》上登载由同盟组织翻译的维克多·特德斯科著的

《无产者问答》(文件445)的译文。彼得·勒泽尔后来在供词(见附录,文件6)中说,1850年8月底,他在汉诺威吸收施泰翰加入了同盟。1850年9月底,威廉·豪普特拜访了施泰翰;11月,彼得·诺特荣克又去看望他。可是,尽管施泰翰同科隆中央委员会紧密配合,尽管他同共产主义者同盟在德国的其他一些活跃分子,如格丁根的约翰奈斯·米凯尔密切协作(见文件671),他仍然囿于往日的私人关系,同伦敦的宗德崩得保持联系;他在《德意志工人俱乐部》上发表卡尔·沙佩尔、奥斯瓦尔德·狄茨等人的文章,向他们寄援助流亡者的捐款,同他们保持书信往来——施泰翰于1851年2月和3月致沙佩尔和狄茨等人的两封信目前保存在波茨坦国家档案馆Rep. 30 Berlin C, Tit. 94, Lit. L 228 Ifd. Nr. 11373。不过,根据丹尼尔斯1851年6月1日致马克思的信(文件635)可以看出,1851年5月科隆中央委员会终于成功地把施泰翰完全争取到了自己一边。

1851年6月,施泰翰在汉诺威被捕;9月9日,逃出监禁。在伦敦,他起初投靠沙佩尔及其朋友们(见文件665);但到了1851年11月,他已公开发表声明,同宗德崩得脱离关系,并与马克思建立联系(见文件676;卡尔·马克思《高尚意识的骑士》,《马克思恩格斯全集》德文版第9卷第509页,参看《马克思恩格斯全集》中文第2版第12卷第581—582页);从1852年1月起,他同格奥尔格·罗赫纳和约翰·亨利希·居姆佩尔一起成为新的伦敦工人协会领导人(见文件682和684)。马克思谈到施泰翰的性格时,曾指出他的神经十分脆弱;关于这一点,见文件687。直至50年代末,施泰翰一直在伦敦当细木工;后来,他寓居爱丁堡。1868年,他还同汉堡的马尔滕斯保持着通信联系。——389

354 卡尔·奥托,助理药剂师,原籍魏森费尔斯;1842年起,任科隆矿泉水厂化工技师。早在1845年4月,奥托就同罗兰特·丹尼尔斯、卡尔·德斯特尔、约瑟夫·魏德迈等人一起,在"救助和教育总会"中开展工作。在1848—1849年革命期间,奥托加入了马克思领导的民主协会,是工人联合会中的活跃分子。可能早在1848年底,他就已经通过卡尔·沙佩尔的介绍加入了共产主义者同盟。1849年4月,他参加了莱茵省和威斯特伐利亚工人联合会代表大会，同马克思、弗里德里希·安内克、沙佩尔和威廉·沃尔弗一起担任大会领导人（见文件360和362）。他曾为工人联合会的报纸《自由、博爱、劳动》（科隆）撰稿；在该报出版的最后一段时间，他是编辑委员会成员（见文件378）。1849年底和1850年初，他曾在科隆工人教育协会讲授化工知识，是协会的两名图书馆员之一。大约从1850年初起，他参加了彼得·勒泽尔领导的科隆支部；8月底，在同盟特使亨利希·鲍威尔途经科隆期间，奥托参与了中央委员会《三月告同盟书》的转抄工作。

1850年9月底，奥托当选为新成立的科隆中央委员会委员，并担任出纳。勒泽尔后来在供词中声称担任这一职务的是阿道夫·皮埃尔，这是为了蒙骗警方。10月底或11月初，奥托受同盟中央委员会的委托，以特使身份前往萨克森和柏林，但这次旅行在很多方面都一无所获（见文件553）。在莱比锡，可能由于亨利希·马尔齐乌斯有意回避，奥托未能同他接上头，而仅同卡尔·冈洛夫进行了洽谈（见文件548和565）。在德累斯顿，他同弗里德里希·威廉·科尔贝克谈了话，可是，尽管他持有中央委员会出具的证书，科尔贝克仍对他存有戒心（见文件548）；在柏林，他未能与联系人见面。但是，奥托在柏林参加了《德国男子汉和普鲁士臣民！》这份传单的散发工作（见文件546）。1850年12月，奥托在科隆转抄了几份中央委员会《十二月告同盟书》和同盟新章程（见文件553和554）。

奥托于1851年7月25日被捕，在1852年科隆共产党人审判案中被判处五年徒刑。1856年秋，当局同意予以赦免，将他提前释放，但他仍处于警方的监视之下。——395

355　关于美因河畔法兰克福区部的领导机构同各地同盟支部的代表共同举行的这次会议（亦称区部代表大会、区部盟员代表大会或同盟区部代表大会），除弗里德里希·列斯纳在回忆录中提供的情况之外，未发现其他原始资料。1851年6月列斯纳被捕时，警方查获了他的旅行记事手册。从这本手册中可以看到，列斯纳于1850年10月11日离开美因茨，于10月16日到纽伦堡，离开美因茨的时间总计一个多星期；因此，法兰克福会议的召开日期只能在10月11日至15日之间。除列斯纳和格奥尔格·罗赫纳（后者于1851年底流亡到伦敦)以外,其他与会者姓名不详;但可以肯定,约瑟夫·魏德迈出席了这次会议。然而奇怪的是,魏德迈在1850年10月13日致马克思的信(文件533)中对这次会议竟只字未提。这一点,只能用地下工作方面的原因加以解释。

列斯纳的笔记未注明日期,笔记的标题:"编号:2——自传素材"。这些笔记估计是在准备起草《1848年前后》一文时,也就是在1896年前后写成的。此后不久,列斯纳在一篇文章中写道:"1850年10月,**美因河畔法兰克福召开了一次同盟区部代表大会**。我作为美因茨盟员代表出席了这次会议。当时,同盟中央委员会(马克思、恩格斯和其他同志)从伦敦迁到了科隆,必须重新进行工作,把共产主义者同盟组织起来,因为,如前所述,同盟的一切公开的宣传活动都已被黑色和白色反动势力摧残殆尽。我受法兰克福区部代表们的委托,奉命前往**纽伦堡**,去把那里的同盟支部组织起来;可是,我在那里的努力收效甚微。当时绝大多数同志都被警方连续采取的措施吓得畏葸不前,变得十分胆怯,我很难找到机会开展有效的工作,以便完成自己的使命。我只能勉励几位同志振作精神,重新鼓起勇气为同盟的事业尽力;他们答应努力为同盟工作,我也就只能以此为满足了。这次鼓动旅行的结果使我感到有些懊丧,就这样,我踏上了归途,前往法兰克福,接着又回到了美因茨。"(摘自弗里德里希·列斯纳《五十年前》,1900年10月27日《美因茨人民报》第248期)。

有关列斯纳担任特使前往纽伦堡活动的情况,参看文件553和附录,文件6。彼得·勒泽尔在供词中把约瑟夫·魏德迈说成是当时派往纽伦堡的特使,那是为了蒙骗警方。——398

356 路易(拉扎鲁斯)·海尔贝格,布雷斯劳的一个犹太教师之子,1836至1837年在故乡攻读哲学,后在施韦德尼茨当家庭教师,1839至1841年在莱比锡、柏林和波恩修完大学课程。1842年1月起寓居布鲁塞尔,从事著述。1846年参加共产主义通讯委员会的工作(见文件83、88),1847年加入民主协会,任《民主工场报》(布鲁塞尔)编辑(见文件164)。至迟1848年1月,海尔贝格加入布鲁塞尔德意志工人协会(见文件191),但从1848年2月起,他侨居伦敦,积极参与工人教育协会的工作,同时以共产主义者同盟盟员的身份活动。从现存的文献资料中无法清楚地判断,海尔贝格在共产主义者同盟关于革命斗争的政治策略问题的那场辩论中采取了何种立场,但是不管怎样,有一点是清楚的:他捍卫了《共产党在德国的要求》17条(文件224)——见文件209、225、239和267。1848年9月,海尔贝克经美因河畔法兰克福抵达柏林,参加《柏林阅览室》和《民主通讯》的编辑工作;10月26—30日,出席第二次民主主义者代表大会(见注释164)。1849年2月23日,海尔贝格因发表一些文章而被捕,5月16日,被判处一年徒刑。1849年10月31日,法庭根据上诉重新审理此案(见1849年11月3日柏林《法院总汇报》第10号第77—78页),决定减轻原判的刑罚,将刑期改判为迄今已关押的时间;事后,海尔贝格被驱逐出柏林。他回到布雷斯劳,同奈斯·冯·埃森贝克等人一起,积极参加工人兄弟会布雷斯劳分会的工作,担任分会书记,并参与《新奥得报》的编辑工作,也当过《西里西亚人民报》的编辑。1850年6月12日,警方在他的住所查抄出布雷斯劳工人兄弟会的全部文件,宣布对该组织实行取缔,并将海尔贝格驱逐出布雷斯劳。海尔贝格在莱比锡居住了很短的一段时间,接着便前往瑞士,在巴塞尔从事新闻工作,直至1851年底。1852年1月中旬,他在法国边境被捕,遭到囚禁,两个月以后,被驱逐出法国。海尔贝格一生的最后几个月是在伦敦度过的,马克思照应了他和他全家的生活(见文件710)。关于海尔贝格的生平,见波茨坦国家档案馆 Rep. 30, Berlin C, Tit. 94, Lit. W, Nr. 188, Ifd. Nr. 14010, Bl. 204—205。——406

357 1850年下半年,路德维希·施泰翰为筹办《德意志工人俱乐部》(汉诺威)(见注释405)写过一些信,这封信就是其中保存下来的唯一的一封。从文件528可以看出,1850年9月底,当威廉·豪普特在旅途中经过施泰翰那里时,施泰翰也同他谈过自己的这项出版计划,目的主要是为了在伦敦物色一名通讯员。

由于《博爱报》(莱比锡)于6月底停刊,《协和报》大约在8月份停刊,所以工人兄弟会在1850年下半年就只剩下一份机关报,那就是莱比锡出版的《普罗米修斯》。该报由卡尔·冈洛夫编辑,不能适应客观形势提出的要求。(弗里德里希·马尔滕斯在这封信中提到《博爱报》,其实就是指该报的续刊《普罗米修斯》。)施泰翰努力的目标是重新创办一份工人兄弟会中央机关报,为此,他争取一切熟识的同盟盟员通力协作。马尔滕斯在信中提到《德意志工人俱乐部》的试刊号,这份试刊号大约出版于10月初,可惜未能保存下来。

1851年5月1日,警方在汉诺威搜查施泰翰的寓所,查获马尔滕斯的这封信;1856年8月5日,法庭在汉堡的一次审讯中向马尔滕斯出示了这封信。马尔滕斯承认这封信出自他的手笔,但他指出,《博爱报》是合法报纸;要求给这份报纸提供资助,这丝毫也不触犯刑律。他还声明,他已记不清自己是否同卡尔·弗里德里希·霍夫曼再次就这件事进行过磋商(见汉堡国家档案馆警察局侦察案卷 Serie VI, Lit X, Nr. 1365, Bd. 1, Teil II, Bl. 307—313)。因此,警方未能得到进一步追查的线索。——409

358 阿伯拉罕·雅科比,原籍明登附近的哈尔图姆,自1847年起在格赖夫斯瓦尔德和格丁根攻读大学课程,起初学习语言学,后来改修医学;自1847年10月底至1851年4月初在波恩学习。1850年6月底,雅科比在波恩建立体操协会,该团体开展了广泛的政治活动,在此期间,《新莱茵报。政治经济评论》发挥了巨大的作用;1851年春,《共产党宣言》(文件202)也对协会的政治活动产生了深远影响(见文件582)。最晚在1850年秋季,雅科比经友人路易·库格曼介绍,已经在杜塞尔多夫和科隆同共产主义者同盟盟员取得联系。据有关原始资料证明,从1850年12月底起,雅科比在科隆与同盟中央委员会成员以及科隆的其他共产主义者进行了深入的会谈,在这些共产主义者中,有海尔曼·贝克尔、阿道夫·贝尔姆巴赫、亨利希·毕尔格尔斯、罗兰特·丹尼尔斯、斐迪南·弗莱里格拉特和彼得·勒泽尔(见文件574)。1851年2月底,约翰奈斯·米凯尔在波恩看望了雅科比;3月1日和2日,雅科比让约翰奈斯·米凯尔跟他一起前往科隆,参加同共产主义者同盟中央委员会委员的会谈(见文件593)。种种迹象表明,雅科比逐渐担当起中央委员会交给的任务;1851年4月中旬,他在获得博士学位后,以中央委员会特使身份前往柏林(见文件608),在旅途中,他在比勒费尔德拜访了鲁道夫·雷姆佩尔,在格丁根拜访了米凯尔。在柏林,他未能同彼得·诺特荣克接上头,因为诺特荣克当时已经启程前往莱比锡;但他与同盟盟员约翰·克里斯蒂安·吕霍夫和海尔曼·康内吉塞尔进行了洽谈（见文件624),并同正在进行长途旅行的毕尔格尔斯交换了意见。那时,诺特荣克被捕的消息已经传开。5月25日,雅科比也在柏林被捕,并于6月21日被押送到科隆。他被拘留审查达一年半之久,有关情况可见文件653。雅科比是1852年科隆共产党人案件中的被告之一,后来虽然被宣告无罪释放,但紧接着又在一起所谓"侮辱国王陛下"的案件中受到指控,并于1852年11月26日在明登被判处半年徒刑,但法庭将他在科隆拘留审查的时间折算成了刑期。他感到有再次被捕的危险,于是在1853年7月流亡到英国;在那里,他结识了马克思和恩格斯（见文件766),1853年8月,他前往美国。关于他在美国从事政治活动的情况,见文件771。关于雅科比的生平,见Т.Л.阿尔捷米耶娃"阿伯拉罕·雅科比——共产主义者同盟的杰出活动家",载《马克思主义和国际工人运动史论丛》,1963年莫斯科版第577—620页;卡尔·乌利希·特茨拉夫"阿伯拉罕·雅科比——革命者和科学家。马克思主义在德国和美国医学界的早期代表人物之一",载《处在政治抉择中的医生》1967年哈雷版第19—34页。——411

359 阿伯拉罕·雅科比在这里以隐晦的语言暗指他在1850年10月从明登前往波恩的途中在杜塞尔多夫举行的一次详尽深入的讨论。同他进行讨论的人很可能是一些共产主义者同盟盟员。可以推断,雅科比后来在1850年12月就是通过这些盟员的介绍而同科隆中央委员会成员建立了联系（见文件574)。

关于杜塞尔多夫同盟支部的情况,我们到目前为止几乎一无所知。1850年7月,那里只有一两个盟员（见文件493);1850年11月,科隆总区部已经拥有11个支部（见文件553),传单《德国男子汉和普鲁士臣民!》（文件545)也曾在杜塞尔多夫广为散发,而且《新莱茵报。政治经济评论》正是在杜塞尔多夫拥有许多订户,所以很可能在这期间同盟已在那里建立了支部。从文件765提供的情况可以断定,1851年在杜塞尔多夫曾经有过一个支部。该支部在1853年12月曾派遣古斯塔夫·莱维到伦敦去拜访马克思（见文件773)。

杜塞尔多夫的同盟盟员，除莱维以外，其他人的姓名均不详；但雅科比在这封信中提到的同他一起进行讨论的店员摩里茨·盖森海默和机械工人卡尔·魏登米勒，很有可能是同盟盟员。魏登米勒有一个兄弟，他们兄弟俩都是在1849年的前几年大概从柏林来到杜塞尔多夫的；兄弟俩一起在杜塞尔多夫轮船航运公司当机械工人。盖森海默和魏登米勒兄弟从1847年起在杜塞尔多夫体操协会、工人联合会和民主人民俱乐部里积极活动，表现十分突出（见马丁·洪特《马克思和恩格斯的医生和朋友——路易·库格曼》1974年柏林版第24—60页）。从革命年代起，他们就同斐迪南·弗莱里格拉特、路易·库格曼、帕德博恩的泰奥多尔·赫茨贝格、斐迪南·拉萨尔以及科隆工人联合会的许多成员十分熟识。杜塞尔多夫体操协会的领导成员中，有共产主义者同盟盟员，该协会于1851年6月被警方取缔。直到1852年，盖森海默一直同库格曼以及流亡到美国的杜塞尔多夫人保持通信联系。尽管警方一直在进行严密监视和暗中侦查，但他们始终也没有查明杜塞尔多夫同盟支部的成员从事政治活动的情况。在警方的案卷中，可以查到两个同盟支部的材料，而且在每个支部下面都列有十个盟员的姓名，但这纯属凭空捏造（见1851—1856年的《杜塞尔多夫政治周报》，波茨坦国家档案馆 Rep. 30, Berlin C, Tit. 94, Lit. W, Nr. 296, Ifd. Nr. 14032）。1852年3月，杜塞尔多夫警察局长法尔德伦认为魏登米勒行迹可疑，仅凭这一点，他就施加影响，致使魏登米勒被轮船航运公司解雇。魏登米勒旋即离开该市达两星期之久，不让警方知道自己的行踪；从1852年4月中旬起，他开始在杜塞尔多夫的一位钳工师傅那里工作。

杜塞尔多夫附近的尼安德岩洞有时被用来作为同其他莱茵地区盟员聚会的地点。例如警方在1852年5月10日的周报中提到，那里在5月9日曾举行过一次这样的聚会，在与会者当中，有科隆的火车司机雅各·施米茨、索林根的卡尔·威廉·克莱因和巴门的织带工人吕伯尔（见注释488）。同莱维一起参加这种秘密集会的还有印染和印刷工人斐迪南·基希尼阿维，此人很可能也是杜塞尔多夫同盟支部的成员。

杜塞尔多夫的盟员虽然一直同拉萨尔保持着联系，但始终没有让他加入组织。不过，拉萨尔也还是参加了杜塞尔多夫支部为援助在科隆被捕的盟员以及后来在1852年科隆共产党人案件中被判刑的盟员而组织的募捐活动。——411

360 阿道夫·拉福里，侨居汉堡的一个法国商人之子，从1836年起先后在基尔和耶拿攻读法律、哲学和历史，从1838年5月至1839年3月，先后就读于柏林（当时马克思也在那里学习）、海德堡和慕尼黑；1841年在基尔获得博士学位，论文的题目是《论物质利益》；直至1843年为止，寓居在柏林；在那里，他和恩格斯一样，也听了弗里德里希·谢林的讲座。从1843年至1846年，拉福里居住在巴黎，最迟在这一期间他已同马克思相识。拉福里在这段时间同正义者同盟的盟员，特别是海尔曼·艾韦贝克保持着密切的联系（见文件90）。1845年至1846年期间，他倾向于"真正的"社会主义，因而不理解同卡尔·格律恩论战的必要性（见文件94）。1846年5月，拉福里前往科隆；途经布鲁塞尔时，他仅仅见到了塞巴斯蒂安·载勒尔，在科隆，他同罗兰特·丹尼尔斯、亨利希·毕尔格尔斯一起商讨了共产主义通讯委员会的问题（见文件94）。大约到1846年底为止，拉福里居住在美因河畔法兰克福，此后便前往耶拿，在那里积极从事政论活动。他的最重要的著作是《从政治经济学和公共伦理学角度研究商业史》（1848年斯图加特版），他在这本著作中引证了恩格斯的《英国工人阶级状况》，并分析批判了沙尔·傅立叶、克劳德-昂利·德·圣西门、比埃尔-约瑟夫·蒲鲁东、亚当·斯密和弗里德里希·李斯特的思想。

在1848—1849年革命中，拉福里成为耶拿民主势力的领袖，尤为突出的是，他曾担任民主协会主席，并代表这个协会出席了1848年6月14日至16日在美因河畔法兰克福召开的第一次民主主义者代表大会（见文件205）；同时，他还是1848年夏季开始发行的《图林根人民论坛报》（耶拿）出版者之一。拉福里领导的协会和他出版的报纸在当时成了图林根地区民主主义者委员会的中坚。1848年秋季，拉福里在抗税运动中被捕，直到1849年8月，法庭才判处他一年徒刑，将他囚禁在魏达附近的奥斯特堡要塞，而没有将拘留审查的时间折算成刑期。拉福里被当局逐出图林根以后，便作为编外教师在基尔大学任教,直到1851年初为止。1850年夏季,拉福里在基尔短时遭到警方拘捕;当时马克思曾委托同盟中央委员会特使康拉德·施拉姆同拉福里洽谈,但由于上述情况,施拉姆未能执行马克思交给的任务(见文件502)。马克思的意图是争取拉福里参加共产主义者同盟的工作,因此1850年9月交给威廉·豪普特一个任务,让豪普特在汉堡同拉福里建立联系。到1850年初为止,拉福里曾在基尔担任石勒苏益格—荷尔斯泰因议会议员,并在议会中坚持极左派的立场。他后来被逐出基尔大学,一度曾在汉堡任教;1851年5月,拉福里曾在汉堡同格奥尔格·维尔特会晤,并同在旅途中的亨利希·毕尔格尔斯相聚(见注释424)。1851年6月,警方在拉福里的寓所进行了搜查。

在反动势力的压迫下,拉福里无法继续在自己的专业领域里从事著述,因此,他在1855年先后在维尔茨堡、维也纳和布拉格攻读医学,并于1856年开始在汉堡行医。他的著作有《德国医学界行会生活一瞥。为各阶层受过教育的人而作》(1866年汉堡版)。关于拉福里的生平,见格尔哈德·尤肯堡《耶拿的进步学生(1840—1849年)。耶拿进步学生为德国民主化而进行的斗争》1972年耶拿版。——416

361 亨利希·汉森,原籍科隆,细木工,1848年是科隆工人联合会会员,自1848年9月起任该联合会委员会委员。这一年汉森显然已经加入共产主义者同盟。1848—1849年革命失败以后,他积极参加工人教育协会的工作,多次给彼得·勒泽尔提供援助,帮助同盟盟员和其他革命者逃往外地(见附录,文件6)。勒泽尔后来在供词中声称。他直至1850年初才吸收汉森加入同盟;这个说法是虚假的。勒泽尔和汉森为了开展同盟的工作,曾在1850年6—7月一起沿莱茵河溯流而上,进行过一次旅行。汉森联系极广,他同航行在莱茵河上的轮船锅炉工和机器工人也有交往,所以能利用这些关系给科隆总区部提供很大的方便,协助他们传递信件,运送宣传品。当局在1851年5、6月间进行搜捕以后,汉森努力把一系列联系重新恢复起来(例如同杜塞尔多夫、索林根地区的联系等等),同他一起开展这项工作的主要是勒泽尔的兄弟弗兰茨·约瑟夫以及希拉里乌斯·费舍。1851年底,警方在汉森的住所进行了三次搜查,结果都是一无所获。1852年8月,他在索林根同当地工人接关系时,同弗兰茨·约瑟夫·勒泽尔一起被捕,但警方由于缺少证据,不久就将他释放。1852年5月初,汉森离开科隆,移居美国。早在1852年4月6日,恩格斯就写信通知约瑟夫·魏德迈。"要是有个叫汉森的科隆工人到纽约来,您可以按他的功劳处置他。这个家伙从1848年起曾是同盟盟员,曾任意支配为被监禁者募集的捐款,把这笔钱喝酒喝掉了,然后溜到美国去了。"(《马克思恩格斯全集》德文版第28卷第513页,参看《马克思恩格斯全集》中文第1版第28卷第511页)——418

362 彼得·诺特荣克在同亨利希·毕尔格尔斯、彼得·勒泽尔和海尔曼·贝克尔交换过意见以后,于1850年11月5日左右启程离开了科隆。从交给他随身携带的那些地址和介绍信(文件540)可以大致了解他的旅行路线(有关情况,见注释363)。他曾途经哈根和比勒费尔德,从他后来向警方交代的材料来看,他在那里没有找到鲁道夫·雷姆佩尔;接着,他便动身前往汉诺威。在汉诺威,他同阿道夫·门兴、路德维希·施泰翰谈了话。大约从11月20日至30日,他在汉堡和阿尔托纳停留。在那里,他同卡尔·布伦、威廉·豪普特、弗里德里希·马尔滕斯、奥古斯特·路德维希·皮尔施以及其他盟员交换了意见,结识了马尔滕斯领导的同盟支部成员,并委托第二支部领导人豪普特加强同科隆中央委员会的联系(见文件558)。在基尔,诺特荣克大概同克里斯蒂安·宾索(见注释369)以及泰奥多尔·奥尔斯豪森碰了头,在罗斯托克则会晤了摩里茨·维格斯。途经什未林时,他可能同亨利希·迈尔谈了话,接着便启程前往柏林,到达的时间是1850年12月中旬。科隆中央委员会在12月底将12月1日的《告同盟书》和同盟的新章程(文件553和554)寄到柏林,由他亲收,同时,决定改变特使诺特荣克的旅行路线。中央委员会的意见是,诺特荣克不要再按原定计划前往西里西亚,而应当前往莱比锡。可是,不知什么原因,诺特荣克将行期推迟了数月之久,并在柏林投身于当地的政治工作(见文件563、565,以及注释386和389)。直到1851年5月8日,诺特荣克才启程前往莱比锡,而事先并未向中央委员会再次通报情况。在莱比锡,诺特荣克同亨利希·马尔齐乌斯商谈了同盟下一步应采取的行动,取得了卓著的成效(见黑尔维希·弗德和格尔哈德·齐泽"关于1850

年6月中央委员会告同盟书的写作经过和共产主义者同盟盟员在莱比锡的活动（1850—1851年）"，载《德国工人运动早期历史概述》1964年柏林版第272—275页）。5月10日，诺特荣克在莱比锡火车站被捕。由于他忽视秘密工作的规定，竟将大批文件带在身上，使当局抓住线索，向同盟发起进攻，掀起了大规模搜捕和迫害浪潮。当局的行动一直延续到1852年科隆共产党人审判案开庭为止。——420

363 1851年5月当局在莱比锡从彼得·诺特荣克那里查获的地址，被复制成两个副本，现收存于诺特荣克案卷——（波茨坦国家档案馆 Rep. 30 Berlin C, Tit. 94, Lit N67），副本a在案卷第23—25页上，副本b在27—30页上，两个副本的文字大同小异，可能其中一个是根据另一个复制的。本书发表的这些地址以副本a为蓝本，只在一处地方加了脚注，附上了副本b的异文。副本中的地址和名片并未按照诺特荣克访问的先后次序排列，本书发表时未作更动。这些地址并不都是诺特荣克既定的访问目标，其中有一些只是备用的通信地址。

1850年5月中旬，诺特荣克在阿尔托纳逗留期间，卡尔·布伦曾向他提供过一些情况；据亨利希·毕尔格尔斯后来在供词中说，这里发表的第一张便条就是根据布伦提供的情况写下的。毕尔格尔斯还提到，诺特荣克当时曾把这些地址单抄写了一份，寄给科隆的中央委员会。

第二张便条在很大程度上反映了诺特荣克特使出使的旅行路线和谈话对象。同诺特荣克谈话的人几乎都是同盟盟员。这张便条上的最后两个地址，即布雷斯劳和利格尼茨，表明诺特荣克在1850年11月初从科隆启程时，最初曾预定要从柏林继续向西里西亚方向进发。据毕尔格尔斯后来在供词中说，这张便条的原件是他亲笔所写。

第三张便条是诺特荣克在动身离开科隆时从海尔曼·贝克尔那里得到的；这张便条上开列的主要是一些持民主主义立场的新闻记者的姓名，贝克尔当时同这些记者保持着联系。

第四张便条写有毕尔格尔斯在科隆的房东地址，这可能是一个中转地址；诺特荣克在旅途中可以按这个地址给中央委员会写信，使收信者免遭暴露。

第五张便条是诺特荣克在汉堡同威廉·豪普特谈话时写下的，其用途同第四张便条大致相同。——421

364 弗里德里希·威廉·科尔贝克，裁缝工，原籍是萨克森普尔斯尼茨附近的上利希特瑙。1833年，他开始在卡缅涅茨当学徒，后来外出漫游，先后居留德累斯顿（1836—1840）、柏林（1840—1842）和柯尼斯堡（1842年底至1844年6、7月），最后到达伦敦。1846年7月至1847年3月，他由于失业，不得不移居泽西岛和巴黎。除了这段时间外，他一直居住在伦敦，直到1848年8月初为止。至迟1847年他已是工人教育协会的会员。科尔贝克加入共产主义者同盟的时间，目前已无从查考。可是在1848年8月初，他曾经携带许多份《共产党宣言》（文件202）和《共产党在德国的要求》17条（文件224）经科隆返回德累斯顿；从这一事实可以判断，他至少在当时已经是同盟盟员。后来当他被捕时，警方曾在他那里查获《共产党在德国的要求》17条的两种不同的印本，可以断定，其中一种无疑是在科隆重印的；这一事实表明科尔贝克在1848年8月曾同科隆的盟员有过联系。在德累斯顿，科尔贝克是工人联合会领导成员之一，同他合作的主要是印刷工人帮工弗里德里希·格里勒。革命失败后，科尔贝克通过格里勒的介绍，于1849年底同莱比锡的卡尔·冈洛夫建立了联系；冈洛夫是工人兄弟会的领导成员，曾协助同盟在各地重新恢复遭到破坏的联系。1850年7月，萨克森工人联合会被取缔以后，科尔贝克按照中央委员会《六月告同盟书》（文件473）的精神，同他的一些友人一起，在德累斯顿体操协会和自由的社交团体"欢乐社"中开展工作；在同盟组织大家散发《德国男子汉和普鲁士臣民！》（文件545）和《共产党在德国的要求（1851年）》（文件612）等传单时，科尔贝克也参加了这项工作。1850年11月，科隆中央委员会派遣的特使卡尔·奥托拜访了科尔贝克。可是，科尔贝克同莱比锡的亨利希·马尔齐乌斯一样，对卡尔·奥托持怀疑态度（见文件548）。1851年5月22日，警方根据在彼得·诺特荣克那里查获的地址名单逮捕了科尔贝克，但由于缺乏证据，又于1851年7月18日将他释放（见德累斯顿国家档案馆德累斯顿初级法院案卷第2018号"1851年7月18日审讯科尔贝克记录"）。1852年10月，科尔贝克受政治警察局的逼迫，

在科隆共产党人审判案中出庭作证；但他在法庭上矢口否认自己参加过同盟的任何活动，致使当局一筹莫展。——421

365 弗里德里希·洪特，建筑工艺画匠，原籍霍夫；作为学徒外出漫游期间，曾居住在瑞士。30年代中期，他以非法身份来到巴黎，据此可以推测，他在瑞士期间大概就已从事政治工作，可能参加了青年德意志。1837年4月20日，一名普鲁士警探从巴黎寄出一份报告，其中写道："据埃布林供称，化名巴尔采在此间居住的洪特，就是在瑞士传说已经死亡的那个洪特。这是一个十分危险的人物。在很长一段时间里，他和两个裁缝帮工（一个名叫戈德弗鲁瓦·皮埃尔，另一个叫塔迪夫）一起住在圣霍诺雷大街240号诺曼底旅馆第37号房间；后来因为有人询问过他的情况，他便离开了这个旅馆，至今去向不明。"（见梅泽堡德国中央档案馆：Rep. 77, Tit. 509, Nr. 2 adh. 5）。至于1839年五月事件后，洪特是否以正义者同盟盟员的身份去过慕尼黑，是否在旅居瑞士以前曾一度在慕尼黑工作，这些情况从弗里德里希·门特尔的供词（文件65）中无法得到证实。洪特至迟在1845年夏季已抵达伦敦；在文件71中，他的姓名与亨利希·鲍威尔、约瑟夫·莫尔的姓名同时提到，这说明他从侨居巴黎的时候起就同伦敦的同盟领导相知已久，关系密切。1848—1849年革命爆发后，有一批同盟盟员回到德国，洪特也是其中的一个。在慕尼黑，他参与建立工人联合会，并于1848年9月作为工人联合会的代表在柏林参与建立工人兄弟会（见注释161）。1849年春，莫尔作为同盟特使在各地旅行，经过慕尼黑时，他也拜访了相识多年的老友洪特（见注释171）。洪特可能也参加了1849年的维护帝国宪法运动；而且有可能就是那位被派往巴黎购买武器的全权代表洪特（见赫尔穆特·克雷茨施马尔和霍斯特·施勒希特《法国驻德累斯顿公使馆和萨克森驻巴黎公使馆的报告（1848—1849年）》1956年柏林版第440页）。洪特由于六月十三日事件的株连被警方逮捕，后来被驱逐出法国。在1849年9月22日《西德意志报》（科隆）第104号发表的一篇通讯中，曾提到洪特的名字，同时提到的还有海尔曼·艾韦贝克、塞巴斯蒂安·戴勒尔等被驱逐出境的同盟盟员。事后，洪特回到了故乡霍夫。1851年，警方在彼得·诺特荣克保存的地址名单中发现了他的名字，便据此在他的寓

所进行了一次搜查,但结果一无所获。——421

366 弗里德里希·马尔滕斯,工匠帮工,汉堡人。1826年10月作为学徒外出漫游,直至1828年初,游历了德国北部的许多城市,然后取道美因河畔法兰克福和斯图加特,于1828年11月到达瑞士;直至1833年底为止,他居住在瑞士,曾在许多城市工作;1829—1830年冬及1831年初,曾从博登湖畔林道出发,先后到乌尔姆、斯图加特和奥格斯堡进行短期旅行。1834年1月,马尔滕斯来到巴黎,大概是经过卡尔·弗里德里希·霍夫曼的介绍加入了流亡者同盟,并与卡尔·路德维希·白尔尼和雅各·费奈迭建立了友谊,同时还结识了亨利希·鲍威尔、卡尔·沙佩尔、路德维希·施泰翰和威廉·魏特林。马尔滕斯参加了正义者同盟的创建工作。1838年2月,马尔滕斯再次前往瑞士,在那里一直居住到1841年6、7月间为止,主要是往索洛图恩工作;1840年,他在索洛图恩作过一些尝试,希望能在斯图加特建立一个同盟支部。在瑞士期间,他同约翰·菲力浦·贝克尔往来十分密切。1841年6月,他再次踏上漫游的旅程,回到汉堡。在那里,他获悉警方正准备将他缉拿归案,于是便在当天乘船前往伦敦。7月,他在伦敦访问了工人教育协会(见注释15)。从1841年8月起,他又在巴黎工作,有时也居住在第戎和阿瓦隆。直到1843年底,他一直是巴黎正义者同盟的最积极的盟员之一,同其他盟员一起,团结在海尔曼·艾韦贝克和格奥尔格·魏森巴赫等人周围。1844年1月,马尔滕斯回到汉堡,但仍然同巴黎的盟员保持联系(见文件61),并在1844年8—12月为巴黎的《前进报》撰稿,以"一个手工业者"为笔名,发表了三首诗歌;除此之外,还在1844年12月25日《前进报》第103号上发表了题为《论手工业教学》的文章。1844年,马尔滕斯在汉堡组建了一个新的正义者同盟支部——关于1839—1840年间汉堡第一个同盟支部的情况,见注释15,这个支部的成员有雅各·奥多尔夫、约·卡尔·毕林、弗里德里希·路德维希·格吕伯尔、卡尔·弗里德里希·霍夫曼、威廉·莱梅、弗里德里希·威廉·蒂茨和奥古斯特·韦伯,可能还有卡尔·雷泽和格奥尔格·席尔格斯。马尔滕斯同马格德堡的威廉·魏特林保持联系,并于1844年8月资助魏特林去伦敦旅行(见文件45和46),为此,他于1845年2月受到短期拘禁

(见注释46和47)。1845年1月,汉堡工人教育协会成立,这一成绩主要应当归功于马尔滕斯(见文件59和823以及注释53)。马尔滕斯除了进行广泛的组织工作以外,还在著述方面取得了突出的成绩,例如,1845年他曾为《哨兵报》(汉堡)撰写文章,1846年发表题为《汉堡行会组织与社会的冲突》的小册子,1847年同其他人合写了小册子《汉堡的行会及其势在必行的改组》。1845年左右,马尔滕斯也通过席尔格斯的关系受到"真正的"社会主义思潮的影响。1845年8月,弗里德里希·门特尔从伦敦前往柏林时,曾在途中拜访了马尔滕斯,可是有关马尔滕斯和人民俱乐部之间的联系(该俱乐部先设在巴黎,1846年底以后设在伦敦),迄今为止未发现其他任何材料。从文件149提供的情况来看,汉堡支部在1846—1847年间似乎在整个德国北部地区发挥了领导作用。直至1847年,马尔滕斯领导的支部和工人教育协会还在完全不加批判地学习魏特林的著作;1847年夏季,汉堡支部曾反对把正义者同盟改建成共产主义者同盟(见文件160和169)。不过,共产主义者同盟第一次代表大会的文件以及中央委员会1847年9月的《告同盟书》之所以能够流传后世,完全应当归功于马尔滕斯,这些文件(即本书所收入的文件146、147、148和160),正是马尔滕斯在警方屡次抄家的情况下精心保存下来的;1968年,人们在马尔滕斯的遗物中发现了这些文件(见《关于共产主义者同盟成立的文献(1847年6—9月)》(贝尔特·安德烈亚斯主编)1969年汉堡版第29页)。

在1848—1849年革命期间,马尔滕斯继续担任汉堡工人教育协会主席,并被选入国民议会(革命时期的汉堡议会);在议会中,他坚持极左的立场。1848年5月,马尔滕斯寓居柏林,参加了创建工人兄弟会的最初的准备工作(见注释151和161)。估计约瑟夫·莫尔于1848年11月以同盟特使身份出使各地时,也拜访过马尔滕斯。1849年2月,马尔滕斯在他的友人尤利乌斯·康培(著名的出版商,曾在1846、1847年出版过马尔滕斯的两本小册子)的资助下,创办了一个木材商行。

革命失败后,马尔滕斯继续进行他在汉堡支部和工人教育协会所担负的领导工作,多次向旅经汉堡的政治流亡者提供援助,并于1850年组织募捐活动，资助伦敦社会民主主义流亡者委员会。1850年3月，亨利希·鲍威尔以中央委员会特使的身份出使各地，曾携带中央委员会《三月告同盟书》（文件448）前往汉堡；当时，马尔滕斯领导的汉堡支部的成员有毕林、约翰·卡尔·哈克、奥古斯特·路德维希·皮尔施和摩里茨·莱奥波德·施潘多。在文件465中，有一处曾提到马尔滕斯已被开除出同盟，这是卡尔·布伦捏造的虚假情况；从1850年3月起，布伦就在汉堡及其周围地区对同盟的组织施加消极影响（见文件561）。1850年8月，康拉德·施拉姆和彼得·勒泽尔曾分别从伦敦和科隆出发，去拜访马尔滕斯——见文件502以及附录，文件6，但马尔滕斯同科隆中央委员会的联系直至1850年底还迟迟没有建立起来（见文件565）。马尔滕斯的支部虽然同卡尔·沙佩尔素有交情，但并未投靠宗德崩得集团。1850—1851年间，马尔滕斯领导的同盟支部在思想上仍存在着严重的缺陷。1851年初，亨利希·毕尔格尔斯从科隆启程到外地旅行（见注释424），途中也拜访了马尔滕斯。1851年5月10日，当局开始进行搜捕，马尔滕斯及时得到了消息，因此，尽管警方于5月29日在他的寓所进行搜查，结果也仍然是一无所获。7月7日，马尔滕斯被捕，8月23日被警方释放，康培为他缴付了一笔巨额保证金；1851年11月10日，当局在汉堡共产党人审判案中将马尔滕斯拘留审查的时间折算成了刑期。1852年7月和8月，马尔滕斯拒绝在科隆共产党人审判案中出庭作证；1852年10—11月，在该案审理期间，马尔滕斯曾向法庭庭长递交书面材料，揭露威廉·施梯伯证词的真相。

马尔滕斯在后来的岁月中表现出十分矛盾的发展趋向，他在工人教育协会的活动一方面仍然反映出某种革命的倾向，但另一方面又日益明显地反映出改良主义的倾向。这种改良主义倾向后来变得十分显著，有时也招致他昔日的朋友们的批评（见文件823）。

马尔滕斯曾创立生活必需品分配协会，从而成为工人消费合作社的先驱之一；在解决住宅问题和筹集救济资金方面，他也同样发挥了积极主动的精神。1857—1858年间，马尔滕斯在工人教育协会中对威廉·艾希霍夫产生了深刻的影响，艾希霍夫后来曾把他撰写的《柏林警察剪影》第3辑（1861年伦敦版)题词献给马尔滕斯及其友人克劳斯·里彭,在这本著作中,作者对施梯伯反对共产主义者同盟的阴谋活动进行了猛烈的抨击。从1859年至1877年,马尔滕斯是市议会(即汉堡市议会)议员。在德国工人协会联合会1864年第二次代表大会上,马尔滕斯和奥古斯特·倍倍尔一起当选为领导委员会委员,在这之前,倍倍尔显然已经听说过马尔滕斯的许多事迹,而在那次会上,他在马尔滕斯身上却再也看不到一点老共产党人的形象,这使他感到十分失望。但是,马尔滕斯在1868年至1875年写给约翰·菲力浦·贝克尔的书信中,却一如既往地表示坚持他青年时代所奉行的革命原则(见阿姆斯特丹国际社会史研究所贝克尔遗著 Sign. D II 331—333)。有关马尔滕斯的生平事迹,另见《1859—1862年汉堡市议会议员》1909年汉堡版第75—79页。马尔滕斯的遗稿内容丰富,现由汉堡国立图书馆和汉堡国立大学图书馆收藏;遗著中有马尔滕斯写的漫游杂记两册,自传梗概,论文手稿,书信,以及工人教育协会的一些印刷品。——422

367 古斯塔夫·阿道夫·希尔施霍夫,家具木工帮工,原籍阿尔托纳;1840年左右作为学徒在巴黎漫游期间参加了正义者同盟。返回故乡后,在1848—1849年革命中积极参加工人运动,主要在阿尔托纳工人地方委员会工作;该委员会由他和盟员约翰·亨利希·居姆佩尔共同领导(见注释368)。1850年2月20—26日,希尔施霍夫代表阿尔托纳地方委员会出席了全德工人兄弟会莱比锡大会(见注释275);在此后数月内,他认为,团结在石勒苏益格—荷尔斯泰因地区工人协会中央委员会中的力量,应当同莱比锡的工人兄弟会中央委员会合并起来,他成为宣传这一主张的最积极的鼓动家之一。他还认为,应当建立一个委员会,进行合并的准备工作;1850年5月4、5日,在新明斯特召开的石勒苏益格—荷尔斯泰因工人协会代表大会上,他的这一主张得到了实现。1850年春,卡尔·布伦返回阿尔托纳后,便同希尔施霍夫以及著作家泰奥多尔·布拉克洛一起领导阿尔托纳工人协会。1850年8月,他们遭到短期监禁;1851年1月,当局审理了此案,结果希尔施霍夫被宣告无罪释放。1850年秋季,希尔施霍夫结婚,并因此而获得阿尔托纳一家烧酒酿造厂的产业。由于诺特荣克保存的地址名单中提到了希尔施霍夫的名字,警方便在

1851年5月底对他进行了审查，但结果一无所获（见波茨坦国家档案馆 Rep. 30, Berlin C, Tit. 94, Lit. N67, Bd. 1, Bl. 67f）。——422

368 约翰·亨利希·居姆佩尔，卷烟工人、细木工，原籍格吕克施塔特（荷尔斯泰因）或汉堡，1845年加入汉堡工人教育协会；后来可能参加了正义者同盟。1848年他在格吕克施塔特建立工人教育协会；大约从1848年底至1849年夏，同古斯塔夫·阿道夫·希尔施霍夫一起在阿尔托纳领导工人地方委员会，该委员会是工人兄弟会的一个活动中心。大约从1849年9月起，居姆佩尔重新活跃在格吕克施塔特，在那里，他同莱比锡的卡尔·冈洛夫保持通信联系，并为《博爱报》（莱比锡）撰稿（见德累斯顿国家档案内政部案卷 Nr. 11026a, Lage 34）。居姆佩尔于1850年5月4、5日出席了在新明斯特召开的石勒苏益格—荷尔斯泰因工人协会代表大会（见注释304）。由于他开展了宣传活动，可能也由于他参加了为抗击丹麦而举行的征集志愿兵的工作，当局于1850年8月9日将他逮捕，随后押解到阿尔托纳（见卡尔·马克思《高尚意识的骑士》，《马克思恩格斯全集》德文版第9卷第509页，参看《马克思恩格斯全集》中文第2版第12卷第581页）。直到1852年1月底，当局才在基尔审理了居姆佩尔一案；在居姆佩尔缺席的情况下，法庭判处他十天徒刑；1851年秋，居姆佩尔逃往伦敦。在伦敦的工人教育协会中，他对奥古斯特·维利希和卡尔·沙佩尔持反对态度，并退出了这个协会；1851年12月初，他与路德维希·施泰翰一起，同马克思建立了联系——见文件676。从1851年底开始，他参加了由格奥尔格·埃卡留斯和马克思领导的共产主义者同盟伦敦区部的活动。

从1852年1月起，居姆佩尔积极参加新伦敦工人协会的筹建工作（见文件684），他先是担任该协会的文书，1852年6—7月以后，又改任出纳。

根据警方的档案资料可以看出，居姆佩尔曾于1852年初参加重建伦敦与汉堡之间的联系的工作，因为当时这两个地方的同盟组织的联系已遭到破坏；居姆佩尔当时写给卡尔·雷泽（见注释322）的信，由他的弟弟、汉堡的机械师卡尔·哥特弗里德·居姆佩尔中转。——422

369 克里斯蒂安·宾索于1841年继承了他的父亲在基尔开设的书局的产业，但到了1846年,他已将这份产业全部变卖。在这段时间,约瑟夫·魏德迈曾试图利用宾索的书局来印行马克思计划出版的《季刊》,同时也利用它来印刷《德意志意识形态》,但魏德迈的努力没有成功(见约瑟夫·魏德迈1846年5月13日致菲力浦·日果的信,《同时代人》第80页;魏德迈1846年7月27日致罗兰特·丹尼尔斯的信,《同时代人》第85页)。1848年春,宾索自愿入伍,参加了抗击丹麦的战争。从威廉·豪普特的供词(附录,文件8)可以大致看出,科隆中央委员会的特使彼得·诺特荣克曾于1850年11月在基尔拜访宾索;宾索当时是以同盟盟员的身份出面的。从1851年春开始,宾索在阿尔托纳附近的埃姆比特尔开设酒馆;这家酒馆名叫"鹳巢",是民主主义者和共产主义者聚会的地方。1852年10月,宾索淹死在易北河中。

在这份地址名单中提到的开设在基尔的"人民俱乐部房东",是克里斯蒂安·宾索的弟弟路德维希·宾索。——422

370 阿尔伯特·埃尔哈德,商业职员,柏林人,1845年起在科隆施泰因银行工作。1848—1849年革命期间加入民主协会;约从1850年春天开始,在共产主义者同盟科隆支部工作,并按照中央委员会《六月告同盟书》(文件473)的精神,以其主要精力在科隆体操协会开展活动。埃尔哈德曾任科隆体操协会副主席;1851年6—7月间,由于他没有把该协会的章程向警方报告,曾被警方责令罚款。埃尔哈德在柏林也曾为科隆中央委员会工作,中央委员会的特使彼得·诺特荣克就是他的联系人之一(见文件602以及附录,文件6)。1852年7月17日,就在埃尔哈德即将举行婚礼并准备开办独立经营的银行的时候,警方将他逮捕(见注释470)。警方在搜查他的住所时,发现了他收藏的《新莱茵报》和《共产党宣言》(文件202)。1852年9月,当局将埃尔哈德增补进科隆共产党人审判案被告名单(见文件720),但同年11月,当局又宣布将他无罪释放。此后,埃尔哈德继续在施泰因银行工作,1853年,他曾协助斐迪南·弗莱里格拉特分发救济金,这笔资金是在伦敦和美国为科隆案件中被判刑的人及其家属募集的(见注释484)。——426

371 1850年12月9日、16日、23日和30日,朱利安·哈尼主编的《红色共和党人》杂志第21、22、23和24期连载了海伦·麦克法林翻译的《共产党宣言》

第一个英译本，这篇按语就刊登在译文的前面。按语中第一次提到《宣言》的作者是马克思和恩格斯；大约在同一时间，《新莱茵报。政治经济评论》第5、6两期合刊号上发表了《宣言》的第3章。在《共产党宣言》开头引言的最后一段，作者提到要用六种欧洲语言将这个文件公布于世，这一段文字在英译本中没有译出，第4章发表时未加标题，而且作了大量删节。有关海伦·麦克法林翻译《宣言》的情况，可参见《马克思恩格斯全集》历史考证版第1部分第10卷第1119—1120页；有关恩格斯支持这项翻译工作的情况，可参见B. 3. 库尼娜"关于恩格斯参与《共产党宣言》第一个英译本准备工作的情况"，载《马克思恩格斯著作翻译室科学通报》1969年莫斯科版第18期。

海伦·麦克法林的译本在1871—1886年间多次在纽约和伦敦重印，并被转译成为法文和西班牙文译本。1888年，它被赛米尔·穆尔翻译并经恩格斯核准的质量更高的译本所代替（见《马克思恩格斯全集》历史考证版第1部分第10卷1120页以及文件808）。

从1851年10月16日马克思给约瑟夫·魏德迈的信（《马克思恩格斯全集》德文版第27卷第582—583页，参看《马克思恩格斯全集》中文第2版第48卷第417—419页）中可以看出，这篇按语的作者是哈尼。

大约在1851年夏季，马克思曾建议在美国重印《宣言》的英译本；同年10月，马克思再次提出这一建议（见《马克思恩格斯全集》德文版第27卷第582—583页，参看《马克思恩格斯全集》中文第2版第48卷第418—419页）。——427

372 这里指的是中央委员会1850年9月15日的会议宣布结束，马克思和恩格斯的拥护者们退出伦敦工人教育协会（见文件523）以后，在工人教育协会的财产问题上发生的争执。这笔钱总共24英镑，于1848年8月交给三名托管人（即弗兰茨·鲍威尔、亨利希·鲍威尔、卡尔·普芬德）代管，当时曾立下字据，并订立了条件，规定这笔钱在需要的情况下可以随时提取。因为亨利希·鲍威尔和普芬德同时也是共产主义者同盟中央委员会成员，所以中央委员会对这笔钱的使用情况一直进行着监督。当然，也不能排除这样一种情况，即这场争执至少在一定程度上直接涉及到同盟的资金问题（见文件687）。早在1850年8月，奥古斯特·维利希就在中央委员会就这笔资金的问题挑起了争执；这场争执发生在8月底的一次会议上，也正是这次会议，导致维利希和康拉德·施拉姆进行了决斗。亨利希·鲍威尔和普芬德退出工人教育协会时，手头大约还掌管着16英镑。当时，宗德崩得企图把这笔钱用来作为向德国派遣特使的费用，这是违反同盟章程的；鉴于这一情况，鲍威尔和普芬德同马克思和恩格斯进行了磋商，决定从1850年1月1日起，把寄存在他们那里的资金分期偿还给工人教育协会。事后，工人教育协会的领导人在一个英国法院控告了鲍威尔和普芬德。1850年11月20日，法庭审理了此案，结果，鲍威尔和普芬德打赢了这场官司。分期偿还的决定没有实行，鲍威尔和普芬德将那笔钱寄放在一个伦敦市民那里。在此后的很长一段时间内，以阿尔伯特·列曼和奥斯瓦尔德·狄茨为首的一些人曾试图在报刊上发动攻势，诬蔑马克思和恩格斯的拥护者们是盗贼（见文件686）。——430

373 中央委员会《十二月告同盟书》（文件553）摘引了由格奥尔格·埃卡留斯领导的伦敦区部写的这封信的内容，目前，我们所能看到的也仅仅是这一部分摘录的文字。马克思和恩格斯当时是这个区部的成员，他们无疑在这封信的起草过程中产生过积极的影响。这封信显然还建议采取各种措施，以对付宗德崩得派往德国四处活动的特使豪德；关于这方面的情况，可参见文件561。从这个文件中还可以看出，伦敦方面在1850年11月11日的信中还曾提出一项动议，请中央委员会委托伦敦区部继续负责兼管美国总区部的工作（另见文件698）。——431

374 奥托·贝尔托尔德，商业职员，原籍奥德河畔法兰克福附近的地区；当过普鲁士军士，1849年夏季在巴登的维护帝国宪法运动中逃离军队，以政治流亡者身份前往伦敦，并在那里参加工人教育协会，得到社会民主主义流亡者委员会的资助。贝尔托尔德是1850年4月7日致该委员会声明的签名者之一（见《马克思恩格斯全集》历史考证版第1部分第10卷第323页），直至1850年9月初他还同这个委员会保持联系（见文件511）。在伦敦，贝尔托尔德认识了马克思、恩格斯、塞巴斯蒂安·载勒尔和其他一些同盟盟员。1850

年秋季,他来到汉堡,威廉·豪普特设法将他安排在同盟盟员爱德华·莱梅经营的铁器商行工作。贝尔托尔德在汉堡继续同伦敦的卡尔·沙佩尔和奥古斯特·维利希保持通信联系。1851年2月,他在莱梅那里行窃,事后逃离汉堡(见文件667)。后来,他在斯特拉斯堡被指控为政治流亡分子,受到当局拘捕,被关押在南特。——433

375 传单《德国男子汉和普鲁士臣民!》是共产主义者同盟中央委员会针对1850年秋季的所谓黑森选帝侯国冲突事件发表的声明。在这场冲突中,普鲁士和奥地利的关系急遽恶化,两国都准备采取军事行动。1850年9月初,在黑森选帝侯国内阁总理大臣汉斯·丹尼尔·路德维希·哈森普夫卢格公然践踏宪法后,选帝侯弗里德里希-威廉一世被本国人民以及一部分政界和军界势力逐出了首府卡塞尔,事后受到联邦议会的庇护。联邦议会设在美因河畔法兰克福,重建于革命失败之后,其操纵者是奥地利。联邦议会答应用武力护送黑森选帝侯返回首府,并将黑森选帝侯国的军队交由极端反动的奥地利将军尤利乌斯·雅各·冯·海瑙统管。黑森-卡塞尔是普鲁士的盟邦,又是普鲁士在东部和西部各省之间调遣军队的要道,因此,出于战略的考虑,普鲁士不能容忍奥地利军队在那里进行干涉,一场军事冲突迫在眉睫。但在10月26—28日举行的华沙会议上,普鲁士作了让步。11月1日,奥地利-巴伐利亚军队从南部向黑森选帝侯国挺进;次日,普鲁士军队也从北部向那里进发;11月8日,双方在布伦采尔附近遭遇,但并未真正交锋就草草收兵。当时,普鲁士迫于沙皇的压力完全放弃了它的联盟政策,也就是说,暂时收敛了独霸德国的野心。这样,这场冲突就得到了和平解决,双方在奥尔米茨签订了条约;这个条约的主要内容是有利于奥地利的。

奥地利和普鲁士的战争喧嚣延续了数星期之久;但共产主义者同盟早就预言了这场冲突的结局。维利希—沙佩尔集团曾经从普鲁士的扩军备战措施中得出荒唐的结论,他们的观点早在1850年夏季就受到了马克思恩格斯拥护者们的反对(见文件501)。马克思和恩格斯在10月撰写的《时评。1850年5—10月》中指出:"所有这一切喧嚷[……]是不会有任何结果的。无论普鲁士国王和奥地利皇帝都作不了主,只有俄国沙皇才能作主。反叛的普鲁士最后必定会向沙皇的命令屈服，斗争的双方就可以不流一滴血，和平地坐在联邦议会里。"（《马克思恩格斯全集》德文版第7卷第458—459页，《马克思恩格斯全集》历史考证版第1部分第10卷第484页；参看《马克思恩格斯全集》第2版616页）马克思和恩格斯对这场冲突的估价也是中央委员会这份传单的基本思想。据彼得·勒泽尔后来供称，这份传单的草稿是从伦敦寄到科隆的；但是我们认为，科隆人很可能是依据马克思在书信中作出的指示自己动手撰写了这份传单。勒泽尔还说，传单的草稿由同盟盟员亨利希·汉森从科隆带到美因河畔法兰克福，交由约瑟夫·魏德迈在当地印刷；但我们认为，这份传单也可能是在科隆印刷的。传单总共印了数千份。目前保存下来的三份均无印刷说明，看起来大同小异，很可能是在同一家印刷厂印成的。传单印成正反两面，但有一部分印成一面，以便于张贴。1850年11月22日，即军队出发那天，这份传单开始在科隆散发；后来在许多盟员和一些民主主义者的努力下，它几乎传遍了整个德国（见罗特·吕迪格尔"共产主义者同盟1850年底的活动"，载《德国工人运动史论丛》1968年第1期第67—77页；文件546、547和548）。——434

376 科隆中央委员会特使卡尔·奥托（见注释354）于1850年11月中旬在柏林作了短期停留，并在那里参与领导分发传单（即《德国男子汉和普鲁士臣民！》（文件545））的工作。显然，在向各地寄送传单的过程中，也用了一些书商的地址，以及其他一些类似的地址（另见注释377）。——439

377 亚历山大·伯恩哈德·沃勒，石印工人，1840年起定居鲁道尔施塔特。1848年莱比锡秋季博览会期间，沃勒结识了卡尔·冈洛夫，此后便经常前往莱比锡；1849年，冈洛夫在鲁道尔施塔特拜访了沃勒。

从文件547中可以看出，沃勒同居住在爱尔福特的戈斯温·克拉克吕格也有联系。题为《德国男子汉和普鲁士臣民！》的传单，沃勒从卡尔·奥托那里收到600份，从冈洛夫那里收到的份数大致相同。1852年1月，当局在沃勒的寓所进行搜查时，还发现了几百份这样的传单，事后便开庭对他进行审讯。1854年，沃勒移居美国（见汉斯·赫茨"莱比锡的'工人兄弟会'和鲁道尔施塔特工人运动中的第一个组织"，载《德国工人运动史论丛》1974年第 5 期第 878—880 页）。

　　这封信发表在维尔穆特和施梯伯尔合编的《19 世纪共产主义者的阴谋》1853 年柏林版第 1 部分第 131—132 页；信中的"海报"一词，发表时错印成"包裹"，歪曲了原文的含义；此外，收信人的名字"沃勒"也错印成了"罗勒"。——439

378　卡尔·冈洛夫，排字工，莱比锡人，在 1848—1849 年革命中成长为当时刚刚兴起的工人运动的一名富有责任感和牺牲精神的干部。1848 年，莱比锡印刷业帮工成立了生产协会，并由该协会创立了一个联合印刷所。冈洛夫参与了筹建这个组织的领导工作。他也是古滕堡联盟的盟员。从 1848 年秋季起，他积极参加工人兄弟会的组建工作，是 1849 年 4 月 2—4 日召开的工人兄弟会纽伦堡代表大会的代表，1849 年 6、7 月以后，他实际上已成为斯蒂凡·波尔恩的接班人，并在 1850 年 2 月 20—26 日召开的全德工人兄弟会莱比锡大会（见注释 275）上被选进中央委员会。1850 年 4 月，中央委员会的另外两名委员——法兰茨·施韦宁格和安德烈亚斯·罗伊斯被开除出工人兄弟会以后，冈洛夫便独立承担起中央委员会的工作。同时，他也担负起《博爱报》（莱比锡）的编辑工作，在 1850 年 6、7 月间该报被禁以前，他一直是责任编辑。他撰写了大量的论文，一方面阐述他对《共产党宣言》基本思想的理解，一方面也表现出某些伤感的、空想的特色。

　　工人兄弟会在萨克森、巴伐利亚和普鲁士被当局取缔以后，莱比锡中央委员会于 1850 年 6 月 12 日正式宣布解散。1850 年 6 月，当局在冈洛夫的寓所进行了搜查，自此以后，他就一直处于警方的监视之下——1850 年 6 月 15 日审讯记录，见德累斯顿国家档案馆内政部案卷 Nr. 17a。尽管如此，冈洛夫仍在秘密状态下继续努力进行一部分组织工作；1850 年 7 月，他创办了《普罗米修斯》（莱比锡），这个合法刊物成了他的活动据点。可是，冈洛夫在这个刊物上十分明显地表现了他在理论上的动摇，这种动摇性后来甚至发展到了在意识形态上向反动势力妥协的危险地步（见弗兰茨·梅林《德国社会民主党史》第 1 卷第 539—541 页）。《普罗米修斯》于 1851 年初被当局查禁。

　　冈洛夫是 1850 年 8 月 19—25 日在汉堡召开的德国烟草工人第三次代表

大会的代表（见文件507），1850年10月，他在纽伦堡同古斯塔夫·法森、奥古斯特·舒尔采进行了会谈；他也是德国工人兄弟会于1851年2月在莱比锡召开的最后一次跨区域的秘密会议的组织者。

目前还无法确定，约瑟夫·莫尔在1849年初以特使身份出使各地（见注释183）期间是否已经吸收冈洛夫加入共产主义者同盟；但是可以推断，中央委员会特使亨利希·鲍威尔于1850年4月把冈洛夫吸收进了同盟。这个推断的依据是：冈洛夫当时同共产主义者同盟盟员亨利希·马尔齐乌斯、卡尔·奥托、埃米尔·韦勒、弗兰茨·施韦宁格、弗里德里希·威廉·科尔贝克、舒尔采、法森等人保持着密切的联系（另见文件619）。冈洛夫曾向科隆中央委员会的特使奥托表示，他已加入了同盟；但在1850年底，中央委员会又委托彼得·诺特荣克对冈洛夫的盟员资格进行进一步审查（见文件565）。1850年11月，冈洛夫参加了同盟的宣传活动；1851年2月，他前往汉堡，进行为期数天的旅行。看来，冈洛夫同共产主义者同盟的联系也是这次旅行的一个动因（见黑尔维希·弗德和格尔哈德·齐泽"1850年6月《中央委员会告同盟书》的写作过程和共产主义者同盟盟员在莱比锡的活动（1850—1851年）"，载于《德国工人运动早期历史概述》1964年柏林版第269—270页）。

1851年6月4日，冈洛夫被捕；当局怀疑他参加了共产主义者同盟，并极力指控他犯有叛国罪（见《莱比锡萨克森王国上诉法庭对1851—1852年莱比锡联合刑事法庭对图谋叛国和涉嫌参加共产主义同盟的排字工人卡尔·奥古斯特·理查·冈洛夫及其同志们的刑事审判的判决》德累斯顿，1853年）。当局以违犯结社法的罪名判处冈洛夫服四年劳役和三个月徒刑。此外，从1851年12月19日至1852年8月14日，当这场刑事诉讼的主要程序还在进行的时候，冈洛罗夫又因为散发"煽动性"的文章而被监禁在胡贝图斯堡要塞。直至1857年5月，冈洛夫被关押在瓦尔德海姆和茨威考（见波茨坦国家档案馆 Rep. 30, Berlin C, Tit. 94, Lit. G. 186）。

关于冈洛夫的生平，另见罗尔夫·韦伯"《博爱报》及其在早期工人运动中的作用"，载《世界史上的演进和革命》第2卷1976年柏林版第448—449页。——440

379　戈斯温·克拉克吕格，爱尔福特商人，原籍威斯特伐利亚，是科隆的海尔曼·贝克尔的叔父，曾对贝克尔的成长起过重要影响。克拉克吕格同民主运动的联系十分密切；1848年被选进普鲁士立宪会议，1848年11月参与起草立宪会议抗税决定，因而在1850年2月成为柏林抗税案的被告之一，但最后被宣告无罪释放。爱尔福特市政府认为，克拉克吕格在该案审理过程中发表的言论损害了它的尊严，于是再次向爱尔福特地方法院起诉，结果克拉克吕格被判处两个月的徒刑。此后的上诉过程一直拖到1852年11月，最后，瑙姆堡上诉法庭否定了爱尔福特法院的判决。

　　当局宣布停止实行戒严状态以后，克拉克吕格为了在图林根地区重新恢复民主运动，于1849年8月创办了《新爱尔福特报》；该报于1850年6月遭到查禁。从彼得·勒泽尔的供词（附录，文件6）中可以看出，克拉克吕格在1850年11月不仅收到了卡尔·冈洛夫从莱比锡寄来的题为《德国男子汉和普鲁士臣民！》的传单，而且还收到了勒泽尔从科隆寄来的若干份同样的传单。

　　克拉克吕格直至60年代初一直处于警方的监视之下，此后他继续积极参与爱尔福特的地方行政工作。——440

380　这封信被警方抄成副本，收存于冈洛夫案卷。抄本不完全；警方只抄录到"足以消除一切疑虑"为止，下面的话全部略去，用"等等"二字代替。在科隆共产党人审判案期间，法庭在1852年10月26日审问卡尔·冈洛夫时摘要宣读了这封信，因此，我们可以将该信的最后一句话补全；我们所依据的是《1852年科隆共产党人案件在同时期报刊上的反映》（卡尔·比特尔主编和作序）1955年柏林版第129页。书中发表的这句话的文字，与科隆共产党人审判案起诉书第60页上转述的有关文字（即这封信中谈到卡尔·奥托担当特使出使各地的那段话）完全一致。显然，在这句话后面，冈洛夫还进一步叙述了其他一些情况，但这些文字均未保存下来。——442

381　这篇《告同盟书》于12月1日起草完毕，执笔者为亨利希·毕尔格尔斯；在转抄了必要的份数以后，《告同盟书》被发往各地（见文件560）。寄给伦敦区部的那一份是同12月10日的信件（文件561）一并发出的。这封信保存在阿姆斯特丹国际社会史研究所马克思恩格斯遗著中,由本书首次刊印。

德国境内的各个同盟区部和支部大约也是在1850年12月中旬才收到这篇《告同盟书》的。有关德国盟员对这个文件的反应,现已无据可考;马克思对这个文件总的说来是赞同的,这一点可以依据马克思夫人的书信作出推断,她在1850年12月19日给恩格斯的信中这样写道:"把维利希及其同伙革出教门的科隆教谕连同新的章程、通告等一起昨天都收到了。这一次科隆人表现得特别果敢而积极,对这帮下流家伙非常坚决。"(《马克思恩格斯全集》德文版第27卷第612页,参看《马克思恩格斯全集》中文第1版第27卷第635页)。不过,从文件642和648中也可以看出,马克思和恩格斯对《十二月告同盟书》并不十分赞赏。

1851年5月10日,警方在莱比锡彼得·诺特荣克身边查获了《告同盟书》的一个抄本。萨克森政治警察局命令将这份文件用石版复印数份,分送各警察机关、侦查机关以及《德累斯顿新闻通报》。这种石印版副本目前尚有一份保存在波茨坦国家档案馆,文献编号为:Rep. 30, Berlin C, Tit. 94, Lit. N, Nr. 67, Bd. 1。石印版副本与本书发表的文件相比,主要在修辞方面有些差异。

1851年6月,在萨克森警察局的策动下,《德累斯顿新闻通报》公开发表了《十二月告同盟书》(见1851年6月22日第171号)。该报在刊登《告同盟书》和同盟章程(文件554)的同时,还发表了一篇编辑部评论,对民主派报刊大肆攻击。对此,《国民报》(柏林)同其他一些报纸一起,以简洁的风格和嘲讽的笔调进行了回击(见1851年6月23日《国民报》第286号晚间版)。在《德累斯顿新闻通报》发表《告同盟书》之后,《科隆报》也登载了这个文件(1851年6月24日第150号)。关于马克思和恩格斯对报纸发表《告同盟书》一事所采取的立场,可参看文件642和648。《卡尔斯鲁厄日报》发表了《告同盟书》的内容提要(1851年6月28日第150号)。除此之外,发表《十二月告同盟书》的还有:《警察总汇通报》(德累斯顿)第32卷1851年6月30日第52期特号副刊第265—272页,《科隆共产党人案件起诉书》(第6—9页),以及维尔穆特和施梯伯《19世纪共产主义者的阴谋》第1部分(1853年柏林版第283—290页,该书除全文发表《告同盟书》以外，还在第59—60页和第72—73页上摘引了这个文件的内容。

1885年，马克思的著作《揭露科隆共产党人案件》重版，恩格斯撰写了《关于共产主义者同盟的历史》一文，作为这篇著作的引言（恩格斯的文章见本书第1卷）；当时，恩格斯把1850年3月和6月《告同盟书》作为马克思那篇著作的附录，但没有把《十二月告同盟书》一起编进去。恩格斯在1885年10月9日给海尔曼·施留特尔的信中说明了他这样做的理由，他写道。"〔……〕至于1850年12月科伦的《告同盟书》，在理论上没有提供什么新东西，而它谈到的那些有关分裂的细节，现在只对研究当时运动的**详细经过**可能有意义。"（《马克思恩格斯全集》德文版第36卷第376页，参看《马克思恩格斯全集》中文第1版第36卷第360页）。——451

382 指宗德崩得1850年10月1日的通告信。宗崩德得的领导人根本不理解1850年9月15日会议讨论的那些涉及到党的战略、策略和组织的基本问题（见文件522），但尽管如此，我们仍将这篇通告信作为一份历史文件发表于后。信中对马克思和恩格斯进行了毫无根据的攻击，对此，我们只指出一点，那就是：正是马克思和恩格斯曾极力劝说康拉德·施拉姆不要同奥古斯特·维利希决斗，但没有奏效。通告信指责了脱离工人群众、崇拜知识分子的倾向，这只能说明宗德崩得的领导人对分裂的原因毫无认识；其实，分裂的原因并不在于人事上的纠纷，而在于对时代特征的认识上存在分歧。马克思和恩格斯曾指出，问题不在于"对未来政权的梦想"，恰恰相反，问题在于必须耐心地，持久地为建立一个"未来的反对党"而努力。这一观点的正确性在后来的历史进程中得到了充分的证明。

对于原件中的某些印刷错误以及误写的人名，我们已经作了更正，不再一一加注说明。

中央委员会致总区部

兄弟们！

我们为形势所迫，不得不向你们报告本盟内部发生的一些事件，这些事件尽管在目前令人极不愉快，但我们深信，它们对于建立坚强的无产阶级政党组织必将产生极其有益的影响。

1848年革命以后,在那些一直受到人们的绝对信赖、受到工人们绝对拥护的人民党领袖中,有一部分人暴露了自己的无能,他们无力再为人民谋求利益,另一部分人则公开背叛了我们的事业。这些领袖已经遭到唾弃。共产党历来深知建立一个坚强组织的必要性,它相信自己决不会像从前那样继续听从某些领袖的摆布。人民必须在各方面取得独立自主的地位,才能获得自身的解放。然而就在这时候,有那么一些人——报界人士和一知半解的文人们——突然出现在人民面前;他们蓄谋取代那些已被唾弃的领袖的地位,企图让人民像以前那样亦步亦趋地跟着他们前进,换句话说,就是那一帮所谓知识分子企图实行统治。这些人究竟能有什么作为,我们从1849年6月13日的巴黎事件、从法国取消普选权期间发生的那些事件中已经看得清清楚楚。这些人能写漂亮的文章,可是,一旦他们取得了某个有组织的团体的领导地位,他们就阻挠一切实际工作和联合行动。法国工人已经看透了这一点,无论是在法国本土,还是在伦敦这里,他们都已将这些只会舞文弄墨的分子清除出自己的组织,从而免除了重新受人驱使的危险。

德国共产党内的情况同法国的情形十分相似。报界人士和一知半解的文人占据了组织的领导地位,更有甚者,他们竟宣称这个组织是由他们独家缔造的。在他们的眼中,工人们不过是一些零,而他们自己则是一些个位数字,只有把他们放在前面,那些零才能获得实际价值。工人们只要甘心屈居这种地位,就会受到各种赞许;而一旦他们开始拒绝盲从,就立刻被人称作群氓、蠢驴、废物和无赖。在伦敦,自从马克思、恩格斯等人来到此地以后,先前实力雄厚、组织严密的伦敦工人协会和伦敦区部就变成了一盘散沙,因为这些人把个人置于事业之上,并且千方百计地迫害一切尚未完全丧失独立性、不愿无条件地同他们一唱一和的人。这种人身攻击的矛头首先对准了维利希,他们准备不惜一切代价,彻底毁掉维利希在工人中享有的声望,而这种声望正是维利希通过他在德国、贝桑松以及在最近的德国革命中的实际表现而树立起来的。这些所谓的知识分子和文人墨客容不得自己身边有任何一个从事实际工作的人。其实这里所涉及的根本就不是什么原则问题——因为在原则问题上，维利希和广大工人完全同意马克思、恩格斯等人的意见——这里所牵涉的纯粹是人事问题。马克思本人也多次指明这一点，当然，他在谈到这些情况时总是极力把责任推到维利希身上。无论是在工人协会，还是在同盟内部，他们都策划阴谋，反对维利希；而斐迪南·沃尔弗、李卜克内西、豪普特等人又使这种阴谋活动变本加厉、愈演愈烈，这伙人负有的特殊使命，看来就是从事挑拨离间和分裂党的勾当，他们最终也确实组成了一个完整的特务系统。这种种阴谋活动，我们一时也难以尽述，但愿在不久的将来，我们能向你们进行口头汇报。总之，无论是在同盟内部，还是在工人协会中，都已经发生极其激烈的争吵，并且多次发展到了准备大打出手的地步。不言而喻，在这种情况下，不管是同盟还是工人协会都不可能壮大自己的力量；恰恰相反，大批资格很老、精明干练的成员对这种状况深恶痛绝，纷纷退出了组织。沙佩尔来到伦敦时，在第一个晚上就发现某些人对维利希怀有那样刻骨的仇恨。当他发表反对的意见时，那班人立即用同样穷凶极恶的态度来迫害他。

终于，在接着发生的一起事件中，出现了彻底分裂的局面，这里接近全数的工人和流亡者已经明确表示，不能再继续同那帮人为伍。事情的经过是这样的：在流亡者委员会，维利希（他是该委员会成员）受到了恶毒的中伤，以致决计声明退出这个委员会。他在会议上向委员会的其他成员申述了自己的决定。次日，他在工人协会声明退出流亡者委员会，这时，某些人便大发雷霆，群起围攻，他们歪曲维利希的原话，咒骂一切没有直接恭维逢迎马克思和恩格斯的人，结果，这帮人差一点就遭到工人们的痛打，与会者在十分激昂的情绪中截然分成了两个营垒。马克思和恩格斯在跑出会场时，还咄咄逼人地向沙佩尔挥动拳头，气急败坏地吼道："我们是不会忘记你欠下的这笔账的！"对于这种威胁，在场的工人报以哄堂大笑。第二天，维利希遇到了一个名叫海恩的人，此人你们是十分熟悉的，他来到伦敦时，曾热泪盈眶地拥抱维利希，声称维利希是他的忠实的朋友。维利希和海恩进行了交谈，话题自然是围绕前一天晚上发生的那场争吵。维利希觉得同自己交谈的是一位朋友，于是便以激烈的言词谴责了那种歪曲他原话的行为，他把这种歪曲称之为撒谎。维利希走后，海恩便立刻急如星火地跑到马克思那里，添枝加叶地向马克思复述了那场谈话的内容。于是，那伙人便决定不惜一切代价、采用一切手段干掉维利希。他们所拟定的步骤，在两天后召开的中央委员会的会议上暴露得清清楚楚。在这次会议上，有人把维利希和海恩的那次谈话提出来进行评议，马克思、恩格斯和施拉姆等人要求维利希收回上文提到的有关"撒谎"的提法。维利希表示，只有在那伙人承认自己可能是犯了某种错误的前提下，他才同意收回自己的提法。这时，施拉姆便跳到维利希面前，辱骂维利希是无赖，咄咄逼人地要求维利希同他持枪决斗，否则他就要将唾沫吐在维利希的脸上，如此等等，不一而足。总之，从这种种挑衅行动中，可以看出一个明显的意图，那就是逼迫维利希进行决斗。维利希明确指出："你的用意就是要我同你举枪决斗。"鉴于施拉姆的无礼行为，维利希接着要求施拉姆暂时退出中央委员会的集会场所。施拉姆离开了会场。在几位法国朋友和公民泰霍夫的陪同下，维利希前往奥斯坦德去参加决斗。那里的当局和警方当时已经通过《先驱者》登载的一篇发自伦敦的私人通讯（其中还提到了德国流亡者的名字）获悉：赖德律-洛兰打算在最近几天内同法国流亡者和民主派一起，在奥斯坦德召开一次代表大会，并且在奥斯坦德正居留着一位普鲁士亲王和一些普鲁士军官。维利希迅即离开当地，前往安特卫普，这才免遭敌人的逮捕。决斗在安特卫普举行。施拉姆首先向维利希举枪射击，但没有击中，接着，他自己的头部中了一枪。在恢复神智以后，他向维利希伸出了手，声明自己同维利希绝无私仇，并说他之所以同维利希决斗，完全是考虑到党的事业。接着，他承认了维利希在党内应有的地位，不过，他又声称对方犯了错误。这时，维利希才握住施拉姆伸出的手。可是后来，施拉姆及其同伙却置事实于不顾，歪曲决斗事件的真相，在伦敦散布极端无耻的诬蔑之词。从事情的整个过程可以看出，施拉姆是妄图通过这次决斗诱使维利希被捕，从而达到剪除维利希的目的。[原稿如此]

现在我们回过头来再谈谈同盟的情况。就在施拉姆向维利希挑战的那次中央委员会会议上，人们决定将整个事件提交伦敦区部全体大会讨论；当时，马克思还声称："不管你们如何动作，多数必将掌握在我们手中。"可是他们却制造各种借口，一再推迟全体大会的召开，他们大概是希望维利希留在比利时，从此不再回来。维利希返回伦敦以后，中央委员会的多数派还根本没有为召集全体大会进行任何准备，而绝大多数盟员却强烈要求举行全体大会，以便彻底摆脱这种危害我们整个组织的状态；在这种情况下，区部委员会决定了会议召开的日期。中央委员会的多数派清楚地看到自己已经完全失去了工人的信任，于是，他们决定玩弄手腕，随机应变，把整个事情引导到另一条轨道上去，以为这样一来，事态就会朝着对他们较为有利的方向发展。这个多数派的成员是马克思、恩格斯、施拉姆以及三名在此地成家立业的工人，即亨利希·鲍威尔（鞋匠）、埃卡留斯（裁缝）、普芬德（画匠）。这三个人中的亨·鲍威尔，就在前不久还多次公开地把马克思和恩格斯称作无赖。究竟是什么原因促使他们同马克思、恩格斯和施拉姆站在一边，这一点，我们将向你们口头汇报，因为如果写成文字，单就这一点就要写整整几个印张。

沙佩尔来到伦敦后，看到原则已经荡然无存，取而代之的是某些个人的作用，看到同国外盟员之间往来的全是个人签署的信件，根本没有同盟的信件；看到某些人不断玩弄阴谋诡计，使同盟的组织一蹶不振，使同盟面临着全面瓦解的危险，于是，他在中央委员会的会议上提出一项提案，建议将同盟的最高领导权移交给科隆区部，并责成科隆区部尽快召集一次同盟代表大会。这项提案遭到了否决，某些人认为科隆方面没有力量领导全盟的工作，并声称在目前这样的时刻，无论如何不能放弃手中的权力。直到下一次会议上，由于少数派再次申述了这项提案，人们才决定于今年10月20日召开一次同盟代表大会；而其他一些关于尽量争取更多的人从德国前来参加代表大会的提案，则遭到拒绝。因此，事情十分清楚，中央委员会的多数派目前作出的关于把同盟的最高领导权移交给科隆区部的决定（这项决定你们可能已经获悉），完全是别有用心的。他们的用意就在于，利用科隆的中央委员会把伦敦工人排斥于同盟之外，因为他们自以为在科隆方面有很大的影响，足以保证他们这些人独断专行。考虑到在上述情况下有必要采取坚决的措施；考虑到必须尽快建立一个坚强的同盟组织，使德国无产者在法国和德国下一次革命到来之际不仅仅是充当反对派角色、出版几种报纸而已，而且要抓住时机、夺取政权，如果做不到这一点，那就是我们自己的过失；考虑到马克思和恩格斯正在把某些一知半解的年轻文人培植成自己的亲信，用关于未来政权的梦想来煽动他们的狂热情绪，并企图通过这些人来控制同盟；考虑到马克思和恩格斯企图用这种方式把同盟变成谋取个人权力的工具，而另一方面，只要同盟不能给他们带来直接的利益，他们就把同盟的事业完全弃置在一边，例如1848年在科隆，他们为了保全自己的《新莱茵报》编辑的职位，就曾舍弃中央委员会委员的职务，最后，考虑到那帮号称作家的乌合之众虽然在同盟外部尚能对我们的事业发挥一些作用，而在同盟内部却使任何组织工作、任何联合行动、任何实际步骤都无法进行，所以，伦敦区部的40名成员一致作出如下决议：

1. 解除原中央委员会委员的职务，

2. 将公民马克思、恩格斯、施拉姆、沃尔弗、载勒尔、李卜克内希（大学生）、皮佩尔（路特希尔德的家庭教员）、普芬德、亨·鲍威尔和埃卡留斯开除出同盟；

3. 在10月20日召开代表大会、整顿同盟事务之前，委托下列人员负责同盟的最高领导工作：谢特奈尔（哈瑙）、奥斯瓦尔德·狄茨（威斯巴登）、格贝尔特（原瑞士总区部领导人）、维利希、沙佩尔、弗伦克尔尔、列曼。（最后四人是原中央委员会少数派成员。）

我们将上述决议通知你们，请你们向下属各支部进行传达，并请尽快汇报你们区部的情况。

同时，我们也希望你们尽一切努力，争取有足够数量的代表出席10月20日举行的代表大会。

致兄弟的敬礼并握手。（载于维尔穆特和施梯伯的《19世纪共产主义者的阴谋》第1部分1853年柏林版第266—270页。文中圆括弧里的话是原书添加的，本书照原样刊出）。——452

383 指1850年11月16日通过的《告各国民主主义者书》，在这份号召书上签字的有社会民主主义流亡者委员会委员、伦敦工人教育协会会员、宗德崩得成员奥斯瓦尔德·狄茨，奥古斯特·格贝尔特，阿道夫·迈尔，奥古斯特·谢特奈尔，卡尔·沙佩尔奥古斯特·维利希，一些寓居伦敦的法国社会主义流亡者，以及波兰和匈牙利的民主主义者。马克思 1850 年 12 月 2 日给恩格斯的信中摘录了这份号召书，并对它进行了评论（见《马克思恩格斯全集》德文版第 27 卷第 147—151 页，参看《马克思恩格斯全集》中文第 2 版 141—149 页）。——455

384 从这份文件可以看出，共产主义者同盟伦敦区部在 1850 年 11 月 11 日给科隆中央委员会的信（文件 543）中也曾提议把美国的各个同盟支部继续划归它领导。中央委员会批准了这项提议，因此，伦敦区部一直领导着美国的同盟组织。关于美国的同盟组织活动的详细情况，见注释 464。——485

385 大约从 1850 年 11 月底起，宗德崩得图谋利用普鲁士后备军发动一场新的暴动，策划这个行动的人主要是奥古斯特·维利希。这个极不现实的计划也反映了宗德崩得所推行的冒险盲动主义政策。关于这一点，马克思在《高尚意识的骑士》一文中写道："在黑森消极抵抗、普鲁士招募后备军以及普鲁士与奥地利之间表面上冲突（见注释 375）时，高尚意识恰好准备在德国掀起军事暴动，方法就是寄送'成立后备军委员会的简要方案给在普鲁士的某些人'和维利希先生准备'亲赴普鲁士'。"（见《马克思恩格斯全集》德文版第 9 卷第 512 页，参看《马克思恩格斯全集》中文第 2 版第 12 卷第 585 页）海尔曼·贝克尔在科隆也收到了一份这样的方案，时间署明为 1850 年 12 月 6 日。在这份方案中，维利希提议把科隆的后备军集结起来，并成立一个后备军委员会，作为"革命的政府"。（贝克尔曾把这个方案抄录成一份副本。这个副本连同维利希接着发出的两封信，目前保存在阿姆斯特丹国际社会史研究所）贝克尔接信后极为震惊，他把原信交给亨利希·毕尔格尔斯、彼得·勒泽尔、威廉·施特芬以及科隆地区的其他盟员传阅——见文件 771，附录，文件 6，以及施特芬于 1853 年 11 月 22 日给马克思的信。马克思在《高尚意识的骑士》一文中摘录了施特芬来信的内容，《马克思恩格斯全集》德文版第 9 卷第 513—515 页，参看《马克思恩格斯全集》中文第 2 版第 12 卷第 587—588 页；从这封信中可以看出，科隆中央委员会迅即将上述情况向居住在伦敦的马克思作了汇报。

12月20日左右，马克思同康拉德·施拉姆、威廉·皮佩尔进行了磋商，研究采取什么策略来公开揭露宗德崩得的行为，因为这个集团的行动势必会给同盟在德国境内的工作带来极大的危害（马克思当时可能也同恩格斯进行了磋商；但不管怎样，恩格斯至迟在一两天以后肯定已经获悉有关情况，因为他在圣诞节期间留居伦敦）。磋商的结果，决定由施拉姆假借贝克尔的名义给维利希写一封信，"在信中施拉姆向维利希提出要搞军事专制，取消报刊并给沙佩尔的品德投下淡淡的阴影"（见1851年2月10日马克思给恩格斯的信，《马克思恩格斯全集》德文版第27卷第183页，参看《马克思恩格斯全集》中文第2版第48卷第187页）。尽管这封信是通过伦敦市邮局发出的，维利希却没有识破其中的奥妙，反而于12月24日再次写信给贝克尔，详尽地阐述了他准备以科隆为起点，进而在整个欧洲发动革命的种种设想，并细致地描述了他准备采取的一些绝妙措施。贝克尔接信后感到莫名其妙，因为他并未给维利希回过信；而且，他也不了解马克思的意图是要掌握证据，借以揭露宗德崩得的行为，以便"使地雷爆炸"（《马克思恩格斯全集》德文版第27卷第183页，参看《马克思恩格斯全集》中文第2版第48卷第188页），所以，他直到1851年1月27日才把维利希第二封来信的内容告诉马克思（见文件579）。马克思原先曾极力劝说贝克尔不要同维利希通信；现在，他要求贝克尔立即把维利希的两封来信的抄本寄给他（见文件580）。可是，尽管马克思一再催促（见文件584和592），贝克尔还是拖延到3月3日才把那两封信的抄本寄出去（见文件596，以及1851年3月3日贝克尔给马克思的信）。

在这期间，贝克尔又收到维利希的第三封信，这封信比较简短；维利希在信中通知贝克尔说，有一位特使将要前来拜访。这第三封信并不是在施拉姆的诱发下写成的——见1851年3月22日马克思给恩格斯的信，《马克思恩格斯全集》德文版第27卷第224页（参看《马克思恩格斯全集》中文第2版第48卷第232页）。信中提到的那位来访者是亚历山大·席梅尔普芬尼希；1851年3月，他两次同贝克尔谈起维利希的革命计划，结果当然是遭到了贝克尔的批驳。当他把这些情况向维利希汇报以后，维利希在给他的复信中写道："在书信问题上，贝克尔对您进行了无耻的欺骗。我在开始时只给他寄了一份有关对后备军进行革命改组的计划，除此之外，没有添加任何字句。接着，他给我写了一封详细的回信，这封回信我以后可以给你看看，我也给他回了信。他所保存的我的信件仅此而已，此外不可能再有片言只字。大约三个星期以前，他又给我寄来一封信，信的结尾写道：'我拥抱你。'我没有答复。"（1851年4月17日维利希给亚历山大·席梅尔普芬尼希的信，这封信目前保存在波茨坦国家档案馆，编号：Rep. 30 Berlin C, Tit. 94, Lit. N, Nr. 67, lfd. Nr. 11950, Bd. 1, Bl. 129－130）。可是事实上，维利希写给贝克尔的书信并不是两封，而是三封；从这里也可以看出，维利希当时已经在极力否认自己陷入了马克思及其友人布下的迷阵。原来，早在3月21日，马克思就同威廉·皮佩尔（大概还有施拉姆）决定：再给维利希写一封信，附上一份印有布朗基祝酒词的传单，并间接地点明整个事情的真相。皮佩尔在3月22日致恩格斯的信中谈到了这个"为对付维利希而巧设的锦囊妙计"，他写道。"关于这个妙计，我还得顺便向您说一下妙趣横生的尾声。昨天，科隆人寄来了《布朗基祝酒词》[……]。于是，我们便取出一份寄给那位上士，并附上下面这样一封信：

"公民！

这仍然是那位商人寄来的！

这真是令人恼火沮丧的事情！

无法提前向您报告这些情况！

请准备好应付一切事变！要保证取得成功！任何事情都不会是孤立的！小心！小心！小心！

握手并致兄弟的问候！

我拥抱您！

忠实于您的人

又及：这是从瑞士方面收到的！卑鄙的阴谋！任何事情都不会是孤立的！"（《马克思恩格斯全集》1929年柏林历史考证版（旧版）第3部分第1卷第176页）

维利希收到这封信后，患了两个星期的"肝火病"（见文件607），但他矢口否认自己受到了愚弄，仍然硬说同他通信的确实是贝克尔（见卡尔·马克思《高尚意识的骑士》，《马克思恩格斯全集》德文版第9卷第512—513页，参看《马克思恩格斯全集》中文第2版第12卷第585—586页）。

当时，最有可能为发表和评论维利希这三封书信提供条件的是那时正在筹办的《新杂志》（见注释410）。从贝克尔在1851年4月29日向马克思询问的情况（文件611）可以看出，他们当时也确实打算通过这个途径来利用一下维利希的书信。可是，5月中旬当局开始了大规模的搜捕，致使这项计划未能实施。大约在1851年底，马克思又试图通过阿道夫·克路斯的关系，设法在美国发表上述书信（见1852年1月14日恩格斯给燕妮·马克思的信，《马克思恩格斯全集》德文版第28卷第424页，参看《马克思恩格斯全集》中文第1版第28卷第472页），因为维利希在这期间也到了美国；但这个意图看来没有实现。直到1852年底，当贝克尔在科隆共产党人审判案中进行自我辩护的时候，以及1854年当马克思撰写抨击性论文《高尚意识的骑士》的时候，维利希的那些信件才发挥了作用。

有关情况还可以参看1851年3月19日恩格斯给马克思的信（见《马克思恩格斯全集》德文版第27卷第222—223页，参看《马克思恩格斯全集》中文第2版第48卷第229—231页）。——485

386 从海尔曼·贝克尔这封信中可以看出，他也曾利用同盟特使彼得·诺特荣克，来为他的出版社印行的那些一般性民主主义书籍打开销路，其实，那些出版物与共产主义者同盟的政策并没有多少联系，有些甚至与同盟的政策直接背道而驰（例如哥特弗里德·金克尔的辩护词，以及马志尼的一些著作）。关于对贝克尔出版工作的评价问题，见黑尔维希·弗德"1851年春共产主义者同盟纽伦堡支部和《共产党宣言》的传播"，载《德国工人运动史论丛》1962年增刊第180—183页。

诺特荣克在前往莱比锡的旅途中，忽视了秘密工作的规则，随身携带了贝克尔的这封信以及其他文件。结果，这封信落到了萨克森警察局手中。信的原件未能保存下来，有一份副本目前收藏于德累斯顿国家档案馆，本书发表的贝克尔的信就是按照这个副本付印的。萨克森警察局当时还把另一个副本寄到柏林，警方把这个副本附在诺特荣克的案卷中，现保存在波茨坦国家档案馆，编号：Rep. 30 Berlin C, Tit. 94, Lit. N, Nr. 67, lfd. Nr. 11950, Bd. 1, Bl. 83。那时，普鲁士警察局已经自行复制了一个副本（也保存在波茨坦国家档案馆，编号同上，Bl. 20），这个副本同上述副本相比，在文字上有一些微小的出入，这些文字差异后来也部分地出现在科隆共产党人案件起诉书所收的这封信的印件中（见《起诉书》第43页）；维尔穆特和施梯伯尔《19世纪共产主义者的阴谋》第1部分1853年柏林版第105—106页收入了这封信，其中文字有些出入，但内容没有什么出入。——487

387 这封信存于警方从彼得·诺特荣克身边查获的一批文件中；原件没有保存下来。本书依据的是萨克森警察局当时复制的副本，并参照了科隆共产党人案件起诉书中收入的这封信的全文（见《起诉书》第25—26页）。这封信最初发表于科隆共产党人案件起诉书，估计当时是根据原件抄录的。除此之外，普鲁士警察局当时也复制过一个副本，现存于波茨坦国家档案馆（编号：Rep. 30 Berlin C, Tit. 94, Lit. N, Nr. 67, Ifd. Nr. 11950, Bd. 1, Bl. 18—19）；这个副本在文字上与上述副本有一些微小的差异。维尔穆特和施梯伯《19世纪共产主义者的阴谋》收入了这封信（第1部分1853年柏林版第104—105页），该书依据的蓝本是普鲁士警察局复制的副本。——490

388 马克思、恩格斯和共产主义者同盟的其他一些成员（其中主要是科隆的亨利希·毕尔格尔斯），同纠合在柏林《晚邮报》的一伙文人的斗争，是1850年春无产阶级政党同小资产阶级民主派划清思想界限的斗争的一个重要组成部分。这场斗争是直接依据中央委员会《三月告同盟书》（文件448）的方针展开的。

《晚邮报》于1850年1月至7月（或8月）在柏林出版，其前身是《民主报》（柏林）。在创办后的一段时间，《晚邮报》还坚持小资产阶级民主派的一般立场，但从4月1日起，该报去掉了原先的"民主派报纸"的副题，在先前的青年黑格尔分子爱德华·梅因、尤利乌斯·孚赫、路德维希·布尔以及约翰·普林斯-斯密斯的领导下，主张自由贸易，反对普鲁士国家的保护关税政策，而且还坚持无政府主义观点。这是一伙对革命灰心失望的小资产者,他们摈弃普选权,摈弃一切形式的人民代议制;他们重新兜售麦克斯·施蒂纳在《唯一者及其所有物》(1845年)一书中宣扬的无政府主义思想,用以粉饰自己的主张。1850年4月,《晚邮报》发表文章反对伦敦社会民主主义流亡者委员会,这一点也表现出该报公然反对共产主义的倾向。

4月20日,流亡者委员会发表声明回击《晚邮报》,声明由马克思和恩格斯起草,在声明上签字的还有亨利希·鲍威尔、卡尔·普芬德和奥古斯特·维利希(见文件458)。《新莱茵报。政治经济评论》组织文章,准备同《晚邮报》集团展开全面的论战。马克思在该杂志第4期上发表了《评埃米尔·德·日拉丹〈社会主义和捐税〉》一文,揭开了这场论战的序幕(见《马克思恩格斯全集》中文第2版第10卷第342—354页);紧接着,恩格斯撰写了《废除国家的口号和德国"无政府之友"》一文(《马克思恩格斯全集》德文版第7卷417—420页,参看《马克思恩格斯全集》中文第2版第10卷第418—422页),准备在《新莱茵报。政治经济评论》第5期发表,但没有写完。马克思和恩格斯还在第4期上发表了一篇声明,题为《哥特弗里德·金克尔》(见《马克思恩格斯全集》中文第2版第10卷第402—405页),这篇声明也是针对《晚邮报》发表金克尔演说一事而写的。

1850年4月25日,马克思在一封信中(这封信未能保存下来)向毕尔格尔斯作了若干指示,告诉他怎样写一组文章来抨击《晚邮报》。毕尔格尔斯的这组文章后来发表在1850年5月8日、6月9日、7月5日、7月7日《西德意志报》第109、136、156、157号上。这组文章在开头和结尾是这样描述《晚邮报》的立场的:"他们抹煞历史的现实,抹煞确凿存在的经济对立和政治对立,抹煞由这种对立而产生的利益之争和原则之争,而代之以用麦克斯·施蒂纳的自然国家哲学、普林斯—斯密斯的自由贸易和蒲鲁东—日拉丹的社会主义杂凑而成的令人啼笑皆非的混合物。"这段描述可能也是源于马克思的书信。——492

389 尤利乌斯·亨策于1848年在科隆结识马克思、恩格斯和亨利希·毕尔格尔斯等人。据他在1851年7月17日向柏林警察局供称(供词现存波茨坦国家档案馆,编号: Rep. 30 Berlin C, Tit. 94, Lit. N, Nr. 67, lfd. Nr. 11950, Bd. 1,

Bl. 218—224），马克思曾给过他一份《共产党宣言》（文件202），并争取他参加共产主义者同盟，但他没有答应。1848年11月，他作为哈姆人民同盟的代表，出席了在明斯特召开的威斯特伐利亚民主主义者代表大会，会议主张抵制当时的税收政策，为此，亨策遭到警方追捕，事后经布鲁塞尔逃往巴黎——见1848年12月16日、1849年1月26日《新莱茵报》（科隆）第170、205号。至迟在1849年4月，亨策返回德国，5月初，他借给马克思300塔勒，以资助《新莱茵报》继续出版（见卡尔·马克思《高尚意识的骑士》，《马克思恩格斯全集》德文版第9卷第510—511，参看《马克思恩格斯全集》中文第2版第12卷第583页；并见文件771）。1849年5月中旬，在起义爆发期间，他居住在伊瑟隆。6、7月间，他留居宾根，在那里，他再次同马克思聚会，但这次聚会的时间不长；接着他便前往巴黎，后来又经布鲁塞尔和汉堡抵达柏林；从1850年5月起，他就居住在那里。由于他在1848年11月参加过在明斯特召开的威斯特伐利亚民主主义者代表大会，哈姆警方在1850年底对他进行了审讯，结果，他被宣告无罪释放。在此案审理过程中，他结识了海尔曼·贝克尔；1852年，他在科隆共产党人案件审判过程中曾利用这一事实，编造假证词反对贝克尔。1851年1月至4月之间，科隆中央委员会特使彼得·诺特荣克曾多次在柏林拜访亨策，并将宗德崩得进行分裂活动的情况告诉了他；但亨策当时站在他的朋友奥古斯特·维利希一边。他还试图拉拢诺特荣克参与维利希的使者亚历山大·席梅尔普芬尼希策划的冒险行动；1851年7月，他又向警方详细地汇报了上述情况。在科隆共产党人案件审理过程中，当局曾利用亨策提供的情况来胁迫诺特荣克。至迟在1851年5月，甚至早在1849年，亨策就已经充当警方的密探；他在1852年夏天去伦敦拜访维利希时，就带着警方的使命（见卡尔·马克思《高尚意识的骑士》，《马克思恩格斯全集》德文版第9卷第511—512页，参看《马克思恩格斯全集》中文第2版第12卷第584—585页）。在科隆共产党人案件中，亨策是最主要的起诉证人之一，因此，马克思在辩护词中曾援引揭露亨策的材料——见文件730。

在此后若干年内，亨策在各种迫害民主主义者的案件中，特别是在所谓拉登多夫案件中,依旧干着叛卖的勾当;"证人亨策"成了警探的同义语。1848年的民主主义者在大量的揭露材料和回忆文章中,对亨策这种行径进行了口诛笔伐(见卡尔·马克思《高尚意识的骑士》,《马克思恩格斯全集》德文版第9卷第489—518页,参看《马克思恩格斯全集》中文第2版第12卷第584—585页;《东方问题。——西班牙的革命。——马德里报刊》,同上书德文版第10卷第406—407,中文第2版第13卷第474—475页)。

亨策由于为警方效力,获得了报酬优厚的职位,当上了波美拉尼亚克斯林地区的税务官和银行董事。他大量侵吞钱财,被揭露后自杀身死。——492

390 这份文件系由康拉德·施拉姆亲笔写成,施拉姆大概也是这次行动的发起人;在同盟的历史上,这次行动没有造成任何后果。马克思在《福格特先生》一文中写道:"决斗前后,恩格斯和我对决斗一事曾公开向他表示不赞同,"这件事大概使施拉姆"当时很生气"(见《马克思恩格斯全集》德文版第14卷第445页,参看《马克思恩格斯全集中文第2版第19卷第143页》)。其实,施拉姆和他的两位朋友并不是要退出同盟,他们可能是准备在伦敦成立一个新的组织;这大概就是施拉姆在文件569中使用"亚当党"和"夏娃党"这种提法的真实含义,也是他打算把同盟的某些文件保存在自己手边的真正原因。这篇声明发出几天以后,在1851年1月5日的区部会议上,斐迪南·沃尔弗就已经放弃了这种做法,施拉姆和威廉·李卜克内西也很快就重新同马克思合作了。

可是,大约在1851年5月底,马克思等人再次同施拉姆发生了冲突;当时,马克思、李卜克内西、威廉·皮佩尔和威廉·沃尔弗费了很大的周折,才使施拉姆在启程前往巴黎之前退还他所保存的同盟文件(见1851年7月31日马克思给恩格斯的信,《马克思恩格斯全集》德文版第27卷第291—292页,参看《马克思恩格斯全集》中文第2版第48卷第325—327页)。——493

391 泰奥多尔·格茨,职业不详,原籍显然是莱茵河左岸的科隆地区。从这封信可以间接地了解到,格茨在1848—1849年革命前以及这次革命的开始阶段曾长期在达姆施塔特活动,因为他在信中明确指出,从1848年夏季至1850年夏季他没有居住在那里。信中提到了他同古斯塔夫·阿道夫·施勒弗尔的友谊，这大概是指他们共同参加了1849年的德国维护帝国宪法运动，施勒弗尔正是在这场运动中阵亡的。大约在1850年春，格茨来到伦敦；他在这封信中用隐晦的语句询问了康拉德·施拉姆担当特使出使（见注释338）的成果，这证明他在伦敦已经参加了共产主义者同盟的工作；不过，他是否在到达伦敦以后才加入同盟，这一点尚无法断定。格茨没有充分理解中央委员会《三月告同盟书》（文件448）的路线，相反，他表现出某种小资产阶级革命派的倾向。1850年8月7日，他离开了伦敦；10月在达姆施塔特被捕，12月中旬又被押解到美因茨。获释以后，他重返伦敦。这一点可以从燕妮·马克思的文章中推断出来；燕妮曾写道，格茨和恩斯特·德朗克、彼得·伊曼特、维克多·席利一起，从属于以马克思为中心的圈子（见燕妮·马克思"动荡生活简记"，载《摩尔和将军（回忆马克思恩格斯）》，柏林1978年版第216页，参看1982年人民出版社版第47—48页）。直至1855年初，格茨仍同马克思和恩格斯保持着密切的联系（见文件776）。——493

392 马蒂亚斯·林格斯，职业细木工，原籍锡格堡；40年代中期曾担任一家当铺的簿记员，在那里工作了两年之久。1848—1849年革命期间，是锡格堡民主协会的领导成员；1849年5月，同弗里德里希·安内克、哥特弗里德·金克尔、卡尔·叔尔茨等人一起，参加了进攻锡格堡军械库的战斗。（1850年4—5月，当局在科隆对此案进行了审理；在林格斯缺席的情况下，法庭宣判他无罪。）1849年，林格斯参加了维护帝国宪法运动；运动失败后，他前往匈牙利；匈牙利的斗争平息以后，他又经巴黎流亡到伦敦。估计至迟在1850年6—7月间，林格斯在伦敦加入了共产主义者同盟。1850年8月，他同工人教育协会的其他成员一起前往石勒苏益格—霍尔施泰因，以志愿兵身份参加反对丹麦的战争（见注释338）。从文件516中可以看出，林格斯在9月初就已返回伦敦。在1851—1852年间，他是共产主义者同盟伦敦区部的成员。他同马克思密切合作，并于1852年初参加了创立新伦敦工人协会的工作（见文件684）；1852年底，他参与了为科隆共产党人案件的被告辩护的行动。他所做的工作之一，就是证明威廉·希尔施伪造了所谓记录本；当时，希尔施伪称林格斯是伦敦区部的会议记录员，林格斯指出，希尔施伪造的记录本上根本没有他的笔迹（见文件725、729、730、733、736和743；并参见卡尔·马克思《揭露科隆共产党人案件》，《马克思恩格斯全集》德文版第8卷第438—440、445、450页，参看《马克思恩格斯全集》中文第2版第11卷第509—510、517、523；《福格特先生》，《马克思恩格斯全集》德文版第14卷第664页，参看《马克思恩格斯全集》中文第2版第19卷第407页）。林格斯曾在1852年12月7日发出的支持科隆案件中被判刑者的呼吁书上签名（见文件746）。1853年，他同威廉·沃尔弗建立了极为亲密的友谊（见1853年10月28日马克思给恩格斯的信，《马克思恩格斯全集》德文版第28卷第305页，参看《马克思恩格斯全集》中文第1版第305页）。——501

393 马克思希望通过印行他的《文集》，来支持共产主义者同盟的宣传工作。在这一方面，他不仅得到海尔曼·贝克尔的支持，而且还得到了科隆中央委员会领导成员亨利希·毕尔格尔斯和罗兰特·丹尼尔斯的支持（见文件579）。有关筹备出版《文集》的书信，有很大一部分未能保存下来；从1852年科隆共产党人案件中透露的情况来看，马克思曾在1850年12月13日写信给贝克尔，委托他"出版一部马克思论文全集"，（见《1852年科隆共产党人案件在同时期报刊上的反映》（卡尔·比特尔主编并作序）1955年柏林版第122页）。

当时计划分两卷出版这部文集，每卷400页。第1卷主要包括马克思在《莱茵报》（科隆）和《德法年鉴》（巴黎）上发表的文章，并收入《哲学的贫困》一文；第2卷则编入马克思在《新莱茵报》（科隆）上发表的文章。1851年2月，马克思编辑整理了他在《莱茵报》发表的文章，准备在《文集》中重印。可是，由于在技术方面遇到重重困难，"第1分册"直至1851年4、5月间才在科隆印刷完毕，这一分册共计80页，印数约为15000份，但其中绝大部分均被警方没收。有关出版《文集》的计划，详见《马克思恩格斯全集》历史考证版第1部分第1卷第976—979页，以及第10卷第493—497页、1020—1023页。从1851年3月2日海尔曼·艾韦贝克给马克思的信中可以看出，马克思曾请求艾韦贝克给他提供若干份《德法年鉴》和1844年出版的《前进报》（巴黎），但马克思这一愿望未能实现。（艾韦贝克致马克思的书信现收藏于莫斯科苏共中央马列主义研究院中央党务档案馆，编号：

f. 1，op. 5，d. 350）。——502

394　1851年5月10日，彼得·诺特荣克在莱比锡被捕时，随身携带着这封信。本书发表的这封信以萨克森警察局的复制件为蓝本。此信的另一个复制件现收藏于诺特荣克案卷（波茨坦国家档案馆，编号：Rep. 30 Berlin C, Tit. 94, Lit. N, Nr. 67, lfd. Nr. 11950, Bd. 1, Bl. 22）。在萨克森警察局的复制件结尾处，有这样一行文字："（地址：）柏林皇冠大街23号，G. 施米特，转诺特荣克先生收"。在普鲁士警察局的复制件上，有这样一条附注：此信原件未能保存下来；原信与1851年4月5日阿尔伯特·埃尔哈德致诺特荣克的信（见文件602）系出于"同一个人的手笔"。这封信的日期是根据信的内容推断的。有关诺特荣克在柏林的情况，见注释362。——503

395　1850年11月，恩格斯迁居曼彻斯特，开始在欧门—恩格斯公司工作，恩格斯这样做的目的之一，是为了有可能在物质上给马克思提供援助。在移居曼彻斯特的初期，恩格斯继续为在革命的基础上振兴宪章运动而斗争。他首先支持朱利安·哈尼、厄内斯特·琼斯和他们的宪章派左翼朋友，其中有约翰·卡梅伦、乔治·约瑟夫·曼特尔等人。这些宪章派左翼成员在1850年11月采取了一些实际步骤，力图在革命的原则下重新发动宪章运动；其中的一个步骤，就是在《红色共和党人报》上首次用英文发表《共产党宣言》（见文件541）。在伦敦召开的一次会议上，他们建议把宪章派全国协会、民主派兄弟协会、全国改革同盟和社会改革同盟合并成全国宪章派与民主改革派联盟；并建议至迟在1851年5月以前，由上述各组织的代表组成的临时委员会筹备召开一次代表大会（见《致宪章派》，1850年11月23日《红色共和党人报》第23期；海尔曼·施留特尔《宪章运动。试论英国社会政治史》1916年纽约版第330—331页；B. 3. 库尼娜《卡尔·马克思和英国工人运动》1968年莫斯科版第57—64页）。

　　在这些倡议的推动下，1851年3月31日终于召开了宪章派代表大会（见文件604）。

　　恩格斯应哈尼在这封信中提出的请求，于1月5日参加了琼斯组织的曼彻斯特公开集会。1851年1月8日，恩格斯写信给马克思，叙述了这次集会的情况,并谈到了他同宪章派的联系,信中写道:"琼斯在这里的出场取得了人们所能期望的最大效果;他把承认伦敦执行委员会的问题提出来,作为他和曼彻斯特宪章派委员会之间争论的关键。尽管李奇及其同伙有大约3个小时的时间把自己的人弄来参加会议,而且的确来了相当多的人,但是票数却各占一半。起初,当听众完全是偶然聚集起来的时候(李奇估计琼斯在9点以前不会来,而琼斯8点左右就到了,这使李奇很不高兴),琼斯受到热情的欢迎。

琼斯在他想要争取或进一步掌握的那些宪章主义者中间,绝不像在我们中间那样天真。他很机灵。也许有点过分,至少我们这样的人"能看出这种意图"。

哈尼在这里的朋友,一个是无聊的苏格兰人,非常富于感情,所以讲起话来没完没了;另一个是个矮小的、果敢而性急的小伙子,关于他的智力我还不清楚;第三个是鲁宾逊,哈尼没有对我谈过,我认为他是最聪明的一个。我将考虑同这些人组成一个小俱乐部,或者安排经常的聚会,并同他们讨论《宣言》。哈尼和琼斯在这里有许多朋友,而奥康瑙尔则有许多暗敌,但是只要他没有干出公开地严重损害自己名誉的行为,他在这里是不会被正式打倒的。不过,琼斯在集会上谈到他和雷诺时,对他们是很不尊重的。"(见《马克思恩格斯全集》德文版第27卷第114页,参看《马克思恩格斯全集》中文第2版第48卷第162—163页)

恩格斯尽力支持宪章派左翼,这一点,从1851年2月曼特尔写给他的一封短信中也可以得到证明。曼特尔在信中写道:"如果您能在星期三(明天)晚上[……]光临我的店铺,同几位友人一起讨论执行委员会的朋友们下一步所要采取的政策,我将不胜感激。"(见莫斯科苏共中央马列主义研究院中央党务档案馆 f. 1, op. 1, d. 419)。——504

396 曼彻斯特代表大会于1851年1月26日在菲格斯·奥康瑙尔主持下召开仅有八名代表出席了这次会议。会议的组织者是宪章运动中的保守势力;宪章派左翼对这次会议不予承认,他们准备在伦敦召开一次代表大会(见注释395和文件604)。不过,朱利安·哈尼的支持者乔治·约瑟夫·曼特尔参加了曼彻斯特代表会议，并在会上努力通过了一项承认和支持宪章派全国执行委员会的决议，这项决议同厄内斯特·琼斯在1851年1月5日曼彻斯特公开集会上提出的建议是一致的。有关情况还可参看文件576。——505

397 大约从1850年11月起，朱利安·哈尼和厄内斯特·琼斯计划在宪章派的新行动纲领的基础上（这个新的行动纲领后来在1851年3月31日的伦敦代表大会上通过（见文件604），共同在伦敦出版一份周报，报纸定名为《人民之友》。从1850年底到1851年7月，宪章派有一个委员会专门负责该报的筹备工作，该委员会的代表遍布英国的60个城市。1850年12月中旬，由于英国颁布了出版法，哈尼被迫将《红色共和党人》（伦敦）停刊；事后，他将该报稍作变动，继续出版，并定名为《人民之友》。琼斯虽然不是该报的出版者，但他直到1851年初为止，一直给哈尼的出版工作提供援助。哈尼后来越来越倾向于法国和德国的小资产阶级流亡者，因而在1851年2月一度同马克思、恩格斯、格奥尔格·埃卡留斯和威廉·皮佩尔决裂，这以后，琼斯和哈尼的关系也出现了紧张局面，最后两人终于分道扬镳。从1851年5月1日起，琼斯在马克思和恩格斯的支持下，出版了自己的周刊——《寄语人民》（伦敦）。有关情况可参见文件615。——514

398 马克思在他写的《高尚意识的骑士》一文中指出，1852年科隆共产党人审判案期间，他曾将这封信寄给辩护人卡尔·施奈德第二，"因为它驳斥了贝克尔参与维利希的蠢举的说法"（《马克思恩格斯全集》德文版第9卷第494页，参看《马克思恩格斯全集》中文第2版第12卷第563页）。基于马克思的这些说明，同时也由于信件本身已构成诉讼案的材料，因此可以推断，这封信的原件当时曾寄往科隆。可是，因为这封信是在马克思和恩格斯遗稿中发现的，所以可以断定，施奈德后来又把信的原件寄还给了马克思。——518

399 马克思在1852年3月3日为驳斥宗德崩得特使阿道夫·迈尔而发表的声明中曾提到这封信（见文件697）。

马克思后来在原信上添加上"1850年"的字样，这个日期是不正确的，因为1850年2月恩斯特·德朗克还寓居在巴黎；而且从内容来看，原信也是在1851年写成的。——525

400 阿道夫·迈尔,助理药剂师,原籍海尔布隆附近的施泰滕菲尔斯。1848—1849年革命开始时,积极主张以暴力手段创建社会共和国;1848年4月初,在出任海尔布隆《水妖汽船》报编辑几天以后,即由于惊恐万状的海尔布隆市民的告发而被捕,被囚禁在高阿佩尔格监狱。1849年2月越狱逃往斯特拉斯堡。不过,他当时也可能已经表示愿意充当密探,为政治警察当局效劳,而由警方导演了这出"越狱"的闹剧。迈尔参加了1849年的维护帝国宪法运动;他独自率领一个志愿兵团,试图将运动扩展到符腾堡地区,结果未能成功;不过,他的主要活动是进行劫掠。1850年底,路德维希堡陪审法庭对他进行了缺席审判,判处他无期徒刑。在瑞士流亡期间,他撰写了一本小册子,题为《符腾堡与德国西南部革命的关系。一个批判》(1849年圣加伦版)。关于迈尔在1848—1849年革命期间的活动,见埃里希·韦勒"海尔布隆和1848—1849年革命",博士论文集,1924—1925年蒂宾根,第16—18、91—92页,威廉·施泰因希尔伯《1848和1849年期间海尔布隆市民自卫团及其参加1849年巴登五月革命的情况》1959年海尔布隆版第135—143页。

1850年,迈尔同其他许多流亡者一样,从瑞士抵达伦敦,参加了共产主义者同盟,同卡尔·沙佩尔和奥古斯特·维利希建立起密切的联系。1850年9月同盟分裂后,他加入了宗德崩得集团,并担任流亡者委员会书记(见文件697)。12月中旬,他以宗德崩得特使身份前往法国和瑞士;宗德崩得还指派他在符腾堡地区活动,但他未能完成这一任务。从1850年12月16日到1851年1月25日,他从巴黎向伦敦的宗德崩得中央委员会发回六份报告(这些报告有一部分发表在1853年柏林版维尔穆特和施梯伯《19世纪共产主义者的阴谋》一书中,见该书第1部分第86—88页)。由于迈尔在巴黎以及其他一些法国城市的活动,宗得崩德在那里建立了一些支部,这些支部推行冒险主义政策,从而为警方的挑衅行动(如所谓德法密谋案(注释452))和威廉·施梯伯在巴黎的活动提供了基础。1851年2月,迈尔曾在日内瓦逗留(他在1851年2月12日从日内瓦向宗德崩得中央委员会寄出的第一封信,收录在维尔穆特和施梯伯《19世纪共产主义者的阴谋》一书第88页)。日内瓦支部曾揭露迈尔是一个政治冒险主义者,并揭发这位特使借出使之机,进行诈骗钱财的勾当（见1851年2月莫泽斯·赫斯和彼得·伊曼特致宗德崩得中央委员会的信，这些信收录在格奥尔格·艾克特的"共产主义者同盟（维利希·沙佩尔集团）通信选集"，载于《社会史文库》1965年汉诺威版第5卷第278—282页）。此后，维利希和沙佩尔便同他们的特使迈尔断绝了关系。直到1851年底为止，迈尔一直居住在瑞士，1852年2月，他是巴黎的所谓德法密谋案的被告之一。

1852年3月初，马克思看到了报纸上发表的一篇报导后，便公开表示同迈尔划清界限（见文件697）。1852年9月，《卡尔斯鲁厄报》发表了从半官方人士那里得到的有关政治流亡者的材料；事后，奥格斯堡《总汇报》又予以转载。马克思据此推断，这些材料来源于迈尔。他在1852年9月28日给恩格斯的信中写道："为了使你能'稍微站在世界历史的观点上'，现在寄给你一篇奥格斯堡《总汇报》关于密探阿·迈尔的文章；在伦敦这里，他甚至被他亲近的朋友维利希和沙佩尔'赶出门外'"（《马克思恩格斯全集》德文版第28卷第148页，参看《马克思恩格斯全集》中文第1版第28卷第149页）。迈尔写的上述报告同失窃的"狄茨档案"一起落到了普鲁士政治警察手中；而在1852年科隆共产党人审判案中，这些报告又被当局所利用，当时，《法兰克福报》曾发表一篇伯尔尼通讯（见该报1852年11月8日第267号副刊，通讯稿署明的日期为11月5日），文中指出："上面提到的那位迈尔已在日内瓦被证实是一名秘密警探，巴登政府委托此人刺探德国流亡者的情报。"——525

401 这封信结尾署明的日期为"1850年1月10日"，其中"1月"的"1"字无法确切辨认。可是，从整篇内容来看，这封信是写于科隆中央委员会成立数月之后，即写于1851年初。因为这封信很可能就是约翰奈斯·米凯尔1851年2月12日给威廉·皮佩尔的那封信（文件587）的附件，所以，写信的日期极有可能是1851年2月10日。文件587所署的时间，除年代有误以外，月份与日期都是正确的，因为信上的邮戳是"格丁根，2月13日"。——532

402 共产主义者同盟格丁根支部的成员主要是大学生，该支部大约成立于1850年6—7月间，领导者是约翰奈斯·米凯尔。米凯尔认识卡尔·布林德，并研读过马克思的一些著作。中央委员会《六月告同盟书》（文件473）曾提到格丁根支部，该支部当时同伦敦中央委员会保持着直接的联系。以米凯尔为核心的一群人早在1846年夏季就一起在格丁根体操协会崭露头角，而在1848—1849年革命中，他们更是以革命民主主义的姿态显露锋芒。这群人中有阿伯拉罕·雅科比和威廉·皮佩尔，大概还有后来的什未林同盟支部领导人亨利希·迈尔。皮佩尔1850年初抵达伦敦后，同马克思建立了联系（见文件489）。科隆中央委员会成立以后，格丁根支部可能仍然同伦敦方面保持着直接联系。据彼得·勒泽尔后来在供词中说，科隆中央委员会从来没有同格丁根支部通过信；同该支部的通信联络工作是由威廉·李卜克内西在伦敦进行的（见附录，文件6）。说科隆和格丁根之间从未有过通信联系，这是令人难以置信的；即使情况果真如此，两者之间的紧密联系也仍然是存在的，例如，米凯尔曾亲自去科隆访问；1851年3月初，他还在波恩访问过雅科比，而雅科比也在1851年5月初以同盟特使身份前往柏林的途中访问过格丁根。1851年初，米凯尔同波恩的雅科比以及汉诺威的路德维希·施泰翰都保持着通信联系；他可能还为《德意志工人俱乐部》撰过稿（见注释405和416）。关于格丁根支部的成员，除了米凯尔以外，我们所知道的人名仅有宰弗特和路易·库格曼。宰弗特后来在汉堡任教员，而库格曼是1851年9月或10月才抵达格丁根的。

1851年6月，米凯尔的寓所也遭到搜查，但他本人没有被捕。1851年夏，他试图以格丁根为基点，把柏林、什未林、汉堡、汉诺威、卡塞尔、希尔德斯海姆地区的一些同盟支部和盟员的联系重新建立起来；1851年秋，他甚至还执行过一项计划，打算把同盟当时在德国还有可能进行的全部活动统一地掌握在自己手中——见文件649和671。在格丁根体操协会的理论教育工作和政治活动一直进行到1852年底。直至1857年初，米凯尔始终同马克思保持通信联系（见文件783、789、790和791）。从他的书信中可以看出他没有正确理解共产主义的一些基本战略和策略问题。有关格丁根支部的历史，另见马丁·洪特《马克思和恩格斯的医生和朋友——路易·库格曼传》1974年柏林版第82—98页。——533

403 同2月10日那封信一样，约翰奈斯·米凯尔在这封信中标明的年代也是错误的（见注释401）。虽然邮戳（"2月13日"）未注明年代，但信中既然提到了科隆中央委员会，那就说明这封信无疑是在1851年初写成的。——535

404 有关这次代表大会的召开经过，情况不详；但这次大会无疑也是在三个毗邻地区工人联合会或工人教育协会中负有领导责任的同盟盟员会商工作的会议。美因茨支部当时由弗里德里希·列斯纳领导。有关威斯巴登支部的情况，见注释302。在比布里希，当时有一个烟草工人联合会，领导者是哈斯；该联合会曾派代表出席1850年8月19日至25日在汉堡召开的德国烟草工人第三次代表大会（见文件507）。《据科隆共产党人案件起诉书》披露（第33页），彼得·勒泽尔曾以共产主义者同盟科隆中央委员会委员的身份前往比布里希，推销共产主义书刊。

这篇演说词的作者很可能是威斯巴登的亨利希·法伊贝耳。从演说的内容来看，作者可能曾受马克思著作（如《1848—1849年的法兰西阶级斗争》）的影响。法伊贝耳当时与汉诺威的路德维希·施泰翰保持联系，有时也为《德意志工人俱乐部》（汉诺威）撰稿。

这篇演说词刊登在《德意志工人俱乐部》上，作者在脚注中写道："为了满足作者的许多外国友人的要求，作者尽可能根据回忆把这篇演说词整理出来，供编辑部发表。"——537

405 有关《德意志工人俱乐部》（汉诺成）前期的历史情况，见注释357。该报创刊前，刊登该报征订启事的有：雅科布·沙贝利茨在巴塞尔出版的1850年12月17日《瑞士国民报》第298号，汉诺威的《时代报》1850年12月29日第152号。格奥尔格·艾克特编的《不伦瑞克社会民主主义运动100周年》1965年汉诺威版第1卷第31页发表了《德意志工人俱乐部》征订启事的影印件。

《德意志工人俱乐部》于1851年1月在汉诺威创刊，同年6月停刊；该报每逢星期六出版，副题是"劳动阶级和无产阶级的周刊"，由路德维希·施泰翰主编。（该报总共出版26期，其中第5、7和20期我们没有搜集到。）1851年第一季度，该报只有270个固定订户，但在第二季度订数有了大幅度的增长。从某种意义上说，该报是《普罗米修斯》（莱比锡）的续刊；北德意志联合会中央局曾在《德意志工人俱乐部》上刊登通知，号召各工人协会订阅该报，这说明该报同当时还在以合法形式或秘密方式继续活动的工人兄弟会组织保持着联系。可是，《德意志工人俱乐部》并不是某个组织的正式的或公认的机关报。施泰翰一方面同德国的许多盟员保持联系，另一方面也同宗德崩得控制的伦敦工人教育协会以及社会民主主义流亡者委员会保持联系，他还在报上发表过该委员会的工作报告。他不仅把《德意志工人俱乐部》的各期寄给科隆中央委员会，而且也寄给宗德崩得中央委员会。《德意志工人俱乐部》显然也同居住在纽约的威廉·魏特林保持联系；例如《工人共和国》（纽约）就曾在1851年第11期和13期为《德意志工人俱乐部》登载过征订广告。

《德意志工人俱乐部》在1851年1月4日出版的第1期上发表了该报的编辑宗旨，其中写道：**"政治权力必须归全体人民所有，而不应当操纵在少数人手中**。这就是**社会民主党的任务**，是我们的任务，也是《工人俱乐部》的任务。"

可是尽管如此，该报还是发表了一系列充满幻想的文章，鼓吹建立生产合作社，来达到工人自助的目的；这种倾向在该报创刊后的最初几个月表现得尤为明显。

施泰翰虽然是一个资格很老的盟员（见注释353），但他并没有毫无保留地站在同盟的革命原则立场上。不过，大约从1851年4月起，在他主编的报纸上，坚持同盟革命立场的文章明显地占了绝大多数篇幅（见文件599、606、609和618）。这些文章的作者姓名不详，估计除了施泰翰之外，格丁根的约翰奈斯·米凯尔、科隆中央委员会的委员们，以及威斯巴登的亨利希·法伊贝耳等人也参加了撰稿工作。他们有时几乎逐字逐句地引述马克思和恩格斯为共产主义者同盟起草的文件（如《共产党宣言》——文件202，伦敦中央委员会1850年3月发布的《告同盟书》——文件448；《新莱茵报》发表的《雇佣劳动和资本》；《新莱茵报。政治经济评论》发表的《1848年至1850年的法兰西阶级斗争》；《布朗基祝酒词》——文件594），以此作为立论的依据。1851年5月10日、31日以及6月7日，《德意志工人俱乐部》还在第

19、22和23期上连载了宪章派左翼的宣传纲领（文件604）。从1851年4月起，该报集中讨论了在小资产阶级民主派面前维护工人运动独立性的问题。从文件635中可以看出，科隆中央委员会的代表大约在1851年5月初曾同施泰翰举行会谈，结果使施泰翰完全地站到了共产主义者同盟一边。6月14日，《德意志工人俱乐部》第24期发表题为《党内批判》的社论，坚决支持马克思和恩格斯在《新莱茵报。政治经济评论》上发表的批驳哥特弗里德·金克尔的论战文章，回击了卡尔·海因岑发起的进攻。这是施泰翰亲自编排的最后一期报纸。早在5月1日，他的住所就已遭到搜查；从那时以后，警方一直阻挠他从事编辑工作。5月19日，普鲁士内务大臣斐迪南·冯·威斯特华伦下令取缔《德意志工人俱乐部》；6月11日，施泰翰在汉诺威被捕。此后，《德意志工人俱乐部》由M.柯恩主编了一期，由阿道夫·门兴出版了最后两期——另见海尔曼·冯·贝格"1851年的《德意志工人俱乐部》。1848—1849年革命失败后共产主义者同盟在德国北部地区的理论影响和思想影响"，载《历史杂志》1971年第3期第352—368页。——542

406 威廉·皮佩尔的这封信仅仅是马克思1851年2月26日寄给恩格斯的材料的一部分。在这批材料中，还有康拉德·施拉姆的一封信，见文件590。马克思在皮佩尔的信笺上给恩格斯写了一封亲笔信（文件591），然后附上施拉姆的这封信。此外，他还附上了恩斯特·德朗克2月7日写的一封信（文件583）。——543

407 1851年2月11日，为悼念1850年底逝世的波兰将军、波兰1830—1831年起义的领导者、维也纳1848年十月斗争的参加者、1848—1849年匈牙利革命军统帅之一——约瑟夫·贝姆，工人教育协会同路易·勃朗以及小资产阶级民主派代表一起，在伦敦召开了一次群众大会。由于朱利安·哈尼参加了这次集会，马克思和恩格斯决定不再为哈尼主编的《人民之友》（伦敦）撰稿（见1851年2月11日马克思给恩格斯的信，《马克思恩格斯全集》德文版第27卷第184页，参看《马克思恩格斯全集》中文第2版第48卷第189页；1851年2月13日恩格斯给马克思的信，《马克思恩格斯全集》德文版第27卷第189页，参看《马克思恩格斯全集》中文第2版第48卷第193—194页）。——543

408 1851年3月15日,《人民之友》(伦敦)第14期刊登了施拉姆的一篇声明,全文如下:

"致《人民之友》出版者

尊敬的先生。

上月24日,在海格特旅馆的库房举行的纪念二月革命的宴会上,我和我的一位朋友受到了令人无法理解的侮辱。一群乌合之众——我不想详细描述他们的嘴脸——咒骂我们是'奸细';一伙人数众多的暴徒对我们进行了袭击,在屡遭凌辱之后,我们被迫离开会场,竟无法使大会倾听一下我们的呼声。

对于这种侮辱行为,舆论界自有公断,无须我多费笔墨。每一个政治家都有自己的敌人,每一个政治家都会面临风险,都会在公开集会的场合经历像我这样的遭遇。可是,有一个事实我不能略而不提,那就是:人们是把我当成'奸细'来对待的。我很清楚,在我的祖国,如果有人提出这种责难,马上就会引起哄堂大笑。石勒苏益格—荷尔斯泰因的人民、德国20个邦的典狱长,以及德国的所有革命报刊都可以作出明证。1848年,石勒苏益格—荷尔斯泰因的人民亲眼看到,我在所有公开的讲坛上捍卫他们的权利;他们知道,我在公爵们的领地出版了最进步的民主派报纸。德国的典狱长们也曾看到,我怎样落到他们的手中。可是在这里,在英国,可能不是所有的人都知道:我曾在您的推荐下,不止一次地支持召开群众大会,并在会上发表演说;我曾为您创办的两个刊物——《民主评论》和《红色共和党人》撰稿。那帮家伙诬蔑我是'奸细':我认为,只要摆明这些事实,就根本没有必要再去回击他们的叫嚣了,他们只配受到我的极度的蔑视。

康·施拉姆
1851年3月4日于伦敦"

朱利安·哈尼在这篇声明后面加上了如下说明:

"英国民主派不得不注意到上述可悲事件,对此,我虽然深感遗憾;可是,施拉姆先生向认识他的人们请求援助,以便反击那种指控他是'奸细'的卑劣的言词,这样做是无可厚非、完全正当的。

施拉姆先生曾参加英国民主派的各种集会，曾为《民主评论》和《红色共和党人》撰稿，这都是事实。不言而喻，如果我对他的为人、对他作为民主主义者的身份没有充分的信任，我就不会在英国公众面前同他并肩登上讲台，也不会同他联名出现在报刊上了。

施拉姆先生是经马克思先生和恩格斯先生（他们是我多年的朋友）的介绍而同我相识的，对于我来说，这是信赖他的正直品格的最可靠的保证。自从我们相识以来，我一直对他表示信任，从未有过任何理由取消这种信任；而现在，我也毫不犹豫地表明，我将一如既往地相信他在政治上的纯洁性。

乔·朱利安·哈尼"

当恩格斯获悉上述声明和说明即将发表时，他在1851年3月10日写信给马克思，信中说："施拉姆和哈尼之间的纠纷现在就这样解决了。如果你能够说服这个游手好闲的人，叫他现在把《布朗基祝酒词》的译文寄一份给哈尼，这是会产生影响的。他现在又同哈尼建立了最好的关系，如果他能保持这种联系，那是非常好的。哈尼毕竟有一个刊物。"（《马克思恩格斯全集》德文版第27卷第216页，参看《马克思恩格斯》全集中文第2版第48卷）——548

409 信中的这段文字，是目前仅存的唯一的史料，它证明格丁根支部（见注释402）的领导人约翰奈斯·米凯尔曾在1851年3月初同中央委员会成员进行磋商。阿伯拉罕·雅科比之所以出席这次会议，可能是为了引见米凯尔，也可能因为他是波恩支部的领导人，或者，也可能在当时就已拟定他担任同盟特使，准备派他前往格丁根和柏林。

信中有关斐迪南·弗莱里格拉特的那些话证明，虽然他当时不在科隆居住，但也被通知出席会议，参加研究中央委员会的工作；这一事实也说明，为什么马克思后来断言弗莱里格拉特是中央委员会委员（见文件802）。——558

410 1851年初，《新莱茵报。政治经济评论》已经不可能继续出版。很明显，在这种情况下，必须创办一种定期出版的机关刊物，以便加强党的思想理论建设和组织建设。为此，3月中旬，科隆中央委员会同约瑟夫·魏德迈（当时已从美因河畔法兰克福来到科隆（见文件637））一起，倡议出版《新杂志》。

杂志的任务是，在全德民主势力遭受残酷压迫的条件下，开展长期的、科学的共产主义宣传工作。杂志最初定于1851年4月初创刊，后来大概又决定将出版日期推迟到7月。1851年4月5日，海尔曼·贝克尔将出版杂志的具体打算告诉马克思，并请马克思为杂志撰稿（见文件601）。马克思随即把一份可以用来抨击哥特弗里德·金克尔的材料寄往科隆，这正是科隆方面所需要的（见文件603）。显然，在杂志筹备的过程中，收集一系列有关维利希—沙佩尔为首的宗德崩得集团同路易·勃朗相勾结的材料，特别是宗德崩得同以金克尔为首的小资产阶级民主派集团相勾结的材料，具有十分重要的意义。当时，小资产阶级民主派集团成立了一个所谓德国临时政府，并宣布实行"国家信贷"。《新杂志》编辑部打算在第1期不再刊登阐述杂志性质和宗旨的声明，而发表文章剖析以金克尔为代表的小资产阶级政策，以此来表明杂志的政治立场（另见文件611）。因此，4月初，在筹备杂志的过程中，科隆中央委员会对马克思寄来的材料进行了讨论（见文件605）；马克思和恩格斯当时在通信中指出，在威斯特伐利亚和北德意志地区，推崇金克尔和反对共产主义，这两者是互相联系的（见文件607）。与此同时，亨利希·毕尔格尔斯还作了多次努力，试图让汉堡的格奥尔格·维尔特来主编批判金克尔的专栏（参看维尔特1851年4月12日和28日给马克思的信，布鲁诺·凯泽尔编《维尔特全集》第5卷，1957年柏林版第397—398页及402—404页）。4月底，贝克尔将杂志第1期预定的内容告诉马克思，并预告将在5月初付印（见文件611）。马克思对摘登《哲学的贫困》德译本的意见，以及他对恩斯特·德朗克《论意大利革命》一文的意见，另见文件613和616。恩格斯对《新杂志》即将问世感到由衷的喜悦，他在5月9日的信中这样写道："要知道，我们很快又要有刊物了（根据我们的需要），我们可以在这个刊物上反击一切进攻，而不直接以我们的名义出面。拟议中的科隆月刊比我们的《评论》优越的地方就在这里。我们将把这一切都推到好心的毕尔格尔斯身上，他的深谋远虑也应当得到一点报偿。"（见文件617）从文件616中可以看出，恩格斯当时也在为《新杂志》撰稿。此外，贝克尔在谈到杂志出版问题时，还提到了伦敦的戴维·纳特书店，这表明，马克思和恩格斯将像出版《新莱茵报。政治经济评论》时期一样,从该书店获得新出版的书刊,以便为《新杂志》撰写书评。

罗兰特·丹尼尔斯留下的一篇文章,为我们了解这个杂志拟定采取的论述方式提供了一个鲜明的例证。这篇文章是丹尼尔斯为他的著作《小宇宙。生理人类学概论》写的引言,题为《对人类机体的认识过程》。文章约为两个印张,作者从理论上简要地阐述了中世纪以来医学研究的历史。在文章的结尾处,丹尼尔斯表述了这样一个思想:医学在19世纪中期虽然还没有达到其他自然科学已经达到的水平,但是,一切现象所共有的唯物主义规律是不可移易的。接着,他写道:"科学中的颠扑不破的真理,在生活中却得不到生动的运用,这种状况还要维持多久呢?什么时候全体人民才会睁开眼睛,不再信仰超自然的力量呢?什么时候人民才像在机械学领域一样,感到这种超自然的效验不仅对于整个自然界,而且对于人类生命现象也是无稽之谈呢?究竟是什么东西阻碍人民掌握科学取得的那些经验和成果呢?正是阻碍人们研究人体生命规律的那种因素,现在正阻碍着人们摧毁那些有关超感世界的思想;这些思想已成定见,而现在,有人正用可怕的恐怖手段强行灌输这种思想。——这个因素就是**历史**,就是把个人联结成社会的那根历史的纽带。占据统治地位的那些社会机构和经济机构,阻挠科学更普遍、更全面地进入有机生命的领域,进入植物栽培和动物饲养的领域;它们只是在有限的范围内允许人们把科学应用于无机界,应用于机械学领域和工业部门,而不允许全体人民在人体演化的领域中有进一步的认识。科学被隔离在生活之外。

只有当人们有可能把有机化学和生理学应用于农业和畜牧业的时候,广大人民群众才会消除迄今为止在这些部门流行的迷信偏见,才会像工业部门那样消除信仰奇迹的思想。只有把我们的科学业已证明的千真万确的规律应用于人类机体的教学课程,同时摆正个人与社会的关系,并在此基础上改革社会公共机构,幽灵才会在我们的国土上最终销声匿迹,全体文明人类才能从自己的梦幻中解脱出来。"(原件收藏于特里尔马克思故居。)

杂志的预约撰稿人很可能还有亨利希·毕尔格尔斯和约瑟夫·魏德迈。

4月初,《新杂志》开始了征订工作。例如,1851年4月26日,《德意志工人俱乐部》（汉诺威）在第17期"出版消息"栏中登出了一条简讯。其中写道："海·贝克尔、亨·毕尔格尔斯和约·魏德迈准备在科隆出版一种杂志，定名为《新杂志》。"简讯转述了科隆方面发表的出版启事的内容以后，接着写道："我们恳切地要求各工人协会支持这项事业；《德意志工人俱乐部》编辑部愿意为大家进行联系工作"。

为了在内容方面，特别是在资金方面做好杂志的筹备工作（杂志用召股的办法筹措资金，每股4塔勒），贝克尔和毕尔格尔斯曾于1851年5月初前往汉诺威（见注释418）；毕尔格尔斯还曾前往汉堡和柏林，并于5月底抵达德累斯顿（见注释426）。

4月底，由于警方日益加紧镇压，贝克尔被迫实施了他原先拟定的计划，将他的印刷所从科隆迁到比利时的韦尔维耶。1851年5月底，警方在科隆逮捕了贝克尔，在德累斯顿逮捕了毕尔格尔斯；除此之外，他们还采取了其他一些步骤。由于这些原因，《新杂志》未能问世（另见文件628）。

1851年5月，威廉·沃尔弗曾秘密居住在科隆，他当时可能获得了杂志的出版启事，并将它带回伦敦，从而使这份文件得以保存下来。（这份文献的影印件载于《同时代人》第407—408页。）——570

411 斐迪南·拉萨尔由于参加杜塞尔多夫1848年11月的抗税运动而被捕入狱，刑期从1850年10月1日起，至1851年4月1日止；刑满释放时，拉萨尔举行了庆祝活动。

彼得·勒泽尔后来解释说，他在信中提到的旅行一事不过是一个托词；当时，共产主义者同盟中央委员会的全体委员都对拉萨尔持极其疏远的态度，勒泽尔回绝拉萨尔的邀请，就反映了这种疏远的态度。亨利希·毕尔格尔斯也回绝了拉萨尔的邀请；1851年4月1日，他在致拉萨尔的信中写道："在您获释之日，您邀请我同您一起为'红色的事业'即将实现而欢饮。对您的获释，我表示衷心的祝贺。可是，遗憾得很，医生目前严格禁止我饮酒，由于这样一个琐屑的原因，我不能接受您的盛情邀请。我诅咒我的疾病，但我总不能端着一杯糖水同您碰杯吧？不过，我仍以十分喜悦的心情拜读了您的祝酒词，并希望它成为我们建立新的联系的桥梁。'红色的事业'！的确，这是一个理想的基础，我们可以在这个基础上携起手来，当然，这里有一个前提，那就是我们互相之间应当在这个基础上重新有一番认识。因为在这个问题上，也必须同过去实行坚决的决裂！'红色的事业'——这对我们来说就意味着**共产主义**的来临，这中间不需要什么媒介，不需要什么过渡；还是让我们的敌人去搞什么过渡吧！'红色的事业'，这就意味着党的最严密的组织，意味着最彻底的自我否定、最全面地服从始终如一的原则。在'红色的事业'面前，知识分子的一切执拗任性、一切自命权威、渴求统治的欲望、一切个人的特权，都将一扫而光。您要从事'红色的事业'吗？好吧，那就请您向我们表示，您正在实现这些条件，以便成为**我们中间的一员**。

要做到这一点，您就首先必须争取得到人们的信任；当然，这种信任只能随着时间的推移一步一步地获得。仅仅表白一下自己的信仰是不够的，抬出同我的友谊也同样不足以赢得信任，即使用低首下心、诚惶诚恐的方式来表达这种友谊也无济于事。

不过，您并不希望在今天陷入情绪激昂的争论。我在这里讲这些话，是对您的诚实的意见作出诚实的回答；这些话对于您来说，其意义仅此而已。如果说，我的话为您进一步展开讨论提供了素材，那么，请您注意，我时刻都准备着同您进行口头的或书面的交谈。不过，今天还是让您无忧无虑、痛痛快快地度过这一天吧，当然，不管怎样兴高采烈，这也只能对您在半年铁窗生活中所尝受的痛苦作一点微小的补偿。"（这封信的复制件收藏于波茨坦国家档案馆主编出版的《拉萨尔书信集》第 2 卷，1923 年柏林版第 45—47 页）据拉萨尔留下的复信草稿来判断，他在事后即与毕尔格尔斯断绝了关系（参看《拉萨尔书信集》第 2 卷第 48—52 页），他还向马克思诉说了自己的不满（同上书 1922 年柏林版第 3 卷第 28 页及以下几页）。当时，马克思和恩格斯并不赞同毕尔格尔斯那封书信的内容和文风（参看 1856 年 3 月 7 日恩格斯给马克思的信，《马克思恩格斯全集》德文版第 29 卷第 30—31 页，参看《马克思恩格斯全集》中文第 1 版第 29 卷第 31—33 页。有关马克思对拉萨尔的评价，可参看文件 756）。罗兰特·丹尼尔斯对毕尔格尔斯和勒泽尔的行动表示支持（见文件 605 和 608）。——574

412 这个文件是《德意志工人俱乐部》(汉诺威)为刊登《布朗基祝酒词》(文件594)而加的前言。该报采用的《布朗基祝酒词》德译文同马克思和恩格斯的译文不尽一致。估计这篇译文的译者和译文前面的报道文字的作者是约翰奈斯·米凯尔,也可能是米凯尔领导下的共产主义者同盟格丁根支部的某个成员(见注释402)。——575

413 这封信目前仅留下这一段摘录;这些文字是1851年夏季威廉·豪普特在汉堡警察局被审期间根据回忆追记的。据豪普特在供词中说,1851年5月初,亨利希·毕尔格尔斯在亲自前往汉堡之前写给他的最后一封信中曾提到奥古斯特·路德维希·皮尔施(见维尔穆特和施梯伯《19世纪共产主义者的阴谋》第1部分,1853年柏林版第120页:《皮尔施》。这封信的日期就是根据豪普特的供词推断的。——577

414 这封信现有两种副本,均为警方复制;其中一种比较完整,收藏于德累斯顿国家档案馆,本书付印时即以此为蓝本。另一种副本收藏于波茨坦国家档案馆(编号:Rep. 30 Berlin C, Tit. 94, Lit. N, Nr. 17, Ifd. Nr. 11950, Bd. 1. Bl. 22),其中缺少"你从随信附上的账单可以看出,……将详细情况告诉我"这一节文字;维尔穆特和施梯伯《19世纪共产主义者的阴谋》中收编的这封信,就是依据后一种副本排印的(见该书第1部分,1853年柏林版第107页)。

信中提到了海尔曼·贝克尔因散发印有他的辩护词的小册子而受到审判一事;审判在科隆举行,时间为1851年4月10日。我们根据这一事实,确定了这封信的日期。

在德累斯顿副本上,有原信标明的收信人地址:"柏林皇冠大街23号b(院内左边第二单元楼上),施米特转诺特荣克先生收"。——579

415 1851年3月31日至4月10日召开的宪章派代表大会,是厄内斯特·琼斯和朱利安·哈尼领导的宪章派左翼自1850年11月以来努力工作的成果。他们的工作也得到了马克思和恩格斯的支持(见注释371和395)。代表大会通过的宣传纲领,主要是由琼斯起草的;纲领在许多方面反映了马克思主义的思想影响。从纲领中可以十分清晰地看到,革命宪章主义在其发展的最后一个阶段已经接近于科学共产主义。德国的同盟盟员很快就看到了这一点(见文件628)。《德意志工人俱乐部》(汉诺威)连载了宪章派纲领的德译文(见该报1851年5月10、31日和7月7日第19、20、22、23期,其中第20期已散佚不存),这一行动可能就是科隆中央委员会促成的。《科隆日报》当时也对这个纲领作了扼要的介绍(见该报1851年4月23日第2期第2版)。但约瑟夫·魏德迈当时在主要观点上对这个纲领持否定态度(见文件644)。在代表大会召开以后的数月内,琼斯在《寄语人民》(伦敦)发表了一组题为《关于宪章派纲领的通信》的系列文章以及其他一些论文,借以阐释纲领提出的各种原则,并为这些原则进行辩护。在此期间,他得到了马克思的支持。在《关于宪章派纲领的通信》的第三封信中,以及在《致合作原则的鼓吹者,兼致合作社社员的信》中,都可以十分清楚地看到,马克思也参与了这些文章的起草工作(见《马克思恩格斯全集》历史考证版第1部分第10卷第641—654页)。1864年11月4日,马克思在致恩格斯的信中谈到了当时与琼斯合作的情况,他写道:"我偶然翻到了几期厄·琼斯的杂志《寄语人民》(1851年和1852年),就经济论文来说,这个杂志在主要问题上是在我的直接领导下,一部分甚至是在我的直接参与下编写的。我在杂志上看到了什么呢?我看到当时我们进行的反对合作运动的论战,因为合作运动以它当时的死板狭小的形式妄想成为**最新成就**,这场论战就像10至12年之后拉萨尔在德国进行反对舒尔采—德里奇的论战一样,只是我们进行得更好罢了。"(《马克思恩格斯全集》德文版第31卷第10页,参看《马克思恩格斯全集》中文第1版第31卷第11页)

关于宪章派于1851年初制定的这个纲领,还可参看 B. 加尔金的《厄内斯特·琼斯》一文(《马克思恩格斯和第一批无产阶级革命家》莫斯科1961年版第457—464,参看《马克思恩格斯和第一批无产阶级革命家》北京三联书店1963年版第498—542页;F. A. 罗日科夫《19世纪50年代英国工人运动的革命流派》莫斯科1964年版第54—69页;B. 3. 库尼娜《卡尔·马克思和英国工人运动》莫斯科1968年版第57—64页)。

在相当长的一段时间内,宪章派纲领一直在工人运动中发挥作用。可是,在后来重印时,人们都是采用1851年4月10日《北极星报》刊登的、洛塔尔·布赫尔在《议会主义的本来面貌》(1856年柏林版；1882年印行第2版)一书中发表的节译本。1872年12月14日、18日，《人民意志报》(维也纳)在第61、62期上刊载过这个节译本；《英国宪章运动》一书 (《社会民主党文库》第16卷) 作为附录收编了这个节译本 (见该书1887年霍廷根—苏黎世版第52—56页)；海尔曼·施留特尔的著作《宪章派运动。试论英国社会政治史》(1916年纽约版第364—368页) 也沿用了这个节译本。——581

416 这篇通讯文章的开头标有符号"⊙"，这个符号代表哪一位作者，现在还不清楚。同《德意志工人俱乐部》(汉诺威) 在1851年初发表的其他许多文章一样，这篇文章显然也是在共产主义者同盟中央委员会1850年3月《告同盟书》(文件448) 的思想基础上写成的，文中个别地方甚至逐字抄录了《告同盟书》的语句。

1851年5月3日《德意志工人俱乐部》在第18期发表了一封读者来信。这封来信是针对上述文章而写的，但实际上是把矛头指向中央委员会《三月告同盟书》(文件448) 所规定的路线。信末署名是"一个工人"，但从内容和笔调来看，作者显然是约翰奈斯·米凯尔。信的全文如下 (个别字句不全，因为报纸已经破损)。

"**工人教育协会**。在这个标题下，本月12日《德意志工人俱乐部》在第15期发表了一篇文章。总的来说，我们完全赞同这篇文章的思想；但对其中的一个论点我们持有异议，现简要陈述如下。

我们同上述文章的作者基本上持同一立场。我们也认为资产阶级是工人的最危险的敌人；我们也确信，小资产阶级只有在**自身**的利益需要时，才同工人一道前进，一旦涉及到纯粹的工人利益，他们就会立即退出战场；如果工人竟敢在小资产阶级面前提出自己的要求，小资产阶级就会把武器对准工人；工人如不采取强制手段，小资产阶级就根本不会承认工人的任何正当的要求。可是，如果认为工人**现在**就应当采取独立的、同资产者截然对立的党性立场，我们是不能同意的。因为在我们看来，这样做**不能**达到目的，[……]。那篇文章的作者和我们一样面临着 [……]，不可能'在政治上相互启发教育'，也不可能使工人争得权利，而只能使工人自己在精神上和体力上萎靡不振。在目前的条件下，资产者的［……］土崩瓦解，会使工人失去一支传授知识的力量，同时也会使我国的各个工人协会迅速解体。

只要工人协会一解体，工人们在精神上就会萎靡衰退，在体力上就会一蹶不振。我们对未来革命所寄予的全部希望，都建立在工人力量的基础上；而工人的全部力量就在于他们有组织，就在于有各个协会的极其广泛的组织。因此，我们必须努力使工人协会尽可能长期地存在下去，也正因为如此，我们绝不能在**目前**就对资产者采取敌对的立场。

正如那篇文章的作者所希望的那样，在当前形势下，不仅要开展文化教育，而且要努力进行政治教育和社会教育，使工人清醒地认识到自己的地位，认识到他们所处的可鄙的环境。如果做到了这一点，如果革命重新发动起来——**工人就会认清自己应有的权利，并懂得如何争取这种权利；那样，他们就会甩开一切资产者，摆脱一切外来影响，而采取独立的立场。**但在这之前，工人还必须同小资产者携手并进。

——一个工人"

有关《德意志工人俱乐部》的情况，见注释405；关于工人协会地位的争论，见文件609。——592

417　同文件606一样，这篇文章也十分明显地反映了共产主义者同盟对《德意志工人俱乐部》（汉诺威）的影响（见注释405）。作者姓名不详，但可以肯定，他同科隆中央委员会十分接近，这位作者非常熟悉同盟的一些最基本的文件，如《共产党宣言》（文件202）和中央委员会1850年《三月告同盟书》（文件448），他在文章中直接或间接地抄录了这些文件的语句。

1851年，威廉·魏特林主编的《工人共和国》（纽约）转载了这篇文章（见第11期第86页），但把文章初次发表的日期错印成了"1851年4月1日"。——597

418　海尔曼·贝克尔后来没有去不来梅，而是前往汉诺威。1851年5月7日，支持和促进民主报刊联合会管理委员会全体会议在汉诺威开幕。

早在1850年5月，人们就开始努力促进民主力量的联合，特别是促进北德意志地区民主力量的联合；经过努力，终于在1850年6月13日至15日召开了不伦瑞克民主主义者代表大会。大会认为,鉴于当时的政治形势,民主力量不可能实现真正的集中统一;但在会议期间,与会者成立了支持和促进民主报刊联合会(另据有关资料,该组织又称作"德国出版界支持和促进坚定的民主报刊联合会"。参看1850年6月21日美因河畔法兰克福出版的《新德意志报》),联合会的临时管理委员会成员有:贝克尔,鲁道夫·杜朗(不来梅)、阿道夫·门兴(汉诺威)和约翰奈斯·勒辛(不来梅)。在不伦瑞克代表大会上,与会者就确定北德意志地区民主派中央机关报的问题展开了辩论,有人提到了《北德意志自由报》(汉堡),也有人提到了《新莱茵报。政治经济评论》,但辩论并没有进行到底。当时参加民主派左翼领导工作的人,除了上述管理委员会成员以外,还有卡尔·蒂尔克(罗斯托克)、埃格蒙特·鲁齐乌斯(不伦瑞克)、卡尔·盖尔丁(策勒)、阿尔丰斯·特里陶(汉堡)、弗里德里希·魏茵哈根(希尔德斯海姆)、泰奥多尔·奥尔斯豪森(基尔)、摩里茨·维格尔斯(罗斯托克)(见卡尔·奥伯曼《约瑟夫·魏德迈传》1968年柏林版第195—196页)。

在反动派的压迫日益加剧的情况下,民主派仅仅于1851年5月在汉诺威召开过一次管理委员会会议,除此之外,没有采取过其他较大的行动。这次会议大约于5月9日闭幕;参加会议的有贝克尔、毕尔格尔斯、约翰·韦尔纳·德特林(奥斯纳布吕克)、杜朗、盖尔丁、鲁齐乌斯和门兴。有关会议讨论的内容,可参看文件616、628和641。贝克尔和毕尔格尔斯是受共产主义者同盟中央委员会的委托参加这次会议的;与会的目的是贯彻中央委员会《三月告同盟书》(文件448)阐明的政策:从党的独立自主的立场出发,同民主派一起采取联合行动。毕尔格尔斯还得到了联络地址,领取了旅费,准备在会议结束后继续前往其他地方(参看注释424;还可参看汉斯·佩尔格"1848年革命后在北德意志的民主运动和社会运动",《社会史文库》第8卷,1968年汉诺威版第171—178和202—204页)。——603

419 共产主义者同盟科隆中央委员会为了适应当时的新情况,决定对1848年3月发表的《共产党在德国的要求》(文件224)加以修订,以便广为宣传。显然,这篇文件就是他们在这方面作的一个尝试。1851年5月,海尔曼·贝克尔和亨利希·毕尔格尔斯在汉诺威同北德意志民主派举行了会谈（见注释418）；这篇文献是他们在当时依据的文件之一（见文件628）。

修订工作依据的蓝本，是1848年在科隆印制的一种版本；因此，在这篇文件中没有"全世界无产者，联合起来！"这个口号。修订本删除了原本中的着重号，而在第7、8两条中特意加上了若干着重号；由此可以推断，印制这份传单的目的首先是为了在农村进行宣传鼓动工作。从修订本的第2条来看，被剥夺选举权的人理应是那些劣迹昭著的反动分子，而不再是受过刑事处分的人；第13条不再要求政教分离，而是要求教会从属于国家，并受国家的监督；第14条删去了"限制继承权"的提法，而要求彻底废止继承权，以保证国家的利益。此外，修订本还删去了1848年8月巴黎中央委员会成员的签名。

修订本用半透明的薄纸印成传单形式，共两页；印刷地点可能是在科隆或美因河畔法兰克福。原件收藏于美因茨市立图书馆；除此之外，仅存三个副本，均为警方复制。这三个副本分别收藏于波茨坦国家档案馆（编号：Rep. 30 Berlin C, Tit. 94, Lit. W, Nr. 14030, fol. 34）、科布伦茨国家档案馆（编号：Abt. 403, Nr. 2182b）、威斯巴登黑森国家档案总馆（编号：Abt. 5. Nr. 264, fol. 75—76）。

有关这份传单散发传播的情况，目前尚未进行充分的研究。迄今为止的研究仅仅证明，这份传单大约从1851年4月底至5月底曾在美因河畔法兰克福和科布伦茨流传——见德累斯顿国家档案馆所藏内政部案卷，编号：Nr. 21a, fol. 96；马丁·洪特"《1848年3月的共产党在德国的要求》（17条）"，载《德国工人运动史论丛》1968年第2期第230—232页；С. З. 列维奥娃《马克思在1848—1849年德国革命中》1970年莫斯科版第29页；卡尔·奥伯曼"关于共产主义者同盟在德国宣传和散发传单的活动"，载《德国工人运动史论丛》1971年第5期第791—792页。——603

420 至迟在1851年3月，工业代表大会（纽约78个协会和类似工会的工人组织联合组成的团体）发出一篇呼吁书，建议在1851年5月首届世界工业展览会开幕期间，在伦敦召开一次国际工人代表大会。从呼吁书的内容来看，倡议者是希望在这次大会上撇开政治问题不谈，专门讨论工人的经济待遇和经济要求。

1851年4月10日《自由射手》（汉堡）在第43期刊登了这篇呼吁书的德译文。编辑部就这篇文章发表了评论，其中写道："除此之外，从标题就可以看出，这次行动并不像有些人从某种角度描述的那样，是由德国人发起的；事实上，这次行动是由真正的英裔美国人发起的。"

从本书发表的信中可以看到，这篇呼吁书当时也曾寄给伦敦的亨利希·鲍威尔、汉堡的弗里德里希·马尔滕斯以及法国工人运动的代表人物。现在还不清楚，马克思是否向科隆中央委员会谈过他对召开代表大会一事的意见。代表大会最后没有开成，但呼吁书却使反动报刊的评论家们颇为惊恐，各国政治警察局也紧张地采取了行动。威廉·皮佩尔在信中提到的《纽约先驱报》的那篇文章，曾在1851年4月16日《泰晤士报》（伦敦）第20777号转载，标题是《美国人对英国政治的见解》；文章主要谈到世界各地的"革命分子"将在工业展览会期间涌向伦敦。

从普鲁士警察局的档案中可以看到，1851年4月初，马格德堡的保障人民权利联合会曾筹划派遣几名工人代表前往伦敦观摩世界工业展览。德国各邦政府当时下令对所有前往伦敦的人严加审查（参看梅泽堡德国中央档案馆所藏资料，编号：Rep. 77, Tit. 509, Nr. 1, adh. A, Bd. 1, Bl. 9—14）。有关普鲁士政府机关在世界工业展览会期间策划的阴谋诡计，以及威廉·施梯伯率领的警方官员在伦敦采取的挑衅行动，还可参看鲁道夫·赫恩施塔特《反对国际无产阶级的第一次阴谋。1852年科隆共产党人案件的前因后果》1958年柏林版第276—318页。——608

421 1851年5月27日，弗兰茨·施韦宁格在埃森的寓所遭到警方搜查，普鲁士警官弗里德里希·戈尔德海姆没收了卡尔·冈洛夫这封信的原件，并将它复制成副本，附在冈洛夫的档案中。这封信的内容就是这样保存下来的。

这封信表明卡尔·冈洛夫当时怀着巨大的热情，力图秘密重建原工人兄弟会；但同时也反映了他在革命失败时暴露的理论上的弱点。冈洛夫在信中提到自己领导着"一小批"坚定的革命者，这并不意味着他当时是共产主义者同盟莱比锡支部的领导人；不过，他当时确实从属于莱比锡支部，或者，也可能同该支部保持着极其密切的联系。有人认为，冈洛夫长期中断通信联系，只是在彼得·诺特荣克抵达莱比锡的次日，他才写了这封信。提出这种看法的根据，仅仅是信中标明的日期，此外没有别的佐证。——618

422 卡尔·戈特洛布·施特克尔，纺织帮工，后来成为织工师傅，是莱比锡盟员亨利希·赫尔佐克结交多年的朋友，曾作为学徒在各地漫游达十年之久，1847年定居于格劳豪，大约从那时起，就着手在当地创建同盟支部。这个支部的成员，可能有卡尔·欣特莱特纳；从后来发现的施特克尔的一封信中可以看出，欣特莱特纳是1848年初从格劳豪迁居特兰西瓦尼亚的纺织帮工。1848—1849年革命期间，施特克尔任格劳豪工人联合会主席；1849年任工人兄弟会格劳豪地区委员会主席。在瓦尔登堡和梅拉讷一带积极活动的工人联合会都隶属于格劳豪地区委员会。施特克尔曾为《博爱报》（莱比锡）撰写通讯，并于1850年2月20日至26日代表格劳豪和瓦尔登堡工人联合会出席全德工人兄弟会莱比锡大会（见注释275）。萨克森地区的工人联合会遭到禁止以后，施特克尔同霍恩施泰因的纺织业帮工弗里德里希·哈塞尔胡恩一起，创建了一个疗养协会，目的是以合法组织的名义为掩护，采用秘密活动的方式，把被取缔的工人兄弟会的工作继续开展下去。首先采取这种活动方式的是卡尔·冈洛夫。有人估计，在疗养协会的掩护下，可能有一个共产主义者同盟的支部在秘密活动（见罗尔夫·韦伯"1850—1851年期间共产主义者同盟格劳豪支部和梅拉讷支部"，载于德累斯顿出版的《萨克森故乡报》1968年第5期第201—205页），但到目前为止，这种说法尚未得到确凿的证明。本书发表的这封信表明，施特克尔在1851年初曾同莱比锡的盟员们保持联系。1851年6月18日，在冈洛夫被捕以后，警方也在格劳豪搜查了施特克尔的住所。与此同时，哈塞尔胡恩前往柏林、汉堡和不来梅，作了长达七个星期的旅行，梅拉讷工人联合会领导成员、裁缝帮工卡尔·奥古斯特·博尔则流亡到了伦敦。在格劳豪举行的一次审判中，施特克尔和原工人兄弟会地区委员会的其他成员朗根比劳的纺织帮工伯恩哈德·赫登、克里斯蒂安·戚美尔曼和路德维希·弗里茨舍以及疗养协会的图书馆员阿德里安·赫勒尔被判

处三天到两星期的拘禁；接着，赫登和戚美尔曼被驱逐出萨克森。至少到1851年底，疗养协会还在坚持活动。——619

423 设在拉绍德封的瑞士总区部基本上倾向于宗德崩得集团的政策；可是，由于宗德崩得派出的特使阿道夫·迈尔踏上旅途后，一开始就在日内瓦遭到揭露，被人指控为骗子（见注释400），所以，拉绍德封区部就同伦敦方面中断了联系。大约在1851年3月，瑞士的盟员同科隆中央委员会建立了联系（现在还不清楚，这种联系是通过何种渠道建立的；但可以肯定，是瑞士的盟员采取了主动的态度）：在此之后，他们便作了种种努力，幻想把共产主义者同盟和宗德崩得重新联合起来。为此，P.洛伦茨、Th.尼斯特勒、弗里德里希·施洛特尔贝克、亨利希·弥勒和海尔曼·格布尔哈德于1851年4月1日以拉绍德封支部的名义给伦敦的宗德崩得中央委员会写了一封信，信中写道：

"看来，我们差不多已经被你们遗忘了，因此，我们不得不主动地采取行动。我们曾提出过要求，希望能有机会同我们的莱茵地区的兄弟们取得谅解，但这个愿望没有实现。这一出乎意料的情况使我们认识到：对于你们来说，联合也是势在必行的。"（这段话摘自普鲁士警官格赖夫1852年8月12日的报告。这篇报告现收藏于波茨坦国家档案馆，编号：Rep. 30 Berlin C, Tit. 94, Lit. T, Nr. 133, Ifd. Nr. 13707 Bl. 26）。

伦敦方面显然没有回信，于是，尼斯特勒等人又给科隆方面写信。信的全文如下：

"1851年5月8日于拉绍德封

全世界无产者，联合起来！

但愿我们的信能以这句口号，叩开你们的心扉！

瑞士总区部致科隆中央委员会。

我们为形势所迫，不得不怀着深深的痛惜之情，呼吁我们的兄弟同盟保持和睦。我们把自己神圣事业的领导权托付给了某些人，而这些人却反目成仇、互相敌视，甚至还要在我们中间唤起仇恨、制造裂痕，并构筑壁垒，把兄弟们分隔在两边。我们满怀义愤地注视着这种行为，决心以足够的勇气，采取最有力的措施，使我们被分裂的力量重新联合起来；我们要根据我们肩负的使命,通过严肃认真的步骤,来实现我们的目标,并筑起团结一致的坚不可摧的堡垒,来抵御那些反对我们的原则的敌人。

我们在任何时候都不要忘记,只有和衷共济,我们才能力量雄厚、不可战胜;我们在任何时候都不要忘记,龃龉不和是我们最危险的敌人,它会使我们双臂麻痹,无法行动。我们只有做到一人为大家、大家为一人,才有力量去推翻目前社会中盛行一时的原则,并在这个社会的废墟上为建立一个崭新的世界奠定基础。

因此,我们给你们写这封信,希望你们尽自己的一切力量支持我们的行动。我们深信,你们是与我们同心同德的同志,是最坚定的政党中的真正的战士。正因为如此,你们不会对我们的呼声充耳不闻,不会对我们伸出的兄弟之手鄙夷不屑,你们是会紧握住我们的手,同我们一起行动的。

是的,我们要让那些惯于将个人凌驾于原则之上的人看看,无产者也能识破自己队伍中的敌人,并懂得怎样对付他们。

为了这个目的,我们要求召开一次代表大会。在代表大会期间,首先要对发生争执的真实情况进行仔细的审查;如果查明双方都有责任,那就要另选一个中央委员会;中央委员会的成员必须是从未受过敌对双方影响的人。

其次,应当实现所有支部的联合,建立一个能使我们卓有成效地为未来的革命而工作的同盟组织。

另外,我们还要促成各民族的联合,以便在关键时刻,给我们的主要敌人以沉重的打击。

兄弟们!我们相信你们真心实意地承认我们章程中的口号;你们将会表明,你们是否值得我们信任。你们不仅要派遣代表参加代表大会,而且要号召你们所熟识的所有支部都效法你们的榜样。因此,请你们按照信末所示的地址,尽快把情况通知我们,同时,也请你们把自己的一些确切地址告诉我们。

最后,我们要再次表达我们的希望,但愿我们的呼声能在你们当中得到响应,企盼你们尽快将这封信的效果告诉我们!

致以兄弟的敬礼,并握手。

总区部代表：

本特，T. 尼斯特勒

I. 洛恩

弗·施洛特尔贝克

J. 哈特曼"

（这封信收编在维尔穆特和施梯伯《19世纪共产主义者的阴谋》1853年柏林版第1部分第75—76页）

据当时的一名密探提供的情况，拉绍德封支部直到1852年6、7月间还在活动，只是改用了"死人同盟"这样一个隐秘的名称。这个密探还说，本特是埃尔伯费尔德的一个裁缝，全名是约翰·弗里德里希·本特；除了施洛特尔贝克以外，一个名叫海尔曼·格布哈尔德的西里西亚人也参与了领导工作（见《关于拉绍德封死人同盟和圣马丁的淘金工人雅各·奥斯林格尔的卷宗（1852年）》，收藏于波茨坦国家档案馆，编号：Rep. 30 Berlin C, Tit. 94, Lit. T, Nr. 133, Ifd. Nr. 13707）。——621

424 警方在柏林的阿伯拉罕·雅科比寓所中查获了这封信，当时信已经被撕毁。参加审讯的官员在信末加了如下说明文字：

"据雅科比供称：

（1）上文提到的一个人名是'赞德库尔'，但他（雅科比）自称不太了解此人。

（2）毕尔格尔是科隆的一名警官，遭人嫉恨，曾有人张贴标语，对他进行攻击。

（3）许纳拜恩是埃尔伯费尔德大会的发起者。"

亨利希·毕尔格尔斯的旅行对推动同盟下一步的工作具有重大的意义。他以中央委员会委员的身份访问了汉堡和柏林的支部。当时已拟定于1851年6月或7月召开共产主义者同盟第三次代表大会，毕尔格尔斯在出使中着重安排了这次大会的筹备事宜。除此之外，为了筹办《新杂志》（见文件597），他还同一些书商和预约撰稿人进行了多次的交谈。

毕尔格尔斯曾同海尔曼·贝克尔结伴同行，直到抵达汉诺威为止。他们前往汉诺威的目的，是为了参加5月7日召开的支持和促进民主报刊联合会管理委员会全体会议（见注释418）。此后，毕尔格尔斯便独自前往汉堡。在汉堡，他同当地的两个支部的领导人弗里德里希·马尔滕斯和威廉·豪普特谈了话，并专门就出版《新杂志》的问题同格奥尔格·维尔特和威廉·阿道夫·拉福里交换了意见。有关毕尔格尔斯在什未林的活动情况，目前还不清楚。大约在5月13日，他来到柏林，但没有找到彼得·诺特荣克；有人告诉他，诺特荣克已经在莱比锡被捕。在柏林，毕尔格尔斯曾同雅科比交谈；他也曾争取小资产阶级民主派阿道夫·施特雷克富斯为《新杂志》撰稿，但没有成功。5月19日，他又踏上旅途，前往布雷斯劳。在那里，他同《新奥得报》编辑尤利乌斯·施泰因和约多库斯·多纳图斯·胡贝尔图斯·泰梅等人磋商了有关事宜。毕尔格尔斯在1851年5月23日，即抵达德累斯顿的第二天被警方逮捕。有关毕尔格尔斯出使的情况，另见文件614和附录文件7。——622

425 这次大会在未经当局批准的情况下，于1851年5月11日（星期日）在埃尔伯费尔德和克罗嫩贝格之间的草地上举行，会议的议题是："要共和制，还是要君主制"。大会的组织者事先在夜间张贴了海报，并派人到巴门、龙斯多夫、索林根等邻近地区邀请群众参加集会。弗里德里希·威廉·许纳拜恩和他的朋友们显然也参加了大会的筹备工作。会上散发了传单《告德国人书》；这篇呼吁书由设在伦敦的处理德国事务委员会成员阿尔诺德·卢格、古塔达夫·司徒卢威、约翰奈斯·隆格和哥特弗里德·金克尔签发。呼吁书要求群众认购马志尼债券，其中提出了这样的口号："我们向各个被压迫民族呼吁：'请认捐100万法郎，我们将解放整个大陆！'"（这篇呼吁书现收藏于杜塞尔多夫国家档案总馆杜塞尔多夫政府机关存档案卷，编号：Präs. 830, Bl. 108—110）除此之外，会上还散发了一些认购债券的名册；据当时的一篇报道说，名册中还附上了彼得·勒泽尔等人签署的号召书，其中要求人们支援在国外侨居的革命者。很明显，这篇号召书就是科隆盟员海尔曼·贝克尔、亨利希·毕尔格尔斯、阿道夫·贝尔姆巴赫、斐迪南·弗莱里格拉特和彼得·勒泽尔创建的支援德国流亡者委员会发出的一份文件。

参加这次大会的约有1500人,其中一部分人戴着红色的帽子,或佩戴其他象征革命的标志。大会正式开始之前,武装警察驱散了与会者,打伤了一些人(参看1851年5月13日《埃尔伯费尔德日报》,该报的有关报道曾在1851年5月15日《德累斯顿新闻通报》第134期上摘要转载)。有关这次大会的情况,还可参看迪特尔·达夫《行动与组织。1820—1852年间普鲁士莱茵省的工人运动、社会主义运动和共产主义运动》1970年汉诺威版第266页。有关这次群众大会的评价问题可参看文件628。——622

426 这封信显然是阿伯拉罕·雅科比以同盟特使身份抵达柏林后写给科隆中央委员会的第一份报告。当时,他既不知道彼得·诺特荣克已突然启程前往莱比锡,也不知道亨利希·毕尔格尔斯就在他写信的当天已从汉堡来到柏林(见注释424)。因此,雅科比的这封信寄到科隆时,就不是送到毕尔格尔斯手里,而是落到了警方手中。在1852年底的科隆共产党人审判案中,尽管雅科比百般否认,这封信还是成了当局给他定罪的最重要的证据之一(见《科隆共产党人案件的〈起诉书〉》第65—66页,《起诉书》还收录了雅科比的书信)。——623

427 这封信的原件没有保存下来,这里发表的内容是威廉·豪普特根据回忆追记的。1851年6月,豪普特在汉堡警察局供认:"就在《新闻报道》公布[彼得·诺特荣克在莱比锡]被捕消息的当天,我收到了毕尔格尔斯从柏林寄来的信,内容大致如下……"(参看附录文件8)

豪普特接到信后,将所有的同盟文件都隐藏在本支部盟员卡尔·海尔曼·彼得逊那里。这封信收录在维尔穆特和施梯伯《19世纪共产主义者的阴谋》一书第1部分1853年柏林版第120—121页。——624

428 约翰·克里斯蒂安·吕霍夫,裁缝帮工,原籍汉诺威王国萨尔茨豪森附近的阿梅灵豪森,40年代初在巴黎参加正义者同盟,结识了威廉·魏特林和弗里德里希·门特尔等人,并同魏特林保持过一段时间的通信联系。1845年居住在汉堡,参加格奥尔格·席尔格斯出版的《工场》(汉堡)编辑工作。从1846年9月起居住在柏林,参加弗里德里希·门特尔领导的同盟支部的活动(见文件75)。

在1848—1849年革命期间,一批共产主义者同盟盟员担负了柏林工人运动的领导工作,其中就有吕霍夫、路德维希·比斯基、斯蒂凡·波尔恩以及奥古斯特·黑策尔等人。1848年3月底,吕霍夫领导创建了一个工人俱乐部(见文件227和注释132),还一度担任过柏林《德意志工人报》的编辑工作;1848年4月底和5月初,他曾以缝纫同业公会领导者身份出任裁缝帮工罢工运动的发言人(见1848年5月4日柏林《改革报》第33期)。为此,当局企图把他驱逐出柏林,但没有成功。1848年5月底,吕霍夫开始分上下两册自费出版他编写的小册子,题为《劳动组织及其可行性》。在上册中,他以恩格斯的《英国工人阶级状况》为依据,建议在劳工部的监督下,设立若干"国民工场",以解决普遍贫困的问题;在下册中,他建议把工人组织起来,成立大规模的生产合作社,购置机器设备,开展自由竞争,同大资本相对抗。可是,尽管吕霍夫十分清醒地认识到必须把工人团结起来,建立工人自己的组织,但在一些基本问题上,他毕竟还没有确立无产阶级世界观。不过,从他在1848年发表的一首诗中可以看出,他是具有斗争精神的。这首诗题为《无产阶级》,作者在最后一节中写道:

"滔滔不绝的空谈何用之有?
请抖擞精神,投入严肃的战斗!
试看四面八方,
无产阶级正在大显身手!"

吕霍夫先在柏林工人俱乐部积极活动,后来又在波尔恩领导的工人中央委员会开展工作,由于这些原因,他成了全德工人兄弟会的缔造者之一。革命失败后,他同其他15名裁缝师傅一起,于1849年8月成立了一个生产合作社。合作社定名为"裁缝师傅吕霍夫及其同志的第二联合体",由吕霍夫自任经理人。这种做法完全符合工人兄弟会莱比锡中央委员会的要求;中央委员会曾在《博爱报》(莱比锡)上发表文章,把柏林地区建立的一批联合体树为楷模。1849年12月,有人怀疑吕霍夫营私舞弊,侵吞钱财。为此,法庭在1850年9月底立案审理,判处吕霍夫服半年劳役;但后来又进行了复审,终于在1850年12月宣判吕霍夫无罪（见1850年9月4日、10月2日和12月11日柏林《法院总汇报》第71、79和99期）。

1851年5月，在科隆中央委员会特使阿伯拉罕·雅科比的介绍下，吕霍夫同海尔曼·康内吉塞尔建立了联系。1851年5月28日，警方搜查了吕霍夫的寓所，但一无所获。有关吕霍夫的情况，另见库尔特·韦尼克"1848—1849年革命前、中、后柏林工人运动中的共产主义者和政治积极分子"，载《德国工人运动史论丛》1968年第2期第298—344页。——625

429　海尔曼·康内吉塞尔，出身于柏林的一个学者家庭，1842—1846年在大学攻读历史和哲学，曾从师于格林兄弟和卡尔·拉赫曼；毕业后居住在柏林，以自由职业者身份从事学术研究。1848—1849年革命开始后在人民联合会工作，并担任柏林《人民呼声报》编辑；不久，便成为印刷工人运动的最积极的领导者之一，曾任古滕堡联盟临时中央执行委员会委员，参与起草了该同盟的章程，并在这个早期工会组织内部同机会主义势力进行了持续多年的斗争，取得了卓越的成绩，至迟在1849年初，他加入了共产主义者同盟，是奥古斯特·黑策尔领导的共产主义者同盟柏林支部成员（见文件354），因此，当局在1849年3月30日将他逮捕，但不久又将他释放。

革命遭到镇压以后，康内吉塞尔为重建古滕堡联盟进行了顽强的斗争。他是1849年9月30日在柏林召开的全国印刷工人立宪代表大会的发起人之一；全德境内约3000名印刷帮工推选出33名代表出席了这次会议，康内吉塞尔任大会副主席。代表大会在警方的严格监督下召开，完全是一次合法的行动；但尽管如此，会议还是在中途被当局解散，因为当局认为这次会议贯彻了"共产主义原则"。这次大会后来是在秘密状态下开完的，会上修订了章程，选举了中央执行委员会，康内吉塞尔和他的朋友卡尔·弗勒利希当选为执行委员会委员。鉴于康内吉塞尔在古滕堡联盟的活动，当局于1850年2月初再次将他逮捕，直至当年6、7月间才把他释放出来。在此期间，警方对古滕堡联盟的情况进行了全面调查，但没有找到任何确凿证据，以便彻底取缔这个组织；因此，从1851年5月中旬起，古滕堡联盟在当局的批准下，重新恢复活动。康内吉塞尔从1850年7月起继续担任该组织的领导工作。种种迹象表明，至迟在1850年底，当地重建了一个共产主义者同盟支部，支部成员除康内吉塞尔外，还有约翰·克里斯蒂安·吕霍夫。科隆中央委员会特使阿伯拉罕·雅科比于1851年5月抵达当地后，立即同康内吉塞尔和吕霍夫取得了联系，这说明他事先就在科隆中央委员会获得了康内吉塞尔等人的地址。雅科比被捕后，康内吉塞尔的住所也在1851年5月28日遭到搜查，但警方在这次行动中一无所获。

直至1853年春，康内吉塞尔还同弗勒利希一起在极其艰难的条件下力图恢复古滕堡联盟的工作。为了免遭警方无休无止的刁难，他们在1852年4月1日正式解散了这个组织，只留下印刷工人联合成立的疾病、死亡和残废保险基金会；他们每月出版一期《印刷工人和铸字工人公报》，由康内吉塞尔担任该刊编辑。1853年初，警方再次查抄了康内吉塞尔的住所，并于同年4月解散了柏林保健协会（康内吉塞尔曾代表印刷工人基金会参加这个协会）。1853年5月，康内吉塞尔因肺病恶化，医治无效而逝世（见格尔哈德·拜尔《印刷术和阶级斗争。现代工人运动兴起后印刷和造纸业工会及其先驱者的历史》1966年美因河畔法兰克福版第1卷第295—297，302—314页，库尔特·韦尼克"1848—1849年革命前、中、后柏林工人运动中的共产主义者和政治积极分子"，载《德国工人运动史论丛》1968年第2期第329，331、342页）。——625

430 彼得·勒泽尔在格劳登茨要塞大约关押了一年。为了取得他的供词，大概从1853年12月初开始，柏林警官弗里德里希·戈尔德海姆故意恶化他的监禁条件，把他和一个密探关押在一起。不久前，他的越狱失败，更加重了罪责。12月19日勒泽尔写了书面声明，表示准备招供。他被押到柏林。在那里警察总监卡尔·路德维希·弗里德里希·冯·欣克尔代于1853年12月28日向他重申了后来没有兑现的戈尔德海姆的诺言：勒泽尔可以赦免，得到迁居美国的资助。勒泽尔在莫阿比特监狱第一次招供，然后1854年1月3日被押到斯德丁要塞，在那里他从1854年2月11日至14日根据警察局提出的问题再次写出供词。至迟从1860年起，前同盟盟员就知道了勒泽尔在被捕期间提供了背叛性的供词。

供词的第一部分,包括1853年12月31日审讯的供词,第一次发表在奥托·门施恩-黑尔芬和博里斯·尼古拉耶夫斯基《马克思和燕妮的一生》1933年柏林版第150—163页。

这里发表的是完整的供词,仅仅删去了警察局记录员经常重复的技术性说明,如"宣读和批准"这类的用语;××是勒泽尔当时的代号。——631

431 雅科比·施勒格尔1848年以前在波恩学医,后来在科布伦茨开业行医。根据彼得·勒泽尔的交代,施勒格尔在1850年春由他接受加入共产主义者同盟。1850年6月底,施勒格尔建立并领导的同盟支部已有七个盟员(见文件342)。关于这个支部的活动,除了勒泽尔的供词,亨利希·毕尔格尔斯的供词(附录,文件7)也谈到了。不仅勒泽尔两次拜访过施勒格尔,海尔曼·贝克尔大约于1850年底也从科隆来拜访过他,他和威廉·赖夫通过信。施勒格尔很可能还和美因河畔法兰克福的约瑟夫·魏德迈一起散发过共产主义传单。

在施勒格尔的领导下,科布伦茨支部的盟员组织了每周茶会,这个茶会有200名会员,他们在联欢集会上还为政治流亡者募捐;另外组织了一个小团体,即大约有四五十名会员的所谓读书会,这一组织至少存在到1853年,看来它相当于《六月告同盟书》(文件473)所倡导的同盟盟员的"第二种组织"。读书会里不仅传阅马克思和恩格斯的文章,而且还传阅路易·勃朗、比埃尔·约瑟夫·蒲鲁东等人的文章(见迪特尔·达夫《行动和组织。1820—1852年普鲁士莱茵省的工人运动、社会主义和共产主义运动》1970年汉诺威版第263页)。1853年10月27日,即勒泽尔提供这些供词之前,警方在科布伦茨对医生、商人、旅店老板、药剂师、手工业者、律师和法院下级官员等20多人进行了一次大规模的住宅搜查。其中除了施勒格尔——他被认为是主要当事人,还有被勒泽尔称作盟员的加布里埃尔·德里姆伯恩和文德林·尼克斯。查获的书籍有:维克多·特德斯科的《无产者问答》的德译本(文件445),《布朗基祝酒词》(文件594),《德国男子汉和普鲁士臣民!》传单(文件545),以及左翼民主派的和反普鲁士的非法著作(见1853年11月5日科布伦茨警察局的每周报告,藏于波茨坦国家档案馆,编号:Rep. 30 Berlin

C, Tit. 94, Lit. C, Nr. 286, Bl. 137/138）。由于所有当事人的坚决否认，科布伦茨案件1854年春以宣布无罪而结束，1854年年中科隆上诉法庭进行的复审也没有取得对当局有利的成果。

有人猜测，1866年至1869年芝加哥共和派民主协会领导人爱德华·施勒格尔就是同盟科布伦茨支部当时的领导人（见贝尔特·安德烈亚斯"论1863年至1864年全德工人联合会的鼓动和宣传"，载《社会史文库》1963年汉诺威版第8卷329页），这是没有根据的。——636

432 即使当局通过在彼得·诺特荣克那里发现的文件早已了解到这份供词的大部分内容，但仍然可以肯定，亨利希·毕尔格尔斯泄露的东西实在是太多了。在这里虽然可以看出，他力图通过理论上的论证把共产主义者同盟说成是纯粹宣传性质的组织，这一点后来在1852年科隆共产党人案件中也表现得很明显，但他这样做却几乎全部否定了同盟的活动和意义，他甚至断言，似乎在他1851年5月出使期间支部已经解散（见注释424），他在章程中也是找不到这方面的根据。——683

433 威廉·豪普特于1851年5月31日第一次被审讯（见汉堡国家档案馆警察局侦察案卷 Serie VI, Lit. X, Nr. 1365, Bd. I, Teil, I, Bl. 29/30）。他虽然承认，"几个月前"他同出使汉堡的彼得·诺特荣克多次会晤，但他否认从伦敦回来以后有任何政治活动；他根本不认识亨利希·毕尔格尔斯。6月2日豪普特被捕。他很快就屈服于拘留条件和家属规劝的压力。他的内容广泛的背叛性供词注明的日期虽然是6月6日，但肯定不是一天写成的。

这里刊载的证词包含了证词的整个内容；只是删去了许多一再重复的请求宽恕的空话和关于他似乎是迫不得已和不幸在偶然情况下而为之的表白，还删去了他伴称早已决定停止为同盟进行活动等等废话。豪普特的供词在当局对共产主义者同盟采取的镇压和逮捕政策方面起了重要的作用。普鲁士警察局立即得到了一个抄本（见波茨坦国家档案馆 Rep. 30 Berlin C, Tit. 94, Lit. N, Nr. 67, lfd. Nr. 11950, Bd. 1, Bl. 142—153）。豪普特1851年6月6日的供词在科隆共产党人案件的1852年11月8日的法庭上，被检察长奥古斯特·亨利希·冯·泽肯多夫在起诉书中详细引用（见《1852年科隆共产党人案件在同时期报刊上的反映》（卡尔·比特尔主编并作序，1955年柏林版第159—163页）。

在1851年6月8日审讯中，对豪普特6月6日书面供词的要点作了记录，在这份记录中写道："我从毕尔格尔斯（他大约在五个星期之前曾在这里逗留）那里听说，今年6月或7月将召开一次代表大会；在哪里举行，我不知道，但我估计，是在科隆。毕尔格尔斯还说，格丁根有同盟的一个主要据点，成员是大学生，汉诺威的皮佩尔的朋友，我同皮佩尔是在伦敦认识的，他在那里是路特希尔德的管家。"（见汉堡国家档案馆，同上，Bl. 100/101）

关于后来对豪普特的审讯，见注释352。——698

图书在版编目(CIP)数据

共产主义者同盟文献(3)/王学东,张文红,童建挺主编.
—北京:中央编译出版社,2011.12
(国际共产主义运动历史文献.第3卷)
ISBN 978 – 7 – 5117 – 1148 – 9

Ⅰ.①共…
Ⅱ.①王… ②张… ③童…
Ⅲ.①共产主义者同盟 – 史料
Ⅳ.①D11

中国版本图书馆 CIP 数据核字(2011)第 246262 号

共产主义者同盟文献(3)

出 版 人	和 龑
责任编辑	董 巍
责任印制	尹 珺
装帧设计	田晗工作室
排版制作	醍醐(北京)文化发展有限公司
出版发行	中央编译出版社
地　　址	北京西城区车公庄大街乙 5 号鸿儒大厦 B 座(100044)
电　　话	(010)52612345(总编室)　(010)52612363(编辑室) (010)66161011(团购部)　(010)52612332(网络销售) (010)66130345(发行部)　(010)66509618(读者服务部)
网　　址	www.cctphome.com
经　　销	全国新华书店
印　　刷	北京印刷一厂
开　　本	787 毫米×960 毫米　1/16
字　　数	775 千字
印　　张	60
版　　次	2011 年 12 月第 1 版第 1 次印刷
定　　价	340.00 元

本社常年法律顾问:北京大成律师事务所首席顾问律师　鲁哈达
凡有印装质量问题,本社负责调换,电话:(010)66509618